区域法治发展研究丛书

区域立法发展的江苏样本

The Development of Regional Legislation:
Taking Jiangsu Province's Practice as a Research Sample

夏锦文/主编
方明　钱宁峰/副主编

法律出版社
LAW PRESS CHINA
北京

图书在版编目(CIP)数据

区域立法发展的江苏样本 / 夏锦文主编. -- 北京 : 法律出版社, 2022
(区域法治发展研究丛书)
ISBN 978 - 7 - 5197 - 6238 - 4

Ⅰ. ①区… Ⅱ. ①夏… Ⅲ. ①地方法规－立法－研究－江苏 Ⅳ. ①D927.53

中国版本图书馆 CIP 数据核字(2021)第 241983 号

区域立法发展的江苏样本
QUYU LIFA FAZHAN DE JIANGSU YANGBEN

夏锦文 主 编

策划编辑 赵明霞
责任编辑 赵明霞
装帧设计 乔智炜

出版发行 法律出版社
编辑统筹 法商出版分社
责任校对 杨锦华 王沁陶
责任印制 胡晓雅
经　　销 新华书店

开本 710 毫米×1000 毫米 1/16
印张 35.25 **字数** 505 千
版本 2022 年 3 月第 1 版
印次 2022 年 3 月第 1 次印刷
印刷 北京建宏印刷有限公司

地址:北京市丰台区莲花池西里 7 号(100073)
网址:www.lawpress.com.cn
投稿邮箱:info@lawpress.com.cn
举报盗版邮箱:jbwq@lawpress.com.cn

销售电话:010 - 83938349
客服电话:010 - 83938350
咨询电话:010 - 63939796

书号:ISBN 978 - 7 - 5197 - 6238 - 4
定价:128.00 元

《区域法治发展研究丛书》
编辑委员会

总　序

当代中国正处于一个持续的深刻的转型与变革过程之中。这场社会转型与革命，给我们这个时代的社会生活的各个领域都带来了极其复杂而重大的变化。

随着从传统的高度集中的总体社会向现代的充满生机与活力的多元社会的巨大转换，当代中国也在经历一个从人治型的法律秩序向法治型的法律秩序的大转换、大转型的历史性的过程。这是一场伟大而深刻的法律革命，是中国法制现代化的革命性过程。中共十八届三中全会作出了建设法治中国、推进国家治理体系和治理能力现代化的重大战略部署。中共十八届四中全会在中国共产党的历史上第一次专门审议通过了《中共中央关于全面推进依法治国若干重大问题的决定》，强调要坚定不移地走中国特色社会主义法治道路，提出全面推进依法治国的总目标是建设中国特色社会主义法治体系，建设社会主义法治国家。这一重大战略抉择必将给当代中国社会变革、国家发展与法制现代化的进程提供强劲的动力，意义重大，影响深远。

中国是一个经济社会发展很不平衡的东方大国。推进法治中国建设的伟大进程，在我们这个幅员辽阔的国土空间范围内呈现既内在统一又各具特色的鲜明区域性特征，构成了变革时代区域法治发展的具体生动的法治场景。建设法治中国历史性任务的提出，不仅为区域法治发展研究提供了重要的理论逻辑，也为区域法治发展实践开辟了广阔的空间。

从本质意义上讲，法治中国建设昭示着国家法治发展的基本走向，意味着法律文明价值体系的巨大创新,反映着我们这个民族从法律思想、法律制度到法律实践、法律行为的各个领域的多方面进程,进而确立与全球法治发展进程相协调而又充满浓郁民族意味的制度安排、价值观念及其生活准则系统。很显然,区域法治发展作为法治中国进程有机构成要素,是法治中国建设在国家特定区域范围内的具体实现,是从传统的总体社会向现代的多元社会转变这一特定过程中,法律文明及其价值基础的历史转型在特定地域的展开过程。因之,区域法治发展与国家法治发展在基本性质、主体内容与目标任务诸方面,都是内在一致、并行不悖的,绝不存在一个脱离国家法治发展历史进程的孤立的区域法治发展。也就是说,国家法治发展与区域法治发展之间具有内在的统一性,这种统一性意味着在国家法治发展的进程中,不同区域法治的运动发展不可能处于互不相关、绝对排斥的状态,因而必定会构成国家法治发展这个"总体";意味着区域法治发展与国家法治发展乃是国家法治的发展与命运的共同体,国家法治发展这个"具体总体"统摄着区域法治发展这个具有丰富关系的"许多规定",区域法治发展必须以推动国家法治发展、建设法治中国的总体战略为依据和准绳,必须以维护国家法治的统一和权威为基本前提;也意味着在不同的区域法治发展进程中确乎存在内在的统一性,存在共同的、必然的区域法治发展的运动规律,这就要求我们从不同区域法治的运动发展中,努力探寻区域法治发展的共同的、普遍的规律。

应当看到,在建设法治中国的时代进程中,区域法治发展亦具有鲜明的多样性的品格。从广泛的法律文化意义上讲,人类社会的法律文化是多彩多姿的。不同民族或国度的法律文化,在不同条件的作用下,总是循着特定的路径发展演化。在同一社会形态之内,不同国家的经济、文化和思想发展水平是不一样的,它们的国家形态和政治体制也有差异,每个国家又有其特定的历史发展阶段、风俗习惯和民族传统,而且,这些国家所处的地理位置、自然条件、人口状况等也不尽相同。这些复杂的因素,势必会使法律文化运动呈现五彩缤纷、丰富多样的历史特点。对于法治中国进程中的区域法治发展来说,一个鲜明特点就是具体性。建设法治中国、推进国家法治发展的进程,乃是一个由一定的国家法律制度、法律体系及其法律实践、法律行为、法律思想、法律心理联结而成的运动之网。作为这面运动之网上的每一个区域法治的运动发展，都独具个性，并且这种个性不是仅仅具有相对意义的特殊性，而是一种不可绝对重复的个别性。尽管在区域法治的发展进程中，不同区域法治发展之间常常会有“惊人的相似之处”，但也只能是“相似”而已。正因为不同的区域法治的运动发展富有如此鲜明的个性色彩，所以，当下中国的法治发展和区域法治发展进程才呈现这般的丰富多姿。诚然，随着社会经济文化的发展，特别是法治中国建设的加快推进，区域法治发展的历史个性有可能逐渐减弱，但是中国法制现代化的进程表明，区域法治的运动发展并没有因此变成呆板划一的堆积。随着法治中国建设的历史进程，区域法治发展的内容与形式只会越来越绚丽多样。这是毋庸置疑的客观趋势。我们应当深入把握法治中国进程中的各种不同类型区域法治发展的特殊逻辑，进而深刻揭示多样性的区域法治发展的特殊的本质性特点。

因此，毫无疑问，当代中国的法学研究，应当密切关注自己的时代所提出的种种问题，参与到生动的现实的法律生活之中，反映并阐释时代提出的重大法律问题，使之成为法的时代精神的体现。面对变革时代的区域法治发展，对于这一法治中国进程中的重大法治议程，我们有必要从理论、历史与实际的结合上，深入研究建设法治中国对于推进区域法治发展提出的全新要求，努力探寻区域法治发展的多样性统一运动样式，悉心把握区域法治发展的基本性质、总体目标、主体内容、动力机制与实现路径，着力探讨法治中国进程中的区域法治发展的鲜活样本，比较考察不同区域法治发展的生动实践类型，进而概括与揭示区域法治发展的一般原理和基本规律，以期为推进中国法制现代化、建设法治中国、实现国家治理体系和治理能力现代化奉献绵薄之力。

2014 年年初，经江苏省人民政府批准，南京师范大学法学院、东南大学法学院、苏州大学法学院、扬州大学法学院和江苏省社会科学院法学研究所共同设立了“江苏高校区域法治发展协同创新中心”。为了推动当代中国区域法治发展理论与实践研究的深入扎实的开展，江苏高校区域法治发展协同创新中心组织编辑《区域法治发展研究丛书》。这项学术事业得到了全国法学界同人们的热情关心、指导和支持，得到了江苏高校协同创新计划的专项经费资助,得到了南京师范大学、东南大学、苏州大学、扬州大学、江苏省社会科学院等单位的领导和有关部门的大力支持,也得到了法律出版社领导和有关编辑的鼎力相助。在此,我们谨致以诚挚的谢忱。

公丕祥

2014 年 11 月于南京

目　　录

绪　论

随着区域治理法治化的展开，区域立法已经成为当前立法的重要内容。尽管区域立法和地方立法之间的关系仍然存在诸多争论，但是，通常认为区域立法概念涵盖了地方立法概念，前者比后者在范围上更为广泛。有学者因此认为："区域立法是指以省级行政区或特定城市为基本构成单位，以经济、社会的全面且协调发展为主要目标的区域主体在现有的立法体制框架内制定、修改、认可或废止，以法规和规章等为主要形式的规范性法文件的活动。"[1]在这种理解框架下，地方立法作为区域立法的重要组成部分，成为立法研究的重要研究对象。对地方立法的深入研究必然会涉及区域立法问题，而对区域立法问题的关注分析也离不开地方立法这一区域立法的重要基础。正因为如此，无论是研究区域立法理论本身，[2]还是深入探讨区域立法协作[3]等议题，均不能舍去地方立法。所以，区域立法研究首先需要深入研究地方立法的具体情况。

在现行宪法体制下，地方立法已经取得了应有的宪法地位。一方面，地方性法规这种法律形式作为中国特色社会主义法律体系的有机组成部分已经得到承认。《宪法》第 5 条第 3 款规定，一切法律、行政法规和地方性法规

---

〔1〕 陈光：《试析我国区域立法的含义及其意义》，载《安徽大学法律评论》2008 年第 2 期。

〔2〕 刘旺洪主编：《区域立法与区域治理法治化》，法律出版社 2016 年版，第 1～13 页。

〔3〕 陈光：《区域立法协调机制的理论建构》，人民出版社 2014 年版，第 1～9 页。

都不得同宪法相抵触。另一方面,《宪法》对于地方性法规作出了明确规定。《宪法》第100条规定,省、直辖市的人民代表大会(以下简称人大)和它们的常务委员会(以下简称人大常委会),在不同宪法、法律、行政法规相抵触的前提下,可以制定地方性法规,报全国人民代表大会常务委员会备案。设区的市的人大及其常务委员会,在不同宪法、法律、行政法规和本省、自治区的地方性法规相抵触的前提下,可以依照法律规定制定地方性法规,报本省、自治区人大常务委员会批准后施行。这就意味着地方性法规作为地方立法的表现形式已经成为宪法体制的组成部分。正因如此,地方立法在当代中国具有不可或缺的内容。

一、地方立法概念的界定

尽管地方立法在当代中国法治建设中已经成为耳熟能详的词汇,但是对于地方立法概念的认识却是众说纷纭。无论是地方立法概念的正当性还是地方立法概念的范围,不同研究者均有自己的界定方式。

有学者认为:"地方立法是指享有立法权的地方国家机关(代议机构和政府)依据宪法和法律的相关规定,根据本地区的具体情况和实际需要,依照法定职权和程序,制定、修改和废止规范性法律文件的活动。"[1]这种认识是从最广义的角度来界定地方立法,既包括地方人大及其常委会制定的地方性法规,也包括地方政府制定的地方政府规章。

有学者认为:"所谓地方立法,是指特定的地方政权机关,依据一定职权和程序,运用一定技术,制定、认可、修改、补充和废止效力不超出本行政区域范围的规范性文件的活动。"[2]这种认识也是将地方性法规和地方政府规章均视为地方立法的范围。

正因如此,有学者对地方立法的含义可能出现的种种误解进行列举。"一种较普遍的误解,是对地方立法的主体作过狭或过广的理解,或是把地方立法仅仅看作是国家权力机关进行的活动,或是把地方立法的主体扩大到所

---

〔1〕 崔卓兰、于立深、孙波、刘福元:《地方立法实证研究》,知识产权出版社2007年版,第1页。

〔2〕 周旺生:《立法论》,北京大学出版社1994年版,第410页。

有的或过多的国家机关。另一种较普遍的误解，是对地方立法的法的形式作过狭或过广的理解，或是把地方立法仅仅看作产生和变动地方性法规的活动，或是认为所有地方国家机关的规定性文件都是地方立法的法的形式。还有一种较普遍的误解，是对地方立法的行政区域范围、法的效力范围作过狭或过广的理解，或是限定在省一级，或是扩大到县一级。另外，有的解说认定地方立法就是法律授予立法权的地方某些国家机关进行的活动，因而就否定了地方授权立法或授权地方立法的存在；有的解说则不谈地方立法是否应当根据一定权限进行，因而就忽视了地方立法的法治原则，这些也在一定程度上误解了地方立法的含义。"〔1〕

但是从宪法规定来看，由于规章这种形式尽管已经被纳入宪法之中，但是其只存在部门政府规章，而没有涉及地方政府规章。即使宪法和法律均承认规章的形式，但是由于《宪法》第 5 条并没有将规章作为法律形式，因此，严格意义上说规章并不能视为立法形式。正因如此，本书所界定的地方立法是地方人大及其常委会制定的地方性法规。〔2〕

二、地方立法的基本特征

地方立法是相对于国家立法而言的。通常来说，国家立法是代表国家所展开的立法，而地方立法就是代表地方所展开的立法。正因如此，在立法理论中，国家立法通常被视为"中央立法"。然而，"中央立法"的概念严格意义上来说是和"局部立法"相对应的，无论是"中央立法"还是"局部立法"均可以将立法机关和行政机关的立法活动纳入其中。由于地方立法局限于地方性法规的制定，因此地方立法的基本特征就表现为以下方面：

第一，地方立法的从属性。所谓从属性，通常是指"地方立法在效力级别等方面都从属于中央立法"。〔3〕《宪法》第 58 条规定，全国人大及其常委会行使国家立法权。这里所说的"国家立法权"意味着全国人大及其常委会的

〔1〕 周旺生：《立法论》，北京大学出版社 1994 年版，第 409 页。

〔2〕 尽管本书所界定的地方立法主要是地方性法规，但是在具体章节中仍然可以将地方政府规章纳入本书讨论之中。

〔3〕 崔卓兰、于立深、孙波、刘福元：《地方立法实证研究》，知识产权出版社 2007 年版，第 5 页。

立法权力可以覆盖到所有领域。在这种情况下,尽管《宪法》确认了地方性法规的地位,但是这种地方性法规相对于全国人大及其常委会制定的法律而言,具有从属性。需要注意的是,在立法理论上,通常认为,这种地方性法规的法律效力也低于行政法规的效力。严格意义上来说,这种认识是存在问题的。由于行政法规和地方性法规的制定主体不同,因此,不能简单地认为行政法规高于地方性法规,也不能单纯地认为地方性法规应该从属于行政法规。但是,就法律和地方性法规的关系来看,这种从属性是毫无疑问的。

第二,地方立法的地方性。毫无疑问,地方性是地方立法的最为明显的特征。因为地方立法是由地方立法主体所制定的,而不是由国家立法机关所制定的针对地方性事务的法律。对此,有学者归纳为五个方面:"第一,地方立法的主体只能是地方政权机关。中央政权机关不能是地方立法的主体。即使中央政权机关制定专门解决地方问题的法律、法规,如全国人大制定《香港特别行政区基本法》,这样的立法活动不属于地方立法的范畴。第二,地方立法的任务是解决地方问题,尤其是注重解决应当以立法形式解决而中央立法不能或不便解决的问题,一级中央立法不可能具体解决的问题。第三,地方立法的内容可以或应当具有鲜明的地方特色。地方立法的基本原则之一就是要从本地实际情况出发,保持地方特色。第四,地方立法的形式,在大多数存在地方立法的国家也是可以或事实上具有鲜明的地方特色的。第五,地方立法的效力范围限于一定的地域内。一个地方性法规或其他地方规范性文件,在自己的效力所及范围内,除享有外交特权和豁免权者以及该法所排除者(如果有排除者的话)外,所有自然人、法人和其他社会组织,都是要遵守的。"[1]这种地方性理解在某种意义上局限于行政区域,而非真正的地方性理解。需要注意的是,地方性理解必须着眼于地方立法所服务的对象是当地居民。脱离了人的理解,地方立法就不能凸显出其自身的立场,也就无法和国家立法相互区别。

第三,地方立法的自主性。所谓自主性,就是地方立法可以自己决定立

---

〔1〕 崔卓兰、于立深、孙波、刘福元:《地方立法实证研究》,知识产权出版社2007年版,第412页。

法的权力。有学者将其归纳为“地方立法的相对独立性”，即“地方立法是国家立法体系中不可或缺、不可替代的组成部分，在不与宪法、法律、行政法规相抵触的前提下，地方权力机关和行政机关有权从本地方的具体情况和实际需要出发，发挥积极性和创造性，自主地处理本地方的事务，制定法规，创制规范”。〔1〕也有学者认为：“相对独立性包括两层含义。一是独立性，地方立法不是中央立法的完全翻版和附庸，不能把贯彻执行中央立法作为自己的唯一职能，否则地方立法就丧失了存在的必要性。二是从属性，或称独立性的相对性。地方立法的‘独立权’与联邦制国家的州权与联邦权关系不同，不能大于或者高于中央立法权，必须以不与中央立法相抵触为前提条件。”〔2〕由于我国是单一制国家，一般行政区域的独立性是不存在的，而在地方立法上，更多的是具有自主性。这种自主性通常意味着地方立法权力一方面来自国家的授权，另一方面也意味着在授权范围内地方可以自主地开展地方立法工作。需要注意的是，地方获得立法权，这种说法严格意义上并不准确，因为这种立法权并不具有独立性，但是具有自主性，因为相对于中央而言，地方具有一定的独立性，但是作为地方权力的地方性法规制定权只是地方的一项职权。所以，从理论上说，地方立法具有自主性，而不是相对独立性，这种认识较为妥当。

三、地方立法的主要类型

由于我国地方行政区域的复杂性，因此具有地方立法权的地方人大及其常委会也呈现出不同的形式，如一般行政区域的地方人大及其常委会、经济特区所在地的地方人大及其常委会、民族自治地方的地方人大及其常委会。由于2015年地方立法权的扩容，所以，“较大的市”概念已经成为历史，“设区的市”已经成为一级地方立法主体。因此，我国地方立法类型大致可以划分如下三种形式。

（一）一般行政区域的地方立法

从历史上来看，一般行政区域的地方立法经历了从有到无、从无到有的

---

〔1〕田成有：《地方立法的理论与实践》，中国法制出版社2004年版，第14页。

〔2〕崔卓兰、于立深、孙波、刘福元：《地方立法实证研究》，知识产权出版社2007年版，第6页。

发展历程。对此，有学者认为："在建国初期系由大行政区、省、市、县的立法所构成。当时在非民族自治地方，县以上都有地方立法权。大行政区、省、县的立法是三个不同层次的地方立法。市的情况较复杂，各市并不是同一级别的行政区划，其立法不能笼统地划入哪一层次的立法。"[1]此后，1954年《宪法》取消了这种一般地方立法权。这种地方立法权一直到1979年《地方各级人民代表大会和地方各级人民政府组织法》（以下简称《地方组织法》）修改后规定了省、直辖市可以制定地方性法规。1982年《宪法》进一步肯定了地方立法权，同时修改《地方组织法》，确定了省级人民政府所在地的市和国务院批准的较大的市可以制定地方性法规。这种立法格局一直到2015年《立法法》修改才得以改变。2015年《立法法》修改之后，立法权进一步向设区的市拓展。因此，一般行政区域的地方立法可以分为两种类型：

第一，省、直辖市的人大及其常委会制定的地方性法规。省级人大及其常委会的立法权最初规定于1979年第五届全国人大第二次会议通过的《关于修改〈中华人民共和国宪法〉若干规定的决议》和《地方组织法》之中。1982年《宪法》和此后的《地方组织法》一直肯定这种地方性法规制定权。

第二，设区的市的人大及其常委会制定的地方性法规。2015年《立法法》修改之前，并无"设区的市"拥有地方立法权的规定，只有"较大的市"的概念。《地方组织法》所规定的"较大的市"是指经过国务院批准的设区（县）的市。2000年《立法法》第63条所称的"较大的市"包括省、自治区的人民政府所在地的市、经济特区所在地的市和经过国务院批准的较大的市。2015年《立法法》取消了"较大的市"概念，而采用了"设区的市"概念，因此其实际上覆盖了"较大的市"的范围。不过，这里需要注意的是，经济特区所拥有地方立法权的来源更为复杂，因此需要单独讨论。尽管设区的市的人大及其常委会享有制定地方性法规的权力，但是，其所制定的地方性法规需要由省、自治区的人大常委会批准后方能施行，所以通常认为这种立法权是不完整的。

（二）经济特区的地方立法

尽管经济特区所在地的市的地方立法权通常被视为较大的市的地方立

---

[1] 周旺生：《立法论》，北京大学出版社1994年版，第440页。

法权,但是严格来说,其仍然不同于一般行政区域的地方立法权。改革开放以来,国家设立了多个经济特区,全国人大及其常委会通过五个授权决定,赋予广东省、福建省和海南省人大及其常委会,深圳市、厦门市、汕头市和珠海市人大及其常委会制定经济特区法规的权力。这就意味着围绕着经济特区事务,这些地方人大及其常委会可以制定经济特区法规。由于这些经济特区法规只需要进行备案,而不需要批准,因此,这种地方立法相对于设区的市的地方立法而言更为完整。

(三)民族自治地方的地方立法

民族自治地方通常是指自治区、自治州和自治县。这三种区域的地方人大及其常委会可以制定自治条例和单行条例。由于民族自治地方也享有一般行政区域的权力,这就造成了民族自治地方只有一部分地区具有制定地方性法规的权力,如自治区、自治州,而自治县却只有制定自治条例和单行条例的权力,无地方性法规的制定权力。

四、地方立法的基本原则

地方立法作为一国立法体制中的重要组成部分,必须遵循该国立法的基本原则。《立法法》明确了国家立法的基本原则:一是宪法原则。《立法法》第3条规定:"立法应当遵循宪法的基本原则,以经济建设为中心,坚持社会主义道路、坚持人民民主专政、坚持中国共产党的领导、坚持马克思列宁主义毛泽东思想邓小平理论,坚持改革开放。"二是法治原则。《立法法》第4条规定,立法应当依照法定的权限和程序,从国家整体利益出发,维护社会主义法制的统一和尊严。三是民主原则。《立法法》第5条规定,立法应当体现人民的意志,发扬社会主义民主,坚持立法公开,保障人民通过多种途径参与立法活动。四是科学原则。《立法法》第6条规定,立法应当从实际出发,适应经济社会发展和全面深化改革的要求,科学合理地规定公民、法人和其他组织的权利与义务、国家机关的权力与责任。法律规范应当明确、具体,具有针对性和可执行性。这些原则显然是地方立法应当遵循的。但是在执行上述原则时,地方立法显然又有自身的特殊性。这种特殊性表现为以下两个方面。

（一）不抵触原则

所谓不抵触原则，是指地方立法不得与宪法、法律、行政法规相抵触。《宪法》第5条第3款规定："一切法律、行政法规和地方性法规都不得同宪法相抵触。"该款明确了地方性法规不得抵触宪法。同时，《宪法》第100条规定："省、直辖市的人民代表大会和它们的常务委员会，在不同宪法、法律、行政法规相抵触的前提下，可以制定地方性法规，报全国人民代表大会常务委员会备案。设区的市的人民代表大会和它们的常务委员会，在不同宪法、法律、行政法规和本省、自治区的地方性法规相抵触的前提下，可以依照法律规定制定地方性法规，报本省、自治区人民代表大会常务委员会批准后施行。"这就意味着不抵触原则对于地方立法主体有两个层次的意义：一是对于省级人大及其常委会而言，地方性法规不同宪法、法律、行政法规相抵触；二是对于设区的市的人大及其常委会而言，地方性法规除了不同宪法、法律、行政法规相抵触之外，还不能和本省、自治区的地方性法规相抵触。问题在于对于"相抵触"的理解在理论上有不同看法。有学者认为："所谓'不同宪法、法律、行政法规相抵触'，应当是指'不得与宪法、法律、行政法规相冲突、相违背'的意思。一方面是不得与宪法、法律、行政法规的具体条文的内容相冲突、相违背（所谓直接抵触）；另一方面是不得与宪法、法律、行政法规的精神实质、基本原则相冲突、相违背（间接抵触）。"〔1〕有学者认为，所谓"相抵触"内容包括：地方性法规超越立法权限，规定了本应由中央立法规定的事项；违反宪法、法律和行政法规的基本原则、指导思想和立法宗旨；违反宪法、法律和行政法规的具体条文和规范。〔2〕由此可见，不抵触原则既是针对宪法、法律、行政法规的法律条文内容而言的，也是针对宪法、法律、行政法规的法律精神原则而言的。也就是说，根据不抵触原则，地方立法既不能直接违反上位法规定，也不能间接地违背上位法立法精神。

（二）特色原则

所谓特色原则，就是指地方立法要根据当地实际情况。通说认为，地方

---

〔1〕周旺生：《立法论》，北京大学出版社1994年版，第436页。

〔2〕徐静琳、刘力铭：《地方性法规与政府规章关系论》，载《政治与法律》2008年第1期。

立法应该实事求是,从实际出发制定本地区所需要的地方性法规。特色原则,"简单地说,就是要求地方立法能反映本地的特殊性。具体地说,就是要求:第一,地方立法能充分反映本地经济、政治、法制、文化、风俗、民情等对立法调整的需求程度,适合本地实际情况;第二,地方立法要有较强的、具体的针对性,注意解决本地突出的,而中央立法没有或不宜解决的问题,把制定地方规范性法文件同解决本地实际问题结合起来"。〔1〕尽管各地均将地方特色作为地方立法的原则,但是在理解时不能单纯地为了所谓特色而立法,尤其表现为过分强调地方立法的"与众不同"。特色原则应该是在遵循上位法的前提下进行的,既要考虑国家立法在地方的有效实施,也要考虑本地区立法需求的特殊性。在地方立法过程中,既要避免只关注国家立法关注的事项,也要避免只关注国家立法所没有关注的事项。特色原则既要体现在实施性立法之中,也要体现在自主性立法之中。

五、地方立法的事项

地方立法的权限就是地方立法的事项。尽管1982年《宪法》已经规定了地方性法规的制定权,但是地方性法规所涉及的立法事项并不明确。即使经济特区地方立法和民族自治地方自治立法的立法范围已更为细致,但是仍然存在模糊的地方。

(一)一般行政区域地方立法的事项

《立法法》第73条第1、2、3款规定:"地方性法规可以就下列事项作出规定:(一)为执行法律、行政法规的规定,需要根据本行政区域的实际情况作具体规定的事项;(二)属于地方性事务需要制定地方性法规的事项。除本法第八条规定的事项外,其他事项国家尚未制定法律或者行政法规的,省、自治区、直辖市和设区的市、自治州根据本地方的具体情况和实际需要,可以先制定地方性法规。在国家制定的法律或者行政法规生效后,地方性法规同法律或者行政法规相抵触的规定无效,制定机关应当及时予以修改或者废止。设区的市、自治州根据本条第一款、第二款制定地方性法规,限于本法第七十二

---

〔1〕周旺生:《立法论》,北京大学出版社1994年版,第437页。

条第二款规定的事项。”从上述立法规定来看，地方性法规所涉及的地方立法事项存在层级上的差异。省、自治区、直辖市的人大及其常委会地方立法事项较为广泛。除了《立法法》第8条规定的只能制定为法律的事项之外，地方立法可以涉及所有其他事项。《立法法》第72条规定，省、自治区、直辖市的人大会及其常委员会根据本行政区域的具体情况和实际需要，在不同宪法、法律、行政法规相抵触的前提下，可以制定地方性法规。需要注意的是，2000年《立法法》规定的“较大的市”的地方立法事项也是非常广泛的。2000年《立法法》第63条第2款规定，较大的市的人大及其常委员会根据本市的具体情况和实际需要，在不同宪法、法律、行政法规和本省、自治区的地方性法规相抵触的前提下，可以制定地方性法规，报省、自治区的人民代表大会常务委员会批准后施行。2015年《立法法》修改后，“较大的市”的立法事项已经受到限制，只有省级人大及其常委会具有广泛的地方立法权。即便如此，省级人大及其常委会的地方立法事项仍然无法确定。例如有的学者提出了“具有地方特色的事务”〔1〕概念。这个概念依然无法确定。所以有学者提出，即使是涉及国防、军事、外交方面的事项，也并非中央专有立法，可以由地方立法加以规范。〔2〕更有学者提出，应采取事务“影响范围”和“重要程度”相结合的标准，并以“地方性事务”为起点，界定“地方性事务”的可能范围。〔3〕当然，这显然需要对这些事项进一步解释。

（二）设区的市的地方立法事项

《立法法》第72条第2款规定，设区的市的人大及其常委会根据本市的具体情况和实际需要，在不同宪法、法律、行政法规和本省、自治区的地方性法规相抵触的前提下，可以对城乡建设与管理、环境保护、历史文化保护等方面的事项制定地方性法规，法律对设区的市制定地方性法规的事项另有规定的，从其规定。从该条来看，设区的市地方立法事项主要是城乡建设与管理、环境保护和历史文化保护三类，改变了以往“较大的市”地方立法事项过宽的局面。对于设区的市的地方立法事项，学术界主要围绕两个方面来展开讨

〔1〕 刘明利：《立法学》，山东大学出版社2002年版，第115页。
〔2〕 沈关成：《对地方立法权的再认识》，载《中国法学》1996年第1期。
〔3〕 孙波：《论地方专属立法权》，载《当代法学》2008年第2期。

论:一是“城乡建设与管理”、“环境保护”和“历史文化保护”的范围;二是“等”属于“等内等”还是“等外等”。对于前者,主要集中在“城乡建设与管理”的范围之上。通常认为,“城乡建设与管理”的范围还是很大的。“在既有的规范资源条件下,对‘城乡建设与管理’的解释事实上还是较为宽泛的,不确定空间亦相对较多。”[1]而对于后者,实务界和学术界存在比较对立的解释,实务界通常将“等”解释为“等内等”,学术界则将“等”解释为“等外等”。尽管学术界的解释在学理上能够说得通,但是从立法原意来看,“等内等”比较合适,否则,《立法法》就没有必要专门规定三类立法事项了。

(三)经济特区所在地的地方立法事项

《立法法》第74条规定:“经济特区所在地的省、市的人民代表大会及其常务委员会根据全国人民代表大会的授权决定,制定法规,在经济特区范围内实施。”这里需要注意的是,经济特区法规的范围必须根据全国人大的授权来确定,其和一般行政区域的地方立法事项具有很大的不同。不过,经济特区所在地立法事项的范围实际上难以界定。一方面,全国人大授权的范围并不明确,决定了经济特区所在地地方立法事项也是非常广泛的。以深圳经济特区为例,“所通过的法规中,先于国家立法,借鉴我国港澳台地区及国外立法成果先行先试的法规占比58.29%;基于改革开放及特区实际情况需要,对国家法律及行政法规的变通、细化与补充占比36%;为满足深圳特区生态保护、城市管理及精神文明的需要而制定和出台的法规占比51.43%”。[2]另一方面,经济特区所在地地方立法和一般行政区域地方立法实际上也难以进行划分。所以,在某种意义上说,经济特区所在地地方立法事项虽然比设区的市的地方立法事项要多,但是在2015年《立法法》确定了设区的市的立法事项的情况下,经济特区所在地地方立法事项的获得必须要通过全国人大的授权。这是2015年《立法法》修改之后经济特区所在地立法出现的新情况。

---

〔1〕 郑毅:《对我国〈立法法〉修改后若干疑难问题的诠释与回应》,载《政治与法律》2016年第1期。

〔2〕 何家华:《特区立法权的实践状况和社会效果——以深圳为例》,载《南海法学》2017年第3期。

(四)民族自治地方立法的事项

《立法法》第75条规定:"民族自治地方的人民代表大会有权依照当地民族的政治、经济和文化的特点,制定自治条例和单行条例。……自治州、自治县的自治条例和单行条例,报省、自治区、直辖市的人民代表大会常务委员会批准后生效。自治条例和单行条例可以依照当地民族的特点,对法律和行政法规的规定作出变通规定,但不得违背法律或者行政法规的基本原则,不得对宪法和民族区域自治法的规定以及其他有关法律、行政法规专门就民族自治地方所作的规定作出变通规定。"从该条规定来看,其实际上并没有明确地方立法事项。《宪法》和《民族区域自治法》等均对自治事务进行了规定,这就意味着只要属于自治权限的范围,那么民族自治地方的人大及其常委会就可以进行立法。然而,由于自治权限的范围依然广泛,因此也就决定了民族自治地方立法事项也是非常模糊的。

六、地方立法的作用

地方立法已经成为我国法律体系中的组成部分,在国家和社会生活中发挥着极其重要的作用。

一是保证法律实施。地方性法规在我国法律体系中不得与宪法、法律和行政法规相抵触,因此,地方性法规实际上扮演着落实上位法的重要角色。这种角色通常是指执行性立法。"执行性立法是对法律和行政法规中的法律规范的确切含义和适用范围予以明确规定,是将法律和行政法规的一般性规定适用于个别的、具体的情况。"[1]在这种执行性立法过程中,地方立法一方面要对上位法中已有的规定进行细化,另一方面,也需要根据本地实际情况作出具体规定。

二是提供法律依据。地方性法规作为法律渊源之一,为地方性事务提供了法律依据。这种法律依据一方面赋予地方性事务合法性依据,另一方面也成为执法活动的重要依据。在行政执法过程中,行政执法机关要考虑地方立法规定。而在司法活动中,地方性法规也是重要的法律适用形式。

---

〔1〕 崔卓兰、于立深、孙波、刘福元:《地方立法实证研究》,知识产权出版社2007年版,第8页。

三是积累法律经验。由于各地情况千差万别，因此，在上位法规定比较原则或者未规定的情况下，地方立法可以起到积累法律经验的作用。特别是《立法法》授予地方性法规先行立法的权力。《立法法》第 73 条第 2 款规定，除《立法法》第 8 条规定的事项外，其他事项国家尚未制定法律或者行政法规的，省、自治区、直辖市和设区的市、自治州根据本地方的具体情况和实际需要，可以先制定地方性法规。这种积累法律经验的做法就体现在实验立法、先行立法等形式之中。

第一章　地方立法的历史基础

随着西法东渐,现代意义上的立法为近代中国所接受,并且逐渐从国家立法向地方立法发展。江苏作为近代中国对外通商的重要区域之一,在地方立法方面具有一定的特殊性,这种特殊性体现在江苏地方立法的地域性。从历史来看,江苏地方立法是伴随着地方民意机关的建立而出现的,但这并不意味着地方民意机关必然拥有地方立法权。

第一节　清末时期地方立法的萌芽

随着清末预备立宪活动的展开,地方民意机关开始建立。这一时期,将地方自治制度分为上、下两级,以城、镇、乡为下级自治机关,而以府、厅、州、县为上级自治机关。[1] 根据《城镇乡地方自治章程》《厅州县地方自治章程》《京师地方自治章程》规定,这些自治机关并无地方立法权。“府厅州县之上,复有行省,地方自治议会未能直接中央议院,特筹设各省咨议局,以为各级自治会与中央资政院之枢纽,而《谘议局章程》及《谘议局议员选举章程》且定于各地方自治及选举章程之先。”[2] 根据《各省谘议局章程》规定,谘议局议决

〔1〕 谢振民编著:《中华民国立法史》,张知本校订,中国政法大学出版社2000年版,第663页。
〔2〕 谢振民编著:《中华民国立法史》,张知本校订,中国政法大学出版社2000年版,第670页。

本省单行章程规则之增删修改。此项职权在“城镇乡”和“府厅州县”自治机关均不具备。谘议局单行章程规则增删修改职权的出现并不意味着地方立法权为谘议局所拥有。这一点亦体现在江苏谘议局之中。

光绪三十四年(1908 年)冬至宣统元年(1909 年)春,两江总督府和江苏巡抚院筹办谘议局议员选举,采用复选举法共选出 125 人。宣统元年(1909 年)九月初一日,江苏谘议局在南京正式成立。谘议局设议长、副议长和驻会委员等,至宣统三年(1911 年)十月,先后召集两次常年会和两次临时会。辛亥革命爆发后,谘议局终止,前后历时两年。[1] 而根据《各省谘议局章程》第 1 条规定,谘议局钦遵谕旨为各省采取舆论之地,以指陈通省利病、筹计地方治安为宗旨。同时,《各省谘议局章程》第 22 条规定,谘议局议定可行事件,呈候督抚公布施行。前项呈候施行事件,若督抚不以为然,应说明原委事由,令谘议局复议。因此,谘议局本身无地方立法权。不过,根据《各省谘议局章程》第 21 条规定,谘议局有议决单行章程规则的增删修改的权力。因此,江苏省谘议局为了能够参与地方事务,曾经对江苏省单行法的实施问题作出专门规定。例如,在宣统元年(1909 年)九月第一年度常年会上,江苏省谘议局议决《本省单行章程规则截清已行未行界限分别交存交议案》,其中涉及单行法议决施行修改程序:一是凡属本省之单行法自应由督部堂、抚部院交议或由议员自行提议,经本局议决后,呈请公布施行,始为有效。二是以本年九月初一日谘议局开办之日为断,嗣后如有新订之本省单行法,自应照章由本局议决,然后呈请施行,始为有效。其以前宁、苏两属所有已经订定通行之单行法,应即归入旧案。三是如有必须增删修改之处,即须经谘议局议决。[2] 由此可见,江苏谘议局虽然试图对单行法制定权进行规制,但是仍然承认单行法公布权并不属于谘议局。除此之外,江苏谘议局并未开展地方立法工作。这说明,在当时仿行宪政时期,地方民意机构并无地方立法权。但是,一旦民意机构展开活动,就呈现对地方立法权的需求。

---

〔1〕 江苏省地方志编纂委员会:《江苏省志·议会　人民代表大会志》,江苏人民出版社 1999 年版,第 7 页。

〔2〕 江苏省地方志编纂委员会:《江苏省志·议会　人民代表大会志》,江苏人民出版社 1999 年版,第 21 页。

第二节　民国前期地方立法的发展

民国时期,以南京国民政府建立为界,大致可以分为民国前期和民国后期两个时期。民国前期大致包括辛亥革命时期和北洋政府时期,而民国后期主要是指南京国民政府时期。这里首先分析民国前期的江苏地方立法情况。总体来看,这一时期江苏地方立法不断发展,达到了历史上的高峰时期。这种现象主要与议会组织的发展具有一定的关系。中华民国成立后,所有各省谘议局均改为临时省议会。至1913年,参议院议决《省议会暂行法》及《省议会议员选举法》,于同年4月2日公布。[1] 根据《省议会暂行法》,省议会有议决本省单行条例之权。这就使省议会获得了一定的发展空间。同时,这一时期地方自治成为一种重要的政治思潮。中华民国成立后,各级自治会纷纷成立。但是,1914年2月3日,中华民国大总统袁世凯明令停止进行地方立法活动,并着内务部专家将自治制度重新厘定。2月6日,又下令将京师地方自治一并取消,所有京师地方自治制度,并由内政部汇案办理。后于12月29日公布《地方自治试行条例》。此后,1915年4月14日,袁世凯以教令第19号公布《地方自治试行条例实施细则》,规定《地方自治试行条例》之施行,但未实施。此后一直到1919年秋,政府乃拟定《县自治法》,提经新国会议决,于1919年9月8日公布,列为法律第12号。根据《县自治法》,县自治团体设定一般之法则,有两种形式,即公约和规则。[2] 1921年6月18日,政府以教令第13号公布《县自治法施行细则》21条,以教令第14号公布《县议会议员选举规则》56条。1921年7月3日,政府以教令第16号公布《市自治制》,以教令第17号公布《乡自治制》。根据规定,市乡关于自治事务均得制定公约及规则,均以一定之公告式发布之。[3] 正是由于地方自治的发展,地方自治组织权力不断扩张,从而获得一定的立法权力。特别是在联省自治时期,"立

〔1〕谢振民编著:《中华民国立法史》,张知本校订,中国政法大学出版社2000年版,第674页。
〔2〕谢振民编著:《中华民国立法史》,张知本校订,中国政法大学出版社2000年版,第679页。
〔3〕谢振民编著:《中华民国立法史》,张知本校订,中国政法大学出版社2000年版,第682页。

法”一词已经不再局限于中央权限，而且也为地方所拥有。为了便于讨论，这里按照民意机关的演变形态对江苏地方立法进行分析。

一、临时省议会时期地方立法

辛亥革命时期，江苏宣布独立后，就召集了临时议会。根据苏军都督府拟定公布的《江苏临时议会章程》规定，“江苏临时议会为本省临时立法机关，设于江苏都督所驻之地。临时议会以本省谘议局议员组织之，即以议会开会之日为谘议局消灭之日”。这就是将江苏临时议会作为立法机关来认识。这一点从都督程德全发出的召集临时议会通告中也可以看出，通告指出：“江苏自宣告独立脱离旧政府，凡百草创，一切庶政咸与维新，从前种种譬如昨日死，以后种种譬如今日生。……全省政治亦应有统一之规划。本都督素遵舆论，默念议会为立法机关，尤为共和政治精神之所寄……旧时谘议局章程已不适于共和国省议会之用，而议员为人民所公选，自足以代表全省人民之意思。为此，另订江苏临时议会章程，亟行召集议员于十月初一日开会，已指定苏州省城拙政园为江苏议会会场。除省议会法及本省官制官规并其他重要事件由本都督府起草交议外，各议员其预备谠论剀切指陈，以匡本都督之不逮。此外，各团体有能发抒政见，切合目前时势裨益新政者，亦各条陈办法，开具理由书，交由议员审查提议。”〔1〕其显然否定了各省谘议局章程的效力，同时将省议会视为立法机关，可以制定省议会法等法律。临时省议会于宣统三年(1911 年)十月初一日，由都督程德全于苏州拙政园召集会议宣告成立，至民国二年(1913 年)二月二十二日省第一届议会成立而终止。〔2〕宣统三年(1911 年)十月，临时省议会议决《江苏省临时议会法》，其规定，议会召集会议时，有权议决本省根本法及其他法律。〔3〕该法正式赋予江苏省议会以立法权。同时，苏州亦成立了临时议会。这一时期江苏立法颇多，主要由江苏临

〔1〕江苏省地方志编纂委员会：《江苏省志·议会　人民代表大会志》，江苏人民出版社 1999 年版，第 25 页。

〔2〕江苏省地方志编纂委员会：《江苏省志·议会　人民代表大会志》，江苏人民出版社 1999 年版，第 25 页。

〔3〕江苏省地方志编纂委员会：《江苏省志·议会　人民代表大会志》，江苏人民出版社 1999 年版，第 27 页。

时省议会制定,如《江苏临时议会章程》《江苏暂行地方制案》《现行官制案》《暂行县制并选举章程案》《市乡制及市乡制选举章程案》《江苏试办登记法案》《应用法律案》《规定诱拐二十岁以上者之刑律案》《法院编制法案》《江苏银行条例案》等。[1] 此外,苏州临时议会亦制定了《苏州临时议会暂行章程》。从这些立法来看,主要涉及以下两类立法:

(一)地方政权立法

辛亥革命时期,江苏宣布独立,临时省议会亦制定了许多涉及地方政权的法律,如《江苏临时议会章程》《江苏军政府临时约法》。例如,《江苏临时议会章程》分总纲、职任权限、会议和议决案四章,共 17 条。[2] 而《江苏军政府临时约法》共 18 条,[3] 在此基础上,江苏省议会制定了《中华民国江苏军政府临时约法各司官职令通则》《江苏军政府暂行官制总纲》《江苏暂行官制》《江苏军政分府》《江苏省议会议决县民政长选举章程》等涉及政权组织的法律。[4] 例如,《江苏省议会议决县民政长选举章程》分总纲、初选举、复选举和选举变更四章,共 25 条,详细列举了县民政长选举的程序。[5] 此外,1911 年 11 月制定的《苏州临时议会暂行章程》分为总纲、职任权限、议决案和附则四章,共 13 条。[6] 又如,《暂行县制并选举章程》有《暂行县制》共 86 条,分为第一章总纲、第二章议事会、第三章参事会、第四章县行政、第五章县财政、第六章县监督、第七章文书程式、第八章附则。[7] 有《暂行县制选举章程》,共 47 条。[8] 此外,《暂行市乡制并选举章程》由《暂行市乡制》和《选举章程》

---

〔1〕 江苏省地方志编纂委员会:《江苏省志·议会　人民代表大会志》,江苏人民出版社 1999 年版,第 29 页。

〔2〕 夏新华、胡旭晟:《近代中国宪政历程:史料荟萃》,中国政法大学出版社 2004 年版,第 616~618 页。

〔3〕 夏新华、胡旭晟:《近代中国宪政历程:史料荟萃》,中国政法大学出版社 2004 年版,第 618~619 页。

〔4〕 王建学编:《近代中国地方自治法重述》,法律出版社 2011 年版,第 378~385 页。

〔5〕 王建学编:《近代中国地方自治法重述》,法律出版社 2011 年版,第 384~385 页。

〔6〕 蔡鸿源主编:《民国法规集成》(第 3 册),黄山书社 1999 年版,第 176~177 页。

〔7〕 江苏省长公署司法秘书庞树森、佐理陈典猷编辑:《江苏省单行法令初编》,载张研、孙燕京主编:《民国史料丛刊 46》,大象出版社 2009 年版,第 23~35 页。

〔8〕 江苏省长公署司法秘书庞树森、佐理陈典猷编辑:《江苏省单行法令初编》,载张研、孙燕京主编:《民国史料丛刊 46》,大象出版社 2009 年版,第 35~42 页。

组成。《暂行市乡制》共110条，分为第一章总纲、第二章市乡议事会、第三章市董事会、第四章乡董、第五章经费、第六章市乡行政监督、第七章附则、第八章文书程式、第九章附则。[1] 而《暂行市乡制选举章程》共81条，分为第一章总纲、第二章市乡议事会选举、第三章市董事会选举、第四章乡董及乡佐选举、第五章罚则、第六章附则。[2] 从这些立法来看，关于政权建设的规定非常详细。

（二）地方事务立法

这一时期江苏地方立法机关涉及地方事务立法并不多。其典型就是《江苏省议会议决裁厘抵补方法案》和《江苏银行章程》。《江苏省议会议决裁厘抵补方法案》共9条，分为税法、征收法、税率、征收机关、征收证据、解款及征收费、征收实行期、罚则和附则9个方面。[3] 而1911年11月12日制定的《江苏银行章程》分组织、资本及准备金、营业、账务和内部组织五章。[4] 由此可见，即使涉及地方事务，立法亦十分详尽。

二、省议会时期地方立法

1913年1月10日，北京政府通令各省长官，发布《省议会议员召集令》，规定："凡复选已竣各省分，限于民国2年2月10日以前召集。至复选延期各省分，限于该省省议会议员复选举行后，由该省行政长官约定日期召集。"根据《江苏省临时议会法》关于省议会设于都督所驻地的规定，第一届省议会于1913年2月22日由都督程德全召集第一次常年会宣告成立，会址设于南京丁家桥原江苏谘议局会所。[5] 1913年10月，袁世凯窃取中华民国大总统职务后，于翌年2月28日下令解散各省省议会，申称："省议会不宜于统一国家，

---

〔1〕 江苏省长公署司法秘书庞树森、佐理陈典猷编辑：《江苏省单行法令初编》，载张研、孙燕京主编：《民国史料丛刊46》，大象出版社2009年版，第43～64页。

〔2〕 江苏省长公署司法秘书庞树森、佐理陈典猷编辑：《江苏省单行法令初编》，载张研、孙燕京主编：《民国史料丛刊46》，大象出版社2009年版，第64～75页。

〔3〕 王建学编：《近代中国地方自治法重述》，法律出版社2011年版，第385～386页。

〔4〕 蔡鸿源主编：《民国法规集成》（第4册），黄山书社1999年版，第142～144页。

〔5〕 江苏省地方志编纂委员会：《江苏省志·议会　人民代表大会志》，江苏人民出版社1999年版，第30～31页。

统一国家不应有此等庞大地方会议,应即依照政治会议议决,将各该省省议会一律解散。"第一届省议会就此中止。1916 年 6 月,黎元洪继任大总统后,于是年 8 月 14 日下令:"各省省议会应于 10 月 1 日由各省行政长官依法召集开会,届期,各省省议会一律恢复。"省长齐耀琳据此颁发命令,定 1916 年 10 月 1 日,召集第一届省议会第二次常年会,省议会得以恢复。[1] 第一届省议会至 1918 年 10 月 10 日第二届省议会举行第一次常年会而终止。第二届省议会至 1921 年 10 月 1 日第三届省议会举行第一次常年会而终止。第三届省议会至 1925 年 4 月终止。此后,第四届省议会未成立。[2] 根据省议会法规定,省议会通过会议,有权议决单行条例,但以不抵触法律命令为限。据此,各届省议会制定了单行条例。

(一)第一届会议期间地方立法

第一届省议会自 1913 年 2 月起至 1918 年 10 月终止,其中因袁世凯下令解散各省议会,省议会从 1914 年 3 月起停止活动,至 1916 年 10 月才恢复。第一届省议会在南京丁家桥省议会会场先后召集 3 次常年会和 6 次临时会。[3] 对于单行条例,1913 年 5 月 9 日,第一届省议会第一次常年会议决《本省单行条例公布施行规则案》。该议决案主要规定单行条例的制定程序:一是从前省行政公署以命令施行之件,具有单行条例性质者,非经交本省议会修正或追认,不能继续有效,至议决条例之公布机关暨施行日期,非正确规定不足以利进行。兹订定规则 5 条,应请民政长公布施行。二是凡省议会议决条例于 10 日内刊登省公报公布之,自民国元年起本省都督、民政长之命令有单行条例的性质未经临时省议会议决者,应交省议会修正或追认,另册刊布,如不交省议会修正或追认及不依本规则公布者失其效力。三是县知事奉到省公报后,应将公布条例即日交由所属市乡公所揭示,揭示时应载明到达

[1] 江苏省地方志编纂委员会:《江苏省志·议会　人民代表大会志》,江苏人民出版社 1999 年版,第 31 页。

[2] 江苏省地方志编纂委员会:《江苏省志·议会　人民代表大会志》,江苏人民出版社 1999 年版,第 31 页。

[3] 江苏省地方志编纂委员会:《江苏省志·议会　人民代表大会志》,江苏人民出版社 1999 年版,第 50 页。

之年月日等。[1] 第一届省议会议决的单行条例还有《县市乡学校联合会规程案》《县市乡自治机关文书程式案》《修正县制案》《修正市乡制案》《修正江苏银行条例案》《修正江苏省征收地税暂行条例案》《江苏地方物品展览会章程案》《江苏省实业视察员条例案》《蚕行自行取缔条例案》《自来水营业条例案》《改良丝织推广桑棉奖励条例案》等。[2]

（二）第二届会议期间地方立法

第二届省议会自1918年10月起至1921年9月终止，在南京丁家桥会场先后召集3次常年会和8次临时会。[3] 1918年12月6日，第二届省议会第一次常年会议议决《江苏各县地方款产经理处条例》。[4] 第二届省议会议决的规程、条例还有《江苏省制宪规程案》《江苏省参事会条例案》《江苏省银行条例并规定县银行条例案》《江苏省道筹备处简章案》《江苏省补助各县小学教员遗族恤金暂行办法案》《修正货物税章程案》《修正蚕行条例案》《修正淮扬徐海四属平剖面测量条例案》等。[5]

（三）第三届会议期间地方立法

第三届省议会自1921年10月起至1925年4月终止，在南京丁家桥会场先后召集3次常年会和10次临时会。[6] 1922年12月，第三届省议会第二次常年会议决《江苏省户籍条例案》。[7] 第三届省议会议决的条例、章程还有《江苏省修正制宪规程案》《江苏省省自治法会议组织法》暨《江苏省省自治程

[1] 江苏省地方志编纂委员会：《江苏省志·议会　人民代表大会志》，江苏人民出版社1999年版，第51页。

[2] 江苏省地方志编纂委员会：《江苏省志·议会　人民代表大会志》，江苏人民出版社1999年版，第51页。

[3] 江苏省地方志编纂委员会：《江苏省志·议会　人民代表大会志》，江苏人民出版社1999年版，第55页。

[4] 江苏省地方志编纂委员会：《江苏省志·议会　人民代表大会志》，江苏人民出版社1999年版，第56页。

[5] 江苏省地方志编纂委员会：《江苏省志·议会　人民代表大会志》，江苏人民出版社1999年版，第56页。

[6] 江苏省地方志编纂委员会：《江苏省志·议会　人民代表大会志》，江苏人民出版社1999年版，第61页。

[7] 江苏省地方志编纂委员会：《江苏省志·议会　人民代表大会志》，江苏人民出版社1999年版，第62页。

序法》《撤销江苏县警察所编制章程以维立法而杜侵越紧急动议案》《重订省议员支给费规则案》《修正省议员支给规则紧急动议案》《建议政府明令废止浚浦局暂行章程，收回主权以全国体紧急动议案》等。[1]

第三节　民国后期地方立法的消逝

南京国民政府成立后，地方立法又有一个新的发展。1928 年 7 月 3 日公布施行《特别市组织法》和《市组织法》。根据规定，市政府市政会议议决市单行规则。[2] 这改变了以往自治团体制定规则的办法。1928 年 9 月 15 日公布《县组织法》。根据规定，县参议会议决县单行规则。[3] 后经修改，于 1929 年 6 月 5 日公布，并定于同年 10 月 10 日施行。1929 年 10 月 2 日公布《县组织法施行法》。根据《县组织法》规定，分别制定《区自治施行条例》和《村里自治施行条例》。根据规定，乡镇大会、区民大会有权制定或修正自治公约。后又将区立法权改属于区务会议。[4] 1930 年 5 月 20 日公布施行《市组织法》。根据该法规定，立法权与前相同。1932 年 8 月 10 日公布《县参议会组织法》《市参议会组织法》《市参议员选举法》《县参议员选举法》，后国民政府又明令各该法定于 1933 年 3 月 12 日施行。根据规定，县市议会议决县市单行规定。[5] 1934 年 12 月 31 日，立法院将县市自治法及其施行法呈报国民政府，但是未明令公布施行。根据规定，乡镇区民大会议决本乡镇区自治规约，与其他乡镇区间之公约。县议会议决县单行规章。[6] 同时，市议会职权和县议会同。[7] 此外，需要注意的是，根据《蒙古盟部旗组织法》规定，盟旗民代表

〔1〕 江苏省地方志编纂委员会：《江苏省志·议会　人民代表大会志》，江苏人民出版社 1999 年版，第 62 页。

〔2〕 谢振民编著：《中华民国立法史》，张知本校订，中国政法大学出版社 2000 年版，第 687 页。

〔3〕 谢振民编著：《中华民国立法史》，张知本校订，中国政法大学出版社 2000 年版，第 690 页。

〔4〕 谢振民编著：《中华民国立法史》，张知本校订，中国政法大学出版社 2000 年版，第 702 页。

〔5〕 谢振民编著：《中华民国立法史》，张知本校订，中国政法大学出版社 2000 年版，第 715 页。

〔6〕 谢振民编著：《中华民国立法史》，张知本校订，中国政法大学出版社 2000 年版，第 731 ~ 732 页。

〔7〕 谢振民编著：《中华民国立法史》，张知本校订，中国政法大学出版社 2000 年版，第 734 页。

会议的职权涉及盟旗务的立法事项。[1] 而从省临时参议会时期江苏地方立法来看,1941 年 4 月 14 日,由国民政府修正颁布的《省临时参议会组织条例》规定:“国民政府在抗战期间,为集思广益促进省政兴革起见,特设省临时参议会。”当时,江苏全境被日本侵略军占领,省政府迁驻安徽阜阳等地,经国民政府行政院核准暂缓设置省临时参议会。抗日战争胜利后,于 1945 年 9 月 20 日,国民政府为标榜实行宪政做准备,由行政院通电各省:“收复区域,省市临时参议会应于该省市恢复后三个月内成立。”是年 12 月,国民政府内政部要求各省政府,“限民国 35 年 4 月底以前,一致完成各级民意机关,奠定宪政基础”。[2] 1946 年 3 月 19 日,国民政府行政院第 736 次会议决议派刘平江为江苏省临时参议会秘书长,并转请国民政府简派,同时,通知江苏省政府。是年 4 月 1 日,开始筹备省临时参议会。4 月 2 日,行政院奉国民政府明令公布江苏省临时参议会议长、副议长和议员名单。6 月 6 日,省临时参议会于镇江召集第一次大会而正式成立。[3] 省临时参议会历时 3 年,至 1949 年 6 月,中国人民解放军解放江苏全境而解体。[4] 由于南京国民政府时期并未建立省议会,加上省临时参议会无地方立法权,因此,南京国民政府时期江苏并无开展地方立法工作。

与南京国民政府地方立法的停滞相比较,在江苏境内所建立的各个革命根据地政权却开展了一些地方立法工作。在中国共产党的领导下,江苏境内先后出现了苏南、苏中、苏北(包括淮海、盐阜)、淮南、淮北等根据地,这些政权存续时期所建立的参议(政)会或者人民代表会议相继开展了一些地方立法工作。中华人民共和国成立以后,无论是共同纲领时期还是宪法时期,江苏地方并无立法权。江苏地方立法局面的真正改观是从 1979 年开始的。根据 1979 年 7 月五届全国人大二次会议以来相继修改的《宪法》、《中华人民共

---

〔1〕 谢振民编著:《中华民国立法史》,张知本校订,中国政法大学出版社 2000 年版,第 739 页。

〔2〕 江苏省地方志编纂委员会:《江苏省志 · 议会　人民代表大会志》,江苏人民出版社 1999 年版,第 65 页。

〔3〕 江苏省地方志编纂委员会:《江苏省志 · 议会　人民代表大会志》,江苏人民出版社 1999 年版,第 66 页。

〔4〕 江苏省地方志编纂委员会:《江苏省志 · 议会　人民代表大会志》,江苏人民出版社 1999 年版,第 66 页。

和国全国人民代表大会和地方各级人民代表大会选举法》(以下简称《选举法》)和《地方组织法》等,地方人大及其常委会开始被赋予地方立法权。1979年年底召开江苏省第五届人大第二次会议,决定省人民代表大会设立常务委员会,为大会的常设机关。省人大及其常委会享有地方性法规的制定权,从而改变了中华人民共和国成立以来地方无立法的局面。[1]

一、淮海区参议会时期地方立法

(一)第一届会议时期地方立法

1940年12月25日,淮海区首次各界代表大会,选举成立第一届临时参议会。临时参议会第一届会议通过《淮海区临时参议会组织章程》,并宣布实行保障人权、合理负担、肃清土匪三大政策。大会闭会后,淮海区第一届参议会驻会委员会先后召开常会会议,通过若干条例。1941年11月24日通过《淮海区惩治贪污暂行条例》和《淮海区修正人权保障条例》。常会会议还通过《淮海区惩治盗匪暂行条例》,以及建设淮海抗日根据地益民生、利国运等议案30余件。[2]

(二)第二届会议时期地方立法

淮海区第二届参议会于1942年5月16日至24日在沭阳农村召开,区行政公署主任李一氓向大会作政府工作报告。会议讨论并通过淮海区行政公署的改组和《行政公署组织法》、《第二届参议会组织条例》、执行中共中央关于根据地土地政策的决定,以及减租、减息、赎田、增加工资、田赋改征实物、公粮公草征集、盐税、进出口物品加税、增办营业税等10多项条例和提案。淮海区第二届参议会驻会委员会在先后召开的常会会议上,通过议案80余件,其中较重要的有淮海区县、区行政委员会及乡镇组织法。此外,常会会议还通过《淮海区修正优待抗日军人家属条例》《淮海区处理汉奸条例》《淮海区司

---

〔1〕 江苏省地方志编纂委员会:《江苏省志·议会 人民代表大会志》,江苏人民出版社1999年版,第244页。

〔2〕 江苏省地方志编纂委员会:《江苏省志·议会 人民代表大会志》,江苏人民出版社1999年版,第96~97页。

法案件审理暂行办法》《淮海区惩治贪污条例》等立法。[1]

二、盐阜区临时参议会时期地方立法

(一)第一次大会时期地方立法

盐阜区临时参议会第一次大会于1942年10月21日至31日召开。该大会通过了《盐阜区各县参议会暂行组织条例》《盐阜区各县参议会参议员暂行选聘条例》等立法。[2]

(二)第二次大会时期地方立法

盐阜区临时参议会第二次大会于1945年4月1日召开。会议通过《盐阜区区级政府组织法》《盐阜区区级政府选举法》《盐阜区村政府组织法》《盐阜区村政府选举法》《盐阜区处理违警案件暂行条例》。[3] 其中,《盐阜区区级政府组织法》分总则、管辖区域、组织、职权、任期与会期、经费、附则七章31条。[4] 《盐阜区区级政府选举法》分总则、公民与区代表名额、选举机关之组织、选举办法、候选人、附则六章34条。[5] 《盐阜区村政府组织法》共14条,[6]《盐阜区村政府选举法》分总则、公民资格、村选委员会、公民登记与公布、候选人、选举办法、附则七章28条。[7]

三、淮南津浦路东参议会时期地方立法

(一)第一届会议时期地方立法

淮南津浦路东第一届临时参议会于1941年1月13日至18日召开会议。会议通过了《津浦路东各县联防办事处抗战时期施政纲领》及《人权保障法》

---

[1] 江苏省地方志编纂委员会:《江苏省志·议会　人民代表大会志》,江苏人民出版社1999年版,第97~98页。

[2] 江苏省地方志编纂委员会:《江苏省志·议会　人民代表大会志》,江苏人民出版社1999年版,第101页。

[3] 江苏省地方志编纂委员会:《江苏省志·议会　人民代表大会志》,江苏人民出版社1999年版,第103页。

[4] 蔡鸿源主编:《民国法规集成》(第72册),黄山书社1999年版,第309~314页。

[5] 蔡鸿源主编:《民国法规集成》(第72册),黄山书社1999年版,第304~308页。

[6] 蔡鸿源主编:《民国法规集成》(第72册),黄山书社1999年版,第299~303页。

[7] 蔡鸿源主编:《民国法规集成》(第72册),黄山书社1999年版,第315~318页。

等6项法令。[1]

（二）第二届会议时期地方立法

淮南津浦路东第二届参议会于1941年12月25日至1942年1月4日召开会议。会议通过了《施政纲领》。[2]

四、淮北苏皖边区参议会时期地方立法

（一）第一届会议时期地方立法

1941年3月15日，皖东北地区召开第三届各界人士代表大会，成立第一届临时参议会。1941年8月，皖东北地区临时参议会改为淮北苏皖边区参议会后，该参议会驻会委员会于1941年至1942年，先后召开常会会议，通过若干条例，如《淮北苏皖边区保障人权财权产权及保护工商业条例》《淮北苏皖边区修正改善人民生活各种办法》。此外，常会会议还通过《淮北苏皖边区惩治盗匪暂行条例》《淮北苏皖边区优待抗属暂行条例》《淮北苏皖边区各县区乡（镇）保调解委员会章程》《淮北苏皖边区垦植暂行条例》《淮北苏皖边区惩治贪污暂行条例》《淮北苏皖边区区级选举委员会组织法》等10多项法令、规章。[3]

（二）第二届会议时期地方立法

淮北苏皖边区第二届参议会于1942年10月10日至30日召开会议。会议通过行署的《施政纲领》，通过田赋改良、群众团体的权利与义务、保障人权财权、减租交租，以及有关军事、政治、法律、建设等多项法规与议案。[4]

淮北苏皖边区第二届参议会驻会委员会至1943年12月，先后举行八次常会会议、一次有各县参议长参加的联席会议和一次临时会议，通过《关于处

〔1〕 江苏省地方志编纂委员会：《江苏省志・议会　人民代表大会志》，江苏人民出版社1999年版，第107页。

〔2〕 江苏省地方志编纂委员会：《江苏省志・议会　人民代表大会志》，江苏人民出版社1999年版，第107页。

〔3〕 江苏省地方志编纂委员会：《江苏省志・议会　人民代表大会志》，江苏人民出版社1999年版，第110～111页。

〔4〕 江苏省地方志编纂委员会：《江苏省志・议会　人民代表大会志》，江苏人民出版社1999年版，第111页。

理人民诉愿事件暂行办法》《惩治汉奸暂行条例》《修正惩治贪污暂行条例》《人民代表陪审条例》《处理违禁案件暂行条例》《修正各县区乡(镇)调解委员会章程》等和议案36件,咨交政府执行,并检查其执行情况和协助实施。[1]

五、苏皖边区临时参议会时期地方立法

(一)临时参议会会议时期地方立法

苏皖边区临时参议会于1945年12月24日至31日在清江市召开会议。会议通过了《苏皖边区临时行政委员会施政纲领》。[2] 该施政纲领共10条。[3]

(二)驻会委员会会议时期地方立法

苏皖边区驻会委员会于1946年3月10日召开会议。会议通过《苏皖边区土地租佃条例》等法规。[4]

---

〔1〕 江苏省地方志编纂委员会:《江苏省志·议会　人民代表大会志》,江苏人民出版社1999年版,第111~112页。

〔2〕 江苏省地方志编纂委员会:《江苏省志·议会　人民代表大会志》,江苏人民出版社1999年版,第116~117页。

〔3〕 蔡鸿源主编:《民国法规集成》(第73册),黄山书社1999年版,第10~11页。

〔4〕 江苏省地方志编纂委员会:《江苏省志·议会　人民代表大会志》,江苏人民出版社1999年版,第118页。

第二章　地方立法现状

改革开放之前，中国的立法一直是国家层面的事，所有的立法权集中于中央，与省、市等地方政府无关。这一状况到 1979 年有了改变。1979 年召开的五届人大二次会议通过了《地方各级人民代表大会和地方各级人民政府组织法》，其中第 6 条规定："省、自治区、直辖市的人民代表大会根据本行政区域的具体情况和实际需要，在和国家宪法、法律、政策、法令、政令不抵触的前提下，可以制订和颁布地方性法规，并报全国人民代表大会常务委员会和国务院备案。"在此背景下，1979 年 12 月江苏省五届人大二次会议选举产生了省五届人大常委会，开始行使地方立法权。1982 年的《宪法》第 100 条对于省级层面的地方立法权再次给予肯定。1986 年 12 月 2 日，经过第 2 次修正后的《地方政府组织法》规定，除了"省、自治区、直辖市的人民代表大会"外，"省、自治区的人民政府所在地的市和经国务院批准的较大的市的人民代表大会"也可以制定和颁布地方性法规。这样，作为江苏省人民政府所在地的南京市，其人大及其常委会于 1986 年 12 月获得立法权。无锡市因为 1984 年 12 月 15 日被国务院批准为"较大的市"，也因此和南京市一起拥有了地方立法权。1993 年 4 月 22 日，苏州市和徐州市被国务院批准为"较大的市"，两市人大及其常委会也取得了地方立法权。截至 1993 年 4 月，江苏省人大及其常委会和南京、无锡、苏州、徐州四市的人大及其常委会都取得了地方立法权。直至 2015 年 3 月 15 日，《立法法》修改后公布施行，江苏其他设区的市也获得了地方立法权，实现了地方立法权在江苏的全覆盖。

第一节　改革开放后地方立法的发展阶段

自 1979 年 7 月被赋予地方立法权以来，江苏省和南京、无锡、徐州、苏州四市人大及其常委会在同级党委的领导下，立法工作经过蹒跚学步式的艰难探索，在为全省经济社会发展保驾护航中快速发展、不断完善并渐趋成熟，立法的指导思想和原则逐步确立，立法制度和工作机制不断完善，工作方法和工作经验渐趋成熟，不仅为全省经济社会的发展做出了重要贡献，也为上位法的制定提供了不少有益的借鉴。

一、地方立法的探索性起步（1979 年 12 月～1992 年 9 月）

从 1979 年 12 月省人大常委会成立到 1992 年 10 月社会主义市场经济体制改革目标的确立，属于江苏立法的探索性起步阶段。

1978 年年底的十一届三中全会决定把党和国家的工作重点转移到社会主义现代化建设上来。在此背景下，获得地方立法权的省、市人大及其常委会将立法工作重点放在了现代化建设上面。1980 年 6 月 27 日，省人大常委会颁布了江苏第一件地方性法规——《江苏省城市卫生管理暂行规定》，地方立法开始起步。随后又颁布了城市卫生管理方面的法规《江苏省排污收费和罚款试行办法》、城市绿化保护方面的法规《江苏省城市绿化保护暂行条例》和《江苏省山石资源管理办法》等。

1984 年 8 月，第二次全国经济法制工作会议在杭州召开。会议要求各级政府要从过去主要靠行政手段管理经济过渡到把行政手段、经济手段和法律手段结合起来，并逐步以经济和法律手段来领导、组织和管理经济。1984 年 10 月《中共中央关于经济体制改革的决定》出台，提出要进一步贯彻执行对内搞活、对外开放的方针，加快以城市为重点的整个经济体制改革的步伐。在此背景下，江苏乡镇经济、经济技术开发区和外向型经济迅速发展。同时，运用法律手段来促进和管理经济与社会发展也越来越受到重视。一方面，传统的经济社会方面的立法得到进一步发展。在经济方面，有《无锡市产品质量监督管理条例》《南京市城镇房产纠纷仲裁条例》《江苏省人民代表大会常务委员会关于切实控制和减轻农民负担的决定》;在环境保护方面,有《江苏省水利工程管理条例》《南京市内秦淮河管理条例》《江苏省海岸带管理条例》等,其中的《江苏省海岸带管理条例》是全国第一部专门关于海岸带管理的省级地方性法规;在文化、教育、卫生以及残疾人保护等方面,有《无锡市传统工艺美术保护条例》《江苏省实施〈中华人民共和国义务教育法〉办法》《江苏省禁止赌博条例》《江苏省全民国防教育条例》《江苏省血吸虫病防治管理条例》《无锡市残疾人保护条例》等,其中的《无锡市残疾人保护条例》在全国首创了按比例安置残疾人就业制度,为两年以后的国家立法作出了重要贡献。另一方面,江苏地方立法还根据发展新形势增加了城市规划、经济技术开发区、外商投资、促进科技进步等新内容,如《江苏省经济技术开发区管理条例》《江苏省外商投资企业土地使用管理办法》《南京市中外合资经营企业工会条例》《江苏省科学技术进步条例》等。

这一阶段的地方立法具有以下几个特点:

一是探索性,不成熟。因为无经验可借鉴,这一阶段江苏所立法规大都带有试验性质,内容与实际不相适应,立法技术上也不成熟。以首部地方性法规——《江苏省城市卫生管理暂行规定》为例。在内容方面,该法规有城市禁止养猪、养羊、养鸡、养狗的规定,但那个年代副食品供应紧张,不少市民家里养鸡、养猪等是生活所迫,强制禁止显然脱离实际。该法规实际执行效果不佳也是最好证明。在立法技术方面,该法规短短 10 条,通篇采用文件语言,没有法规必备的适用范围、施行日期等条款。基于此,以现在的立法技术来衡量,这部法规看起来太“业余”。

二是政府主导,法规规章并重。获得地方立法权初期,政府法制行政职能,一般是由各级政府办公厅(室)承担的。随着行政法制的份量越来越重,江苏于 1984 年 10 月 9 日成立了第一个政府法制机构——江苏省政府办公厅法制处,其主要职责包括制定、清理、编纂法规、规章,组织法规、规章的实施和执法检查,加强法律人才培训和法制宣传工作等法制事务。1988 年 5 月又成立法制局,代替原来的法制处,仍由省政府办公厅代管。在这样的体制下,省级法规编纂与政府规章的制定一样,自然都由省政府办公厅法制处(局)主导,省人大常委会只负责审议和通过。当时省人大常委会审议通过的法规也都是针对那些必须通过地方立法才能解决的社会问题,政府规章的色彩依然十分明显。从1979年到1991年,省政府共组织起草、制定地方性法规、规章228件,其中提请省人大常委会审议通过的地方性法规仅49件,由省政府发布的规章157件。[1] 这些法规、规章和规范性文件涉及经济建设、科教文卫、地方治安、社会保障等方方面面,对管理经济和各项社会事务起到了很好的保障和促进作用。

三是法规规章的清理与制定并重。改革开放初期,由于党和国家工作重心的重大转变,必然有一大批之前的法规规章不合时宜。对这些法规规章的清理是首要任务,否则许多新的符合社会发展实际的法规规章就难以出台。在新的法规规章出台的同时,对旧法规规章的清理也紧张进行。1985年至1986年,省政府清理了全省在中华人民共和国成立以来发布的法规、规章和规范性文件4114件,其中以省政府名义颁布的618件,经审核,需要修改的20件,自行失效或应予废止的260件。1988年,又进行了涉外法规的清理工作,随后公布了第一批应予废止的涉外规章、规范性文件5件。在此期间,各市、县(市、区)根据省政府的统一部署,也对中华人民共和国成立以来其自行发布的规章和行政措施进行了全面清理,从而为社会主义现代化建设及其保障性法规、规章的制定扫清了障碍。

四是立法技术及其规范得到初步重视。从1984年开始,省人大常委会开始重视立法技术及其规范问题。1986年9月,省政府颁发了《关于制定规章和规范性文件工作程序的规定》。在立法过程中,省政府法制局按照规定会同省有关部门进行了多次立法调查。通过立法调查,广泛听取意见,使草拟(或提出修改意见)的法规、规章和其他规范性文件更加符合实际,在实践中更加切实可行。

二、地方立法的快速发展(1992年10月~1997年11月)

从1992年10月社会主义市场经济体制改革目标的确立到1997年11月

---

〔1〕 参见臧巨凯:《江苏政府法制工作三十年》,载新浪网,http://blog.sina.com.cn/s/blog_3e5b8c9f0102vhip.html。下面一段数据来源同此。

中共江苏省省委作出《关于推进依法治省工作的决定》之前，属于江苏地方立法逐步提高阶段。

1992 年年初邓小平同志南方谈话的发表和 10 月党的十四大的召开，确立了“加快发展经济、建立社会主义市场经济体制”的改革目标，标志着我国改革开放进入了一个新的历史发展时期。1997 年 9 月党的十五大提出“建设小康社会”的历史新任务，并明确提出“依法治国，建设社会主义法治国家”的治国基本方略。围绕“加快发展经济、建立社会主义市场经济体制”和“建设小康社会”的目标，江苏在地方立法工作中，把立法决策与改革发展的决策紧密结合在一起。一方面是制定新的有利于加快经济发展的法规规章，如《南京市鼓励和保护台湾同胞投资条例》《无锡国家高新技术产业开发区条例》《江苏省价格管理监督条例》等。另一方面是修订、完善之前的一些法规，以便适应经济的快速发展和建设小康社会的需求。在经济方面，有《江苏省经济技术开发区管理条例》《江苏省道路运输条例》；在文教卫方面，有《江苏省传统工艺美术保护条例》《江苏省书报刊市场管理条例》《江苏省文化娱乐市场管理条例》《江苏省实施〈中华人民共和国义务教育法〉办法》《江苏省实施〈中华人民共和国传染病防治法〉办法》等；在促进科技进步方面，有《江苏省科学技术进步条例》《南京市科学技术进步条例》和《江苏省发展高新技术条例》；在村镇规划和农田水利保护方面，有《江苏省村镇规划建设管理条例》《江苏省城市绿化管理条例》《江苏省基本农田保护条例实施办法》《江苏省实施〈中华人民共和国水土保持法〉办法》等；在环境保护方面，有《江苏省太湖水污染防治条例》和《无锡市水环境保护条例》等；在权益保护方面，有《江苏省实施〈中华人民共和国妇女权益保障法〉办法》《江苏省少数民族权益保障条例》等。

1992 年至 1997 年，省政府提请省人大常委会通过的地方性法规 70 件，省政府制定规章 108 件，这些法规和规章无不应时而出，因事而制，为全省现代化建设和社会发展发挥了积极的保障和促进作用。这一阶段江苏地方立法的特点表现为：

一是紧紧围绕重点任务，坚定地为加快经济发展和建设小康社会保驾护航。各级政府法制工作机构在这一阶段的立法工作中，特别注意通过立法促进经济加快发展，保障社会主义市场经济体制的确立，从破除部门利益和地方保护主义入手，避免将不适应社会主义市场经济要求和小康社会建设要求的行政管理体制法制化。同时，法规、规章一般不规定机构、编制等，基金、专项资金及许可证等严格按国家规定执行。凡出台的法规、规章中没有一项是无法律、法规依据的收费项目。

二是立法进一步规范化，立法的质量与效益进一步提高。1993 年 8 月，省八届人大常委会制定了《江苏省人民代表大会常务委员会制定和批准地方性法规的规定》，省人大常委会办公厅、省政府办公厅发布了《关于起草地方性法规和规章工作程序的规定》，从提出立法建议，制定立法规划和年度立法计划，起草法规，提出议案，到法规审议、通过、公布、备案、解释、修改和废止等立法工作的各个环节都进行了具体规范，使全省的地方立法工作初步做到有法可依，走上了规范化、法制化的轨道。为进一步提高立法质量与效益，由部门上报、起草立法项目，法制局审核，政府或人大通过的被动的立法模式，逐渐转变成由法制局和人大有关委员会对立法统筹规划并直接起草或组织有关部门起草法规、规章的立法模式。1992 年至 1997 年，省政府法制局独立或组织起草了《江苏省行政执法监督办法》《江苏省农民工权益保护办法》《江苏省人口与计划生育管理条例》等一大批法规、规章，克服了不少立法中的部门倾向，提高了立法质量。对一些较为重要的法规、规章，成立由省人大有关委员会和法制局牵头、相关部门参加的立法起草班子或课题研究小组。此外，立法的社会化也开始受到重视，听取管理相对人意见的制度得以确立。例如，在起草、审核《江苏省企业技术进步条例》过程中，先后 8 次听取了 100 多家不同类型、不同规模企业的意见，改变过去单纯个人作战的审核方式，逐步形成集体审核把关的制度。全省各级政府十分重视政府法制工作部门对规范性文件的审核把关，基本做到了凡以政府名义制定的各级规范性文件，必须由法制工作部门审查把关，确保立法质量。

三、地方立法的不断完善(1997 年 12 月～2002 年 12 月)

从 1997 年 12 月江苏省委作出《关于推进依法治省工作的决定》开始到 2002 年 11 月党的十六大提出全面建设小康社会的奋斗目标为止，属于江苏地方立法的不断提高阶段。

1997年9月,党的十五大报告提出"建设小康社会"的历史新任务,并明确提出"健全社会主义法制,依法治国,建设社会主义法治国家"的重要目标。1997年12月,江苏省委《关于推进依法治省工作的决定》确立了到2010年依法治省工作的基本目标,即"有比较完善的、与国家法律体系相配套的地方性法规、规章"。该决定指出,实现这一目标,要"从江苏改革开放和现代化建设的需要出发,把立法和改革发展的重大决策结合起来,制定立法的阶段性规划,并根据形势发展,作出年度计划";"要把地方经济立法放在突出位置。对与社会主义市场经济不相适应的或与国家法律法规相抵触的地方法规和规章,应按照法定程序及时予以修改或废止";"要在加快立法进程的同时,把提高立法质量放到重要位置""努力提高立法质量"。1997年12月30日省人大在《关于推进依法治省的决议》中,重申了省委《关于推进依法治省工作的决定》里的重要内容。

1998年至2003年2月,省人大常委会共制定地方性法规62项、修订18项、废止12项、批准91项,为全省改革开放和现代化建设提供了有力的法制保障。围绕着"加快经济立法"和"提高立法质量"这两个重要任务,这一阶段的江苏地方立法突出了加快市场发展、促进科技进步、环境及自然资源保护等方面的立法,出台了制定地方性法规条例以提高立法质量。此外,为适应群众生活需求,还颁布了房地产管理、文教卫及特殊群体利益保护方面的法规。

经济立法是重中之重,这一阶段颁布的法规明显增加。在投资方面,有《江苏省外商投资财产价值鉴定条例》。在企业发展方面,有《江苏省发展个体私营经济条例》。在商品管理方面,有《南京市清真食品管理条例》和《江苏省惩治生产销售假冒伪劣商品行为条例》。在企业负责人管理方面,有《无锡市国有企业领导人员离任审计条例》《苏州市国有企业法定代表人离任审计条例》《徐州市国有企业法定代表人任期经济责任审计条例》《江苏省国有企业法定代表人任期经济责任审计条例》。

为保障和促进经济的快速发展,这一阶段对环境及自然资源保护以及促进科技进步等方面的立法更为重视。在环境及自然资源保护方面,有《徐州市云龙湖水环境保护条例》《江苏省矿产资源管理条例》《苏州市禁止开山采石条例》《江苏省人民代表大会常务委员会关于在苏锡常地区限期禁止开采地下水的决定》《江苏省人民代表大会常务委员会关于限制开山采石的决定》《江苏省人民代表大会常务委员会关于在长江江苏水域严禁非法采砂的决定》《江苏省人民代表大会常务委员关于加强通榆河水污染防治的决定》。在促进科技发展方面,有《江苏省促进科技成果转化条例》《江苏省科学技术进步条例》《江苏省发展高新技术条例》《江苏省企业技术进步条例》《江苏省科学技术普及条例》《江苏省发展民营科技企业条例》。

提高立法质量是这一阶段地方立法的又一重要任务。为此,省九届人大四次会议于 2001 年 2 月通过了《江苏省制定和批准地方性法规条例》,对地方立法应当坚持的原则、规范、立法的权限和程序等都进行了科学的总结与归纳,为地方立法质量提供了重要保障。南京、苏州、徐州、无锡四市也先后颁布自己的制定地方性法规条例。另外,为执行当时的国家政策和适应社会发展实际需要,江苏这一阶段还集中修订、废止了一批法规规章,客观上也提高了地方立法的质量。如 2002 年为适应世界贸易组织(World Trade Organization, WTO)规则、法制统一原则,省级废止法规 4 件,修订 17 件;废止规章 25 件,修订 6 件;废止规范性文件 1136 件,修改 95 件。13 个省辖市废止地方性法规 6 件,修改 27 件;废止规章 67 件,修改 66 件;废止规范性文件 4384 件,修改 2405 件。[1]

此外,为适应群众生活需求,这一阶段还颁布了房地产管理、文教卫及特殊群体利益保护方面的法规。在房地产管理方面,有《南京市城镇房屋权属登记条例》《徐州市城市房屋权属登记管理条例》《苏州市城市房屋拆迁管理条例》《江苏省城市房屋拆迁管理条例》。在文教卫方面,有《江苏省实施〈中华人民共和国职业教育法〉办法》《南京市民办中小学条例》《徐州市禁止非医学需要鉴定胎儿性别的规定》《苏州市古建筑保护条例》《江苏省农村初级卫生保健条例》《苏州市古树名木保护管理条例》《江苏省历史文化名城名镇保

〔1〕 参见臧巨凯:《江苏政府法制工作三十年》,载新浪网博客,http://blog.sina.com.cn/s/blog_3e5b8c9f0102vhip.html。

护条例》。在特殊人群权益保护方面,有《江苏省实施〈中华人民共和国老年人权益保障法〉办法》《江苏省实施〈中华人民共和国归侨侨眷权益保护法〉办法》。

这一阶段的江苏地方立法呈现以下明显的特点:

一是立法数量猛增、速度加快。从表2－1、表2－2可以看出,20世纪80年代,每年政府立法的数量总体不多,呈缓慢上升趋势。20世纪90年代中期,也有过短暂的快速增加,但数量与速度都无法和1998～2002年这一阶段相比。从表2－2的分析可知,1998～2002年年平均颁布的地方性法规(13.6件)要远远大于1979～1997年的平均数(4.6件);所颁布的政府规章及规范性文件也是这样,1998～2002年的平均数(40.8件)是1979～1997年平均数(12.1件)的3.37倍。进入21世纪以后,数量又呈回落趋势。究其原因,一方面是法制建设渐成体系、日趋完备;另一方面,随着《立法法》《行政许可法》等法律的颁布实施,地方立法的自主权与积极性都受到节制。

表2－1　1979～2002年江苏省政府法制办立法工作量

年份	1979～1984	1985～1988	1989	1990	1991	1992	1993	1994
地方性法规/件	4	12	3	6	5	6	8	17
年份	1995	1996	1997	1998	1999	2000	2001	2002
地方性法规/件	12	10	5	11	13	20	11	13

表2－2　1979～2002年江苏省政府法制办工作量分析

年份	地方性法规/件		政府规章及规范性文件/件	
	总数	年平均	总数	年平均
1979～1997	88	4.6	229	12.1
1998～2002	68	13.6	204	40.8

二是地方立法的制度规范体系初步形成。1998年,省九届人大常委会总结地方立法工作,提出了地方立法“不抵触、有特色、可操作”的九字指导方针,得到了全国人大常委会领导的充分肯定,打响了地方立法的江苏品牌。2001年3月,根据九届全国人大三次会议通过的《立法法》,省九届人大四次会议通过了《江苏省制定和批准地方性法规条例》,对地方立法应当坚持的原

则、地方立法计划的制定、地方性法规的起草和提出、省人大立法权限和程序、省人大常委会立法权限和程序、省人大常委会批准地方性法规的程序,以及地方性法规的公布、备案和解释等作出了全面、具体的规定,明确了统一审议制度,确立了更为科学严谨的地方立法机制,使全省的地方立法工作真正在规范化、法治化的轨道上运行。紧接着,《南京市制定地方性法规条例》《苏州市制定地方性法规条例》《徐州市制定地方性法规条例》《无锡市制定地方性法规条例》也先后颁布,进一步规范了地方立法工作,推进了全省的科学立法、民主立法,形成了体现立法工作规律、适应地方立法需要的制度规范体系。

三是立法的重点领域开始扩展。经济立法一向是地方立法工作的重点,但到了这一阶段,随着依法行政成为政府工作的重要内容,规范行政关系的地方立法开始受到重视,并与经济立法一道成为地方立法的主要内容。如2001 年为适应行政审批制度改革,先后两次清理法规和规章。省级共修订地方法规 32 件,废止 2 件;修订政府规章 19 件,废止 2 件。13 个省辖市也削减了大量的行政审批项目。

四、地方立法的渐趋成熟(2003 年 1 月~2015 年 2 月)

从 2003 年 1 月到 2015 年 3 月《立法法》修正颁布之前,属于江苏地方立法的渐趋成熟阶段。

2002 年 11 月,党的十六大提出“全面建设小康社会”的目标,其中四大具体目标的第二大目标就是:“社会主义民主更加完善,社会主义法制更加完备,依法治国基本方略得到全面落实,人民的政治、经济和文化权益得到切实尊重和保障。”为实现这一具体目标,党的十六大报告明确要求:“加强立法工作,提高立法质量,到二〇一〇年形成中国特色社会主义法律体系。”在这样的背景下,从 2003 年开始,“加强立法工作、依法行政”就成了政府工作的重要内容。

2003 年,江苏提出了“两个率先”(率先全面建成小康社会、率先基本实现现代化)的奋斗目标。法制建设既是“两个率先”的应有目标,也是“两个率先”的重要保障。因此,通过健全立法、公正司法、依法行政等逐步实现江苏政治、经济、社会生活的法治化,努力建设法治江苏,是“两个率先”的必然要求。为此,要进一步加强和改进地方立法工作,提高立法质量,保证社会生活的各个领域都有法可依。地方立法工作还要走在全国前列,“力争率先建立比较完善的、与国家法律体系相配套的地方性法规、规章,使全省经济、政治、文化和社会生活的各个领域,都在‘两个率先’的过程中做到有法可依”。〔1〕2003 年,党中央提出“科学发展观”。从法治角度看,一方面,依法治国是坚持和贯彻科学发展观的重要保障;另一方面,科学发展观也为依法治国提供了根本原则、价值理念和科学路径。首先,必须把发扬民主、坚持党的领导和依法治国紧密结合起来,坚持走社会主义法治道路。这是科学发展观对依法治国的必然要求。其次,科学发展观要求依法治国必须坚持“以人为本”,也就是要以人的全面发展、人民的根本利益为依法治国的出发点与落脚点。最后,科学发展观为依法治国的实施提供了基本方法,这就是全面性、协调性、可持续性。从立法角度看,不能仅仅以“经济立法”为立法工作的中心。在这样的大背景下,以经济为唯一中心的立法原则被打破,在“以人为本”“依法行政”理念的指导下,以“民生”为主的立法工作特色初显。

2004 年 7 月,省委颁布实施《法治江苏建设纲要》。随后,省人大常委会根据《法治江苏建设纲要》的要求,对全省现代化建设中急需的项目,本着“急需先立”的原则,及时率先立法。经济、民生、资源环境并重的立法特色得以确立。

这一阶段的江苏地方立法,在经济方面突出了发展规划、城乡规划、中小企业促进、软件产业促进、土地承包经营权、招标投标、集体合同、工资支付、药品监督管理、安全生产、收费公路管理、农民专业合作社、专利促进、信息化、行业协会等方面。在民生方面突出了义务教育、学前教育、未成年人保护、学生体质健康促进、农产品质量安全、老年人权益保障、城市社区卫生、新型农村合作医疗、慈善事业促进等方面。在资源环境保护方面突出了饮用水源地保护、城乡供水管理、地质环境保护、渔业、海域、湖泊、燃气、电力、无线电等资源、海洋环境、长江水污染、内河水污染、环境噪声、辐射等污染防治,通榆河水污染防治,固体废物污染环境防治,促进农作物秸秆综合利用,散装

〔1〕 李源潮:《建设法治江苏保障“两个率先”》,载《新华日报》2003 年 11 月 21 日。

水泥促进,发展新型墙体材料等方面。这一阶段的立法呈现两个鲜明特点:

一是开始从以"经济立法"为重心向"民生立法"为重点转型。究其原因,首先是经济立法已经初步完备,市场经济体制建设具备了良好的法制环境。其次是坚持科学发展观,适应"两个率先""依法行政、建设中国特色社会主义法律体系"这样大的社会政策环境使然。从表2-3可以看出,2003~2008年6年间,江苏全省民生类立法数量已经超过经济类立法。在四个拥有立法权的城市中,无锡市民生类立法数量已经超过经济类立法,南京、苏州、徐州三市民生类立法数量已经基本接近经济类立法。

表2-3　2003~2008年江苏经济民生环保立法情况

单位:件

类别	全省	南京	无锡	苏州	徐州
经济类	35	18	10	12	14
民生类	38	17	13	11	10
环保类	20	7	3	6	4

二是立法技术基本成熟,立法质量进一步提高。立法原则在1998年总结形成的"不抵触、有特色、可操作"原则的基础上,又增加了"少而精"的原则,标志着江苏地方立法原则更趋成熟。从2003年开始,立法规划受到重视,立法的计划性、前瞻性增强。另外,《江苏省地方立法技术规范》《关于地方性法规中有关共性问题的意见》《关于推进民主立法的规定》等规范陆续出台,标志着江苏立法技术更加成熟。2004年和2010年,全省又集中清理了一大批地方性法规,立法质量得到进一步提高。

五、地方立法的新发展(2015年2月至今)

2015年3月15日,十二届全国人大第三次会议表决通过了修改《立法法》的决定。原先享有地方性法规制定权的"较大的市"只有49个,新修改的《立法法》赋予所有"设区的市"地方立法权。这样,全国289个设区的市都获得了立法权。这是我国法治建设史上一件具有历史意义的大事,标志着我国地方立法从此进入了一个全新的时代。2015年3月至2017年,虽然还不到三年,但新时代的江苏地方立法已经显示出了高质量的发展趋势,呈现出三个非常鲜明的特点。

一是“五位一体”统筹推进。党的十八大以来,江苏统筹推进“五位一体”总体布局、协调推进“四个全面”战略布局。在地方立法方面,就是将立法重点放在经济建设、政治建设、文化建设、社会建设和生态文明建设这五大领域。在经济建设领域,制定了《江苏省绿色建筑发展条例》《江苏省循环经济促进条例》《江苏省保护和促进华侨投资条例》《江苏省价格条例》《江苏省消费者权益保护条例》《江苏省民用航空条例》《苏南国家自主创新示范区条例》等,修正了《江苏省实施〈中华人民共和国农业技术推广法〉办法》等。其中,《江苏省绿色建筑发展条例》首开这一领域省级地方立法的先河,《江苏省保护和促进华侨投资条例》也填补了在华侨投资保护上的立法空白。在政治建设领域,制定了《江苏省实施宪法宣誓制度办法》,保障宪法宣誓制度的顺利实施;重新制定了《江苏省实施〈中华人民共和国村民委员会组织法〉办法》,修改了《江苏省乡镇人民代表大会工作条例》,强化了社会主义民主政治的制度保障。在文化建设领域,制定了《江苏省旅游条例》《江苏省公共文化服务促进条例》《江苏省广播电视管理条例》,审议批准了一大批设区的市的文化保护类法规。在社会建设领域,制定了《江苏省养老服务条例》《江苏省食品小作坊和食品摊贩管理条例》《江苏省医疗纠纷预防与处理条例》《江苏省司法鉴定管理条例》《江苏省安全生产条例》《江苏省慈善条例》《江苏省邮政条例》等。在生态文明建设领域,制定了《江苏省节约用水条例》《江苏省绿色建筑发展条例》《江苏省湿地保护条例》,修正了《江苏省海洋环境保护条例》,审议批准了多部设区的市的环境保护类法规。

二是立法过程更加民主科学,立法工作体系进一步完善。首先是加强审查和监督。审查方面,省人大出台省、设区的市两级法规案审查工作规定,对两级人大法规案审查的原则、要求、程序等作出具体规定。2015 年,省人大常委会对报备的 76 件规范性文件进行严格备案审查,制定《规范性文件备案审查程序规定》,同时创新审查建议受理方式,开通网上受理平台。省政府还开展规范性文件备案审查第三方评价活动。2016 年省人大全年对 63 件规范性文件进行了审查,公民、法人和其他组织向省人大常委会提出审查建议 5 件,其中纠正有问题的规范性文件2件。2017年(截至12月初),省人大法制委、法工委对已制定47件、修改37件的省地方性法规案进行了全面审查、审议。监督方面,首先是省人大常委会先后组织开展了《科技成果转化法》、《食品安全法》、《物业管理条例》、《环境保护法》实施情况及《消费者权益保护法》和江苏实施办法的落实情况的执法检查,有力促进法律法规的落实。其次是拓展征询立法项目、听取法案意见渠道。如2016年共邀请15位全国人大代表、96位省人大代表列席省人大常委会会议,301位省人大代表参加了省人大常委会立法调研、执法检查等活动。

三是设区的市立法有序推进,地方特色更加突显。全省13个设区的市都获得立法权之后,立法能力建设便成了重中之重。为此,江苏首先完善相关立法工作制度。省人大指导新取得地方立法权的设区的市人大常委会及时制定地方立法条例,成立立法咨询专家组和人大代表法制专业组,建立基层民主立法联系点等立法工作制度,实现设区的市人大立法工作的规范化、制度化。其次是实行跟班学习培训制度。2015年8月,省人大常委会法工委制定了新取得立法权的设区的市人大人员到法工委跟班学习培训的方案。通过跟班学习培训,受训人员熟悉了地方立法工作流程和立法技术规范,立法技能得到了明显提高。最后是统筹协调设区的市的立法计划。省人大根据各设区的市的具体情况,对其立法项目的数量、内容、时序安排等提出指导意见。

随着设区市的地方法规的陆续出台,江苏立法的地方特色更加凸显。在城乡建设与管理领域,如《宿迁市户外广告设施和店招标牌管理条例》《盐城市城乡规划条例》《常州市电梯安全管理条例》等;在环境保护领域,如《盐城市绿化条例》《淮安市永久性绿地保护条例》《常州市天目湖保护条例》《连云港市滨海湿地保护条例》等;在历史文化保护领域,镇江市出台《镇江市金山焦山北固山南山风景名胜区保护条例》,这是2015年修正后的《立法法》扩充地方立法权之后出台的首部设区的市地方性法规,得到全国人大的高度评价。其他如《南通市濠河风景名胜区条例》《镇江香醋保护条例》《扬州古城保护条例》《淮安市文物保护条例》等,都呈现出鲜明的地方特色。

第二节　地方立法情况分析及其问题

江苏经过艰苦探索和不断完善,一个与法律和行政法规相配套、与"两个率先"进程相适应的地方性法规体系基本形成。这些地方性法规有力地促进和保障了江苏经济社会的快速、均衡发展。立法内容更加贴近社会发展实际、更加凸显地方特色,立法技术渐趋成熟,立法质量不断提高。探索性立法方面更是走在全国前列,有力地促进了上位法的制定。当然,由于一些历史惯性依然存在,以及社会发展进程的不断加快,江苏地方立法中部门利益倾向和地方保护主义色彩仍较明显,人大及其常委会在立法中的主体地位依然欠缺,立法技术有待进一步提升,立法监督工作也有待进一步加强。

一、地方立法情况分析

江苏根据本省具体情况和实际需要,围绕江苏各个时期的中心工作,依法履行地方立法职权,及时制定、修改适应江苏经济社会发展需要的地方性法规,为全省经济社会发展作出了重要贡献。同时,在立法技术等方面也日趋成熟,积累了许多有益经验。截至 2014 年 7 月,历届省人大及其常委会共通过省法规 553 件次,其中制定法规 297 件,修改修订法规 223 件,单独废止法规 31 件,作出停止执行决定 2 件,现行有效的法规有 213 件;还批准了南京、无锡、徐州、苏州四个较大的市制定的法规共 509 件次,四个较大的市现行有效的法规共有 236 件。[1] 这些法规涉及经济、政治、社会、文化、生态环境和人大自身建设等各个方面。这些法规的颁布实施,使全省经济社会的各个方面基本做到有法可依,为江苏经济社会发展提供了有力的法制保障。

(一)立法有力地促进和保障了江苏经济社会的快速发展

以经济建设为中心,健全经济领域立法,保障和促进经济又好又快发展。

---

〔1〕 王腊生:《江苏人大 60 年:立法工作回顾》,载江苏人大网,http://www.jsrd.gov.cn/zt/jnrmdbdh/jsrdlsn/201408/t20140821_105014.html。

保障改革开放和现代化建设的顺利进行，是立法工作的重大任务。全省的地方立法工作紧紧围绕和服务于经济建设这个中心，始终把推进经济领域立法作为重要任务，制定了一系列适应改革要求、服务经济发展的地方性法规，保证立法决策与改革发展的重大决策同步，努力推动全省经济健康发展。江苏省人大五年立法规划中，经济领域立法项目长期占据主导地位：八届人大（1993 年 4 月 ~1998 年 2 月）共编列 66 个项目，其中经济项目有 33 个，占比为 50%；九届人大（1998 年 2 月 ~2003 年 2 月）共编列 76 个项目，其中经济项目 46 个，占比为 60.5%；十届人大（2003 年 2 月 ~2008 年 1 月）共编列 86 个项目，其中经济项目 38 个，占比为 44.2%；十一届人大（2008 年 1 月 ~2012 年 1 月）共编列 92 个项目，其中经济项目 50 个，占比为 54.3%。[1]

经济类立法不仅数量最多，门类亦较齐全。围绕推动区域经济、城乡经济统筹发展，制定了《江苏省经济技术开发区管理条例》《江苏省发展规划条例》《无锡市发展规划条例》《江苏省城乡规划条例》等；围绕规范市场主体和市场行为，维护市场经济秩序，制定了《江苏省中小企业促进条例》《江苏省行业协会条例》《江苏省招标投标条例》《江苏省广告条例》《江苏省道路运输条例》等；围绕实施创新驱动发展战略，制定了《江苏省科学技术进步条例》《江苏省发展高新技术条例》《江苏省企业技术进步条例》《江苏省促进科技成果转化条例》《苏州市专利促进条例》《江苏省软件产业促进条例》《江苏省专利促进条例》《江苏省信息化条例》等；围绕加强基础设施建设和管理、保障和促进经济发展，制定了《江苏省公路条例》《江苏省高速公路条例》《江苏省航道管理条例》《江苏省港口管理条例》《江苏省收费公路管理条例》等；围绕服务三农发展，制定《江苏省种子条例》《江苏省动物防疫条例》《江苏省土地管理条例》《江苏省基本农田保护条例》《江苏省渔业管理条例》《江苏省农村土地承包经营权保护条例》《江苏省海域使用管理条例》《江苏省农民专业合作社条例》等。

以保障民生为重点，加强社会领域立法，促进社会和谐稳定。长期以来，

---

〔1〕 王腊生：《江苏人大 60 年：立法工作回顾》，载江苏人大网，http://www.jsrd.gov.cn/zt/jnrmdbdh/jsrdlsn/201408/t20140821_105014.html。

省人大及其常委会一直坚持以人为本、立法为民的宗旨，把实现好、维护好、发展好最广大人民的根本利益作为根本原则。近年来，江苏省更是高度重视以保障和改善民生为重点的社会领域立法，围绕中央和省委关注民生、保障民生的要求，通过立法推动全省教育、医疗卫生、养老等社会事业全面发展，有力地保障和促进了全省社会的和谐稳定。教育方面，积极推动全省教育事业发展，制定了《江苏省实施〈中华人民共和国义务教育法〉办法》《江苏省学生体质健康促进条例》《江苏省学前教育条例》等。医疗方面，积极推动全省医疗卫生事业发展，制定了《江苏省实施〈中华人民共和国传染病防治法〉办法》《江苏省农村初级卫生保健条例》《江苏省艾滋病防治条例》《江苏省城市社区卫生服务条例》《江苏省新型农村合作医疗条例》等。就业与收入方面，制定了《江苏省劳动合同条例》《江苏省工资支付条例》《江苏省工会劳动法律监督条例》等。加强社会管理、维护社会稳定方面，制定了《江苏省未成年人保护条例》《江苏省慈善事业促进条例》《江苏省老年人权益保障条例》《江苏省残疾人保障条例》《江苏省社区矫正工作条例》等。社会公共服务方面，制定了《江苏省道路交通安全条例》《江苏省安全生产条例》《江苏省气象灾害防御条例》《江苏省水上搜寻救助条例》《江苏省特种行业治安管理条例》《江苏省防震减灾条例》等，以保障群众生命财产安全；制定了《江苏省物业管理条例》《江苏省城乡供水管理条例》《江苏省农产品质量安全条例》等，推动政府履行公共服务职责，提升公共服务水平。

（二）从以经济发展为中心转向经济社会环境并重

随着经济社会的发展和立法工作经验的不断积累，服务大局、以民为本、公平正义、科学立法、民主立法、依法立法等立法理念成为贯穿立法全过程的指导思想和基本原则。江苏除重视经济发展之外，也开始注重以民生为重点的社会领域和环境及自然资源保护领域立法。

据统计，截至2012年年底，江苏省人大及其常委会所制定的现行有效法规共241件，其中社会领域法规73件，约占比为30.3%。并且，在全国率先制定了《劳动合同条例》《城市社区卫生服务条例》《新型农村合作医疗条例》《中小学生人身伤害事故预防与处理条例》《慈善事业促进条例》等一批地方性社会法规。在这些法规中，就业和劳动保障、公共安全、重点人群权益保障相对比较完善，尤其是公共安全方面已经制定地方性法规 20 件，涉及人口、社会治安、交通安全、食品安全、安全生产等诸多方面；重点人群权益保障方面共制定了地方性法规 8 件，涉及残疾人、未成年人、妇女、老年人、归侨侨眷、少数民族、消费者权益保护等，为全省社会发展奠定了比较坚实的法制基础。[1] 设区的市的民生立法成绩更为突出，关注民生、保障民生越来越被放到突出位置，逐渐成为地方立法的清晰主线。无锡市人大常委会就坚持民生为先、民生为本、民生为重，在每届立法规划中，直接关注民生、与人民群众切身利益密切相关的立法项目，都占到立法总数的 75% 以上。[2]

加强环境及自然资源保护方面的立法是江苏工业化发展到一定程度的必然结果，是可持续发展的必然要求。人多地少，资源匮乏，资源环境与经济社会发展的矛盾大，环境承载能力弱，早就成了江苏发展的一大障碍。因此，早在地方立法工作起步初期，全省就重视通过法制保护环境资源，通过立法改善生态环境、促进资源节约。全省在环境保护、资源利用、生态建设等方面制定了大量具有江苏特色的地方性法规。从总量上看，截至 2014 年，江苏省现行地方环境的立法数量达 266 件，其中法规共 142 件，江苏省人大及其常委会制定了 55 件，南京、无锡、苏州、徐州四个较大市的人大及其常委会共制定法规 87 件；规章共 124 件，江苏省人民政府制定了 30 件，南京、无锡、徐州、苏州四个较大市的人民政府制定了 94 件。[3] 从内容上看，围绕资源节约利用，先后制定了《江苏省地质环境保护条例》《江苏省发展新型墙体材料条例》《江苏省散装水泥促进条例》《江苏省节约能源条例》《江苏省水库管理条例》等，特别是《江苏省人民代表大会常务委员会关于在苏锡常地区限期禁止开采地下水的决定》《江苏省人民代表大会常务委员会关于限制开山采石的决定》《江苏省人民代表大会常务委员会关于在长江江苏水域严禁非法采砂的决定》，因地制宜地解决了地方经济社会发展与资源环境保护之间存在的矛盾，

---

〔1〕 黎堂斌：《新形势下加强地方社会领域立法的实践与思考——以江苏社会领域立法为例》，载《人大研究》2013 年第 4 期。

〔2〕 钱群：《在探索中前行 在实践中提高——无锡市地方立法 28 年回眸》，载无锡人大网，http://www.wxrd.gov.cn/web101/dbyrm/2011n/zd199q/zd124q/2014zd221/7209321.shtml。

〔3〕 臧成：《江苏省地方环境立法探析》，载《山西煤炭管理干部学院学报》2015 年第 2 期。

立法经验得到全国人大常委会法工委的肯定;围绕保护环境卫生,改善自然环境,先后制定了《江苏省城市绿化管理条例》《江苏省全民义务植树条例》《江苏省城市市容和环境卫生管理条例》《江苏省生态公益林条例》《南京市城市绿化条例》《江苏省爱国卫生条例》等,为人民群众营造了健康良好的生活环境;围绕防治污染,先后制定了《江苏省太湖水污染防治条例》《江苏省机动车排气污染防治条例》《江苏省长江水污染防治条例》《江苏省地质环境保护条例》《江苏省海洋环境保护条例》《江苏省辐射污染防治条例》《江苏省固体废物污染环境防治条例》《江苏省通榆河水污染防治条例》等,切实加强了环境污染治理,推动了全省生态文明建设。

设区的市在环境及自然资源保护方面的立法更为重视,尤其是乡镇企业发达的苏南地区。苏州市就侧重在资源保护、水环境和生态环境保护,以及防治污染等方面进行自主性、先行性立法,至今已制定了城市绿化、河道管理、阳澄湖水源水质保护、禁止开山采石、禁止猎捕陆生野生动物、危险废物污染环境防治等法规,占全市立法总量的28.8%。[1]

(三)立法内容贴近社会发展实际,地方特色明显

着眼解决区域发展中的现实问题,为本省经济社会发展保驾护航是江苏地方立法的主旨。江苏地方立法一直紧贴全省发展形势,在“可操作”和“能解决实际问题”上下功夫。20世纪八九十年代,苏南的乡镇企业异军突起,有力地带动了地区经济社会的发展。江苏地方立法主动及时配合,继1984年省政府出台《关于加快发展轻工业城镇集体经济若干政策问题的试行规定》后,1987年省人大常委会出台了《江苏省乡村集体工业企业管理暂行条例》,贯彻了“少管放活”的方针;在个体经济发展的关键时期,1998年江苏在全国又率先出台了《江苏省发展个体私营经济条例》,对乡镇企业的转型升级及个体私营经济的发展,都起到了有力的促进作用。

1988年,江苏在全国较早地提出了“科技兴省”(后改为“科教兴省”)战略后,地方立法积极响应,出台了诸如发展民营科技企业、促进企业技术进

---

〔1〕《地方立法　民生为先》,载中国江苏网,http://jsnews.jschina.com.cn/system/2013/04/28/017076714.shtml。

步、发展高新技术、促进科技成果转化、软件产业促进、专利促进和信息化等一系列地方科技法规；在教育方面，出台了幼儿教育、学前教育、义务教育、职业教育、职工教育、专业技术人员继续教育等地方法规，为江苏建设“科教大省”和“科教强省”提供了强有力的法制保障。1996 年江苏省在全国率先提出建设“文化大省”，特别是 2004 年提出建设“文化江苏”后，又进行了《江苏省书报刊市场管理条例》《江苏省历史文化名城名镇保护条例》《江苏省音像市场管理条例》《江苏省文物保护条例》《江苏省人大常委会关于加快发展江苏文化产业的决议》《江苏省非物质文化遗产保护条例》等一系列文化立法或法规修订。

拥有立法权的设区的市也积极跟进。南京市制定了《南京市地下文物保护管理规定》、《南京城墙保护管理办法》（已废止）、《南京市重要近现代建筑和近现代建筑风貌区保护条例》等。苏州市制定了《苏州市园林保护和管理条例》《苏州市古建筑保护条例》《苏州市昆曲保护条例》等。无锡市则制定了《无锡市宜兴紫砂保护条例》等。

因紧贴地方发展实际，江苏立法的地方特色亦十分突出。例如，2008 年以后，无锡市为了应对太湖水危机和水环境保护不断出现的新情况、新问题，经过第十四、十五届两届人大常委会的努力，先后制定了以《无锡市水环境保护条例》为核心的 8 部涉水法规，基本形成了一个水环境保护地方立法系列，为无锡市水环境的持续改善打下了坚实的法制基础。又如，苏州市特别注意针对“小桥流水”这一水乡城市的性质和特点，积极挖掘具有地方特色的“土特产”项目，注重在古城、水环境和生态环境保护方面进行立法，已先后制定了 25 项法规，占到全市立法总量的 40% 以上，使全市有关古城、水环境和生态环境保护的地方性法规初步形成系列。

（四）立法技术渐趋成熟，立法质量不断提高

在立法原则方面，在 1998 年总结形成的“不抵触、有特色、可操作”原则的基础上，又增加了“少而精”的原则，从而形成了具有全国影响的“江苏品牌”。“少而精”就是坚持质量第一，不单纯追求立法的数量；“不抵触”就是维护国家法制的统一，不与国家法律相悖；“有特色”就是从实际出发，体现本地区经济社会生活的特点；“可操作”就是规范具体、程序明确，能实实在在解决

问题。

在立法过程中注重“以人为本”，坚持“全面、协调、可持续”的指导思想，贯彻落实科学发展观。这标志着江苏地方立法原则更趋成熟。在立法规划方面，注重科学性、合理性，努力做到“急需为先、以人为本、特色为重、质量为上”。从2003年开始，省人大常委会开始编制五年立法规划，全省地方立法的计划性、前瞻性增强。2008年9月，省人大常委会又出台了《江苏省2008—2012年立法规划》，立法的计划性、前瞻性进一步增强。在立法技术方面，2005年12月，省人大主任会议讨论通过了《江苏省地方立法技术规范》，从一般规定、法规结构、立法语言三个层面，对地方立法技术进行了全面系统的规范。此后又陆续出台了《关于地方性法规中有关共性问题的意见》《关于推进民主立法的规定》等规范，立法技术更加成熟。

在制定新法规的同时，根据社会发展的新形势、新要求，适时对地方性法规进行大规模的集中清理和修订，也保证了地方立法质量的提高。如1997年江苏省修订了20多件地方性法规，主要涉及资源保护、科技进步和规划建设等领域；2004年共修订41件法规，主要涉及资源保护、市场秩序、科技教育、规划建设、污染防治等领域，废止《江苏省海岸带管理条例》等6件法规，作出停止执行法规中有关规定的决定2件，批准四个较大的市修订1件、修改和废止81件、停止执行法规中有关规定的决定2件；2010年修订2件，修改24件，废止6件。

(五)探索性立法走在全国前列，促进了上位法的制定

江苏还积极进行探索性立法，且始终站在发展前沿，走在全国前列，并以此促进上位法的制定。例如，2001年制定的《江苏省农村初级卫生保健条例》，是全国第一个关于农村初级卫生保健的省级地方性法规。2006年制定的《江苏省中小学生人身伤害事故预防与处理条例》，不仅确立了“预防为主”的方针，还在全国第一次确立了校方责任强制保险制度。2006年制定的《江苏省非物质文化遗产保护条例》，是全国第一部专门关于非物质文化遗产保护的地方性法规。2009年制定的《江苏省学生体质健康促进条例》，是全国第一部专门关于学生体质健康的地方性法规。2010年制定的《江苏省发展规划条例》，是国内首个指导全省社会经济发展的纲领性文件。2011年率先立法

保护个人信息,出台了《江苏省信息化条例》,在促进个人信息保护方面,具有里程碑意义。2014 年 1 月,省人大常委会审议通过《江苏省社区矫正工作条例》,这是全国首部在省级出台的社区矫正地方性法规,彻底扭转了社区矫正这项刑罚执行工作在省域范围内“无法可依”的局面。上述地方立法中的许多做法和经验都已被国家在制定有关法律和行政法规时作为参考和借鉴,促进了上位法的制定。

设区的市的立法工作也一样站在发展前沿,走在全国前列,促进了上位法的制定。例如,1994 年 10 月 10 日公布施行的徐州市第一部地方性法规《徐州市食品商贩卫生管理条例》,许多条款被之后颁布施行的《食品卫生法》(1995 年 10 月 30 日施行)、《食品安全法》(2009 年 6 月 1 日施行)和《江苏省食品卫生条例》(2010 年 12 月 1 日施行)所吸收。又如,2001 年制定的《无锡市预防职务犯罪条例》是全国第一部预防职务犯罪的地方性法规,受到了国内外的普遍关注和好评。2006 年制定的《无锡市宜兴紫砂保护条例》是我国首部为保护区域性传统工艺美术技艺和品种所制定的专项地方性法规,具有非常鲜明的地方特色。

二、地方立法进程中的主要问题

目前,与人大相比,政府部门在法制建设中依然占据一线优势和人才优势,法律法规制定方面更是驾轻就熟。随着社会发展进程的不断加快,新情况、新问题层出不穷,对地方立法的要求也在不断提高,且技术性、专业性也越来越强。这一切导致目前江苏地方立法不可避免地还存在一些问题。

(一)部门利益倾向和地方保护主义色彩仍较明显

改革开放后很长一段时间,法制工作都是政府部门的一项重要职能。政府及其职能部门直接面对社会新情况、新问题,掌握社会立法需求的轻重缓急,提出的立法项目也更有针对性,而人大在这方面显然不具优势。因此,虽然理论上地方人大及其常委会是立法主体,但具体工作中,绝大部分立法项目是由政府及其职能部门提出并制定草案的,人大自主提出的立法项目所占的比例非常小。这一局面的弊端在于政府部门往往会通过立法来巩固自己的权力和利益,导致地方立法的部门利益化倾向和地方保护主义。

从自身利益出发,不尊重人大立法规划是部门利益倾向的表现之一。政府部门对立法规划执行不彻底,随意性很大。有些政府部门不按规划进度开展工作;有些部门则随便将一些不成熟、不合理的项目加入规划项目内;还有些部门对确定的调研项目不重视,既不提交调研报告,也不组织起草。以江苏为例,八届人大实际制定了52件地方性法规,其中规划内项目33件,增加项目19件,规划完成率为50%;九届人大实际立法71件,其中规划内项目46件,增加项目25件,规划完成率为65.7%;十届人大实际立法62件,规划内项目43件,增加项目19件,规划完成率为63.6%。[1]

从自身利益考虑拖延或阻碍上位法的执行是政府地方保护主义的一大表现。对有些已出台的上位法,若制定执行性地方法规并施行,短期内有可能阻碍地区经济的发展,政府部门自然不积极,能拖则拖。如关于循环经济方面的立法,关于大气污染防治的立法,等等。这其中原因是多方面的,但是在一定程度上与过去政府主导立法项目不无关系,其实质仍然是立法中的地方保护主义。

(二)社会领域立法相对滞后

正如前文所述,江苏地方立法中经济类法规比重最大,近些年来,环境和自然资源保护类法规立法也增长迅速。前者乃历史原因所致,后者乃可持续发展的压力所迫。但社会领域的立法相对滞后。据统计,截至2012年年底,江苏省人大及其常委会所制定的现行有效的法规共241件,其中社会领域法规73件,约占比30.3%。[2] 虽然约1/3的比重看起来也不低,但其中存在一些不容忽视的问题。首先,许多法规是在当年“填补空白”及“有比没有好、快比慢好”的理念下制定的,科学性、操作性等都有所欠缺。其次,随着社会的发展,部分法规已经不适应时代要求,亟须修正或废止。

(三)人大及其常委会在立法中的主体地位尚有欠缺

政府部门成为地方立法的提议者和制定者,人大的作用尚不明显。地方立法项目绝大多数由政府报送,人大直接列入立法规划,然后再由政府部门

---

〔1〕 黎堂斌:《新时期地方人大立法规划问题与对策探讨》,载《人大研究》2013年第1期。

〔2〕 黎堂斌:《新形势下加强地方社会领域立法的实践与思考——以江苏社会领域立法为例》,载《人大研究》2013年第4期。

制定草案,人大常委会开会讨论通过即可,至多在通过前提出修改建议。这一机制大大削弱了人大在立法工作中的主导地位。各地为提高地方立法的民主性和公开性,也曾尝试过很多包括向人大代表和基层群众征集立法项目等做法,但“政府主导”的立法态势并未得到根本扭转。八届、九届的立法规划没有设置征求社会公众意见这一环节,几乎全部是政府机关建议项目;十届规划项目征集到 345 条建议,其中来自省有关部门和各市人大常委会的建议 237 条,占比 68.7%;十一届规划项目征集到 422 条建议,其中来自各委员会和有关厅局的建议 313 条,占比 74.2%。[1]

人大主动立法意识不强,自主立法项目很少。在已经实施的 4 次立法规划中,只有八届人大、十一届人大规划对自主立法有所提及,八届人大规划提出“有些涉及江苏改革和建设全局的法规草案,可以由省人大常委会牵头组织起草”,十一届人大规划提出“适当增加人大及其常委会自主起草法规和委托起草法规的比重”。但 4 次规划编列的人大自主立法数量很少,只有九届人大的《江苏省农民负担监督管理条例》,十届人大的《江苏省社会保险费征缴条例》,相较 4 次规划共编列的 320 项法规,这 3 个人大自主立法项目几乎可以忽略。[2]

(四)立法技术有待进一步提升

在立法内容方面,其表现在三个方面:一是与上位法重复较多。有些地方立法几乎全部照抄相关国家法律或行政法规的条文。特别是有些实施类法规,真正根据本地方实际情况和实际需要、带有地方特点的规定很少。二是缺乏可操作性,甚至难以执行,成为“景观式法规”。如《南京市养犬管理条例》规定,每只犬一年要收 300 元养犬管理费(2013 年下降到 200 元),并且办理养犬登记手续的犬只,必须统一植入电子芯片,便于管理和事后查找。这些遭到市民普遍反对,实际上也难以执行。三是所定规范起不到法规应有的作用。如《苏州市湿地保护条例》对破坏湿地生物资源违法行为的处罚明显较轻。实践已经证明,这种处罚力度非但对违法分子起不到威慑作用,还助

---

〔1〕 黎堂斌:《新时期地方人大立法规划问题与对策探讨》,载《人大研究》2013 年第 1 期。
〔2〕 黎堂斌:《新时期地方人大立法规划问题与对策探讨》,载《人大研究》2013 年第 1 期。

长了其违法心理。[1]

(五)立法监督工作有待加强

首先是在立法内容上缺少监督。正如所述,目前的立法工作中,政府及其职能部门很强势,导致人大的立法工作仅仅局限于对有关立法建议项目的提出进行督促和简单的汇总,以及平衡各个部门、领域立法项目的数量等。因此,立什么法以及立法的先后次序、立法项目涉及的内容是否符合民众利益、是否为社会急需等,目前都还缺乏实质性监督。

其次是对执法的监督不到位。一是部分法规实施主体履职不到位。有些法规配套性文件要么制定不及时,要么根本没有制定,或者制定的文件内容与法规要求不尽一致,影响法规的全面有效实施。如某市出台的法规规定了授权制定景区总体规划的条款,但法规施行已逾 5 年,景区总体规划却仍未出台,相应的景区执法范围等景区管理基本事项也难以确定,给景区执法工作带来很大障碍。二是部分法规执法机制还未理顺,如《南京市水环境保护条例》,在立法之初曾以"最严格的环境保护制度、最先进的环境准入标准、最严厉的环境执法措施"的"三严"标准被业内广泛关注。但是,因执法机制并没有如法规设想的那样畅顺,在执法中各部门"九龙治水"现象依然存在,使得水环境综合整治工作难以有效开展,执法效果被打了一定折扣。这一现象在《苏州市湿地保护条例》的执法中同样存在。

第三节 完善地方立法的对策建议

自十六大报告提出"加强立法工作,提高立法质量,到二〇一〇年形成中国特色社会主义法律体系"之后,我国的立法工作进入了快速发展阶段。到 2010 年年底,国家层面的中国特色社会主义法律体系已基本形成。法律体系的基本形成,表明作为这一体系主体的各类法律基本完备,再加上国务院颁

---

〔1〕 兰家丽:《对〈苏州市湿地保护条例〉的评析及完善建议》,载《南京航空航天大学学报(社会科学版)》2012 年第 3 期。

布的众多行政法规,以及更为丰富、更为繁杂的各部门规章,可以肯定地说,我国经济、政治、文化、社会等各方面基本上实现了"有法可依"。这样的背景下,江苏地方立法的重点应是实施性立法而非探索性立法,应该经济、社会、环境等领域立法并重,实现立法的均衡发展,也应该将主要工作放在提高立法质量而非数量方面。

一、进一步提升实施性立法比重

(一)提升实施性立法比重具有必然性

如《苏州市昆曲保护条例》和《无锡市宜兴紫砂保护条例》等具有鲜明地域特色的地方性法规已基本完备。除了针对社会发展新情况、新问题等进行的立法外,还有大量针对上位法的实施性立法。这就要求此后的地方立法更加注重以补充、细化上位法的实施为主,以保障国家法律有效实施。

江苏处于改革的前沿,以前突破现行法律法规的"先行先试"行为屡见不鲜,但今后这种"良性违法"之举不再可能。2014 年 10 月 27 日,习近平总书记在中央全面深化改革领导小组第六次全体会议上要求"重大改革于法有据、先行先试的依法授权"。也就是说,今后凡属重大改革都要于法有据,"良性违法"时代已经过去。现在即使"先行先试",也要首先"依法获得授权",以确保在法治的轨道上推进改革。这方面,国家也已率先作出示范。比如,为推进行政审批制度改革,经国务院提出议案,全国人大常委会决定,授权国务院在广东省暂时调整部分法律规定的行政审批并在 3 年内试行,这就是以法治思维和法治方式推进改革的范例。[1]

(二)提升实施性立法比重具有必要性

首先,需要全面梳理现行有效的法律中要求地方制定实施办法而地方尚未制定的。例如,2009 年 6 月 1 日起施行的《食品安全法》,其中第 29 条第 3 款针对"食品生产加工小作坊和食品摊贩从事食品生产经营活动",明确要求"有关部门应当对其加强监督管理,具体管理办法由省、自治区、直辖市人民代表大会常务委员会依照本法制定"。然而,至 2014 年年底,江苏省的管理

---

〔1〕 郑淑娜:《提高立法质量　实现良法之治》,载《行政管理改革》2014 年第 12 期。

办法依然未能出台。

其次,凡是新制定和新修改的上位法,其需要配套实施的法规都应该在法律通过后及时出台,为国家法律的有效实施提供制度保障。比如,《江苏省社会治安综合治理条例》还是1991年底制定的,亟须修改。再如,第十二届全国人大常委会第八次会议修订的《环境保护法》已于2015年1月1日起施行。该法明确指出"保护环境是国家的基本国策",突出强调政府责任、监督和法律责任,并赋予"公民、法人和其他组织依法享有获取环境信息、参与和监督环境保护的权利"。面对《环境保护法》,相应的修订任务必然繁重,理应及时、高度重视。

最后,对于已不适应社会发展需求的法规要及时清理。江苏曾进行过多次集中的法规清理,有效地维护了法制统一。"但总体上,清理工作还是被动的、运动式的,且主要解决的是与上位法不相一致的问题",〔1〕对那些内容明显滞后、无法适应现实需要的"花瓶式""古董级"法规清理得较少,对此类法规的清理应该定期化、常态化。

二、注重社会领域立法和其他领域立法的协调发展

社会领域立法是相对于经济、政治、文化等领域立法而言的,主要包括社会事业、社会保障、社会组织、社会管理等诸多方面的法律法规。立法的根本目的是维护社会秩序、促进社会和谐、保障人民安居乐业。

(一)加强社会领域立法

推进民主政治建设方面的地方立法。健全村(居)民委员会组织和选举、企业民主管理等方面的法规,完善和发展基层民主制度;加强行政管理方面立法,制定行政程序规定、行政审批管理、行政监督管理、行政组织管理等地方性法规;加强反腐败法规制度建设,形成"不敢腐、不能腐、不想腐"的有效机制,坚决遏制和预防腐败现象。

加强保障和改善民生、创新社会治理方面的地方立法,进一步规范公共

---

〔1〕 王腊生:《中国特色社会主义法律体系形成后地方立法面临的新形势和新任务——以江苏省为例》,载《南京工业大学学报(社会科学版)》2012年第2期。

服务。完善教育、就业、收入分配、社会保障、医疗卫生、食品安全、扶贫、慈善、法律援助，以及妇女、儿童、老年人、残疾人等合法权益保护方面的地方性法规，如民办教育发展条例，养老、医疗、生育等方面的保险条例，医患纠纷处理条例等；加强社会治理地方立法，形成比较完善的社会治理法规制度，如制定人民调解条例、社会救助条例、养老服务条例等；完善社会组织管理制度，健全行业协会商会、科技、公益慈善、城乡社区服务等社会组织运行管理法规，如社会中介机构管理条例、公益基金管理条例、联谊会条例、商会条例等，引导各类社会组织健康发展；公共安全法规方面，应在户籍制度管理、流动人口服务和管理、民间纠纷的调解和解、突发事件预防与应急处置、社会治安防控体系和综合治理、信访制度的进一步完善等方面加大立法工作力度。

（二）注重社会、经济、文化领域立法的协调发展

加强地方文化立法。健全有利于激发文化创造活力、保障人民基本文化权益的文化法规制度。尽快出台公共文化服务促进条例，促进基本公共文化服务标准化、均等化；推动文化产业发展地方立法，完善文化市场管理方面的法规；加强网络文化立法，完善网络信息服务、网络安全保护、网络社会管理等方面的地方性法规；加大文化法规中对违法的惩罚力度，维护文化法规的严肃性。目前，新城区建设以及房地产开发中毁坏文保单位的事情屡屡发生，违法成本远远小于违法收益显然是主要原因，必须用强有力的法律手段予以制止。

完善经济领域地方立法。注重社会领域立法并不代表经济领域立法不重要，只是因为该领域法规已经比较齐备而已。今后，经济领域立法依然是重点任务，并且要制定与修改并重。其重点有以下方面：健全以公平为核心原则的产权保护制度，加强对各种所有制经济组织和自然人财产权的保护；完善和加强市场法规，维护公平竞争的市场秩序；围绕实施创新驱动和促进经济转型升级，建立健全激励创新的产权制度、知识产权保护制度和促进科技进步方面的法规和规章。此外，还有加强企业社会责任的地方立法、开发园区条例和海洋经济促进条例等法规的制定等。

三、多渠道提高立法质量

依法治国、依法治省既有赖于法律的齐备，更有赖于法律的高质量。党的十八届四中全会作出的《中共中央关于全面推进依法治国若干重大问题的决定》就明确提出，“良法是善治之前提”“抓住提高立法质量这个关键”。这是对立法工作提出的重大改革要求，也是江苏必须多渠道提高立法质量的重要原因。

（一）坚持“以人为本”

坚持以人为本、立法为民，保证人民当家作主，是立法工作的宗旨。因此，立法工作应始终把实现好、维护好、发展好最广大人民的根本利益作为出发点和落脚点，努力使每一项立法都体现和尊重人民的主体地位，保证人民当家作主，确保立法实现党的领导、人民当家作主、依法治国的有机统一。

目前地方立法存在一个普遍性问题，那就是控制公权力的立法太少，而限制公民权利的立法偏多。比如，为政府部门设置过多的行政许可权，且缺乏对权力运用的条件、程序、期限等的约束性规定，而在涉及公民权利时往往设置过多禁止性条款或义务性条款。这样的立法状况与保护公民权利、限制政府权力的基本法治目标背道而驰。今后的立法工作，必须正确处理好权、责、利的关系，既要赋予行政机关履行职责的必要权力和手段，又要加大监督力度、明晰法定责任。同时，要最大限度地维护人民的根本利益，让人民充分享受到立法带来的制度红利、法治红利。

（二）发挥人大及其常委会的主导作用

党的十八届四中全会通过的《中共中央关于全面推进依法治国若干重大问题的决定》提出，健全有立法权的人大主导立法工作的体制机制，发挥人大及其常委会在立法工作中的主导作用。之所以提人大的主导作用，显然是因为现在许多法律法规的制定和修改都是由政府主管部门提议并起草的，重视部门权力和利益的内容不可避免地会渗透到法律草案之中。

发挥人大及其常委会在立法工作中的主导作用，应当体现在法律法规的立项、起草、审议、修改、表决等各个环节。其中，人大代表、专家学者、政府部门及群众代表等都是同等重要的立法参与者。每届人大的立法规划和年度立法计划等，都应当在充分吸取人大代表、专家学者、政府部门等意见的基础上统筹安排，科学决策。规划或计划一旦确定，就不可轻易更改，尤其不能在政府部门一方的要求下更改。在法律起草方面，要逐步提升非政府部门起草法律的比重。一些综合性强、涉及部门多、起草协调难度大的立法项目，人大要结合政府部门的业务优势和专家学者的理论优势，自主起草法规草案。对于法规草案的审议和修改，要建立有关部门参加，专家学者、人大代表和人民群众共同参与的工作机制，广泛凝聚社会共识；由有关部门起草的法律草案，人大常委会及相关专门委员会也要提前参与。对专业性较强的法律法规，可以探索委托高校或科研院所立法研究部门、律师协会或律师事务所等第三方起草的方法。对争议较大的法律案，可以引入第三方评估，并及时作出决策。

（三）立法力求“少而精”

长期以来，地方性法规也往往和上位法一样，采取“小而全”的样式，表现为立法体例、内容层次乃至具体内容的表述与上位法相似或相近，并大量重复上位法里的内容。其中的一部分新增或创新内容（也是最重要的部分）因此被淹没在大量重复表述之中，重点难以突出，不利于人大常委会或人大代表的审议。今后，地方立法应当走“少而精”的道路，需要几条就规定几条，重在管用，在内容和体例上不再追求“大而全”，而注重能够切实有效地解决本地的实际问题。目前，国内有些地方如上海市的地方立法就只反映新增或创新性内容，有的法规只有几条，社会反映良好。江苏省出台的《江苏省人民代表大会常务委员会关于在长江江苏水域严禁非法采砂的决定》《江苏省人民代表大会常务委员会关于在苏锡常地区限期禁止开采地下水的决定》《江苏省人民代表大会常务委员会关于限制开山采石的决定》，条款只有几条或十几条，规范的事项比较单一，但都具有很强的针对性和可操作性，能实实在在地解决实际问题，产生的社会效用十分明显。

（四）进一步推进科学立法和民主立法

“科学立法的核心是立法要体现规律，包括体现经济社会发展的客观规律和法律体系的内在规律；民主立法的核心是立法要为了人民、依靠人民，使立法能真正反映广大人民的共同意愿。科学立法和民主立法是相辅相成的，是提高立法质量的根本途径。"[1]

应坚持立法公开,保障人民通过多种途径参与立法活动。立法过程中以实现社会整体利益最大化为追求,尽可能多地听取专家学者、人大代表和广大群众的意见、建议,不为部门意见所左右;立法项目的编制要进一步拓宽和加深人民群众参与的广度、深度,把征求民意的传统方式与新型方式结合起来,更多地吸收网络民意。人大确定立法规划和年度计划项目,应建立一套科学的评估指标体系,通过合法性、必要性、可行性等定性定量指标进行科学的论证和决策,真正把人民群众关心、改革发展急需和立法条件成熟的项目列入规划。在法规的起草、制定过程中,应进一步扩大公众参与途径,不但要公开法案,还需公开过程,做到立法公开全面化。要创新立法全方位、全过程征求人大代表、专家学者等意见的工作机制。探索网络立法听证新途径,多渠道听取利益相关方的意见,做到立法听证常态化、网络化。针对特定专业问题及时组织召开专家论证会进行专门研究论证。

积极开展立法协商。立法协商就是立法机关就法律草案的内容,通过各种渠道,充分听取各类人士、各党派、各社会组织(团体)等的意见,平衡社会各方利益的过程,它是了解社会各方面对法律的诉求并就不同的诉求进行比较和平衡的重要方式。

开展立法协商是时代的要求。党的十八届四中全会公报就明确提出要"开展立法协商,充分发挥政协委员、民主党派、工商联、无党派人士、人民团体、社会组织在立法协商中的作用"。实践也表明,开展立法协商是立法中平衡社会各方利益的有效方式,对提高地方立法质量具有积极意义。例如,南京市人大常委会法工委从2004年开始,就与市政协社法委、市政府法工办建立了立法协商制度并成立了组织、明确了办法、完善了机制,先后制定出《关于加强南京市地方立法协商工作的意见》和《关于加强南京市政府立法协商工作的意见》两个制度性文件,对立法协商的项目、重点等作出具体规定。又如,青岛市人大于2013年通过了《青岛市地方立法协调联席会议制度》,规定立法联席会议每季度至少召开一次,对年度立法计划的制定、五年立法规划

---

[1] 王腊生:《着力提高立法质量　努力制定良善之法》,载《唯实》2014年第12期。

的编制、地方立法工作的重大问题、法规草案起草和审议中的重大争议等进行研究、沟通。参加会议的成员包括：市人大有关专门委员会、市政府办公厅、市政府法制办公室，以及年度立法计划确定的责任单位的主要负责人。两地的做法和经验都值得借鉴。

建立立法质量评价体系。一是对法规本身的质量评价体系，包括合法性标准、操作性标准、规范性标准等；二是对立法程序科学性的评价体系，包括在制定立法计划和法规起草、审议、修改等过程的公平、公正、公开等。

建立客观公正的立法评估制度。首先是立法前评估（可行性评估）制度。青岛市的立法前评估由立法机关主导，以行政主管部门为基础，并引入专家评审、社会公众参与。通过可量化的评估指标，对法规项目的立法必要性、可行性、预期效果、可能的社会影响等进行全面客观的分析、评价，以此确定是否应当立法、何时立法。这一做法值得江苏借鉴。其次是建立立法后评估制度，对法规的实施后果进行常态化监测和评估。对于那些在实施过程中人大代表、普通群众及相关部门都有很大意见的法规，对于那些上位法或重要政策发生较大变化的法规，对于那些因社会发展的客观形势发生重大变化导致不能或部分不能适应现实需要的法规，都必须及时修改甚至废止。

第三章　地方经济立法

改革开放以来,特别是《立法法》颁布之后,地方经济立法作为我国立法活动的重要组成部分,在构建社会主义市场经济法律体系、促进地方经济社会发展中发挥着重要作用。准确理解和认识地方经济立法是构建地方经济立法理论体系的基础。

第一节　地方经济立法界说

一、地方经济立法的概念

在立法学界,很少有著述明确界定地方经济立法的概念。我们认为,要探讨地方经济立法的基本概念,必须在理解地方立法和经济立法两个基本概念的基础上,从立法主体、立法形式和调整对象等方面进行分析。

(一)地方立法

长期以来,法学界对"地方立法"一词有两种不同的观点:广义上的"地方立法"是指,享有立法权的地方国家机关(地方人大和政府)依据宪法和法律的相关规定,根据本地区的具体情况和实际需要,依照法定职权和程序,制定、修改和废止规范性法律文件的活动。[1] 具体而言,其主体包括省、自治

---

〔1〕 参见崔卓兰等:《地方立法实证研究》,知识产权出版社2007年版,第1页。

区、直辖市的人大及其常委会、人民政府；省会市、设区的市、自治州的人大及其常委会、人民政府；民族自治区、自治州、自治县的人大。立法形式包括地方性法规、自治条例、单行条例以及地方性规章。狭义上的“地方立法”是指，地方国家权力机关（地方人大）制定地方性法规、自治条例和单行条例的活动。具体而言，主体包括省、自治区、直辖市的人大及其常委会；省会市、设区的市、自治州的人大及其常委会；民族自治区、自治州、自治县的人大。其立法形式包括地方性法规、自治条例、单行条例。

虽然相关地方政府制定规范性文件的行为对于地方经济的规范和发展具有十分重要的价值，但是，其毕竟是行政执行机关，在制定相关规范的目的、权限方面存在较大局限，其和地方人大制定的地方性法规、自治条例、单行条例还是存在较大差异。同时，考虑到地方政府制定的地方性规章数量过于庞杂，不便研究，因此，本书所指称“地方立法”采取狭义观点，即仅限于地方人大制定的地方性法规、自治条例和单行条例。

（二）经济立法

地方经济立法就其“经济”二字来说，乃是语义的重点，它突出了地方立法在国家立法中的内容归属和分类需要。“经济立法”一词在我国规范性法律文件中的使用，始于 1993 年《宪法修正案》第 7 条，即“国家加强经济立法，完善宏观调控”。目前学界在使用该概念时，对其内涵和外延皆有不同的认识，主要有以下两种观点：其一，将经济立法的调整对象确定为“国家机关、社会组织和其他经济实体在经济管理过程和经营协调活动中发生的经济关系”。[1] 这种观点认为，地方经济立法调整的社会关系应限于“经济法”调整的社会关系，即为了克服市场调节的盲目性和局限性，需要由国家干预的具有全局性和社会公共性的经济关系[2]，包括市场主体调控关系、市场秩序调控关系、宏观经济调控和可持续发展保障关系、社会分配关系。其二，从更广的视角来理解经济立法，认为经济立法所立之“法”，其调整对象并不限于上述所言的部门法意义上的“经济法”活动，也涵盖作为民法、商法调整对象的

---

〔1〕 程世强、霍凤山：《浅议我国地方经济立法的概念与特征》，载《人大研究》2003 年第 2 期。

〔2〕 参见李昌麒：《经济法——国家干预经济的基本法律形式》，四川人民出版社 1995 年版，第 197 页。

其他经济关系。[1] 所谓经济立法，简言之，就是特定的立法主体制定调整经济关系的规范性法律文件的活动。在上述两种表述中，本书更倾向于第二种看法，即地方经济立法所要调整的经济关系和经济活动涉及的内容具有综合性，应为广义的经济关系。一部地方经济法规，主要调整需要由国家干预的具有全局性和社会公共性的经济关系，但是，经济领域外的其他内容也会有些许涉及，这并不会对该部法规的性质产生影响。

值得商榷的是，设区的市、自治州人大及其常委会在享有地方立法权的同时，是否亦属于地方经济立法权的主体？2015 年修正的《立法法》第 72 条第 2 款、第 73 条第 3 款明确规定，设区的市、自治州人大及其常委会制定地方性法规，限于城乡建设与管理、环境保护、历史文化保护等方面的事项。可见，《立法法》虽然将地方立法权主体扩大至设区的市、自治州人大及其常委会，但是其立法范围仅限于“城乡建设与管理”“环境保护”“历史文化保护”三种事项。那么，这三种事项能否纳入“经济立法”的范畴中呢？我们认为，上述三种事项虽然主要涉及城市管理，但是仍不能脱离上述经济立法所要调整的广义的经济关系范围。如上文所言，地方经济立法所要调整的经济关系和经济活动，除了包含部门“经济法”的调整范围，还应是多方面、多层次的，其所涉及的内容应具有综合性。以“城乡建设与管理”事项为例，这一事项难免会涉及建筑、建材、燃气、房地产等相关市场行业的行政管理和监督执法，因此不能将其与社会经济关系完全割裂开，亦无法将其排除在经济立法范围之外。与此同时，《立法法》第 72 条第 6 款规定：“省、自治区的人民政府所在地的市，经济特区所在地的市和国务院已经批准的较大的市已经制定的地方性法规，涉及本条第二款规定事项范围以外的，继续有效。”基于此，设区的市、自治州人大及其常委会应纳入地方经济立法权的主体范围。

综上所述，地方经济立法可界定为：地方立法主体根据本地区的实际情况和具体需要，依照法定职权和程序，在国家立法的指导下，遵循国家法制统一原则，制定、修改和废止调整本地区经济关系的规范性法律文件的活动。

---

〔1〕 参见易有禄：《地方经济立法与经济发展——粤、浙、赣、湘、川、甘 6 省的比较分析》，载《现代法学》2008 年第 6 期。

地方经济立法主体、立法形式与一般地方立法一致，包括省级、设区的市、自治州人大及其常委会制定的地方性法规。随着地方经济建设不断加强，在为实现“两个一百年”奋斗目标而谋划的“四个全面”战略布局中，地方经济立法必将以其特有的立法属性，成为法律引导、规范、保障和促进地方经济社会协调发展不可或缺的重要环节。

二、地方经济立法的特征

近年来，地方经济立法，经历了从初步探索、逐步形成到向纵深领域不断发展的过程。深度剖析地方经济立法的特征，可以更好地把握地方经济立法的知识背景，加深对地方经济立法概念的理解，科学发挥地方经济立法的作用。我国地方经济立法主要有以下几方面特征：

第一，地方性。地方性是地方经济立法最重要、最显著的特征。地方经济特色是地方经济立法的灵魂和生命，如果地方经济立法不能体现地方经济特色，不能解决地方实际问题，只是作为中央经济立法的影子紧随其后，地方经济立法就丧失了存在的必要。[1] 地方性主要体现在三个方面：(1)地方经济立法的立法主体是地方权力机关，中央国家权力机关即使针对某一地区单独制定经济性法律法规也不属于地方经济立法范畴。(2)地方经济立法的对象为本地区的经济关系和经济活动，立法机关应从地区的具体情况和实际需要着手，制定出能体现本地区特色、有利于本地区经济发展的经济法规。地方经济立法必须反映本地区人口、土地、资源等自然特点和经济状况，离开了本地区的自然和经济特点，超越了本地区的空间，则无存在的基础。(3)地方经济立法的效力具有地域性，其约束力仅限于本行政区域内，只能在本行政区域内适用，一旦超出该行政区域就无法律效力。

第二，从属性。所谓从属性，是指地方经济立法相对于中央立法具有从属性，这是由其自身的地方性决定的。首先，在效力等级上，法律、行政法规是上位法，地方经济立法是下位法，地方经济立法处于效力较低的地位，不得违反上位法的规定，不得与中央法律、法规相抵触。其次，在立法功能上，地

---

〔1〕 参见崔卓兰等：《地方立法实证研究》，知识产权出版社2007年版，第7页。

方经济立法主要是为了贯彻、执行、补充中央法律、法规的规定，或者先行制定为国家立法提供经验。最后，在立法权限上，《立法法》第 8 条规定了法律保留事项，地方经济立法要以中央法律、法规为依据，不得超越权限立法，否则无效。同时，地方经济立法的立法权限范围是有限的，《立法法》分别就地方性法规、自治条例和单行条例、地方政府规章的立法权限范围作了规定。

第三，复杂性。从总体上说，包括地方经济立法在内的地方立法比中央立法更复杂。这种复杂性主要表现在以下方面：首先，地方经济立法有更多的关系需要处理。从外部讲，要处理地方经济法规与宪法和法律的关系、与行政法规的关系、与部门规章的关系。从内部讲，要处理作为地方经济法规各种表现形式的规范性法律文件相互之间的关系，如地方性法规与地方政府规章的关系、上下级地方权力机关及其常设机关制定的地方性法规的关系，民族自治地方制定的地方性法规还要处理与自治条例、单行条例的关系等。其次，地方经济立法所要调整的经济关系和经济活动更加具体，涉及多个方面、多个层次。许多不宜由中央立法解决的问题也要由地方立法解决，这无疑增加了地方经济立法的复杂性。最后，各地区经济、政治、文化等发展不平衡的现状，在令地方经济立法异彩纷呈的同时，也使地方经济立法更加复杂。

第四，经济性。首先，地方经济立法的经济性特征主要体现在其规制对象上。地方经济立法属于我国经济法立法体系中的重要组成部分，其调整的对象主要是由国家干预的经济关系和经济活动，包括市场主体之间的关系、整个市场秩序的运行和管理等。其次，经济性是指地方经济立法作为地方立法的一种，针对的是地方经济的多样性和局部性，突出的是本地区的经济特色。地方经济立法唯有以地方经济为主题和内容，才能区别于民主政治立法、社会立法、文化立法、环境资源立法，体现其自身价值，从而有效促进地方经济社会的发展。

第五，创制性和试验性。虽然地方经济立法以其适时的、灵活的应变风格适应了新形势、新常态的发展需要，以其对中央经济立法的具体化、细致化、延伸化的功能，弥补着中央经济立法的抽象、疏漏与不足，但是，创制性和试验性仍是地方经济立法不可或缺的属性。所谓创制性，是指地方经济立法在从属于中央立法的前提下，要根据地方的实际情况，创造性地制定一些适用于本地区的地方经济立法文件，甚至在法律允许的范围内作出较大的变通和补充性规定，而不是简单地援引或照搬国家有关经济方面的法律法规。《立法法》第73条规定，除了中央专属立法权之外的事项，地方立法都可以涉及。地方经济立法不应当只是国家立法的实施，相反，创制性立法应当成为地方经济立法的主流，既维护法制统一，又突出地方特色。所谓试验性，是指在各地区体制改革和市场开放的程度和要求不相一致，国家对于一些事项不作统一立法规定，或者由于缺乏足够经验，在中央统一立法时机不成熟的情况下，地方对一些迫切需要解决的问题先行立法，以填补法律空白。地方立法先行，有利于解决急需，促进改革开放和地方经济发展，并为中央经济立法提供有益探索和经验。

第二节　地方经济立法现状分析

一、地方经济立法基本状况

在完善社会主义市场经济体制的进程中，必须加强经济立法，建立与之相适应的中国社会主义市场经济法律体系，这是十分必要的。但是，是否有必要在加强中央对经济立法力度的同时，也加强对地方经济立法的强度。我们认为，在坚持维护社会主义法制的统一和中央集中统一领导下，充分发挥地方的积极性、主动性，行使宪法、法律赋予的职权，针对本地区建立发展市场经济的实际需要进行立法，不仅可以依据法律规定或授权制定实施条例，也可以在国家没有立法的情况下，大胆进行试验，先行立法，制定自主性地方法规。自改革开放以来，江苏省人大及其常委会、南京市人大及其常委会、无锡市人大及其常委会（1984年经国务院批准为较大的市）、苏州市人大及其常委会（1993年经国务院批准为较大的市）、徐州市人大及其常委会（1993年经国务院批准为较大的市）为推动地方经济发展，维护经济秩序，发挥地方立法对经济建设的保障作用，认真行使《宪法》《地方组织法》《立法法》赋予的职权，把立法建设同江苏改革发展稳定的决策相结合，紧紧围绕党的中心工作，突出经济立法重点，积极行使地方立法权，制定了大量的地方经济法规。地方立法主体所制定的地方经济法规，其立法目的主要在于规范市场活动，维护市场秩序，促进本地区经济健康快速发展。截至2020年12月31日，江苏省人大及其常委会制定的、现行有效的地方性法规中，经济法规的比重约达到50%，南京市人大及其常委会制定的经济法规的比重约达到40%，无锡市人大及其常委会制定的经济法规的比重约达到24%，苏州市人大及其常委会制定的经济法规的比重约达到25%，徐州市人大及其常委会制定的经济法规的比重约达到27%。这些地方性法规的内容侧重于调整经济领域内的法律关系，对社会管理、环境资源保护方面的内容也有些许涉及，体现出立法内容的交叉性。而其他领域内的地方立法也会体现地方权力机关对经济建设的重视，如环境资源方面的立法——《江苏省固体废物污染环境防治条例》《江苏省节约能源条例》亦会将“促进经济社会可持续发展”作为立法目的之一。因此，江苏省地方经济立法得到了地方权力机关的极大重视，为江苏省的经济建设，特别是南京、无锡、苏州和徐州的经济快速发展提供了有力的法制保障。这些地方经济法规同时也为深化改革、扩大开放、全面建成小康社会、促进和谐社会的创建，创造了良好的法制环境。从江苏省地方经济立法的发展状况来看，江苏省地方经济立法大体经历了起步、规范、成熟三个阶段。

(一)起步阶段:1979年至1992年

1978年12月，党的十一届三中全会指出:“为了保障人民民主，必须加强社会主义法制，使民主制度化、法律化，使这种制度和法律具有稳定性、连续性和极大的权威，做到有法可依，有法必依，执法必严，违法必究。从现在起，应当把立法工作摆到全国人民代表大会及其常务委员会的重要议程上来。”改革开放催生了中国经济法制建设，中国经济法正是这种特定的时代背景下的产物。国家颁布了大量的经济法律规范用于实施和推动经济与社会多个领域的改革。随着1979年7月1日经第五届全国人大第二次会议通过的《地方组织法》的施行，江苏省人大及其常委会、南京市人大及其常委会依法享有制定地方性法规的权力。江苏省人大及其常委会根据本地区的社会发展情况，以经济建设为中心，抓住机遇，积极地制定了一批适合江苏省地方经济发展的经济法规。1980年8月22日江苏省第五届人大常委会第五次会议原则通过的《江苏省排污收费和罚款试行办法》(1983年4月16日已废止)，是江苏省出台的第一部地方经济法规,标志着江苏省地方经济立法拉开序幕。

由于这一时期从中央到地方,许多领域内的法律法规处于空白状态,社会关系得不到法律规范的调整,矛盾纠纷的解决没有法律依据,因此立法工作的指导思想是:坚持四项基本原则,坚持为改革开放服务,坚持从实际出发,坚持法制统一,为四化建设服务。立法宜粗不宜细,有比没有好,快搞比慢搞好。其中,影响比较大的江苏省经济法规有:针对江苏省集贸市场管理的法规,如《江苏省食品商贩和城乡集市贸易食品卫生管理办法》;针对企业经营管理的法规,如《江苏省外商投资企业土地使用管理办法》《江苏省职工教育条例》《江苏省外商投资企业工会条例》《江苏省集体矿山企业和个体采矿管理办法》《江苏省乡村集体工业企业管理暂行条例》,对企业经营管理方面法规的设立得到了江苏省权力机关的特别重视;还有针对消费者利益保护的法规,如《江苏省保护消费者权益条例》《江苏省产品质量监督条例》。

在这一时期,无锡市于 1984 年被国务院批准为较大的市后,同南京市一样享有地方立法权,两市的经济立法工作于 1987 年同步启动,即 1987 年 10 月 1 日施行的《南京市城郊蔬菜基地管理条例》和 1987 年 11 月 6 日施行的《无锡市城镇房产管理暂行条例》。这代表着在江苏省内设区市的地方经济立法工作也开始起步,地方经济立法的指引、规范作用得到更充分地发挥。其他重要的地方经济法规有《南京市中外合资经营企业工会条例》《无锡市工业产品质量监督条例》《无锡市城乡集市贸易管理条例》。

(二)规范阶段:1993 年至 1997 年

1992 年 10 月 12 日,党的十四大确定我国经济体制改革的目标是建立社会主义市场经济体制。党的十四大提出,加强立法工作是建立社会主义经济体制的迫切要求。党的十四届三中全会提出,要"加强法律制度建设"。党的十五大把依法治国确定为治国方略,而立法是依法治国的前提和首要环节。因此,为了建立社会主义市场经济体制,江苏省地方立法坚持以经济建设为中心,坚持以经济立法为重点,加快经济立法步伐。1993 年,苏州和徐州一起被国务院批准为较大的市,取得了地方立法权。至此,江苏省省市两级地方立法体系基本形成,地方立法工作也处于不断完善的过程之中。

在地方经济立法的规范阶段,江苏省人大及其常委会根据国家法律的制定、修改情况，对本省的地方经济法规进行了相应的修订或废止，对前一阶段中不明确或者不规范的内容进行了适当调整。例如，江苏省人大常委会于1993年10月30日对《江苏省集体矿山企业和个体采矿管理办法》进行了修改，调整了对集体矿山企业和个体采矿许可证的颁发、采矿行为的奖惩方面的规定，该法规于1997年7月31日被废止；于1994年10月23日对《江苏省外商投资企业劳动管理办法》进行了修改，明确了外商投资企业安排职工劳动的时间限制及劳动报酬保障方面的规定。

这五年内，江苏省人大及其常委会除了修订前一阶段的部分法规外，为了解决本省经济建设中的突出问题与矛盾，同时也为了填补地方立法的空缺，进行有序立法，加快经济立法步伐，制定了第一个五年立法规划，在重要领域内又施行了许多有重大影响力的经济法规。如针对市场管理方面的《江苏省城乡集市贸易管理条例》《江苏省书报刊市场管理条例》《江苏省技术市场管理条例》《江苏省文化娱乐市场管理条例》；规范价格运行机制的《江苏省价格管理监督条例》；为更好地吸引外资而制定的《江苏省外商投资财产价值鉴定条例》；为维护工程建设秩序的《江苏省工程建设管理条例》。此外，还有《江苏省经济技术开发区管理条例》《江苏省劳动保护条例》《江苏省实施〈中华人民共和国反不正当竞争法〉办法》《江苏省实施〈中华人民共和国消费者权益保护法〉办法》等法规。随着一部部重要领域内经济法规的诞生，江苏省经济立法在地方性法规中所占的比重不断加大，江苏省的地方经济建设以有条不紊地快速发展着，江苏省这艘“巨轮”在经济建设的大海中也能更安全、更稳健地航行。

随着苏州市人大及其常委会、徐州市人大及其常委会加入地方立法体系，江苏省设区市的经济立法也在不断规范。南京市、无锡市、苏州市和徐州市人大及其常委会在省人大及其常委会加大经济立法力度的带动下，也纷纷对影响经济发展的关键领域进行立法。为了吸引外商投资，各市制定的法规有《南京市鼓励和保护台湾同胞投资条例》《无锡市外商投资企业工会条例》《苏州市外商投资企业管理条例》；发展集市贸易的《无锡市城乡集贸市场管理条例》《苏州市集贸市场管理规定》《徐州市食品商贩卫生管理条例》；其他有地方特色的经济法规有《南京市私营企业工会条例》《无锡市出租汽车管理条例》《苏州市经济开发区管理条例》《苏州国家高新技术产业开发区条例》《徐州市集体矿山企业和个体采矿管理条例》等。

（三）成熟阶段：1998 年至今

2003 年 10 月 14 日，党的十六届三中全会指出，要“加强经济立法”，要“完善社会领域和可持续发展等方面的法律法规，促进经济发展和社会全面进步”。江苏省人大在制定第三个五年立法规划时，对今后的立法工作提出了“年度有计划、五年有规划、长远有纲要”的要求，提出立法应当立足全局，把改革发展稳定全局中急需用立法解决的突出问题作为立法的重点，把促进发展作为立法的第一要务，不能游离于中心之外“敲边鼓”。这就极大地突出了经济立法的重要地位，为经济立法的保质保量奠定了基调。

这一时期，江苏省立法制度趋于完善，社会公众参与立法的条件趋于成熟，省市两级人大及其常委会在立法的过程中也注重听取公众的意见和建议，保障地方经济立法的民主化。例如，2001 年 3 月 1 日施行的《江苏省物业管理条例》在制定的过程中，江苏省人大常委会就针对《江苏省物业管理条例（草案）》举办了立法听证会，就物业管理的范围、业主的权利和义务、服务范围和服务费的确定、物业的使用和维护四个方面听取社会各界意见。这是江苏省第一次在地方立法中举行立法听证会，也是经济立法中的第一次立法听证会，对保障公众行使立法知情权与参与权，提高地方经济立法质量起到了很好的积极作用。2006 年 3 月施行的《无锡市外送快餐卫生管理规定》，其草案全文在媒体公布，公开征求公众意见，得到了广泛的回应。在该草案的论证过程中，无锡市人大常委会不但听取了卫生行政部门的意见，还更多地听取了外送快餐生产经营企业和集体用餐单位的意见，保证了立法的公正、合法、合理。

经济立法的成熟还体现在江苏省对以往粗放型法规的修订工作上。在地方经济立法取得一定成果的前提下，江苏省第九届人大常委会提出，加强和改进立法工作的关键在于提高立法质量，注意把立法和改革发展的重大决策结合起来，突出经济立法这个重点，为建立和维护市场经济秩序，保障和促进江苏经济持续、快速、健康发展发挥重要作用。之后，江苏省市两级人大及其常委会更加重视经济法规修订工作，不断完善法规设置，删去不合时宜的条款,细化模棱两可的内容,让经济法规更具适用性,更好地为社会主义市场经济的建设服务。

二、地方经济立法特色

(一)注重地方经济立法的科学化,制订详尽的立法计划

江苏省地方经济立法从价值目标、决策系统、内容模式三方面来把握经济立法的科学化。

1. 地方经济立法价值目标的科学化。经济立法应当是有目的、有价值的活动,需要科学精神的指导。当地方立法者对市场经济规律有深刻的认识和正确的反映时,人们就能根据这种认识去选择合理的立法目标和立法重点。而体现客观经济规律与社会发展规律的要求,正是地方经济立法生生不息的原动力。2005 年 12 月的江苏省地方立法工作座谈会明确提出地方立法要“为民、管用、科学”。其中立法要科学是指:“要严格按照立法权限立法;要防止和克服照搬照抄、大而全的现象;要继续加强立法工作的规范化、制度化建设;要建立法规实施情况报告制度和法规评价制度,加强执法检查,促进立法科学化。”这同时也为江苏省地方立法找寻到了科学化这一立法价值目标,经济立法更要注重分析市场经济规律,把握立法与经济建设的关系。

2. 地方经济立法决策系统的科学化。地方经济立法是指导和规范市场经济秩序的规范,在制定过程中必须进行可行性论证。如果一哄而上地随意立法,没有反馈经济发展所需,或者没用相应的经济环境条件作为支撑,那么再多的经济立法也无法保障地方经济健康发展。相反,可能会因为经济法规太多、太杂,形成矛盾冲突的尴尬局面而阻碍经济建设。所以,地方经济立法决策系统的科学化能够使立法机关作出最优决策,使经济立法向着制度化、系统化和规范化的方向发展。[1] 江苏省人大常委会注重立法工作“智囊团”的成立,聘请具有丰富立法工作经验的专家、在科学教研领域内的权威学者组成立法专家咨询组,加强立法队伍建设。南京市、无锡市、苏州市、徐州市人

〔1〕 参见汤唯、毕可志等:《地方立法的民主化与科学化构想》,北京大学出版社 2002 年版,第 84 页。

大常委会也相应成立立法专家咨询组，就地方经济立法召开专家论证会，保障地方经济立法的科学性。此外，江苏省还重视经济立法的调研工作，并将经济立法草案通过媒体向社会公众征求意见，广泛开展立法听证会，以多种形式、多种方法来保障地方经济立法决策系统的科学化。

3. 地方经济立法内容模式的科学化。立法内容是否科学化是衡量立法优良与否的客观标尺。科学化的立法内容具体化到法规内，就是制定大量具体的规定，对经济社会产生积极影响。我们现今的状况，不是没有经济立法，而是经济立法本身的内容是否科学、合理、合法。江苏省地方经济立法从始至终在内容模式上追求科学化，特别是在地方经济立法进入成熟阶段后，经济立法的质量有显著提高，经济立法的内容更注重遵循经济发展规律。2006 年 3 月 1 日起施行的《江苏省中小企业促进条例》在体现立法内容模式的科学化方面是一个典型。该条例在制定过程中就受到了社会各界的广泛关注，江苏省人大常委会为了提升该条例的科学性，通过多种渠道搜集了欧洲、北美、东南亚等国家和地区的相关经验，并分门别类作了整理汇总。之后，江苏省人大常委会又就《江苏省中小企业促进条例（草案）》召开了数次立法座谈会，广泛听取了社会各界，特别是中小企业的意见，分析了江苏省中小企业在实际工作中所遇到的困难和问题。在对《江苏省中小企业促进条例（草案）》反复推敲的基础上，江苏省人大常委会才于 2005 年 12 月 1 日通过该条例，整个立法过程历时将近一年。颁布实施的《江苏省中小企业促进条例》主要涉及政府对中小企业的创业扶持、创新推动、市场开拓、服务指导、权益保护这五方面的内容，条款设计具体细化、科学合理，极大地促进了江苏省中小企业的发展，维护了中小企业的合法权益。

（二）保障地方经济立法的民主化，立法过程中广泛征求民意

地方权力机关在制定经济法规的同时，要将保障民主化的实现放在突出位置，从经济立法的启动到起草，从通过到公布，从生效到实施，都要将民主化原则贯穿其中，以便能使经济立法立足地方经济实际，保证经济立法质量。立法过程中，民主化的实现最直接的表现就是广泛征求民意，征求民意的主要方式包括：

1. 树立科学立法观念，加强地方经济立法的预测与调研工作。传统官本

位文化的弊端给地方经济立法工作造成不利影响,影响地方经济立法的质量,妨碍地方经济立法民主化的实现。随着社会主义市场经济体制改革的深化以及地方经济发展的普遍加快,推进地方经济立法的民主化显得日益迫切。这就要求我们规避传统官本位文化对地方经济立法的消极影响,树立科学的立法观念,加强地方经济立法的预测与调研工作。2010 年 1 月 1 日起实施的《江苏省农民专业合作社条例》,其草案在制定过程中,江苏省人大常委会、法工委、农委以及省政府农业委员会的专家就到宿迁、徐州两地展开立法调研,着重就农民专业合作社发展中存在的困难和问题、促进扶持农民专业合作社发展的政策措施以及草案规范内容的合理性、可行性等内容,直接听取基层的意见,了解基层的情况,为后期立法体现民意奠定了基础。

2. 扩大地方经济立法过程中的公民参与。在地方经济立法中强调立法民主,重要的是在地方立法过程中如何扩大公民的参与。只有让人们成为真正意义上的立法主体,有机会参与立法过程,并充分反映他们对立法的诉求,才能形成立法中的利益竞争机制。在这种机制下进行选择,最终达成一致而通过法律的时候,也就造就了一大批自觉的守法者,包括参与者乃至从立法过程中得到教益的更广泛的人群。[1] 改革开放以来,地方立法机构在公开征集立法建议项目,召开地方经济立法听证会,接纳公民参与地方经济立法旁听等方面取得了较大成效。为了进一步扩大人民群众参与地方经济立法工作,地方立法机构在立法体制、立法程序等方面不断创新,增加公民提出经济立法项目、参与地方经济立法听证会等事务的机会,并加强公众对地方经济立法活动的民主监督。在当前的地方经济立法实践中,体现立法民主的形式主要有座谈会、论证会、听证会、通过媒体征集意见等。[2] 江苏省在编制第三个五年立法规划时所体现的民主化程度是空前的,曾先后两次向全社会公告,第一次是征集立法项目建议,第二次是征求对立法项目草案的意见。经统计,在最终确定的立法规划项目中,与公民所提建议有直接或间接联系的达 14 件。南京一名公务员建议立法促进中小企业发展,得到了重视和落实。徐

---

〔1〕 参见王爱声:《立法过程:制度选择的进路》,中国人民大学出版社 2009 年版,第 178 页。

〔2〕 参见彭程甸:《实现地方经济立法科学化民主化规范化的文化障碍与路径选择》,载《攀登》2007 年第 5 期。

州市人大常委会在积极探索地方立法工作中,畅通民意渠道,尊重民意,集中民智,深入了解公众对立法的需求和愿望,地方立法工作更贴近经济发展大局,贴近百姓生活。为对提出立法建议和意见的百余名市民所付出的热忱和劳动表示感谢,徐州市人大常委会法工委专门印发了《致提出立法建议的市民的感谢信》,同时反馈了对他们提出的立法建议和意见的采纳情况,体现了立法机关对民意的高度重视。此外,省市两级人大及其常委会在经济立法过程中都会开展听证会或者座谈会,以此来倾听公众,特别是利害关系人的意见,以求集思广益,采百家之言。

(三)经济立法工作侧重于市场秩序规制

地方经济立法工作的侧重点是由地方经济立法的特征和调整对象决定的。地方经济法规是中国特色社会主义市场经济法律体系的重要组成部分,是地方性法规的重要方面,也是中国特色社会主义市场经济体制、立法体系的重要部分。这就导致了地方经济立法不可能孤立于社会生活、民主政治、生态环境等方面的立法而单独存在,其必然与其他社会领域内的立法内容产生交叉。地方经济立法所要调整的经济关系和经济活动是多方面、多层次的,其所涉及的内容具有综合性,但经济立法的内容占据主导地位是毫无疑问的。也就是说,一部地方经济法规内,经济立法的内容绝对是占多数的,经济领域外的其他内容也会有些许涉及,但是这并不会对该部法规的性质产生影响。例如,《无锡市促进中小企业转型发展条例》作为一个典型的经济法规,也对环境保护方面的内容作出了规定,第 25 条规定,“鼓励中小企业节能降耗,推广先进节能技术、工艺和产品,对符合条件的按照规定给予奖励;鼓励发展循环经济,对列入国家、省循环经济试点项目的,按照规定给予奖励”。第 26 条规定,“严格执行国家有关法律、法规规定,综合运用财税、金融、环保、土地、产业政策等手段,加快淘汰中小企业的落后技术、工艺、装备和过剩产能,促进产业结构优化,节约资源和能源”。

地方经济立法的综合性特征决定了地方经济立法注重调整市场经济关系,其调整对象决定了地方经济立法的侧重点在于市场秩序的规制。地方经济立法主要是地方立法主体从地方整体利益出发,为维护市场机制的正常运行,推动市场经济健康发展,对影响市场秩序、偏离本地区市场经济要求的行为进行规制的立法活动。地方经济立法侧重于市场秩序的规制，有别于国家的宏观经济调控立法，《立法法》第8条中也明确了基本经济制度以及财政、税收、海关、金融和外贸的基本制度只能通过制定法律来调整。地方经济立法对市场秩序的规制主要包括：(1)对特殊市场行为的规制。这主要是指对各种固定化、法制化的基本交易行为的规定，如《江苏省保护和促进台湾同胞投资条例》《江苏省城市房地产交易管理条例》《南京市燃气管理条例》《无锡市蔬菜基地条例》《徐州市河道采砂管理条例》。(2)对市场竞争行为的规制。竞争是市场经济的本质特征，但竞争又往往会导致产生消除和限制竞争的因素和力量，从而影响竞争机制作用的正常发挥。[1] 因此，对市场主体的竞争行为进行调整也是地方经济立法的重要内容。这类法规包括《江苏省实施〈中华人民共和国反不正当竞争法〉办法》《江苏省广告条例》《南京市商品交易市场管理条例》《无锡市商品交易市场管理条例》《苏州市集贸市场管理条例》《徐州市市区农贸市场管理条例》。(3)对消费者合法权益的保护。在公平竞争的市场环境下，消费者可以从竞争中获得好处。但是，若经营主体偏离正常轨道进行不公平竞争往往会侵害消费者的利益。因此，地方经济立法有必要对消费者合法权益保护的内容进行特别规制。这方面的地方经济法规有：《江苏省消费者权益保护条例》《无锡市外送快餐卫生管理规定》《南京市商品交易市场管理条例》。

(四)重视地方经济法规的修订与清理

国家立法是一个系统工程，地方经济立法同样是一个除包括制定外，还包括修订、补充以及其他变动的系统工程。法规的修改是立法活动不可缺少的组成部分，为保持法规的及时和有效，必须适时进行修改。[2] 地方经济立法修订的任务在于通过对现行地方经济立法的内容加以修缮、改动，使地方经济立法达到立法主体的预期目的。对地方经济法规展开修订工作主要是基于下述情形：(1)现行地方经济法规所调整的经济关系已发生巨大变化，只有通过修订才能使其适应新的经济关系；(2)在原先所立的经济法规内出现

---

〔1〕 参见李昌麒主编：《经济法学》，法律出版社2007年版，第299页。

〔2〕 参见李小娟、刘勉义：《地方立法程序研究》，中国人民公安大学出版社2003年版，第96页。

新的情况,原有的地方经济法规无法对其规范;(3)原先立法时对某些问题没有给予正确处理,通过修订能使法规内容更科学、更明确;(4)一个重要的上位法出台,或是上位法进行了修订,那么相应的地方经济法规也需要进行同步修订。如《江苏省渔业管理条例》就修正了6次,《江苏省水利工程管理条例》修正了4次,《江苏省机动车排气污染防治条例》修正了3次。江苏省通过对地方经济法规的不断修订,使经济法规能从容适应经济发展新情况,消除经济法规中所存在的弊病,增添适应新情况的新内容,不断为经济法规的适用注入活力。

地方立法的清理有别于地方立法的修订、废止活动,其不属于立法活动,但通过对地方立法进行清理可以使地方立法得以集中化、系统化,了解地方立法的现状,总结立法上的经验与教训。对地方经济立法的清理,是指地方立法机关对现有的地方经济法规,以一定方式加以系统地研究、分析、处理,明晰现存经济立法的基本情况,确定哪些可以继续适用、哪些需要修订、哪些需要废止。如徐州市人大常委会于2009年对当时有效实施的34件地方性法规进行了全面清理,提出了修订与废止议案,整个过程分清查和审议修改两步走。再如,苏州市人大常委会于2016年决定对当时有效实施的9件地方性法规作出修改,其中经济法规包括《苏州市住宅区物业管理条例》《苏州市道路运输条例》《苏州市体育经营活动管理条例》等,主要针对上述条例的内容作出修改或删除,此外对条文顺序和个别文字也作出了相应的调整。徐州市人大常委会对地方立法的集中整理、审查、筛选,有利于发现立法中的混乱情况,并进行及时纠正,提高地方立法质量。

三、地方经济立法的成效

长期以来,江苏省地方经济立法立足于江苏省地方经济实际需求,积极探索保障、促进地方经济发展的有效法律途径,取得了一系列重要成效。

(一)有效地规范市场经济运行秩序,促进地方经济快速发展

地方经济立法是改革开放与经济发展的产物,其本质上与市场经济逻辑是一致的。市场经济要求经济主体的权利、自由选择得到充分保障,要求市场经济运行的各种秩序能够有效维护,而经济主体的权利和经济上的自由本

身就是人权和自由的基本内涵之一,地方经济立法的完善能在更大程度上保障它们免受公权力的侵犯,维护好市场经济运行秩序,促进地方经济快速发展。现代市场经济发展的实践表明,在市场经济发展的初始阶段,硬环境,如自然资源、气候环境、区位环境、生态环境、设施环境是制约经济发展的主要因素。但随着经济的发展,硬环境的普遍改善,地方经济发展的软环境日渐成为关键性因素。而地方经济立法无疑是影响地方经济发展的软环境中的重要组成部分。[1] 例如,为了促进对外、对台经贸合作,更好地引进外资、台资,为外商、台商创造稳定、开放的投资环境,江苏省市两级人大及其常委会制定了一系列法规,有《江苏省外商投资企业土地使用管理办法》(已废止)、《江苏省外商投资财产价值鉴定条例》、《江苏省保护和促进台湾同胞投资条例》、《南京市鼓励和保护台湾同胞投资条例》、《无锡市外商投资企业工会条例》(已废止)。这些经济法规的有效实施,极大地促进了江苏与外资企业、台资企业的经济合作与技术交流,维护了外商、台商在江苏省的合法权益,同时也拉动了地方经济快速发展。地方经济立法的民主化、科学化、规范化能够保障市场经济安全运行,有利于吸引资本进入本地区;地方经济立法的透明化能够保障经济主体对经济利益的预期,有利于减少交易成本。

江苏省的地方经济立法在充分考虑本地区实际情况的前提下,尊重地方发展的经济运行规律,通过对地方经济运行秩序的有效规范,促进和保障公平、有序、有效的市场竞争,形成了经济快速、健康发展的良好局面。

(二)积累了丰富的地方经济立法经验,促进地方经济立法质量的提升

江苏省自开始制定地方性法规以来,省人大及其常委会共制定经济法规123部,南京市人大及其常委会共制定经济法规75部,无锡市人大及其常委会共制定经济法规43部,苏州市人大及其常委会共制定经济法规46部,徐州市人大及其常委会共制定经济法规48部。多年来,两级人大及其常委会在制定地方经济法规方面积累了丰富的立法经验,地方经济立法程序渐趋完善,从立法规划、立法调研、立法草案的研讨论证,立法听证的举行,到最后的公

---

[1] 参见熊哲文:《法治视野中的经济特区:中国经济特区法治建设创新研究》,法律出版社2006年版,第12页。

布,在程序上保障了经济立法的民主与科学。经济立法的内容模式也不断系统化、专业化、科学化,立法的内容更符合地区经济发展实际,遵循地方经济运行规律,有利于提高市场配置资源的能力和效率,使现有资源要素得到充分利用,从而提高江苏省的经济竞争力。

江苏省在不断积累地方经济立法经验的过程中,地方经济立法的质量也得到显著提升。经济立法不再追求"速度快"与"数量多",而是注重实现地方经济立法保障和促进江苏经济快速、健康、持续发展。江苏省经济立法经验的丰富,经济立法质量的提升,不仅在维护平等、自由、开放的市场竞争秩序,促进江苏经济发展方面有巨大贡献,而且在地方经济立法功能的发挥方面也成效显著,主要体现在以下三方面:(1)修补充实作用。地方经济立法体现着对现行经济立法的及时修改和补充。中央经济立法作为体现国家整体经济制度要求的法制体系,必须保持相对稳定性、连续性和权威性,而地方经济立法则应该是一个最为活跃、灵敏的因素。经济社会关系变化的快节奏,有可能使国家统一立法跟不上步伐而滞后,但地方经济立法则可以适应形势,及时变化。(2)特殊调节作用。地方经济立法需要对本地区的特殊经济关系进行灵活的法律调整。法律调整在技术上的灵活性,取决于各地区、各时代、各领域千差万别的社会经济状态,这就必然要求地方经济立法展现适应性、特殊性和变通性。这类特殊规范难以由国家立法统筹,是地方经济立法区别于国家立法的特性所在,也是其重要功能之一。(3)沟通弥合作用。地方经济立法沟通着文本上的法律与实践中的法律,地方立法机关担负着为中央经济立法创造立法条件的任务。地方经济立法的具体性、实用性、属地性特征,为中央经济立法、也为自身经济立法的实施创造了途径,从而也强化了立法的可操作性,起到将法律原则、法律精神、法律制度与社会现实相沟通的作用。[1] 为了配合中央经济立法,江苏省在实现地方经济立法沟通弥合作用方面的典型法规有:《江苏省实施〈中华人民共和国反不正当竞争法〉办法》《江苏省实施〈中华人民共和国农业技术推广法〉办法》等。

---

〔1〕 参见汤唯、毕可志等:《地方立法的民主化与科学化构想》,北京大学出版社2002年版,第21页。

（三）以经济立法形式巩固经济改革成果，为深化地方经济改革提供有力保障

江苏省以地方经济立法的形式，巩固了地方经济改革的成果。江苏省地方经济立法为地方经济增长作出了科学有效的制度安排，为提高地区竞争力提供了强大动力。培育地区竞争力是地方经济发展的关键，地区竞争力的逐步提升意味着一个地区或者一个城市有更多的创业机会和更低的商务成本。地区竞争力背后起主导作用的制度因素，包括法律制度、市场机制、政府管理体制等。制度的优化，能够提升地区配置资源的效率和获取资源的能力。由于地方经济立法的法规特性，可以赋予经济制度以稳定性、持续性和规范性，其在提升地区竞争力、激励经济快速发展的同时，也能以制度形式保证经济改革成果不会因人员的更替、决策的中断等因素而难以持续深入。

江苏省地方经济立法通过一系列制度性选择与安排，在巩固经济改革成果的基础上，继续为深化地方经济改革提供有力保障。地方经济需要可持续发展，需要通过改革不断为经济发展提供生生不息的动力源泉。地方经济立法需要适应新时代、新情况、新发展，不断修正制度设计中的缺陷，废除制度设计中落后的部分，细化制度设计中的原则性规定，同时要勇于尝试制度创新，为地方经济改革的深化提供新的动力与保障。江苏省人大常委会先后六次对《江苏省渔业管理条例》进行修改，完善了水产苗种生产实行的生产许可证制度，同时，对该制度的例外情况作出了规定，即渔业生产者自育、自用水产苗种不需要申请生产许可证，方便了渔业生产者对水产苗种的使用，促进了渔业经济的发展。

四、地方经济立法中存在的问题

江苏地方经济立法在取得突出成果的同时，也还存在一些亟须改进的问题：

（一）地方经济法规存在冲突现象

立法冲突作为一种客观存在，实质上是任何一个法律制度发展到一定程度的必然产物，不仅在中央与地方之间，而且在地方与地方之间也都存在。由于适用不同的法律规定会得出不同的答案，导致人们不知道到底应依据哪

一部法律规定才能得到公正的结果,从而影响了人们对法律的信赖和对建立法治社会的信心。法律冲突在影响民众的同时,更是对行政执法和司法活动产生妨碍,严重时会破坏法制统一,损害法律的威严。[1] 地方经济法规同样存在立法冲突现象,地方立法主体在经济立法工作中,违反立法规律,或者超越立法权限,或者违反法律规定,造成所制定的规范性文件与上位阶法抵触或与同位阶法相矛盾。[2] 江苏省地方经济立法冲突的现象主要体现在:

1. 地方经济法规与法律之间的冲突。地方经济法规与国家法律发生冲突,属于严重的立法问题,地方人大立法时都会予以避免。实践中,有时由于地方立法在先,国家法律立法在后,可能出现在先的地方立法与在后的国家法律不一致的情况,例如,《食品卫生法》(1995 年颁布现已废止)第 47 条规定:"违反本法规定,食品生产经营人员未取得健康证明而从事食品生产经营的,或者对患有疾病不得接触直接入口食品的生产经营人员,不按规定调离的,责令改正,可以处以五千元以下的罚款。"该条规定,食品生产经营人员未取得健康证明而从事食品生产经营的,不按规定调离,卫生行政部门应当责令改正,可处 5000 元以下的罚款。《徐州市食品摊贩卫生管理条例》(1994 年颁布现已废止)第 21 条规定:"食品摊贩从业人员违反本条例第十条规定,未取得健康证明而从事食品生产经营的,由卫生行政部门责令改正,可以处以五十元以上五百元以下的罚款。"该条并没有设置"不按规定调离的"前提条件,卫生行政部门可以直接责令改正,并对其处以罚款。如此,《徐州市食品摊贩卫生管理条例》对未取得健康证明而从事食品生产经营的惩罚措施严于《食品卫生法》(已废止),故与上位法的规定产生矛盾。

2. 地方经济法规与行政法规、部门规章之间的冲突。例如,国务院 2004 年施行的《建设工程安全生产管理条例》第 35 条第 1 款规定:"施工单位在使用施工起重机械和整体提升脚手架、模板等自升式架设设施前,应当组织有关单位进行验收,也可以委托具有相应资质的检验检测机构进行验收……验收合格的方可使用。"而无锡市 2009 年施行的《无锡市建设工程安全生产管

---

〔1〕 参见阮荣祥主编:《地方立法的理论与实践》,社会科学文献出版社 2008 年版,第 9 页。

〔2〕 参见崔卓兰、孙波:《追求更高层次的目标与价值——我国地方立法观念的推陈出新》,载《当代法学》2007 年第 3 期。

理条例》第31条第2款规定："塔式起重机械、施工升降机、物料提升机、整体提升脚手架等设备、设施安装完毕后，施工单位应当委托具有相应资质的检验检测机构验收，验收合格后方可投入使用。"《建设工程安全生产管理条例》为施工单位使用自升式架设设施前进行验收提供了两种方式，即"组织有关单位进行验收"和"委托具有相应资质的检验检测机构进行验收"，而《无锡市建设工程安全生产管理条例》对此则只提供了一种验收方式，与行政法规的规定相矛盾。

3. 地方经济法规之间的冲突，具体表现为四市的地方经济法规与江苏省的经济法规之间的冲突。例如，《苏州市住宅区物业管理条例》第35条规定："前期物业服务合同由建设单位选聘的物业服务企业与业主签订；物业服务合同由业主委员会和物业服务企业签订。"《江苏省物业管理条例》第31条规定："新建住宅物业实行前期物业管理。在业主、业主大会选聘物业服务企业之前，前期物业管理由建设单位负责。建设单位应当与选聘的物业服务企业签订书面的前期物业服务合同。前期物业服务合同可以约定期限；期限未满，业主委员会与物业服务企业签订的物业服务合同生效的，前期物业服务合同终止。"《苏州市住宅区物业管理条例》规定的是物业服务企业与业主签订前期物业服务合同，而《江苏省物业管理条例》规定的是建设单位与物业服务企业签订前期物业服务合同。两者对于同一事务的处理就产生了明显的矛盾，给实务操作制造了新的难题。

（二）地方经济立法缺乏超前性

地方经济立法往往固守"成熟一个制定一个，成熟一条制定一条"的立法观念和立法模式，把成熟经验作为立法的前提条件，过于固守这一观念与模式将会使地方经济立法缺乏活力，难以及时有效地制定出行为规范，调整经济活动。经济立法的目的有两个方面：一方面是对经过实践检验成熟了的、可行的经济关系通过立法的形式给予规范和巩固；另一方面是对没有经过实践检验，尚处于理论研究阶段的制度模式，不成熟、不确定的经济关系通过立法的形式给予引导和推进。如果我们只强调成熟后才能立法，不注重引导，未免在立法思想上过于保守，尤其不适应目前改革的需要。江苏综合经济实力在全国一直处于前列。2013年，江苏实现地区生产总值59,161.8亿元，比上年增长9.6%，位列全国省份第二；人均GDP达74,607元，按平均汇率折算,为12,047美元,位列全国省份第一。江苏省目前所取得的经济成果对江苏的经济可持续发展提出了更高的要求。江苏省要想在经济成果上更上一层楼,除了要注重优化产业结构、提高城镇化水平、统筹协调区域发展外,还要在克服地方经济立法的滞后性上下功夫,全面发挥地方经济立法引导、激励地方经济发展的强大作用,为地方经济发展再撑起一个强力的支柱。

此外,地方经济立法还有弥补国家立法不足、为国家立法积累经验的作用。在全国经济体制持续深入改革的时期,幻想国家立法能够对所有经济领域的立法进行一步到位的设定是不切实际的。国家立法机关由于要统筹全国"这一盘大棋",往往会因为对某一领域进行立法缺乏经验、条件不成熟而暂时不进行法律制定,这时就要发挥地方经济立法临时性、尝试性、过渡性的特性,在立足实际、充分论证的前提下,稳步进行先行立法。地方经济立法在某些领域内走在国家立法前列,不仅能弥补国家立法的不足,为排除地方经济发展中遇到的障碍提供解决途径,还能为国家立法提供成熟经验,成为国家立法的"试验田"。从江苏省目前地方经济立法来看,大部分的法律文件还都是对于国家相关法律的细化和执行,即便某些地方性法规是在上位法律没有规定的情况下制定的,但也大多遵循"成熟一个制定一个,成熟一条制定一条"的思路,缺少全局性、整体性的立法规划布局。这种立法状况导致江苏地方经济立法相对还是较为滞后,缺少超前性,前瞻的和带有尝试性、突破性的地方立法还是较少。

(三)部分地方经济立法可操作性弱

地方经济立法的细化有利于落实宪法和法律的原则性规定。在法制进步的社会实践中,国家性立法重在法律调整的全局性、整体性、根本性问题,不可能事无巨细,面面俱到,也难以周全规范不同地区的不同情况。宪法和法律往往只为社会经济生活提供指导性规则,而借助地方经济立法去细化实施,才能使国家经济立法得到全面推行。地方经济立法在结合本地区实际情况的前提下,可以完善国家立法,使国家立法机关的立法意图在地方得到实现。地方立法实践中把为实施上位法而制定的地方性法规叫作实施性立法。随着国家立法进程的不断加快,在地方立法中实施性立法的位置越来越重要,立法的数量随着需要的增加而增加,占的比重越来越大。

但问题是，目前地方立法中的一个突出现象就是重复、照抄上位法，真正有地方特色的条文没有几条。[1] 江苏省地方经济立法也面临着同样的问题。如果地方经济立法完全照抄、照搬国家立法，或者对国家的原则性立法没有结合本地区实际进行细化，则地方经济法规将严重缺乏可操作性而无法真正发挥规制市场经济运行秩序、促进地方经济发展的作用，浪费地方的立法资源，甚至会造成立法冲突现象。2009 年施行的《无锡市建设工程安全生产管理条例》无论是结构还是内容，都与 2004 年国务院施行的《建设工程安全生产管理条例》十分相似。如《无锡市建设工程安全生产管理条例》第 12 条规定："勘察单位应当按照法律、法规和工程建设强制性标准进行勘察，提供的勘察文件应当真实、准确，满足建设工程安全生产的需要。勘察单位在勘察作业时，应当严格执行操作规程，采取措施保证各类管线、设施和周边建(构)筑物的安全。"《建设工程安全生产管理条例》第 12 条规定："勘察单位应当按照法律、法规和工程建设强制性标准进行勘察，提供的勘察文件应当真实、准确，满足建设工程安全生产的需要。勘察单位在勘察作业时，应当严格执行操作规程，采取措施保证各类管线、设施和周边建筑物、构筑物的安全。"两个条款几乎相同。《无锡市建设工程安全生产管理条例》中还有许多条款是对《建设工程安全生产管理条例》中内容的整合，并无新的内容加入。地方经济立法的作用在于，通过具体性规定，落实上位法，故应当在便于操作上下功夫。但目前，有些江苏地方立法文件就是在重复中央立法，对于相关需要细化、明确的法律条文却完全没有具体化、可操作化，导致这些地方立法文件立法价值降低、缺少可操作性。

第三节　完善地方经济立法的对策建议

一、科学设定地方经济立法基本原则

基本原则是不同于具体规则的根本规则，其是具有准则性或导向性的原

---

〔1〕 参见王腊生主编：《地方立法技术的理论与实践》，中国民主法制出版社 2007 年版，第 16～17 页。

则。在地方经济立法中，地方立法机构要科学设定地方经济立法的基本原则，将其作为之后经济立法的指导思想，并将其蕴含于具体规范之中，这样才不会背离经济立法的本质属性，立法过程也不会偏离经济立法所要实现的目标。地方经济立法除了要遵循国家经济立法的基本原则，如资源优化配置原则、国家适度干预原则、社会本位原则、经济民主原则等，还要从地方经济立法的实质出发，尤其注重下列基本原则：

1. 促进地方经济可持续发展原则。可持续发展是人类在文明加速进化与生态环境不断恶化、富裕与贫穷的差距不断拉大这两大失衡的背景下产生的一种新的发展模式和发展观。应当承认，经济发展是一个内涵不断丰富的概念和范畴。传统的经济发展观是单纯的经济增长观，即片面强调物质财富的增长。而随着经济社会发展到目前这个阶段，应当在经济发展过程中注重经济发展与社会发展、生态环境保护诸方面的协调发展。经济可持续发展强调的是，人们在作出一个行为选择时，特别是国家在作出重大发展决策时，不仅要考虑本代人的经济利益取得，同时要考虑代际人的利益平衡。一般而言，地方经济运行面临的突出问题是：经济效益不高、产业结构不合理、地区发展不协调、城镇化水平低，以及促进经济结构调整和经济增长方式转变的关键因素——体制创新、科技创新能力还有待于进一步提高，人民的生活水平与发达国家相比还有较大的差距等。[1] 因此，地方经济立法要融入经济可持续发展理念，将促进地方经济可持续发展作为经济立法的根本原则，科学制定规范市场经济运行的制度，不断提高经济效益，促进经济的可持续发展。

2. 实行公平、平等、公开竞争原则。市场经济是通过市场对资源配置起决定性作用的经济，它以平等的市场主体在统一的市场规则下进行公正、自由的市场竞争为前提和基础。通过市场竞争，最大限度地促进资源的有效配置，从而实现经济运行的高效率。可以说，竞争是市场经济的灵魂和实质，离开了竞争，市场经济就名存实亡。充分的竞争对市场经济的建立和完善具有极为重要的意义。因此，在市场经济比较发达的国家，保障市场竞争便成为

〔1〕 参见汪劲：《地方立法的可持续发展评估：原则、制度与方法——以北京市地方立法评估制度的构建为中心》，北京大学出版社2006年版，第82页。

经济立法的根本原则。竞争的法则被称为市场经济“宪章”和“经济宪法”。地方经济要适应时代发展,在激烈的发展环境中稳步前进,那么,地方经济立法同样需要遵循现代市场经济的普遍规律,要使经济立法促成公平、平等、公开的市场竞争局面的形成,追求市场竞争中的实质正义。

3. 立足本土,借鉴先进原则。地方经济立法与国家经济立法的不同之处在于,地方经济立法注重自身的特色,其有着独特的立法根基,要扎根于本地区土壤才能生长。这里的“土壤”并不限于经济基础,还包括政治环境、文化氛围、区域环境、外部条件,否则,地方经济立法就会失去它的生存活力与动力。因此,地方立法者必须注重把握立法的地域特色,从本地区的实际出发,特别是要关注本地区经济发展实际,突出经济立法的重点。地方经济立法的实践已经清晰地表明,如果地方立法者以促进经济发展为内容,以保护经济主体的经济利益为目的进行立法,则经济立法在推动地方经济建设中将起到不可估量的作用。地方立法机关在经济立法之前,应当重视对本地区经济状况和经济特点的调研分析,充分考虑地理分布实际、居民生活需要、城乡发展差异,有针对性地开展地方经济立法的相关论证工作,考察经济关系的发展是否已经提出了制定某项具体立法的客观需要。

地方经济立法在立足本土实际的基础上,同时也要借鉴其他地区的先进立法经验,发挥地方立法的自主权,进行适度的超前立法。地方经济立法与国家经济立法之间往往存在一个“立法时差”,这种时差是地方经济立法可以自主发展的一定空间,也是地方经济立法适应经济发展实际,及时填补国家立法的空白领域,并为国家立法的调研、论证积累经验的一定空间。地方在经济领域内进行适度的超前立法,需要借鉴其他地区的先进立法经验,包括我国其他省市的先行立法,也包括国外发达地区的成功先例。市场机制(包括价格机制、竞争机制、供求机制、风险机制)在不同的条件下运行方式差别很大,在经济欠发达地区,由于经济体制以及自身客观制约因素的影响,市场机制的积极作用远远不能发挥。要完善、健全我国社会主义市场机制,发挥其积极的作用,在条件欠缺时,积极促成各个机制的形成与发展就尤为迫切。这些硬件的形成、发展必须具备一定的条件,而这些必须从法律上寻找依据和保护,通过立法作出相应规范。在没有现成的模式可供参照的情况下,我们必须大胆借鉴其他先进地区的经验和成果，结合本地区的实际情况，促进市场经济迅速而健康地发展。[1] 因此，针对市场经济的运行进行适度超前立法有重要的实践意义。

地方经济立法的适度超前可以从以下几方面展开：(1)全面搜集先进地区涉及经济法规的资料，为后续工作的开展提供参考、分析材料。(2)组织地方立法工作人员对先进地区的经济法规进行深入学习与研究，集中探讨其中适应本地区经济发展实际的先进制度。(3)组织地方立法工作人员去先进地区实地调研，亲身感受法律制度对某一经济活动的成功引导。(4)针对学习国外先进地区的立法经验，可以组织有关专家参与地方经济立法工作，开展专家论证会。

二、强化地方经济立法专业性

地方经济法规的清理、修改、废止要求立法工作人员有丰富的法律知识、较高的立法技术和良好的法律素养。经济立法质量如何，说到底是立法者的素质问题。注重立法者素质提高的意识，不仅在地方经济立法中需要明确树立，在整个地方立法工作中也不能忽视。立法是一门科学，很难指望没有立法知识和技术的人员能制定出高质量的法律。立法程序中最重要的问题是如何确保决定者的素质和如何提供充分的信息以资判断。目前，提交地方人大及其常委会审议的法规议案绝大多数是由地方政府首先提出的，法规草案的前期起草工作也大多是由地方政府执法部门来完成的，这就使法规草案的内容或多或少地会有地方保护主义和部门利益倾向，所制定出来的地方性法规也很可能违背法规的公平性、公正性原则，甚至难以符合法制统一的原则，法规的效能自然会大打折扣。解决这一问题的根本出路在于实行立法起草主体的职业化，其最基本的方法就是起草人员专业化。[2] 为此，地方立法机关应该大力提高立法工作人员的素质。提高立法工作人员的素质，最直接、最快的方式是引进人才。近几年来，宪法学和行政法学的博士、硕士毕业生

---

〔1〕 参见吴光辉、罗志先：《市场经济与超前立法》，载《现代法学》1994年第4期。

〔2〕 参见孙育玮等：《完善地方立法立项与起草机制研究》，法律出版社2007年版，第169～170页。

越来越多,各地进行法制建设的专业人员也越来越多,从不同的地方引进具有博士、硕士学位并具有丰富实践经验的人员是提高立法人员素质最快的方法。此外,要组织地方立法的工作人员参加法律专业知识讲座,坚持业务学习和研讨,使立法工作人员及时更新法律知识,了解相关领域的前沿理论动态,提高立法水平。为此,还要鼓励现职人员进修、学习,特别是鼓励这些人员参加全国的博士研究生、硕士研究生入学考试,进入专业性的大学和研究机构进行系统训练。通过学习深造培养出来的人才既是业务专家,也是实践专家。这种理论和实践结合起来的立法工作者是立法机关不可多得的人才。

三、细化地方经济立法中的关键性制度

地方经济立法中的关键性制度必须有具体化规定,明晰制度中关键规则的含义,细化制度实施的条件,使关键性制度具有可操作性,确保经济制度的价值能够得到最大限度地发挥。一方面,地方经济立法中关键性制度的细化有利于具体落实宪法、法律中的基本原则,将经济活动中的概括性规定以具体制度的形式融入地方经济法规中。地方经济立法中的关键性制度具体化与否,会对整部经济法规的施行效果产生影响,如若地方立法者在设计整部法规中的关键性制度时,照抄照搬上位法中的原则性规定或一般性规定,地方经济立法的沟通弥合作用将得不到体现,国家法律的实施与地方经济发展之间将产生巨大鸿沟,这样的地方经济立法只会浪费地方立法资源,造成重复立法。另一方面,地方经济立法细化关键性制度可以有效地立足本地实际情况,以法的形式为解决相应的经济问题提供直接的、具体的、明确的制度设计。如果关键性制度缺乏具体的、系统的制度设计,不能鲜明地体现地方经济发展特色,制度的实施条件不明确,制度内的概念存有歧义,那么,该项制度将在适用过程中产生诸多障碍,甚至会由于对制度理解的分歧导致不公平现象的发生,最终使经济立法目的落空,损害地方立法的公信力与拘束力。

四、加强地方经济立法协调性

随着市场经济体制的不断发展与完善,经济发展对地方经济立法的协调

性提出了更高的要求。加强地方经济立法的协调性,总体上是要求经济立法过程中,通过立法主体实施一系列的协调活动,采取各种协调措施,确保经济立法内部及与其他相关经济立法之间在内容和形式上完整完备、协调一致,从而形成和谐统一的体系。加强地方经济立法的协调性,主要是基于下述考虑:

一是充分体现地方经济立法的重要性,更好地发挥地方经济立法作用的根本要求。地方经济立法本身就是为了克服市场调节中存在的盲目性和局限性,实现地方政府对地方经济活动的适当干预,发挥地方经济法规对维护市场运行秩序的重要作用。而要充分发挥地方经济法规稳定市场经济运行秩序的功能,就要最大限度地减少或者避免地方经济立法中存在的冲突,协调不同部门、不同法规的调整对象,确保地方经济立法的目的能够得到充分实现。如果不重视协调地方经济立法,很容易导致经济立法内部及与其他相关经济法规之间产生矛盾,这必然会削弱和降低经济立法的功能。

二是适应我国现行地方经济立法体制的需要。我国现行的立法体制是中央统一领导和一定程度分权,多级并存、多类结合的立法权限划分体制。这种立法体制在经济立法体制上,表现为经济立法主体具有多元性和多层次性的特点:既有中央级的立法主体,又有地方级的立法主体,地方级的立法主体又有省市立法之分;既有权力机关的立法主体,又有行政机关的立法主体等,不同的立法主体的性质、地位和级别不同。不同的立法主体在行使经济立法权过程中,由于受到立法权限和立法调整对象的限制,加之我国现行经济立法主体之间的立法权界限不清晰,存在一些相互冲突或者交叉的现象,也由于一些经济立法主体只着眼于本部门利益,导致立法主体往往只关注其制定的经济法律、法规本身,难以兼顾其他主体制定的法律、法规。这些都会造成法规之间的冲突与矛盾,进而致使立法功能相互抵销。[1]

由上可知,加强地方经济立法的协调性尤显得重要,可以从以下方面进

---

〔1〕 参见李建华、王丽华:《经济法立法的协调性原则简析》,载《法制与社会发展》1999 年第 4 期。

行具体落实:(1)地方经济法规的内容不得与宪法、法律、行政法规相抵触。地方立法机关在经济立法过程中,要全面研究国家的相关经济法律与法规,在不与上位法相抵触的前提下制定地方经济法规。如若国家经济立法中存在空白领域,则地方立法机关可以适当进行超前立法。(2)地方经济法规自身在内容与形式上应该协调一致。在坚持地方经济法规不与宪法、法律、行政法规相抵触的前提下,地方经济法规内部应当保持协调。地方经济法规中包含许多各具特色的内容与制度,这就要求地方立法机关应该注意保持其内部内容在逻辑上的前后呼应,避免矛盾出现。另外,不同时期制定的不同经济法规之间也要注意保持协调性,不能因为经济法规所涉领域不同,而对实质相同的经济制度作出相互矛盾的规定,影响经济法规的有效适用。(3)地方法规起草、审议过程中要听取相关部门的意见,防止某一部门因过分强调自身利益,而借立法之名扩权争利。

五、关注地方经济立法效果评估

地方立法效果评估,主要是评估主体根据一定的标准,对已经颁布实施的地方性法规的实施效果、总体质量和基本价值进行评价,并将评价的结论作为地方性法规进一步修改完善的重要依据。它本质上是立法活动的延续,是对法规质量的全面检验。它通过收集各种与法规制定、法规执行有关的信息,来判断法规本身的内容和形式是否具有科学性、合理性,进而从单个法规或者单类法规的修改完善上升到对地方立法的经验总结。

地方立法效果评估的作用主要体现在三方面:(1)搭建公众参与立法、监督立法的良好平台。一方面,立法机关在评估过程中通过开展广泛的社会调查,听取公众对法规的意见和建议,公开评估的过程,将评估工作置于公众的监督之下,这既保障了评估结论的客观性,又促使更多人关注立法。另一方面,公众通过参与评估的过程,更深入地学习理解法规,遵守法规的内在动力得到强化。(2)培养立法成本效益的价值观念。地方立法效果评估促使立法机关一方面在制度设计中综合考量经济、环境、公共健康、社会秩序和安全等利益的最大化,考虑立法是否能够满足社会的现实需求以及社会对立法产品的接受能力;另一方面在立法过程中合理利用立法手段,在达到相同效果的前提下，选择更为经济的方式方法。(3)推动立法方法的创新。开展地方立法效果评估运用实证调查和定量分析的方法，尝试科学立法的新途径。评估中对评估信息的收集，除了采用诸如座谈会、专题论证会等常规方式外，还运用问卷调查的方法来拓宽信息的来源。通过对执法信息的整合加工，借鉴数学、经济学、统计学的一些研究成果，将原本抽象的法的实施效果，还原为可度量的数据加以比较。这些既可以说是评估方法的创新，又可以认为是评估工作所带来的地方立法的创新。

一般而言，对地方经济立法实施效果展开评估工作主要集中于如下指标：(1)合法性指标。主要考察地方经济法规的制定是否超越立法权限、是否符合法定程序、整体或者部分条款与上位法是否存在抵触。(2)合理性指标。地方法规是否适应社会经济法制的需要，法律制度设计的目的是否正当，权利义务的设置是否符合公平正义原则。(3)协调性指标。协调性指标是指评价地方经济法规与其同位法、配套规范性文件的横向关系。(4)操作性指标。法的可操作性，又称为法的可行性，即执法机关能否依据法规所设定的各项制度措施在社会生活中实现立法目的以及实现的效果问题。具体包括各项规定是否切实可行、能否解决行政管理中的具体问题，各项措施是否高效、便民，程序是否简便、易于操作等。(5)规范性指标。规范性指标主要是对立法技术进行评估。立法技术是指立法活动过程中所体现和遵循的有关法律的制定、修改、废止和补充的技能、技巧规则的总称。(6)实效性指标。对于实效性，可以主要考察以下三方面[1]：一是通过实施，各项制度和措施是否达到了制定时的预期效果。二是所制定的制度和措施是否科学和合理。三是基于对现状和发展趋势的把握，各项制度和措施是否超前或者滞后。(7)经济性指标。经济性指标主要是指各项规定是否适应经济发展的需要，是否能维护市场经济运行秩序，是否能促进经济可持续发展。

[1] 参见史建三主编：《地方立法后评估的理论与实践》，法律出版社2012年版，第96～100页。

第四节 地方经济立法典型实例分析(一)——江苏省各类商品交易市场管理条例比较研究

通过前面对江苏省地方经济立法的现状、特色与成效的总体考察,我们对江苏省地方经济立法有了整体了解。可以说,这种总括式的观察能够为我们迅速认清江苏省地方经济立法的局势提供一个有益的视角。然而,要想继续深入认识江苏省地方经济立法的特色、取得的成效与存在的问题,进行典型实例分析是十分有必要的。典型实例分析能够让我们更加具体形象地了解到江苏省调整某一经济活动或者某一经济关系所开展的立法活动历程,其立法内容在省人大及其常委会到市人大及其常委会的一个变化过程。经过对江苏省经济法规的系统、整体分析,我们挑选了江苏省针对集市贸易管理活动所制定的五个条例进行典型实例分析,分别是《江苏省城乡集市贸易管理条例》《南京市商品交易市场管理条例》《无锡市商品交易市场管理条例》《苏州市集贸市场管理条例》《徐州市市区农贸市场管理条例》(以下统称商品交易市场管理条例)。

一、《江苏省城乡集市贸易管理条例》立法分析

江苏省为了发展集市贸易,维护集市贸易秩序,搞活商品流通,保护经营者和消费者的合法权益,促进社会主义市场经济的发展,根据国家有关法律、法规的规定,结合本省实际,于1994年制定了《江苏省城乡集市贸易管理条例》。该条例为了不断适应城乡集市贸易的新发展、新变化,于1997年、2004年进行了两次修正。

(一)《江苏省城乡集市贸易管理条例》的立法背景

城乡集市贸易是指以农民、农民合作经济组织和城乡个体工商户、集体经济组织为主,多种经济成分参加,以批发、零售、批零兼营等多种方式经营国家允许进入集市贸易市场(以下简称集贸市场)的农副产品(含林、牧、渔产

品)、日用工业品和其他商品的交易活动,是社会主义市场经济运行中的重要组成部分。城乡集市贸易管理是指国家或地方通过法律、法规和政策,按照"活而不乱、管而不死"的原则,对集市贸易的场所、交换对象及其交换过程中所反映的经济关系进行监督、干预和指导。管理本身既包括对合法交易的引导、支持和鼓励,也包括对非法经营活动的制止、限制和处罚。

在《江苏省城乡集市贸易管理条例》出台之前,针对集市贸易而制定的国家层面的规范性文件主要是国务院1983年施行的《城乡集市贸易管理办法》(已废止)。这个文件规定,凡参加城乡集市贸易活动的单位和个人,均须遵守此规定,不得违反或破坏市场秩序。当时国家仍比较注重政府对市场的计划与指导,《城乡集市贸易管理办法》第2条规定:城乡集市贸易的管理,应当在国家计划指导下,充分发挥市场调节的辅助作用,坚持"活而不乱、管而不死"的原则,国家通过行政管理和国营经济的主导作用,把城乡集市贸易管好搞活,维护市场经济秩序。江苏省于1994年6月25日通过实施的《江苏省城乡集市贸易管理条例》是全国范围内第一个针对集市贸易管理的地方性法规。该条例受国务院制定的《城乡集市贸易管理办法》影响较大,除了一些措辞相像外,如"城乡集市贸易""物品上市"等,其中包括的义务性规则也比较多,如第13条第1款、第15条和第28条分别规定,"任何单位和个人不得非法占用集贸市场的场地和设施","在集贸市场从事饮食业和行医的,必须遵守有关法律、法规的规定","集贸市场交易的商品,应当划行归市,摆放整齐,方便交易"。在整个条例48个条文中,涉及积极义务的有20个条文,涉及消极义务的有7个条文。《江苏省城乡集市贸易管理条例》的出台与修正,有效规范了涉及城乡集贸市场的经济关系,有利于充分调动与集中城乡之间的各种资源,搞活商品流通,促进市场经济有序发展。

(二)《江苏省城乡集市贸易管理条例》的主要特点

《江苏省城乡集市贸易管理条例》分为六章,内容分别为:总则、集贸市场建设、集贸市场活动、集贸市场管理、奖励与处罚、附则。该条例作为全国首个针对集贸市场管理的地方经济法规,同时也作为之后南京市、无锡市、苏州市、徐州市制定相应地方经济法规的主要依据之一,具有如下主要特点:

1. 明确了城乡集市贸易的主要经营主体及贸易商品。城乡集市贸易的经营主体以农民、农民合作经济组织和城乡个体工商户、集体经济组织为主。其中凡持有营业执照或者临时营业执照的单位和个人,均可以进入集贸市场从事经营活动;从事专卖、专营和特种行业经营商品以及其他实行国家许可证商品的交易,必须遵守有关法律、法规的规定;销售自产农副产品的农民,凭居民身份证或者其他有效的身份证件,即可以在集贸市场从事经营活动。涉及的贸易商品包括农副产品(含林、牧、渔产品)、日用工业品和其他商品,但禁止下列物品在集贸市场中交易:(1)伪劣商品;(2)毒品、麻醉药品、精神药品以及国家禁止进入集贸市场交易的其他药品、药材;(3)枪支弹药、仿真武器、管制刀具和易燃易爆、剧毒、放射性等危险物品;(4)反动、色情、淫秽的书刊、画片、音像制品和其他非法出版物;(5)迷信品;(6)国家食品卫生法律、法规规定禁止生产经营的食品;(7)病畜、病禽及其制品;(8)带有危险性病虫害的木材及其制品;(9)国家保护的野生动植物及其制品;(10)国家规定必须进入特定场所进行交易的物品;(11)法律、法规规定禁止上市的其他物品。

2. 坚持统分结合,各司其职。集贸市场的建设应当统筹规划、合理布局、有利交易、方便生活。地方各级人民政府应当根据当地经济发展和人民生活的实际需要,将集贸市场建设纳入城市和村镇建设总体规划。此外,旧城区改造、村镇建设和兴建住宅小区时,应当规划、建设必要的集贸市场。如若不能在建设集贸市场时进行科学合理的统筹规划,不考虑城乡居民的实际需求,集贸市场的建设将不利于发挥其促进商品流通的作用,最终将损害市场经营者的合法经济利益,也会增加市场交易成本。市场监管部门(原工商部门)作为城乡集市贸易的主管机关,负责本行政区域内的集市贸易监督管理工作。公安、税务、建设、交通、卫生、农业、林业、畜牧等部门,根据各自的职责,依法行使职权,互相配合,对集市贸易的有关活动进行监督管理。

3. 管理过程注重公平公开。《江苏省城乡集市贸易管理条例》第 4 条对集贸市场管理作出了原则性规定:集贸市场管理应当依法、公正、规范,坚持管理与服务并重。集贸市场管理中涉及公平公开的具体制度有:(1)设置公开竞价制度。政府投资新建集贸市场的摊位和其他设施的出租,应当采取公开竞价的方式。这将有效避免摊位和其他设施出租过程中弄虚作假行为的出现,保证经营者在同一起跑线上进行竞争,也有利于政府对集贸市场的有效利用。(2)明确应当公开的市场经营管理事项。《江苏省城乡集市贸易管理条例》第30条明确了下列办事制度应当公开:市场管理人员的姓名、职务、职责,市场管理制度,市场设施租赁方式与租赁费标准,市场管理费收费标准和其他法定收费标准,受理举报的单位和举报电话号码,违法案件处理依据和结果,其他有关市场经营管理事项。集贸市场办事制度的明确公开,可以加强市场主办单位与市场经营者之间的沟通交流,及时解决集贸市场经营中出现的矛盾纠纷。对违法案件的处理依据和结果进行公布将有效规范市场经营者的商品贸易行为,同时也约束市场管理人员的执法行为。

二、《南京市商品交易市场管理条例》立法分析

(一)《南京市商品交易市场管理条例》的立法背景及制定过程

1998年,南京市人大常委会曾经制定《南京市集贸市场管理规定》,并于2002年、2004年进行修改。但随着市场结构、规模以及管理模式的不断发展和变化,该规定已经不能适应市场监管工作的需要。南京市人大常委会决定废止《南京市集贸市场管理规定》,并针对商品交易市场制定新条例。

《南京市商品交易市场管理条例》由南京市原工商局、商务局负责起草,经市政府法制办审查、市政府常务会议审议通过后,形成《南京市商品交易市场管理条例(草案)》,并以政府议案的形式提交南京市人大常委会。2010年8月,南京市十四届人大常委会第十八次会议进行二审并通过,9月29日江苏省第十一届人民代表大会常务委员会第十七次会议批准,《南京市商品交易市场管理条例》于2011年1月1日起施行,2017年、2020年进行过两次修正。

(二)《南京市商品交易市场管理条例》的主要特点

《南京市商品交易市场管理条例》共八章49条。该条例在总结南京市商品交易市场管理工作经验的基础上,针对市场经济条件下商品交易的特征,对于市场的调整范围、市场的规划和建设、市场经营者、场内经营者的权利和义务、市场的行政监管职能等方面重新做了规范,主要有以下特点:

1. 明确了市场经营者开办商品交易市场需具备的条件。《南京市商品交易市场管理条例》第11条规定了市场经营者开办市场应当具备下列条件:(1)符合城市商业网点规划;(2)有符合市场基础设施建设标准的场所、设施;

(3)名称和应有的章程符合规定;(4)符合治安、道路通行、消防、环保、环境卫生等要求;(5)法律、法规规定的其他条件。将“符合城市商业网点规划”放在所需具备条件的第一位,突出了南京市在城市建设、市场管理中注重规划、统筹城市发展的特点。南京市人民政府将市场建设纳入国民经济和社会发展规划,由商务行政主管部门负责市场规划,指导市场建设,促进市场发展,鼓励、引导市场逐步实现规范化、标准化、规模化,提升市场的功能和水平。

2. 为市场经营者设定了应当履行的义务。《南京市商品交易市场管理条例》不仅对市场经营者在经营管理商品交易市场中享有的权利进行了规定,而且明确了其应当履行下列义务:(1)制定商品质量安全、环境卫生、消防安全、消费投诉处理、突发事件应急处置等市场管理制度并组织实施;(2)查看场内经营者的营业执照、许可证件和其他有关证明文件是否齐全;(3)督促场内经营者建立并执行进货检查验收、索票索证、进销货台账登记等制度;(4)按照城市容貌标准和城市环境卫生质量标准履行市容环卫责任;(5)督促场内经营者守法经营,维护市场经营秩序;(6)法律、法规规定的其他义务。对市场经营者设定这些义务的出发点是为了保护场内经营者和消费者的合法权益,规范商品交易市场的运行秩序。

3. 在经营管理中尊重市场经营者与场内经营者之间的意思自治。《南京市商品交易市场管理条例》作为公法色彩浓厚的地方性法规,其中大部分内容为强制性规定,但也有体现尊重由市场经营者与场内经营者通过协商决定相互间权利义务关系的内容。如市场迁移、关闭或者变更重要事项的,市场经营者应当按照合同约定的期限通知场内经营者,没有约定的,应当在60日前通知场内经营者,同时向社会公告,并依法办理注销登记或者变更登记。场内经营者应当在合同约定的商位亮照经营,不得随意摆摊设点;经市场经营者同意,场内经营者可以出租、出借、转让商位;合同另有约定的,从其约定。

4. 对市场经营者的赔偿责任作出了条件限制。消费者在市场购买商品,其合法权益受到损害的,可以依法向场内经营者要求赔偿;场内经营者商位租赁期满后,消费者有权向市场经营者要求赔偿;市场经营者依法赔偿后,可以向场内经营者追偿。如此,消费者合法权益受到损害,其只有在场内经营者商位租赁期届满之后,才能要求市场经营者进行赔偿。这里要求市场经营者对消费者的损失进行赔偿一方面是因为市场经营者对场内经营者收取了摊位费,另一方面是市场经营者在经营管理市场中需履行的各种义务的要求。

三、《无锡市商品交易市场管理条例》立法分析

(一)《无锡市商品交易市场管理条例》的立法过程

无锡市于1991年2月1日起施行了《无锡市城乡集市贸易管理条例》,对城乡集市贸易活动进行规制,活跃了城乡商品市场经济。然而,随着社会经济的发展,上述条例已经不再适应社会需求。无锡工商局及时会同发改、商务、规划、原国土等部门起草了《无锡市商品交易市场管理条例(草案)》,提交无锡市人大常委会进行审议。2010年12月17日无锡市第十四届人民代表大会常务委员会第二十三次会议审议通过了《无锡市商品交易市场管理条例》,2011年1月21日江苏省第十一届人民代表大会常务委员会第二十次会议批准了该条例。

(二)《无锡市商品交易市场管理条例》的主要特点

《无锡市商品交易市场管理条例》共七章37条,内容涉及总则、市场规划与设立、市场开办者、场内经营者、监督管理、法律责任等,主要特点有:

1. 鼓励市场发展新型流通业态。随着社会经济的发展,流通在我国国民经济中的地位和作用越来越突出,流通已从传统经济的“末端”跃升为现代经济的“先导”行业。而流通现代化则是指伴随着工业化社会和信息化社会而在商品流通领域产生的变革、创新过程。流通现代化的过程也是新型流通业态产生与发展的过程,新型流通业态产业是动用现代管理思想与理念,采用现代科学技术手段,在传统流通方式中创新出超级市场、连锁经营、产销一体化、物流中心、电子商务等新业态,以适应现代生产与消费需求,加速商品流通。《无锡市商品交易市场管理条例》基于现代市场发展的现状,鼓励商品市场发展电子商务、物流配送、连锁经营等新型流通业态,培育多元化、多层次的流通渠道与主体,促进市场更公平、更开放、更自由地竞争。

2. 建立信用管理与评价机制。无锡市在商品市场管理过程中,主张建立信用管理机制和信用评价机制,要求工商部门应当会同有关部门,建立市场信用分类管理制度,记录市场开办者和场内经营者的信用状况,并向社会公

开，以提高市场现代化、信息化、标准化水平。无锡市以市场信用建设为核心，以信息化建设为平台，以分类监管为手段，在《无锡市商品交易市场管理条例》的要求下，进一步巩固提高市场实施标准化管理、星级文明诚信市场创建工作成效，努力构建市场长效管理机制，建立交易规范有序、设施配套完善、管理科学有效、各方和谐共赢的市场经营管理新格局。

3. 市场设立过程中强调论证的重要性，注重市场设立的可行性。《无锡市商品交易市场管理条例》第 11 条规定："设立市场，应当经市、县级市商务部门组织论证。大型市场和重要市场的设立，应当征求社会公众的意见，必要时可以组织听证。市场设立涉及国有建设用地使用权出让的，应当在地块出让前进行论证；不涉及国有建设用地使用权出让的，应当在办理立项手续前进行论证。"无锡市在市场设立的过程中，充分认识到组织论证的重要性，强调市场设立的统筹与规划，防止盲目设立。尤其是对大型市场和重要市场的设立，因为牵涉面广、涉及公众利益大，还设置了必要时的听证，畅通民意反映渠道，尊重社会公众的意见。

4. 注重对商品知识产权的保护。知识产权是一种区别于有形财产所有权的无形财产所有权，《无锡市商品交易市场管理条例》注重对商品知识产权的保护，保障知识产权拥有者的合法权益，主要表现在：(1) 在市场开办者的义务中加入保护知识产权的内容。市场开办者应当完善保障商品质量安全、保护知识产权、保护合法经营等市场管理制度，实施市场日常管理工作并承担市场管理和服务责任。(2) 要求市场开办者与场内经营者就知识产权保护的事项作出书面约定。市场开办者应当与场内经营者签订书面合同，就商品质量安全责任、知识产权保护、消费纠纷解决途径等事项作出具体约定。

四、《苏州市集贸市场管理条例》立法分析

(一)《苏州市集贸市场管理条例》的立法过程

为了加强集贸市场的监督和管理，规范管理行为和经营行为，维护集贸市场秩序，促进市场发展，保护合法经营，维护消费者合法权益，苏州市于 1996 年 10 月 1 日起施行了《苏州市集贸市场管理规定》。为了适应集贸市场的发展变化，苏州市于 2004 年对《苏州市集贸市场管理规定》进行了修改，主

要是删除了不符合时代发展要求的内容,放宽了对市场设立的限制。2007年,苏州市在全面考察苏州集贸市场现状的基础上,借鉴外地改革经验,为了更好地加强监管,维护集贸市场健康运行,于2007年8月23日由苏州市第十三届人大常委会第三十六次会议审议通过了《苏州市集贸市场管理条例》,2017年修正。

(二)《苏州市集贸市场管理条例》的主要特点

《苏州市集贸市场管理条例》共29条,内容涉及集贸市场的规划、设立与管理、集贸市场经营管理者、场内经营者、监督管理、法律责任等,主要特点为:

1. 明确市场经营管理的第一责任人。《苏州市集贸市场管理条例》第12条明确将集贸市场经营管理者定位为市场经营管理的第一责任人,对市场内商品质量、经营秩序、食品卫生、环境卫生、治安消防等事务负管理责任,协助有关行政管理部门做好计划生育等管理工作。集贸市场经营管理者,是指依法设立,利用自有、租用等方式取得固定场所,通过提供场地、设施和服务,从事市场经营管理的企业。将集贸市场经营管理者设为第一责任人,加强了经营管理者的责任与义务,督促经营管理者积极维护集贸市场运行秩序,有助于发挥集贸市场融通商品的功能。

2. 建立先行赔偿制度,设立先行赔偿金。《苏州市集贸市场管理条例》第13条规定,集贸市场经营管理者应建立先行赔偿制度,设立先行赔偿金。先行赔偿制度是指集贸市场经营管理者在消费者于集贸市场购买商品、接受服务,而合法权益受到损害时,经营管理者有从先行赔偿金中向消费者赔偿损失的义务。经营管理者先行赔偿后,有向商品提供者追偿损失的权利。先行赔偿制度的建立,充分保障了消费者要求赔偿损失的权利,保障了消费者的合法权益,同时也营造了安全放心的消费环境。

3. 提出推进绿色市场认证的策略。绿色市场是指专门销售那些在生产和消费过程中很少产生环境污染产品的市场。绿色市场认证是指认证机构依据《GB/T19220—2003 农副产品绿色批发市场》、《GB/T19221—2003 农副产品绿色零售市场》及相关技术规范,对申请认证企业所建立和实施的文件化市场管理体系的符合性和运行的有效性进行合格评定的活动,通过认证的企业可以获得绿色市场认证证书,并允许使用绿色市场标牌。推进绿色市场认证，有利于建立和完善食品安全的流通网络体系，确保食品的流通安全，保障消费者的合法权益。

五、《徐州市市区农贸市场管理条例》立法分析

（一）《徐州市市区农贸市场管理条例》的立法背景及制定过程

农贸市场作为城市公共配套设施的组成部分，是满足居民生活需求、提高居民生活质量、促进城乡商品流通的重要载体，也是维护社会和谐、稳定的重要保证。截至2010年，徐州市4个主城区共有各类农贸市场83个，其中，经工商登记注册的38个，未经注册的45个。这些农贸市场在搞活流通、方便市民等方面发挥了积极作用，但是，随着经济社会的发展和城市规模的扩张，一些问题也日益突出，主要是：空间布局不合理，旧多新少、内多外少；基础设施不完善，先天不足、水平不高；管理服务不到位，政出多门、监管不力，部分市场被改作他用；马路市场难取缔，"脏乱差"现象严重，群众反映强烈。总之，农贸市场无论是数量布局、建设标准，还是环境秩序、管理服务，都越来越不符合人民群众的期待，越来越不适应区域性特大型中心城市建设的新要求。加强农贸市场法制化建设，制定一部专门用于规范农贸市场建设管理的地方性法规，势在必行。

按照徐州市建立农贸市场长效管理机制的工作部署，自2009年7月10日起，徐州市商务局组织骨干力量开展专题调研，逐一深入各个市场，召开各类座谈会10余次，广泛征求了市场管理者、经营业户、有关职能部门、专家学者以及市民代表的意见和建议，在此基础上起草了《徐州市市区农贸市场管理条例（送审稿）》报市政府。徐州市法制办在审查修改过程中，会同商务局、市人大相关工委多次召开讨论会，征求部门意见，并深入社区和市场调研，形成了《徐州市市区农贸市场管理条例（草案）》。经2010年6月25日徐州市第十四届人民代表大会常务委员会第十八次会议制定，《徐州市市区农贸市场管理条例》于2011年1月1日起施行。后根据情况变化，徐州市第十六届人民代表大会常务委员会第二十九次会议制定了新的《徐州市市区农贸市场管理条例》，并于2019年12月1日起施行。

(二)《徐州市市区农贸市场管理条例》的主要特点

《徐州市市区农贸市场管理条例》共六章32条,内容主要涉及农贸市场的规划建设,农贸市场的设立与终止,农贸市场的经营与管理,法律责任。该条例旨在解决农贸市场存在的管理职责不清、布局不合理、档次比较低、购物环境差、马路市场多以及擅自改变用途等问题,主要特点为:

1. 适用范围与对象的特定性。《徐州市市区农贸市场管理条例》的适用范围并不是徐州市整个行政区域,而是限制于云龙区、鼓楼区、泉山区三个主城区范围内,其他城区,铜山区、贾汪区、徐州经济技术开发区范围内农贸市场的规划、建设、经营和监督管理,系参照条例执行。《徐州市市区农贸市场管理条例》的适用对象仅为农贸市场,是指依法设立,有固定场所与设施,主要用于农副产品现货交易的市场,不包括农副产品批发市场。

2. 严格控制农贸市场土地的用途。农贸市场经营管理者开办农贸市场享受了包括土地出让金在内的诸多优惠,但有些农贸市场在开办一段时间后即改造了他用,不仅使政府扶持农贸市场建设发展,方便市民生活的愿望落空,也严重扰乱了土地市场秩序。为了严格约束擅自改变农贸市场土地用途的行为,《徐州市市区农贸市场管理条例》第12条第1款对农贸市场的土地出让条件作了如下规定:下列事项应当在土地出让招标、拍卖、挂牌文件中载明,并作为土地出让条件在合同中予以明确:(1)新建或配套建设的农贸市场的土地用途、面积、权属等内容;(2)农贸市场的土地使用权以及房屋所有权不得擅自分割转让;(3)不得擅自改变农贸市场的土地用途。这样,就从源头上控制了农贸市场土地的专项专用,保障了农贸市场的安全运营。

3. 明确落实各部门的主体责任。条例根据市政府对农贸市场管理体制的划分,按照“各司其职、统分结合”的原则规范农贸市场的管理,根据不同的部门分工进行管理,谁管理谁负责。《徐州市市区农贸市场管理条例》第4条规定,农贸市场实行属地管理。区人民政府、街道办事处负责统筹协调、督查督办辖区内农贸市场的建设及监督管理工作。依据第5条“建立农贸市场管理协调机制”的原则,第6条规定,市商务部门负责农贸市场管理的综合协调工作以及专项规划、建设工作;市场监督部门负责农贸市场经营行为的监督管理;城市管理部门负责农贸市场市容与环境卫生的监督管理。农业农村、卫生健康、生态环境、住建、公安等部门则根据各自的法定职责，共同做好农贸市场的监督管理工作。该条例从农贸市场的块与条的管理上都明确了有关机关的管理职责，做到了职责分明。

4. 划定专门区域，保障农民出售自产的农副产品，徐州市为了减少农民在马路边占道出售自产的农副产品，要求以零售为主的农贸市场的经营管理者应当在市场内划出不少于市场营业面积5%的专用区域，用于农民出售自产的农副产品。这样就保证了农民在农贸市场内有专用区域来销售自产的农副产品，在一定程度上能减少农民占道经营的情况，也有利于增加农民的收入。

5. 禁设摊点，根治以罚代管。在农贸市场外设置农副产品摊点，管理者趁机收取费用，或者以罚代管的事时有发生。这种现象的存在，一方面冲击了正式设立的农贸市场，另一方面，也破坏了市容环境卫生，更为严重的是容易滋生腐败。为了杜绝这类问题的发生，《徐州市市区农贸市场管理条例》第25条规定：农贸市场经营管理者、场内经营者有权拒绝摊派和违法收费。根据立法精神，农贸市场外不得设置农副产品摊点。任何单位或者个人不得在农贸市场外设置摊点收取费用，或者以罚代管。

六、江苏省各类商品交易市场管理条例比较分析

前面我们集中分析了江苏省以及南京市、苏州市、无锡市和徐州市制定的有关商品交易市场管理的地方性法规。《江苏省城乡集市贸易管理条例》适用于全省从事集贸市场活动的单位和个人，是从江苏省整个大局出发的，所以其所展现的特点也都是原则性的，统领全省集市贸易的规划与发展。而四市的商品交易市场管理条例则立足于本市发展实际，在内容安排上各有特色，尤其是《徐州市市区农贸市场管理条例》，其本身在适用范围与对象上就与其他三市的商品交易市场管理条例有区别。下面将对照江苏省地方经济立法特色、成效和问题展开对江苏省商品交易市场管理条例的比较分析。

（一）江苏省各类商品交易市场管理条例立法特色分析

结合前述江苏省以及四市相关立法的特点，可以看出，江苏省商品交易市场管理条例具有如下江苏省地方经济立法特色：

1. 注重地方经济立法的科学化。就立法的价值目标而言，各类江苏省商品交易市场管理条例均是为了加强商品交易市场规划、建设和管理，规范商品交易市场秩序，保护经营者和消费者的合法权益，促进商品交易市场健康发展而制定的，满足了"为民、管用、科学"的立法要求，符合经济建设规律与社会发展规律。此外，为了保障各类商品交易市场管理条例内容的科学性，江苏省及四市的法制部门积极对热点、难点问题进行研讨，广泛开展专家论证会，召集相关部门的专家、学者对制定过程中的问题进行分析，尽最大努力实现地方经济立法的科学化。

2. 保障地方经济立法的民主化，立法过程中广泛征求民意。为了保障各类商品交易市场管理条例制定的民主化，五部条例的立法部门在不同阶段，运用不同形式贯彻民主化原则，广泛征求民意。在立法的准备阶段，立法部门树立民主立法观念，加强地方经济立法的预测与调研工作，积极深入基层，对已有的商品交易市场以及附近的居民展开调研，充分听取民众的意见与建议；在条例起草的过程中，立法部门采取座谈会、论证会、听证会等形式，拓宽民意表达渠道，提高公众对地方立法的参与程度；草案制定完成后，立法部门均将条例草案文本向社会大众公布，征求公众对草案具体条款的意见，在此基础上进行论证完善。

3. 经济立法工作侧重于市场秩序规制。江苏省地方经济立法工作的侧重点在于市场秩序的规制，这一点在各类商品交易市场管理条例的制定上表现明显。商品交易市场管理条例其主要调整对象即为商品交易市场秩序或集贸市场秩序，侧重于对市场经营行为的管理。商品交易市场管理条例在前述几个地方经济立法特色的体现上是一致的，都能在一定程度上展现江苏省地方经济立法的特点。

4. 重视地方经济法规的修订与清理。随着我国经济的迅猛发展，城乡商品市场交易方式、管理模式也发生巨大变化，为了适应不断变化的市场经济形势，江苏省人大、各地方人大均及时、有效地对于相关商品市场管理条例进行了修正。1994 年制定的《江苏省城乡集市贸易管理条例》于 1997 年、2004 年进行了修正；2011 年制定的《南京市商品交易市场管理条例》于 2017 年、2020 年进行了修正；2007 年制定的《苏州市集贸市场管理条例》于 2017 年进行了修正。2010年制定的《徐州市市区农贸市场管理条例》，更是在2019年被重新制定。这些修订、清理工作，极大地保障了江苏各地城乡商品交易市场秩序维护、消费者权益保障、国家管理权责落实。

（二）江苏省各类商品交易市场管理条例立法成效分析

结合前述江苏省以及四市相关立法的特点，可以看出，江苏省各类商品交易市场管理条例都体现了江苏省地方经济立法的成效，对地方经济发展与经济立法经验的积累起到了促进作用。

1. 有效地规范市场经济运行秩序，促进地方经济快速发展。江苏省及四市的商品交易市场管理条例都有效地规范了集贸市场或者商品交易市场的秩序，保护了市场经营者及消费者的合法权益，在不同程度上促进了地方经济的快速发展。例如，无锡市于2010年各类商品交易市场已达400多家，交易总额超3000亿元，如此巨大的交易额度与交易规模，如若没有统一、有效的规范对其进行管理，势必会出现市场秩序混乱的现象。《无锡市商品交易市场管理条例》的及时出台，可以为商品交易市场的有序运行保驾护航，规范商品交易市场的秩序，使商品交易成为无锡经济的一个强有力的增长点。

2. 积累了丰富的地方经济立法经验，促进地方经济立法质量的提升。这一成效体现在以下两方面：（1）从江苏省整个经济立法体系的角度来说，江苏省各类商品交易市场管理条例的制定与实施，丰富了江苏省地方经济立法的体系，为江苏省制定其他地方经济立法提供了宝贵的立法借鉴资源与经验，促使江苏省不断完善经济立法程序，提高经济立法质量，制定出更多优质的地方性法规。（2）从江苏省各类商品交易市场管理条例体系内部分析，《江苏省城乡集市贸易管理条例》的制定、实施与修改，为之后《苏州市集贸市场管理条例》《南京市商品交易市场管理条例》《无锡市商品交易市场管理条例》《徐州市市区农贸市场管理条例》的制定提供了宝贵的经验，为四市制定商品交易市场管理条例提供了坚实的立法基础与良好的法制环境。四市先后制定商品交易市场管理条例的过程中，先行制定出台条例的市又能为之后准备制定商品交易市场管理条例的市提供经验，如此必能促进地方经济立法质量的不断提升。

3. 以经济立法形式巩固经济改革成果，为深化地方经济改革提供有力保障。改革开放后,商品交易市场的建设与发展对地方经济的快速增长贡献巨大,是各地经济增长的重要组成部分,巩固这一成果唯有以经济立法的形式将各种有效管理商品交易市场的办法制度化。江苏省各类商品交易市场管理条例的实施可以避免市场治理过程中的随意性、独断性以及不公平现象的出现,保障市场经营者、场内经营者及消费者的合法权益,有效平衡三者之间的关系,减少矛盾纠纷的出现,切实维护商品交易市场的秩序。

(三)江苏省各类商品交易市场管理条例立法问题分析

结合前述江苏省以及四市相关立法的特点,江苏省及四市的商品交易市场管理条例中存在的问题不完全相同,需要我们逐一分析。

1. 地方经济法规存在冲突现象分析。《江苏省城乡集市贸易管理条例》的制定依据为相关法律及行政法规,由于没有专门调整商品交易市场的法律和行政法规,有关内容皆是原则性规定,因此《江苏省城乡集市贸易管理条例》与国家法律不存在冲突现象。江苏省各类商品交易市场管理条例中的冲突现象主要集中在《苏州市集贸市场管理条例》、《南京市商品交易市场管理条例》、《徐州市市区农贸市场管理条例》与《江苏省城乡集市贸易管理条例》的冲突,其中最明显的冲突为,市场经营管理者在商品交易市场终止经营时需提前通知场内经营者的时间。《江苏省城乡集市贸易管理条例》第 13 条第 2 款规定:“有固定设施的集贸市场确需拆迁或者改作他用时,市场主办单位应当提前三十日通知场内经营者。”这里规定,市场主办单位需在终止经营时,提前 30 日通知场内经营者。而《苏州市集贸市场管理条例》第 13 条第 12 项对此则规定,“集贸市场终止营业的,应当提前三个月通知场内经营者,并向社会公告”;《南京市商品交易市场管理条例》第 22 条第 1 款规定,“市场迁移、关闭或者变更重要事项的,市场经营者应当按照合同约定的期限通知场内经营者,没有约定的,应当在六十日前通知场内经营者,同时向社会公告,并依法办理注销登记或者变更登记”;《徐州市市区农贸市场管理条例》第 17 条规定,农贸市场经营管理者不得擅自歇业或者终止经营。确需歇业或者终止经营的,农贸市场经营管理者应当提前 3 个月书面告知所在地区人民政府和场内经营者。上述三市的商品交易市场管理条例在提前通知场内经营者的时间上与《江苏省城乡集市贸易管理条例》的规定不一致,存有明显的冲突。《无锡市商品交易市场管理条例》与《江苏省城乡集市贸易管理条例》在这一问题上并无冲突，其第 22 条规定，“市场迁移、转让、转租、关闭的，市场开办者应当及时通知场内经营者，并提前三十日予以公示”。

2. 地方经济立法缺乏超前性分析。江苏省为了发展集市贸易，维护集市贸易秩序，于 1994 年制定了《江苏省城乡集市贸易管理条例》。而纵观全国，黑龙江省于 1989 年就制定了《黑龙江省城乡集市贸易条例》，吉林省和辽宁省于 1993 年先后制定了《吉林省城乡集市贸易管理条例》《辽宁省城乡集贸市场管理条例》，甘肃省于 1994 年制定了《甘肃省城乡集市贸易管理办法》，湖南省于 1994 年制定了《湖南省城乡集贸市场管理条例》，浙江省于 1994 年制定了《浙江省商品交易市场管理条例》。江苏省作为经济发展强省，城乡集市贸易必定活跃，城乡集市贸易中需要调整的经济关系也更加复杂，但是，其关于城乡集市贸易的地方立法却没有体现出应有的超前性，没有及时将贸易市场的秩序管理用法规的形式予以体现，在地方经济立法上存有滞后性。在四市的商品交易市场管理条例中，《苏州市集贸市场管理条例》《南京市商品交易市场管理条例》《无锡市商品交易市场管理条例》的制定与实施并不缺乏超前性。四部商品交易市场管理条例中，《无锡市商品交易市场管理条例》出台之前实施的《无锡市城乡集市贸易管理条例》是在 1990 年制定的，比《江苏省城乡集市贸易管理条例》出台的时间还要早，可谓是超前性立法的典型，为《江苏省城乡集市贸易管理条例》的制定积累了立法经验。南京、苏州、无锡在制定新的商品交易市场管理条例之前皆有各自有关集市贸易管理的规范性文件，徐州市在此方面则有所欠缺，《徐州市市区农贸市场管理条例》于 2011 年才开始施行，欠缺必要的超前性。因此，江苏省各类商品交易市场管理条例中，《江苏省城乡集市贸易管理条例》和《徐州市市区农贸市场管理条例》缺乏超前性。

3. 部分地方经济立法可操作性弱分析。《江苏省城乡集市贸易管理条例》是统筹规范全省集贸市场管理的法规，其中原则性、宣示性规范较多。例如第 15 条规定，“在集贸市场从事饮食业和行医的，必须遵守有关法律、法规的规定”；第 18 条规定，“公安、建设部门应当采取必要的措施，安排适当的时间和合理的路线，为农民、农民合作经济组织以及其他经营者进城销售农副产品提供方便”。比较而言，四市的商品交易市场管理条例可操作性更强。例如，《南京市商品交易市场管理条例》第 28 条对消费者合法权益的维护作出了详细的规定，“消费者在市场购买商品，其合法权益受到损害的，可以依法向场内经营者要求赔偿；场内经营者商位租赁期满后，消费者有权向市场经营者要求赔偿。市场经营者依法赔偿后，可以向场内经营者追偿”；《苏州市集贸市场管理条例》明确了集贸市场经营管理者是市场经营管理的第一责任人；《无锡市商品交易市场管理条例》第 11 条对商品市场的设立作出了分类规定，“……大型市场和重要市场的设立，应当征求社会公众的意见，必要时可以组织听证。市场设立涉及国有建设用地使用权出让的，应当在地块出让前进行论证；不涉及国有建设用地使用权出让的，应当在办理立项手续前进行论证”；《徐州市市区农贸市场管理条例》第 21 条对农民权益的保护作出细致规定，“以零售为主的农贸市场的经营管理者应当在市场内划出不少于市场营业面积百分之五的专用区域，用于农民出售自产的农副产品”。因此，江苏省商品交易市场管理条例中，《江苏省城乡集市贸易管理条例》的内容可操作性较弱，而其他各部商品交易市场管理条例，可操作性还是均比较强的。

第五节　地方经济立法典型实例分析(二)——江苏省各类道路运输管理条例比较研究

道路运输与社会大众的生产生活安全密切相关，直接或间接影响着社会大众的利益和地区经济建设的发展，在社会经济发展中有着举足轻重的地位。如今，道路运输事业飞速发展，对地区经济建设、社会进步更是起到了重要的基础保障作用。但与此相对的是，道路运输管理方面也出现了许多亟待规范的新问题，如运输组织化程度较低、运输服务水平不高、节能减排推进难度大、汽车租赁业及物流经营管理不规范、客运班线审批方面未能完全做到市场化。这一部分，我们将对江苏省道路运输管理方面的法规进行比较研究，主要涉及《江苏省道路运输条例》《南京市公共客运管理条例》《无锡市出租汽车管理条例》《苏州市道路运输条例》《徐州市出租汽车客运条例》[1]。这五个条例的立法目的和主要内容因为立法主体层次的不同和各自地区的不同而各有特色，其适用范围也不完全相同，其中《江苏省道路运输条例》和《苏州市道路运输条例》的适用范围最广，包括在本行政区域内从事道路运输经营以及道路运输相关业务（辅助业务）。道路运输经营是指为社会公众提供汽车运输有偿服务的活动，包括道路旅（乘）客运输经营和道路货物运输经营。道路旅（乘）客运输包括班车客运、包车客运、旅游客运、公共汽车客运、出租汽车客运；道路货物运输包括普通货物运输、专用运输、大型物件运输和危险货物运输。道路运输相关业务（辅助业务）包括机动车维修、机动车综合性能检测、机动车驾驶人培训、汽车租赁、道路运输站（场）和交通物流、货运代理、货运信息服务等经营业务。《南京市公共客运管理条例》其适用范围包括公共汽车客运和出租汽车客运的管理，以及本行政区域内公共客运的规划、建设、运营及相关监督管理等活动。《无锡市出租汽车管理条例》的适用范围包括对客运出租、货运出租和车辆租赁服务的规范。适用范围最窄的是《徐州市出租汽车客运条例》，其仅规范该行政区域内出租汽车客运的经营和监督管理活动，该条例中的出租汽车客运是指依法取得经营许可，利用小型客车，按照乘客要求提供客运服务，并按照行驶里程、时间收费的经营活动。下面我们也将对照江苏省地方经济立法特色、江苏省地方经济立法的成效与问题，对江苏省各类道路运输管理条例进行比较分析。

一、江苏省各类道路运输管理条例立法特色分析

结合前述江苏省以及四市相关立法的特点，可以看出，江苏省各类道路运输管理条例都具有如下江苏省地方经济立法特色：

1. 注重地方经济立法的科学化。江苏省各类道路运输管理条例皆是从规范道路运输市场秩序、促进道路运输业的健康发展这一立法价值目标出发，结合本地区的实际情况和各自特点，制定出符合本地区道路运输市场发展，

---

〔1〕 为了方便论述，《江苏省道路运输条例》《南京市公共客运管理条例》《无锡市出租汽车管理条例》《苏州市道路运输条例》《徐州市出租汽车客运条例》以下总称道路运输管理条例。

有利于保障道路运输安全的条例。其中《江苏省道路运输条例》从宏观角度突出了道路运输管理为社会经济发展提供运输服务保障的特点，强化了道路运输安全管理和信息化管理，并在推进城乡、区域客运一体化，货运的专业化、集约化和交通物流业发展等方面进行了创新性的规定，不仅立法定位更高、更准，而且范围更全面、内容更丰富、方式更科学，也更具备可操作性。

2. 保障地方经济立法的民主化，立法过程中广泛征求民意。为了使各地的道路运输管理条例在推行过程中更能为人民群众所理解和接受，减少实施层面的阻力，各地区立法部门在立法的准备、起草、实施、修订阶段广泛征求民意。《苏州市道路运输条例》在制订的过程中广泛征求民意，苏州市人大常委会办公室将该《苏州市道路运输条例（草案）》在网上全文公布，并告知了意见反馈的部门、联系地址、电话、传真、邮箱等信息，让大众能够及时、准确地向立法部门反馈意见和建议。《无锡市出租汽车管理条例》在修订的过程中，召开专题会议，分别邀请部分出租汽车企业、驾驶员代表座谈，充分听取他们的意见；在该条例实施后，积极开展立法实效评估工作，听取各界代表对《无锡市出租汽车管理条例》实施效果的意见。

3. 经济立法工作侧重于市场秩序规制。道路运输市场秩序的维护，不仅关系到一个地区经济建设、道路运输市场发展这些经济问题，而且也与人民群众的生产生活安全息息相关，因此，道路运输管理条例的立法工作无疑要向维护道路运输市场秩序方面倾斜。若是一个地区的道路运输市场处于紊乱状态，各种不正当竞争行为盛行，道路运输管理方式落后，那么这一地区的经济建设将会受到严重的不良影响，人们居住或者在此旅游的幸福感也会大打折扣。《江苏省道路运输条例》严格规范各类道路运输市场经营行为，针对道路运输服务过程中多发的不规范服务现象，该条例对客货运输、机动车维修及综合性能检测、汽车租赁、道路运输站（场）和交通物流等各有关方面的经营行为进行了更加全面、细致的规范。同时，考虑到公共汽车客运和出租汽车客运的服务水平与社会公众的日常出行密切相关，而全国性立法尚未出台，该条例在授权省交通运输主管部门制定细化的营运服务规范的同时，对社会反响强烈、服务质量问题比较突出、投诉较多的一些运营违法行为，作出了禁止性规定，并明确了相应法律责任。此外，《江苏省道路运输条例》还针对一些经营者的严重违法行为建立了市场退出机制，实现道路运输业中准入、日常管理、退出的有机统一。

4. 重视地方经济法规的修订。为了适应不断发展的道路运输行业以及解决出现的新问题，江苏省各类道路运输管理条例都经历过不同程度的修改。《江苏省道路运输市场管理条例》于2003年经历过一次修正，而《江苏省道路运输条例》（2013年制定）是在《江苏省道路运输市场管理条例》（2001年制定，2013年废止）的基础之上制定而来的。《南京市公共客运管理条例》（2011年制定）其前身是《南京市城市公共汽车出租汽车客运管理条例》（2003年制定，2011年废止）和《南京市城市公共车辆客运管理办法》（1998年制定，2011年废止）。2011年施行的《苏州市道路运输条例》则于2012年、2017年、2018年开展了修正工作。1996年施行的《无锡市出租汽车管理条例》于2006年进行了修订，《徐州市出租汽车客运条例》（2013年制定）则由《徐州市城市客运出租汽车管理条例》（2006年制定，2013年废止）修订而来。由此可见，各地立法机关对于道路运输管理方面法规的重视程度，在制订相关条例之后，立法机关不断对条例中不适应实际情况的内容进行修改，针对出现的新问题则设计新的制度来进行规范，以求稳定本地的道路运输市场，繁荣道路运输行业。

二、江苏省各类道路运输管理条例立法成效分析

结合前述江苏省以及四市相关立法的特点，可以看出，江苏省各类道路运输管理条例都体现了江苏省地方经济立法的成效，对地方经济发展与经济立法经验的积累起到了促进作用。

1. 有效地规范市场经济运行秩序，促进地方经济快速发展。江苏省各类道路运输管理方面的条例在维护道路运输市场经济秩序、创立公平竞争市场环境方面产生了重要的作用。此外，各类条例对道路运输企业规范经营行为、保障运输安全和推动企业健康发展也有着积极深远的影响，为各地区的经济发展贡献颇多。《无锡市出租汽车管理条例》的施行在推进出租汽车行业发展、规范出租汽车行业管理方面发挥了积极的作用，并将无锡市出租汽车管理纳入了法制化轨道。以该条例为依据，无锡市完善了相关配套管理制

度,出台了“无锡市客运出租汽车专用标志、颜色喷印规范”,修订了“无锡市出租汽车发展规划”。这些都为无锡市出租汽车市场秩序的良好运行提供了必不可少的条件。

2. 积累了丰富的地方经济立法经验,促进地方经济立法质量的提升。这一点与江苏省各类“商品交易市场管理条例”相同,各类道路运输管理条例的成效同样有两个方面:(1)从江苏省整个经济立法体系的角度来说,各类道路运输管理条例制订过程中为保障立法的民主与科学所采用的方式,如听证会、论证会、新闻发布会等,可以为江苏省及各地区制订其他经济法规提供立法经验。此外,一些行之有效的制度亦能成为其他经济立法效仿的范本。(2)从各类道路运输管理条例体系内部分析,《江苏省道路运输市场管理条例》(2013 年废止)不仅为之后修订的《江苏省道路运输条例》提供了立法基础,还为另外四个市制订道路运输管理方面的条例提供了依据与经验。在这样的良性互动中,各类道路运输管理条例的立法质量越来越高,立法机关的立法经验也越来越丰富。

3. 以经济立法形式巩固经济改革成果,为深化地方经济改革提供有力保障。针对一些道路运输管理中亟须规范的问题,各地立法机关都意识到需要以立法的形式,用一系列制度安排来解决。唯有如此,才能巩固经济改革成果,为各地经济发展提供源源不断的动力。例如,苏州市为了从源头上防止克隆车的出现,《苏州市道路运输条例》第 23 条第 3 款规定:“机动车托修人无法提供道路运输管理机构出具的相关证明的,机动车维修经营者不得为车辆喷涂或者改装客运出租、货运出租、教练车标识和设备。”并在第 38 条第 1 款第 1 项对违反规定的,设置了相应的法律责任。同时,为了鼓励机动车维修经营者实行专业化、连锁经营,且可以较大地节省经营成本,《苏州市道路运输条例》第 24 条第 2 款规定:“从事机动车维修直营连锁经营的,其总部与各网点可以在市区或者本县级市范围内共享技术负责人和道路运输管理机构规定的大型维修设施、设备。”

三、江苏省各类道路运输管理条例立法问题分析

结合前述江苏省以及四市相关立法的特点,可以看出,江苏省各类道路

运输管理条例中存在的问题不完全相同,需要我们逐一分析。

1. 地方经济法规存在冲突现象分析。江苏省以及四市有关道路运输管理类条例之间,还是存在一定差异的。就四市道路运输管理条例之间的差距而言,属于正常现象,此属于各市立法权限范围内立法内容的差异,不构成法律冲突。就下位法和上位法而言,由于对上位法法条性质理解的差异,可能存在法条之间冲突现象。江苏省人大常委会通过的《江苏省道路运输条例》与国务院颁布的《道路运输条例》存在部分冲突,具体体现在:《江苏省道路运输条例》第 11 条第 3 款规定,“班车客运、包车客运、旅游客运和出租汽车客运经营者需要终止经营的,应当提前三十日告知作出行政许可决定的道路运输管理机构。公共汽车客运经营者需要终止经营的,应当提前九十日向作出行政许可决定的道路运输管理机构提出申请;未经批准,不得停运”。该条针对客运经营者终止经营的行为作出了限制,给客运经营者加上了提前告知的义务。但立法者考虑到公共汽车客运对道路运输的重大影响,对一般客运经营者与公共汽车客运经营者的终止经营行为作出了区别对待,加重了公共汽车客运经营者的提前告知义务,而这与《道路运输条例》第 15 条规定的“客运经营者需要终止客运经营的,应当在终止前 30 日内告知原许可机关”相冲突。《道路运输条例》并没有依据客运经营者的不同而作出不同的期限限制。依法理,若上位法条文属于强行法规范,下位法不得与此抵触,否则无效。考虑到公共汽车客运的普及性,对于社会稳定的重要性,故要求其停运前 90 天通知运输管理部门,似乎亦不为过。但是,考虑到客运运输企业负担角度,江苏省要求从提前 30 天变为提前 90 天,在一定程度上系加重了客运运输企业负担,故还是存在和上位法国务院《道路运输条例》的冲突。

2. 地方经济立法缺乏超前性分析。从法规的制定时间上来看,2001 年制订的《江苏省道路运输市场管理条例》相较于全国其他省份有关道路运输管理的规范性文件来说,晚出台了几年,但是 2012 年重新修订后的《江苏省道路运输条例》则在理念、制度设计方面体现了立法的超前性。例如,为加快道路运输统筹协调发展步伐,推动江苏省道路运输业转型升级,《江苏省道路运输条例》在加快推进城乡一体化、提升信息化水平、推进节能减排和实行规模化、集约化、公司化经营等方面设置了引导性规定,为江苏省运输业的转型升级、运输服务能力的不断提升提供了有力保障。在有立法权的市一级层面，2003 年制定的《南京市城市公共汽车出租汽车客运管理条例》、1996 年制定的《无锡市出租汽车管理条例》和 2002 年制定的《徐州市城市客运出租汽车管理条例》则相对走在了立法的前沿，为其他地区制定道路运输管理方面的条例提供了借鉴范本。五个道路运输管理条例中，《苏州市道路运输条例》是制定得最晚的，在该条例出台前，苏州市针对道路运输管理一直沿用的是较早前制定的《苏州市道路运输管理办法》《苏州市搬运装卸业管理办法》《苏州市机动车维修与配件经营行业管理办法》，在条例制定方面缺乏超前性。

3. 部分地方经济立法可操作性分析。总体来讲，江苏省及四市对道路运输管理条例的制订十分重视，相关内容均较为详细、明确，具有相当的可操作性。相较于 2001 年的《江苏省道路运输市场管理条例》，2012 年制定的《江苏省道路运输条例》的内容更加丰富，全面调整了道路客运、货运、机动车维修、综合性能检测、机动车驾驶人培训、汽车租赁、道路运输站和交通物流、货运代理、货运信息服务等道路运输领域，并对大部制改革后交通运输部门新增加的公交、出租汽车客运、汽车租赁、交通物流等管理职能进行了明确规范，使相关部门及经营者在适用此条例时有更明确的指引。《南京市公共客运管理条例》为了减少适用过程中的纠纷，增强该条例的可操作性，在附则中对一些专业术语和易引起歧义的术语进行了解释。《无锡市出租汽车管理条例》在出租汽车经营资质管理制度方面规定了从事出租汽车经营的企业和个体工商户应当具备的条件，规定了出租汽车驾驶员资格证的申领条件；在出租汽车运营管理制度方面对出租汽车车况和设备作了规定，明确了出租汽车经营者和出租汽车驾驶员应当遵守的规定，同时也明确了出租汽车驾驶员与乘客、用户相互的权利和义务。这些制度和措施在实际管理中被证明是切实可行的，具有很强的操作性。《苏州市道路运输条例》在对运输辅助业的规定上面可谓是详细全面，对进行货运交易市场经营的货运站面积都进行了规定，既保障了货运交易的规模化、集约化，又对从事货运交易行为有了明确规定。《徐州市出租汽车客运条例》建立了乘客投诉举报制度，并对此进行了详细的规定，真真切切赋予乘客监督出租汽车经营者的权利。

第四章　地方民主政治立法

2013 年 11 月，党的十八届三中全会作出了《中共中央关于全面深化改革若干重大问题的决定》，该决定指出："发展社会主义民主政治，必须以保证人民当家作主为根本，坚持和完善人民代表大会制度、中国共产党领导的多党合作和政治协商制度、民族区域自治制度以及基层群众自治制度，更加注重健全民主制度、丰富民主形式，从各层次各领域扩大公民有序政治参与，充分发挥我国社会主义政治制度优越性。"这为我国的民主政治建设指明了方向。江苏省历来重视民主政治建设，并强调法治的引领、推动和保障作用，在人民代表大会制度、基层民主、决策民主和人民监督等方面进行了法治化尝试，积累了丰富的经验。

第一节　地方民主政治立法界定

与其他地区的地方立法一样，江苏省地方立法同样涵盖了政治、经济、社会、文化、环境等多方面的内容。由于立法涉及内容的庞杂以及部分立法性质的模糊，有必要首先对何谓"民主政治立法"做一界定，以明确本章探讨的对象。

一、地方民主政治立法的基本含义

要对"民主政治立法"进行界定,首先需要对"民主政治"进行界定。从词语结构的角度来看,"民主"是对"政治"的修饰和限定,它表明我国的"政治"只能是"民主"的。而根据学界的普遍理解,"民主"显然是与"独裁"和"专制"相对而言的。从本质上来说,它所指向的是"国家主权归属于人民"这样一种国家治理状态;从表现形式上来说,"民主"最基本的要求即遵循"多数决"的规则以选举的形式产生国家机关,并在充分的意见交换与思想沟通的基础上,根据大多数人的合意对国家生活中的重要事项作出决策。由此可见,在"民主"的理解上虽然可能存在细枝末节的争议,但是对其主要内容还是能够达成一致意见的。

如上所述,"民主"只是对于"政治"的修饰与限定,在"民主政治"这一短语中,中心词乃是"政治"。所以,对于"政治"的界定才是界定"民主政治"的真正困难之所在。要界定"政治",固然可以通过与"经济""文化"等范畴进行比较的途径来进行,但这一方法却只能得出一个较为模糊的结论:据此思路,政治就是国家生活中与经济活动、文化活动等相对应的、非以经济利益的增加和精神领域的丰富为目的的活动。这样的界定显然对于确定地方立法中哪些内容属于民主政治立法这一目标而言是不够的。要界定"政治"还是需要回到其最本源、最核心的内容上。而"政治"最本源、最核心的内容无疑就是政权。由此,"政治"即是以政权的掌握与行使为核心的诸项活动的总称,它与主权直接相关,但又不限于主权相关事项,上至国家机关的组织,下至公民基本权利的规制,都有可能纳入这一范畴。结合宪法的各项规定,从外延来说,"政治"主要涵盖以下内容:国家政权的归属、国家机关的结构与组织、国家机关权限范围、国家机关的工作方式与程序、国家机关组成人员尤其是领导人员的产生与罢免(包括政党的相关活动)、国家生活中重要事项的决策等。以此为基础,加以"民主"的限定,民主政治立法中的"民主政治"所指称的就是作为主权者的人民掌控政权、通过选举的代理人(国家机关)行使政权并且保证政权的行使不偏离最根本的宗旨——以人民的利益和诉求为目的等内容的总和。就其具体内容而言,民主政治包括:主权隶属于人民的确认、代议机关的选举与民主决策、各国家机关权限范围、对权力行为的监督、协商民主的具体形式、人民政治权利(包括选举权与被选举权、言论自由、结社自由等)的行使与保障等。

在对“民主政治”的内容予以明确的条件下,民主政治立法的含义就非常清晰。所谓民主政治立法,就是立法机关制定的法律中与民主政治相关的内容。在我国地方立法层面上,民主政治立法指的主要是与以下内容相关的地方性法规和规章:地方人大(常委会)的工作制度和程序、地方人大(常委会)的组织、地方人大(常委会)的组成人员相关事项和民主决策相关内容、地方政协的工作制度与程序、政府信息公开等。

二、地方民主政治立法的具体内容

自1979年获得地方立法权以来,江苏省共制定地方性法规436部,地方性规章189部,其中涉及民主政治方面现行有效的立法共30部。由此可见,民主政治立法并不是江苏省地方立法的重点内容。从这30部地方立法涵盖的主题来看,主要涉及三个方面:人大制度立法、协商民主立法和基层民主立法。其中,人大制度立法又涵盖了四个方面的立法,分别是:(1)人大权力运行立法,包括《江苏省人民代表大会常务委员会组成人员守则》(已废止)、《江苏省人民代表大会常务委员会工作条例》(已废止)、《江苏省人民代表大会常务委员会联系省人民代表大会代表办法》《江苏省人民代表大会常务委员会关于罢免和补选乡、镇人民代表大会代表的规定》(已废止)等15部法规;(2)代表有关事宜立法,包括《江苏省人民代表大会关于议案若干问题的规定》和《江苏省人民代表大会代表建议、批评和意见处理办法》;(3)立法及法律监督事项立法,包括《江苏省人民代表大会常务委员会关于加强对法律法规实施情况检查监督的若干规定》等3部法规;(4)实施性立法,包括《江苏省各级人民代表大会选举实施细则》等3部法规。在协商民主立法方面,立法成果相对较少,且主要偏向于政府信息公开,并且是以省政府制定的地方性规章为主要表现形式。而基层民主立法,则集中表现为《江苏省村民委员会选举办法》、《江苏省实施〈中华人民共和国村民委员会组织法〉办法》和《江苏省企业民主管理条例》。

第二节　地方民主政治立法现状

从横向比较来看,民主政治立法在江苏省的地方立法中只占据了很小的份额。但是从纵向比较来看,近年来民主政治立法受到重视的程度日益提高,并且在决策民主方面取得了重大突破。江苏省民主政治立法分为人大制度立法、协商民主立法和基层民主立法三个类别。

一、人大制度立法

(一)人大权力运行立法

江苏省人大及其常委会在人大权力运行立法上主要涵盖了以下几个方面:(1)省人大常委会组成人员行为准则;(2)省人大及其常委会和专门委员会工作制度;(3)省人大常委会联系省人大代表办法;(4)基层人大工作制度。虽然立法和法律监督也属于人大工作范畴,但由于它处于人大职权的核心地位,具有特别重要的作用,所以对这一部分的立法另外进行单独论述。

第一部分,即省人大常委会组成人员行为准则方面,江苏省制定有《江苏省人民代表大会常务委员会组成人员守则》(以下简称《守则》,2019 年 1 月 1 日已废止)。《守则》对省人大常委会组成人员的行为首先提出了一般性的原则要求,即坚持人民代表大会制度、热爱人大工作、把维护和代表人民的利益当作自己的神圣职责、模范地遵守宪法和法律法规、密切联系群众,继而提出了各项具体要求。这些具体要求包括:(1)保持清正廉洁;(2)掌握正确行使职权所必备的知识;(3)做好审议准备,如调研;(4)认真进行审议,积极参加常委会组织的执法检查和各种视察活动;(5)请假制度;(6)积极从事工作委员会的工作;(7)履行保密义务。由此可见,《守则》对常委会组成人员的行为进行了较为全面的规范,但仍然有需要改进的地方。例如,在如何进行审议准备和认真进行审议方面,缺乏具体性的指引——审议准备除了调研,还有其他形式吗?调研应通过哪些渠道进行?如何反映调研的成果?是否有硬性规定?而认真进行审议又如何分解为各项指标评价?此外,作为代议机关的一员,最为基本的要求就是密切联系群众,反映群众的诉求。但是,《守则》对此也只作出了原则性的要求,而并未提出具体的途径和措施。《守则》各项规定的原则化很有可能使其无法得到落实而只能停留在书面规范的层面。

第二部分,即省人大及其常委会和专门委员会工作制度方面,包括8部地方性法规:《江苏省人民代表大会常务委员会关于设立法制、财政经济、科学文教三个委员会的决定》、《江苏省第六届人民代表大会常务委员会关于设立各工作委员会的暂行规定》、《江苏省人民代表大会常务委员会工作条例》(已废止)、《江苏省人民代表大会议事规则》、《江苏省人民代表大会常务委员会讨论、决定重大事项的规定》、《江苏省人民代表大会专门委员会工作条例(试行)》、《江苏省各级人民代表大会常务委员会人事任免工作条例》(以下简称《人事任免工作条例》),以及《江苏省人大常委会专题询问办法》。其中,《人事任免工作条例》的前身为1983年9月制定的《江苏省人民代表大会常务委员会人事任免办法》。可以看出,这一部分的立法是江苏省在人大方面立法的重中之重,同时其涵盖面相比其他各部分立法也更为广泛——它不仅包括了对省人大及其常委会和专门委员会工作制度的一般性规定,并专门就省人大常委会的人事任免权[1]、重大事项决定权和询问权(专题询问)制定了地方性法规。从省人大常委会来看,再加上立法和法律监督方面的地方性法规,应该说除了预算决定权外,已经基本涵盖了其所有职权。这对于省人大常委会各主要职权的行使和落实应该说是具有非常重要的现实意义的。

第三部分,即省人大常委会联系省人大代表办法方面,江苏省先后制定了《江苏省人民代表大会常务委员会同委员和人民代表联系制度试行办法》(已废止)、《江苏省人民代表大会常务委员会关于加强同省人民代表的联系办法》(已废止)和《江苏省人民代表大会常务委员会联系省人民代表大会代表的办法》,可见江苏省对这一问题的重视。省人大常委会加强与省人大代表的联系是在省人大常委会的各项工作中充分听取民意、反映民意的重要保证,是加强省人大常委会民主正当性的重要途径,具有积极意义。江苏省充

---

〔1〕 实际上,该地方性法规调整的不仅是省人大常委会的人事任免权,更加包括省内各级人大常委会的人事任免权。

分重视这一问题并制定了具有可行性、指引性的地方性法规以解决这一问题,这说明江苏省人大常委会具有相当的民主法治意识。具体说来,除了征求、听取代表意见,组织和协助代表走访、调研等外,《江苏省人民代表大会常务委员会联系省人民代表大会代表的办法》还制定了如下具体措施和制度以加强省人大常委会与省人大代表之间的联系:(1)设立人事代表联络委员会[1];(2)建立常委会组成人员联系代表制度;(3)建立主任接待代表日制度;(4)建立向省人大代表通报情况制度;(5)建立省人大代表列席省人大常委会会议制度;(6)为省人大代表在闭会期间的代表活动提供必要的活动经费。

第四部分,即基层人大工作制度方面,江苏省制定有《江苏省人民代表大会常务委员会关于罢免和补选乡、镇人民代表大会代表的规定》(已废止)、《江苏省人大常委会关于乡、镇人民代表大会主席团在大会闭会期间设立常务主席的决定》(已废止)、《江苏省乡、镇人民代表大会主席团工作暂行条例》《江苏省乡镇人民代表大会工作暂行条例》(已废止)、《江苏省人民代表大会常务委员会关于全省市县乡三级人民代表大会换届选举问题的决定》。因为基层人大不设人大常委会,因此人大主席团就具有了特别的重要性。出于这一考虑,江苏省制定《江苏省乡、镇人民代表大会主席团工作暂行条例》(已废止),对基层人大主席团的组成、职权、会议制度、经费来源以及主席团常务主席的选任、职权等作出具体的规定,对基层人大切实落实职权、发挥应有的作用具有积极意义。同时,就如同主席团并不等同于基层人大,主席团也不能行使基层人大的全部职权[2],因此,江苏省又制定了《江苏省乡镇人民代表大会工作暂行条例》(已废止),对代表的选举、基层人大的职权、工作制度、经费来源等作出了具体的规定。但是,需要注意的是,这两部暂行条例都是制定于20世纪90年代初期。在经历了10余年的施行之后,条例中值得肯定和需要改进的地方已然非常明确,将“暂行”条例修订作为正式条例予以固定下来的时机已经成熟,下一步将由江苏省人大常委会进一步推进这项工作。

---

〔1〕 该委员会专门负责省人大常委会联系省人大代表的日常服务工作。

〔2〕 事实上,主席团的职权更多的是程序性事项上的。

总体来说,江苏省在人大工作方面的立法数量较多、涵盖范围较广,是民主政治立法方面成果最为显著的部分。但是,如同上文分析的,这一部分的立法仍然有需要改进之处。

(二)代表有关事宜立法

江苏省有关代表事宜的立法有二,即《江苏省人民代表大会关于议案若干问题的规定》《江苏省人民代表大会代表建议、批评和意见处理办法》。其中前者虽然广泛规定了省人大代表、省人大常委会主任会议、省人大常委会组成人员、省人民政府、省高级人民法院、省人民检察院等主体提案权的行使,但是从条款所占比例来看,省人大代表提案权的行使无疑构成了这部地方性法规最主要的内容,因此将这部法规放在代表有关事宜立法部分来进行探讨。

首先是《江苏省人民代表大会代表建议、批评和意见处理办法》。它的前身是1989年通过的《江苏省人民代表大会常务委员会关于办理省人大代表的建议、批评和意见的办法》。该办法所调整的主要是省人大代表在会议期间向大会就各方面工作提出建议、批评和意见的权利,以及闭会期间向省人大常委会就各方面工作提出建议、批评和意见的权利。除此之外,省人大代表在闭会期间还有权在视察时对被约见的有关国家机关负责人或者其委托的负责人员、被视察单位等提出建议、批评和意见,但由于以上内容并非代表行使这一权利的制度性保障内容,因此未被包括在该办法调整的范围之内。

具体来说,《江苏省人民代表大会代表建议、批评和意见处理办法》对省人大代表建议、批评和意见的提出、办理、督办等进行了详细的规定。在“提出”部分,该办法对代表提出建议、批评和意见的范围(全省经济、政治、文化、社会生活中的重大问题和人民群众普遍关心的问题)、对象(省人大及其常委会、省人民政府及其部门、省高级人民法院、省人民检察院和其他机关、组织)、形式(书面或者电子文档形式、一事一案)以及撤回作出了具体规定。而在占据了该办法主体地位的“办理”部分,则首先规定了代表的建议、批评和意见的受理机构,并规定了交办具体事项。其次,为了防止代表滥用这一权利以及保障代表这一权利的有效实现,该办法还规定了将代表的建议、批评和意见转为人民来信处理的几种情形。该办法明确规定了承办单位对代表的建议、批评和意见的处理机制,要求承办单位建立主管领导和具体承办人员分级负责制,并规定了承办单位答复代表的期限(3 个月,最长不能超过 6 个月)和形式。最后,为了避免承办单位拖延或怠于处理、答复代表的建议、批评和意见,充分发挥省人大常委会在代表的建议、批评和意见权上的制度性保障作用,《江苏省人民代表大会代表建议、批评和意见处理办法》还规定了省人大常委会的督办事宜。具体包括听取汇报、组织视察、责成重新办理,以及省人民政府、省高级人民法院、省人民检察院和省人大常委会代表工作机构定期向省人大常委会报告代表建议、批评和意见的办理情况的制度。通过以上制度设计,该办法切实保障了代表的建议、批评和意见得以在相当程度上得到实现。

其次是《江苏省人民代表大会关于议案若干问题的规定》。众所周知,议案是代表履职的核心内容,因此江苏省早在 1983 年就制定了这一规定,后来又 3 次对其进行了修正,其重视程度由此可见一斑。在代表提出的议案方面,该规定广泛涉及议案的形式、针对事项、受理机关、审议、办理、督办,以及代表在省人大闭会时提出议案的处理等内容。该规定花费较大篇幅对省人大常委会在议案工作上应发挥的作用作了较为详细的规定。由于省人大会期较短,因此省人大常委会实际上在更为日常的状态下对议案工作具有更为重要的作用。例如,代表提出的议案或者由于牵涉面较广,或者由于较为复杂,或者由于时机尚未成熟等而无法在省人大会议期间完成审议,在这种情况下交由省人大常委会继续审议就是一个更为可取,也更具有可行性的选择。虽然该规定确有不少可圈可点之处,但其仍有需改进之处。例如,省人大大会秘书处以及主席团对于代表提出的议案的处理意见和是否列入大会议程的决定至少从程序规范的角度来看就仍然是不够细致的——代表对于大会秘书处的处理意见如有不同意见是否有申诉渠道?大会秘书处对议案的整理、分析是只针对议案的形式要件还是同时涉及议案的具体内容?代表对于主席团不纳入本次会议议程的决定是否有申诉渠道?主席团作出是否纳入会议议程的决定依据是什么?这些问题都有待规定。

代表是代议机关得以充分行使其职能并展现民主正当性的基本依托,但从江苏省目前的立法来看,代表的特定问题调查委员会启动提议权、受到特殊保护的权利和知情权至今仍缺乏具体的法规予以保障。这是今后的民主政治立法工作需要完善的地方。

（三）立法及法律监督事项立法

立法权和法律监督权是代议机关的核心职权，在此对省人大的这两项职权相关立法单独进行论述。总体来说，这一部分的立法数量并不多，只有3部，但是涵盖了这一领域中最重要的几个问题。这3部法规分别是：《江苏省人民代表大会常务委员会关于加强对法律法规实施情况检查监督的若干规定》、《江苏省制定和批准地方性法规条例》和《江苏省各级人民代表大会常务委员会规范性文件备案审查条例》。总体来说，后两部法规涵盖了地方性法规的制定、批准以及省人大规范性文件的备案审查制度，不仅充分体现了《立法法》规定的相关原则和制度，而且对其中的部分制度予以了细化，其对于江苏省立法相关工作的展开具有非常重要的意义。但是，在2015年3月15日《立法法》进行了重要修改之后，上述两部法规也就有了进行相应修正的必要。[1]

具体而言，《江苏省制定和批准地方性法规条例》的前身是1993年8月制定的《江苏省人民代表大会常务委员会制定和批准地方性法规的规定》。可见，江苏省对地方立法工作很早就予以重视。同时，在《江苏省制定和批准地方性法规条例》中表现出了浓重的民主参与和专家参与的特色。例如，在立法规划环节规定法制工作委员会组织编制立法规划草案和立法计划草案，应当广泛征求意见；在起草部分规定地方性法规案的起草可以委托有关部门、社会组织或者专家起草，以及在调研和论证中需征求人大代表、相关部门、基层单位、管理相对人和有关专家的意见。在常委会立法程序中也在多个环节规定应以座谈会、论证会、听证会等多种形式广泛听取各方面意见。在“立法规划”和“起草”、法规审议中充分体现了民主参与、专家参与的特色。当然，该条例也存在问题。除上文所说的与2015年《立法法》修正相适应的问题外，该条例主要在以下地方还需要改进：（1）其第30条与《立法法》第8条存在不相符之处。（2）其第74条提到了“询问”，但是并没有规定询问的主

〔1〕 主要是将地方性法规立法权主体扩大到设区的市的问题。

体、程序等，这显然也是立法上的一个疏漏。

同样地，《江苏省各级人民代表大会常务委员会规范性文件备案审查条例》也需要对《立法法》的最新修正作出相应的调整，主要包括对于“较大的市”的表述进行相应的调整以及在审查的问题上与《立法法》实现接轨。在备案审查制度上，《江苏省各级人民代表大会常务委员会规范性文件备案审查条例》在《立法法》的基础上对于规范性文件的建议审查制度的设计有一个特别值得肯定的地方，那就是在第10条规定，承担审查工作的机构，应当自收到审查建议之日起两个月内提出书面审查意见。这对于建议审查制度的落实具有积极的意义，是相对于《立法法》的一个进步。但是，我们也需要注意到，这一书面审查意见是向被审查规范性文件的制定机关作出的，对于审查建议人，根据第16条第2款的规定，也只是在审查工作结束后“可以”书面告知审查结果。这里无疑还有改进的空间。

此外，从制度层面来看，立法后评估和法规清理也构成了法律监督工作的重要内容。因此，江苏省有必要加强这一方面的立法。

（四）实施性立法

江苏省民主政治立法的主体是创制性立法，因此实施性立法并不多，只有3部，即《江苏省各级人民代表大会选举实施细则》、《江苏省实施〈中华人民共和国集会游行示威法〉办法》和《江苏省实施〈中华人民共和国全国人民代表大会和地方各级人民代表大会代表法〉办法》。作为实施性立法，上述法规分别是对《全国人民代表大会和地方各级人民代表大会选举法》、《集会游行示威法》和《全国人民代表大会和地方各级人民代表大会代表法》（以下简称《代表法》）三部法律在江苏省的实施细则作出规定，是对上述法律原则性规定的具体化。但是需要注意的是，《立法法》第73条第4款规定：“制定地方性法规，对上位法已经明确规定的内容，一般不作重复性规定。”但是，对上位法的重复性规定恰恰是地方性立法中存在的一个较大的问题。在江苏省的实施性立法中也是如此，存在有大量的重复性规定。当然，这几部实施性立法也存在可圈可点之处。例如，《江苏省实施〈中华人民共和国集会游行示威法〉办法》在第11条第2款和第12条就补充了部分原法可能遗漏的细节。同时，该办法第17条至第22条还增加了部分原法没有的内容，增强了该办法的具体执行性。而在《代表法》的实施方面，江苏省除了在《江苏省实施〈中华人民共和国全国人民代表大会和地方各级人民代表大会代表法〉办法》中对代表的各项权益及其行使作出了广泛规定外，还以专门立法的形式对代表的某些具体权益作出了规定。[1] 应当说，江苏省在代表权益保障和落实方面取得的成绩是值得肯定的。同样地，《江苏省各级人民代表大会选举实施细则》也专门对江苏省各级人大代表选举的各个环节、各项细节作出了具体的规定，从而保证了代表的选举和人大的组织得以合法、有序的进行，并为人大工作的展开提供了坚实的基础。

二、协商民主立法

协商民主是现代民主制度的主要发展方向，在我国也日益受到重视和强调。例如，在2006年颁布的《中共中央关于加强人民政协工作的意见》中就指出要"把政治协商纳入决策程序，就国家和地方的重要问题在决策之前和决策执行过程中进行协商"，并要求"各级党委要高度重视人民政协的政治协商，统一部署和协调，并认真组织实施"。而党的十八大报告也指出："社会主义协商民主是我国人民民主的重要形式。要完善协商民主制度和工作机制，推进协商民主广泛、多层、制度化发展。"2015年2月中共中央印发了《关于加强社会主义协商民主建设的意见》（以下简称《协商民主建设意见》），明确了社会主义协商民主的本质属性和基本内涵，阐述了加强社会主义协商民主建设的重要意义、指导思想、基本原则和渠道程序。由此可见，协商民主构成了我国民主政治的一个重要内容，对民主政治方面的地方性立法的讨论如果遗漏了协商民主立法方面的内容将是不完整的。具体来说，协商民主包括政党协商、政府协商、政协协商、人大协商、人民团体协商、基层协商等多种形式。其中，基层协商作为基层民主的主要内容之一，将集中放在第四节中进行讨论。在这里，将重点围绕政协协商、人大协商和政府协商来展开讨论。需要注意的是，由于同属人大的工作范围，因此人大协商方面的立法与本节第一部分"人大制度立法"存在一定的重合。

---

〔1〕 对此，在本节"代表有关事宜立法"部分已经具体谈到。

(一)政协协商相关立法

协商民主法治化是我国发展协商民主的必由之路。而这一点,很早就为我国的执政党所认识。早在2005年的《中共中央关于进一步加强中国共产党领导的多党合作和政治协商制度建设的意见》中就明确提出了"推进人民政协政治协商的制度化、规范化和程序化"的要求,而在《协商民主建设意见》中,更是明确提出:"坚持依法有序、积极稳妥,确保协商民主有制可依、有规可守、有章可循、有序可遵。""尊重群众首创精神,注重实践经验提炼总结,并适时上升为制度规范。""研究制定协商民主建设党内法规。"在现行法律体系之中,有关人民政协政治协商制度只是《宪法》序言中作了原则性规定,全国人大及其常委会到目前为止还没有出台相关的法律,人民政协政治协商的主要依据仍然是执政党的政策和政协自定的规章制度。

在地方立法层面,政协协商予以制度化和规范化的工作中取得了一些值得称道的成果。例如,2009年7月中共浙江省委制定了《关于加强和完善人民政协政治协商促进科学民主决策的意见》。这是我国省区市级党委中第一份以省委名义出台的关于推进人民政协政治协商工作的专门性文件。[1] 在2009年9月,广州市正式出台《中共广州市委政治协商规程(试行)》,这是全国第一份规范政治协商的制度性文件。该规程规定,今后广州市有关城乡建设的总体规划、行政区划的重大调整、重大建设项目、关系民生和事关全局的重点问题,都必须进行政治协商。2010年5月《中共广东省委政治协商规程(试行)》出台,这也是全国第一部省级政治协商规程,明确把政治协商纳入决策程序,并把是否重视政治协商纳入政绩考核。[2] 同样地,江苏省在政协协商制度化方面也取得了一定的成绩。如上所述,江苏省南京市在通过制度保障政协民主监督方面也走在了全国的前列,不仅创新了决策前和决策执行中的政协协商程序,还对政协参与立法协商进行了大胆尝试。2004年,南京市政协社法委与市人大法制委、市政府法制办制定了《关于加强南京市地方立

---

〔1〕 参见北京市人民政协理论与实践研究会学习考察组:《关于广东、浙江省推进人民政协政治协商工作情况的考察报告》,载北京市政协,http://bjzx.gov.cn/zwhweb/yjs100730/201003/08.html。

〔2〕 参见王霞:《政治协商制度化的意义与前景——兼评广东省政治协商制度化努力》,载《湖南社会科学》2011年第6期。

法协商工作的意见》和《关于加强南京市政府立法协商工作的意见》等两个制度性文件，对立法协商的项目、重点等作出了具体规定，并建立了三方联席会议制度。

纵观以上各省、市在政协协商立法方面取得的成就，我们可以发现，没有一个制度性文件能够归属于正式的地方性立法。换言之，在政协协商方面，至今我国仍然没有一部对其予以调整和规范的地方性法规。江苏省的情况也是如此。江苏省人大及其常委会至今未曾就政协协商制定过任何地方性法规。应该说，这种状况对于协商民主建设是非常不利的，甚至是有害的。具体说来，这种危害主要表现为：政协协商仅仅靠党的政策和政协内部规范，因此不具有法的权威性和对外拘束力；人民政协的提案和建议案等的力度和效果彰显不够，对国家权力的监督和制约等功能难以发挥。

事实上，经过多年的发展，包括江苏省在内的全国各省、市在政协协商方面都摸索和积累了很多有益的经验，其中的部分做法甚至已经逐渐稳定成为了一种制度性的协商形式。根据陈家刚教授的观察，我国现有的政协协商形式包括专题协商、界别协商、提案协商、对口协商、双周协商座谈会等多种形式。[1] 这些稳定的、制度性的政协协商方式无疑对政协协商有效发挥协商民主的功能起到了非常重要的作用。但是，如果不能将其规范化，这些协商形式的拘束力、稳定性无疑都将大打折扣。当然，我们必须承认，在国家层面上至今缺乏政协协商相关专门立法是导致地方层面上政协协商法治化处于空白局面的重要原因。但是，同时也需要注意到，政协协商中不少取得良好实际效果的协商形式和做法都是首先在地方层面上获得突破并逐渐在实践中稳定下来的。因此，地方性立法如果能在政协协商法治化上为国家层面的立法作出一定的探索和实验，那将会大力推动我国的政协协商法治化。正如陈家刚教授所言，我们需要“把协商主体的法定权利、协商主题、协商周期、协商形式、程序过程、结果运用与反馈等内容详细规定下来，使协商的每个环节都是可操作的、可检查的；使协商进入制度化轨道，减少随意性和人为因素的干

〔1〕 参见陈家刚：《协商民主要走向深入具体》，载《学习时报》2015年3月9日，第5版。

扰、影响"[1]。江苏省在民主政治立法上一向处于全国前列,希望江苏省能在政协协商立法上为其他省市做出表率。

(二)人大协商相关立法

根据《协商民主建设意见》的表述,人大协商主要包括人大立法协商和人大代表协商两个方面。在前一个方面,主要要求:"制定立法规划、立法工作计划,要广泛听取各方面的意见和建议。健全法律法规起草协调机制,加强人大专门委员会、工作委员会与相关方面的沟通协商。健全立法论证、听证、评估机制,探索建立有关国家机关、社会团体、专家学者等对立法中涉及的重大利益调整论证咨询机制。拓宽公民有序参与立法途径,健全法律法规草案公开征求意见和公众意见采纳情况反馈机制。对于法律关系复杂、意见分歧较大的法律法规草案,要进行广泛深入的调研、论证、协商,在各方面基本取得共识基础上再依法提请表决。"在后一方面,主要要求:"健全法律法规规章起草征求人大代表意见制度,增加人大代表列席人大常委会会议人数,更好发挥人大代表在立法协商中的作用。提高代表议案建议质量,有关方面要加强与代表的沟通协商,增强议案建议办理实效。建立健全代表联络机构、网络平台等形式,密切代表同人民群众联系。"应该说,江苏省在人大协商相关立法的两个方面都取得了不俗的成绩。

从第一个方面来看,江苏省历来重视人大立法协商,在多部地方性法规中对此均有涉及。例如,在《江苏省人民代表大会常务委员会工作条例》(已失效)第13条就有"列入会议议程的地方性法规草案,常务委员会听取说明并初步审议后,交有关工作委员会汇集各方面的修改意见,进行研究……"的规定;而在《江苏省人民代表大会关于议案若干问题的规定》第6条第1款中也规定,"代表应当深入实际,密切联系人民群众,加强调查研究,在充分酝酿准备的基础上提出议案"。当然,对于人大立法协商作出了最集中规定的,还是《江苏省制定和批准地方性法规条例》。首先,该条例在第3条第1款第5项对人大立法协商作出了原则性规定:制定和批准地方性法规应"充分发扬民主,坚持立法公开,推进立法协商,广泛听取意见,保障公民通过多种途径

[1] 陈家刚:《协商民主要走向深入具体》,载《学习时报》2015年3月9日,第5版。

参与立法活动”。其次,在立法计划的制定环节,该条例特别在第 5 条第 2 款规定:“编制立法规划和立法计划,应当认真研究代表议案和建议,广泛征集意见……”当然,人大立法协商最主要的还是体现在地方性法规的起草环节。为充分落实该条例第 3 条规定的原则,《江苏省制定和批准地方性法规条例》主要通过以下途径促进和推动人大立法协商的实现:(1)规定起草地方性法规时,对于法规的调整范围、涉及的主要矛盾和解决办法、需要建立的制度和采取的措施、权利义务关系、同有关法律法规的衔接等问题应当进行调查研究和论证,征求人大代表、相关部门、基层单位、管理相对人和有关专家的意见;(2)对于有立法权的市制定的地方性法规报省人大常委会批准的,应提前两个月将法规草案及有关资料送省人大常委会,并规定可根据情况征求有关方面的意见;(3)特别规定地方性法规可委托有关部门、社会组织和专家起草。与《协商民主建设意见》提出的要求相对照可以发现,江苏省在人大立法协商方面的立法基本上涵盖了《协商民主建设意见》的具体要求,只是在健全立法论证、听证、评估机制和建立专家论证咨询机制等方面还有进一步改进的空间。

此外,省人大常委会还在 2009 年 12 月 7 日颁布了《关于推进民主立法的规定》。该规定明确规定了立法信息公开的原则和方式,并要求法规草案内容对公民、法人和其他组织切身利益有重大影响、社会普遍关注的,可以举行立法听证会,对于专业性技术性比较强、分歧比较大的问题,可以召开立法论证会。对通过书面征求意见、座谈会、听证会、论证会等各种方式接收到的立法意见和建议,要以适当方式将采纳情况进行反馈。

在第二个方面,江苏省也表现出了较为先进的立法意识。首先,江苏省专门制定了《江苏省人民代表大会常务委员会联系省人民代表大会代表的办法》,对密切省人大代表与省人大常委会的关系、协助省人大代表履职,特别是通过调研等形式密切与人民群众之间的联系等事项作出了明确规定,使其获得了制度性保障。在这部地方性法规中,特别值得称道的做法包括:(1)在省人大常委会中设立专门的机构——人事代表联络委员会负责联系代表;(2)建立常委会组成人员联系代表制度,要求省人大常委会组成人员每人至少与两名在基层工作的省人大代表保持经常联系;(3)建立主任接待代表日制度;(4)建立向省人大代表通报情况制度;(5)建立省人大代表列席省人大常委会会议制度;(6)要求省人大常委会在作出重大决定或审议地方性法规草案之前需广泛征求代表的意见。其次,围绕议案事项的人大代表协商,江苏省还专门制定了《江苏省人民代表大会关于议案若干问题的规定》。具体来说,该规定在加强代表协商上作出了以下规定:(1)要求代表在提出议案时应深入实际,密切联系人民群众,加强调查研究。(2)凡经常委会会议审议通过的代表和常委会组成人员提出的议案审议结果和处理意见的报告或者决议、决定,需要交由省人民政府、省高级人民法院、省人民检察院具体办理的,由常委会办事机构分别交付上述机关办理。承办机关应当在4个月内向常委会提出办理情况的报告。(3)省人大常委会及有关的专门委员会应当对议案的办理情况,进行检查督促。(4)代表和常委会组成人员对议案办理情况,可以进行视察,也可以依照法律规定提出询问或者质询。通过以上措施,该规定切实提高了议案建议办理实效,对发展人大代表协商发挥了重要作用。

而对于代表协商的原则性、总括性的规定主要还是在《江苏省实施〈中华人民共和国全国人民代表大会和地方各级人民代表大会代表法〉办法》中。这部地方性法规对代表的各项权利以及职能履行的具体程序、方式作出了详尽的规定,并特别在第5条第2款规定:“代表在出席本级人民代表大会会议前,应当围绕会议议题开展视察、调研等活动,听取人民群众的意见和建议,为会议期间审议各项议案和报告,提出议案或者建议、批评和意见做好准备。”这为人大代表在协商民主上作用的发挥奠定了坚实的基础。除了以上专门对代表协商作出规定的地方性法规外,《江苏省人民代表大会常务委员会工作条例》(已失效)第44条、第45条对代表协商的内容也有涉及。

(三)政府协商相关立法

根据《协商民主建设意见》,政府协商的核心是增强决策透明度和公众参与度,主要包括三方面的内容:(1)探索制定并公布协商事项目录。(2)增强协商的广泛性针对性。坚持社会公众广泛参与,加强与人大代表、政协委员以及民主党派、无党派人士、工商联等的沟通协商。专业事项坚持专家咨询论证。(3)完善政府协商机制。具体而言,就是要求做好政府信息公开工作、完善意见征集和反馈机制,在立法、设定决策议题、进行决策时广泛听取意见,及时反馈意见采纳情况。规范听证机制,听证会依法公开举行,及时公开相关信息。建立健全决策咨询机制,完善咨询程序,提高咨询质量和公信力。完善人大代表议案建议和政协提案办理联系机制,建立和完善台账制度,将建议和提案办理纳入政府年度督查工作计划,办理结果逐步向社会公开。而对照以上对政府协商的要求可以发现,江苏省在这一方面的立法成就显然无法与人大协商相比,除了省人大常委会在 2011 年制定的《江苏省信息化条例》涉及政府信息公开外,省人大及其常委会在政府协商方面的立法基本处于空白状态。但是,这并非意味着江苏省在政府协商立法上毫无作为。虽然省人大及其常委会对政府协商立法涉及不多,但是省政府立法在政府协商相关内容,特别是政府信息公开上却成绩斐然。

具体来说,江苏省政府制定的有关政府协商的地方政府规章主要可分为两类:政府信息公开类和其他地方政府规章。首先来看政府信息公开类。江苏省政府非常重视政府信息公开,早在《政府信息公开条例》制定之前就于 2006 年制定了《江苏省政府信息公开暂行办法》(以下简称《暂行办法》,已失效)。在《政府信息公开条例》颁布之后,《暂行办法》与前者共同对江苏省政府机关的信息公开工作发挥着规范和调整的作用。与《政府信息公开条例》相比,《暂行办法》在以下方面更值得称道:(1)明确提出政府信息公开"以公开为原则,以不公开为例外";(2)对政府信息公开的范围没有采取列举法,而是采取排除法,明确在第 5 条规定,除该条列举的不予公布的信息外的政府信息都应当予以公开;(3)该办法第 9 条第 2 款规定:"公民、法人和其他组织是政府信息公开权利人,依法享有要求公开政府信息、获取政府信息的权利。"对于政府信息公开权利人的主体资格没有做任何其他要求。除了《暂行办法》,江苏省政府还制定了多部规章以及规范性文件,对政府信息公开作出了全面的规范和细化,包括《江苏省政府信息化服务管理办法》《江苏省政府信息公开行政复议办法(试行)》《江苏省政府信息公开工作考核办法(试行)》《江苏省澄清虚假或不完整信息工作办法(试行)》《江苏省主动公开政府信息移送管理办法(试行)》《江苏省政府信息公开工作过错责任追究办法(试行)》《江苏省政府信息发布协调制度(试行)》《江苏省政府信息公开工作社会评议制度(试行)》《关于进一步改进和加强我省政府新闻发布工作的意见》等。

而在非政府信息公开的领域内，江苏省政府主要制定有《江苏省规范性文件制定和备案规定》和《江苏省行政程序规定》两部地方政府规章涉及政府协商的内容。在《江苏省规范性文件制定和备案规定》中，第 11 条明确规定："起草规范性文件，应当广泛听取有关机关、组织和公民的意见。听取意见可以采取书面征求意见和座谈会、论证会、听证会等多种形式。鼓励采用各种有利于扩大公众有序参与的方式起草规范性文件。"第 16 条规定："对直接涉及公民、法人或者其他组织切身利益，或者存在重大意见分歧的规范性文件草案送审稿，制定机关的法制机构应当通过网络、报纸等媒体向社会公开征求意见，或者举行听证会。……"而《江苏省行政程序规定》则在更多的方面涉及政府协商的问题。除了在个别条款对政府信息公开作出具体规定外，该规定特别在第 6 条规定："公民、法人或者其他组织有权依法参与行政管理，提出行政管理的意见和建议。行政机关应当为公民、法人或者其他组织参与行政管理提供必要的条件，采纳其合法、合理的意见和建议。"明确将公众参与纳入行政程序中来。而在该规定第三章"重大行政决策程序"中，更加对重大行政决策领域中的公众参与、专家论证以及评估、听证程序等作出了明确规定，从而为重大行政决策中政府协商的推进奠定了良好的基础。这是特别值得称道的。除此之外，该规定还多次对听证会、座谈会以及专家论证等协商形式作出了制度性的规定，并以专章（第八章）对公众建议的范围、形式、处理等进行了较为全面的规范。不能不承认，这部规章在政府协商立法方面的表现是颇为可圈可点的。此外，江苏省人民政府还于 2008 年 12 月 3 日发布了《江苏省依法行政考核办法》，并于同日颁布了《江苏省行政复议听证办法》，对行政复议听证的条件和程序作了详细规定。

当然，与《协商民主建设意见》的要求相比，江苏省在政府协商立法方面还有许多工作需要做，而这就是今后江苏省在这一问题的地方性立法上应该重视和努力的方向。

三、基层民主立法

基层民主是人民群众直接行使民主权利、依法进行自我管理、自我服务和自我发展的主要形式,是社会主义民主的重要组成部分。十八届三中全会提出,在基层民主建设中要“畅通民主渠道,健全基层选举、议事、公开、述职、问责等机制。开展形式多样的基层民主协商,推进基层协商制度化,建立健全居民、村民监督机制,促进群众在城乡社区治理、基层公共事务和公益事业中依法自我管理、自我服务、自我教育、自我监督。健全以职工代表大会为基本形式的企事业单位民主管理制度,加强社会组织民主机制建设,保障职工参与管理和监督的民主权利”。

江苏省人大常委会为了加强基层民主建设,根据《村民委员会组织法》,结合本省实际情况,先后颁布了《江苏省村民委员会选举办法》和《江苏省实施〈中华人民共和国村民委员会组织法〉办法》,对村民委员会的选举、村民委员会的组织建设、村务公开,以及村民委员会与基层政府之间的关系等事项都作出了更加详细的规定。此外,《江苏省企业民主管理条例》在促进企业民主方面也发挥了重要作用。

(一)关于村民委员会民主选举的规定

《江苏省村民委员会选举办法》对江苏省村民委员会的选举机构、选举办法、法律责任都进行了不同程度的细化,为选举工作提供了具有可操作性的法规依据。

1. 健全了选举工作机构,明确了各自的主要职责

村民委员会选举时的主要工作机构有两个:(1)县(市、区)、乡镇人民政府应设立的“村民委员会选举工作指导机构”,主要职责包括宣传有关法律、法规和政策,具体部署工作指导、督促村民选举委员会拟定选举工作方案和具体选举办法,指导、帮助村民选举委员会对候选人的资格等进行审查,培训选举工作人员监督、指导选票的印制、保管工作,依法受理和处理与村民委员会选举有关的投诉、举报等问题指导、督促村民委员会及时完成工作统计、汇总本行政区域村民委员会选举工作情况,建立健全工作档案以及依法办理选举工作中的其他事项。(2)村设立的“村民选举委员会”,主要职责是宣传有关法律、法规和政策,告知村民选举事项,咨询、解答选举问题;制定村具体选举办法,经村民会议或者村民代表会议通过,而乡镇村民委员会选举工作指导机构报告后在选民登记前公布;准备候选人提名表、选票和其他相关材料;

提名监票人、计票人、唱票人、公共代写人等选举工作人员，经村民会议或者村民代表会议通过；开展选举工作人员培训；组织选民登记，审查选民资格，公布选民名单、受理申诉，接受和审查委托投票申请，发放选民证、委托投票证；确定候选人名额，组织有选举权的村民提名候选人，对候选人等资格进行审查，依法确定、公布候选人名单，组织候选人介绍履职设想；主持召开选举大会，组织投票选举，公布选举结果；总结选举工作，建立健全选举工作档案；主持原村民委员会与新一届村民委员会的工作移交以及依法处理选举工作中的其他事项。

2. 强化了对妇女的保护

《江苏省村民委员会选举办法》第 9 条中规定，村民选举委员会成员出缺后，如无妇女成员的，应当增补妇女成员。这一规定将对妇女的保护从名单时延续到选举完成后，扩大了保护。

3. 规定了村民委员会因特殊原因需要提前或延期换届选举的具体审批程序

规定“由村民委员会提出申请，村民会议或村民代表会议讨论通过后，经乡镇人民政府报请县（市、区）人民政府批准”这一规定保证了村民委员换届工作的灵活性。

4. 明确了村民委员会的具体人数

不同于《村民委员会组织法》对村民委员会三至七人的规模规定，《江苏省村民委员会选举办法》明确规定村民委员会由主任和委员七人、九人或者十一人构成。江苏省规定不仅扩大了村民委员会规模，还对具体人数进行了确认，便于实务中的具体执行。

5. 细化了投票选举的具体办法

对流动投票箱的使用条件、监督要求、委托投票、监票、计票、唱票和候选人的当选等均作出了详细规定，使投票选举更具有可操作性。

6. 细化了罢免程序，规定“……罢免要求应当书面提出，并写明罢免理由

村民委员会成员存在以权谋私，在村民中造成较坏影响，玩忽职守、失职渎职，造成村民利益重大损失，连续两个月无正当理由不参加村民委员会工作或其他违法违任不适合再担任村民委员会成员的情形时，乡镇人民政府也

可以按照规定向村民委员会提出罢免建议。村民委员会应当在接到罢免要求或者建议之日起两个月内进行调查，并召开村民会议进行投票表决”。此外，还增加了村委会成员辞职、自行终止补选的规定。

（二）关于村务公开和民主管理的规定

《江苏省实施〈中华人民共和国村民委员会组织法〉办法》和《关于做好村务公开目录编制工作的指导意见》（苏民发〔2008〕20号）对村务公开提出了具体要求。2015年12月31日，江苏省民政厅发布了《关于印发〈江苏省村务公开目录〉的通知》，该通知中制定的《江苏省村务公开目录》进一步细化、明确了村务公开具体内容。

1. 设立“民主理财小组”，进行财物监督

《江苏省实施〈中华人民共和国村民委员会组织法〉办法》第31条规定，“村应当成立村务监督委员会，一般由三至五人组成，由村民会议或者村民代表会议在村民中推选产生，其中应当有具备财会、管理知识的人员”。村务监督委员会的主要职责中就包含“监督村务公开、民主理财等制度的落实情况”。正是基于这种监督职权，该办法中规定村民委员会及其近亲属不得担任村务监督委员会成员。

2. 确立编制村务公开目录的基本原则

（1）普遍性要求和特殊性要求相结合。既要把国家政策法规统一规范的内容纳入村务公开目录，又要把本地特有的涉及村民切身利益的内容纳入村务公开目录。

（2）广泛发扬民主。要广泛征求社会各方面，特别是基层干部群众的意见，进行科学论证，努力把基层干部群众创造的好经验、好做法吸收进来，不断提高目录编制工作整体水平，确保村务公开工作的实效性。

（3）在实践中不断完善。要与深化农村综合配套改革和建设社会主义新农村、构建社会主义和谐社会的目标和进程一致，根据农村改革发展的新形势、新情况，及时丰富和拓展村务公开目录的内容。

3. 列举村务公开的内容

《关于做好村务公开目录编制工作的指导意见》在附录中提供了一个详细的村务公开内容目录，包括政务公示、财务公开、事务公议和群众意见共四

大类 33 小项，涉及村委会工作、村干部责任、村财务预算和收支、村集体资产管理、村公益事业项目、村集体资源使用和村民意见及反馈等各方面的内容，为村民切实实现民主监督、实现自治权利提供了细化的、可操作的标准。而在《江苏省村务公开目录》中，将村务公开内容明确为政务公示、村务公示、财务公示、服务公示共 4 大类 40 小次。

4. 明确了村务公开的形式

《江苏省村务公开目录》对指导意见中的村务公开目录进行了进一步的发展、细化，上到国家政策下到便民服务，从财务预、决算到村民委员会任期工作目标，对村务中应公开、值得公开的内容进行了全方位的确认。

《江苏省村务公开目录》明确，村务公开形式应以公开栏公开为主，同时可以通过政府网站、会议、告知书、手机、村报等形式同步公开，公开内容应当一致。有条件的地方还可以通过电子触摸屏公开。值得注意的是，《江苏省村务公开目录》还明确了村务公开栏设置的具体要求，主要包括在位置醒目便于群众观看的地方设立固定适用的村务公开栏；按照政务公开、村务公开、财务公开、服务公开与栏目进行设置；在村务公开栏旁设立意见箱或公布监督电话，广泛收集村民意见或建议；村务公开栏的实际公开面积，一般情况下不得少于 10 平方米；规模较大或者居住分散的村，要在自然村、村民小组增设固定村务公开栏或流动公开栏。以上规定保障了村务公开工作的实际履行。

5. 村务公开程序

《江苏省村务公开目录》对村务公开程序进行得较为全面的规定，村务公开的基本程序是：首先由村民委员会根据本村的实际情况，依照有关法规和政策要求提出公开的具体方案，村务监督委员会对方案进行审核、补充、完善后，提交村党组织、村民委员会集体讨论决定。接下来，村民委员会通过村务公开栏形式及时公布；村务监督委员会审查村务公开内容是否全面、真实，公开时间是否及时追查；随后还应听取群众意见，及时解答群众疑问并建立村务公开档案。接下来，方案应提交村党组织、村民委员会联席会议讨论确定，经镇驻村勤廉督导员签字确认，由村民委员会通过村务公开栏等形式予以公布。财务公开的内容，需经村民主理财小组和村集体经济负责人签字盖章，报镇农经站审核同意。

村民对村务公开内容有疑问,可以直接向村党组织、村委会查询,村委会对村民提出的问题在3日内予以解释和公开答复。村民对解释和答复不满意,可以向村务公开监督小组投诉,村务公开监督小组应当及时进行调查,确有内容遗漏或不真实的,应督促村委会重新公布。而当村民对村务监督委员会调查结果不满意时还可以向乡镇(街道)党(工)委反映,乡镇(街道)党(工)委应及时调查处理。

(三)企业民主管理立法

"实行企业民主管理,切实保障职工群众的知情权、参与权和监督权,是扩大基层民主的重要形式,是加强基层民主政治建设的重要制度安排。"[1] 2007年9月27日江苏省第十届人大常委会通过了《江苏省企业民主管理条例》。该条例第3条第2款规定:"企业应当建立民主管理制度,通过职工代表大会、平等协商和集体合同、职工董事和职工监事、企业事务公开等形式,组织职工参与管理,保障职工行使民主权利。"该条例立足于江苏实际,创制了许多具有地方特色的规定。

1.《江苏省企业民主管理条例》要求所有企事业单位都应当实行民主管理,体现了民主管理的普遍适用性。对职工代表大会职权和厂务公开等内容,则采用了一般规定加特殊规定的方法:一方面突破了以往按所有制分别规范的旧例,重点规定了共性要求;另一方面也考虑到国有和集体企业的产权特性,对国有和集体企业作了特殊规定,增强了针对性和可操作性。

2.明确了企业实行民主管理的基本法定形式,即职工代表大会。对企业职工代表大会的职权、代表的选举和名额、代表职责、决议的效力等方面作出了具体规定,突出了职工在参与协调劳动关系方面的知情权、参与权和监督权。同时,《江苏省企业民主管理条例》更加重视程序规定,增加了对换届和实行票决制的相关条款。

3.为了解决和规范乡镇、街道、村、社区、开发区、工业园区内小企业的民主管理问题,《江苏省企业民主管理条例》设专章规定了"区域、行业职工代表

---

〔1〕 王肖明:《关于〈江苏省企业民主管理条例(草案)〉的说明》,载江苏人大网2008年5月19日,http://www.jsrd.gov.cn/zyfb/hygb/20075/200901/t20090107_35959.shtml。

大会”,并明确了其职权和代表选举方法。具体实施方法是在小企业比较集中的区域或者行业,由区域工会或者行业工会,组织小企业职工,通过召开区域或者行业职工代表大会,开展民主管理活动。目前,区域、行业职工代表大会已成为江苏小企业开展民主管理的基本形式。

4. 其他规定包括:明确了企业事务公开的内容、形式和责任;规定公司高级管理人员不得作为职工董事和职工监事的候选人;加强了对企业侵犯职工民主管理权利行为的监督检查和执法刚性。

第三节　地方民主政治立法典型实例分析

江苏省地方民主政治立法虽然还不完善,还存在许多需要改进的地方,但是近年来出现的一些地方立法成果,认真贯彻“不抵触、有特色、可操作”的立法指导方针,坚持走科学立法、民主立法之路,为江苏民主政治的法治化提供了有利保障。本节选取以下两项地方立法,分别从协商民主和基层民主两个方面加以分析。

一、《江苏省行政程序规定》立法分析

“从国家的角度言,程序正义指的应是,公权力透过公正、公开、参与等程序民主的运作模式,以期在通案上确立其行为之形式合法性,在个案上使宪法保障人民的基本权利得以实现,并在兼顾政府效能下,获得人民依赖,取得实质正当性。”[1]作为实现程序正义的重要步骤,制定行政程序法典既可以保障公民权利,又有助于法治政府建设,但是由于种种原因,统一的行政程序法典一直没有出台。国家层面立法的艰难促使我们走上了一条“先地方、后国家”的立法之路。继 2008 年首部行政程序规定在湖南诞生之后,很多省市,如汕头市、山东省、西安市、凉山彝族自治州等,都相继制定了自己的行政程

〔1〕 李震山:《多元、宽容与人权保障——以宪法未列举权之保障为中心》,台北,元照出版有限公司 2005 年版,第 274 页。

序规定。江苏一向重视行政法治建设，在行政程序的法制化方面积累了一定的经验，相关的规范性文件有《江苏省行政许可听证程序暂行规定》、《江苏省交通行政许可实施程序规定》、《江苏省食品药品监督管理系统行政处罚程序规范》、《江苏省环境保护行政处罚程序暂行规定》（已失效）、《江苏省水行政处罚程序规定》、《江苏省公共场所卫生行政许可审批程序》（已失效）等，这些文件为江苏制定统一的行政程序规定奠定了制度基础。2015 年 1 月 4 日，江苏省人民政府第 49 次常务会议审议通过了《江苏省行政程序规定》，李学勇省长于 1 月 6 日签署第 100 号省政府令予以公布，该规定自 2015 年 3 月 1 日起施行。该规定共十章 106 条，对行政程序原则、行政程序主体、重大行政决策程序、行政执法程序、行政合同、行政指导、行政调解、公众建议、行政监督等行政法治中的重要问题进行了规范。该规定较好地处理了“遵循国家普遍要求”和“充分体现江苏地方特色”两者之间的关系，并体现了现代民主制度的特点和发展方向。该规定集中体现了协商民主的理念，具体可以从三个方面来阐释：一是关于政府信息公开的规定，二是关于决策中协商的规定，三是关于公众建议的规定。

（一）关于政府信息公开的规定

除了在“总则”的第 4 条规定了行政公开的基本原则，即“行政机关应当将行使行政职权的依据、程序和结果向公民、法人或者其他组织公开，涉及国家秘密、商业秘密、个人隐私以及危及国家安全、公共安全、经济安全和社会稳定的除外。但是，经权利人同意公开或者行政机关认为不公开可能对公共利益造成重大影响的涉及商业秘密、个人隐私的可以予以公开”之外，《江苏省行政程序规定》还在行政执法和行政指导等章节作了具体规定，如第 40 条关于行政执法依据公开的要求：“行政执法的依据包括法律、行政法规、地方性法规、规章。行政执法的依据应当向社会公开。未经公开的，不得作为行政执法依据。”第 46 条第 1 款、第 53 条和第 61 条关于行政执法程序中告知的要求：“行政机关在行政执法过程中应当依法及时告知当事人、利害关系人相关的执法事实、理由、依据、法定权利和义务。”“行政机关在作出行政执法决定前，应当告知当事人、利害关系人享有陈述、申辩的权利，并听取其陈述和申辩。对于当事人、利害关系人的陈述和申辩，行政机关应当予以记录并归入案卷。对当事人、利害关系人提出的事实、理由和证据,行政机关应当进行审查,并采纳其合理的意见;不予采纳的,应当说明理由。”“行政执法决定限制公民、法人和其他组织权利或者增加其义务的,应当说明决定的理由。”以及第 88 条关于行政指导中信息公开的要求:“行政指导的目的、内容、理由、依据、实施者以及背景资料等事项,应当对当事人或者公众公开,但是涉及国家秘密、商业秘密或者个人隐私的除外。”

(二)关于行政决策中政府协商的规定

“今天政治社会中一个最重要的进步就是公共政策的形成机制中所发生的巨大变化,就是由过去政府绝对主导决策变为企业、非营利性组织、政府部门和普通公众共同参与形成决策。”[1]《江苏省行政程序规定》中关于决策中政府协商的内容十分丰富。

1. 原则性规定。“总则”第 6 条确立了公民参与的原则:“公民、法人或者其他组织有权依法参与行政管理,提出行政管理的意见和建议。行政机关应当为公民、法人或者其他组织参与行政管理提供必要的条件,采纳其合法、合理的意见和建议。”其明确将公众的参与纳入行政程序之中。

2. 重大行政决策程序中的政府协商。《江苏省行政程序规定》第三章专门规定了“重大行政决策程序”,对重大行政决策领域中的公众参与、专家论证以及评估、听证程序等作出了明确规定,从而为重大行政决策中政府协商的推进奠定了良好的基础。首先,在第 27 条、第 31 条和第 37 条分别从决策的不同阶段规定了公开原则,要求县级以上地方人民政府在确定了重大行政决策的具体事项和量化标准后,应向社会公布;决策事项承办单位制定的重大行政决策方案草案,除依法不得公开的事项外,应当向社会公布,征求公众意见;县级以上地方人民政府作出重大行政决策后,应当自作出决定之日起 20 日内向社会公布。这些政府信息公开的要求,为各方面参与政府协商创造了条件。其次,规定了公众参与重大行政决策程序的方式。该规定重点强调了两种参与方式:一是听证,听证是公众参与决策的重要途径,但在实践中也

〔1〕［美］珍妮特·V. 登哈特、［美］罗伯特·B. 登哈特:《新公共服务:服务,而不是掌舵》,丁煌译,中国人民大学出版社 2004 年版,第 138 页。

存在妨碍决策效率、增加决策成本等消极影响,但这是采用听证制度需要付出的代价。当然,我们也可以通过制度设计尽可能减少消极影响,该规定第32条将需要举行听证的重大行政决策事项的范围限定在“涉及公众重大利益以及公众对决策方案草案有重大分歧的”事项,正是出于这种考虑。二是风险评估。第30条规定:“决策事项承办单位应当对重大行政决策方案草案进行社会稳定、环境、经济等方面的风险评估;未经风险评估的,不得作出决策。决策事项承办单位应当对重大行政决策方案草案进行合法性论证,必要时也可以进行成本效益分析。”这两种参与方式均有助于提高决策的质量和公信力。最后,规定了决策机关对不同阶段公众意见的回应和互动。一是对决策方案草案公众意见的回应。第33条规定:“决策事项承办单位应当将公众对决策方案草案的意见和建议进行归类整理,对公众提出的合理意见应当采纳;未予采纳的,应当以适当方式说明理由。”二是对决策执行中公众所提意见的回应。第38条第2款规定:“决策执行机关、监督机关及公民、法人或者其他组织认为重大行政决策及执行有违法或者不适当的,可以向决策机关提出。决策机关应当认真研究,并根据实际情况作出继续执行、停止执行、暂缓执行或者修订决策方案的决定。”

3. 其他行政程序中的协商形式。除了在“重大行政决策程序”中集中体现了协商民主外,《江苏省行政程序规定》还在其他章节多次对听证会、座谈会以及专家论证等协商形式作出了制度性的规定。如在行政执法程序中,规定了行政机关作出行政执法决定前应当举行听证的具体情形;在行政指导程序中,规定了行政机关实施重大行政指导时,应当采取公布草案、听证会、座谈会等方式,以便广泛听取公民、法人和其他组织的意见,并特别规定当实施行政指导涉及专业性、技术性问题时,应当经过专家论证,专家论证意见应当记录在案。

(三)关于“公众建议”的规定

《宪法》第41条第1款规定,公民对于任何国家机关和国家工作人员,有提出批评和建议的权利;对于任何国家机关和国家工作人员的违法失职行为,有向有关国家机关提出申诉、控告或检举的权利。这些权利对于监督政府权力、及时化解社会矛盾、保障公民合法权益具有至关重要的作用。但是其行使仍受到许多程序上的限制。《江苏省行政程序规定》以专章(第八章)规定了公众建议,并对其范围、形式、处理等进行了较为全面的规范,既为公众参与行政程序提供了可供选择的途径,也为公众建议权的行使提供了程序保障。

1. 公众建议的事项范围。公民、法人和其他组织可以对下列事项向行政机关提出建议:(1)公共利益的维护;(2)行政决策的作出;(3)规章或者规范性文件的修改完善;(4)行政违法、违规行为的举报和投诉;(5)公民、法人和其他组织合法权益的保障和维护;(6)需要政府管理或者处理的其他事项。

2. 公众建议的形式。公民、法人和其他组织可以以书面或者口头方式提出建议。以口头方式提出建议的,受理机关应当形成记录,由建议人签名或者盖章;建议人对记录有异议的,受理机关应当更正。受理机关认为建议内容不明确的,应当通知建议人补正。

3. 公众建议的处理方式。(1)行政机关对公民、法人和其他组织建议,应当指派人员及时处理。(2)公民、法人和其他组织建议有保密必要的,受理机关按照有关规定予以保密。(3)公民、法人和其他组织建议事项依法应当提起行政复议、行政诉讼或者请求国家赔偿的,受理机关应当告知建议人。

二、《江苏省人民调解条例》立法分析

"近年来,江苏人民调解组织在调处民间纠纷、维护社会和谐稳定方面发挥了重要作用,积累了一系列行之有效的经验做法,形成了具有江苏特色的人民调解工作新路子。人民调解工作范围已从婚姻、家庭、邻里等传统型矛盾纠纷的调处,发展到参与化解征地拆迁、环境保护、劳动争议等民生类、发展类矛盾纠纷。江苏医患纠纷人民调解、道路交通事故损害赔偿人民调解、劳动争议人民调解等专业性调解工作已成为特色品牌。"[1]制定地方性法规以规范江苏人民调解工作的时机已经成熟。[2] 作为《人民调解法》的实施性地方立法,《江苏省人民调解条例》既回应了《人民调解法》自实施以来遇到的

---

〔1〕《省政府讨论并原则通过"人民调解条例(草案)"》,载新华报业网,http://js.xhby.net/system/2015/03/02/023870735.shtml。

〔2〕《江苏省人民调解条例》已由江苏省第十二届人大常委会第十七次会议于2015年7月31日通过,自2015年10月1日起施行。

问题，又体现了江苏省长期积累起来的人民调解经验。

同时，值得一提的是，《江苏省人民调解条例》在制定过程中首次采用了“公众意见反馈机制”。与立法过程中单纯的“公开征求意见”不同，“公众意见反馈机制”更强调反馈与互动，要认真研究归纳各方面所发表的意见和提交的书面意见，合理的予以采纳，未采纳的给予书面答复，并阐明理由。[1] 这一机制是江苏省人大推进民主立法的一大创新举措，充分体现了立法的科学性和创新性。该条例从 2015 年 3 月江苏省政府提请省人大常委会初次审议，到 7 月江苏省人大常委会二审通过，近 20 次易稿。该条例草案在调研修改过程中共有近 90 位公众代表提出 371 条意见和建议，其中很多被采纳。有的被直接采用在条文中，有的以其他方式在条例中加以体现，该条例草案中共有 24 个条文的修改是依据公众意见作出的。[2]

（一）关于人民调解的范围

《人民调解法》将人民调解的范围设定为“民间纠纷”，但是因为对“民间纠纷”没有做出进一步界定，因此在实践中出现了人民调解范围不断扩大的趋势，一些复杂的新型纠纷，甚至刑事案件也出现在人民调解中，导致一些案件久调不决，严重影响了人民调解的公信力。因为人民调解从本质上说是通过说服、疏导等方法，促使当事人在平等协商基础上自愿达成调解协议以解决纠纷的活动，因此，“人民调解立法应当坚持调解民间纠纷的提法，这符合人民调解的性质，也是区别人民调解与其他纠纷解决机制的一个本质特征，又为人民调解延伸领域留有空间”[3]。具体而言，可以作为调解对象的民间纠纷本身应当具有“可调性”，而纠纷的“可调性”又取决于两大因素：一是纠纷当事人的地位平等，二是当事人对纠纷所涉权利有独立决定和处分的自由。[4] 鉴于此，《江苏省人民调解条例》第 3 条对《人民调解法》中“民间纠

---

〔1〕 参见万其刚、李春华：《协商民主的若干基本问题》，载中国人大网，http://www.npc.gov.cn/zgrdw/npc/xinwen/rdlt/rdjs/2014-09/10/content_1878008.htm。

〔2〕 参见丁国锋：《江苏建立地方立法公众意见反馈机制》，载人民网，http://npc.people.com.cn/n/2015/0907/c14576-27552530.html。

〔3〕 王珏：《从人民调解工作实践看人民调解立法》，载《人民调解》2009 年第 11 期。

〔4〕 参见李喜莲：《人民调解制度发展的瓶颈及对策——兼评〈中华人民共和国人民调解法〉》，载《湘潭大学学报（哲学社会科学版）》2014 年第 6 期。

纷”的概念作了具体解释：“人民调解委员会调解公民、法人和其他组织之间具有民事权利义务内容的纠纷，以及其他依法可以调解的民间纠纷。”

(二)关于人民调解组织

《人民调解法》中的人民调解组织比较单一，主要有两类：一类是村民委员会、居民委员会设立的人民调解委员会，另一类是企业事业单位根据需要设立的人民调解委员会。而江苏省在实践中大力推广南通的“大调解”模式，目前全省已经形成以县(市、区)调处中心为龙头，乡镇(街道)调处中心为主导，村(居)、企事业人民调解委员会为基础，专业性、行业性人民调解委员会为节点，人民调解工作室为窗口的多层次、宽领域的人民调解组织网络。这一网络在实际的调解工作中发挥了积极作用，因此，《江苏省人民调解条例》充分肯定了实践中行之有效的经验，并通过立法加以推行。

1. 在乡镇、街道和县(市、区)设立区域人民调解委员会。

2. 在民间纠纷易发、多发领域，设立医患纠纷、劳动人事争议纠纷、交通事故损害赔偿纠纷、消费纠纷、物业服务纠纷等专业性、行业性人民调解委员会。

3. 设立人民调解工作室。工作室又分为两类：一类是在基层人民法院、人民检察院、公安机关等矛盾纠纷集中受理、处理的基层单位设立的人民调解工作室；另一类是人民调解委员会为公众认可、有专业特长的人民调解员设立的调解工作室。

(三)关于人民调解员

调解对象的复杂化和调解案件的专业化、行业化，对人民调解员提出了更高的要求。《人民调解法》关于调解员任职条件的规定是以平民化为取向的[1]，但这一规定已经不能满足现实的需求，《江苏省人民调解条例》在此基础上增加了对调解员专业化和职业化的规定：

1. 要求担任专业性、行业性人民调解委员会的人民调解员应当具备相关专业知识或者经历。

2. 除了由人民调解委员会委员担任调解员外，还规定人民调解委员会可

---

〔1〕《人民调解法》第14条第1款规定：“人民调解员应当由公道正派、热心人民调解工作，并具有一定文化水平、政策水平和法律知识的成年公民担任。”

以聘任专职人民调解员和兼职人民调解员。

3. 对调解的培训更强调专业性。培训的内容从《人民调解法》中笼统的"业务培训"细化为"开展法律法规、专业知识和调解技能等业务培训",以提高人民调解员的素质和水平。

(四)关于人民调解程序

《人民调解法》第18条对诉调对接和公调对接作了简单规定:"基层人民法院、公安机关对适宜通过人民调解方式解决的纠纷,可以在受理前告知当事人向人民调解委员会申请调解。"江苏省在实践中完善并加以创新,形成了比较成熟的"诉调对接"、"检调对接"和"公调对接"机制,《江苏省人民调解条例》以地方立法的形式对这些成果进行了确认和保障。

1. 组织保障。其第22条第1款规定:"基层人民法院、人民检察院、公安机关等矛盾纠纷集中受理、处理的单位与人民调解委员会应当在调解组织建设、调解力量配备、信息资源共享等方面建立对接联动机制,各司其职,相互配合,有效化解矛盾纠纷。"

2. 程序保障。基层人民法院、人民检察院对已经受理或者办理的适合通过人民调解方式解决的案件,在征得当事人同意后,也可以委托人民调解委员会进行调解。此外,县(市、区)人民政府和乡镇人民政府、街道办事处对适合通过人民调解方式处理的民间纠纷,在征得当事人同意后,也可以商请人民调解委员会调解。

(五)关于人民调解协议

关于人民调解协议的性质和效力问题,一直是人民调解理论和实践中争议较大的难点问题。2002年出台的《最高人民法院关于审理涉及人民调解协议的民事案件的若干规定》(已失效)第1条规定,经人民调解委员会调解达成的、有民事权利义务内容,并由双方当事人签字或者盖章的调解协议,具有民事合同性质。而2010年发布的《人民调解法》则采取了不同的立法思路,为了增加人民调解协议的效力,第31条第1款直接规定:"经人民调解委员会调解达成的调解协议,具有法律约束力,当事人应当按照约定履行。""尽管调解协议的效力在形式上得以提升,但其在司法实践中的适用比较混乱,具体体现在当事人确保协议履行的做法五花八门:有的强调人民调解委员会的督促作用;有的持已经生效人民调解协议向人民法院申请支付令;有的将调解协议交付公证;有的向人民法院申请司法确认。"[1]

《江苏省人民调解条例》在对《人民调解法》的规定加以细化的过程中,对解决人民调解协议效力和诉调对接问题做了有益的尝试。

首先,《江苏省人民调解条例》将人民调解协议的"法律约束力"具体化为"对当事人具有法律约束力",虽没有彻底解决人民调解协议的效力问题,但这一规定突出了调解协议的平等性和自愿性,也强调了人民调解制度的民间性和自治性,符合人民调解的自身特点。

其次,为了促进人民调解协议的履行,《人民调解法》第 33 条第 1 款规定了司法确认制度,即经人民调解委员会调解达成调解协议后,双方当事人认为有必要的,可以自调解协议生效之日起 30 日内共同向人民法院申请司法确认,人民法院应当及时对调解协议进行审查,依法确认调解协议的效力。但是,在实践中并不是所有的调解协议都能得到司法确认,有鉴于此,《江苏省人民调解条例》明确规定"不属于人民法院司法确认受理范围的除外"。根据《最高人民法院关于人民调解协议司法确认程序的若干规定》,不属于人民法院司法确认范围的包括:(1)不属于人民法院受理民事案件的范围或者不属于接受申请的人民法院管辖的;(2)确认身份关系的;(3)确认收养关系的;(4)确认婚姻关系的。

最后,除了依双方当事人共同请求对人民调解协议进行司法确认外,人民法院在审理民事案件时,也会涉及人民调解协议。如果人民调解协议被人民法院已经发生法律效力的判决变更、撤销或者被确认无效,人民法院应当以适当方式告知有关司法行政部门或者人民调解委员会;如果发现人民调解员在调解过程中违反调解纪律,人民法院也应当及时向司法行政部门或者人民调解委员会提出司法建议。这一规定有助于理顺诉调衔接中出现的各种关系,积极推动人民调解机制的完善。

---

[1] 李喜莲:《人民调解制度发展的瓶颈及对策——兼评〈中华人民共和国人民调解法〉》,载《湘潭大学学报(哲学社会科学版)》2014 年第 6 期。

第四节 地方民主政治立法问题及对策思考

一、地方民主政治立法存在的问题

经过多年的发展,江苏民主政治立法经历了从无到有、从粗糙到细致、从单一到多样逐渐发展的过程,形成了丰硕的立法成果。但是,从总体上看仍存在发展不均衡的问题,主要表现在以下几方面:

1. 与人民代表大会制度相关的立法在数量上占据了绝大多数,而且涉及人大及其常委会的组织议事规则、人大代表的选举与人事任免、人大及其常委会的工作程序与职责等人大工作和代表权利的各个方面,为更好地发挥人民代表大会制度的优势提供了立法保障。与之相比,政协民主立法和基层民主立法则稍显不足。

2. 基层民主立法由于发展时间较短,立法发展不均衡和立法供给不足的问题一直存在。其一,从总体上看,在江苏当前的基层民主立法中,基层群众性自治组织的相关立法占据了绝大多数。而其他方面的民主立法,如党内基层民主立法、社会组织民主机制立法、行业自治立法则相对薄弱甚至缺失。单从基层群众性自治组织立法来看,也存在农村基层自治组织立法优于城市社区立法的情况。其二,从形式上看,地方立法不足,基层民主建设主要依赖一般规范性文件。其三,从内容上看,江苏现有的基层民主立法,更大意义上是组织法,而不是自治法。如《江苏省实施〈中华人民共和国村民委员会组织法〉办法》主要侧重于村民委员会的设立、组成、选举、职责及其与村民会议或村民代表会议之间的关系,涉及民主决策、民主管理、民主监督的内容非常有限。又如《江苏省物业管理条例》虽然设专章规定了“业主、业主大会与业主委员会”,但也只是就业主大会的筹备、组成,业主委员会的选举、组成作出了规定,而对业主自治本身的规范,如业主的监督权、业主参与物业管理的途径和方式、业主大会和业主委员会的权限等都没有具体的规定。相似的情况在社团民主立法中也存在,如2011年由省人大常委会颁布的《江苏省行业协会条例》,对行业协会的设立、变更、终止及协会的组织机构、协会的职责和管理作了详细规定，而对会员的知情权、监督权以及协会的决策民主和管理民主则缺少必要的程序规范。

3. 协商民主立法发展不均衡，与政治协商会议相关的立法缺失。如前文所述，在政协协商方面，江苏省未出台任何地方性法规或规章对其进行规范和调整，当然这一情况在其他省市也普遍存在。与之相比，人大协商和政府协商的情况则要好得多，尤其是在人大立法协商、人大代表协商、政府信息公开和重大行政决策领域，都有不俗的立法成果。除了一些具体的协商机制尚需完善外，基本上满足了《协商民主建设意见》的要求。

二、地方民主政治立法基本原则

（一）立改废并举

立法是法治的前提和基础，立法质量的高低直接关系着法治发展水平的高低。立良法、善法要有健全的机制保障，要因时而立、与时俱进、破立结合。江苏在制定新法规的同时，及时对与社会发展明显不适应或与上位法相抵触的地方立法进行修正或废止，提高了立法的针对性、及时性和系统性。如省人大常委会为了更好地实施上位法、反映江苏的创新实践，曾多次修正《江苏省人民代表大会关于议案若干问题的规定》、《江苏省各级人民代表大会选举实施细则》和《江苏省实施〈中华人民共和国全国人民代表大会和地方各级人民代表大会代表法〉办法》等立法。对于已经明显不能适应社会生活或与上位法不一致的法规，则及时予以废止，如在 2007 年 1 月 1 日，《各级人民代表大会常务委员会监督法》正式实施后，江苏原来制定的《江苏省各级人民代表大会常务委员会对司法机关个案监督的规定》和《江苏省人民代表大会常务委员会对行政、审判、检察机关行使监督权的规定（试行）》就因与上位法相抵触而被废止，保证了法制的统一。

（二）实施性立法和自主性立法并举

在江苏民主政治立法开展的初期，主要是以实施性立法为主，发挥地方立法的补充、细化作用，保证上位法在江苏实施的有效性和可操作性。2001 年，江苏提出的“不抵触、有特色、可操作”的九字地方立法工作方针，既是对以往立法经验的总结，也为后来的立法工作指明了方向。江苏省的地方民主政治立法开始更多地体现出地方特色，如体现“开门立法”新机制的《关于推进民主立法的规定》，体现“大调解”创新模式的《江苏省劳动人事争议调解仲裁办法》《江苏省人民调解条例》，反映企业民主创新机制的《江苏省企业民主管理条例》，推进民主决策的《江苏省依法行政考核办法》《江苏省行政程序规定》等。但是，与江苏蓬勃发展的地方民主政治实践相比，立法的水平明显落后，许多创新性实践主要靠政府的政策推进，发展和完善有江苏地方特色的自主性立法是今后江苏民主政治立法的主要任务。

三、地方民主政治具体立法措施

在今后的立法工作中，江苏应区分轻重缓急，突出立法重点，更加注重立法质量，在继续修改完善现有的法规规章的同时，紧密结合江苏实际，积极开展自主性和创新性立法，以立法保障和促进江苏地方民主政治的发展。

（一）完善与国家民主政治立法相配套的实施性立法

在不同上位法相抵触的前提下，通过地方性法规和地方政府规章将国家立法具体化，使之适应本地实际、解决本地问题，是地方立法的主要权限。对于大部分的国家民主政治立法，江苏都及时出台了配套的实施性立法，如《江苏省实施〈中华人民共和国全国人民代表大会和地方各级人民代表大会代表法〉办法》《江苏省实施〈中华人民共和国村民委员会组织法〉办法》《江苏省各级人民代表大会选举实施细则》《江苏省信访条例》等。但是，仍然有一些法律法规，江苏尚未制定实施细则，这些立法包括《城市居民委员会组织法》《政府信息公开条例》等。

（二）制定体现江苏地方特色的自主性、创新性立法

“当前，江苏省改革开放和现代化建设的基本任务是落实科学发展观，实现‘两个率先’。江苏省地方立法要紧紧结合这个基本的省情，突出针对性，为保障‘两个率先’服务。必须更加注重立法的前瞻性，从江苏实际出发，在国家尚未立法而江苏省又迫切需要立法的领域，主动制定一些创制性法规、规章。”[1]

---

〔1〕 龚廷泰等：《法治文化建设与区域法治：以法治江苏建设为例》，法律出版社2011年版，第273页。

以地方立法的立法后评估为例，江苏自 2011 年 3 月到 7 月首次对《江苏省道路运输市场管理条例》（已失效）开展立法后评估至今，已对多部立法进行了立法后评估，在评估对象、评估标准、评估方法等方面积累了丰富的经验，也发展了一些创新性做法，如在法规出台实施后，更多地引入社会力量，对法的制定、实施进行质量评价。在坚持地方立法周年报告制度、执法检查制度中，除了立法机关与执法机关的检查和报告外，更多地听取相对人和第三方的意见，对法的利弊进行客观的总结与评价。对于这些实践中的经验和做法，在条件成熟时可以通过地方性法规或规章加以制度化，为以后的立法后评估工作提供指导。

又如在行政程序领域，在当前缺少全国性行政程序立法的情况下，各省纷纷制定地方政府规章对行政程序进行规范。江苏一方面在实践中大力推行行政决策、行政执法的公开、透明与公众参与，另一方面也在为制定"江苏省行政程序规定"进行积极准备。省政府十分重视网络公开和公众参与在健全行政程序中的作用，省政府办公厅于 2014 年专门印发了《关于进一步推动参与式行政程序建设的意见》，从公众参与的角度对行政程序进行规范，就江苏省进一步推动参与式行政程序建设的总体要求、基本原则、重点任务、组织领导等方面提出了明确要求。该意见在总结各地经验的基础上，吸收了理论界和实践中的创新成果，针对参与式行政程序建设推进过程中存在的突出问题，在制度创新和实施机制方面主要有以下特点：一是从公众参与的角度对行政程序建设作出规范、提出要求，在全国具有率先意义；二是突出了重大行政决策的公众参与，明确把公众参与作为重大行政决策的必经程序；三是将公众参与贯穿规范性文件制定的全过程，要求行政机关在立项、起草、审查、后评估等各个环节积极引导、规范公众参与；四是拓宽公众参与行政执法和监督的渠道，要求深化行政权力网上公开透明运行，完善行政执法程序制度，加强公众参与行政执法监督载体建设；五是完善政府与公众有效沟通的矛盾化解机制，要求健全政府与公众协商沟通机制，构建公众参与的社会治理体制，提高行政复议、行政调解的公信力；六是完善三项制度，着力提高公众参与的有效性，就建立健全行政公开制度、行政听证制度、公众意见的评价反馈机制提出具体要求。[1] 该意见中所体现的江苏特色和制度创新为江苏行政程序立法的出台积累了宝贵经验。[2]

（三）完善协商民主地方立法

1. 开展政协制度地方立法，推进民主政治立法全面发展

中国人民政治协商会议是发扬社会主义民主的重要形式，是协商民主的重要渠道，但是其政治协商和民主监督的职能却常因没有相应的立法保障而作用有限。在当前没有国家层面立法的情况下，各省可以根据本省的具体情况和实践需要，以地方立法的形式先行规定。江苏省南京市在通过制度保障政协民主监督方面走在了全国的前列，不仅创新了决策前和决策执行中的政协协商程序，还对政协参与立法协商进行了大胆尝试。2004 年，南京市政协社法委与市人大法制委、市政府法制办，根据有关文件精神和南京市的实际情况，先后制定了《关于加强南京市地方立法协商工作的意见》和《关于加强南京市政府立法协商工作的意见》等两个制度性文件，对立法协商的项目、重点等作出了具体规定，并建立了三方联席会议制度，为积极有效地开展好立法协商工作，并使其制度化和规范化提供了制度保证。[3] 当然，立法协商只是政协民主协商和民主监督的一种形式，随着实践的发展，政协参与政治协商的形式会更加多样化，法治在其中的保障作用也会更加突出。政协制度的地方立法至少应当包括：（1）对地方政协参与民主协商、进行民主监督的形式、程序、对象、方法作出具体、详细、可操作性强的规定；（2）在国家制定出政协组织法和选举法后，对政协选举的程序、政协委员的职权和工作保障等作出细化规定。

2. 在基层民主中引入协商机制

从内容上看，基层民主包括了相互关联的四个方面，即民主选举、民主管理、民主决策和民主监督。江苏的地方立法对民主选举的规定较完善，但在

---

〔1〕 参见《江苏省政府办公厅关于进一步推动参与式行政程序建设的意见》，载江苏省人民政府网，http://www.jiangsu.gov.cn/art/2014/9/9/art_46671_2581322.html。

〔2〕 在此基础上，江苏省人民政府已于 2015 年 1 月 6 日颁布了《江苏省行政程序规定》，并自 2015 年 3 月 1 日起施行。

〔3〕 http://cppcc.people.com.cn/n/2012/0703/c345821 - 18434906.html，2014 - 10 - 31.

民主管理、民主决策和民主监督方面则相对不足。为此,我们可以将协商民主的理念以及在基层实践中日渐成熟的民主恳谈会、民主议事会等协商民主的形式引入基层民主立法,为公民在与自身利益密切相关的公共事务中平等、理性地表达意见、参与决策程序提供法治保障。实际上,江苏现有的城乡社区自治和企业民主已经为协商民主的开展提供了广阔的制度空间。农村的村民大会、村民小组会议、村民代表会议,城市的居民大会、居民代表会议,企业的职工代表大会都可以采用协商民主的方式实现民主管理和民主决策。

江苏在企业工资集体协商的实践中,已经一定程度上体现了协商民主的理念,并在制度化方面进行了一些尝试。江苏省劳动厅在1998年颁布了《江苏省企业工资集体协商试行办法》,对集体协商的原则、内容、效果作出了规定,但是关于职工方代表的产生、职责、权利保障,以及协商的具体程序的规定则过于粗略,可操作性较差。在未来由省人大或省政府制定的地方性法规或规章中,除了要细化协商内容外,更要对职工代表的选举、协商规则的确定、集体协商的方式和程序等作出规定,保障企业职工在工资决策中有充分平等地参与协商和表达意见的机会。

(四)进一步完善基层民主立法

1. 加强农村基层民主立法工作

全国人大常委会于2010年10月对《村民委员会组织法》进行了修改,进一步完善了村民委员会成员的选举和罢免程序、民主议事制度、民主管理和民主监督制度。而《江苏省实施〈中华人民共和国村民委员会组织法〉办法》是在2001年颁布实施的,2018年《村民委员会组织法》中的许多内容,如村民小组会议、村务监督机构、民主评议制度、村务档案制度、村民委员会成员任期和离任审计制度等都没有得到及时体现,需要通过修改《江苏省实施〈中华人民共和国村民委员会组织法〉办法》或制定专项立法加以解决。实际上,江苏省人大常委会已经将《江苏省实施〈中华人民共和国村民委员会组织法〉办法》的修改列入2013~2017年的立法规划的正式项目。

以村务监督机构为例,2018年《村民委员会组织法》第32条规定:“村应当建立村务监督委员会或者其他形式的村务监督机构,负责村民民主理财,监督村务公开等制度的落实,其成员由村民会议或者村民代表会议在村民中推选产生，其中应有具备财会、管理知识的人员。村民委员会成员及其近亲属不得担任村务监督机构成员。村务监督机构成员向村民会议和村民代表会议负责，可以列席村民委员会会议。”针对这一条款，省人大常委会应当结合江苏的具体情况，在调查总结实践中的做法和经验的基础上，或者完善《江苏省实施〈中华人民共和国村民委员会组织法〉办法》中的关于“民主理财小组”的规定，或者制定专门的村民监督委员会条例或工作规程。实际上，由原来的村务公开监督小组和民主理财小组整合而成的“村务监督委员会”，已经在江苏各个行政村普遍设立。但是，这些监督委员会的设立、职责、监督程序等内容多由当地乡镇政府以政府文件的形式规定，在不同地区间存在较大差异。当前各地的实践既积累了丰富的经验，也暴露出了实际监督工作中存在的监督不到位、流于形式、缺乏必要的制度保障、成员结构不合理等问题，亟须制定有针对性和可操作性的地方性法规加以规范。

2. 推进城市社区民主立法

城市社区自治是我国城市基层民主的主要表现形式，它以居民委员会这一自治组织为依托，通过民主选举、民主决策、民主管理和民主监督等形式实现自我管理、自我教育、自我服务和自我监督。江苏的城市社区自治一直走在全国的前列，但立法保障则相对滞后，既缺少将《城市居民委员会组织法》具体化的实施性立法，也没有反映江苏创新性实践的自主性立法。

当前我国规范城市社区居民自治的主要立法是《城市居民委员会组织法》，该法是 1989 年通过，1990 年开始实施的，直至 2018 年才进行了首次修正。在此期间，我国的社会和经济都发生了巨大变化，尤其是“单位制”社会管理体制的解体和市场经济体制的确立，推动了城市社区建设的快速发展。《城市居民委员会组织法》作为“单位制”社会管理体制下的产物，很多规定过于粗简，无法为实践提供具体的指导。虽然该法于 2018 年进行首次修正，但是遗憾的是，修正后的规定与原文相比几乎无任何实质性变化，仅将原本居民委员会每届任期三年延长为现在的五年。江苏在制定地方社区民主立法时，应结合江苏实际，对其中的一些规定加以细化，使之具有针对性和可操作性。首先，应细化选举程序，完善民主选举制度。《城市居民委员会组织法》规定了居民委员会主任、副主任和委员产生的三种方式，即全体选民选举、每户代表选举和居民小组代表选举，但是对选举的程序却没有作具体规定。江苏的地方立法至少应对选举机构、选民登记、候选人产生、投票计票、选举结果认定、罢免、辞职、补选等事项作出详细规定。其次，细化居民自治组织职能。《城市居民委员会组织法》关于居委会职能的规定既包括居民自治的事项，也包括行政事务，造成居委会角色的冲突，江苏在制定地方立法时应明确居委会的定位，理顺居委会与居民会议、基层政府部门以及社区内各类组织之间的关系。最后，完善社区民主制度。《城市居民委员会组织法》作为一部组织法，对民主决策、民主管理和民主监督等社区民主制度规定较少。江苏在制定地方立法时应着重完善以居民会议或居民代表会议为主体的民主决策制度，以引导居民参与社区事务为核心的民主管理制度，以民主评议、居务公开等为主要形式的民主监督制度。

除了对《城市居民委员会组织法》的规定加以细化外，江苏的城市社区民主立法还应及时反映江苏在实践中的创新性制度，并通过地方性法规或规章加以规范和引导。实际上，江苏省委和省政府都十分重视城市社区在基层民主建设中的作用，先后发布了《关于加强城市社区建设的意见》和《关于加强新形势下城乡社区建设的意见》，对城市社区建设的意义、指导思想、目标任务等都作出了详细部署，并在基层实践探索和创造的基础上，总结出了“一委一居一站一办”的社区服务管理新模式。“一委”指社区党委或社区党支部委员会，“一居”指社区居委会，“一站”指社区管理服务站，“一办”指社区综治办。该模式在强化居委会职责、提高社区综合服务管理水平、剥离社区居委会行政事务、强化社区民主自治、理顺社区各类组织关系、推进社区服务社会化等方面进行了创新性探索，是解决当前城市社区民主建设中存在的问题的有益尝试。目前，这一模式已经在江苏省全面推行，在条件成熟时应当通过地方立法的形式将之纳入法治化的轨道。

3. 完善人民调解立法

人民调解是指人民调解委员会通过说服、疏导等方法，促使当事人在平等协商基础上自愿达成调解协议，解决民间纠纷的活动。在村委会、居委会、企业事业单位、乡镇、街道，以及社会团体或者其他组织设立的人民调解委员会是调解民间纠纷的群众性自治组织，其调解活动具有群众性、自治性和民间性等基本特征，是基层民主政治建设的重要内容。全国人大常委会在 2010 年 8 月颁布了《人民调解法》，对人民调解的原则、人民调解委员会的设立和组成、人民调解员的聘任、调解程序以及调解协议的效力等内容作出了明确规定，为人民调解工作提供了法律依据，也为各省制定符合地方实际的地方性法规和规章提供了契机。

近年来，江苏省在人民调解工作中进行了许多创新性尝试。第一，创新了“大调解”的调解理念，将人民调解纳入大调解工作体系。省委办公厅、省政府办公厅转发了《省社会治安综合治理委员会关于深入推进社会矛盾纠纷大调解工作的意见》，将南通首创的大调解模式向全省推广，目前江苏已经形成以县（市、区）调处中心为龙头，乡镇（街道）调处中心为主导，村（居）、企事业人民调解委员会为基础，专业性、行业性人民调解委员会为节点，人民调解工作室为窗口的多层次、宽领域的人民调解组织网络。第二，创新“诉调对接”、“检调对接”和“公调对接”机制，相关部门还颁布了《关于深化诉调对接工作的实施意见》《江苏省“公调对接”工作实施办法（试行）》等文件对具体工作进行指导。第三，创新专业调解机制，在医患纠纷调解、交通事故调解、劳资纠纷调解、环境污染调解、消费纠纷调解等方面都进行了有益的尝试。第四，将人民调解委员会的建设作为政府重点工作考核指标。如江苏《省政府 2014 年度十大重点工作百项考核指标细化实施方案》要求“省级规范化乡镇人民调解委员会达到 80%，规范化村居人民调解委员会达到 60%”。

伴随着《人民调解法》的颁布和江苏人民调解实践的快速发展，江苏已经着手制定地方立法，将人民调解的地方实践纳入法治化的发展轨道。2013 年 6 月，江苏省人民政府颁布了《江苏省劳动人事争议调解仲裁办法》，将江苏近年来在大调解理念指导下的一些先进举措和做法上升为地方政府规章，具有江苏地方特色和可操作性。其中，引人注目的成果有两项：一是扩大了调解组织的范围，该办法第 5 条规定，“发生劳动人事争议，当事人可以到下列调解组织申请调解：（一）企业劳动争议调解委员会；（二）事业单位劳动人事争议调解委员会；（三）区域性、行业性劳动人事争议调解组织；（四）依法设立的基层人民调解组织；（五）在乡镇（街道）、村（社区）设立的具有劳动人事争议调解职能的组织”。二是创新了调解协议的审查确认制度，第 13 条规定，“经调解组织调解达成劳动人事争议调解协议的,自调解协议生效之日起 15 日内,当事人可以共同向调解组织所在地劳动人事争议仲裁委员会提出仲裁审查确认申请,仲裁委员会经审查,认为符合法律规定的,对调解协议出具仲裁调解书……"为了推进《人民调解法》在江苏的贯彻实施,江苏省人大常委会已经将"江苏省人民调解条例"的制定列入省人大 2013 ~2017 年立法规划的正式立法项目,并作为调研项目列入 2014 年立法计划。[1]

---

〔1〕《江苏省人民调解条例》已由江苏省第十二届人民代表大会常务委员会第十七次会议于 2015 年 7 月 31 日通过,于 2015 年 10 月 1 日起施行。

第五章　地方社会立法

第一节　社会立法界说

一、社会法的基本概念

(一)社会法产生的现实背景

社会法的核心在于“社会”一词。它是同传统的公法与私法二元划分结构相对应的。传统公法是调整国家权力、国家利益、公共利益的法律,而私法是调整个人利益的法律,它们都没有包含“社会”的维度。在自由资本主义时期,由于强调的是自由竞争和个人利益的保护,因此,公法和私法的划分在实质上有偏向于保护个人利益的趋向,即一旦划定私法的范围,国家公权力就不能干涉和侵扰。即使自由竞争导致了社会上的实质不公平,出现了较为严重的负面后果,国家权力也不应当干涉私法调整的私域。

然而,随着自由资本主义逐渐发展为垄断资本主义,劳工同资本家之间的斗争也不断发展为激烈的罢工运动,人们逐渐认识到,社会弱者的产生是掩盖在形式平等的自由竞争之下由整个工业社会导致的,对弱势群体的生存权、发展权并不能靠个人的力量来保障。换言之,整个社会的不公正并非应当由一个个原子式的个人来负责,而应当由整个社会来负责。传统的公法和私法领域都不能涵盖这一新的变化。

社会法诞生在阶级(层)斗争最为激烈的劳资领域。同资本家相比,劳工作为弱势的一方不断要求保障自己的权益,特别是对自己的不利地位要求予以倾斜保护。于是,诞生了一批调整劳动关系的法律法规。如1802年英国颁布的《学徒健康与道德法》、1883年德国的《劳工疾病保险法》、1884年德国的《劳工伤害保险法》等。人们逐渐认识到,诸如劳工等处于弱势地位的主体应当得到倾斜性保护,国家、社会应当在应对社会实质不平等时承担更多的责任。随着工业社会的发展,那种认为社会应当对个人的生存状态负责的观念不断得到强化。社会法也从调整劳资关系发展到调整多个领域,如生态环境、教育、福利、保险、救济等多个领域,社会法得到蓬勃发展。

(二)社会法产生和发展的理论支撑

除了客观现实背景之外,社会法的产生和发展还需要有理论支撑。这就是以庞德为代表的社会学法学理论以及罗尔斯的平等理论。它们为社会法的存在寻求到理论根据,成为社会法的支撑性理论。

作为社会学法学的开创人物,庞德对社会法的理论贡献十分巨大。他认为,与20世纪之后的文明相符合的法律必须认识到同之前不同的两项新的"先决条件"。它们是:"每个人都应当认为,伴随社会生活而在的各种责任将由社会来承担",以及"每个人都应当认为,他可以确获保障地过一种至少正常人的生活,亦即不仅享有供给或获得这种生活的平等的机会,而且还享有即时的物质满足"。[1] 在他看来,这两项新的法律先决条件是与法律的社会化时代相伴而行的。在借鉴耶林的利益划分理论的基础上,庞德提出了他的利益理论。他将利益分为三类,即个人利益、公共利益和社会利益。其中,社会利益是指涉及文明社会的社会生活,并以这种生活的名义提出的主张、要求或愿望。它包括一般安全利益、社会组织安全利益、一般道德的利益、保护社会资源的利益、一般进步的利益和个人生活方面的利益。[2]

庞德指出,在文明社会的社会生活中,它(个人生活的利益)就是这样一种主张、要求或愿望:每个人都能根据社会标准在那里过一种社会化的生活;假如不是所有个人的要求都能被满足的话,那么至少尽可能合理满足,或在

---

〔1〕［美］罗斯科·庞德:《法理学》(第1卷),邓正来译,中国政法大学出版社2004年版,第539页。

〔2〕参见［美］罗斯科·庞德:《法理学》(第3卷),廖德宇译,法律出版社2007年版,第203~244页。

人类最低消费的程度上满足。[1] 这种社会利益包括：个人自我主张、个人机会和个人生活条件。在庞德看来，在现代文明社会中，所有个体在政治、物质、文化、社会、经济等领域都应当拥有公平或合理的机会；[2]而且每个个体应当确保，在他所处的时空环境下，至少有维持人类生活的最低保障。[3]

庞德将社会利益的保护作为文明社会的法律必备的内涵。这就要求法律必须为个人的机会提供社会保障以及对那些处于弱势地位的人给予倾斜性的保护（采取社会救济）。这是现代文明的基本要求，也是一个文明社会应当承担的责任。

当代思想家罗尔斯的平等观为社会法的存在也提供了理论支撑。罗尔斯的正义原则有两个：第一，每个人对与其他人所拥有的最广泛的基本自由体系相容的类似自由体系都应有一种平等的权利；第二，社会的和经济的不平等应这样安排，使它们被合理地期望适合于每一个人的利益，并且依系于地位和职务向所有人开放。[4] 这里他对平等进行了形式平等和实质平等的区分。自由资本主义社会最大的特点是主张自由竞争，保障的是形式平等，但是，在罗尔斯看来，我们还应当注重实质平等。“所谓实质上的平等原理，主要指的是为了在一定程度上纠正由于保障形式上的平等所招致的事实上的不平等，依据各个人的不同属性采取分别不同的方式，对作为各个人的人格发展所必须的前提条件进行实质意义上的平等保障。”[5]这就要求我们不仅需要开放形式上的机会，并要使得所有人都有利用和实现这种机会的能力，需要给那些天生不利者以某种补偿和帮助。因此，在立法进行权利分配时应该有利于最少受惠者，在权利分配的数量上和权利保护的方式上应实行差别原则，尽量排除自然因素和社会因素的影响，使每一个人在竞争的出发点上真正平等。

---

〔1〕 参见[美]罗斯科·庞德：《法理学》（第3卷），廖德宇译，法律出版社2007年版，第238页。

〔2〕 参见[美]罗斯科·庞德：《法理学》（第3卷），廖德宇译，法律出版社2007年版，第241页。

〔3〕 参见[美]罗斯科·庞德：《法理学》（第3卷），廖德宇译，法律出版社2007年版，第242页。

〔4〕 参见[美]约翰·罗尔斯：《正义论》，何怀宏等译，中国社会科学出版社1988年版，第60～61页。

〔5〕 林来梵：《从宪法规范到规范宪法：规范宪法学的一种前言》，法律出版社2001年版，第107页。

以上庞德的社会利益理论和罗尔斯的平等理论为我们理解社会法的存在和发展提供了理论基础，也让我们认识到了社会法的核心：社会对处于不利地位的人的倾斜性保护或帮助。这是现代法律文明的基本要求，也是一个社会达至正义的基本要求。

（三）社会法的基本概念

基于以上的分析，我们赞同有的学者对社会法在主体上的分类，即将其分为“帮扶者”和“被帮扶者”。[1] 我们对社会法下的定义是，社会法是以调整被帮扶主体和帮扶主体之间关系为核心的，在劳动关系、社会福利和社会救济等领域内的法律规范的总和。

二、社会法的属性和范围

（一）社会法的属性

从社会法的权利主体、义务主体以及它针对的对象来分析社会法的属性。

第一，社会法的权利主体是那些在社会中处于不利地位的人。“处于社会不利地位的人”是一个相对的概念。比如，劳动者相对于用人单位、少数群体相对于多数群体、残疾人相对于正常人、儿童老人相对于青壮年、低收入者相对于高收入者等，前者都是处于“不利地位”的人。此外，“处于不利地位的人”也是一个动态的群体，因为每个人都可能处于“不利地位”，今天不属于，可能明天就属于。对这些处于“不利地位”的人，为了维持他们的生存和发展，在立法上必须予以倾向保护和帮助，《老年人权益保障法》《残疾人保障法》《妇女权益保障法》等社会法都是对这类不利人群的特殊保护。

第二，社会法的义务主体是整个社会。学术界很多观点认为社会法的义务主体是国家和政府，我们认为，这是混淆行政法与社会法、公共利益和社会利益的错误观点。国家为了保障公共利益，享有国家权力，而规范行政权力是行政法的范畴，权力本身也蕴含了职责（义务），因此，行政权背后也意味着国家或政府的义务。但是，社会法不同，它的义务主体并非国家，并非国家权

---

〔1〕 汤黎虹：《社会法论纲——基于社会法历史逻辑和理论逻辑的辩考》，载《福州大学学报（哲学社会科学版）》2014年第1期。

力当然履行的责任，而是整个社会的责任。举一些简单的例子，在城市市民的最低生活保障这一领域，其义务主体就并非国家或政府，而是整个纳税人，特别是那些处于优势地位的在竞争中获得更多利益的人。这里国家或政府只是履行帮扶义务的中介，其帮扶的经济来源依然在于从社会中不特定的人那里汇集起来的财政税收。社会保险也是如此，被保险人获得的利益是从社会中不特定人那里汇集起来的保险金得来的。

那么，国家和政府在社会法中究竟处于什么样的地位呢？在我们看来，国家和政府起到的是中介作用，它的义务在于立法义务、引导义务和实施义务，但最终的根据不在于国家权力的管理，而是来自社会利益的需要。

第三，社会法针对的是社会利益。行政法保障的是公共利益，在庞德看来，公共利益是以国家的名义提出的要求、愿望和需要。社会法保障的是社会利益，而社会利益是以整个社会的名义提出的要求、愿望和需要。社会法的指向在于社会，其本位是区别于公共权力、公共秩序及市民社会的民事权利的社会利益，故而“社会法的范围应是狭义下的社会，是与经济、政治、文化相并列的‘社会’，它不包含人们在经济、政治、文化领域的交往系统”[1]。所以社会法是调整狭义社会关系的法律规范的总和。

因此，我们赞同某些学者的观点，即将社会法视为一种区别于公法和私法的“第三法域”。私法是调整平等的社会关系，公法是调整不平等的社会关系，社会法调整表面上平等实则不平等的社会关系。作为第三法域的社会法，是为维护社会利益这一特殊利益而产生的。社会法不是公法，它虽然需要国家公权力的介入，但国家公权力并不是社会法的本源性要素，它只是借由国家公权力来承担社会义务和社会责任。社会法也不是私法，因为私法蕴含的自由、形式平等等原则在社会法那里是受到限制的。据此，社会法的属性既不是公法，也不是私法，而是一种特殊性质的法律。

（二）社会法的范围

总体上说，社会法的调整对象是狭义社会中的被帮扶主体和帮扶主体之

〔1〕 汤黎虹：《社会法论纲——基于社会法历史逻辑和理论逻辑的辩考》，载《福州大学学报（哲学社会科学版）》2014年第1期。

间的被帮扶和帮扶的关系。[1] 所以我们认为社会法应该包括以下几个部分：一是社会保障权益的法律制度。社会保障法是社会法赖以发展的基础，是社会法的核心法律部门，主要是为调整对象提供基本生活及发展所需的物质资料。二是社会福利制度。三是劳动者权益的保护。劳动法调整的是劳动者和用人单位之间基于劳动合同关系而形成的社会关系。四是特殊人群的法律保护。对妇女、儿童、老人、残疾人、消费者等特殊人群的保护是一种倾斜式的保护，有利于维护社会公共利益。因此，在本章第四部分中主要从劳动立法、职工工资福利与职业安全卫生、社会保险和社会救济、特殊人群的保护等方面的社会立法来进行类型化的分析。

三、社会法的功能

首先，在公平与效率的关系上，社会法的基本功能是保障社会的公平。如果市场经济的基本价值在于保障效率的话，社会法的诞生就是为了解决因效率产生的一系列不公平的现象，比如，对因贫富差距过大、生态环境被污染以及破坏、社会弱势群体增加造成的社会不公正现象，社会法突出地表现为对这些问题的纠偏。恰如有论者所指的："社会法的价值基础既不同于民法对于自由竞争的最大限度的支持和保护，也不同于刑法对于社会秩序和安全的全力追求。它所面临的问题的核心是平衡平等和效率之间的矛盾，削减实质公正和形式平等之间的矛盾和冲突，保护社会弱势群体的利益、促进社会公共利益，增添社会福利、促进社会发展，追求真正的社会正义与和谐。"[2]

其次，在形式正义和实质正义之间，社会法的价值取向表现为保障实质正义。形式正义注重形式平等和机会公平，对于部分因自身的禀赋、占据的资源甚至运气等占有优势的人得到迅速的发展而其他处于弱势地位的人处于的不利地位的情况则不在形式正义关注的范围内。然而，事实上，这些占据优势地位的人的发展是以牺牲弱势群体的利益为代价的，从整个社会文明的角度来讲，如果法律不对这些弱势群体予以倾斜性的保护，那么这与现代

---

〔1〕 参见汤黎虹：《社会法论纲——基于社会法历史逻辑和理论逻辑的辩考》，载《福州大学学报(哲学社会科学版)》2014 年第 1 期。

〔2〕 吕世伦、马金芳：《社会法的几个基本理论问题研究》，载《北方法学》2007 年第 6 期。

文明社会是不相符合的。因此,社会法必须以保障社会的实质正义为己任,从而维护整个社会的公平。

最后,在个人利益、公共利益和社会利益之间,社会法的价值取向表现为保障社会利益。当个人利益、公共利益和社会利益之间发生矛盾的时候,社会法突出地表现为保障社会利益。比如,从某种意义上说,当我们的税法实行累进税率,对高收入的群体收取更多的赋税时,其目的就是通过削减这些群体的个人利益来加大财政对弱势群体扶持的力度。

第二节　地方社会立法现状

一、地方社会立法的历史发展

自1979年中央赋予地方立法权以来,江苏省人大及其常委会根据地方经济社会发展的需要制定了几百件地方性法规。经过多年的发展,江苏地方立法取得了较大的成就。就江苏地方社会立法的发展来看,大致可分为四个阶段。[1]

第一阶段为1979～1992年起步探索阶段:它是我国由计划经济体制转向社会主义市场经济时期。

由于该阶段全国把焦点都放在经济建设上,前阶段时期中国经济处于停滞阶段,经济比较落后,1979～1992年江苏省的地方立法总体偏少,并且社会立法比重很小,而且只是在少有的几块领域,比如教育制度和特殊人群保障制度,在劳动制度、社会保障制度等方面几乎没有涉及。该时期的社会立法主要有《江苏省幼儿教育暂行条例》《江苏省实施〈中华人民共和国义务教育法〉办法》《江苏省中等职业技术教育条例》《江苏省全民国防教育条例》《江苏省普及初等义务教育暂行条例》《江苏省关于保护妇女儿童合法权益的若干规定》《江苏省保护老年人合法权益条例》《江苏省实施〈中华人民共和国归

---

〔1〕 关于整个江苏地方立法发展历史的阶段划分,可参见季秀平:《江苏地方立法的实践经验与完善对策》,载《淮阴师范学院学报(哲学社会科学版)》2013年第5期。

侨侨眷权益保护法〉办法》。

第二阶段为 1992～1997 年逐步提高阶段:1992 年 10 月社会主义市场经济体制改革目标确立,1997 年 12 月中共江苏省委作出《关于推进依法治省工作的决定》。

1992 年 10 月,党的十四大确立了"建立和完善社会主义市场经济体制"的经济体制改革目标。1997 年 9 月党的十五大提出"建设小康社会"的历史新任务,并明确提出"依法治国,建设社会主义法治国家"的治国基本方略。在"依法治国"治国基本方略的大背景下,1997 年 12 月,省委作出了《关于推进依法治省工作的决定》,江苏省人大作出《关于推进依法治省的决议》。这一阶段的江苏地方社会立法明显比起步探索阶段在数量上有了显著的提升,范围涉及也更加广泛,涉及劳动保障制度、教育制度、特殊人群保障制度、环境保护制度等。重要的立法有《江苏省劳动保护条例》《江苏省全民国防教育条例》《江苏省实施〈中华人民共和国未成年人保护法〉办法》《江苏省实施〈中华人民共和国妇女权益保障法〉办法》《江苏省实施〈中华人民共和国消费者权益保护法〉办法》《江苏省环境保护条例》。

第三阶段为 1997～2002 年稳定提高阶段:1997 年 12 月省委作出《关于推进依法治省工作的决定》,2002 年 11 月党的十六大提出全面建设小康社会的奋斗目标。

在全面建设小康社会目标下,以经济建设为中心,强调效率,而忽视公平,因此引发了一些社会问题,为解决出现的一系列问题国家提出了实现经济的持续、稳定、协调发展。在此大背景下,江苏省从社会的整体利益出发,对特殊人群及其他需要帮助的人群的权益进行保障,建立了劳动保护制度、社会保障制度、教育制度、特殊群体保障制度和环境保护制度等法律制度,社会法在此阶段蓬勃发展。重要的立法有《江苏省人民代表大会常务委员会关于修改〈江苏省劳动保护条例〉的决定》(1997)、《江苏省实施〈中华人民共和国职业教育法〉办法》、《江苏省实施〈中华人民共和国老年人权益保障法〉办法》、《江苏省人民代表大会常务委员会关于修改〈江苏省实施《中华人民共和国归侨侨眷权益保护法》办法〉的决定》、《江苏省节约能源条例》、《江苏省农业生态环境保护条例》。

第四阶段为2003年至今全面提升质量阶段：从2003年8月省人大常委会开始编制五年立法规划至今。[1]

2003年江苏省提出了“两个率先”，即率先全面建成小康社会，率先基本实现现代化的奋斗目标，并且开始了五年立法规划，在这一阶段社会立法呈现的特点主要是涉及面广，在各个方面实施的是“少而精”的原则，立法质量得到了进一步的提高。重要的立法有《江苏省集体合同条例》《江苏省人民代表大会常务委员会关于修改〈江苏省劳动力市场管理条例〉的决定》《江苏省工会劳动法律监督条例》《江苏省劳动合同条例》《江苏省人民代表大会常务委员会关于修改〈江苏省实施《中华人民共和国教师法》办法〉的决定》《江苏省职工教育条例》《江苏省国防教育条例》《江苏省学前教育条例》《江苏省社会保险费征缴条例》《江苏省实施〈中华人民共和国妇女权益保障法〉办法》《江苏省未成年人保护条例》《江苏省老年人权益保障条例》《江苏省残疾人保障条例》《徐州市工会劳动法律监督条例》《无锡市企业工资集体协商条例》《南京市城乡居民最低生活保障条例》《无锡市残疾人保护条例》《徐州市老年教育条例》《苏州市献血条例》。

二、地方社会立法的基本特点及其问题(见表5-1)

表5-1　2004~2015年江苏省社会立法情况

类别	序号	法规名称	通过时间	实施时间	制定机构	备注
劳动关系	1	《江苏省劳动力市场管理条例》(2004年修正)	2004年8月20日	2004年9月1日	江苏省人大(含常委会)	有效
	2	《江苏省集体合同条例》	2004年12月21日	2005年3月1日	江苏省人大(含常委会)	2020年修正
	3	《江苏省工会劳动法律监督条例》	2012年1月12日	2012年5月1日	江苏省人大(含常委会)	2020年修正

[1] 本章探讨立法状况的时限范围是截至2015年。

续表

类别	序号	法规名称	通过时间	实施时间	制定机构	备注
劳动关系	4	《江苏省劳动合同条例》(2013 年修订)	2013 年 1 月 15 日	2013 年 5 月 1 日	江苏省人大(含常委会)	2020 年修正
	5	《徐州市工会劳动法律监督条例》	2008 年 7 月 31 日	2009 年 1 月 1 日	徐州市人大(含常委会)	2020 年修正
职业安全及工资福利	1	《江苏省职工教育条例》(2004 年修正)	2004 年 4 月 16 日	2004 年 5 月 1 日	江苏省人大(含常委会)	2020 年修正
	2	《江苏省劳动保护条例》(2004 年修正)	2004 年 6 月 17 日	2004 年 7 月 1 日	江苏省人大(含常委会)	2020 年修正
	3	《江苏省工资支付条例》(2010 年修正)	2010 年 9 月 29 日	2010 年 11 月 1 日	江苏省人大(含常委会)	2020 年修正
	4	《江苏省安全生产条例》(2009 年修正)	2009 年 5 月 20 日	2009 年 6 月 1 日	江苏省人大(含常委会)	失效
	5	《无锡市企业工资集体协商条例》	2011 年 3 月 24 日	2011 年 6 月 1 日	无锡市人大(含常委会)	2020 年修正
社会保障	1	《江苏省社会保险费征缴条例》(2012 年修正)	2012 年 1 月 12 日	2012 年 2 月 1 日	江苏省人大(含常委会)	2020 年修正
	2	《江苏省新型农村合作医疗条例》	2011 年 3 月 24 日	2011 年 6 月 1 日	江苏省人大(含常委会)	2020 年修正
	3	《江苏省法律援助条例》(2005 年修订)	2005 年 9 月 26 日	2005 年 12 月 1 日	江苏省人大(含常委会)	2020 年修正
	4	《江苏省农村扶贫开发条例》	2015 年 1 月 16 日	2015 年 5 月 1 日	江苏省人大(含常委会)	2020 年修正
	5	《南京市城乡居民最低生活保障条例》(2010 年修正)	2010 年 11 月 19 日	2010 年 11 月 19 日	南京市人大(含常委会)	2020 年修正

续表

类别	序号	法规名称	通过时间	实施时间	制定机构	备注
特殊人群保护	1	《江苏省中小学生人身伤害事故预防与处理条例》	2006年11月30日	2007年3月1日	江苏省人大（含常委会）	2020年修正
	2	《江苏省未成年人保护条例》	2009年1月18日	2009年6月1日	江苏省人大（含常委会）	2020年修正
	3	《江苏省老年人权益保障条例》	2011年1月21日	2011年3月1日	江苏省人大（含常委会）	2020年修正
	4	《江苏省残疾人保障条例》	2012年11月29日	2013年3月1日	江苏省人大（含常委会）	2020年修正
	5	《无锡市残疾人保护条例》（1997年修正）	1997年8月29日	1997年8月29日	无锡市人大（含常委会）	2020年修正
	6	《苏州市中小学生人身伤害事故预防与处理条例》	2004年8月25日	2005年1月1日	苏州市人大（含常委会）	2020年修正
	7	《徐州市老年教育条例》	2007年7月27日	2007年10月1日	徐州市人大（含常委会）	2020年修正
	8	《无锡市养老机构条例》	2015年1月16日	2015年5月1日	无锡市人大（含常委会）	2020年修正
	9	《南京市华侨权益保护条例》	2015年5月29日	2015年7月1日	南京市人大（含常委会）	2020年修正
	10	《南京市少数民族权益保障条例》	2014年8月1日	2014年9月1日	南京市人大（含常委会）	2020年修正

续表

类别	序号	法规名称	通过时间	实施时间	制定机构	备注
其他	1	《江苏省志愿服务条例》	2007 年 3 月 30 日	2007 年 5 月 1 日	江苏省人大（含常委会）	2020 年修正
	2	《江苏省慈善事业促进条例》	2010 年 1 月 21 日	2010 年 5 月 1 日	江苏省人大（含常委会）	失效
	3	《江苏省行业协会条例》	2011 年 11 月 26 日	2012 年 1 月 1 日	江苏省人大（含常委会）	2020 年修正
	4	《江苏省人民代表大会常务委员会关于促进全民阅读的决定》	2014 年 11 月 27 日	2015 年 1 月 1 日	江苏省人大（含常委会）	2020 年修正
	5	《苏州市献血条例》（2011 年修正）	2011 年 1 月 28 日	2011 年 3 月 1 日	苏州市人大（含常委会）	2020 年修正
	6	《无锡市促进行业协会发展条例》(2014 年修正)	2014 年 5 月 28 日	2014 年 7 月 1 日	无锡市人大（含常委会）	2020 年修正
	7	《南京市志愿服务条例》	2005 年 6 月 1 日	2005 年 7 月 1 日	南京市人大（含常委会）	2020 年修正
	8	《徐州市无偿献血条例》	2015 年 5 月 29 日	2015 年 8 月 1 日	徐州市人大（含常委会）	2020 年修正

(一)地方社会立法的特点

通过对比近年来颁布的地方社会性法律法规,可以发现江苏省地方社会立法主要呈现以下几个特点:

第一,在立法思路上,江苏法治建设近年来始终将民生法治放在重要的位置。特别是近年来,江苏地方立法在环境保护、医疗、保险、教育、劳资关系、特殊人群保护上成绩斐然,制定了大量的地方性法规。仅从 2011 年开始,江苏省人大及其较大市人大就制定了《江苏省新型农村合作医疗条例》《江苏省老年人权益保障条例》《江苏省残疾人保障条例》《南京市少数民族权益保障条例》《无锡市企业工资集体协商条例》等重要的社会法。

第二，在立法原则上，江苏省人大坚持“不抵触、有特色、可操作”的立法原则。其中“有特色”的地方立法创新原则是地方立法的生命力，这也较好地体现在社会立法上。以无锡市人大制定的《无锡市企业工资集体协商条例》为例，该条例从协商内容、协商代表、协商程序、行业性和区域性协商、协商保障和法律责任等几个方面进行了详细规定。它着力解决了目前工资协商中存在的“不敢谈”“不愿谈”“不会谈”“谈不成”“谈成了不执行”等现实问题。作为全国第一部有关企业集体工资集体协商的地方性法规，该条例无疑会对立法实践产生重要影响，在学术研究中也将成为值得参考的范例。

第三，在立法程序上，江苏省地方立法高度重视立法程序的民主化。在民主立法方面，江苏省很早就将公众参与纳入立法程序。通过立法调研，不断探索公众有序参与的途径和方式，广泛听取基层和群众的意见。例如，2015年南京市人大首次通过委托第三方起草《南京市住宅物业管理条例》的草案，在全省开创了委托第三方起草地方性法规的先河。由于社会立法有关民生，是老百姓最为关心的立法领域之一，因此，在社会立法上广开大门，吸收公众意见就极为重要。江苏省在开门立法的措施上，走在了全国地方立法的前列，这无疑为社会法制定的科学性打下了良好的民主基础。

（二）地方社会立法存在的问题

第一，区域协调机制不健全。在2015年《立法法》修正之前，除省级地方立法之外，江苏省具有立法权的城市只有四个，但就这四个城市横向比较来看，区域间社会领域立法存在相互协调机制不健全的问题。主要表现在部分法律中具体执行措施上存在差异，旧法与新法存在冲突等，造成群众的利益受损。如在公共医保领域，虽说在2014年江苏省内13个省辖市与省医疗保险异地就医结算平台已实现联网并投入使用，同时要求各地做好医疗保险省内异地就医联网结算工作，但在实际中，参保地区的具体规定与江苏省级地方立法的规定还存在差别，或是认定标准不一，或是定点医院不同，造成群众常常不能及时保护自身利益。这些都需要一个良好的区域协调与协作的立法机制。

第二,公平机制不完善。社会法很多时候不是单一属性的法律,常常与经济领域、文化领域、政治领域等相交融,不少时候难以分界。所以,在差别待遇上存在判别困难,这是不可避免的,但又必将导致一些问题的出现。如有些地方出台一些特定领域保护的规范性文件,在其他地区没有出台相应的规范性文件,这必然造成资源在两地分配的不公平。这一现象在教育领域较为明显。如江苏省已经明确取消中小学借读,教育公平初显。但在不同城市或同市不同区的入学规定中,标准不一,就容易造成入学移民,破坏教育公平的现象时有发生。究其原因,主要是地区利益存在倾向。部分地区为了经济社会发展,将社会法中的规定作为隐形导向,影响人才聚集、投资倾向,可这不是真正意义上的软环境,反而导致对本地企业或人才的不公平待遇,长期来看,对地方经济社会发展无益。

第三,法律体系未形成。社会法可以说是新生法律体系,江苏省经过多年的探索实践,在与民生息息相关的重点领域、群众急切盼望的关键领域都有了突破,但是不可否认的是这个体系在很多方面是不完善的,更有不少领域是空白的。这些突出表现在社会保障、教育卫生、社会组织管理等方面,滞后于社会建设和管理实践;少数法规制定后长期未作修改,不仅难以发挥对社会发展实践的引导、规范和促进作用,反而在一定程度上成了制约和羁绊。如养老、医疗、失业、工伤和生育等方面的保险条例法制化进程较慢;又如在婴幼儿教育方面,缺乏专门法律法规进行规范,特别是在主体资格认证、教育标准评定等方面基本是空白状态。究其原因,主要是社会立法项目的选题和立项还不够科学。在社会立法项目的确定上,哪些项目要立法,哪些项目可以不立或者缓立,目前江苏仍缺少统一的可操作的立项标准,实践中随意性较大,缺乏必要的规范和约束。存在经济社会发展急需的法规项目无人牵头起草,有关社会工作的立法相对滞后,而个别条件不成熟可以缓立的法规却列入了立法计划的情况。

第四,立法质量有待提升。江苏省作为社会法立法较早的省,已经初步健全社会法体系,但由于社会法立法队伍不足、工作量繁重等诸多原因,还停留在以上位法为根本,结合实际衍生地方社会法的初级阶段。正是这个原因，一方面导致江苏省社会法中的地方特色不明显，无法真正适应社会发展的现实需要，使法律颁发不久就要进行修改。如2005年公布的《江苏省实施〈工伤保险条例〉办法》中，针对用人单位在工伤认定过程中义务的规定和措施较为笼统，不利于地方实际执法操作。但时隔十年，直至2015年江苏省依据最高人民法院关于工伤行政案件的司法解释进行了修改完善。另一方面，导致江苏省行政政策和法规没有真正意义上的独立，许多地方法规和地方政府规章界限不够明确，部分社会法规不能很好反映现实需要，没有充分发挥社会法在保障民生上的关键作用。

第三节　地方社会立法的完善与发展

回顾过去，江苏省社会立法成果卓著；展望未来，江苏省法治化建设任重而道远。江苏省经济社会的高速发展，对社会立法提出了更高要求。在此，就江苏省社会立法的发展与完善提出如下意见或建议，以供参考。

一、加强社会立法的区域协调

社会立法不同于其他立法，它的区域协同要求比其他立法更为迫切。比如关于保险的规定，省外户籍的居民在江苏如何享受异地医疗保险？省外户籍居民的社会保险如何转移？这些都需要良好的立法协作机制。

立法协作机制的运作取决于以下几个方面：第一，立法主体的参与程度。立法协调是立法主体间的协调，如果立法主体参与程度不高，势必会影响协调效果。社会立法是造福社会、惠及民生的事业，江苏省人大及其他省份的人大应当自觉主动地做好立法协调工作，提高跨省际立法机关协同的积极性。第二，协调过程的沟通效果。有效沟通是立法协调的主要途径，有效沟通包含两重意思。一是沟通效率高，即能够迅速实现沟通目的；二是沟通效果好，即能够达到预期沟通目标。第三，协调的及时性和连续性。在立法之前，立法者应当考虑各项社会立法项目是否需要进行协调及如何协调，并提前拟订方案；在立法过程中，立法者应当对可能发生的问题保持警觉，及时反馈;立法协调机制应当持续运作,贯穿社会立法活动全过程。

综上所述,立法协作机制是一系列旨在协调立法活动的制度化安排,但目前理论界对立法协调机制所包括的内容并无定论。根据实际情况,在立法实践中用于协调立法活动的制度或做法至少包括以下三种:第一,成立立法协作机构。由于立法协作工作具有很强的专业性,使成立一个区域立法协调机构,无论是由主管部门指定设立还是由立法主体联合设立,都是必要的,如东北三省政府2006年成立的区域立法联合工作组。第二,建立信息交流机制。高效的信息交流系统是提高立法协调效果的基石,随着信息技术的不断发展,立法者纷纷开始建立和完善立法信息的交流与共享机制。其中,通行的做法就是建立专门的立法网,在信息技术高度发达的今天,几乎所有的立法动向和进度都可以通过网站为人们所收悉。第三,构建公众参与机制。公众参与机制包括许多特定的制度,如公开征集立法项目、公布法律草案、举办法学论坛等。由于召开立法听证会可以让政府官员、法学学者和普通民众发表见解,提出自己的要求或期望,因此成为立法协调中经常采用的一种方式。

二、创新立法机制,促进立法公平

公平,即公正、不偏不倚,指公正地对待一切有关的人与事。英国法学家伯克认为:“法律的基础有两个,而且只有两个……公平和实用。”公平作为人类最古老的观念之一,是法律始终追求的最高理念,法律作为一种价值物,正是人类基于对公平的追求而制定的。

在当前社会主义市场经济条件下,人们经常谈论的公平是指机会平等。社会法旨在缓和和解决社会问题,其目的在于保障弱者的权益和提高社会福祉,其制定和实施同样存在公平的问题。在江苏省社会立法中,立法欠缺公平的现象并不鲜见,例如,《无锡市刑事被害人特困救助条例》于2009年10月1日开始实施,该条例规范了刑事被害人特困救助活动,缓解了刑事被害人的家庭生活困难,有利于维护社会和谐稳定。但是从另一个角度来看,由于该条例的适用范围仅限于无锡市,江苏省其他地市的刑事被害人没有机会得到相应保障,这就导致了江苏省其他地市的刑事被害人权益保障程度低于无锡市,这是一种典型的机会不平等。

2015年《立法法》对地方立法重新进行了规范，将设区的市的地方立法权限限制在“城乡建设与管理”、“环境保护”和“历史文化保护”三个方面。如果严格按照文意解释，很显然排除了设区的市的社会立法权力。如果严格按照《立法法》的规定，这些设区的市在社会立法方面的立法需求如何得到满足呢？这就需要省级人大做好宏观统筹工作，在全省范围内统筹衡量社会立法，真正在全省范围内做到社会法的公平。这既需要省级人大将之前较大市的一些成熟的社会立法及时上升为全省的地方性法规，同时也需要省级人大积极制定全省统一的新的社会法来满足不同地区对社会法的需求。这就需要不断摸索和创新立法机制，在社会立法方面，省级人大应当承担新的更大的立法责任。

三、填补立法空白，提高立法质量

我国正在构建社会主义和谐社会，而健全的社会法体系是和谐社会的基本保证，因此加快社会立法进程是实现社会和谐的有效途径。在当前江苏省经济社会发生深刻变化的背景下，社会立法面临新的形势、任务和需求，这都要求进一步扩展地方法的功能，进一步发挥其推动地方发展、促进社会公平的功能。近些年来，江苏省社会立法取得了一定的成绩，但仍存在许多缺陷和不足，主要表现在：体系不够完善，存在法律真空；重实体轻程序，影响施行效果；部分法规过时，长期未作修订。健全与完善社会法体系，应当从以下几个方面入手：

第一，加强社会法的制定工作。形成完备的社会法体系是加强社会管理、改善人们生活的必备条件，也是弘扬法治精神、建设法治江苏的应有之义。与其他部门法相比，社会法兴起较晚，理论界对其具体内容尚未取得一致意见。从实际情况来看，社会法至少应当包括劳动法、社会组织法、社会保险法、社会救助法、特殊群体权益保障法、社会争议调处法等。综观江苏省社会立法现状，可以发现，在劳动法、社会保险法、特殊群体权益保障法方面，立法主体已经完成了初步的立法任务，形成了较为齐备的地方性法规文件。而在社会组织法、社会救助法、社会争议调处法方面，立法主体虽然进行了一些立法活动，但尚未形成有效的立法成果，不能完全满足人们的法律需求，这些领域可以作为以后一段时期内江苏省社会立法工作的主要着力点。

第二,加强社会法的程序立法。实体正义是社会法的最终目标,而法律程序是达到实体正义这一目标的手段,缺乏程序正义的实体正义往往是靠不住的。与民法、刑法、行政法等部门法相比,社会法更侧重于实体正义,程序性相对较弱,但这并不意味着社会法不需要程序上的保障。一般来说,社会法的实施关乎人们的切身利益,如果在社会法实施过程中缺乏程序上的规制,就有可能导致利益失衡,影响实施效果,违背社会立法的初衷。目前,江苏省社会立法主要集中于实体法,对程序法关注相对不足,社会法相关程序制度在理论和实践上都较为匮乏,因此,加强程序立法应成为江苏省社会立法的重要着力点。

第三,加强社会法的修订工作。法谚有云:法律自被制定之日就已经落后于现实。在社会发展迅速、社会关系不断变动的今天,法律很容易跟不上情况的变化和时代的发展,社会法也同样如此。社会法的滞后性要求立法者在保证法律相对稳定性的同时,及时修订法律使之符合社会现实,防止法律与现实之间差距过大。而判断一部社会法是否需要修订以及需要何时修订,可以通过立法后评价制度实现。所谓立法后评价制度,是指对已经施行的法律法规,从条文质量、实施效果、公众接受度等方面进行综合分析和量化评估,适时修订有关法规,弥合法律与现实之间的差距。同时,立法者还应当秉持超前意识,与时俱进完善法律,适度作出前瞻性、预期性的法律修订工作,避免“刚修完便滞后”的恶性循环。

第四节　地方社会立法典型实例分析

一、加快劳动标准体系建设,构建和谐稳定劳动关系

劳动关系是劳动者与用人单位之间因劳动供求行为而形成的社会关系。由于和谐的劳动关系对促进经济发展、推动社会进步具有重要意义,因此一直都是社会法调整的重要领域。自改革开放以来,江苏省人大、各较大市人大在劳动关系方面积极探索,起草并制定了一系列地方性法规,把劳动关系

纳入了制度化和规范化的轨道,使劳动用工有章可循、有法可依。其中具有代表性的法规有:《江苏省劳动合同条例》、《江苏省工资支付条例》和《江苏省劳动保护条例》。

(一)《江苏省劳动合同条例》立法分析

劳动关系属于基础社会关系,与劳动者的切身利益和用人单位的健康发展息息相关。为了完善劳动合同制度,明确劳动合同双方当事人的权利和义务,维护劳动者的合法权益,规范劳动用工管理,构建和发展和谐稳定的劳动关系,江苏省人大常委会根据《劳动法》《劳动合同法》等法律、行政法规,结合江苏省实际,制定了《江苏省劳动合同条例》。该条例共八章60条,对劳动合同的订立、履行、变更、解除、终止、监督管理和法律责任作了详细规定。

第一,完善劳动合同制度,明确双方权利义务。一方面,《江苏省劳动合同条例》加大了对劳动者权益的保护力度。该条例规定,用人单位安排劳动者参加上岗前培训、学习的,劳动关系自劳动者参加之日起建立;劳动者非因本人原因调动到新用人单位工作的,劳动者在原用人单位的工作年限合并计入新用人单位的工作年限;用人单位安排劳动者从事特殊工时工作制岗位劳动的,应当在劳动合同中约定或者事先征得劳动者的书面同意;用人单位安排劳动者从事高温作业的,应当采取防暑降温措施,并按规定支付高温津贴、岗位津贴;用人单位解除或者终止劳动合同应符合法定的条件和程序;用人单位对处于竞业限制期限内的离职劳动者应当按月给予经济补偿。另一方面,《江苏省劳动合同条例》在维护劳动者合法权益的同时,也注重维护用人单位的正当权益。该条例规定,劳动者在签订劳动合同时应如实说明与劳动合同直接相关的个人情况;涉及商业秘密的劳动者在解除劳动合同时应提前通知用人单位;劳动合同因劳动者退休而终止的,保密协议、竞业限制约定仍具有约束力;劳动合同期满,劳动者经通知后不续订劳动合同的,用人单位有权书面通知劳动者终止劳动关系。

第二,责任主体各司其职,构建和谐劳动关系。《江苏省劳动合同条例》分别对各劳动关系责任主体的职责进行了明确规定:县级以上地方人民政府应当将维护和促进劳动关系和谐稳定作为重要职责;劳动行政部门负责协调劳动关系,妥善处理劳动争议;工会应当对用人单位遵守劳动法律、法规,履行劳动合同的情况进行监督;共产主义青年团、妇女联合会、残疾人联合会以及其他社会组织应当促进平等就业工作,消除就业歧视,维护劳动者合法权益。

第三,规范劳务派遣行为,满足灵活用工需求。劳务派遣属于新型劳动用工形式,在具体实施中存在一些突出问题。《江苏省劳动合同条例》对劳务派遣作了专门规定:一是限定劳务派遣的适用条件。劳务派遣只能在临时性、辅助性或者替代性的工作岗位上适用,用工单位使用劳务派遣劳动者的人数占用工总数的比例不得超过规定比例。二是规范劳务派遣的薪金支付与社保缴纳。劳务派遣企业跨地区派遣劳动者的,应当为被派遣劳动者在用工单位所在地办理社会保险,用工单位应当按时足额支付被派遣劳动者的劳动报酬和社保费用。三是提高劳务派遣劳动关系的稳定性。劳务派遣单位应当与被派遣劳动者订立 2 年以上的固定期限劳动合同,经双方同意也可订立无固定期限劳动合同。四是劳务派遣可订立集体合同。被派遣劳动者与劳务派遣单位通过集体协商,可以就劳动报酬、工作时间、技能培训、安全卫生、保险福利等事项订立集体合同。

第四,倡导订立长期合同,构建稳定劳动关系。鉴于长期劳动合同更有利于维持劳动关系的稳定,《江苏省劳动合同条例》鼓励劳动合同双方订立长期合同,并进行了一系列的制度安排:用人单位与劳动者连续订立了 2 次固定期限劳动合同,且劳动者没有相关禁止情形的,用人单位应当在第二次劳动合同期满 30 日前书面告知劳动者可以订立无固定期限劳动合同;劳动者在用人单位连续工作满 10 年的,用人单位应当在劳动合同期满 30 日前,书面告知劳动者可以订立无固定期限劳动合同;合同期满前符合订立无固定期限劳动合同条件的劳动者未书面提出订立固定期限劳动合同,也未书面提出终止劳动合同,劳动合同期满后继续在用人单位工作的,视为劳动者同意与用人单位订立无固定期限劳动合同。由此可见,该条例在保障劳动者自主选择权的同时,最大限度维护了劳动关系的稳定性。

第五,多项措施并行,维护实习生权益。《江苏省劳动合同条例》规定:用人单位接纳学生实习的,应当提供必要的劳动条件和劳动环境;学校不得通过中介机构或者劳务派遣单位组织、安排和管理实习工作;用人单位应当对实习学生进行劳动安全卫生教育；企业应当按照约定直接向顶岗实习学生支付不低于当地最低工资标准的实习报酬；企业与学校不得克扣顶岗实习学生的实习报酬；实习学生在劳动过程中发生意外伤害，因未办理意外伤害保险或者保险金不足以赔偿的，由企业承担赔偿责任，组织实习的学校未尽到管理职责的，应当承担补充赔偿责任。

（二）《江苏省工资支付条例》立法分析

职工付出劳动，单位按时付薪，本是天经地义。但是近年来，用人单位拖欠职工工资的情况时有发生，对职工的家庭生活产生了很大影响，也扰乱了正常的社会秩序。为了保障劳动者取得劳动报酬的权利，规范用人单位的工资支付行为，加强对用人单位工资支付行为的监督管理，江苏省人大常委会根据《劳动法》和有关法律法规，结合江苏省实际，制定了《江苏省工资支付条例》。该条例共七章66条，其中值得注意的地方有：

一是明确主体职责，加强监督管理。《江苏省工资支付条例》规定，县级以上地方人民政府应当根据经济发展情况定期制定和发布工资水平宏观调控指导政策；县级以上地方人民政府人事、经贸、建设、工商管理、人民银行等部门应当依法对本行政区域内的工资支付行为进行管理和监督；工会、妇联等组织应当依法维护劳动者获得劳动报酬的权利；用人单位应当按照政府宏观调控指导政策的要求，结合劳动力市场价格和本单位经济效益，合理确定本单位的工资水平。

二是规范工资计算和支付方式。《江苏省工资支付条例》规定，职工工资支付周期最长不得超过一个月；工资分配应当遵循按劳分配的原则，实行同工同酬；工资支付应当按时足额支付职工工资；用人单位与职工就工资调整等事宜签订集体合同时应当进行集体协商；用人单位应当在约定日期按时支付工资；用人单位应当以货币形式支付工资，不得以实物、有价证券等形式替代，不得规定劳动者在指定地点、场合消费，也不得规定劳动者的消费方式。

三是规范最低工资标准的确定和适用。《江苏省工资支付条例》规定，最低工资标准由设区的市人民政府根据省人民政府公布的最低工资标准确定，每两年至少调整一次；劳动合同履行地与用人单位所在地最低工资标准不一致的，应当遵循有利于劳动者的原则进行确定；劳动合同约定的工资标准不得低于当地最低工资标准；病假工资、疾病救济费不得低于当地最低工资标准的 80%；国家有关部门或者行业确定的日工资标准或者劳动定额、计件报酬标准低于以当地最低工资标准折算后的日工资标准的，以后者为准。

四是严厉打击欠薪行为。针对欠薪行为，《江苏省工资支付条例》规定了严格的防治措施：用人单位未按时足额支付工资的，应自拖欠发生之日起 5 日内向主管部门书面报告并提出处理方案；合伙人对合伙企业克扣、无故拖欠工资的行为承担连带责任；县级以上地方人民政府应根据实际情况建立欠薪预警制度；人力资源社会保障行政部门应当建立用人单位劳动守法诚信档案，推行劳动守法诚信评价制度，在必要时有权通过传播媒体或者用人单位工作场所等地点对欠薪情况严重的用人单位予以公布，并将有关情况告知工商行政管理、公安、税务、人民银行等有关部门。考虑到现实中确实存在用人单位不能按时支付工资的情形，该条例专门作了特殊规定：用人单位由于不可抗力需要延期支付工资的，应当在不可抗力消除后 30 日内支付工资；用人单位确因生产经营困难，资金周转受到严重影响无法按时支付工资的，在向劳动者书面说明情况并征得工会或职工大会同意后，可以延期支付，但最长不得超过 30 日。

五是明确用人单位的举证责任。《江苏省工资支付条例》规定，用人单位对工资支付承担举证责任，用人单位拒绝提供或者在规定时间内不能提供有关证据的，人力资源社会保障行政部门、劳动争议仲裁委员会和人民法院可以按照劳动者所提供证据直接作出认定；用人单位和劳动者都不能对工资数额举证的，由上述部门机构参照本单位或者当地同岗职工工资水平，按照有利于劳动者的原则计算确定。考虑到欠薪对职工家庭造成的不利影响，该条例还规定，在劳动争议案件中，如果不及时支付工资可能造成劳动者生活困难的，仲裁机构和人民法院可以部分裁决先予支付劳动者部分工资。

（三）《江苏省劳动保护条例》立法分析

劳动者是劳动关系的核心要素，而生命安全和身体健康则是劳动者的核心利益。为了加强劳动保护，改善劳动条件，保障职工在生产劳动过程中的安全和健康，促进社会主义经济建设的发展，江苏省人大常委会制定了《江苏省劳动保护条例》。该条例共七章 57 条，分别对劳动保护责任、劳动保护措施、劳动保护教育、劳动保护监察和监督进行了详细规定：

首先，《江苏省劳动保护条例》明确了劳动保护的具体内涵和适用范围。所谓劳动保护，即指为保障职工在生产劳动过程中的安全与健康所采取的各种措施，包括劳动安全、劳动卫生、安全生产、劳动环境、女职工和未成年职工的保护、工作时间和休假制度等。该条例适用范围十分广泛，包括江苏省行政区域内从事生产劳动活动的一切企业、事业单位（包括外商投资企业）和个体生产经营者。

其次，《江苏省劳动保护条例》明确了各责任主体的职责范围。具体包括：地方各级人民政府全面领导本行政区域内的劳动保护工作，每年需向同级人大常委会报告劳动保护工作情况；政府安全生产监督管理部门对劳动保护工作实施综合监督管理；各级财政行政部门应当将劳动保护监察事业经费和其他必需的经费列入财政预算；各级主管部门和企业事业单位的主要负责人，对所属部门单位的劳动保护工作负全面领导责任，其他负责人对分管范围内的劳动保护工作负领导责任。

再次，《江苏省劳动保护条例》规定了具体的劳动保护措施。例如，企业事业单位新建、改建、扩建和技术改造工程项目的安全设施和职业病防护设施必须与主体工程同时设计、同时施工、同时投入生产和使用，并应当依法进行设计审查和竣工验收；对技术转让和引进项目，必须有可靠的安全装置和安全措施及卫生保障设施；企业事业单位必须依法为职工配备质量合格的劳动防护用品，并应对特种劳动防护用品定期检验；企业事业单位必须依法改善女职工的劳动保护设施，不得使用童工；企业事业单位在发生伤亡事故后必须保护好事故现场，及时组织抢救，减少人员伤亡，并应当按照国家有关规定及时如实上报，不得瞒报、谎报。

最后，《江苏省劳动保护条例》规定了劳动保护检查和监督措施，并要求有关部门和各级工会等组织依照国家有关规定，各司其职，分工协作，密切配合，监督检查劳动保护法律、法规和有关规定的贯彻执行。此外，该条例还分别明确了安全生产监督管理、劳动行政、卫生行政、质量技术监督、公安和环境保护等部门的监管职责，这些措施的实施有力地促进了劳动保护工作的顺利开展。该条例的实施，标志着江苏省劳动保护工作的行政化色彩开始淡化，走上了法制化的轨道。

二、加强社会保障体系建设，促进经济社会协调发展

社会保障是指通过立法积极动员社会各方面资源，保证公民能够维持基本生活，同时根据经济社会发展状况，逐步增进公共福利水平，提高国民生活质量。社会保障是维护社会稳定和国家安定的稳定器、安全阀，事关广大社会成员的切身利益，因此，建立健全社会保障制度，有利于促进社会生产力的发展，完善社会福利，从而维护社会稳定。近年来，江苏省各级立法主体在社会保障方面制定并实施了一系列社会性法规，从法律制度上切实保障人民在经济、政治、文化、社会等方面的平等权益。其中，具有代表性的法规有：《江苏省法律援助条例》、《江苏省残疾人保障条例》和《江苏省老年人权益保障条例》。

（一）《江苏省法律援助条例》立法分析

为了保障经济困难的公民平等地获得法律服务和法律保护，促进和规范法律援助活动，江苏省人大常委会结合实际，制定了《江苏省法律援助条例》。该条例共七章43条，分别从法律援助范围、法律援助的申请和审查、法律援助的实施、法律援助的保障等方面作了较为细致的规定。

《江苏省法律援助条例》首先对法律援助和法律援助人员进行了界定：法律援助是指经济困难的公民和特殊案件的当事人依照法律、行政法规和该条例获得的咨询、代理、刑事辩护等无偿法律服务；法律援助人员是指受法律援助机构指派或者安排承办法律援助事项的律师等法律服务从业人员以及法律援助志愿者。这两个定义重点突出了法律援助的无偿性和志愿性。

在此基础上，《江苏省法律援助条例》明确规定法律援助是政府的责任，确立了政府在法律援助工作中的主体地位，并要求各级人民政府确定法律援助机构，采取积极措施推动法律援助工作，保障法律援助事业与经济、社会协调发展。为了鼓励社会力量积极参与法律援助活动、推动法律援助工作的顺利开展，该条例支持和鼓励工会、共青团、妇联、残联、高等院校参与法律援助活动，为经济困难的公民提供法律援助；支持和鼓励其他社会组织参与法律援助活动；支持和鼓励律师及其他法律专业人员自愿为经济困难的公民提供免费的法律服务，对开展法律援助工作成绩突出的组织和个人，应由县级以

上地方人民政府或者司法行政部门给予表彰和奖励。

在法律援助的范围方面,《江苏省法律援助条例》放宽了援助对象的范围,并在此基础上规定,如果被告人是盲、聋、哑、未成年人或者被告人可能被判处死刑,没有委托辩护人的,法律援助机构应当为其提供法律援助,并无须进行经济状况审查;主张因见义勇为或者保护社会公共利益行为而产生的民事权益的,法律援助机构同样应当无条件为其提供法律援助。在法律援助的申请和审查方面,该条例要求法律援助机构将相关事项范围、条件、程序、期限以及申请材料目录等在办公场所公示,申请人对法律援助机构不予援助的决定有异议的,可在规定时间内向主管该法律援助机构的司法行政部门请求审查,申请人对审查意见不服的,还可以申请行政复议。

在法律援助的实施方面,《江苏省法律援助条例》规定了详细的法律援助程序和步骤,并要求法律援助人员应当以事实为根据,以法律为准绳,恪守职业道德和执业纪律,依法完成援助事项,维护受援人利益。此外,为了保障法律援助工作的顺利实施,该条例还规定了一系列保障措施,诸如将法律援助经费列入财政预算、设立法律援助基金会、鼓励社会组织及个人向法律援助事业捐赠财产等。最后,该条例明确了法律援助违法违规行为的法律责任,要求对违反该条例规定的相关责任人员,应当依法给予行政处分,构成犯罪的,还应依法追究其刑事责任。

(二)《江苏省残疾人保障条例》立法分析

残疾人属于弱势群体,需要全社会予以帮助,因此也是社会法所关注的焦点。为了维护残疾人的合法权益,发展残疾人事业,保障残疾人平等地充分参与社会生活,共享社会物质文化成果,江苏省人大常委会根据《残疾人保障法》等法律、行政法规,制定了《江苏省残疾人保障条例》。该条例共九章67条,主要有以下亮点:

第一,以政府为主导,大力发展残疾人保障事业。残疾人在政治、经济、社会和家庭生活等方面享有与其他公民平等的权利,地方政府应当在维护残疾人合法利益的过程中发挥主导作用,《江苏省残疾人保障条例》要求地方各级人民政府加强对残疾人工作的领导,将残疾人事业纳入国民经济和社会发展规划,并将残疾人事业经费列入财政预算;县级以上地方人民政府应当设立残疾人工作委员会，负责组织协调有关部门做好残疾人工作。在明确政府主导作用的基础上，该条例倡导社会团体、企业事业单位和城乡基层群众性自治组织配合政府做好所属范围内的残疾人工作，并鼓励社会组织和个人支持残疾人事业，为残疾人提供捐助和服务。

第二，建立完善残疾预防制度与康复救助制度。预防残疾发生是减轻残疾社会问题的根本途径，为了从源头上降低残疾的发生率，《江苏省残疾人保障条例》进行了一系列的制度化设计：县级以上地方人民政府应当建立和完善残疾预防服务体系，采取措施预防残疾的发生、减轻残疾的程度；卫生、人口计生等部门和残疾人联合会应当制定并实施残疾预防行动计划；医疗机构开展婚前医学检查和孕前、孕产期保健服务，应当依照规定减免相关费用等。在做好残疾预防工作的基础上，该条例还对残疾人康复救助制度作了规定，具体包括：政府部门引导和加强残疾人康复机构建设；省和设区的市应当建立综合性残疾人康复中心；二级甲等及以上综合医院、有条件的二级甲等及以上专科医院应当设立康复科，同时鼓励和支持社会组织和个人创办残疾人康复机构。

第三，齐抓共管，保障残疾人正常学习、工作与生活。在残疾人教育方面，《江苏省残疾人保障条例》规定，残疾人享有平等接受教育的权利；设区的市、县（市）应当设立特殊教育学校，鼓励省属高校为残疾人设置特殊教育专业或者特教班；残疾儿童少年实行学前 3 年至高中 3 年的 15 年免费教育，普及残疾儿童少年义务教育；县级以上地方人民政府应当健全残疾人教育补贴机制。在残疾人劳动就业方面，该条例规定，县级以上地方人民政府人力资源社会保障等部门应当将残疾人就业纳入政府公共就业服务范围，确保残疾人享有劳动就业的权利；事业单位、国有以及国有控股企业招录工作人员时应当单列一定数量适合残疾人的岗位；地方各级人民政府应当通过鼓励社会兴办残疾人福利企业、盲人按摩机构等方式集中安排残疾人就业。在残疾人文化体育方面，该条例规定，县级以上地方人民政府和有关部门应当制定保障残疾人平等参与文化体育活动的政策措施；残疾人凭残疾人证可以免费进入政府投资主办的公园、动物园、植物园、博物馆等旅游景区、公共活动场所；县级以上地方人民政府应当建设满足残疾人需求的文化体育活动设施和活动场所等。

第四,创造无障碍环境,方便残疾人参与社会生活。《江苏省残疾人保障条例》规定,地方各级人民政府应当加强无障碍环境的统筹规划和管理,确保残疾人无障碍地使用交通工具、信息通信设备以及其他设施和服务;城镇新建、改建、扩建道路、公共交通设施、居住区等,应当符合无障碍设施工程建设标准;交通运输和城市公共交通服务行业应当实施无障碍建设与改造,公共服务机构应当为残疾人提供语音、盲文和手语等无障碍服务;任何单位和个人不得损毁、擅自占用无障碍设施或者改变无障碍设施的用途。

第五,加强财政与法律保障,促进助残事业的发展。在财政保障方面,《江苏省残疾人保障条例》规定,地方各级人民政府应当采取措施,完善对残疾人的社会保障制度,逐步提高残疾人的生活质量和水平;对生活确有困难的残疾人,其参保费用由当地人民政府按照有关规定给予补贴;公共服务单位和其他社会组织应当设置便利设施,方便残疾人享受社会公共服务,并减免相关服务性收费。在法律保障方面,该条例针对违反该条例的行为尤其是政府部门及工作人员的违法行为规定了严厉的法律责任,地方各级人民政府和有关部门、残疾人联合会及其工作人员未依法履行残疾人工作职责,滥用职权、玩忽职守、徇私舞弊的,依法给予处分,构成犯罪的,还要依法追究其刑事责任。

(三)《江苏省老年人权益保障条例》立法分析

《江苏省2017年老年人口信息和老龄事业发展状况报告》显示,江苏省老龄化率仅次于上海、北京,居全国各省(区、市)第三位,是老龄化程度最高的省份。[1] 如何保障老年人老有所学、老有所乐、老有所为,已经成为江苏省亟须解决的问题。为了保障老年人合法权益,发展老年事业,弘扬中华民族敬老、养老、助老的美德,促进社会和谐,江苏省人大常委会根据《老年人权益保障法》等法律法规,制定了《江苏省老年人权益保障条例》。该条例共六章53条,值得关注的地方有:

第一,以政府为主导,以社会为补充,协同助老扶老。《江苏省老年人权

---

〔1〕 参见辛闻:《江苏老龄化程度居全国第三位 超60岁人口达1756.21万》,载中国网,http://news.china.com.cn/txt/2018-10/18/content_66781506.htm。

益保障条例》要求县级以上地方人民政府加强对老年人权益保障工作的领导，将老年事业纳入国民经济和社会发展规划；县级以上地方人民政府老龄工作委员会负责指导、协调和督促有关部门做好老年人权益保障工作。该条例同时规定，工会、共青团、妇联应当根据自身职能，做好老年人权益保障工作；社会组织应当发挥在老年人权益保障工作中的作用；报刊、广播、电视、网络等媒体应当通过宣传活动引导全社会树立尊重、关心、帮助老年人的社会风尚；对维护老年人合法权益作出突出贡献的组织、家庭和个人，由地方各级人民政府给予表彰和奖励。这些规定充分肯定了社会力量在助老扶老工作中的积极作用。

第二，尊重老人自身意愿，维护老人合法权益。《江苏省老年人权益保障条例》在明确赡养人赡养义务的基础上，充分尊重老年人自身意愿，这一特点在下述规定中得到了较为充分的体现：老年人对本人的合法收入及其他合法财产依法享有占有、使用、收益、处分的权利，子女或者其他亲属不得干涉；居住老年人房屋的成年子女或者其他亲属自租、自购房屋后，老年人不同意其继续居住的，应当迁出；老年人的婚姻自由受法律保护，子女或者其他亲属不得干涉老年人的婚姻自由和婚后生活；有独立生活能力的成年子女要求老年人经济资助的，老年人有权拒绝，子女或者其他亲属不得以无业等理由骗取、克扣或者强行索取老年人的财物，即老年人有权对“啃老”说不。

第三，加强财政支持力度，完善社会保障制度。《江苏省老年人权益保障条例》规定，县级以上地方人民政府应当依法建立健全覆盖城乡的养老、医疗、社会救助等社会保障制度，养老保险待遇水平应当根据实际情况适时提高；县级以上地方人民政府应当将符合条件的老年人纳入最低生活保障范围，对于无劳动能力、无生活来源又无法得到赡养和扶养的老年人，应当由政府供养；经济困难的老年人追索养老费用、申请法律援助、申请办理公证的，人民法院、法律援助机构以及公证机构应根据具体情况提供帮助。此外，该条例还设立了“尊老金”制度，规定县级以上政府应当向 80 周岁以上老人发放尊老金，80 ~ 99 周岁老人的尊老金，由设区的市、县（市、区）政府负担，100 周岁以上老人的尊老金，由省政府负担，每人每月不低于 300 元。

第四，拓宽民资进入方式，大力发展养老机构。《江苏省老年人权益保障条例》鼓励县级以上地方人民政府将老年服务设施建设纳入城乡规划，建立居家养老、社区服务、机构养老相结合的基本养老服务体系，并支持社会资本投资兴办老年公寓、老年康复中心等养老服务机构。为了保证和提高养老机构的服务水平，该条例一方面要求各级民政部门加强对养老服务的管理和监督，推进养老服务规范化、标准化建设；另一方面着力推进养老服务从业人员持证上岗制度和养老服务等级待遇制度，要求养老服务机构加强对养老服务人员的岗位培训，提高养老服务人员职业道德和业务技术水平。

三、构建现代社会管理体系，着力营造文明社会环境

社会主义精神文明建设，既是一个重大的现实课题，又是一项长期的历史任务。正确价值观的确立和良好社会风尚的形成，在新形势下具有十分重要的意义。近年来，江苏省地方立法机关在精神文明方面进行了一系列社会立法活动，大力弘扬先进的思想、健康的节操和高尚的道德，培育奋发进取、理性平和、开放包容的社会心态，为江苏省的现代化建设提供了有力的思想保证、精神动力和智力支持。其中，具有代表性的法规有：《江苏省志愿服务条例》《江苏省慈善事业促进条例》《南京市少数民族权益保障条例》。

（一）《江苏省志愿服务条例》立法分析

志愿服务是一项充满阳光的事业，志愿者是一个社会的和谐音符。为了倡导志愿服务精神，促进志愿服务事业发展，规范志愿服务活动，保障志愿者、志愿服务组织和志愿服务对象的合法权益，江苏省人大常委会根据有关法律、行政法规的规定，结合实际，制定了《江苏省志愿服务条例》。该条例共七章35条，是江苏第一部规范志愿服务活动的地方性法规，标志着江苏省的志愿服务活动纳入了法制化的轨道。本条例有以下诸多亮点：

第一，明确志愿服务内涵，加强鼓励支持力度。《江苏省志愿服务条例》明确规定，志愿服务是指不以营利为目的，经志愿服务组织安排，由志愿者实施的自愿帮助他人和服务社会的公益行为；志愿服务组织是指依法登记，从事志愿服务的非营利性社会组织；志愿者是指在志愿服务组织登记，不以获得报酬为目的，以自身知识、技能、体能等，自愿帮助他人和服务社会的个人。为了推进志愿服务活动的有序发展，该条例在明确志愿服务工作协调机构、

共青团组织职责的基础上，还倡导社会团体、企事业单位等组织鼓励和支持志愿服务活动，号召具备志愿服务条件的公民积极参加志愿服务活动。

第二，加强志愿服务组织建设，健全志愿服务激励机制。《江苏省志愿服务条例》规定，志愿者协会在县级以上人民政府民政部门依法登记即可成立，而且可以根据需要设立分支机构；企业事业单位和社区、街道等组织可以根据需要成立志愿服务组织，并可以加入志愿者协会成为其团体会员。为了鼓励公民积极参加志愿服务活动，该条例要求志愿服务组织建立时间累计和绩效评价制度，志愿者志愿服务总时数累计达400小时以上的，可以凭志愿服务证明向志愿者协会申请核发志愿服务荣誉卡。

第三，志愿服务具有非强制性和非营利性。“自愿”“无偿”是志愿服务活动的主要特征，据此，《江苏省志愿服务条例》规定，志愿服务组织、志愿者和志愿服务对象之间是自愿、平等的关系，任何单位和个人不得强行指派志愿服务组织提供服务，也不得利用志愿服务组织或者志愿者的名义、标识进行营利性活动或者非法活动；志愿服务组织开展志愿服务活动时不得从事营利性活动；志愿服务组织可以与接受志愿服务的单位和个人签订书面协议，明确双方的权利、义务以及解决争议的方法，以减少志愿服务过程中的纠纷与争议。

第四，完善志愿服务保障机制，推动志愿服务常态化发展。《江苏省志愿服务条例》规定，地方各级人民政府应当为志愿服务工作协调机构的日常工作提供必要的经费保障；志愿服务经费应当专款用于志愿服务事项，任何单位和个人不得侵占、私分、挪用。此外，该条例还鼓励自然人、法人和其他组织对志愿服务组织和志愿服务活动进行捐赠、资助；在举办大型社会公益活动时，举办者应当为志愿者提供必需的专项服务培训和必要的物质、安全保障，并为参加志愿服务的志愿者购买相应的人身意外伤害保险。

（二）《江苏省慈善事业促进条例》立法分析〔1〕

慈善事业在改善社会民生、促进社会公平、健全社会保障体系方面发挥

---

〔1〕 2017年12月2日江苏省第十二届人民代表大会常务委员会第三十三次会议通过了《江苏省慈善条例》，《江苏省慈善事业促进条例》被同时废止。由于本章主要探讨2015年及之前的江苏省社会立法状况，因此，在此作出分析。

着重要作用。为了弘扬慈善文化,规范慈善活动,保障慈善活动当事人的合法权益,促进慈善事业健康发展,江苏省人大结合实际,制定了《江苏省慈善事业促进条例》(以下简称《条例》),这是全国第一部促进慈善事业发展的地方性法规。《条例》共八章60条,对慈善活动的定义、慈善募捐的规范以及对慈善事业的扶持和奖励等作了明确规定:

首先,加强引导,推动慈善组织自主管理与自我发展。《条例》明确界定了慈善活动的内涵,即公民、法人和其他组织以捐赠财产或者提供服务等方式,自愿、无偿开展的扶老、助残、救孤、济困、赈灾等活动。《条例》肯定了慈善组织的独立性,主要体现为组织独立和经济独立:在组织方面,慈善组织应当依法设立理事会、监事会,实行民主管理、民主监督,其内部事务不受任何组织和个人的非法干涉;在经济方面,慈善组织应当建立受赠财产的管理制度,保障慈善财产的安全,慈善组织受赠的财产及其增值部分属于社会公共财产,受国家法律保护,任何单位和个人不得私分、侵占、挪用和损毁。此外,《条例》还明确了慈善组织的信息公开义务,要求慈善组织每年向社会公布慈善组织基本情况、慈善财产状况、慈善募捐受赠财产的使用情况等信息,接受社会监督。

其次,立足实际,健全慈善捐赠和募捐机制。《条例》明确了捐赠方和接受捐赠方的权利和义务,如捐赠方捐赠的财产应当是其有权处分的合法财产;捐赠方有权约定其捐赠财产的使用方向、实施项目和受益人;捐赠方捐赠的物品应当具有使用价值,符合安全、卫生、环保等标准;接受捐赠方对捐赠方的个人信息应当依法保密等。针对慈善募捐市场存在着的募捐主体混乱、募捐活动缺乏监督等问题,《条例》创设了慈善募捐许可制度,并明确了申请慈善募捐许可的组织所应当具备的五项条件。《条例》将可以开展慈善募捐活动的主体分为三类:一是慈善组织,二是法律、行政法规规定可以开展慈善募捐活动的组织,三是取得慈善募捐活动许可证的其他组织。在此基础上,《条例》还规定了慈善募捐组织需公开相关信息、接受社会监督的具体情形,如开展募捐前向社会公告募捐活动相关事项,募捐结束后十五日内向社会公告募捐情况等。

再次,奖励先进,引导和扶持慈善事业发展。《条例》专设“扶持和奖励”

一章,从政府扶持、表彰奖励、政府补贴、部门服务、社会参与等方面作了规定,如省人民政府设立“江苏慈善奖”,每两年表彰一次;地方各级人民政府可以给予捐赠和慈善救助项目适当补贴或者其他支持;会展场所、体育场馆、车站、码头、机场等公共场所应当为慈善活动提供便利等。除此之外,税收优惠作为慈善奖励措施的重要组成部分,在本条例中也得到了相应体现。但是由于税收属于国家专属立法事项,本条例只对税收优惠作了指引性规定,并同时要求税务部门简化办事程序,方便捐赠人办理有关减免税手续。

最后,全民参与,积极弘扬与宣扬慈善文化。慈善活动与慈善文化紧密相关、相辅相成。没有文化土壤的深层滋养,慈善事业很难持续发展。为了在全社会弘扬正确的慈善观,培育民众的慈善意识和社会责任感,《条例》把每年十一月第一个星期定为江苏慈善周,并规定了一系列切实可行的措施:慈善组织应当加强慈善文化建设,重视培养慈善事业人才;地方各级人民政府及有关部门应当扶持和鼓励弘扬慈善文化的文学艺术创作和活动;学校应当通过多种形式向学生传授慈善知识,培养慈善理念;高等院校、社会科学研究机构应当加强慈善文化建设的研究。

(三)《南京市少数民族权益保障条例》立法分析

南京是一座多民族杂居城市,随着现代化步伐的加快和少数民族人口的增多,南京民族工作面临着诸多矛盾和问题。为了保障少数民族合法权益,维护和发展平等、团结、互助、和谐的民族关系,促进各民族共同繁荣发展,南京市人大常委会结合实际,根据宪法和有关法律法规,制定了《南京市少数民族权益保障条例》。该条例共 34 条,涵盖了少数民族政治、经济、文化、教育等各个方面,其中具有创新性的内容有:

第一,保障少数民族公民参与区域治理的政治权利。《南京市少数民族权益保障条例》规定,市、区和享受民族乡待遇的镇人大中应当有少数民族代表;少数民族人口较多的区以及享受民族乡待遇的镇所在区人大常委会组成人员中,应当有少数民族代表;享受民族乡待遇的镇以及相关单位和部门应当配备一定数量的少数民族工作人员。此外,该条例参照江苏省关于民族乡的设立条件对民族村的设立进行了明确,以期让更多符合条件的村能够享受国家、省、市的帮扶,从而让更多的农村少数民族群众脱贫致富,提高他们的生活水平。

第二,尊重和保护少数民族文化风俗习惯。南京市有云锦、金箔等民族特色文化遗产,也有奇芳阁、绿柳居等一批历史悠久的民族特色企业,这些都是颇具南京特色的文化遗产。少数民族有其自身特殊的民族文化和风俗习惯,应当得到充分尊重和保护。对此,《南京市少数民族权益保障条例》规定,市、区人民政府应当加强对少数民族传统文化、艺术和体育资源的挖掘、整理、传承和保护,保障少数民族公民的宗教信仰自由,合理规划宗教活动场所,依法保护少数民族合法宗教活动;南京市回族、维吾尔族、哈萨克族、保安族等职工开斋节放假一天,所在单位应当给予假期,不得扣减工资;各类出版物、网络媒体、广播和其他宣传活动禁止出现煽动民族分裂,破坏民族团结,歧视、侮辱少数民族和伤害民族感情的内容;禁止使用带有歧视、侮辱少数民族,伤害少数民族感情、影响民族团结的称谓、地名、标志、牌匾和字号。

第三,加大对少数民族工作的政策扶持力度。在教育方面,《南京市少数民族权益保障条例》规定,市、区人民政府应当优先帮助民族中小学和幼儿园改善办学条件,提高教学质量;少数民族考生参加南京市高中阶段学校招生考试、报考高等院校(含民族院校)的,应当给予政策性加分。在养老方面,该条例一方面要求市、区人民政府积极发展少数民族社会养老事业,合理规划和建设养老服务设施,逐步改善少数民族养老服务条件,另一方面通过给予政策优惠的方式支持和鼓励社会力量兴办符合少数民族需要的养老服务设施。在经济方面,该条例进一步转变扶贫方式,发动和引导少数民族群众创业兴业,从“输血”变“造血”,在延续以往对少数民族贫困群众给予救济的做法的基础上,重点帮助少数民族群众发展生产,提高就业率,并对此进行了专门规定:政府对民族特需商品定点生产企业,以少数民族为主要服务对象的食品生产、加工、经营企业,应当按照有关规定提供经济服务,给予贴息、技改等方面的资金扶持;对于在南京市务工、经商和求学等的外地少数民族人员,政府和有关部门应当予以支持和保护,为其提供信息咨询、法律援助、就业培训等服务。

第六章　地方文化立法

第一节　地方文化立法界说

一、文化和文化权

（一）文化与文化制度的含义

据专家考证，"文化"是中国语言系统中古已有之的词汇。"文"的本义，指各色交错的纹理。《易·系辞下》载："物相杂，故曰文。"《说文解字》称"文，错画也，象交叉"，均指此义。在此基础上，"文"又有若干引申义。其一，为包括语言文字在内的各种象征符号，进而具体化为文物典籍、礼乐制度。《论语·子罕》所载孔子说"文王既没，文不在兹乎"，是其实例。其二，为彩画、装饰、人为修养之义，与"质""实"对称。所以《尚书·舜典》疏曰"经纬天地曰文"，《论语·雍也》称"质胜文则野，文胜质则史，文质彬彬，然后君子"。其三，在前两层意义之上，导出美、善、德行之义。这便是《礼记·乐记》所谓"礼减而进，以进为文"，郑玄注"文犹美也，善也"。"化"，本义为改易、生成、造化，如《庄子·逍遥游》"化而为鸟，其名曰鹏"，《礼记·中庸》"可以赞天地之化育"，等等。因此，"化"指事物形态或性质的改变，同时又引申为教行迁善之义。

"文"与"化"并联使用，较早见之于战国时的《易·贲卦·象传》：刚柔交错，天文也。文明以止，人文也。观乎天文，以察时变；观乎人文，以化成天下。"天文"，亦即天道自然规律；"人文"，指人伦社会规律，即社会生活中人与人之间纵横交织的关系。这段话说,治国者需观察天文,以明了时序之变化,又需观察人文,使天下之人均能遵从文明礼仪,行为止其所当止。在这里,“人文”与“化成天下”紧密联系,“以文教化”的思想已十分明确。

西汉以后,“文”与“化”方合成一个整词,如《说苑·指武》中“圣人之治天下也,先文德而后武力。凡武之兴,为不服也。文化不改,然后加诛”。这里的“文化”,或与天造地设的自然对举,或与无教化的“质朴”“野蛮”对举。因此,在汉语系统中,“文化”的本义就是“以文教化”,它表示对人的性情的陶冶、品德的教养,本属精神领域之范畴。

在西方,英文 culture 源自古拉丁文 cultura,原意表示土地的开垦和耕耘,后引申为对人自身的培养、教化、修养、修治等,从 17 世纪开始,文化才被理解为民族精神素养和实践技能的总体发展水平。[1] 随着时间的流变和空间的差异,“文化”逐渐成为一个内涵丰富、外延宽广的多维概念,成为众多学科探究、阐发、争鸣的对象。

文化(culture)是一个非常广泛的概念,给它下一个严格和精确的定义是一件非常困难的事情。不少哲学家、社会学家、人类学家、历史学家和语言学家一直努力,试图从各自学科的角度来界定文化的概念。然而,迄今为止仍没有获得一个公认的、令人满意的定义。据统计,有关“文化”的各种不同定义至少有 200 多种。笼统地说,文化是一种社会现象,是人们长期创造形成的产物,同时又是一种历史现象,是社会历史的积淀物。确切地说,文化是凝结在物质之中又游离于物质之外的,能够被传承的国家或民族的历史、地理、风土人情、传统习俗、生活方式、文学艺术、行为规范、思维方式、价值观念等,是人类之间进行交流的普遍认可的一种能够传承的意识形态。文以化人,文化就是可以融化在人身上的精神文明方面的东西。

就法律层面而言,文化的概念大致分为三个层次:一是广义的文化,是指在社会历史发展过程中所创造的物质财富和精神财富的总和,近义于社会文明。二是中义上的文化,特指人类在一定的历史阶段所创造的精神财富。近

---

〔1〕 参见陈云生:《宪法人类学——基于民族、种族、文化集团的理论建构及实证分析》,北京大学出版社 2005 年版,第 301 页。

义于社会的精神文明。三是狭义的文化，则是指文学艺术、新闻出版、广播影视等特定的社会事业。

文化制度是指一国通过宪法和法律调整的以社会意识形态为核心的各种基本文化关系的规则、原则和政策的总和。文化制度主要包括教育、科技、文学艺术、广播电影电视、医疗卫生体育、新闻出版、文物、图书馆事业以及社会意识形态等方面。自国家产生后，国家与文化的关系体现为三种模式：一是国家对文化领域不介入的模式。如早期的美国。二是文化完全受国家控制的模式，近代以前专制社会中的文化即如此。在当代，有的国家以其独特的宗教、伦理观念或政治信念来控制文化生活，限制人民的文化权利，以国家权力的需求扼杀文化本身的自主性。三是原则上保障文化的自律性，但以宪法和法律手段适度干预文化生活。这是当代普遍追求的模式。

（二）文化权规定的历史沿革

早期的西方国家宪法基于当时社会经济发展的状态，在文化制度方面的规定多限于教育方面，对科学技术和其他文化事业的规定较为少见，而且多从保障公民权利的角度加以规定。随着教育科学文化事业的发展，它们在社会发展中的作用越来越重要，在宪法中的地位也就越来越突出。现在的宪法不仅保障公民在这方面享有比以前广泛得多的权利，而且还明确规定国家大力发展教育文化事业的措施。如 1947 年《意大利宪法》，除在公民权利与义务中规定保护公民受教育权、艺术与科学自由等外，还在基本原则中规定："共和国奖励文化、科学与技术研究之发展，共和国保护风景名胜、民族的历史遗产。"

社会主义宪法相对于西方国家宪法来讲，在文化制度规定方面更为重视和全面，如 1977 年《苏联宪法》有社会发展和文化专章，我国 1978 年《宪法》总纲把发展科学、教育事业列为两条，现行《宪法》又增加了发展医疗卫生、体育和文学艺术事业两条。从发展趋势看，在科学技术大发展的时代，宪法对这方面的规定将日益增加。而对思想等方面的宪法规定一般不会有大的突破，即使规定，也只注重于对民族历史和传统的尊重。

文化权是指公民享有自由进行科学研究、文学创作和其他文化活动的权利。《世界人权宣言》第 27 条规定："（一）人人有权自由参加社会的文化生活，享受艺术，并分享科学进步及其产生的福利。（二）人人对由于他所创作的任何科学、文学或美术作品而产生的精神的和物质的利益，有享受保护的权利。"《经济、社会及文化权利国际公约》第15条规定："一、本公约缔约各国承认人人有权：（甲）参加文化生活；（乙）享受科学进步及其应用所产生的利益；（丙）对其本人的任何科学、文学或艺术作品所产生的精神上和物质上的利益，享受被保护之利。二、本公约缔约各国为充分实现这一权利而采取的步骤应包括为保存、发展和传播科学和文化所必需的步骤。三、本公约缔约各国承担尊重进行科学研究和创造性活动所不可缺少的自由。四、本公约缔约各国认识到鼓励和发展科学与文化方面的国际接触和合作的好处。"文化权是一项基本人权，许多国家的宪法都作了规定。各国宪法所规定的文化权的内容主要包括科学研究自由（学术自由）、文学创作自由、知识产权受保护等。

（三）我国公民文化权的内容与保障

我国现行《宪法》第47条规定："中华人民共和国公民有进行科学研究、文学艺术创作和其他文化活动的自由。……"一般认为，我国宪法所规定的文化权主要包括三方面的内容：(1)科学研究自由。科学研究自由，通常称为学术自由，它是指每个公民都有研究各种学术问题以及发表和讲授自己见解的自由。(2)文学创作自由。文学创作自由，又称艺术自由，也有的学者称之为创作自由，是指公民可以充分发挥自己的才能，选择自己喜欢的题材、主题和表现方法，创作充分抒发自己感情和表达自己思想的各种文学艺术作品的自由。(3)文化生活自由。文化生活自由是指公民享有从事除科学研究和文学艺术创作以外的其他文化活动的自由，包括参加各种文化娱乐活动、使用各种文化设施、欣赏文化珍品等。

为保障公民的文化权，我国现行《宪法》在第47条中明确规定："……国家对于从事教育、科学、技术、文学、艺术和其他文化事业的公民的有益于人民的创造性工作，给以鼓励和帮助。"而且，在总纲中第20条规定：国家发展自然科学和社会科学事业，普及科学和技术知识，奖励科学研究成果和技术发明创造。第22条规定：国家发展为人民服务、为社会主义服务的文学艺术事业、新闻广播电视事业、出版发行事业、图书馆博物馆文化馆和其他文化事业,开展群众性的文化活动。国家保护名胜古迹、珍贵文物和其他重要历史文化遗产。第23条规定:国家培养为社会主义服务的各种专业人才,扩大知识分子的队伍,创造条件,充分发挥他们在社会主义现代化建设中的作用。

二、文化立法和文化法律体系

(一)文化立法的含义

文化立法是国家通过立法方式管理文化领域的事务,具体而言,是指特定国家机关依照一定程序,制定或者认可旨在调整人们社会文化关系和进行文化事业管理,并以国家强制力保证实施的行为规范的活动。这是从立法的内容上进行的归类。它包括制定有关文化方面的法律、行政法规和行政规章等各种法律规范的活动。加强文化立法,是依法调整文化领域各种社会关系,引导、规范和促进文化事业和文化产业健康发展,保障公民文化权利的必然要求。

当今世界文化发达的国家,无一不高度重视文化立法。美国是世界上最早从事文化方面立法的国家,在美国,文化产业被称为"版权产业"。早在1790年,美国就颁布了第一部《版权法》。1965年,国会通过了《国家艺术及人文事业基金法》,这部法决定了美国文化体制的基本架构。20世纪末,为了应对信息时代对知识产权的冲击,在已有《版权法》《专利法》《商标法》《反不正当竞争法》基础上,又出台了诸多新法规,如《版权保护期限延长法》《数字千禧年版权法》《防止数字化侵权及强化版权赔偿法》《家庭娱乐和版权法》等。"无为之治"的政府文化管理理念之所以成就了美国的文化强国地位,很大程度上得益于完备严密的法律支撑。健康有序的市场环境与文化产业的繁荣往往相伴相生。

(二)中国的文化法律体系

中国的文化法律体系是以宪法为核心,以文化法为主要内容,横跨行政法、民法、商法、经济法、社会法、刑法和诉讼法等多部门多层次的规范体系,它在结构上包括宪法、专门的文化法和相关的部门法律三个部分。

1. 宪法

宪法关于国家基本制度和发展文化事业及保障公民享有从事文化活动

的权利的规定,为文化法制建设提供了基本原则。《宪法》第22条规定,“国家发展为人民服务、为社会主义服务的文学艺术事业、新闻广播电视事业、出版发行事业、图书馆博物馆文化馆和其他文化事业,开展群众性的文化活动。国家保护名胜古迹、珍贵文物和其他重要历史文化遗产”。宪法保障公民享有进行科学研究、文学艺术创作和其他文化活动的权利,保障公民享有言论、出版、集会、结社、游行、示威的自由和宗教信仰的自由。《宪法》的这些规定,既是建立文化法律体系的依据,又是文化法律体系的一部分。

2. 专门的文化法

文化法是根据宪法制定的调整国家文化管理和社会文化生活中发生的各种社会关系的法律规范的总称。目前已经制定的关于文化方面的法律法规中,《文物保护法》是中国重要的文化法律之一,它对文物的保护、利用和研究作出了全面规定。在演出、电影、广播、电视、出版等方面,国务院也制定了大量的行政法规,它们对保障公民享有的言论、出版、表达等民主权利具有重要作用。

3. 相关的部门法律

包括行政法、民法、商法、经济法、社会法、刑法和诉讼法等。其中,行政法关于国家文化行政管理部门职责权限的规定是文化管理的法律依据。民法关于市场主体资格,市场主体的权利、义务和行为的一般原则的规定,为文化产品交换的存在和运作奠定了法律基础。目前,国家已经制定的适用于文化产品交换的民事法律规范主要有《著作权法》等。商法中的《公司法》《保险法》等法律规范对文化市场也具有普遍的约束力。经济法是调整因国家从社会整体利益出发的市场干预和调控所产生的社会经济关系的法律规范的总称。文化产品交换与一般商品的交换相比,有其特殊性,它以追求社会效益为首要目标,因此,许多重要的经济法是保障文化产品正常流通的法律调控手段。如《反不正当竞争法》可以维护竞争秩序,制止对知识产权的侵犯。社会法调整因维护劳动权利、救助失业者而产生的各种社会关系,它在保障文化从业者的劳动权利和社会权利方面,具有十分重要的作用。刑法对传播精神文化垃圾等违法犯罪活动,加以控制。诉讼法,包括《民事诉讼法》《刑事诉讼法》《行政诉讼法》,对侵犯公民、法人合法文化权利的,公民、法人可以通过诉讼途径得到法律的救济。

三、地方文化立法的含义及特点

文化立法包括中央立法和地方立法。据不完全统计，自 1949 年中华人民共和国成立至今，国家已经制定了有关文化的法律、行政法规和文化行政规章 400 余部，其中包括《文物保护法》和《著作权法》等法律。各地方的权力机关和行政机关根据各自地方的实际情况，制定了大量的执行国家法律、行政法规的地方性法规和规章。可以说，在调整人们社会文化关系和文化事业管理的一些重要方面，初步做到了“有法可依”“有章可循”。

地方文化立法，是指有权制定地方性法规的人大及其常委会和有权制定地方性规章的人民政府针对本行政区域或者本行政区域内某一特定地区的社会文化发展和文化事业管理需要，按照立法程序制定规范性文件，并在本行政区域内或者某一特定区域施行的立法活动。

地方文化立法是地方一般立法中的一种立法形式，它具有以下四个显著的特征。

（一）立法主体的法定性和特定性

地方文化立法的立法主体都是符合《立法法》规定的有立法权的权力机关和行政机关。根据原来《立法法》的规定，在江苏，区域文化立法主体是江苏省人大及其常委会、江苏省人民政府，南京市、苏州市、无锡市、徐州市的人大及其常委会和人民政府。根据 2015 年 3 月修改的《立法法》第 72 条第 2 款的规定：“设区的市的人民代表大会及其常务委员会根据本市的具体情况和实际需要，在不同宪法、法律、行政法规和本省、自治区的地方性法规相抵触的前提下，可以对城乡建设与管理、环境保护、历史文化保护等方面的事项制定地方性法规，法律对设区的市制定地方性法规的事项另有规定的，从其规定。……”第 82 条第 1 款和第 3 款规定：“省、自治区、直辖市和设区的市、自治州的人民政府，可以根据法律、行政法规和本省、自治区、直辖市的地方性法规，制定规章。”“设区的市、自治州的人民政府根据本条第一款、第二款制定地方政府规章，限于城乡建设与管理、环境保护、历史文化保护等方面的事项。已经制定的地方政府规章，涉及上述事项范围以外的，继续有效。”所以，在江苏,所有省辖市的权力机关和人民政府都可以进行地方文化立法。

（二）适用范围的特定性

地方文化立法法律文件的法律效力是以立法机关管辖的行政区域范围为基础,一般性的文化立法往往覆盖立法机关管辖的整个行政区域的全部,调整的内容也是本行政区域内具有普遍的、共性的社会文化关系。但某些地方文化立法,其法律文件只是在立法机关管辖的行政区域内某一特定区域生效,如《南京市夫子庙秦淮风光带条例》规定:“本条例所称的夫子庙秦淮风光带,是指省人民政府批准设立的夫子庙—秦淮风光带风景名胜区。”“秦淮区人民政府负责组织实施本条例,其所属的夫子庙秦淮风光带管理机构（以下称风景区管理机构）具体负责风景区的保护和管理。”还有如《南京市老山景区保护条例》《南京市雨花台风景名胜区管理条例》《南京市中山陵园风景区保护和管理条例》《苏州市观前地区管理暂行办法》等,这些法律文件的适用区域不是泛指而是特定和唯一的。

（三）调整内容的特殊性和针对性

各地在文化方面既存在共性,也存在个性。对共性问题,立法机关可以制定在其管辖的行政区域内普遍适用的法律性文件。对于个性问题,立法机关可以针对该地区的具体情况,就该特定区域内某一方面的文化关系进行调整和规范。如《苏州市昆曲保护条例》就对具有浓烈地方文化特色的“昆曲传统场上艺术;昆曲传统表演技艺;与昆曲相关的传统习俗、艺术样式和制作技艺;与昆曲相关的、具有代表性的原始资料、实物、场所和设施;与昆曲相关的其他需要保护的对象”进行保护。《无锡市宜兴紫砂保护条例》是“为了加强宜兴紫砂保护,继承和弘扬宜兴紫砂文化,维护宜兴紫砂研究、设计、生产、经营单位和个人以及技艺人员的合法权益”。“本条例所称宜兴紫砂,是指以加工后的宜兴紫砂矿土为原料,采用独特工艺制成,具有鲜明地方特色的紫砂陶制品及其制作技艺。”这些地方文化立法就具有很强的特殊性和针对性。

（四）地方文化立法具有先行实验性

地方立法具有先行实验性的作用。在当前社会急速转型的新形势下,新问题和新事物层出不穷。许多经济和社会关系处于不断变化之中,片面要求立法时一步到位,是不实际的。因此,对于出现的新生事物,在对全部行政区域立法的时机还不成熟的情况下，采用地方立法的方式，在某一特定的区域试行，经过实践取得经验后，加以补充、修改和完善，再扩大到其他区域或者全部行政区域。从这个意义上说，地方立法更能体现立法试验田的作用，地方文化立法更是如此。

第二节　地方文化立法的现状

一、地方文化立法的基本情况

改革开放以后，我国各个领域的立法工作逐渐恢复，涉及经济发展、科学教育、社会建设等事项的立法如雨后春笋般涌现，其中有关文化保护的中央与地方层面的立法在这一段时期内也日臻完善，无论在立法数量还是立法质量方面都显现出了积极的发展态势。但与此同时，和其他领域的立法相比，文化领域法律规范的范围及保护的力度仍然存在很大的欠缺。截至 2013 年 8 月，我国立法总数约 38,000 部，其中有关文化的法律、法规、规章和规范性文件数量约 1042 部，所占比例为 2.7%。其中现行的文化领域法律约占全部现行法的比例为 1.68%，与之对应，经济立法、政治立法分别约占全部现行法的比例为 31.5%、52.1%。[1] 一方面，在过去改革开放中，过于重视经济发展而对文化立法有所忽视，这是在一定的历史时期所难以避免的。另一方面，随着社会经济的快速发展，人们对于物质文化与精神文化生活的需求也日趋增强，各种新兴文化现象不断产生，现行的文化立法在应对社会文化的发展现实时，显得有些心有余而力不足。如何探索文化立法在促进文化发展、规范文化管理和加强文化保护等方面发挥积极作用，已经成为目前我国中央和地方文化立法的一个重要课题。

十八届三中全会提出：要建设社会主义文化强国，增强国家文化软实力，完善文化机制，建立健全现代文化市场体系，构建现代公共文化服务体系以

---

〔1〕 参见范周：《文化立法刻不容缓》，载《光明日报》2014 年 5 月 12 日，第 2 版。

及提高文化的开放水平。[1] 十八届四中全会进一步指出：要建立健全坚持社会主义先进文化前进方向、遵循文化发展规律、有利于激发文化创造活力、保障人民基本文化权益的文化法律制度。制定公共文化服务保障法，促进基本公共文化服务标准化、均等化。制定文化产业促进法，把行之有效的文化经济政策法定化，健全促进社会效益和经济效益有机统一的制度规范。[2] 习近平总书记在党的十九大报告中指出："文化是一个国家、一个民族的灵魂。文化兴国运兴，文化强民族强。没有高度的文化自信，没有文化的繁荣兴盛，就没有中华民族伟大复兴。要坚持中国特色社会主义文化发展道路，激发全民族文化创新创造活力，建设社会主义文化强国。"[3] 2015 年 3 月 15 日全国人大通过的《关于修改〈中华人民共和国立法法〉的决定》中，更是赋予了我国所有设区的市以及自治州在历史文化保护等领域享有地方立法权，结合地方实践，将地方文化保护与发展上升到法律制度层面。[4] 通过立法的途径来促进和规范文化发展，保障人民的基本文化权利。

据不完全统计，截至 2018 年 1 月，我国在中央层面相继出台了《非物质文化遗产法》《文物保护法》《公共文化服务保障法》《电影产业促进法》《著作权法》《历史文化名城名镇名村保护条例》《娱乐场所管理条例》《互联网上网服务营业场所管理条例》《印刷业管理条例》《公共文化体育设施条例》《风景名胜区条例》等 40 余部有关文化保护与文化管理的法律和行政法规。[5]

江苏省在积极推动有关中央立法的实施性规范立法的同时，也在努力结合地方实际，针对地方文化管理、文化保护及公共文化服务体系等领域进行地方立法探索。截至 2018 年 3 月底，江苏省境内享有地方立法权的省市级行

---

〔1〕 参见《中共中央关于全面深化改革若干重大问题的决定》。

〔2〕 参见《中共中央关于全面推进依法治国若干重大问题的决定》。

〔3〕 习近平：《决胜全面建成小康社会　夺取新时代中国特色社会主义伟大胜利》，在中国共产党第十九次全国代表大会上的报告。

〔4〕 2015 年修正的《立法法》第 72 条第 2 款规定："设区的市的人民代表大会及其常务委员会根据本市的具体情况和实际需要，在不同宪法、法律、行政法规和本省、自治区的地方性法规相抵触的前提下，可以对城乡建设与管理、环境保护、历史文化保护等方面的事项制定地方性法规，法律对设区的市制定地方性法规的事项另有规定的，从其规定。……"

〔5〕 参见国家统计局印发的《文化及相关产业分类（2018）》，根据中国政府网公布的法律法规资料统计所得。

政区域,包括江苏省,《立法法》修改前具有地方立法权的南京市、苏州市、无锡市和徐州市四个行政区域,及《立法法》修改后其他设区的市。先后颁布施行的涉及地方传统文化保护的地方性法规和地方政府规章一共约有 103 部,其中江苏省省级立法约 13 部,包括 1997 年修正的《江苏省传统工艺美术保护条例》、2001 年颁布的《江苏省历史文化名城名镇保护条例》、2013 年修订的《江苏省非物质文化遗产保护条例》、2018 年 1 月 24 日通过的《江苏省广播电视管理条例》等;南京市地方立法约 18 部,包括 2004 年颁布的《南京市地下文物保护管理规定》(已失效)、2006 年颁布的《南京市重要近现代建筑和近现代建筑风貌区保护条例》、2010 年颁布的《南京市历史文化名城保护条例》、2016 年 12 月 2 日批准的《南京市非物质文化遗产保护条例》等;苏州市地方立法约 36 部,包括 2002 年颁布的《苏州市古建筑保护条例》、2006 年颁布的《苏州市昆曲保护条例》、2013 年颁布的《苏州市非物质文化遗产保护条例》、2017 年 12 月 2 日批准的《苏州市古城墙保护条例》等;无锡市地方立法约 6 部,包括 2004 年颁布的《无锡市历史街区保护办法》、2006 年颁布的《无锡市宜兴紫砂保护条例》、2009 年颁布的《无锡市历史文化遗产保护条例》等;徐州市地方立法约 4 部,包括 1995 年颁布的《徐州市文物保护管理条例》(已失效)、2015 年 1 月 16 日批准的《徐州市云龙湖风景名胜区条例》、2016 年 12 月 2 日批准的《徐州市景区土地和建筑物管理条例》等。2015 年《立法法》修改后,除了上述市以外的其他设区的市也进行了有关文化方面的立法,其中常州市和扬州市地方立法各有 6 部,包括《常州市历史文化名城保护条例》《常州市非物质文化遗产保护办法》《扬州古城保护条例》《大运河扬州段世界文化遗产保护办法》等;镇江市有 4 部、淮安市 3 部、连云港市 2 部、宿迁市和南通市各 1 部,包括《镇江香醋保护条例》《镇江市金山焦山北固山南山风景名胜区保护条例》《淮安市文物保护条例》《淮安市周恩来纪念地保护条例》《连云港市文物保护管理办法》《宿迁市非物质文化遗产保护办法》《南通市濠河风景名胜区条例》等。2018 年《盐城市革命遗址和纪念设施保护条例》和 2018 年《泰州市历史文化名城名镇保护条例》尚未进行地方文化立法。

表 6 – 1 显示了 1980 年至 2018 年江苏省有关文化立法数量的基本情况。从纵向来看,在有关文化立法中,地方性法规和地方性政府规章的数量相对

平衡。从横向来看,以 10 年为一个统计区间,自 1980 年至 2018 年 3 月,随着时间的推移,无论是地方性法规还是政府规章中,有关文化事项的立法数量无论是在总数上还是在各个区间内的立法数量上都在逐步增加。江苏省地方文化立法在总体上不断增加的同时,法规规章的废止、修正也在同步进行。

表 6-1 1980~2018 年江苏区域文化立法数量统计[1]

单位:部

立法类型	1980~1989 年	1990~1999 年	2000~2009 年	2010~2018 年	小计	总计
地方性法规	1	3	16	29	49	98
地方政府规章	0	4	7	43	54	108

在地方性法规和政府规章以外,还存在大量的为具体实施文化立法或者暂时填补文化立法空白的政府规范性文件,例如《苏州市文化产业投资引导基金管理办法》《苏州市文化产业中小企业信贷风险补偿专项资金操作细则》《苏州市艺术品展览和推广项目资助办法(试行)》《苏州市支持民营文艺表演团体发展奖励办法》等。这些规范性文件是政府对于在行政管理过程中出现的一些新现象、新问题的暂时性调整,在实践中发挥的作用并不低于地方性法规和政府规章,但还未上升到《立法法》意义上的立法层级。[2]

二、地方文化立法的类型

上述地方性法规及地方政府规章的保护范围非常宽泛,涉及对古建筑、古遗址、史迹等具有历史、艺术和科学研究价值的物质文化遗产的保护,例如《苏州园林保护和管理条例》《南京市历史文化名城保护条例》等,也涉及对传统口头文学、传统美术、书法、戏剧以及传统技艺、风俗等非物质文化遗产的保护,例如《苏州市昆曲保护条例》《无锡市宜兴紫砂保护条例》等。但地方立

---

[1] 在"中国法律法规信息系统——江苏省地方性法规规章"中以"文化"作为关键词进行检索,剔除与文化保护、文化发展及文化管理等无关的其他法规和规章,最终得到以上近似数据。

[2] 《立法法》虽然未对"立法"的含义作出明确的界定,但是根据《立法法》所规范的立法行为可知,目前我国《立法法》层面上的立法主要包括法律、行政法规、自治条例、单行条例、部门规章和地方政府规章等,规范性文件尚被排除在《立法法》的调整范围之外。

法并非仅仅局限于对于文化遗产的保护，根据地方文化立法的主要规范内容，大体可以将地方文化立法分为三种类型，包括文化产业管理立法、历史文化保护立法以及文化产业促进立法。

（一）文化产业管理型立法

文化产业管理型立法是指国家为规范文化产业，维持文化产业秩序，保障文化健康发展而进行的相关立法活动。例如，中央层面有《音像制品管理条例》《广播电视管理条例》《电影管理条例》，地方层面有《江苏省音像市场管理条例》《南京市音像制品管理办法》（已失效）等。此种类型的文化立法具有较强的政府管制色彩，其法律关系主体一般为行政主体及行政相对人，法规的内容多是对行政相对人为或不为一定行为所作的强制性规范，主要涉及文化的传播内容、传播方式、传播对象以及文化场所的秩序及安全等方面。为了确保行政权对于文化市场的有效干预，此类立法一般都会设置大量的行政审批事项，行政主体通过行政审批权来管制文化市场的发展。[1] 文化产业管理型立法是在传统的政府行政管理模式下产生的，成为传统文化立法领域最为重要的一部分。

但随着社会经济与科学技术的快速发展，以现代新媒体为载体的各种类型的文化产业层出不穷，新兴网络文化的发展几乎取代了传统的以纸质书本、报刊等为载体的文化形式。建立在现代科技基础之上的文化信息传播方式，极大地便捷了人们获取文化的途径，丰富了文化信息的内容，使得多元的文化信息在不同的群体之间快速传播交融。但是，人们在分享现代科技变革所带来的文化信息红利的同时，动态的多元文化的传播与交流也向传统的以静态的、单一的文化为基础的法律管控制度提出了挑战。有的地方，如南京市人民政府于 2002 年 2 月即废止了《南京市音像制品管理办法》以适应时代发展的要求。

（二）历史文化保护型立法

历史文化保护型立法是指国家为了保护相关物质文化遗产和非物质文

---

[1] 文化管理类立法中设置了大量的行政许可和非许可类行政审批事项，例如，《江苏省音像市场管理条例》第 8 条至第 13 条；原《南京市音像制品管理办法》第 6 条至第 15 条；《广播电视管理条例》第 9 条至第 35 条等。

化遗产而进行的立法活动。例如《江苏省传统工艺美术保护条例》《苏州市昆曲保护条例》《南京市历史文化名城保护条例》《镇江香醋保护条例》等。从调整手段来看,此种类型的立法同时包含了政府的强制性行政干预措施和非强制性行政干预措施,以强制性干预措施为主、非强制性干预措施为辅。其规范的主体包括行政主体、公民、法人及其他社会组织。其调整的法律关系既包含行政主体与公民、法人及其他社会组织之间的行政法律关系,也包括平等主体之间的民事法律关系。历史文化保护立法的内容较为复杂,对于历史文化的具体保护措施,包含了公法的保护措施、私法的保护措施,以及公法对于私法所有权权能进行限制等公私法交叉的保护措施。整个保护制度体系在横向层面,涉及建设、文化、旅游、公安、园林、宗教等多个主管部门之间的协同,在纵向层面,还涉及行政主体与公民、法人及其他社会组织的协同,是一个由多主体所组成的纵横统一的保护机制。在法律责任形式方面,主要包括行政相对人及行政主体因违反相关法律规定而应承担的行政处罚或行政处分等行政责任。

(三)文化产业促进型立法

文化产业促进型立法是指国家为鼓励创新,推进某些特殊领域的文化产业发展而进行的相关立法活动。[1] 例如《江苏省专利促进条例》《苏州市专利促进条例》《江苏省人民代表大会常务委员会关于促进全民阅读的决定》等。

此种类型的文化立法相较于文化产业规范的立法,其政府管制的色彩并不太浓厚,更多的是使用行政指导、行政奖励等非强制性或是授益性的行政行为对文化市场的特定对象进行适度干预。此种立法的调整对象,一般为行政主体及行政相对人之间发生的行政法律关系,其规范内容更多的是对于行政主体为或不为一定行为的义务性规范,而对于行政相对人则更多的是在一定条件之下的授益性规范。行政机关通过此种立法设立一系列激励措施和

---

〔1〕 2003年原文化部出台的《关于支持和促进文化产业发展的若干意见》中,将文化产业界定为:从事文化产品生产和提供文化服务的经营性行业。2012年国家统计局颁布的《文化及相关产业分类》目录中,文化及相关产业被分为:新闻出版发行服务、广播电视电影服务、文化艺术服务等十个类别。

保护措施，引导相关社会组织和个人对于有利于社会健康发展的、有利于满足人民文化需求的，以及发展较为薄弱的相关文化领域投入更多的物质财富和智慧，以推动该领域内文化的发展。文化产业促进立法是政府对其提供基础公共文化服务职责履行的制度化，此种类型法律的实施具有初期投资大、收益周期长等特点，法律规范的落实存在较大的难度，因此，地方立法对于促进发展对象的选择、立法导向、激励手段及保护措施的设置等都相当谨慎。建立现代公共文化服务体系、现代文化市场体系，推进公共服务保障及文化产业促进立法，是在新时期内对于立法工作提出的新任务，所以，相对于其他类型的立法来说，文化产业促进型立法还存在很多不足。实践中各级政府正在通过规范性文件的形式，探索如何促进公共文化服务体系及文化产业的发展，在相关制度试点逐渐成熟之后，再将其上升到立法层次。[1]

三、地方文化立法的特点

（一）结合地方实际，凸显地方特色

目前，我国中央层面有关文化的立法主要有《文物保护法》《著作权法》《非物质文化遗产法》《娱乐场所管理条例》《营业性演出管理条例》《历史文化名城名镇名村保护条例》等法律、行政法规及部门规章，其主要对全国范围内有关文化保护、文化产业管理及文化发展促进等具有一般性、共通性的事项予以原则性的规范，这也是中央立法现实存在的难以避免的缺陷。而江苏地方文化立法，就是立足于地方实际，有针对性地进行实施性和探索性立法，形成了江苏地方文化立法的特点。

1. 结合江苏地方实际，立法搭建公共文化服务体系

江苏省地方性立法除了根据中央立法所制定的诸如《江苏省历史文化名城名镇保护条例》《江苏省非物质文化遗产保护条例》《苏州市实施〈中华人民共和国文物保护法〉办法》等实施性地方文化立法以外，更多的是结合江苏地方文化的实际情况，有针对性地开展地方文化立法。2012 年江苏省政府颁布

---

〔1〕 有关促进文化发展的规范性文件主要有江苏省《省政府关于加快发展对外文化贸易的实施意见》《苏州市文化产业投资引导基金管理办法》《苏州市文化产业中小企业信贷风险补偿专项资金操作细则》《苏州市艺术品展览和推广项目资助办法（试行）》等。

《江苏省农村公共文化服务管理办法》,该办法是在十六届五中全会提出要建设社会主义新农村的重大历史任务,江苏省提出要建设与经济发展水平相适应的"文化江苏"、从文化大省迈向文化强省的背景下颁布的。江苏省作为全国经济发展较为发达的地区,公共文化服务体系的搭建也在稳步推进。截至2014年年底,江苏省已经形成"省有四馆、市有三馆、县有两馆、乡镇有文化站、村有文化室"的基本格局,覆盖城乡的五级公共文化设施网络体系也已经基本形成。《江苏省农村公共文化服务管理办法》的颁布,是对建设江苏省公共文化服务体系现实需求的回应,也是对公共文化服务体系有序运行的法制保障。此外,南京市人民政府批转市文广新局的《南京市城乡基层公共文化服务体系提升工程实施意见》,对公共文化设施网络建设、公共文化设施等级标准、公共文化的供给能力,以及公共文化体系的保障措施等作出明确规范。

2. 体现江苏地域优势,立法促进文化产业发展

随着我国经济发展进入新常态,相对于传统重工业及劳动密集型制造业来说,文化产业在社会与经济发展中的作用日趋重要。根据文化部与中国人民大学共同发布的"中国省市文化产业发展指数(2014)得分及排名情况",江苏省文化产业发展综合指数排名全国第二。自2012年以来,江苏省文化产业在生产力、影响力及驱动力三个维度上均呈上升趋势,2014年文化产业占地区生产总值比重超过5%,这在很大程度上都得益于江苏省文化产业发展的制度性保障。[1] 除了《江苏省专利促进条例》和《苏州市专利促进条例》之外,在2012年至2017年5年中,在相关制度运行尚不成熟以及存在漏洞的情况下,江苏省结合地方文化产业发展的实际,出台了大量的促进文化产业发展的规范性文件。2013年江苏省出台的《关于进一步加强文化产业园区(基地)建设的意见》,在文化产业园区的规划建设、创新研发能力以及进入退出机制等方面,对于提高文化产业规模化、集约化、专业化,解决文化产业规模不大、功能不全、层次不高等问题作出规范。2014年南京秦淮特色文化产业园获批国家级文化产业试验园区,实现了江苏省国家级文化产业园区零的突

〔1〕 参见2015年江苏省省长李学勇在江苏省第十二届人大第三次会议上所作的政府工作报告。

破。2015年4月，江苏省出台《省政府关于加快提升文化创意和设计服务产业发展水平的意见》（苏政发〔2015〕39号）和《江苏省提升文化创意和设计服务产业发展水平行动计划（2015～2017）》（苏政办发〔2015〕31号），对全省文化创意和设计服务产业发展作出全面部署，推广“文创贷”“创意贷”等文化金融产品，探索文化金融制度试验。在全省文化产业总体布局上，形成南京市区域文化创意设计和建筑设计、苏州市传统工艺和现代创意设计融合，无锡市工业设计、徐州市工程机械设计研发的基本格局。

3. 突出文化大省地位，强化历史文化特色保护

江苏省作为一个文化大省，自古以来就是一个文化多元繁荣的地区。南京的历史文化、苏州的曲艺文化和园林文化、无锡的紫砂文化、徐州的西楚文化等都具有悠久的历史和文化底蕴。2006年苏州市颁布的《苏州市昆曲保护条例》，规定对于昆曲的保护应当坚持原真性特色，实行保护为主、抢救第一、合理利用、传承发展的方针，对于昆曲传统场上艺术、传统表演技艺、与昆曲相关的传统习俗、艺术样式和制作技艺等与昆曲相关的需要保护的对象予以全方位的保护。2006年南京市颁布的《南京市重要近现代建筑和近现代建筑风貌区保护条例》，对于19世纪中期至20世纪50年代建设的，具有历史、文化、科学、艺术价值的重要近现代建筑及近现代建筑风貌区的确定、保护、利用和管理，在地方性法规层面予以规范。2006年无锡市颁布的《无锡市宜兴紫砂保护条例》，规定紫砂保护工作要坚持保护为主、合理利用、传承发展的原则，设立紫砂保护专项资金用于宜兴紫砂文化的保护、研究和宣传，宜兴紫砂珍品、精品和珍贵资料的收集等事项。除此之外，还有《苏州园林保护和管理条例》《苏州市古村落保护条例》《南京市历史文化名城保护条例》等地方文化立法。

由上述地方立法的对象可以看出，无论是南京近现代建筑保护立法、苏州的昆曲保护立法还是无锡的紫砂保护立法，虽然不同区域立法的保护对象、保护手段、保护主体及法律位阶层级各有差异，但总体上来看，上述立法都是针对独具地方特色的文化保护、文化管理及文化发展等事项的立法。区域文化是一个区域的人文精神，是一个区域的内在灵魂，也正是一个区域的魅力所在。不同的各具特色的区域文化组成了一个多元的“文化生态系统”，

我们每一个人,生活在这个“文化生态系统中”,汲取着它的养分,不断来充实自身、净化自身。针对地方特色文化的地方立法,一方面,填补了中央立法的不足,规范了地方的文化保护、文化管理与文化发展,保障了地方特色文化的健康存续和发展;另一方面,地方文化的健康发展也促进了整个“文化生态系统”的健康运行,最终形成了一个良性循环。地方特色文化立法在这个系统中发挥着不可替代的作用。

(二)转变立法理念,提升立法水平

在不断拓展文化立法广度的同时,江苏省地方文化立法也在努力革新立法理念,挖掘立法深度,提高立法水平。在早期的地方文化立法中,从江苏省省级和市级相继制定的地方文化立法的规范内容来看,这一系列立法的特点主要表现为行政主导型的文化管理、文化保护和文化发展模式。例如,根据1997年颁布的《江苏省书刊、音像出版发行管理条例》规定,涉及书刊的出版、印刷、复录、发行、进出口和录像的放映等所有流通环节,几乎全部设置了行政审批事项和禁止性事项,对违反各环节的行为设置了大量的行政处罚措施。行政审批、禁止规范和行政处罚将书刊、音像的出版发行重重包围。行政的过度干预侵蚀了本应由市场竞争机制自我调节的领域,严重违反了行政管理行为的比例原则,阻碍了文化市场的正常发展,与其规范文化市场运行秩序的立法目的南辕北辙。

过度行政干预的立法模式非但未能取得较好的干预效益,反而浪费了大量的行政资源,这就倒逼立法者去重新审视原有的立法理念。合理配置行政权与市场在文化管理、文化保护及文化发展中的干预比例,成为现代立法所通行的一个基本理念。将本属于市场的还给市场,这就意味着行政干预手段的创新和行政干预程度的弱化成为现代立法的一个基本发展方向。江苏地方文化立法也在努力朝着这个方向发展,从时间的维度上来比较,新近文化立法主要呈现以下三个特征。

1. 文化管理的去行政化

2003年《行政许可法》颁布实施后,地方文化管理类立法进行了大范围的修正或废止,将原来地方立法中所设置的与《行政许可法》相抵触的文化管理行政许可事项及非许可类行政审批事项予以修改或删除。2003年《江苏省书刊、音像出版发行管理条例》被废止；2004 年《南京市文化市场管理办法》被废止[1]；2009 年《江苏省文化娱乐市场管理条例》被废止；2005 年《苏州市实施〈中华人民共和国文物保护法〉办法》取代了《苏州市文物保护管理办法》；2013 年《苏州市非物质文化遗产保护条例》取代了《苏州市民族民间传统文化保护办法》；2004 年江苏省人大常委会对《江苏省音像市场管理条例》作出修改：删去第 13 条、第 16 条第 3 款及第 20 条第 1 款。[2]

上述一系列地方性法规及地方政府规章的修订及废止，主要是针对立法中所设置的大量的行政许可及非许可类行政审批事项。在此次大范围的修订和废止之后，在文化管理领域内，作为政府干预文化市场的行政许可及审批事项在一定范围内有所减少，政府对于文化市场的干预程度也有所下降。立法者正试着将本属于市场的还给市场，将事前行政审批转变为事后监督，辅之以相关社会行业组织的自律管理及市场竞争机制的自我调节，一方面激发了市场的创新活力，另一方面也维持了文化市场的有序运行。[3]

2. 文化保护力度的强化

随着对有关文化保护立法不断的修改完善，立法层面对于文化保护的力度也不断加强，主要体现在保护理念的强化、保护程序的强化以及保护范围的强化等方面。2010 年江苏省人大常委会对《江苏省历史文化名城名镇保护条例》作出修正，将第 12 条第 3 款修改为："省级历史文化名城、名镇和历史文化保护区因保护不力使其历史文化价值受到严重影响的，批准机关应当将其列入濒危名单，予以公布，并责成所在地市、县（市）人民政府限期采取补救

---

[1] 参见 2004 年 5 月 12 日，南京市人民政府令第 228 号，《南京市人民政府关于废止部分政府规章和规范性文件的决定》。

[2] 2003 年颁布的《江苏省音像市场管理条例》第 13 条：申请设立通过信息网络从事音像制品批发、零售业务的单位，应当依照本条例第 9 条的规定，办理审批、登记手续；第 16 条第 3 款：音像制品经营者每两年履行一次审核手续。审核不合格或者未在规定时间内办理审核手续的，由原发证机关注销许可证，并通知工商行政管理部门；第 20 条第 1 款：本省的音像制品出版单位应当自本单位出版的音像制品出版之日起 30 日内向省文化行政部门报送样品。

[3] 在文化管理领域中，政府干预的退出伴随着社会行业组织的进入，行业组织通过自身更为灵活更符合市场发展规律的管理方式，在规范各自领域内的文化秩序，推进文化发展过程中取得了较大的实效。例如，江苏省版权协会、南京市文化产业协会、苏州市文化市场行业协会等。

措施,防止情况继续恶化,并完善保护制度,加强保护工作。"[1]根据该条款的修改,对于因保护不力致使省级历史文化名城名镇和历史文化保护区不符合原批准条件的,不再依照原条款的规定直接撤销其省级历史文化名城名镇和历史文化保护区的资格,而是将其列入濒危保护名单,并责成所在市、县人民政府限期采取补救措施。该条款的修改在一定程度上体现保护理念的革新,不能因为保护区不符合条件就撤销其资格,这样只会造成文化保护情况进一步恶化,同时也难免行政机关有消极不作为的嫌疑,修正后的规定也体现出了现时对于文化保护的新理念。此次修正同时将第14条第1款中的"两年"修改为"一年",将第26条第1款修改为"……确需拆除历史文化街区、历史文化名镇保护范围内文物保护单位、历史建筑以外的建筑物、构筑物及其他设施的,应当经城市、县人民政府城乡规划主管部门会同同级文物行政主管部门批准"。此种程序上的修改,在一定程度上压缩了行政消极不作为的空间,同时加强了审查的条件。[2] 又将第20条修改为:"经依法批准的历史文化名城、名镇和历史文化保护区保护规划不得擅自修改;确需修改的,保护规划的组织编制机关应当向原审批机关提出专题报告,经同意后,方可编制修改方案。修改后的保护规划,应当按照原审批程序报送审批。"[3]相比原规定对于一般修改情形备案制,特殊修改情形审批制,现行规定将所有经依法批准的历史文化名城、名镇和历史文化保护区保护规划的修改都纳入审批范围,扩大了文化保护规划修改审批的范围,也强化了对文化保护的力度。

3. 促进文化发展的社会化

政府不是也不应当成为文化的创造者,促进文化发展需要激发文化创造

---

[1] 2001年颁布的《江苏省历史文化名城名镇保护条例》第12条第3款规定:省级历史文化名城、名镇和历史文化保护区因情况发生变化,不再符合本条例规定条件的,由省文物行政主管部门、省规划行政主管部门共同报省人民政府核准予以撤销,并向社会公布。

[2] 参见2010年《江苏省人民代表大会常务委员会关于修改〈江苏省历史文化名城名镇保护条例〉的决定》第4项、第8项。

[3] 2001年颁布的《江苏省历史文化名城名镇保护条例》第20条规定:历史文化名城、名镇和历史文化保护区所在地县级以上人民政府根据社会经济发展和保护的需要,对保护规划进行局部调整的,须报同级人大常委会和原批准机关备案。但有下列情形之一的,须报原批准机关审批:(一)涉及影响历史文化名城、名镇发展方向和总体布局调整的;(二)改变原规划确定的原则、整体风貌以及重点保护区的保护范围和保护内容的。

活力，政府的根本职能是向社会提供公共服务，并将公众获得的此种公共服务上升到法律制度层面予以保障。政府为了激发社会文化创造活力，需要提供物质性和非物质性的保障措施。物质性保障措施主要包括文化专项资金的支持和基础文化设施建设等，《苏州市专利促进条例》第 7 条规定："市、县级市（区）人民政府应当加大专利促进工作的财政投入，设立专利专项资金，其规模与本地经济、科技发展相适应。……"第 12 条第 1 款规定："以政府财政资金安排的创业风险投资资金和设立的创业风险投资机构，应当加大对专利技术产业化项目的投资力度。"《江苏省人民代表大会常务委员会关于促进全民阅读的决定》第 5 项规定："地方各级人民政府应当根据本行政区域内人口规模、分布和服务需要，合理设置公共图书馆和农家书屋、社区书屋、职工书屋等公共阅读服务场所，支持实体书店建设……"非物质性保障主要是对促进文化发展的制度性保障，包括完善相关配套制度，为促进文化发展类产业提供制度优惠以及培育文化类社会行业组织等。《苏州市专利促进条例》第 6 条规定："鼓励、支持相关行业协会制定、实施促进专利事业发展的制度和措施，开展行业交流与协作，指导、推动本行业的专利创造、运用、保护和管理工作。"第 15 条第 2 款规定："鼓励专利权转让、许可、入股、质押。专利权转让、许可、入股所取得的收入，依法享受税收优惠。"与此同时，江苏地方文化立法中，赋予政府运用行政权力以遏制文化发展过程中出现的违法情形以及清除文化发展中可能存在的制度阻碍，创造一个良好的、公平的文化发展环境，使社会公众成为促进文化发展的主角，也成为江苏地方文化发展促进类立法的一个特色。

（三）规划立法总体调控，单行立法逐步拓展

自 1980 年全面恢复立法工作以来，中央层面的文化立法有 1982 年颁布的《文物保护法》、1989 年的《水下文物保护管理条例》、1990 年的《著作权法》、2001 年的《音像制品管理条例》、2005 年的《营业性演出管理条例》、2011 年的《非物质文化遗产法》等，不仅立法范围由文化保护类逐步拓展到文化产业管理类，在立法对象上也由文化保护拓展到非物质文化遗产的保护。由于文化产业管理类的立法，在行政管理手段上存在较大的共通性以及立法理念的局限性，所以，此类立法数量及范围的拓展较为迅速。而由于全国各个区

域文化的多元性，中央立法难以针对每一个区域的特殊文化现象给予立法保护，仅能从整体上作出一般性的规范。所以，中央层面的保护性文化立法的拓展速度较为缓慢。但此种中央立法的先天不足却得到了地方文化立法的填补。江苏地方文化立法范围的拓展主要表现在以下两个层面。

1. 文化单行立法的拓展

文化单行立法是指就文化保护、文化管理及文化发展等领域内的某一特定事项进行的立法，如苏州市针对苏州园林保护和管理进行的立法，无锡市针对古树名木保护进行的立法。此类立法一般存在特定的保护和管理对象，仅在某一特定文化领域内适用，而非普遍地适用于所有文化现象。此类立法的优势就是使立法可以具有更强的针对性、具体性和可操作性，其对特殊文化现象的保护和管理发挥着重要的作用。

自20世纪90年代至今，江苏省省级地方文化单行立法由最初的文化娱乐市场的管理、传统工艺美术的保护等，逐渐拓展到历史文化名城的保护、书刊音像出版发行的管理、文物保护、非物质文化遗产保护以及专利促进等领域；苏州市市级立法由最初的古建筑保护、园林保护逐步拓展到昆曲保护、专利保护、古树名木保护、古村落保护、民间传统文化保护等领域。南京市、无锡市、徐州市等也存在上述类似的情形。此类立法采取的是一种平面拓展式的立法模式，通过立法数量的增加来拓宽文化现象的保护范围，虽然其具有针对性、具体性和可操作性等特征，但此种立法模式缺乏宏观调控性，不可避免地会在某些文化领域产生法律规范的漏洞。

2. 文化规划立法的调控

文化规划立法是在一定区域内对于文化保护和管理事项的全局性调控，是从整体上对于未来一定时期内文化现象的规范和布置。文化规划立法与单行立法在规范对象和调整范围上有所不同。文化单行立法主要以需保护的文化现象为规范对象，其规范内容主要是围绕着需保护的文化现象；文化规划立法的规范对象不仅仅有需保护的文化现象，同时也会对可能影响文化现象的因素进行规范，其调整的范围更为广阔。

目前有关文化规划立法主要集中在历史文化建筑保护领域。《苏州市城乡规划条例》中单独设置“历史文化名城、名镇、名村、街区保护”一章，对所有的市人民政府确定的历史文化名镇、名村、街区进行整体性的宏观规范。《苏州市城市紫线管理办法》,通过划定文物遗存范围控制线的方式,对城市各类已登记文物进行整体性的规划保护。此外,还有《江苏省城乡规划条例》《南京市历史文化名城保护条例》等文化规划立法,其在宏观层面的调控弥补了单行立法在某些领域内的规范漏洞。但是宏观层面的文化规划立法,只是为文化管理和保护提供了一个指导性的规范,具体的保护和管理措施的实施仍然需要辅之以单行立法,只有两者相互配合,才能更好地实现文化管理、文化保护和文化发展的统一。

(四)洞察时代脉流,创新文化立法

法律是对一定时期内社会现实需求的回应,这就要求立法必须洞察时代的脉流,跟进社会发展的步伐。仔细分析十八届三中全会及四中全会对我国文化发展所提出的基本要求,其是建立在社会文化发展现实的基础之上,用时代的眼光去审视我国的文化发展需求而得出的基本结论,也是我国未来文化立法发展的一个基本方向。归纳起来主要包括以下几点:完善和创新文化管理制度、建立公共文化服务体系及促进文化产业发展等。自十八届三中全会以来,江苏省地方文化立法以及其他规范性文件的制定也在围绕上述三点努力探索推进,对于尚缺乏实践经验的制度创新通过规范性文件的形式进行试点,对已经趋于成熟的制度试点再逐步上升到立法层面予以规范。以下将结合江苏省地方立法及其他规范性文件的先行探索作出具体阐述。

1. 创新文化管理制度

江苏省地方立法在完善和创新文化管理制度层面,主要是围绕保障公民基本文化权益、激发文化创造活力、遵循文化发展规律等方面展开的。遵循文化发展规律是前提,激发文化创造活力是手段,保障公民基本文化权益是目的。在立法层面,江苏省颁行的《江苏省专利促进条例》《苏州市专利促进条例》《江苏省人民代表大会常务委员会关于促进全民阅读的决定》等地方性法规和规章,一方面旨在创造公平有序的社会文化创新环境,保障文化创新者的合法权益,激发社会的创新活力;另一方面也在积极推进文化基础设施的建设,保障公民的基本文化权益。文化是人类在社会历史发展过程中所创造的物质财富和精神财富的总和,文化源于社会,文化的发展的源泉在于人类的社会实践,政府应当是公共服务的提供者而非公共文化的创造者。如上文所述,近年来,江苏省地方文化立法的一系列修正,也是在遵循文化规律的基础之上,推进文化管理的去行政化、文化发展的社会化、文化产业的市场化。此外,江苏省2006年还率先进行地方立法保护非物质文化遗产,为国家保护制度的建立与完善以及立法保护提供了实践与经验。2006年颁布的《江苏省非物质文化遗产代表性传承人命名与资助暂行办法》(《江苏省非物质文化遗产代表性传承人认定与管理办法》颁布后已废止),率先创立代表性传承人认定与资助制度,把握了文化传承的核心。

2. 探索公共文化改革的新思路

建立公共文化服务体系旨在促进基本公共文化服务的标准化和均等化。自2005年以来,江苏省一直在努力构建标准化、均等化的公共文化服务体系。2012年颁布的《江苏省农村公共文化服务管理办法》是在总结实践经验的基础之上,从服务机构、服务设施、服务规范等方面对江苏省农村公共文化服务体系的运行进行的规范。2015年制定了《江苏省基本公共文化服务保障标准(2015—2020年)》,2015年12月4日江苏省人大常委会通过了《江苏省公共文化服务促进条例》。此外,2014年江苏省委办公厅、江苏省人民政府办公厅联合印发了《关于推进现代公共文化服务体系建设的实施意见》,对于当前和今后一个时期内江苏现代公共文化服务体系建设的目标和任务作出部署。《江苏省文化体制改革试点工作方案》以及原文化部《2014年文化系统体制改革工作要点》等规范性文件的颁布,也在积极探索公共文化改革的新思路和新举措。进一步探索和推进公共文化服务多元化管理模式,推动政府、市场、社会的良性互动,使各类资本和要素流入公共文化服务领域,使改革文化服务从单一系统的“内循环”逐步转变为面向全社会的“大循环”。

3. 填补文化产业立法的不足

促进文化产业发展旨在通过推进文化经济政策的法定化以促进文化产业社会效益与经济效益的有机统一。《国家“十一五”时期文化发展规划纲要》将影视制作业、出版业、发行业、印刷复制业、广告业、演艺业、娱乐业、文化会展业、数字内容和动漫产业等九类列为重点文化产业门类。国家层面就这九种文化产业类型的法律和行政法规的规范也主要是偏向于管理而非促进类的。[1] 但文化产业促进立法的缺失仍是目前我国文化发展立法中亟须解决的一个问题。

就现实情况来看,有关文化产业促进的立法无论是中央还是地方都在积极的探索之中。截至2017年年底,江苏省除了《江苏省专利促进条例》《苏州市专利促进条例》以外,尚未颁布其他有关文化产业发展的专项立法,但在地方性法规和政府规章之外,江苏省颁行了较多的规范性文件,对一些新思路和新制度进行试点。在2010年至2015年5年中,2011年出台的《苏州市文化产业投资引导基金管理办法》(2018年修订)、2013年出台的《江苏省省级现代服务业(文化产业)发展专项引导资金使用管理办法》(2016年3月1日《江苏省省级现代服务业(文化)发展专项资金使用管理办法》施行后废止)、2014年出台的《苏州市文化产业中小企业信贷风险补偿专项资金操作细则》、2014年出台的《苏州市艺术品展览和推广项目资助办法(试行)》,以及《苏州市支持民营文艺表演团体发展奖励办法》《苏州市支持高雅艺术演出活动实施办法》等规范性文件,都旨在探索促进文化产业发展的新方法、新制度、新模式。此类规范性文件虽然不属于我国《立法法》所规定的立法的范围,但在实践中产生了相当大的作用。对此类规范性文件的考察,不仅能全面地洞察江苏文化产业发展的现实情况,更能够通过其把握未来地方文化产业促进立法的基本方向。

虽然说有关文化管理、文化保护及文化发展的不同类型都存在各自偏重的立法目的,但统观不同类型的文化立法的内容,我们会发现,贯穿于不同文化立法中存在一条共同的主线,即行政权力在不同文化领域的干预程度,也即政府与社会市场之间的关系的调和。2014年11月29日,财政部颁发了《政府和社会资本合作模式操作指南(试行)》,表明中央政府开始逐步探索政府与社会之间的合作模式,政府要简政放权,向地方放权也要向社会市场放

---

[1] 目前,我国现行有效的关于这九类文化产业的法律和行政法规多是管理类的,例如《出版管理条例》《音像制品管理条例》《互联网新闻信息服务管理规定》《广告管理条例》等。在规范性文件层面存在一些促进类的规定,例如:《财政部、国家税务总局关于扶持动漫产业发展有关税收政策问题的通知》《国家旅游局关于进一步加快发展旅游业促进社会主义文化大发展大繁荣的指导意见》《文化部关于促进民营文艺表演团体发展的若干意见》等。

权。PPP模式是推进政府在各个领域治理能力现代化的关键一步，也是现代行政法理论转型的基本方向。自确立市场经济以来，无论国家层面还是地方层面对于文化立法的修订、废止，都是围绕着政府与社会市场之间关系的调试而进行的。文化立法也由最初的政府"一把抓"的统揽型立法模式逐渐转变为引入社会参与、市场竞争等非权力性因素的立法模式。立法者正在有意识地通过在立法中引入非权力性因素来调适政府对文化领域的干预程度，矫正原立法中所存在的诸多问题。在文化立法中，对政府与社会市场之间关系不断修正的过程，也初步架构起了公私合作型文化保护机制、社会促进型文化发展机制以及手段创新型文化管理机制。当然，政府与社会市场之间相互适应、相互磨合的过程是需要一定时间的，在这个期间也存在很多的问题亟待解决。

第三节　地方文化立法存在的问题及对策思考

一、地方文化立法存在的问题

（一）区域文化立法及类型不平衡

从国家层面看，在我国240多部现行法律中，文化类法律只有5部，与政治、经济、社会等领域相比，文化立法在我国社会主义法律体系中所占比例偏小。不少方面还存在立法空白，新闻出版、广播电视等重要领域只有部分行政法规和部门规章，公共文化服务、文化产业发展、新兴媒体管理等方面的立法也相对欠缺。

江苏地方文化立法，区域之间立法不平衡，现行有效的涉及地方传统文化保护的地方性法规和地方政府规章一共约有103部，其中江苏省省级立法约13部，南京市地方立法约18部，苏州市地方立法约36部，无锡市地方立法约8部，徐州市地方立法约4部。原具有地方立法权的南京市、苏州市地方文化立法数量较多，无锡市、徐州市地方文化立法相对较少。《立法法》修改后新具有地方立法权的常州市、扬州市地方文化立法数量较多，各有6部，而盐城市、泰州市尚未展开（见图6－1）。

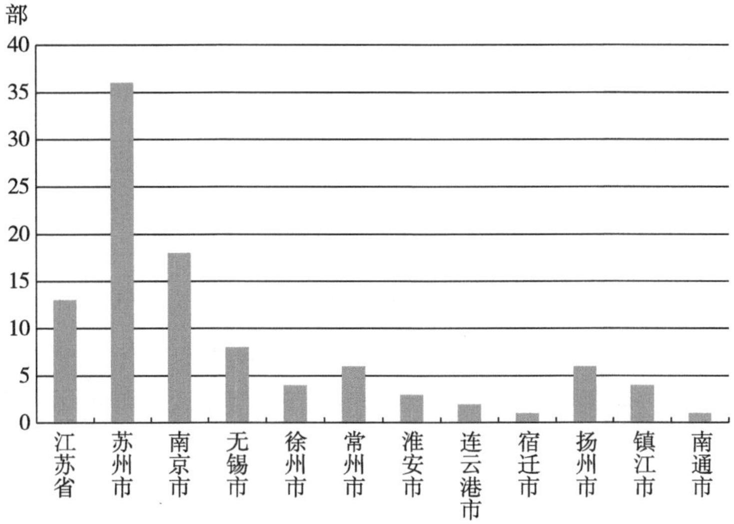

图 6－1　江苏省地方文化立法数量统计(1980～2018 年 3 月)

从文化立法内容看,大致分为三种类型,但该三种立法类型在立法数量分布上存在明显的差异。由表 6－2 可以看出,文化产业管理类立法占总立法数量的比例为 38.0%,历史文化保护类立法比例达到 52.2%,而文化发展促进类立法比例仅占 9.8%。文化产业管理类立法比例所反映的是政府运用行政权力对文化市场进行干预的程度,此类立法比例达到 38.0%,显然是存在一定的问题的。历史文化保护类立法所占的比例应当说是一个比较正常且适当的比例,其所反映的是政府在整个公共文化发展中对于历史文化的保护力度。历史文化保护是文化发展和文明传承的基石,其对整个文化产业的发展具有不可替代的作用。文化发展促进类立法所占比例仅为 9.8%,应当说是极不正常且不应当的。政府对于历史文化的保护和文化产业的管理的最终目的都是促进文化的发展,所以,促进文化发展在整个公共文化服务体系中应当占有非常重要的位置。

表 6－2　截至 2018 年江苏区域文化立法基本分类比例

立法类型	立法数量/部	比例/%
文化产业管理	35	38.0
文化发展促进	9	9.8
历史文化保护	48	52.2

十八届三中全会、四中全会提出要构建公共文化服务体系，促进基本公共文化服务标准化、均等化。在这个建设过程中，要正确认识和处理上述三者之间的关系，历史文化保护是基础，文化产业管理是手段，文化发展促进是目的。只有将三者科学地、合理地结合在一起，摆正政府与市场在促进文化发展中的角色，发挥各自的最大效用，才能够更好地构建公共文化服务体系。

（二）文化立法效力层级不高

目前为止，我国文化立法在纵向效力层级的分布上仍然存在一定的不合理性。从国家文化立法体系的角度来看，表现为法律、行政法规数量有限，地方性法规、地方政府规章以及政府规范性文件仍然占据文化立法的主体地位；从江苏省地方文化立法体系的角度来看，省级地方性法规和地方政府规章相对较少，各市地方性法规和政府规章仍占地方文化立法的主体地位。自 1980 年至 2018 年，江苏省颁布的省级地方文化立法约 13 部，南京市、苏州市、无锡市和徐州市颁布的地方文化立法共约 66 部，其他设区的 7 个市颁布的地方文化立法共约 23 部，与文化相关的规范性文件数量更是难以计数，如此核算，江苏省省级文化立法在江苏省行政区域内文化立法总数的占比不足 15%（见表 6－3）。

表 6－3　1980～2018 年 3 月江苏省各行政区域地方文化立法数量统计

地区	1980～1989 年	1990～1999 年	2000～2009 年	2010～2018 年 3 月	总数
江苏省省级立法	0	2	5	6	13
苏州市	0	0	11	25	36
南京市	1	3	3	11	18
无锡市	0	1	3	4	8
徐州市	0	1	0	3	4

续表

地区	1980～1989年	1990～1999年	2000～2009年	2010～2018年3月	总数
常州市	0	0	0	6	6
淮安市	0	0	0	3	3
连云港市	0	0	0	2	2
宿迁市	0	0	0	1	1
扬州市	0	0	0	6	6
镇江市	0	0	0	4	4
南通市	0	0	0	1	1

在实践中，文化立法位阶较低会产生以下问题：第一，下位法立法权限不足。由于《立法法》对不同层级立法的立法权限作出了明确的规定，所以当上位法存在立法漏洞或者规范不明晰时，下位法往往由于立法权限的不足而难以对其进行填补或补充。第二，下位法立法依据不足。目前为止，在省级立法层面，文化促进、文化发展基金、文化对外交流、公益文化管理等领域仍然存在立法空白，下位法在结合地方实际进行立法时就缺少上位法的具体依据，难以把握相关规范的尺度。第三，依法行政难以落实。由于上位法的规范缺失和模糊性，实践中，行政机关大多通过规范性文件的形式设置具体管理事项，而规范性文件作为政府单方发布的文件，缺乏立法的正当程序要求，难以保障其合法性与合理性。由于文化立法的效力层级偏低，导致文化领域的“依法行政”变得“无法可依”。

（三）行政管理为主导的立法理念未有根本改变

我国传统立法体系是以行政管理为中心构建起来的，绝大部分行政管理措施都以行政审批为基础。与其他领域立法相类似，文化立法领域同样没有摆脱传统的以行政管理为主导的立法理念的影响。就江苏省文化立法类型的分布情况来看，文化产业管理型立法占比为38.0%，文化发展促进型立法占比为9.8%，历史文化保护型立法占比为52.2%。在文化产业管理型立法中，绝大部分的管理措施都是行政管制措施，每一项行政管制措施几乎都与相应的行政审批事项相结合。在历史文化保护型立法中，虽然部分立法引入了社会组织、社会公众参与保护的机制，但社会组织、社会公众在历史文化保护过程中所能产生的影响是极为有限的,行政管理措施仍然占据历史文化保护型立法的主体地位。事实上,行政管理措施正确的功能定位应当是宏观调控而非微观管理。2001 年以来,国务院所实施的一系列行政审批制度的改革,不断精简行政审批事项,下放行政审批权力,开放市场竞争,培养社会自治能力,就是要让行政权从社会微观管理领域抽身,专注于发挥行政权宏观调控的优势,这也必将成为我国未来一段时期内立法与修法的风向标。

(四)区域协同文化立法不足

2013 年,习近平总书记提出共建"一带一路"倡议构想,旨在促进区域共同发展、增进区域相互理解信任、加强全方位交流、实现区域共同繁荣与合作共赢。"一带一路"不仅是中国与其他国家之间的合作,同时涉及国内各个行政区域之间的合作。区域合作涉及经济、文化、教育、卫生、科技等多个领域,而区域合作的首要任务就是搭建区域合作的制度框架,通过立法的形式书写区域合作的备忘录。区域文化合作立法有利于区域之间文化的交流、文化保护制度理念的相互借鉴以及文化产业的协同发展。就江苏省地方文化立法来说,可能产生区域合作的契机有很多,例如苏州与无锡之间有关太湖文化或者吴文化管理和发展的立法合作,徐州和宿迁之间有关楚汉文化的保护和传承的立法合作,苏州、无锡、南京之间有关促进区域文化产业交流与发展的立法合作等。虽然说《立法法》尚未授权不同行政区域立法机关之间进行联合立法,但是区域之间法律制度机制的协调配合等合作立法形式仍然存在探索的空间。

二、地方文化立法的完善

(一)接受党的文化政策指引

党的十八届四中全会明确提出:"建立健全坚持社会主义先进文化前进方向、遵循文化发展规律、有利于激发文化创造活力、保障人民基本文化权益的文化法律制度。制定公共文化服务保障法,促进基本公共文化服务标准化、均等化。制定文化产业促进法,把行之有效的文化经济政策法定化,健全促进社会效益和经济效益有机统一的制度规范。制定国家勋章和国家荣誉称号法,表彰有突出贡献的杰出人士。加强互联网领域立法,完善网络信息服务、网络安全保护、网络社会管理等方面的法律法规,依法规范网络行为。”党的十九大报告中又提出,要推动文化事业和文化产业发展,要深化文化体制改革,完善文化管理体制和公共文化服务体系,加强文物保护利用和文化遗产保护传承。健全现代文化产业体系和市场体系,创新生产经营机制,完善文化经济政策,培育新型文化业态。[1] 这事实上指明了文化立法的基本内容和方向。也就是说,公共文化、文化产业、文化保护、互联网传播和国家荣誉称号方面的立法是文化法律制度的主干。在中央决议中对文化立法提出如此具体明确的要求前所未有。这与整个国家发展大背景密切相关,即从改革开放以来一直侧重以经济建设为中心到遵循科学发展观,强调“五位一体”统一协调发展,把文化建设作为国家整个战略发展的一个重要环节纳入进来。特别是与习近平总书记高度重视继承发展和弘扬中华民族的优秀传统文化,将其作为国家发展和文化建设的重要支柱密切相关。文化的问题既包括法治建设问题,也包括道德建设的问题,这是我们必须解决的两个突出问题。尽管我们宣布社会主义法律体系已经形成,但是各个领域的法律调整覆盖范围与深度尚不尽一致,文化立法尤其短缺。在经济立法、社会立法、文化立法、政治立法的次第展开和社会转型的进程中,应当更加深入地认识文化繁荣与文化立法之间的辩证关系,认识文化发展有着自身的特殊性,确立科学的文化立法的理念和制度,自觉接受党文化政策的指引。

(二)明确地方文化立法的范围

如果按照立法内容来划分的话,区域文化立法的内容大体上主要有以下四类:一是法律、行政法规的实施条例或者实施办法。如根据《文物保护法》和《历史文化名城名镇名村保护条例》的规定,制定《南京市历史文化名城保护条例》。二是本地方具有特殊性的事项,不必也不可能制定法律、行政法规的,只能由地方性法规、政府规章作规定,如制定《苏州市昆曲保护条例》。三是综合运用有关的几个法律、行政法规,有针对性地解决本地方特定问题的地方性法规、政府规章,如制定《南京市夫子庙秦淮风光带条例》。四是在有

---

〔1〕 参见习近平:《决胜全面建成小康社会　夺取新时代中国特色社会主义伟大胜利》,在中国共产党第十九次全国代表大会上的报告。

些问题上,改革先在某个地方试验,在全省适用的地方性法规或者省政府规章条件尚不成熟的情形下,先制定在局部区域内适用的地方性法规或者政府规章。

以文化法律关系为标准,文化立法可由以下法律构成:新闻法、出版法、广播电视法、电影法、著作权法、语言文字法、图书馆法、博物馆法、文化馆法、文物保护法、民族民间文化遗产保护法、演出法、文化社团组织法、文化企业法、文化产业发展法、互联网法等。需要说明的是,随着技术的进步和管理方式的改变,新的文化立法会不断涌现。也就是说,文化立法的范围是不断变化的。根据全国性的文化立法动态,准备分阶段进行地方文化配套立法。第一阶段的立法包括电影法、图书馆法、博物馆法、文化馆法和民族民间文化遗产保护法。目前这些法律的立法条件已完全成熟,可以列入全国人大立法的议事日程。第二阶段的立法包括文化产业发展法、广播电视法、互联网法、演出法、文化社团组织法和文化企业法。目前这部分法律的立法条件已基本具备,应加强研究进行上述立法还存在的难点和问题,在适当的时候立法。第三阶段的立法包括新闻法和出版法。由于这两部法律与意识形态的关系较为密切,在加强理论研究的同时,应积极探索符合我国实际情况,并满足《公民权利和政治权利国际公约》要求的立法途径。江苏地方的文化立法,一方面在自己的各自不同层级职权范围内自主进行立法,另一方面关注国家层面文化立法的趋势,充分准备实施性的地方文化立法,这些都是在明确的地方文化立法范围内进行的。

(三)注重保护和尊重公民的文化权利

管理、规范文化领域的社会关系无疑是文化立法的一个重要目的。但必须明确的是,由于文化立法更多地与公民的宪法权利有关,因而文化立法应侧重于保护公民的文化权利,合理界定文化管理部门的管理权限,并明确其相关职责。文化领域内的技术和管理方式的变革是很快的,为了适应现实的需要,我们在立法的同时,也应注重对已经制定的法律的及时修改和完善,使所有的文化立法与切实保障公民文化权利的宗旨相吻合。

文化领域的许多调整对象与人们的文化、精神生活相关,因而没有必要事事立法,某些领域可以通过行业自律、市场、道德或习俗等非法律的手段来予以调整,国家应该更多地尊重公民的自由选择。

文化发展体现为文化内容和文化形式的不断丰富和创新。只有不断丰富文化内容、创新文化形式,才能充分发挥文化对思想解放的引领作用、对经济发展的先导作用、对社会和谐的滋润作用、对人类进步的激励作用。因此,文化立法首先应注重处理好丰富文化内容与创新文化形式的关系。一方面,在吸收借鉴国内外优秀文化传统和文明成果的基础上,通过立法保障和推进文化内容的原创性生产与创作,使文化体现鲜明的时代特色、具有丰富的时代内涵;另一方面,通过立法保障和推进文化形式的不断创新,形成和发展满足不同群体、不同层次精神文化需求的文化品种和艺术样式,使文化更具吸引力、感染力。在文化立法中处理好丰富文化内容与创新文化形式的关系,实质上是运用法律的手段,在文化发展领域营造尊重劳动、尊重知识、尊重人才、尊重创造的良好社会氛围,使一切文化创新的活力竞相迸发、一切文化发展的源泉充分涌流,为推动社会主义文化发展繁荣、建设社会主义文化强国提供强大精神动力与智力支持。

(四)促进文化传承与规范文化开发

一个国家、一个民族的文化要保持旺盛的生命力和创造力,实现健康、可持续发展,既要对传统文化进行合理开发和创新,又要防止对传统文化的开发过度和传承缺失。因此,文化立法应注重处理好促进文化传承与规范文化开发的关系。一方面,通过立法规范与加强对优秀传统文化的开发,深入发掘我国丰富的历史文化资源,使之通过开发走向市场,将优秀传统文化融入时代与人民群众的现实生活,使优秀传统文化在被发掘、被传播、被接受的过程中得到进一步传承延续,并焕发新的生机与活力;另一方面,通过立法促进文化的有效传承,坚持开发与保护并举的原则,在科学调研的基础上,以立法的形式防止盲目开发和过度开发,避免民族文化内核萎缩、传统流失和特性残缺,实现文化资源的可持续发掘、传承和创新,使文化在开发中得到更有效的传承,在传承中实现更合理的开发。江苏具有许多地方特色的传统文化,如楚汉文化、吴文化,并有许多文化古迹,又是经济发展快的地方区域,如何立法促进文化传承与文化开发的有机统一,是江苏地方文化立法中需要解决的问题。

(五)合理定位文化发展中的政府角色

十八届四中全会提出要建立健全有利于激发文化创造活力、保障人民基本文化权益的文化法律制度。激发文化创造活力是要激发社会公众的文化创造活力,政府不是也不应当成为文化的创造者,政府的根本职能是向社会提供公共服务,并将公众获得的此种公共服务上升到法律制度层面予以保障。在文化发展的立法中,政府应当扮演一个为激发社会文化创造活力而“搭台清障”的角色。目前,江苏省有关促进文化发展的地方性立法还不是很多[1],需要加强立法,并且立法者对于政府在促进文化发展中所扮演的角色,应进行科学、合理的定位。

政府为促进文化发展“搭台”主要是指政府为了激发社会文化创造活力而提供的物质性和非物质性的保障措施。物质性保障措施主要包括文化专项资金的支持和基础文化设施建设等,非物质性保障主要是对促进文化发展的制度性保障,包括完善相关配套制度,为促进文化发展类产业提供制度优惠以及培育文化类社会行业组织等。政府“清障”是指政府运用行政权力以遏制文化发展过程中出现的违法情形以及清除文化发展中可能存在的制度阻碍,主要通过行政保护、责任追究、违法案件信息发布、专利维权援助、不良信用记录等方面对有损文化发展的行为进行规制。通过政府的“搭台清障”创造一个良好的、公平的文化发展环境。江苏地方文化立法应更多地从激励措施、规范管理、行政保护、法律责任等方面对促进文化发展进行规范,并通过对行政主体设置义务性规范来保障行政主体能够为激发社会文化创造活力搭好台、清障碍。

---

〔1〕 现行有效的有关促进文化发展的地方立法主要有2009年颁布的《江苏省专利促进条例》、2010年颁布的《苏州市专利促进条例》、2014年颁布的《江苏省人民代表大会常务委员会关于促进全民阅读的决定》等,但是,在地方性法规和政府规章之外,还存在大量的诸如《苏州市文化产业投资引导基金管理办法》《苏州市支持民营文艺表演团体发展奖励办法》《苏州市支持高雅艺术演出活动实施办法》等旨在促进文化发展的规范性文件。

第四节　地方文化立法典型实例分析

一、非物质文化遗产保护的立法实例分析

（一）《苏州市昆曲保护条例》立法分析

2006年7月31日，苏州市人大常委会颁布了《苏州市昆曲保护条例》，作为一部苏州市地方性法规，其旨在保护人类非物质文化遗产代表作品昆曲，继承和弘扬优秀文化传统。该条例结合苏州地方实际，对昆曲的具体保护范围、保护原则、保护手段、保护制度机制、法律责任等作出了系统的规定，是一部较为典型的历史文化保护型地方立法。《苏州市昆曲保护条例》对苏州地区昆曲的保护主要表现出以下几点特征：

1. 保护对象的广泛性。

《苏州市昆曲保护条例》第2条对其具体的保护对象作出了界定，主要包括：(1)昆曲传统场上艺术；(2)昆曲传统表演技艺；(3)与昆曲相关的传统习俗、艺术样式和制作技艺；(4)与昆曲相关的、具有代表性的原始资料、实物、场所和设施；(5)与昆曲相关的其他需要保护的对象。该条款采用重点列举和概括兜底的模式，几乎涵盖了所有与昆曲相关的需要保护的对象。

2. 保护原则的科学性。

《苏州市昆曲保护条例》第3条规定："昆曲保护应当坚持原真性特色，实行保护为主、抢救第一、合理利用、传承发展的方针。"坚持原真性是昆曲保护工作的基本要求，对于昆曲的保护工作必须建立在保持昆曲艺术原真性的基础之上。"保护为主"表明了昆曲保护工作的中心任务；"抢救第一"凸显出目前昆曲保护工作亟须解决的首要问题；"合理利用、传承发展"是对昆曲保护理念的基本定位。

3. 保护制度的创新性。

《苏州市昆曲保护条例》通过昆曲知识产权保护、昆曲传承制度、政府扶持、社会资金参与、社团曲社组建、税收优惠、专项保护经费等一系列制度机制的构建，初步形成了较为完备的苏州地方昆曲保护体系。具体来说，该条

例第7条第2款规定:“鼓励单位和个人参与抢救工作,并依法保护其知识产权等合法权益。”对知识产权保护的缺失很大程度上导致了昆曲艺术的衰亡,对昆曲艺术知识产权的保护,一方面为昆曲艺术的保护、传承和发展工作奠定了较好的制度基础;另一方面,也可以充分调动社会力量参与对昆曲艺术抢救工作的积极性。

昆曲传承制度是《苏州市昆曲保护条例》针对昆曲保护工作定向设计的制度,传承制度要求明确昆曲传承单位和个人的权利、义务,并采取命名、授予称号、表彰奖励、资助扶持等方式,鼓励传承单位和个人依法开展传承活动。传承制度的建立,一方面有利于确定昆曲传承保护的主体,并明确其权利与义务,提升昆曲传承单位和个人的主体地位和责任意识;另一方面,也有利于政府相关扶持措施能够得到有效地实施。

《苏州市昆曲保护条例》确定了政府主导、社会参与的昆曲保护基本模式。政府主导要求政府在昆曲保护与传承的起步阶段依法积极作为、履行自身职责,从宏观层面为昆曲保护提供规划调控、制度保障、物质支持以及发展平台。社会参与是鼓励社会资金和社会公众参与昆曲保护。社会力量是昆曲保护不可或缺的重要组成部分,社会力量的参与在微观领域为昆曲艺术的抢救、研究、教学、传播、交流等发挥着主导作用。政府主导、社会参与的模式在昆曲保护的紧迫时期具有一定的合理性,通过政府的宏观调控力带动社会保护力量的凝聚,能够在短时期内取得较好的成效,达到“抢救第一”的昆曲保护要求。

4. 保护理念的先进性。

昆曲艺术是一种非物质文化遗产,其核心价值体现于此种艺术的表达,而该种表达形式是一种由内而外的、动态的过程。因此,对于昆曲艺术的保护与物质文化保护方式有所不同,其重点不在于如何存留静态的物质形式,而在于如何传承动态的文化样态。《苏州市昆曲保护条例》确立的“合理利用、传承发展”的保护理念,正是抓住了非物质文化遗产保护的关键,为昆曲艺术的保护指明了基本的方向。

该条例实施以来,苏州市昆曲保护工作取得了较好的成效。昆曲的传承做到既不失本体,又与时俱进,并不断以新的舞台实践形成新的艺术积累,使其不仅活在人们的记忆和史料记载里，活在被抢救、被保护的静态传统里，更活在当代的戏曲舞台上，活在动态的继承发展中，薪火不断，生生不息。社会力量的积极参与、专业院团与挚爱昆曲的社会人士卓有成效的合作，也在很大程度上突破了国有昆曲艺术院团运作机制和惯性思维的局限，为当代昆曲的保护与传承注入新理念、新思路、新风尚，并逐渐形成和带动了海内外的"昆曲文化热"，走出了一条"回归古典、走进现代"的新的发展之路。

(二)《无锡市宜兴紫砂保护条例》立法分析

2006年，无锡市人大常委会颁布了《无锡市宜兴紫砂保护条例》，旨在加强宜兴紫砂保护，继承和弘扬宜兴紫砂文化，维护宜兴紫砂研究、设计、生产、经营单位和个人以及技艺人员的合法权益。该条例共分为六章，分别对宜兴紫砂资源开采和利用、紫砂制作技艺保护和传承、紫砂作品(产品)保护和市场管理等作出了具体规定。

1. 调整对象

《无锡市宜兴紫砂保护条例》第2条第1款对其调整对象作出了界定："本条例适用于本市行政区域内的宜兴紫砂矿产资源开采和利用、制作技艺保护和传承、作品和产品保护及其相关活动。"该条款对调整对象的界定涵盖了紫砂的开采、工艺加工、作品(产品)流通等一系列行为，对紫砂文化的保护具备一定的系统性和完整性。

2. 保护原则

《无锡市宜兴紫砂保护条例》规定：宜兴紫砂保护工作坚持保护为主、合理利用、传承发展的原则。与《苏州市昆曲保护条例》相比，缺少了"抢救第一"的原则，也表明了宜兴紫砂文化尚不存在濒临灭失的现实紧迫性，其存在的主要问题也与苏州昆曲文化有所差异。因此，"抢救第一"原则的缺少并非立法者无意为之，而是立法者结合地方实际作出的判断。在第二章中，针对紫砂资源的开采和利用，立法者又设置了较为具体的原则。该条例第8条规定："宜兴紫砂矿产资源的开采利用坚持保护和节约的原则，采取总量控制、限量开采、提高利用率等措施，实现经济效益、资源效益、社会效益和环境效益的统一。"该条原则凸显出宜兴紫砂文化所面临的核心问题在于资源的节约、环境的保护和效益的提高。紫砂矿产资源是紫砂文化得以传承和发展的基础，矿产资源的开发与环境保护是紫砂文化发展所必须解决的矛盾，而经济效益、社会效益等效益的提高也是实现紫砂文化转型发展的关键。

3. 保护措施

第一，规范化管理模式。《无锡市宜兴紫砂保护条例》规定要建立完善宜兴紫砂作品和产品信息数据库、产品生产技术规范和管理规范、从业人员技艺水平评价体系，对紫砂作品（产品）以及从业人员进行规范化、统一化的管理，保障紫砂文化在市场化的过程中具备较强的竞争力和生命力。

第二，专项保护资金。专项保护资金由政府财政拨款、单位和个人捐款及捐赠物品出售所得构成。专项保护资金用于宜兴紫砂文化的保护、研究和宣传，宜兴紫砂珍品、精品和珍贵资料的收集以及宜兴紫砂制作技艺的传承和对宜兴紫砂保护有突出贡献人员的奖励。专项资金的设立为紫砂文化的保护、研究、宣传以及紫砂文化的传承提供了一定的物质保障。

第三，矿产资源开采许可制度。紫砂矿产资源属于《矿产资源法》的调整范围，作为国家所有的矿产资源，紫砂矿产资源采矿权依法实行有偿取得制度，其勘查与开采应当依法实行许可证制度。《无锡市宜兴紫砂保护条例》依照《矿产资源法》以及国土资源部 2003 年发布的《探矿权采矿权招标拍卖挂牌管理办法（试行）》的规定，对紫砂矿产的开采许可制度及采矿权出让作了进一步细化。

第四，知识产权保护制度。《无锡市宜兴紫砂保护条例》第 20 条第 1 款规定："宜兴市经贸、文化、工商、质量技术监督等行政主管部门和行业协会应当建立完善宜兴紫砂作品、产品信息数据库并定期公布有关信息；引导宜兴紫砂作品、产品的设计、生产单位和个人，通过申请集体商标、证明商标、商品商标注册，申请专利、著作权登记，采取防伪标识、电子信息管理等措施，实施宜兴紫砂作品、产品的知识产权保护。"对紫砂文化知识产权的保护有利于激发社会对紫砂文化的传承与创新，促进紫砂文化商业化的健康发展，也有利于推动紫砂文化的转型发展，实现经济效益、社会效益、环境效益、资源效益的有机统一。

从宏观层面看，《无锡市宜兴紫砂保护条例》对宜兴紫砂保护相关事项作出了较为完备系统的规范，但同时也存在一些瑕疵，主要表现为过于偏重紫砂作品(产品)市场秩序的管理,未能较好地突出对紫砂文化本身的保护、传承和发展。紫砂文化的商业化运行固然能够为紫砂文化的发展注入更多的动力和活力,但是紫砂文化本身才是紫砂作品(产品)商业化运行的渊源所在。只有注重对文化本身价值的保护、发掘及创新,才不至于在文化商业化过程中迷失方向。

(三)《镇江香醋保护条例》立法分析

2016年7月29日,镇江市人大常委会颁布了《镇江香醋保护条例》,作为一部镇江市地方性法规,其旨在保护镇江香醋的品牌和工艺特色,继承和弘扬镇江香醋文化,促进镇江香醋产业持续健康发展。该条例结合镇江香醋的生产特点,对镇江香醋的具体保护范围、工艺保护与文化传承、知识产权保护、产业扶持与发展、保护制度、法律责任等作出了详细的规定,是一部较为典型的保护传统工艺的地方立法。

1. 保护范围

《镇江香醋保护条例》第2条对镇江香醋作出了明确的界定:“本条例所称镇江香醋,是指在镇江行政区域内生产,采用传统特殊工艺制作,具有独特风味和品质,并依法取得知识产权保护的酿造食醋。”该条款对镇江香醋的生产地域范围、制作工艺、风味品质、获得知识产权保护等特点进行了明确阐述,对于保护镇江香醋、弘扬镇江香醋文化提供了明确完整的法律保护。

2. 保护原则

《镇江香醋保护条例》规定:镇江香醋保护工作应当遵循质量至上、品牌保护和传承发展原则。这三项原则充分结合了镇江香醋的本质特点。质量至上原则体现了镇江香醋作为一种老百姓日常饮食中的调味料,必须达到特定的质量标准,使镇江香醋在传承中不能失去原有的品质,同时也为老百姓的饮食质量和品味提供保障,让老百姓在镇江香醋的调味之下,品尝到美食所带来的幸福感。品牌保护原则与该条例所规定的将镇江香醋作为集体商标、地理标志等知识产权进行保护相对应,使其成为推动镇江经济发展的代表之一。传承发展原则反映出镇江香醋所蕴含的文化价值,其生产工艺精益求精、不断创新,才能代代相传。

3. 保护与发展措施

第一，知识产权保护制度。《镇江香醋保护条例》第 12 条规定："市人民政府应当加强对镇江香醋集体商标、地理标志等知识产权保护，统筹推进建立集体商标和地理标志产品双重保护机制、统一审核的标准和程序。"对镇江香醋的知识产权保护，有利于激发社会对镇江香醋的传承与创新，严格的集体商标和地理标志的获得程序，又让镇江香醋在传承与发展中不会失去原有的品质，促进香醋文化商业的健康有序发展，实现经济发展对文化发展的促进作用。

第二，产业扶持与发展。《镇江香醋保护条例》规定镇江市政府要将镇江香醋产业发展纳入国民经济和社会发展规划，并同步规划和实施。对镇江香醋的传统酿制技艺进行保护，为推进现代酿造技术进行产学研合作，并对镇江香醋在技术改造、科技创新、品牌创建等方面提供财政支持。这一系列扶持与发展措施，为镇江香醋的发展提供了政策、人才和物质上的保障。

第三，监督和管理。食品药品监督管理部门按照镇江香醋国家标准对全部镇江香醋生产经营者进行监督抽检，以保障镇江香醋的品质不失真；工商行政管理部门、质量技术监督部门加强对镇江香醋集体商标、地理标志产品专用标志的日常监督管理，依法打击侵犯知识产权的行为，以保护镇江香醋的品牌特色。《镇江香醋保护条例》规定的一系列措施为镇江香醋传承和发展提供了强有力的保障。

总体上，《镇江香醋保护条例》对镇江香醋的保护事项作出了比较完备的规范，从生产工艺、质量标准、知识产权保护、科技创新、财政扶持、监督管理等方面为镇江香醋的传承和发展提供了全方位的保护。只有注重镇江香醋蕴含的文化价值，才能发挥文化对经济的促进作用，同时，也只有在镇江香醋健康有序的商业运作中，才能体现经济发展对文化传承的决定性作用。

二、物质文化遗产保护的立法实例分析

（一）《南京市历史文化名城保护条例》立法分析

2010 年，南京市人大常委会颁布了《南京市历史文化名城保护条例》，旨

在加强历史文化名城的保护，继承和弘扬优秀传统文化，促进经济和社会协调发展。该条例共七章48条。对保护利用的原则和要求，保护规划和名录、老城格局和城市风貌、历史建筑以及历史文化名镇名村、历史风貌区、古镇古村、历史文化街区、历史街巷、地下文物重点保护区、工业遗产、非物质文化遗产等对象的保护作出了具体规定。

1. 调整对象

《南京市历史文化名城保护条例》第2条第1款对其调整对象作出了具体规定："本市行政区域内历史文化名城的规划、保护、利用和管理，适用本条例。"该条例对于调整对象的设定并未局限于对历史文化名城的静态保护层面，而是将历史文化名城的规划、利用和管理同时纳入条例的调整对象之中，对历史文化名城的保护形成一个从规划保护到开发管理的多阶段动态保护体系，在历史文化名城的物质形态得到保护的同时，也实现了经济效益、社会效益、文化效益的统筹兼顾。

2. 保护原则

《南京市历史文化名城保护条例》第3条规定："历史文化名城的保护应当遵循政府主导、统筹规划、整体保护、合理利用的原则，正确处理经济社会发展和历史文化遗产保护的关系，维护历史文化遗产的真实性和完整性，保持、延续历史文化名城的传统格局和风貌。"目前该条例仍然坚持政府主导、统筹规划的保护模式，该种保护模式在目前及未来的一段时期内具有其施行的合理性。一方面，对历史文化名城的保护涉及整个城市的规划建设，对不同区域、不同类型的物质文化遗产应当采取何种措施进行保护都需要从整个城市规划的宏观层面予以把握，以制定科学、合理、有效的保护方案，而制定城市规划是政府的职责所在，政府有义务通过城市规划对历史文化名城的保护作出合理安排；另一方面，历史文化名城的保护不仅包括对历史物质遗产的原真性保存，还包括对灭失、损毁、陈旧的物质文化遗产的重建、修复、翻新等一系列工作，此类工作投入成本高、回收效益低、专业性较强，社会力量难以承受，只能由政府主导、统筹建设。"整体保护"是对具体保护方式的原则性要求。"合理利用"则是正确处理经济社会发展和历史文化遗产保护之间关系的基本准则。

3. 保护措施

第一,历史文化名城专家委员会制度。专家委员会是历史文化名城保护工作的智囊团,主要负责为历史文化名城保护的相关事项提供专业指导意见,以增强相关保护措施决策的科学性。专家委员会由规划、文物、文化、建筑、园林、旅游、宗教、历史、民俗和法律等方面的专家组成,负责对保护规划、保护名录等事项进行论证和评审。保护规划的编制,应当经专家委员会论证,并征求有关部门和社会公众的意见。城乡规划行政主管部门在核发保护范围内建设项目选址意见书以及审定建设工程设计方案前,应当经专家委员会论证并向社会公示。专家委员会通过对相关规划、决策、方案的事前论证和评估,在很大程度上保障了相关措施的科学性、合理性,提升了制度施行的实效。

第二,历史文化名城保护目录制度。《南京市历史文化名城保护条例》确立了历史文化名城保护名录制度。保护名录包括国务院和省人民政府批准公布以及市人民政府确定的保护对象,同时具备条件的其他保护对象经过相应的论证和审批程序,可以被纳入保护名录之中。根据南京历史文化名城保护规划,在名录中对历史风貌区、古镇古村、历史街巷等保护对象进行了界定,补充了上位法的规定,构建了比较全面的保护体系。保护目录制度的实施,一方面有利于及时发现并记录具有保护价值的历史文化遗产,另一方面,也有利于对目录中历史文化遗产的统筹规划和开发利用。

第三,规划控制制度。规划控制制度是被普遍采用的用于保护老城区整体建筑格局和城市风貌的制度。《南京市历史文化名城保护条例》第 20 条第 1 款规定:“市人民政府应当制定老城保护方案,严格保护老城历史风貌、整体格局和自然环境,控制老城开发总量、建筑体量、空间尺度,减轻人口压力。”规划控制制度的施行,对于保护历史街巷体系、文物古迹、古树名木、传统建筑风貌、老城历史肌理风貌和人文脉络发挥着积极的作用,在推进老城历史文化资源的保护、利用、改造、复兴的同时,也提升了城市的品质和内涵。

此外,《南京市历史文化名城保护条例》细化了上位法对历史建筑的保护规定,明确了历史建筑的保护要求,规定历史建筑的拆除、迁移、翻建和维护修缮的审批程序,对相关主体的权利义务进行了明确,建立了历史建筑维护修缮的补贴制度，禁止在历史建筑上设置户外广告，规范店招、标志的设置。对具有一定保护价值但尚未列入保护名录的建筑物、构筑物，明确为规划控制建筑，同时规定了相应的程序。该条例对历史文化名镇名村、历史文化街区、历史风貌区、古镇古村的整体保护和保护性更新改造作了规定，明确了历史文化街区和历史街巷的具体保护要求，另外，还对地下文物重点保护区、工业遗产以及非物质文化遗产作出了相应保护规定。

从整体上说，《南京市历史文化名城保护条例》表现出以下三点特征：第一，保护体系完备。《南京市历史文化名城保护条例》构建了较为完备的历史文化名城保护制度体系，对城市格局、城市风貌、历史建筑等不同保护对象分别设置了针对性的保护措施，相关保护制度与实施机制之间也得到了较好的衔接。第二，保护手段多样。《南京市历史文化名城保护条例》通过宏观的城市保护规划与微观的行政管理、行政审批等手段的结合，实现了对历史文化名城多层次、分阶段的保护。第三，规范操作性较强。《南京市历史文化名城保护条例》对历史文化名城的规划、保护、利用和管理都作出非常详尽的规定，特别是老城格局和城市风貌保护一章中，对各个区域、各个街道都提出了非常详细的规划控制要求，极大地增加了规范的可操作性，同时也显示出了较高的立法技术水平。

（二）《苏州园林保护和管理条例》立法分析

《苏州园林保护和管理条例》于 1996 年经苏州市人大常委会颁布，2004 年经苏州市人大常委会修正，2016 年第二次修正后重新发布，旨在加强苏州园林的保护和管理，保持园林的完整风貌，继承优秀的历史文化遗产。现行《苏州园林保护和管理条例》在结构上分为五章，分别为总则、职责、保护和管理、法律责任及附则。总体上看，该条例的结构相对简明，主体部分包括对园林的保护和管理。

1. 保护措施

第一，划定园林建设控制地带。根据《苏州园林保护和管理条例》的规定，建设控制地带指保护范围外根据园林格局、安全、环境和景观等需要，按法定程序划定的一定区域。园林建设控制地带内应当遵守下列规定：（1）城市规划行政主管部门在审批建设项目及其设计方案前，应当征求园林主管部门的意见；(2)禁止搭靠园林建筑设施新建建筑物、构筑物；(3)新建建筑物、构筑物的形式、高度、体量、色调等必须与园林整体景观相协调，保证视觉空间控制带的畅通和借景效果不受影响；(4)凡与园林整体景观不协调或者危及园林安全的建筑物、构筑物等，应予整治；(5)建设施工不得从事危及园林的活动，不得对园林造成损害；(6)不得超过环境排放标准排放烟尘、有毒有害气体和噪声，不得向园林内排放、渗透污水和倾倒固体废物；(7)在对公众开放的园林门口五十米范围内设置商业服务网点、户外广告等设施，有关审批机关在审批前，应当征求园林主管部门的意见。

第二，标划园林保护范围。根据《苏州园林保护和管理条例》的规定，保护范围是指围墙(含围墙)以内的区域。园林保护范围内不得改变园林原有布局，保持山石水体原貌；不得任意改建、拆除原有建筑设施，不得擅自新建建筑物、构筑物；组织的展览、游园活动必须与园林的整体风貌相协调，不得任意设置摊点；不得擅自设置广告；城市公用管线不得穿越园林。

2. 管理职责

《苏州园林保护和管理条例》设置专章对相关部门对园林保护和管理的职责进行明晰，主要包括园林主管部门职责和城市规划修造主管部门职责。根据该条例的规定，园林主管部门职责包括：(1)考察、论证苏州园林及遗址，报苏州市人民政府批准公布；(2)拟定苏州园林及遗址的修复计划和保护管理措施；(3)参与划定苏州园林的保护范围、建设控制地带以及苏州园林遗址的保护区域；(4)对苏州园林保护范围、建设控制地带内的建设项目及其设计方案参加审查；(5)开展保护苏州园林的科学研究，培养管理人才；(6)依法对违反本条例的行为进行查处。城市规划行政主管部门的职责包括：(1)负责划定苏州园林的保护范围、建设控制地带以及苏州园林遗址的保护区域，报同级人民政府审批；(2)会同园林主管部门审批苏州园林保护范围、建设控制地带内的建设项目及其设计方案；(3)依法查处苏州园林保护范围、建设控制地带内的违法建设。《苏州园林保护和管理条例》对相关主管部门的职责进行较为详细明确的划分，在一定程度上有利于避免因职责不清而导致的部门之间的相互推诿。

与《苏州市昆曲保护条例》等非物质文化遗产保护立法有所不同，《苏州园林保护和管理条例》在立法目的上更加注重对园林现存物质样态的保护，在保护手段上更多地通过行政管理的方式，实现对园林物质形态及整体风貌的完整留存，在制度机制的创新方面也相对匮乏。以上《苏州园林保护和管理条例》所表现出来的特征都是由该条例单一的立法目的和传统的立法理念所决定的。因此，《苏州园林保护和管理条例》在立法目的拓展和立法理念的更新方面还存在较大的提升空间。保持园林的完整风貌是对物质文化遗产进行保护的首要立法目的，但不应当为唯一立法目的，如何在保持园林物质形态的基础上发掘和丰富园林的文化内涵，如何体现古老园林与现代社会的文化交融，都是立法者应当思考并予以完善的。

（三）《无锡市历史街区保护办法》立法分析

《无锡市历史街区保护办法》是2003年由无锡市人民政府通过并发布的，旨在加强对无锡市历史街区的保护，继承优秀历史文化遗产。该办法在性质上属于无锡市地方政府规章，相较于其他市以地方性法规对文化遗产进行保护的形式，其在效力等级上相对较低。

《无锡市历史街区保护办法》共29条，从规范内容层面来看，主要对历史街区的保护、改建、装修、修缮等事项作出了规定；从规范主体层面来看，主要对涉及历史街区保护的相关主管部门的职责和行政相对人的义务作出规定。

1. 保护原则

根据《无锡市历史街区保护办法》的规定，历史街区的保护应当坚持“保护为主、抢救第一和有效保护、合理利用、加强管理”的原则。虽然该原则在表述逻辑和内容方面都存在一定的瑕疵，但基本上传达出了该办法对历史街区保护的四个工作重心：保护、抢救、利用和管理。既要保护现存历史文化街区的风貌样态，又要及时修缮被损毁的历史文化街区，同时在保护和修缮的基础上，合理开发历史街区的经济价值、文化价值和社会价值，最后通过行政管理的方式，为历史街区的保护、抢救及开发工作提供基本的秩序保障。

2. 政府职责

根据《无锡市历史街区保护办法》的规定，由市、市（县）、区文物行政主管部门负责本辖区内历史街区的保护、管理和监督工作。规划、建设、房管、国土、工商、园林、旅游等有关行政管理部门，应当按照各自职责，做好历史街区的相关管理工作。由市、市(县)规划行政主管部门会同文物行政主管部门,对相关历史街区进行评审并确定相应保护级别。由各级规划行政主管部门负责编制历史街区保护专业规划,经批准的历史街区保护规划由同级政府统一协调组织实施保护和改造。

3. 行政相对人义务

《无锡市历史街区保护办法》第10条至第19条对行政相对人涉及历史街区保护的相关义务作出了较为详细的规定,包括历史建筑所有权、使用权人的相关义务以及其他相关义务人。其中较为典型的就是对房屋所有权权能的限制。按照民法的基本理论,所有权人对其权利标的物享有占有、使用、收益、处分的权利,其他主体不得妨碍所有权人行使其权利。但该办法中对历史建筑的所有权人及使用权人的权能都作出了相应限制。根据《无锡市历史街区保护办法》的规定,实行自行保护和改造的房屋及其他设施,其产权人应当与文物行政主管部门签订保护和改造协议,履行保护和改造的义务,遵守保护和改造的规范。历史街区内非国有的古建筑、近代现代代表性建筑发生损毁危险,产权人具备修缮能力而拒不履行修缮义务的,当地人民政府可以给予抢救修缮,所需费用由产权人负担。迁移或拆除的房屋及其他设施,其产权人或使用人在搬迁中必须遵守不改变原状的原则,不得损坏或拆除原建筑物构件。

从整体上看,《无锡市历史街区保护办法》仍然保留着传统的行政主导的立法模式,以行政管理作为保护历史街区的主要手段,以行政审批作为历史街区保护秩序的主要抓手,过多地强调行政相对人在历史街区保护过程中应当遵守的义务,忽略了作为产权人应当享有的基本权利。以行政管理为主导的传统保护模式,虽然在宏观管控方面具有一定的优势,但涉及微观层面复杂利益的调整和衡平时,则会显得过于被动。如何转变传统行政立法理念,使得行政机关从社会微观管理领域抽身,在宏观层面发挥行政审批的调控优势,充分利用社会和市场对资源配置的高效性,是立法者在新时期需要认真思考的问题。因此,该办法在管理机制的创新、社会公众的参与、立法理念的革新、文化价值的发掘等层面还存在很大的完善空间。

(四)《大运河扬州段世界文化遗产保护办法》立法分析

2016年,为适应大运河申遗成功后保护世界文化遗产和提升扬州名城品质的需要,扬州市人民政府颁布了《大运河扬州段世界文化遗产保护办法》,作为一部地方政府规章,其旨在大运河扬州段的世界文化遗产保护。该办法共20条,对保护的对象和原则、承担保护责任的主体、各项保护制度作出了明确而具体的规定。

1. 调整对象

《大运河扬州段世界文化遗产保护办法》第2条规定大运河扬州段世界文化遗产的保护适用本办法,并且明确了大运河所有的遗产河道和遗产点。该办法对于调整对象的限定并未局限于对大运河扬州段的静态保护,而是将大运河扬州段的规划、利用和管理同时纳入该办法的调整对象之中,形成一个从规划、利用到管理的多阶段、多层次、全方位的动态保护,实现经济、社会和文化的和谐有序发展。

2. 保护原则

《大运河扬州段世界文化遗产保护办法》第3条规定,大运河扬州段世界文化遗产保护坚持依法规划、分级负责、属地管理、合理利用的原则,维护遗产的真实性、完整性、延续性。大运河世界文化遗产是一种稀缺资源,在对其进行保护和利用的过程中坚持依法规划的原则,可以促进环境与经济、社会的可持续发展。分级负责原则和属地管理原则,明确了大运河扬州段世界文化遗产的保护应当以地方政府为主,在地方政府的统一领导下,协调、督促有关工作部门做好文化遗产的保护和利用工作。合理利用原则要求在充分保护真实性和完整性的前提之下,按照适度、合理、可持续的要求,开展有利于大运河扬州段世界文化遗产保护和文化传承活动,维护遗产的延续性。

3. 保护措施

第一,重大事项专家咨询制度。大运河文化遗产的保护具有较高的专业性,有关遗产保护的重大事项,依靠专家群体参与决策,以提高政府决策的质量,保证决策的科学化和民主化,更加科学合理地保护和利用大运河扬州段世界文化遗产。

第二，工程建设的审批制度。《大运河扬州段世界文化遗产保护办法》规定，在遗产区、缓冲区内进行工程建设，应当符合《大运河扬州段遗产保护规划》，并依法办理相关审批手续，不得进行破坏世界文化遗产本体的工程建设。此项审批制度是政府为保护世界文化遗产进行事前监督和管理的有效措施，能够有效避免工程建设对大运河扬州段中的遗产点和遗产河道相关古迹的破坏，同时使建设项目与大运河扬州段世界文化遗产的历史风貌和景观环境相协调。

第三，公众参与制度。人民群众是文化传承和推动文明进步的主体，大运河扬州段世界文化遗产的保护和利用离不开人民群众的积极参与。《大运河扬州段世界文化遗产保护办法》要求文化主管部门应积极开展大运河扬州段世界文化遗产普遍价值的展示和传播工作，增进公众对大运河遗产的认识与理解、尊重和保护。鼓励公民、法人和其他组织通过捐赠、资助、投资等方式参与文化遗产的保护和合理利用。公众参与制度可以充分调动公众参与世界文化遗产保护的积极性，提升公众的民族自豪感和对名城扬州的热爱，也有助于大运河文化的弘扬和传播。

从总体上看，《大运河扬州段世界文化遗产保护办法》作为扬州市政府的规章，弥补了扬州市对大运河世界文化遗产保护的立法空白，同时也体现着扬州市政府在保护大运河世界文化遗产中的历史责任意识。办法中规定了政府在保护和利用中的主导作用，同时也让公众积极参与其中，体现了一种保护世界遗产“全民有责、全民参与”的立法理念，有助于推动社会主义文化建设的有序进行。

三、促进文化产业发展的立法实例分析

（一）《江苏省专利促进条例》立法分析

《江苏省专利促进条例》于 2009 年经江苏省人大常委会通过并颁布，2019 年经江苏省人大常委会修正后重新发布，旨在鼓励和保护发明创造，培育江苏自主知识产权，推动创新型江苏的建设。该条例共设六章，分别对专利促进的激励措施、专利的规范管理、专利权的行政保护以及法律责任等作出了具体而切实的规定，形成了一套较为完备的专利促进制度体系。

1. 专利促进原则

根据《江苏省专利促进条例》的规定，专利促进工作应当遵循激励创造、有效运用、科学管理、合理保护的原则。该原则明确地阐述了江苏省专利促进工作的四项基本定位：第一，激励创造。激励社会创造是促进专利发展、推动新型文化产业进步的首要任务。国务院总理李克强在 2015 年政府工作报中提出了“大众创业、万众创新”的概念，就是要激发社会公众的创造力，使之成为社会发展的新引擎。第二，有效运用。外观设计、实用新型、发明等专利的核心价值在于实际的应用，如何有效实现知识产权的成果转化是专利促进的关键环节。第三，科学管理。由于知识产权属于无形财产权，相较于有形财产，其在产权静态保护和动态流转秩序的管理方面存在较大的难度，《江苏省专利促进条例》设置专章对专利进行规范管理存在其必要性和合理性。第四，合理保护。知识产权制度产生的目的就是保护发明创造、激发社会的创造力。缺乏知识产权制度的保护，社会公众的创造成果就难以得到法律保护，其创造积极性也难以激发，无论对于个人还是对于整个社会都是一种重大利益损失。因此，加强对专利的行政保护、遏制专利侵权行为是促进专利发展的重要保障。

2. 激励措施

《江苏省专利促进条例》在促进专利发展的制度机制层面作出了较多的创新和努力，通过良性的激励措施带动社会创新能力的提升。

第一，培育发展专利中介服务机构。《江苏省专利促进条例》第 8 条规定：“……培育和发展专利中介服务机构，引导其为企业、事业单位提供优质、规范的专利中介服务。”培育社会中介服务机构的提出，表明传统以行政为主导的立法理念正在发生转变，立法者逐渐认识到行政权的干预并非解决所有问题的最好方式。充分调动并授权社会自治组织和中介机构，按照市场规律进行运作，才可能为企业、事业单位提供更加高效和优质的服务。

第二，搭建专利信息服务平台。专利权作为一种无形财产权，具备排他性、区域性和时间性等特点，给专利权的流转及专利的转化带来了一定阻碍。专利信息服务平台的搭建，有利于解决专利权流转及专利转化当事人之间由于信息不对称而可能引发的各种问题，提升了专利事务处理的效率和安全性。

第三，创业风险投资、信贷投入、融资担保制度。《江苏省专利促进条例》第14条规定："以政府财政资金安排和设立的创业风险投资资金和创业风险投资机构，应当加大对专利技术产业化项目的投资力度。鼓励商业银行增加对专利技术产业化项目的信贷投入，县级以上地方财政可以在专利专项资金中安排一定资金对专利技术产业化贷款项目进行贴息；鼓励担保机构优先为专利技术产业化项目提供融资担保。"由于外观设计、发明等专利前期投入成本很高，且专利的产业转化周期较长，所以资金支持问题成为社会创新创业所面临的重要问题。该条例通过设立政府创业风险投资机构、鼓励银行加大信贷投入和担保机构优先融资担保等多种途径为社会创新创业提供了基本的资金保障。

第四，提供税收优惠。《江苏省专利促进条例》第17条规定："专利中介服务机构从事专利技术转让、专利技术开发和与之相关的专利技术服务、技术咨询业务，技术交易合同经当地科技、专利行政管理部门按照职责分工进行认定，并报税务机关备案的，其取得的收入可以依法免征营业税。专利中介服务机构在代理业务中代收代缴的各类国家规费以及国际专利规费，在计算营业税计税营业额时依法予以扣除。"税收优惠政策是政府调控经济杠杆的一项重要手段，在专利领域实施合法、合理的税收优惠政策有利于平衡社会创新创造的投入成本和收益之间的关系，较好地激发社会的创新创造积极性。

第五，明确专利利益分配。《江苏省专利促进条例》详细地规定了职务发明的发明人、设计人在与单位没有约定的情况下的专利利益分配方式。具体分为专利产生效益、专利许可、专利权转让及以专利技术入股实施转化四种情形。

从整体上看，《江苏省专利促进条例》在专利促进领域基本上具备了先进的保护理念、完备的保护体系、创新的保护制度以及多样的保护手段，是一部具有现实关切和时代眼光的高水平地方性法规。

（二）《苏州市文化产业发展资金管理办法》立法分析

2010年9月，苏州市人民政府办公室发布了《苏州市文化产业发展资金管理办法》。该办法在性质上属于地方性法规、地方政府规章之外的规范性文件,尚未上升到《立法法》意义上的立法层级。如上文所述,由于文化产业促进型立法仍处于起步阶段,各级地方政府多采取规范性文件的形式对相关制度机制进行探索性实施,尚未达到直接进行立法的成熟时机。

在规范结构上,《苏州市文化产业发展资金管理办法》共七章21条,分别对发展资金的管理职责,发展资金的支持重点、范围和方式,发展资金的使用和管理,发展资金申报条件和程序,绩效管理等内容作出了较为具体的规定。该办法所称苏州市文化发展资金是专门用于促进苏州市文化产业跨越发展的财政资金,包括苏州市文化产业发展专项资金、苏州市文化产业担保基金和苏州市文化产业投资基金。《苏州市文化产业发展资金管理办法》规定发展资金的使用应当遵循"公开公正、共同管理、突出重点、注重实效、拉动投资"的原则。发展资金重点支持政府鼓励投资,能够引导社会资本进入,明显提升苏州文化产业自主创新能力和市场竞争力,迅速壮大文化产业规模,具有显著的社会效益和经济效益的文化产业项目。该办法在总体上表现出资助范围广、资助力度大、指向性明确、使用管理规范等特征。

1. 发展资金的使用范围

《苏州市文化产业发展资金管理办法》对发展资金的使用范围作出了明确界定,主要包括:(1)国家级、省级、市级文化产业集聚区、文化产业示范基地、文化产业园区等项目;(2)创意设计、文化旅游、出版发行、新闻传媒、会展广告、印刷复制、演艺娱乐、工艺美术、影视制作等文化产业项目;(3)网络业、数字内容和动漫业、游戏软件业、新媒体等新兴文化产业项目;(4)具有自主知识产权的文化产品和文化服务出口项目;(5)地方传统特色的、非物质文化遗产资源和历史文化档案资源产业化开发利用项目;(6)文化产品的技术研发、市场推广以及行业标准制定和文化服务公共平台建设项目;(7)代表苏州文化水准并可产业化运作的文化艺术、影视节目等内容生产和品牌打造项目;(8)文化产业紧缺人才培训项目;(9)参加国际、国家级文化产业交流、博览和展销会等。上述资助范围几乎涵盖了新兴文化产业的所有领域,支持范围相当广泛。

2. 资助力度大

文化产业发展资金由专项扶持资金、担保基金和产业投资基金共同组成,三类资金在文化产业的资助方面各有侧重,形成了一套较为完备的产业资金支持体系。专项扶持资金主要以奖励金和上级专项扶持资金配套的形式对文化产业项目进行鼓励,重点推动创意设计、文化旅游、动漫游戏和会展节庆等产业的发展。担保基金充分发挥财政资金的杠杆作用,通过与信用担保公司、银行合作,放大资金倍数,主要解决中小文化企业融资难的问题。产业投资基金主要投资符合国家产业发展政策、苏州市范围内具有比较优势的文化产业企业和项目,以股权投资、可转换债券及法律法规允许的其他方式进行投资,单个项目投资不超过基金注册资本的20%。

3. 指向性明确

虽然文化产业发展资金是一个较为庞大的资金支持体系,存在支持范围广、支持力度大、资金投入多以及申报审查程序严格等特征,但是《苏州市文化产业发展资金管理办法》的指向性非常明确,就是要重点扶持新兴文化产业的发展,为其提供较为充实的物质基础,推动苏州新兴文化产业逐步走向成熟阶段。

4. 使用管理规范

《苏州市文化产业发展资金管理办法》设置专章对发展资金的申报条件和申报程序进行了详细的规定。在申报主体资格中对申报主体的注册地、独立法人资格、企业性质、经营能力、资信等级、项目规划、诚信记录等都作出了具体要求。该办法还列举了以下不予安排扶持资金的情形:已获得专项扶持资金支持后两年内未兑现的项目单位再次申报的项目;申报项目存在重大法律纠纷、知识产权有争议的;申请单位违反有关国家法律法规,已受到相关部门行政处罚或追究刑事责任未满两年的;其他不符合扶持范围和条件的项目。除了前期的申报条件和申报程序,《苏州市文化产业发展资金管理办法》还设置了绩效管理制度,对资助的项目进行跟踪考评,主要考评发展资金支持项目目标完成情况及其成效,并根据考评结果作出处理措施,督促企业积极完成资助项目。

《苏州市文化产业发展资金管理办法》作为苏州市政府发布的规范性文件,虽然在效力层级上相对较低,但是其在填补文化产业促进型立法空白、抓紧推进新兴文化产业发展等方面发挥着不可替代的作用。在文化产业发展的起步阶段,通过规范性文件的形式对相关制度机制进行探索性实施,当文化产业体系发展趋于完备、相关制度机制的实施趋于成熟时,再将此类规范性文件上升为地方政府规章或地方性法规,是一种较为科学合理的立法途径。

第七章　地方环境立法

江苏省环境立法自1980年开始,经过多年的发展,取得了丰硕的成果,但其中的立法问题也不容忽视。本章以江苏省现行有效的地方性环境法规规章为分析对象,介绍江苏省地方性环境法规规章的基本情况,分析其立法思路,指出其立法的不足以及改进的措施,以期江苏省环境保护工作取得突破,重新找回久违的"蓝天白云"。

第一节　地方环境立法界说

一、地方环境立法概念分析

"区域"一词在不同的学科中有不同的含义。其首先是一个地理学词汇,地理学中区域指地球表面一定的空间或单元。我国《宪法》对于"区域"的规定至少有四种含义:"一是在少数民族聚居地区实行区域自治。二是指行政区域。三是特别行政区作为我国一个特殊的行政区域有着独立的地位。四是居民委员会和村民委员会作为基层群众性组织,其是城市和农村按居民居住地区设立的。"[1]在经济社会快速发展过程中,区域联系日趋紧密,区域内环境事务管理催生大量地方环境立法。地方环境立法,是指区域内享有立法

---

〔1〕 陈光:《我国区域立法协调机制研究》,山东大学2011年博士学位论文,第31页。

权的机关依据宪法和法律的规定，根据本地区环境事务管理的需要，依照法定职权和程序制定、修改和废止地方环境法律文件的立法活动。

二、地方环境立法范围

立法范围指的是立法权限的大小和立法内容的多寡。根据2015年修正的《立法法》的规定：设区的市的人大及其常委会根据本市的具体情况和实际需要，在不同宪法、法律、行政法规和本省、自治区的地方性法规相抵触的前提下，可以对城乡建设与管理、环境保护、历史文化保护等方面的事项制定地方性法规，法律对设区的市制定地方性法规的事项另有规定的，从其规定。地方性法规可以就下列事项作出规定：（1）为执行法律、行政法规的规定，需要根据本行政区域的实际情况作具体规定的事项；（2）属于地方性事务需要制定地方性法规的事项。地方政府规章可以就下列事项作出规定：（1）为执行法律、行政法规、地方性法规的规定需要制定规章的事项；（2）属于本行政区域的具体行政管理事项。设区的市、自治州的人民政府制定地方政府规章，限于城乡建设与管理、环境保护、历史文化保护等方面的事项。我国目前法律对于地方环境立法并没有明确的限制性规定，地方环境立法在不与上位法冲突的情况下，可以根据经济社会发展状况和环境事务管理的需要进行立法。“从可持续发展目标和环境法社会利益本位的本质来看，地方环境立法的范围也是十分宽广的。可以说凡是与环保有关的事项，地方均可以进行立法。当然，在所有这些事项中，还是有轻重缓急的。首先要抓紧进行立法的是保证实施地方可持续发展的优先项目计划，遏止或扭转不符合社会环境利益的行为或趋势。”[1]

三、地方环境立法功能

（一）对国家环境立法的具体化、地方化

地方环境立法是对国家环境立法的贯彻与执行，立法内容侧重于法律的

〔1〕 李广兵：《可持续发展与地方环境立法》，载吕忠梅、徐祥民主编：《环境资源法论丛》（第3卷），法律出版社2003年版，第146页。

执行层面。地方立法机关根据本区域的实际情况和客观需要,对国家环境立法作适当的细化、延伸和完善,更贴近区域的环境保护要求,更具有针对性和可操作性。如《江苏省环境保护条例》第6条规定县级以上人民政府环境保护行政主管部门对本行政区域内的环境保护工作实施统一监督管理,对其主要职责细化了7项内容,而《环境保护法》对于各级人民政府环境保护行政主管部门的职责规定得比较简单。

(二)弥补国家环境立法的漏洞

我国地域辽阔,人口众多,环境事务管理复杂,国家环境立法不可能涉及所有方面,在一些领域,国家层面的环境立法存在漏洞。对于一些急需以立法的形式解决的问题,"不能坐等经验的积累、时机的成熟以及其他条件的具备,而可以由地方对这些问题先行立法,或由中央授权地方先行立法,积累经验、等待时机、创造其他必要条件,为其后的中央立法或中央和地方共同立法(如中央制定法律、地方制定实施细则),做好准备"。[1]

第二节　地方环境立法现状

一、地方环境立法基本情况

在《立法法》未修正之前,江苏省人大及其常委会、南京市人大及其常委会、无锡市人大及其常委会、苏州市人大及其常委会以及徐州市人大及其常委会具有地方环境与资源法规立法权,相对应的人民政府拥有地方环境与资源规章立法权,这些立法主体都积极进行了地方环境立法的探索。江苏省地方环境立法覆盖自然资源合理开发与保护、生态维护、污染防治等领域,对城市建设规划、农村环境保护、水利设施、自然保护区、风景名胜区、名山名水历史名城、自然以及人文遗迹等都进行了相应的立法。表7-1根据不同的分类,可以让我们更具体了解江苏省环境立法概况。

---

〔1〕 周旺生:《立法学》(第2版),法律出版社2009年版,第280页。

(一)立法数量统计

1980 年 6 月 27 日,江苏省第五届人大常委会第四次会议通过的《江苏省城市卫生管理暂行规定》是江苏省的第一个地方性法规,同时也是江苏省环境立法的第一例。[1] 自 1980 年起至 2015 年,江苏省现行的地方环境立法数量统计见表 7－1。

表 7－1　江苏省现行地方环境立法数量统计

单位:部

文本类别	立法机构					
	江苏省	南京市	无锡市	苏州市	徐州市	合计
环境与资源法规	55	38	14	21	13	141
环境与资源规章	32	40	21	16	19	128
合计	87	78	35	37	32	269

从表 7－1 展示的数据可以看出,1980 年至 2015 年江苏省现行地方环境的立法数量是相当可观的——总共 269 部[2]。其中法规共 141 部,江苏省人大及其常委会制定了 55 部,南京、无锡、苏州、徐州四个较大的市的人大及其常委会共制定法规 86 部;规章共 128 部,江苏省人民政府制定了 32 部,南京、无锡、徐州、苏州四个较大的市的人民政府制定规章 96 部。在四个较大的市中,南京市制定的法规和规章数量都是最多的,共 78 部,占四个较大的市立法总数的 42.86%。这是因为南京市作为江苏省的省会城市,是四个较大的市中最先拥有地方立法权的城市[3],并且南京市是江苏省区域面积最大的城市,环境资源问题更复杂,需要制定更多的法规规章。在法律的效力上,地方性法规的效力大于地方政府规章,更有利于江苏省应对环境问题。

---

[1] 事实上,早在 1951 年,南京市就制定了有关土地利用的地方政府规章《南京市郊土地改革中关于护堤土地处理办法》。因其是在我国法制不健全的特殊年代制定的,将其纳入研究范围并不影响将《江苏省城市卫生管理暂行规定》作为江苏省环境资源立法的第一例。

[2] 我们所检索到的 269 部江苏省环境与资源法规规章全部来自"北大法宝"。

[3] 自 1979 年通过《地方组织法》时,南京市即拥有地方立法权,无锡市在 1984 年拥有地方立法权,苏州和徐州两市则都是在 1993 年拥有地方立法权的。

(二)立法内容

从表7－2展示的数据可以看出,在江苏省环境立法中,污染防治类的立法数量仅次于资源、能源类的立法数量,表明江苏省环境污染依然很严重。江苏省省级立法机关的立法数量远多于较大的市的立法数量,这也符合法规规章适用的范围。相较于较大的市立法,省级立法适用于整个行政区域,治理的环境问题也更复杂,立法涉及面广,需要制定更多的法规规章。

表7－2 江苏省部分城市地方环境立法数量

单位:部

类别	江苏省	南京市	无锡市	苏州市	徐州市	合计
环保类	9	6	3	1	4	23
污染防治类	16	17	5	8	11	57
生态保护类	12	12	8	12	2	46
防震减灾类	8	2	1	3	0	14
建设规划类	6	11	7	5	7	36
水利管理类	3	3	2	1	1	10
资源、能源类	33	27	9	7	7	83
合计	87	78	35	37	32	269

二、地方环境立法特点

(一)地方特色的环境立法

"进行地方环境立法,要充分认识本行政区的客观实际,以本地区经济技术发展水平和自然条件为依据,研究地方环境立法所要调整的社会关系的现状和发展趋势,反映地方特色。"[1]早期,江苏省地方环境与资源立法缺乏地方特色,只是简单照抄照搬国家环境与资源的立法文件,地方性环境与资源法规规章实际发挥的作用和效益不明显。随着经济发展和环保事业的不断深入,江苏省立法机构根据本区域的自然条件和当地的环境问题有针对性地确定立法对象,逐渐摆脱以往地方环境与资源立法的被动局面。江苏省环境

〔1〕 何卫东、周忠:《地方性环境与资源保护立法的几个问题》,载《法学评论》1995年第1期。

与资源立法在体现本区域的环境与资源条件和治理本区域环境与资源问题中,形成了自己的地方立法特色,基本上满足了环保事业的需求。

1. 颇具地方特色的水资源立法体系

在江苏省环境与资源立法中,与水有关的立法文件多达50多部,其内容涉及水资源保护与利用、水污染防治、城市供水与排水、水土保持、河道保护、水利工程管理等方面。江苏省之所以形成了颇具地方特色的水资源立法体系,是由江苏省的省情所决定的。江苏省地处江淮沂沭泗五大河流下游,长江横穿本省南部。境内有太湖、洪泽湖、高宝湖、骆马湖、微山湖等大中型湖泊,以及大运河、淮沭河、串场河、盐河、通榆运河、灌溉总渠和通扬运河等各支河,河渠纵横,水网稠密。中国五大淡水湖,有两个位于江苏境内,此外还有大小湖泊290多个,其中面积为50平方公里以上的湖泊12个。"由于地处江淮沂沭泗下游,85%的地面高程汛期位于洪水位以下,上中游200万平方公里的洪水都要从江苏入海,防汛任务十分艰巨。"[1]同时,由于江苏省产业规模发展迅猛,对水资源的需求量很大,尤其是农业的发展需要大量的水资源。而江苏省充沛的水资源保障了农业的稳定发展,也造就了江苏省"鱼米之乡"、经济大省的地位。

2. 生态保护立法

江苏省在自然保护区、风景名胜区、名胜古迹保护方面立法成绩也很显著。江苏省历史悠久、人杰地灵,山水园林、名胜古迹丰富,有"龙盘虎踞"的南京、"天堂"之称的苏州、"淮左名都"的扬州等历史文化名城,全国5A级景区17个,旅游资源极为丰富。江苏省在自然保护区、风景名胜区、名胜古迹方面保护的立法促进了本省旅游业的快速发展,同时,在促进经济发展、调整产业结构、优化环境等方面发挥了重要作用。

3. 局部的法律机制创新——填补国家环境立法的空白

"国家环境法律法规出台需要有一定的周期且覆盖面和调整范围相对有限。地方立法机关对本辖区迫切需要而国家目前又暂无相应立法的法律法

---

〔1〕 沈建华:《加快水利建设　确保长治久安——访江苏省水利厅厅长翟浩辉》,载《江苏农村经济》1999年第6期。

规事项，可先行一步，通过地方环境立法加以规定。”[1]2014 年 4 月 28 日，苏州市人大常委会制定了《苏州市生态补偿条例》，并于 5 月 28 日获得江苏省人大常委会的批准，这是我国首次由地方立法机构制定生态补偿方面的法规，填补国家环境立法的空白，使苏州市在生态补偿方面有法可依，此举也会促进我国在生态补偿方面的发展。

（二）地方环境立法体系初步形成

从表 7－2 可以看出，江苏省环境立法内容涉及污染防治、自然资源开发利用、生态保护、建设规划、水利工程等领域，初步建立了地方环境与资源立法体系。从内容上分析，既有环保综合性规定，也有污染防治单项性规定，如《无锡市畜禽养殖污染防治管理办法》；既有流域性的规定，如《江苏省长江水污染防治条例》，也有行业性的规定，如《苏州市餐厨垃圾管理办法》。从形式上看，既有实体的规定，也有程序的规定。从江苏省环境立法的内容上可以看出，环境立法多注重实体内容的规定，没有重视程序方面的规定，有关实体方面的规定占到立法总数的 90% 多，但是涉及程序方面的规定却比较少。“实体法上所规定的权利义务如果不经过具体的判决就只不过是一种主张或‘权利义务的假象’，只是在一定程序过程产生出来的确定性判决中，权利义务才得以实现真正意义上的实体化或实定化。”[2]江苏省地方环境立法在程序方面的匮乏，不利于执法，缺乏科学性。

（三）在法规规章的实施过程中，为了应对不断变化的环境资源问题，及时修改地方性法规规章

江苏省在环境与资源管理过程中，充分运用法律的手段来治理环境污染与资源破坏问题，及时修改已经制定的法规规章，取得了很好的效果。尤其是在水资源管理与水污染防治方面，表现得尤为突出。水是生命之源，人类的生产生活活动都离不开水。随着人口不断增长和经济的发展，水的问题日益严峻。江苏省水资源丰富，管理水资源与应对水污染问题，对于江苏省的

---

〔1〕 高德耀：《做好地方环境立法工作应注意的几个问题》，载《中共山西省直机关党校学报》2013 年第 5 期。

〔2〕 ［日］谷口安平：《程序的正义与诉讼》（增补本），王亚新、刘荣军译，中国政法大学出版社 2002 年版，第 6 页。

经济社会发展至关重要。1988 年,我国制定了《水法》[1],江苏省人大常委会于 1993 年通过了依据《水法》制定的《江苏省水资源管理条例》。该条例为江苏省贯彻执行《水法》,合理利用水资源,提供了地方性法规依据。此后,在 1997 年江苏省第八届人大常委会第二十九次会议通过江苏省人大常委会《关于修改〈江苏省水资源管理条例〉的决定》,对第 31 条和第 32 条作出修改,并删除第 30 条。这次仅是对条例中关于法律责任的条款作出了修改,内容上未有任何变化。随着水资源的开发、生态环境的破坏,《江苏省水资源管理条例》中的一些规定已经无法应对水资源管理、水资源保护工作的实际需要。2003 年 8 月 15 日,江苏省人大常委会通过了修订的《江苏省水资源管理条例》。"新修订的《江苏省水资源管理条例》根据国家政策、法律、法规和本省已出台的政策、规章和已取得的试点经验,在水污染防治和水资源保护,包括地下水资源的保护方面增加了许多新的规定和制度,理顺了水资源管理体制,为保护地下水资源制定了统筹安排地表水和地下水,优先开发利用地表水,合理开采浅层地下水,严格控制开采深层地下水的原则(第 9 条),并对规范地下水尤其是对限制开采区和禁止开采区地下水的开发利用作出规定(第 14 条),此外还增加了水资源规划制度(第 8 条和第 33 条)、超计划取水累进加价收费制度(第 39 条)等等。"[2] 从《江苏省水资源管理条例》的制定和四次修改的过程可以清楚地看出,江苏省地方性环境与资源法规规章是在实施过程中,为了应对本区域不断变化的环境与资源问题,及时对法规规章的条文作出修改,与国家环境资源法律法规相互弥补、相互促进。

(四)环境立法公众参与程度不断提高

环境立法公众参与,可以广泛征求民众意见,集思广益,充分了解民众所关注的热点问题,立法内容也更有侧重点,进而提高立法质量。"对于涉及公众利益的重大决策,公众享有被告知相关信息的权利、被咨询相关意见的权

[1] 本法已先后于 2002 年修订和 2009 年、2016 年部分修改。

[2] 万云:《环境政策与地方环境资源立法的关系研究——以江苏省地方环境资源立法为例》,河海大学 2006 年硕士学位论文,第 38 页。

利以及意见被慎重考虑的权利。"[1]江苏省环境与资源法规规章不仅在立法过程中有公众参与,如《南京市大气污染防治条例》就有征求公众意见的过程[2],而且法规规章的条文中也明确规定公众参与,如《江苏省太湖水污染防治条例》第8条第2款规定,太湖流域市、县(市、区)人民政府及其环境保护主管部门应当采取措施,保障公民的环境信息知情权,鼓励和支持公民、社会组织参与太湖水环境保护。《苏州市节约用水条例》第3条规定,建立政府调控、市场引导、公众参与的机制。这些规定加强了公众参与程度,一定程度上促进了江苏省环境的改善和自然资源的利用。

第三节　地方环境立法的问题和对策

一、地方环境立法存在的问题

(一)指导思想落后

我国环境立法经历了从计划经济向市场经济的过渡时期,早期环境立法的目的是促进经济增长,环境保护居于第二位。直到联合国环境与发展大会1992年通过的《里约宣言》阐释的可持续发展思想才真正被我国采纳,环境立法理念也从以经济发展为中心的思想向可持续发展观转变。但在改革开放以来"以经济建设为中心"思想观念和政府唯GDP论的政绩观的影响下,可持续发展思想仍有浓重的"人类中心主义"的痕迹,生态环境保护仍然是为经济发展服务,国际上通行的可持续发展思想曾经很长一段时期在我国并没有真正的扎根,最终导致环境问题的日趋恶化。

---

[1] 朱谦:《环境法基本原理——以环境污染防治法律为中心》,知识产权出版社2009年版,第24~25页。

[2] 南京市环境保护局(2019年成立南京市生态环境局)自2013年3月6日起就《南京市大气污染防治条例》公开征集立法意见,征求意见稿在南京市环保局网(http://www.njhb.gov.cn)公告栏目全文刊登。2014年9月9日南京市政府法制办召开新版《南京市大气污染防治条例(草案)》立法听证会,由专家学者、环保志愿者、环保从业人员以及普通市民组成的10位听证代表展开激烈辩论。

(二) 内容上的缺陷

1. 重复上位法的内容

我国《立法法》规定地方立法机关可以制定不同宪法、法律、行政法规相抵触的地方性法规规章。在不抵触原则下，地方立法机构依据上位法立法，经常出现下位法对上位法的重复。在江苏省环境立法中就出现与上位法规定相同或相类似的现象。如《江苏省环境噪声污染防治条例》第1条规定的前半部分表述和《环境噪声污染防治法》第1条的规定一致。《江苏省水资源管理条例》第3条规定与《水法》第4条规定一致。这种地方下位法对上位法的重复浪费立法资源，没有充分体现地方环境立法的应有功能。

2. 政府环境责任缺失，部门利益倾向浓厚

在我国，环保事业的开展很大程度上依赖于政府行政权力的推动，但政府责任缺失不利于环境保护事业的开展。当今中国环境污染的严重程度很大一部分是政府的行政不作为，有法不依，执法不严。政府环境责任缺失，"导致政府在环境领域的公信力降低和执行力减弱，从而严重影响了环境法的有效性"。[1]

时下的地方环境立法大多是由地方环境保护行政主管部门负责起草的，目的是想利用这些实际工作部门熟悉业务的优势，制定更为合理的法规规章。但由于缺乏有效的立法监督机制和协商程序，往往使地方环境立法烙下部门利益的痕迹。地方环境立法是对本行政区域公共资源的管理与分配，但在立法过程中，制定法规规章的主体会从本部门的利益出发，忽视环境与资源的公共性，对本部门的权利规定得具体明确，而忽视对义务的规定，即使有也是一些原则性的规定，缺乏可操作性，部门利益倾向明显。

3. 违法成本低

法律后果的可预期性会影响当事人选择法律行为，对于处罚严重的法律行为，当事人会谨慎选择，而对于处罚远小于获得收益的，当事人为了利益很有可能不顾法律的规定，实施违法行为。江苏省环境立法规定的处罚措施普遍偏低，尤其是罚款确定的绝对上限，给人一种隔靴搔痒的感觉，对违法者的

---

〔1〕 张建伟：《完善政府环境责任的若干思考》，载《河北法学》2008年第3期。

震慑性不足,达不到预期的教育和惩罚效果。“环保执法实践中,罚款的计算数额往往以排污费为依据,但问题是排污费的标准本来就偏低,在此基础上获得的计算结果并不能反映企业运营的真实环境成本。”[1]相较于违法者获得的利益,法规规章规定的罚款数额九牛一毛,再加上实际执法中执法不严,法律责任更是大打折扣。此外,江苏省环境立法中关于法律责任的规定还有一种情况就是,法规规章条文中存在许多只有行为模式没有法律后果的规定,法律责任的缺失在执法中会出现处罚无据的情况。

4. 部分法规规章的规定过于抽象,可操作性不强

江苏省现行有效的部分环境法规规章内容规定过于抽象和原则性,缺乏可操作性,执行中难以保证实施。法规规章的抽象规定使得其在实施过程中随意性很大,特别是涉及部门利益时,权利责任界定不清,在模糊区域执法过程中会出现互相扯皮的现象,不能及时发现和阻止违法现象,影响整个环境与资源法规规章的实施效果,不利于环保事业的发展。“对于地方来说,就应当充分运用地方立法权限,将那些不可操作的原则性规范具体规定成为具有可操作性的地方性规范,这是地方在进行环境资源立法时应当注意的一个问题。”[2]

5. 立法缺乏系统性,部分法规规章之间规定不一致

江苏省在制定环境与资源法规规章中缺乏协调与统一,立法机构在制定法规规章时没有全盘考虑条文之间的内在关系,就事论事,仅考虑单个法规规章的内容,出现部分法规规章之间规定不一致的问题。例如《江苏省固体废物污染环境防治条例》、《南京市固体废物污染环境防治条例》、《苏州市危险废物污染环境防治条例》和《徐州市危险废物管理办法》规定的法律责任就不相同。《江苏省固体废物污染环境防治条例》在第六章法律责任中,除了规定罚款的金额,《南京市固体废物污染环境防治条例》在第四章法律责任中仅对违反第 9 条第 1 款、第 12 条、第 18 条和行政主管部门及相关人员规定了处罚措施,处罚范围太小。《苏州市危险废物污染环境防治条例》第 27 条规定

---

〔1〕 汪劲主编:《环保法治三十年:我们成功了吗》,北京大学出版社 2011 年版,第 179 页。

〔2〕 金瑞林、汪劲:《中国环境与自然资源立法若干问题研究》,北京大学出版社 1999 年版,第 99 页。

造成环境污染危害的,应当承担排除危害和赔偿损失的责任;第 28 条规定了限期改正。《徐州市危险废物管理办法》没有设专章法律责任,处罚的情况和数额与上述法规也不同。法规规章之间条款规定的不一致,容易造成条文适用上的混乱,不利于相关主体对于法律的理解,影响法规规章的严肃性,不利于执法和守法。

(三)政府主导立法,立法权限模糊

针对地方环境管理事务,地方人大及其常委会与地方政府立法的范围界限不清,"无论是立法计划的制定和实施、立法议案的动议和起草,地方政府的作用和影响远非拥有权力之源的地方人大所能比拟,使原本就不明了的立法事项更为模糊"。[1] 在江苏省环境立法过程中,法规的起草绝大部分由政府部门完成,地方人大及其常委会只是对其进行审查,结果一般都能得以通过,政府主导立法,并影响立法非常突出。

(四)立法体系仍有缺陷

环境资源问题与政治、经济、社会、文化等问题相互作用、相互影响,环境保护工作头绪繁多、管理复杂,立法的多层次性和多主体性,加之法律自身的稳定性和滞后性的客观矛盾,决定了环境资源法律法规制度建设是一个长期的、复杂的、不断完善的过程。[2] 随着经济社会的发展,环境与资源新的问题不断出现,江苏省环境与资源立法在部分领域立法缺失,在立法的系统性和全面性方面有待加强。江苏省环境与资源立法主要集中在环境污染、自然资源利用、文物古迹保护和建设规划等方面,在一些新兴领域方面鲜有立法表现。如在循环经济立法方面,我国于 2008 年制定了《循环经济促进法》,而江苏省无论是省级立法机构,还是较大的市的立法机构,都少有制定专门的循环经济方面的法规规章,只有《江苏省散装水泥促进条例》和《江苏省发展新型墙体材料条例》是根据《循环经济促进法》制定的。与传统经济相比,循环经济可以实现废物减量化、资源化和无害化。发展循环经济有利于江苏省环

[1] 秦前红、曾德军:《地方立法的主要问题及其反思——以湖北省为例》,载《汉江大学学报(社会科学版)》2007 年第 2 期。

[2] 参见薛惠锋、张强:《中国环境资源立法的现状、问题与发展趋势》,载吕忠梅主编:《环境资源法论丛》第 8 卷,法律出版社 2010 年版,第 6 页。

境问题的改善,但立法方面的缺失,不利于循环经济的发展。

此外,从江苏省环境与资源立法现状来看,法规规章的条文中较多规定行为模式,而对于法律后果着墨较少,存在许多行为模式没有法律后果的情况。如《南京市固体废物污染环境防治条例》,第 7 条规定产生工业固体废物、危险废物、有害废物和电子废物的单位的申报义务;第 16 条规定企业堆放工业固体废物应当建立台账并定期检查、监测,采取防水、防火、防渗漏、防扬散、防流失等环保措施;第 19 条规定从事收集、贮存、利用、处置危险废物的单位的申领危险废物经营许可证和禁止伪造、出借、转让危险废物经营许可证的义务;第 24 条规定医疗单位应当采取措施防止医疗废物被回收利用;第 30 条规定从事电子废物拆解、利用、处置的单位的保密义务。这些都是条文规定的行为模式,在其第四章法律责任中仅对违反第 9 条第 1 款、第 12 条、第 18 条和行政主管部门及相关人员违反职责规定了法律责任,对上述条款缺乏法律后果的规定,显现了立法的空白。

(五)环境立法公众有待进一步提高

公众参与"是指公众有权通过一定的程序或途径参与一切与公众环境权益相关的开发决策等活动,并有权得到相应的法律保护和救济,以防止决策的盲目性、使得该项决策符合广大公众的切身利益和需要"。[1] 江苏省环境立法过程中虽也有公众参与,但参与的程度有限,影响微乎其微。环境立法过程中,立法机关有征求公众的意见,但召开的立法听证会参与人数明显过少。

公众参与程度不高的一个重要原因是环境信息公开制度不完善。我国目前已经出台了《环境信息公开办法(试行)》(已失效),规定了环境信息公开的范围、方式和程序,但仍存在问题。该办法仅规定了由环保部门公开环境信息,而与环境保护有关联的其他职能部门则缺乏规定;没有规定企业公开环境信息的义务。江苏省环境立法中虽也有环境信息公开的规定,但都很原则性,缺乏具体的制度规定,没有可操作性。

---

[1] 汪劲:《环境法学》(第 2 版),北京大学出版社 2011 年版,第 106、107 页。

二、完善地方环境立法的几点建议

（一）运用先进的理念指导立法

“法的基本原则体现着法的本质和根本价值，是整个法律活动的指导思想和出发点，构成法律体系中的灵魂，决定着法的统一性的稳定性。”〔1〕地方环境立法是一个过程复杂的系统工程，需要一个先进的立法理念贯彻始终。现行环境立法是对“人类中心主义”的固守，为此，江苏省立法机关应摒弃“人类中心主义”的立法理念，不仅要考虑当代人的利益，还要考虑后代人的利益，“地方环境立法要兼顾眼前利益与长远利益，注意公平分配有限的环境资源和公平分摊环境保护成本”〔2〕。《环境保护法》规定了“环境保护优先”和“可持续发展”的理念，“所谓环境保护优先，顾名思义，就是指在环境管理活动中，应当把保护环境放在优先的位置加以考虑，在社会的生态利益和其他利益发生冲突的情况下，应当优先的考虑社会的生态利益”〔3〕。基于上位法理念的改变和江苏省雄厚的经济基础，江苏省立法机关在修改、废止既有的法规规章和制定新的法律文件时，也应该以保护优先和可持续发展为指导思想，并且环境保护是第一位的，可持续发展是建立在环境保护的基础上的发展，以减少经济发展的外部负效应，让环境立法专注于保护环境，改善区域内公众的生活环境，最终实现经济、社会和环境的可持续发展。

（二）完善立法内容

1. 加强政府责任，弱化部门利益干扰

政府在环保事业中同时扮演着保护环境与破坏环境的双重角色，因此加强政府环境责任是江苏省环境法规规章中不可或缺的内容。《环境保护法》第6条第2款规定：地方各级人民政府应当对本行政区域的环境质量负责。地方政府对环境质量负责是解决环境问题的有效措施，但也要对政府的不作

〔1〕［美］迈克尔·D.贝勒斯：《法律的原则——一个规范的分析》，张文显等译，中国大百科全书出版社1996年版，第469页。

〔2〕李广兵：《可持续发展与地方环境立法》，载吕忠梅、徐祥民主编：《环境资源法论丛》第3卷，法律出版社2003年版，第140页。

〔3〕王树义：《俄罗斯生态法》，武汉大学出版社2001年版，第208、211、213、214页。

为责任有具体的规定,“明确规定对违反法律规定或没有完成法定任务的国家机关及其直接责任人的法律责任,包括责任种类、责任方式、责任条件和处罚程序等”。[1] 同时立法时要奖惩结合,注重利益诱导,对有突出贡献的部门和个人要给予适当的奖励,对地方政府投身环保事业给予一定的刺激。

我国《立法法》规定:立法应当从实际出发,科学合理地规定公民、法人和其他组织的权利与义务,国家机关的权力与责任。地方立法过于强调部门利益,可能会导致某种程度上的“立法谋私”,扩大行政部门职权、管辖范围,会损坏立法的权威性,不利于执法。若要弱化江苏省环境立法中的部门利益干扰,立法机关就应当独立立法,应该加强人大在立法中的主动性,“人大各专门委员会提前介入法规起草过程,加强立法调研、论证和协调;在明确各类地方性法规起草分工的同时,对有些综合性的重要法规,由常委会组织有关专门委员会直接牵头起草”[2],与环保事业有关的行政部门对立法仅有建议权,要避免立法机关只是简单地将环保部门起草的文件作为地方性法规规章。

2. 提高违法成本

环境立法普遍存在行为模式和法律后果不对等的情况,法律责任轻不利于环保事业的发展。江苏省现行有效的环境法规规章中,对于违法行为主要以罚款为主,大多数处以几千元、几万元的数额,最高不超过100万元[3],这样的罚款额度与违法行为所获利益以及造成的生态破坏显然不成正比。鉴于目前环境污染和自然资源破坏日益严重,有必要提高违法成本,强化法律责任。《环境保护法》规定了“按日计罚”措施,但如何具体实施“按日计罚”,中央层面还没有出台具体的规定,江苏省立法机关可以制定省级法规或者规章,规范环保部门的执法行为。在处罚措施方面,应将现金罚和资格罚手段结合运用,根据违法行为的危害程度合理采取处罚措施,威慑行为主体。

---

[1] 巩固:《政府激励视角下的〈环境保护法〉修改》,载《法学》2013年第1期。

[2] 史建三、吴天昊:《地方立法质量:现状、问题与对策——以上海人大地方立法为例》,载《法学》2009年第6期。

[3] 《江苏省太湖风景名胜区条例》第三十三条规定的罚款数额为50万元以上100万元以下,是江苏省环境与资源法规规章中处罚数额最高的。

3. 提高立法技术,法规规章具体可操作性

地方环境立法不仅需要先进的立法理念,高水平的立法技术同样也很重要。江苏省环境立法应更多关注执法中的实施性制度,法规规章条文要具有可操作性,以真正实现环境与资源立法目标。环境立法常被人戏称为“软法”,究其原因,不外规范过于抽象,可操作性大打折扣。江苏省环境立法要有针对性,缺什么就立什么法,不一味追求形式上的完整,条文简洁、具体,便于执行。“地方立法不同于全国性立法,法规条文不宜过粗,特别是法规的适用范围、执法部门的权限,奖惩适用标准幅度以及执行程序等部分应作明确、具体的规定,使执法部门执法有据、宽严有度。”[1]

(三)立、改、废相结合,建立立法评估制度,完善立法体系

1. 及时制定新法

“能源是国民经济发展的重要物质基础,也是人类赖以生存的基本条件。……随着经济的较快发展和工业化、城镇化进程的加快,能源需求不断增长,构建稳定、经济、清洁、安全的能源供应体系面临着重大挑战。”[2]江苏省太阳能、风能、生物质能、地热能等可再生能源资源较为丰富,可再生能源发展较早,发展具有一定的优势,区域内已形成一批有影响力的企业。与可再生能源发展形势相比,江苏省在可再生能源立法方面匮乏,至今没有制定相关的法规规章,节约能源方面制定的法规规章有《江苏省节约能源条例》《江苏省公共机构节能管理办法》《江苏省建筑节能管理办法》《江苏省节能监测办法》《南京市节能监察条例》《南京市民用建筑节能条例》《南京市建筑节能与墙体材料革新管理办法》《苏州市民用建筑节能管理办法》《无锡市建筑节能管理办法》,这些法规规章主要涉及建筑节能方面,覆盖面窄。为了顺应国家节能政策,江苏省在节能管理方面,要从节能标准、节能评估与审查、高耗能产品淘汰、能源效率标示管理、节能产品认证等方面完善目前的法规规章。对于可再生能源,依据《可再生能源法》《清洁生产促进法》《循环经济促进法》的相关规定,结合本省可再生能源的发展现状,在可再生能源开发利用

---

〔1〕 何卫东、周忠:《地方性环境与资源保护立法的几个问题》,载《法学评论》1995 年第 1 期。

〔2〕 金瑞林主编:《环境法学》(第 3 版),北京大学出版社 2013 年版,第 260 页。

规划、可再生能源产业指导与技术支持、可再生能源推广与应有、价格管理与费用补偿、经济激励等方面制定法规规章。

江苏省经济快速发展的同时，碳排放量居高不下，这为江苏省节能减排带来巨大压力。为了减少碳排放量，实现低碳生产，江苏省于2013年在苏州、镇江、淮安三地开展碳排放权交易。碳排放权市场的建立需要相关的法律作支撑，但江苏省在碳排放权交易方面鲜有立法，而国家在碳排放方面的立法也很匮乏，因此江苏省立法机关应将低碳发展纳入立法范围。为此，可以参照国家层面和其他省市的规定，制定江苏省碳排放交易法律制度，转变经济发展方式。

针对环境问题具有地方性和区域性的特点，江苏省立法机关在地方立法中可以针对国家环境立法的空白，在不与上位法冲突的情况下，制定具有突破性的法规规章，推动我国环境法制创新。在创新环境法制方面，地方环境立法已经显现出得天独厚的优势，如2009年《深圳经济特区环境保护条例》就率先规定了政策环境影响评价、排污者环保诚信档案、排污权交易等制度。《江苏省长江水污染防治条例》率先提出了环境优先原则。重庆市地方环境立法中首次提到了"按日计罚"。江苏省环境立法在创新环境法制方面应有突出的表现，立法机关要及时发现环境管理中的新问题，制定新的法律，填补立法的漏洞和空白，促进我国环境立法的发展。

2. 修改、废止旧法

"法律，并非永不变化的固化条文，而应与社会和时代同步发展并不断进化。"[1]江苏省地方环境立法工作应当坚持制定和修改并重。在某一时期制定的法规规章随着时间的推移，有些条文可能无法满足发展的需要。鉴于江苏省现实的环境状况，以及作为基本法的《环境保护法》已经重新修订并施行和部分环境上位法的修改，江苏省环境与资源立法已经到了这样一个时刻——对现行的法规规章进行全部审查，及时修改不适应环保工作的法规规章，加快法规规章的清理工作，以适用新时期环境保护工作的要求。针对立

---

〔1〕 杨解君：《面向低碳的法律调整和协同：基于应然的分析与现实的检讨》，载《法学评论》2014年第2期。

法中重复上位法内容的问题,立法机关应当明确不重复上位法的标准,在立法前划定不必要重复的范围,对于已经重复的内容应当及时修改、废止,确保现行环境法规规章的一致性、系统性、协调性,更好地适应江苏省经济社会发展新时期新阶段的新要求。

3. 建立立法评估制度

立法评估,"就是在法律法规实施一段时间后,对法律法规的实施效果、功能作用以及存在的问题进行跟踪调查和综合评估,其目的是为法律法规的修改和完善提供依据,不断改进立法工作,提高立法质量和立法水平。从系统工程的角度来看,立法后评估是系统反馈、系统优化的一个重要环节"。[1]环境与资源立法评估应当成为一项重要的制度。法规规章制定出来,在现实中运用会规制人们的行为。法规规章的内容是否会改善环境问题,也有待进行立法评估。立法评估制度可以追踪法规规章实施的效果,也可以发现法规规章条款的问题,促使立法机构及时立、改、废。应当明确立法评估的主体和客体、评估的程序、评估的方法、评估的指标、评估的标准、评估资料的收集与整理、评估结论的作用等,实现立法评估的规范化运作,对平时立法工作起到指引作用。

(四)划分立法权限,制定立法规划

立法机关应负责对法规草案的设计,改变目前政府主导立法的局面,法规的制定权应该专属于地方人大及其常委会。当然,立法机关在制定法规草案时应该征求政府相关部门的意见。另外立法人员作为立法机关的主体,其立法活动直接决定法规的质量。由于江苏省尚未建立专职立法人员制度,许多法规草案不得不转交政府部门设计。因此,江苏省立法机关应建立专职立法人员制度,按照业务性质进行分类,科学管理,提高立法的质量。

科学立法,首先要统筹环境立法规划。江苏省立法机关应当联系相关部门,深入调查,弄清本区域的环境状况,通盘考虑现实环境保护工作的要求和国家环境法律、环境政策的规定来制定立法规划。其次要统筹环境与资源立

[1] 薛惠锋、张强:《中国环境资源立法的现状、问题与发展趋势》,载吕忠梅主编:《环境资源法论丛》第8卷,法律出版社2010年版,第10页。

法的对象。既要有实体法的规定,也要重视程序法的制定;既要有环境保护、污染防治的立法,也要重视自然资源合理开发与保护的规定;既要有城市环境管理立法,也重视农村环境保护的规范。

(五)加强公众参与程度

立法中吸纳公众参与,可以广泛征求民众意见,充分了解民众所关注的热点问题,立法也更有侧重点。公众参与立法可以弱化部门利益对立法的干扰,对政府环境职责也起到一定的监督作用。

1. 加强环境保护宣传。《环境保护法》第 9 条规定了政府、教育行政部门、学校和新闻媒体的环境保护宣传义务,通过宣传环保知识和环境与资源法规规章,可以增强公众的环境保护意识、法律意识和生态意识。

2. 完善环境信息公开制度,建立环境信息共享平台。环境信息公开是公众参与立法的基础,江苏省立法机关在不与上位法冲突的情况下完善环境信息公开的法规,弥补我国环境信息立法方面的缺失——具体规定环保职能部门以及企业公开环境信息的义务,明确公开环境信息的方式,应该公开的范围以及不履行公开义务的法律责任等。

3. 发展民间环保组织。在环保发展历史上,民间环保组织是推动环保事业向前发展的重要力量。江苏省环境与资源立法应支持民间环保组织的成立,鼓励民间环保组织的发展,保障宪法赋予它们的民主权利。与个人相比,环保组织的力量更为强大,在立法领域也更有影响力。

第四节　地方环境立法典型实例分析

一、《江苏省气候资源保护和开发利用条例》立法分析

2014 年 9 月 26 日,江苏省第十二届人大常委会第十二次会议审议通过了《江苏省气候资源保护和开发利用条例》,于 2015 年 1 月 1 日起实施。江苏省自然条件优越,气候资源丰富,但开发利用较少,大量气候资源没能发挥作用。同时,日益严重的大气污染,不合理的开发,使江苏省的气候日益恶化,制定专门的气候资源法律法规势在必行。《江苏省气候资源保护和开发利用

条例》的出台,为江苏省保护和合理开发利用气候资源提供了有力的法制保障。

《江苏省气候资源保护和开发利用条例》共六章37条。第一章总则,主要明确了立法目的、条例适用范围、各级政府和相关部门的职责,以及保护和开发利用气候资源的原则;第二章气候资源探测与区划,明确了各级气象主管部门各自的主管事务;第三章气候资源保护,明确了县级以上地方政府负责保护气候资源和应该采取的措施,以及气候可行性论证制度;第四章气候资源开发利用,明确了县级以上地方政府在本辖区开发利用气候资源应承担的职责;第五章法律责任,对涉及气候可行性论证的违法行为和行政不作为规定了法律责任;第六章附则,明确规定了气候资源和气候可行性论证的含义以及条例的实施日期。

二、《江苏省大气污染防治条例》立法分析

《江苏省大气污染防治条例》已由江苏省第十二届人大第三次会议于2015年2月1日通过,自2015年3月1日起施行。《江苏省大气污染防治条例》分为总则、监督管理、信息公开和公众参与、大气污染防治措施、区域大气污染联合防治、预警和应急、法律责任、附则,共八章107条。

《江苏省大气污染防治条例》内容上吸收了一些《环境保护法》的规定,如信息公开和公众参与、按日计罚等。部分规定充分考虑到公众的合法权益,如第46条规定:设区的市、县(市)人民政府可以根据大气污染防治的需要和经济社会发展规划、城市规划,合理控制机动车保有量,限制市区摩托车的保有量。采取控制机动车保有量的措施,应当公开征求公众的意见,经同级人大常委会审议,并在实施30日以前向社会公告。明确规定机动车限牌要提前30天向社会公告,避免江苏省出现像杭州、深圳等地"一夜限牌"的问题。《江苏省大气污染防治条例》第七章规定了严厉的处罚措施,针对不同情况规定了不同的处罚措施,规定科学,条文可操作性强。

三、《南京市固体废物污染环境防治条例》立法分析

《南京市固体废物污染环境防治条例》由南京市环保局2008年牵头起

草，经过多次修改，于 2009 年 2 月 27 日由南京市第十四届人大常委会第八次会议制定，江苏省第十一届人大常委会第八次会议于 2009 年 3 月 26 日批准通过，自 2009 年 7 月 1 日起施行。《南京市固体废物污染环境防治条例》共五章 44 条，主要规定了固体废物污染环境防治的一般规定，工业固体废物、危险废物、有害废物、电子废物及其他固体废物污染环境的防治，以及固体废物污染环境防治的监督管理，同时明确了政府及其相关主管部门的监管职责。《南京市固体废物污染环境防治条例》首次规定了“有害废物”的含义，并设专节予以规范。有害废物实行名录制管理，由南京市环境保护行政主管部门会同有关部门制定，经南京市人民政府批准后公布，该规定填补了有害废物污染环境防治的漏洞。将电子废弃物纳入《南京市固体废物污染环境防治条例》的监管范围，同时要求做好保密工作。《南京市固体废物污染环境防治条例》对固体废物的处理程序作了进一步明确的规定：扩大了固体废物申报范围，明确了处置要求；对工业固体废物的利用、处置和堆放、填埋场地的后续管理作了规定；对转移处置危险废物实行严格控制和管理。

第八章 南京地方立法

第一节 地方立法权的取得与立法机构的演变

一、地方立法权的取得

南京市人大及其常委会被授予地方立法权有一个循序渐进的过程，这与我国的民主法制建设和立法体制改革是一脉相承的。1979 年通过的《地方组织法》第 25 条第 2 款规定，“县级以上的地方各级人民代表大会常务委员会是本级人民代表大会的常设机关，对本级人民代表大会负责并报告工作”。据此，南京市召开第八届人大一次会议，于 1981 年 1 月 2 日经依法差额选举产生市人大常委会。

1979 年《地方组织法》首次赋予省级人大及其常委会立法职权。1982 年修改《地方组织法》时，考虑到一些较大的市（省会市和经国务院批准的较大的市）的政治、经济、文化地位比较重要，需要根据本地方的实际制定地方性法规。因此，修改后的《地方组织法》规定，较大的市的人大常委会“可以拟订本市需要的地方性法规草案，提请省、自治区的人民代表大会常务委员会审议制定，并报全国人民代表大会常务委员会和国务院备案”。由此赋予了南京市人大常委会拟订本市地方性法规草案报省人大常委会制定的职权，即拥有了地方性法规草案的“拟订权”，又称为“准立法权”。从此，市人大常委会积极尝试地方立法活动，先后拟定了 3 件法规草案报省制定，并通过边学习边实践，初步探索了开展地方立法的途径。

1986年修改《地方组织法》时，进一步扩大了地方立法权限，赋予较大的市人大及其常委会制定地方性法规的职权，将较大的市地方性法规草案的“拟订权”，改为“制定权”，但法规需报省人大常委会批准后施行。2000年3月15日第九届全国人大第三次会议通过《立法法》，并于当年7月1日起施行。该法对包括南京市在内的较大的市的立法权进行了重新确认，对地方立法的权限和重要程序作了规定。从此，南京市地方立法工作全面启动，不断发展。

二、立法机构的演变

南京市人大常委会依法成立伊始，便积极参与国家和本省的立法活动，承担着国家和省有关法律、法规草案的意见征集汇总任务，从实践中学习开展立法工作，当时的立法工作主要由法制委（现在的“内司委”）具体负责协调联系。为了加强立法综合协调，完善工作运行机制，市人大常委会1997年7月设立法制工作室，作为常委会的立法工作综合机构。1999年3月，撤销法制工作室，设立法制委员会（现在的“法制工作委员会”）。随后，市人大常委会主任会议制定了有关立法工作职责分工的规定，重新调整各委员会关于立法工作的职责分工。

市人大常委会在《立法法》颁布前夕，已经在省内率先建立了统一审议的机制。《立法法》颁布后，又于2000年7月，市十二届人大常委会第十八次会议决定授权市人大常委会法制委员会统一审议法规草案。此后，市人大设立了正式审议机构——市人大法制委员会，逐步完善了统一审议机制。对法规草案实行统一审议，既是按照《立法法》规定设定的立法程序，也是南京市人大的立法运作机制，同时也是维护法制统一，提高地方立法质量的重要措施。实践证明，这个机制对保障南京市的地方性法规质量发挥了积极作用。

第二节　地方立法的成就与制度创新

一、地方立法的成就

回顾多年的地方立法工作历程，南京市的地方性法规从无到有、从少到多,实现了从不很完善、不很规范,到比较规范、比较成熟的历史跨越。市人大及其常委会开展地方立法工作以来,认真履行职权,健全立法机制,提高立法质量,不断拓宽立法领域,注重从立法层面解决制约发展的难点问题和群众关注的热点问题,为实现南京市经济社会又好又快发展提供了法制保障,立法工作有些方面走在全省乃至全国前列。对照市人大及其常委会立法工作不断发展的轨迹可以看到:立法的指导思想越来越明确,立法的工作机制越来越来完善,立法的民主性越来越强,制定的法规质量越来越高。据不完全统计,在南京市先后制定的135件地方性法规中,财政经济方面的法规16件,城市建设管理和环境资源保护方面的法规73件,教科文卫方面的法规23件,社会保障和社会稳定等方面的法规23件,内容涵盖了经济、政治、文化、社会和生态文明建设等各个领域。这些立法活动,不仅为建设法治南京打下了坚实基础,而且对促进经济社会可持续发展起到了重要作用。

(一)地方立法机制方面的成就

立法工作是一个复杂的系统工程,不仅有较强的法律性、专业性,而且是一项程序性很强的政治活动。从立项、起草、审议、报批到公布实施,要形成环环相扣、科学严谨的立法工作机制。立项是前提,起草是基础,审议是关键。多年来,南京市人大常委会十分注意通过逐步规范立法活动,形成科学的立法工作机制,严格遵循程序,使这些工作常态化、规范化,保证立法质量。

1. 编制立法规划、立法计划,建立立法项目库。立法规划是建立在立法预测基础上的一项立法准备活动,作为一定时期立法工作的纲要,其是立法机关行使立法权的具体安排。科学的规划有利于立法项目的系统论证,避免零敲碎打;有利于区分轻重缓急,合理安排立法进程,避免仓促立法和重复立法;也有利于充分发挥人大在立法中的主导作用。南京市人大常委会自拥有立法权以来,高度重视编制五年立法规划和年度立法计划。因此从1993年起,市人大常委会开始编制地方五年立法规划,并形成每届常委会的一项常规性工作,延续至今。同时,市人大常委会每年都专门制定年度立法计划,并且随着立法工作发展,制定立法计划的程序越来越严格,要求也越来越高。

市十五届人大常委会开展工作以来,为了进一步提高立法的针对性,使立法更加适应本市经济社会发展,在多年编制立法规划和立法计划的基础上,创新立法项目储备形式,在2013年首次建立了立法项目库。立法项目库机动灵活、便于调整,既可作为规划调整的备选项目,也可为今后编制立法规划和年度立法计划作前期准备,是规划和计划项目的来源和基础,与立法规划和立法计划共同构成了相辅相成的立法项目管理梯次结构。项目库的建立,改善了立法项目的储备形式,为科学确定立法项目提供了有力抓手。市人大常委会主任会议已经对项目库进行了调整,今后将结合每年立法计划的编制再作更新调整,实现对立法项目的动态储备,以提高人大对立法项目的主导权。

2. 改变法规草案起草方式,提高法规起草质量。法规起草是决定法规质量的重要基础性环节,人大首先要在起草环节发挥主导作用,从源头上为法规质量打下良好基础。市人大及其常委会注重立法起草工作,基本建立了法规起草的提前介入机制,掌握法规起草的主动权。尽管长期以来,地方人大的法规草案,除了规范人大自身建设的之外,大多是由政府的执法部门起草,但是为了克服这个弊端,发挥人大在地方立法的主导作用,该市人大不断探索。早期南京市人大的有关委员会在条例起草的过程中,提前介入法规的起草工作中,发挥专业和法律知识方面的优势,指导法规的起草工作,提前研究法规的内容,在维护法制统一和立法技术方面提出意见、给予指导,避免或减少了部门利益方面的内容。随着全面依法治国要求的推进,市人大常委会更加重视人大在起草阶段的作用,不断探索和改进起草工作方法,如在制定《南京市玄武湖风景区保护条例》过程中,尝试由市人大、专家、旅游园林局三家联合起草的模式,对条例的主要内容和框架进行早期酝酿、构思。2015年,南京市人大选择市民广泛关注的《南京市住宅物业管理条例》,首次采取面向全国公开招标、委托第三方起草的方式起草法规草案。在起草之初,常委会主要负责同志向中标起草方提出了"坚持问题导向、坚持开门立法、坚持业主为本、坚持法治思维"的总体要求,为法规的起草明确了基调,提出了方向。

同时,鉴于目前政府部门起草法规还是多数,为此,专门召开由市人大常委会主要负责同志和分管负责同志、市政府分管市长、起草单位主要负责人和分管负责人,以及处室负责人参加的项目交办会。在会上明确要求各起草单位成立起草领导小组,落实立法责任人,把握时间节点和工作节奏,并对立法过程中的重点和难点问题指明方向，提出要求。在具体工作中，为了发挥人大主导作用，人大相关工作机构提前介入，从法规的指导思想、框架结构、主要内容和重要制度设计等方面进行规范引导，以期在源头上克服部门利益倾向。

3. 坚持民主立法、开门立法，广泛汇集民意民智。市人大常委会高度重视民主立法工作，以维护最广大人民的根本利益为出发点和落脚点，着力研究解决群众普遍关心的问题，正确处理权力与权利、权力与责任的关系，克服在权责利配置上不平衡的倾向。

不断丰富人民群众参与立法的途径，实行开门立法，努力实现立法全过程公开，在立项、起草、审议的各个阶段，都要注意吸纳公众意见。这些年来，市人大常委会已经形成了一些行之有效的方式方法。如 2013 年，按照以程序公开保障立法民主的思路，制定了《南京市人大常委会民主立法工作规定》，从而为保障群众参与立法活动、表达利益诉求提供了制度化保障。此外，还进一步健全公布法规草案征求意见机制和公众意见采纳情况反馈机制，重视网络民意表达，认真归纳整理分析，积极回应社会关切。对于涉及公民、法人和其他组织切身利益，尤其是设定普遍性义务的法规草案，适时围绕草案中的主要问题和不同意见，组织有关方面进行深入讨论。

一是公开征求意见。实现立法全公开，包括立法规划、计划、项目库的公开，法规起草和审议公开，征求意见公开，立法文件和资料公开（其中规划和项目库、立法文件和资料的公开工作本届以前尚未开展过）。充分利用报纸、电视、广播、网站、刊物等各类载体和平台，开展形式多样、深浅有致、详略得当的宣传活动，保证宣传广度和深度。借助网络等新媒体的传播力，创新民主立法形式，利用人大官方微博、微信，将立法项目和立法信息在微博、微信中发布和讨论，提高公众参与地方立法的便利性和实效性；所有立法项目均在网上公布，重要的立法实行网上问卷调查。目前，所有法规都通过市属媒体、人大网站向社会公布，征求意见。二审前，将相对成熟的修改稿在南京日报全文刊登，公开征求意见。保障人民群众表达利益诉求，遏制可能出现的权力滥用，防止利用地方立法增加执法主体权力，损害公众合法权益。

同时，发挥网络平台的互动功能，与广大市民在线交流，征求立法意见和建议。如2014年在修改《南京市关于禁止燃放烟花爆竹的规定》过程中，鉴于该法规是广大市民关注的焦点，南京市人大通过人大官网的“金陵民声—热点网谈”栏目进行网上直播。直播引起广大网民的关注，在70分钟的直播过程中，共有8851名网友在线参与，71.5万余名网友通过南京人大官方微博关注网谈实况。此外，1126名网友参与了问卷调查。网友们通过问卷和人大网站“建言献策”栏目，共提出各类意见、建议500余条。常委会立法工作机构对这些意见进行梳理分析后，形成网谈报告提交常委会会议，供委员们审议法规草案时参考。

二是召开座谈会、论证会。市人大常委会立法工作机构根据法规审议过程中梳理出的主要问题，区分不同主体，分类别、分层次召开立法座谈会、论证会，面对面听取各方意见，比如政府及有关部门座谈会、行政相对人座谈会等。对一审暴露出特殊问题的个别法规，就单项问题专门征求利害关系人等特定主体的意见。鉴于社会组织代表不同阶层和行业的群体利益，与个人相比意见更集中，市人大常委会在立法工作中还重点请社团、行业协会等社会组织参加会议，表达意见。如在审议修改《南京市政府投资建设项目审计监督条例（草案）》过程中，专门邀请了会计师事务所、注册会计师协会和造价协会的代表参加座谈，听取条例修改的意见和建议。

三是开展问卷调查。对于不存在合法性问题，但群众关注度高，在尺度把握上需要倾听大多数意见，以民意为取舍标准的法规制度，开展问卷调查。比如在2014年修订《南京市轨道交通管理条例》过程中，考虑到该条例与市民日常生活息息相关，最初制定时部分条款引起社会广泛争议，常委会在立项之初，就针对条例中涉及的“是否可携带折叠自行车进站乘车”“是否允许在地铁车厢内进食”等重点敏感问题，委托第三方专门开展了问卷调查。共发放3000份问卷，通过回收和专业分析，形成问卷调查报告，为常委会的立法决策提供了重要参考。

四是召开听证会。立法过程中，召开立法听证会，现场公开听取与草案密切相关的管理相对人和其他利害关系人的意见、建议，是民主立法的一种重要形式。2000年8月，南京市人大常委会就制定《南京市民办中小学条例》首次举行了立法听证会，这也是江苏省内的第一次地方立法听证会。这次听证会共有 29 个单位和个人报名参加,36 人报名旁听,20 余家新闻单位作了报道。南京电视台对全程进行了现场直播,并同时开通两部现场热线电话倾听市民意见,在市民中引起了强烈反响。2013 年 11 月,市人大常委会针对修订《南京市燃气管理条例》,再次召开立法听证会。听证会之前,常委会提前 20 日在《南京日报》、南京人大网、龙虎网上发布了立法听证会公告,通过对报名先后、所持观点、代表群体、专业知识等因素的综合考虑,从报名陈述的人员中遴选了 10 名听证陈述人,从报名旁听人员中确定了 14 名旁听人。会上,老旧小区居民、燃气行业协会、燃气企业、燃气器具企业、出租车司机等社会各界代表围绕六个方面的热点问题陈述观点和理由,充分发表意见。《南京日报》、南京电视台、南京广播电台、《金陵晚报》、《现代快报》等媒体记者到会旁听,并作了采访报道。会后,常委会立法工作机构将各方面的意见归纳整理,充分吸纳合理建议,形成听证报告印发常委会会议,为审议修改条例提供了参考。此外,南京市人大还先后就制定《南京市大气污染防治条例》和《南京市公共客运管理条例》召开了立法听证会,广泛听取市民的意见和建议,并取得了良好效果。

(二)地方立法对本地区社会发展的促进

良好的法治环境是构筑经济、社会发展和人们安居乐业的重要保障。法治环境是由科学立法、公正司法、严格执法和全民守法共同构成的。作为省会城市,南京市人大及其常委会作为地方立法机关,对营造南京市良好的法治环境担负着重要责任。多年来,市人大常委会一直认真履行职责,加强和改进地方立法工作,提高立法质量,为建设经济强、百姓富、环境美、社会文明程度高的新江苏贡献力量,并取得了一定成效。

1. 围绕解放和发展生产力开展立法活动,服务经济建设。市人大及其常委会坚持把立法决策与本地区改革和发展决策紧密结合,围绕中心工作,把经济立法作为重点之一,在规范市场主体、维护市场秩序、加强经济监管、推动科技进步等方面开展立法活动。这些法规的制定实施,对促进社会生产力发展起到了积极的作用。

1999 年市十二届人大二次会议制定的《南京市人民代表大会关于审查批准和监督国民经济和社会发展计划及财政预算、决算的规定》,较为明确地规范了市人民代表大会审查、批准国民经济和社会发展计划、财政预算工作中的有关审批内容、运作程序，是南京市拥有地方立法权以来，第一部由人民代表大会审议制定的地方性法规。

为了服务市委“创新驱动、内生增长、绿色发展”战略，市十四届人大常委会连续出台了《南京市技术市场促进条例》《南京市科学技术普及条例》《南京市促进技术转移条例》《南京市知识产权促进条例》4 件科技类法规，为将南京市科教人才资源优势转化为科技创新创业优势提供法制保障。市人大常委会 2014 年审议制定了《南京市紫金科技人才创业特别社区条例》（已于 2018 年废止），这一立法是南京作为国家科技创新试点城市的重大创新，也是涉及南京未来发展的重大举措。

为加强经济监管，市十五届人大常委会于 2014 年审议制定了《南京市政府投资建设项目审计监督条例》，这是南京市首次将审计机关对政府投资建设项目的审计监督以地方立法的形式予以确认。对政府投资项目严格把关，既是对政府资金负责，更是对纳税人负责。市人大常委会针对企业国有资产方面，为完善国资监管法制框架，巩固南京市国资国企改革创新成果，于 2015 年制定出台了《南京市企业国有资产监督管理条例》。该条例规定，国有独资公司的董事长、总经理在同一职位任职一般不得超过三届，国有资产状况应向社会公众公布并接受社会公众的监督。这一做法是南京市就加强国企风险管控、高管履职评价、监督体系建设、预算管理、重大事项管理等一系列制度的探索与创新。

为转变经济发展方式，推动改革创新，2016 年 10 月，市人大常委会在听取和审议市政府关于《中国制造 2025 南京市实施方案（2015—2017）》推进工作情况的报告之后，肯定了市政府和有关部门的工作成效，并提出意见。南京市经济立法将继续沿着发展创新的理念，根据党的十九大精神，巩固新发展理念，推动市政府以供给侧结构性改革为主线，大力发展实体经济，促进产业转型升级，加快转变发展方式，提高经济发展质效。

2. 围绕精神文明建设和社会全面进步开展立法活动，服务文化建设。地方立法既要服从服务于经济建设中心，又要坚持两个文明一起抓，积极推动精神文明建设，促进社会全面进步。南京市一方面加大公办薄弱学校改造力度;另一方面积极鼓励各种社会力量创办民办中小学。市人大常委会为了充分挖掘本地区教育资源,更好地适应全社会对基础教育的多层次需求,制定了《南京市民办中小学条例》。为充分发挥本地区企事业单位的教育资源优势,适应知识经济时代的挑战,加强对职工的文化知识和专业知识教育,加强岗位培训,加快知识更新,南京市还较早制定了《南京市职工教育条例》(已于2006 年废止)。

南京作为国家著名的历史文化名城,文物资源十分丰富,是进行优秀文化传统教育的极好素材。多年来,市人大常委会高度重视对文物资源的立法保护,充分发挥这些历史文化遗产对人民群众的教育作用,制定了《南京市文物保护条例》(已于 2006 年废止)等法规。南京明代城墙是世界上现存比较完整、规模最大的古城墙之一,城墙保护法规的制定实施,使明城墙重展雄姿吸引八方来客,获得了较好的立法效果。1949 年后的考古科研证明,南京地下保存着“半个历史文化名城”。但是,近年来随着城市建设步伐加快,地下文物保护出现了许多新情况和新问题。为了促使地下文物保护与城市建设协调发展,增强全民依法保护地下文物意识,珍惜不可再生的文物资源,1999 年市人大常委会专门制定了《南京市地下文物保护管理规定》(已于 2019 年废止)。

为了保护南京珍贵的人文资源和历史遗产,市人大常委会相继开展了中山陵、夫子庙、玄武湖、雨花台等景区立法,并制定了《南京市历史文化名城保护条例》《南京市城市绿化条例》等地方性法规。审议上述法规草案时,市人大常委会注意处理好历史文化保护与城市发展的关系,分层次、多角度对景区景观进行保护,突出了对老城格局、重要地块的保护。如 2014 年 8 月 8 日,借助青奥会的东风,南京 23 公里明城墙对公众全面开放。为擦亮这张城市文化名片,2014 年 12 月 30 日,市人大常委会第十四次会议审议通过《南京城墙保护条例》。该条例不仅规定城墙本体的保护,还注重保护整体历史风貌,为此对城墙周边建设要作出限制,彰显城墙古韵。2017 年,南京市人大常委分别作出关于南京市杨柳、漆桥历史文化名村保护规划的决议,促进保持、延续古镇古村传统格局和历史风貌。

此外,作为六朝古都的南京,曾十代为国都,是中华文明的重要发祥地之一，南京悠久的历史、灿烂的文化，创造了极为丰富的非物质文化遗产资源，历经千古、直至今天。为此，南京市人大常委会2016年特地制定了《南京市非物质文化遗产保护条例》，经江苏省人大常委会年底批准后，于2017年3月1日正式实施，为非遗工作的保护奠定了法制基础。在党的十九大报告特别强调文化自信的今天，南京市将充分发挥本地优势，保护和挖掘本地文化，推动社会主义文化繁荣兴盛。

3. 围绕城市建设管理和民生需求开展立法活动，服务社会建设。民生问题是市人大常委会立法中十分关注的重点，审议制定了很多涉及民生的法规。随着人民生活水平的提高和环保意识的增强，如何确保市民吃得安全、吃得放心，是民生中的一个大问题。比如，与市民生活密切相关的蔬菜食用安全问题就是其中之一。为了解决农药使用及农药残留问题，保证群众蔬菜食用安全，市人大常委会于2000年7月制定了《南京市蔬菜使用农药管理规定》，对依法促进本市的"放心菜"工程，保障人民身体健康，保护生态环境起到了重要作用，这在全国地方立法中还是首次。随着社会经济的发展、国家新的法律、法规的出台以及人们食用农产品安全意识的提高，市人大常委会又分别于2003年、2004年和2010年对《南京市蔬菜使用农药管理规定》进行修改，对法规内容作了进一步完善。

住房问题事关群众切身利益。针对公房管理中的问题，市人大常委会于1994年制定了《南京市城镇公有房屋管理条例》(已于2004年废止)。为了规范房产登记工作，切实保障房屋权利人的合法权益，促进房地产市场的健康发展，市人大常委会制定了《南京市城镇房屋权属登记条例》(已于2019年废止)。住房公积金制度的实施，事关群众切身利益和社会稳定。为了规范住房公积金的运作和管理，2006年7月市人大常委会制定了《南京市住房公积金管理条例》。该条例充分体现了"安民、便民、惠民"的指导思想，引起了较好的社会反响。城市房屋安全管理关系到人民群众的生命和财产安全，在房屋使用中"私拆乱改"等危害房屋安全的行为时有发生，既造成了严重的安全隐患，也引发了不少社会纠纷。为此，市人大常委会于2006年9月制定了《南京市城市房屋安全管理条例》(已于2018年废止)，对控制房屋拆改行为、房屋强制性鉴定、危房治理、白蚁防治等作出了明确规定，对切实维护公共安全和公众利益、减少社会纠纷、促进社会和谐产生了积极的作用。《南京市城市房屋安全管理条例》自实施以来，对南京市城市房屋的安全使用、安全鉴定、危险房屋治理等工作发挥了较好的规范、指导和保障作用。但是，随着经济社会的发展，该条例已不能有效适应当前及今后房屋安全管理发展需求，特别是在农村房屋安全管理方面存在空白，急需对该条例进行修订。因而，针对近年来，国内房屋垮塌事故时有发生，房屋安全问题已成为社会普遍关注的热点问题。南京市人大常委会于2017年审议通过了《南京市房屋使用安全管理条例》。该条例对房屋使用安全、房屋安全鉴定、危险房屋治理和应急处置、房屋白蚁防治、建筑幕墙安全管理和农村房屋安全管理作了全面具体规范，具有较强的针对性和可操作性。

燃气使用关系到千家万户的生产和生活，燃气的普及应用为优化能源结构，改善环境质量，提高人民生活水平发挥了重要的作用。随着南京市燃气事业的发展，燃气供应和市场发生了很大变化，2013年市人大常委会对《南京市燃气管理条例》进行了修订，进一步完善了燃气发展规划和应急储备、安全管理等制度，对于促进燃气事业有序发展，保障燃气安全供应和使用，维护燃气用户和供应单位合法权益发挥了应有的作用。

住宅物业管理关乎千家万户和基层社会治理，情况复杂，矛盾交织，是群众关注的热点难点问题。市人大常委会主动将物业管理列入立法日程，于2016年制定了《南京市住宅物业管理条例》。该条例创设了实名投诉限期回复、住宅专项维修资金应急使用等8项制度，并在条例实施1年内督促政府配套制定21件实施性文件，为解决棘手的物业管理问题提供了法制化方案。

细看历届人大及其常委会的立法任务完成清单，一件件突出民生改善的法规赫然眼前。据统计，南京市第十五届人民代表大会常务委员会制定修订的29件单项地方性法规中，包括16件民生领域法规，另有8件法规涉及民生改善，民生相关立法近83%。从分量和比重上看，“民生篇”当之无愧是立法的“重头戏”。特别是党的十九大报告提出我国社会的主要矛盾已经转化为人民日益增长的美好生活需要和不平衡不充分发展之间的矛盾，更要提高保障和改善民生水平，加强和创新社会治理。市人大常委会立法将更加紧紧围绕全市经济社会发展大局，围绕人民群众关心关注的城乡建设与管理、环境保护、历史文化保护等方面迫切需要解决的问题，有针对性地选择确定人民群众所关心的法律，以立法保障民生。

4. 围绕环境资源保护开展立法活动，服务生态建设。“绿水青山就是金山银山”，加强生态文明建设是建设“强富美高”新南京的重要支撑，也是市民百姓的由衷期盼。市人大常委会始终坚持把生态环境保护放在履职行权的突出位置，及时有效地回应了社会关切。2013 年 2 月市十五届人大常委会第一次会议作出了《关于严格控制煤炭消耗总量的决定》和《关于严格控制水污染物排放强度的决定》，对南京市节能减排工作提出了明确要求，支持市委市政府对相关环境问题的重拳出击；2014 年 2 月，市人大常委会第九次会议作出了《关于加强生态红线区域保护的决定》，要求政府严守生态红线，切实强化生态红线刚性约束力；同年 4 月，市人大常委会第十次会议审议通过了《关于推进四大片区工业布局调整的决定》，规定了四大片区工业布局调整的阶段目标和总体目标，推动从根本上解决产业结构偏重、生态环境恶化问题；2017 年 2 月，市人大常委会第三十二次会议通过了《关于大力治理大气、水、土壤污染 加快改善环境质量的决定》，针对影响南京环境质量的关键因素和薄弱环节提出了具体明确的意见，团结动员全市力量齐心协力打赢环境攻坚战。多项决议决定的连续出台督促政府部门严格执行相关政策，在全社会营造了参与生态文明建设的良好氛围，有力促进了南京生态环境质量的改善。南京市人大常委会先后制定了固体废物污染防治、机动车排气污染防治、水环境保护、环境噪声污染防治等方面的法规，对“水、气、固、声”等污染环境防治方面都制定了相应的法规，为保护环境提供较系统的法制保障。在制定这些法规过程中，市人大常委会通过授权政府制定严格的地方标准、设置严格的保护义务和严厉的法律责任，构建较为完备的保护框架。

在环境保护立法的基础上，多年来市人大常委会还先后出台了《南京市中山陵园风景区保护和管理条例》《南京市雨花台风景名胜区管理条例》《南京市老山风景区保护条例》《南京市汤山旅游资源保护条例》《水库保护条例》《南京市湿地保护条例》等生态专项保护方面的法规，把南京市“山、水、城、林”都纳入立法保护的范围，这些法规形成了南京市生态资源与环境保护立法较为完整的链条。

二、地方立法的制度建设与创新

(一)地方立法的制度建设

建立健全立法工作制度,是提高立法科学化水平的重要手段。早在1985年市人大常委会就制定了关于拟定地方性法规草案程序的规定。1987年又根据《地方组织法》赋予立法权的规定,制定了《关于制定地方性法规程序的规定》,从立法范围、法案提出、草案拟定与审议、法规公布以及解释、修改、废止等八个方面对立法活动进行规范。这个规定对市人大常委会多年来正确、合法、有效地行使立法权起到了重要作用。随着地方立法工作的不断深入发展,为适应新形势对立法工作的新要求,市人大常委会主任会议又于1998年制定了《立法技术规范》等,从操作程序方面对规定内容进行补充,对常委会的立法程序进行了完善。2001年,市人大根据《立法法》的有关规定,经人大审议制定了《南京市制定地方性法规条例》(已于2019年废止),对南京市人大及其常委会的立法工作,尤其是立法程序进行全面规范。此后的几年里,市人大常委会及其主任会议还陆续出台了一系列规定,主要包括:2004年11月南京市第十三届人大常委会第十三次会议通过了《地方性法规立项论证办法》,2008年5月通过了《南京市人大及其常委会工作机构在地方性法规制定工作中的职责规定》。为了规范立法项目库的管理和运行,市人大常委会主任会议制定了《南京市人大常委会立法项目库管理办法》,从而将项目库的管理工作制度化。这两个办法使南京市人大常委会在科学确定立法项目方面具备了相对完备的制度。2001年3月市人大常委会主任会议通过《南京市立法听证组织办法》。2005年11月南京市第十三届人大常委会第十九次会议通过《南京市人大常委会立法咨询组工作规范》。2009年10月通过《南京市人民代表大会常务委员会规范性文件备案审查工作办法》(已于2015年废止)等。

市十五届人大常委会开展工作以来,更加重视对立法工作的规范。换届之初的2013年就制定了《南京市人大常委会民主立法工作规定》。该规定在总结南京市民主立法实践经验的基础上,按照以程序公开保障立法民主的思路,全面系统地规范人大常委会编制五年立法规划、年度立法计划,建立和调整立法项目库,审查和审议法规草案等地方立法活动中的民主立法要求,规范了人大自身立法工作,拓宽了公众参与立法的途径,从制度上确立了人大主导、公众参与和发挥代表作用相结合的立法模式。该规定完善了立法机关主导,有关部门参加,人大代表、专家学者、企事业单位和人民群众共同参与的立法工作机制,提高立法公开度和透明度,畅通民意表达渠道,调动一切积极因素,广泛凝聚社会共识,使立法切实成为听取人民呼声、集中人民智慧、反映人民意愿的过程。

为了掌握法规实施后的情况,对法规的实施进行跟踪问效,十五届人大常委会又出台了《南京市地方性法规实施情况报告规定》和《南京市人大常委会立法后评估办法》两项规定。其中,为了提高效率,使文件在全市范围内发挥规范、引导作用,前者是经市人大常委会会议表决通过的。

经过多年的努力,南京市立法工作基本做到了从立项、起草、审议和法规实施监督等各主要环节都有明确的制度。特别是2015年6月出台的《提高地方立法质量的办法》,是一项以"提高立法质量,发挥人大主导作用"为主题的综合性制度。该办法既对以往南京市的一些先进立法经验进行了总结,又注重对一些影响立法质量的薄弱环节进行弥补和强化,改变了以往各立法主体各管一段的工作模式,强调人大在法规的立项、起草、审议等立法的全过程发挥主导作用。

随着上述制度的陆续实施,制度的作用正逐步显现。如在项目管理方面,编制年度立法计划时,都结合项目库的项目进行,同时借鉴兄弟城市的做法,将年度计划分为正式项目、预备项目和调研项目三个层次,使在项目选择上更加主动灵活,既避免了因项目拥挤难以入围而挫伤部门立法积极性,又给项目的调研论证预留了充足的时间。

(二)地方立法的制度创新

1. 开展法规实施情况报告工作,建立地方性法规实施监督机制

加强法律法规实施情况监督,保障法律法规在本行政区域内的实施,是宪法和法律赋予地方人大及其常委会的一项重要职责。随着中国特色社会主义法律体系如期形成,立法工作的重心将从以制定新法为主,转向立法与保障法规执行并重。长期以来,南京市人大常委会通过执法检查、立法后评

估等手段监督法规的实施,尽管推动了政府依法行政,但相对全市所有现行地方性法规而言,监督的数量偏少,市人大常委会对多数地方性法规的实施情况并不掌握,这与市人大常委会的职责是不相适应的。为及时了解和掌握南京市地方性法规实施情况,有针对性地开展监督工作,南京市人大常委会2013年制定了《南京市地方性法规实施情况报告规定》,明确从2014年开始,南京市地方性法规实施主体,每年向市人大常委会报告法规的实施情况。其旨在通过加强法规实施情况监督,及时发现和纠正法规实施中存在的问题,确保法规全面贯彻实施。南京市的法规实施情况报告制度尽管不是全国首创,但有几个具体做法走在全国前列。

首先,法规报告的范围全面。2014年是南京市执行法规实施情况报告制度的第一年,该制度将全市所有有效的84件地方性法规,全部列入法规实施情况报告范围。同时,为了确保监督实效,在全覆盖的基础上,又实行分类报告、突出重点,按照规定的要求,并经市人大法制(工)委与有关委员会共同研究,将84件法规细分为应当详细报告(A)、可简易报告(B)、不需要报告(C)三类。其中,A类法规20件,主要为实施1年以上未满2年、上位法或者实施形势发生重大变化,以及有关委员会认为需要详细了解情况的法规。这部分法规需要重点监督,因此报送及审查要求最为严格,采用提交详细报告的方式进行,报送内容为:法规宣传贯彻情况、主要制度实施情况、法规配套规定制定及实施情况、上位法对法规实施产生的影响、法规实施中存在的主要问题及其原因分析、完善法规的意见和建议等。B类法规48件,主要因为法规实施外部环境相对稳定,所以简化了报告要求,可以表格形式提交简易报告,报送法规的实施效果、实施中存在的主要问题等方面的情况。C类法规16件,因报告存在"市人大常委会开展过执法检查、立法后评估、听取和审议有关法规实施的专项工作报告,以及列入下一年度立法计划即将修订,实施未满一年"等情形,将其确定为当年不需要报告的类型。

其次,法规报告工作程序联动。法规实施情况报告工作采用法规实施单位自查,有关委员会初审后向主任会议报告,法制(工)委综合审查后向常委会报告的方式进行。全部工作分为三个阶段:一是报告工作准备与法规实施单位报送阶段。2014年9月底之前,市人大及其常委会按照规定的相关要求,确定了分类报告的法规目录,并由人大常委会办公厅发文向全市各法规实施单位布置了该项工作。11 月底,各法规实施单位在对本单位法规实施情况进行自查后,将自查报告分别报送至有关委员会和法制(工)委。二是有关委员会审查阶段。在收到法规实施单位自查报告后,有关委员会对相关报告进行审查,并结合审议专项工作报告、专题视察、召开座谈会等工作,对法规实施情况开展分析调查,形成初审报告。初审报告经当年 2 月召开的主任会议讨论,于当月下旬移交法制(工)委。三是法制(工)委审查阶段。法制(工)委在各法规实施单位的自查报告、有关委员会初审报告的基础上,综合主任会议意见,进行全面审查,同时结合对一些重点单位的调研、走访情况,形成提交常委会会议审议的法规实施情况综合报告。

最后,注重审查结果的处理和应用。实行法规实施情况报告制度的一个重要目的,是推动各法规实施单位履行法规所确定的各自职责,严格执行法规,维护法规严肃性和权威性。只有抓住审查过程中发现的具体的、实质性的问题,通过对这些问题剖析研究,才能让法规实施单位有所触动,使法规实施情况报告工作取得预期效果。通过法规实施情况报告,查找出法规实施过程中存在的一些问题。综合起来看,在执法方面,存在部分法规实施主体履职不到位;部分法规执法机制还未理顺;部分法规执法能力不足;部分法规具体配套办法缺失,法规执行效果打折等问题。在立法方面,发现有部分法规条文过于原则,操作性不强;部分法规条文内容滞后,急需修改或者废止等问题。这些问题,通过一定的形式,及时向相关单位进行了反馈。如在法规实施情况报告综合审查中,发现有一些法规授权制定的配套性文件迟迟没有出台。针对这一情况,专门对各单位是否制定配套性文件的情况进行了统计,并通过直观的表格形式,印发常委会会议,以此对法规实施单位进行了通报,引起了法规实施单位的高度重视,加快了一些配套性文件的制定出台。

此外,为了增强法规实施情况报告工作的督促检查效果,在市人大常委会对法规实施情况报告进行审议后,通过市人大常委会办公厅发文,将市人大常委会审议意见向市人民政府进行通报。

开展法规实施情况报告工作,使法规走出“纸面”,落到实处。同时,通过法规实施情况监督,反过来检视立法得失,有利于提高南京市立法水平。

2. 积极开展立法后评估,形成立法和执法有效结合与良性互动机制

市人大常委会拓展立法工作的思路和空间,从 2011 年开始,连续五年开展了立法后评估工作,分别对南京市《南京市轨道交通管理条例》《南京市固体废物污染环境防治条例》《南京市航道航政管理条例》《南京市大气污染防治条例》《南京市船舶修造业管理条例》《南京市旅游市场管理条例》《南京市城市治理条例》7 件法规进行后评估。在评估工作中,市人大常委会主要通过组织座谈和视察调研、督促执法单位自查、委托第三方独立评估等方式,对部分法规的合法性、合理性、技术性、实效性等进行客观评价。同时,市人大常委会把后评估工作引向纵深,将探索后评估工作和修改法规相结合,提高了后评估的针对性,增强了地方立法工作的活力。2013 年,在总结几年来的立法后评估实践经验的基础上,市人大常委会主任会议制定出台了《南京市人大常委会立法后评估办法》,将立法后评估作为常态化工作予以规范。

第三节　地方立法工作存在的问题及建议

地方立法工作是一项重要的政治活动,关系到中国特色社会主义事业大局,对于推进改革开放、保障和改善民生、加快建设社会主义法治国家有着重要而深远的意义。经过广大立法工作者的不懈努力,南京市立法工作取得了一定成绩,但是对照党的十九大的部署,对照人民群众的期待,对照南京市经济社会发展要求,南京市地方立法工作还存在一些不相适应、不相符合的地方。

一、地方立法的问题分析

(一)人大在地方立法工作中的主导性有待加强

立法是一项综合性很强的工作,发挥人大在立法中的主导作用,是与人大作为权力机关的地位和作用相适应的。南京市人大多年来在这方面一直力求有所突破,也采取了一些有效的举措,但是与新形势下加强和改进立

法工作、充分发挥立法引领和推动作用的要求相比，人大在立法中的主导地位还不突出，立法前、立法中、立法后各环节都存在需要进一步完善的地方。

一是立法实践中“行政主导”“部门本位主义”的倾向性问题依然存在。立法工作长期以来倚重行政部门归口起草，以发挥其在经济管理方面积累的丰富经验和专业优势，尽快解决经济发展无法可依的问题。这种行政部门实际上的主导地位，给立法工作带来一定负面影响。随着法治的不断完善和人大立法权威的逐步提高，部门利益直接影响甚至阻碍地方立法进程，或者滥用地方立法资源的情况已经大幅度减少，但是立法工作中部门化倾向、争权诿责现象依然较为突出，有的法律法规未能全面反映客观规律和人民意愿，针对性、可操作性不强。

二是人大及其常委会立法统筹协调的力度还不够。人大及其常委会在整合资源，充分发挥各方优势和积极性，形成立法整体合力方面还有欠缺，对法规立项、起草、审议的把控能力有待进一步提高，立法流程有待进一步优化。未能充分调动代表和委员参与立法工作的积极性，立法的民主化、精细化水平不够。释法工作有待加强，对法的监督实施较为薄弱，一定程度上影响了立法权威。

三是人大及其常委会自身的立法能力还需要不断提升。合理界定权、责、利是制定法规的核心问题，随着改革发展日益深入，社会形势不断变迁，权责利始终处于动态变换中。立法机关既要防止部门左右甚至主导立法，通过立法来扩权、确权、固权，谋取部门利益，又不能无视政府管理需要，一味着眼于削权、限权、控权。简言之，就是既要确权又要立责，既要赋予行政机关必要的权力和手段，又要加大监督力度、明晰法定责任，避免逐利避险、争权推责、揽功诿过。立法要最大限度维护人民的根本利益，要让人民充分享受到立法带来的制度红利、法治红利。这对南京市人大常委会的立法能力提出了较高要求，人大及其常委会在三者关系的定位和具体法规条文的操作上还需要进一步探索研究。

（二）民主立法的实效有待提高

多年来，经过各届人大常委会的探索实践，民主立法成绩不小，但回过头看，总会给人以“形式大于内容”的感觉。归根结底，一是立法公开不够“全”，立法信息公开局限在审议阶段，公开方式局限于少数媒体，立法公开的载体传播力较弱，对于社会关注度高、涉及民生的重大项目，宣传预热不够，未能最大限度吸引社会各界的关注。公众参与立法的途径比较单一，不少法规草案征求意见时社会关注度不高。有时在报纸上公布法规草案，十天半月过去了，真正参与的人很少，或者即使有人参与，参与的质量也不尽如人意。二是参与立法的公众不够“广”。征求意见固定在有关政府部门和少数行政相对人之间，其他人民群众和社会组织的参与渠道不畅通，参与的步骤、方法、要求不明确，有关工作机构也未能及时提供各种服务与便利，影响了公众参与南京市地方立法的便利性、参与率和实效性。三是民主立法的工作不够“实”。征求意见成为走过场，立法难以真正成为体现民情、汇聚民意、集中民智的过程。尤其是一些专业性强的法规草案，社会关注度明显不高，甚至出现过“零意见”的情形。面对这种情况，立法工作人员有时为了听证而听证、为了论证而论证、为了座谈而座谈，民主立法的形式有些泛化。

（三）常委会审议法规草案的质量有待提升

一是审议准备不足，导致审议水平和审议质量参差不齐。由于目前人大常委会组成人员大部分属于兼职，该部分组成人员由于本职工作所限，会前未对法规草案认真审读，对立法宗旨和立法的基本内容缺少研究，对社会意见的深入了解不够，参会时才草草翻阅法规草案，审议时只能作些随感式发言。

二是材料提供不足，审议中运用座谈、听证、论证相关书证不够充分。受种种原因影响，目前有关工作机构提供给组成人员参阅的高质量材料仍显不足或者缺乏针对性。从组成人员角度看，在审议中有意识地运用这些材料也不够，审议中对材料提出的重要意见缺乏反馈。

三是集体审议的工作支撑力度不大，对审议意见的记录、整理、发布、传播等工作环节重视程度尚显不足。人大常委会审议情况的记录、整理、发布、传播，是立法工作的重要保障。特别是审议记录，如何准确表达组成人员的审议意见，对比全国人大和兄弟省市，南京市相关工作还有一定差距。

以上状况的产生，一是由于客观形势的变化使立法工作难度加大，对审议的要求日趋提高;二是驻会组成人员数量过少,影响了审议质量的提高;三是常委会工作班子特别是法制工作机构的建设与立法要求还有差距。

二、完善地方立法的建议

自党的十八届四中全会提出了全面推进依法治国的总目标,习近平同志在党的十九大再次强调要深化依法治国实践。要实现全面依法治国,必须坚持立法先行,紧紧抓住提高立法质量这个关键。党的十九大报告提出,全面依法治国是国家治理的一场深刻革命,必须坚持厉行法治,推进科学立法、严格执法、公正司法、全民守法。站在全面推进依法治国新征程的起点上,南京市地方立法要在继承和发扬立法成果、立法经验的基础上,继续开拓创新、砥砺奋进,加强和改进地方立法工作,着力提高立法质量,实现立法与改革决策相一致,使立法适应、服务改革需要,发挥立法的引领、推动和保障作用,为全面实现依法治国总目标贡献自己的力量。

(一)进一步提高立法的民主性与立法主体的专业性

在立法民主性方面,进一步拓展民主立法参与主体和参与渠道。一是充分发挥区人大在地方立法工作中的作用。立法是一项全市性工作,区人大也应当积极参与到地方立法工作中来,充分反映基层需求和群众意见。南京市人大常委会将按照十八届四中全会提出的"健全向下级人大征询立法意见机制"要求,进一步健全区人大常委会的立法工作机构,明确专职立法人员,使各区人大常委会在全市立法工作中发挥更大的作用。二是切实发挥人大代表在立法中的作用。探索人大代表参与立法工作机制,提高代表参与立法积极性。把办理议案、建议同制定、修改法规结合起来,编制立法规划、立法计划和立法项目库主动征求人大代表意见。把组织代表活动与立法调研结合起来,对事关群众切身利益、事关经济社会可持续发展的重要立法项目和疑难问题,组织代表视察调研。把邀请代表参加常委会会议同法规审议质量结合起来,认真研究吸纳代表提出的意见、建议。同时,逐步完善人大立法工作机制,充实人大代表立法权。把事关地方人大基本制度、地区重大事项、影响人民基本生活的重要问题交由人大立法,请500多名市人大代表参与进来。三是建立健全立法专家顾问制度。加大与有关高等院校、学术团体的合作,扩充专家队伍，充分发挥专家学者、高等院校对地方立法的智力支持作用。建立由法律专家、法规涉及领域的专家、从事相关工作拥有丰富经验的专门人才组成的立法顾问委员会，作为市人大常委会的立法智囊和辅助机构，参与到立法过程中来，为地方立法提供评估与咨询服务。同时，对于每件法规的制定从顾问委员会中选取若干人员组建立法咨询组。咨询组从法规立项、起草、审议，到实施后的评估工作，自始至终参与立法的全过程。四是完善社会公众有序参与立法途径。(1)建立公众有序参与立法的引导机制。进一步加大立法公开的广度和深度，有意识地组织公众参与立法工作，立法中社会关注度高、争议比较大的问题，要作专门报道、多渠道公开，吸引公众充分参与讨论，广泛听取各方意见，凝聚社会共识。同时，健全法规草案公开征求意见和公众意见采纳情况的反馈机制。(2)设立民主立法联系点。立法联系点是立法机关开展立法调研的平台、基层群众表达立法诉求的渠道。南京市正在探索在全市选取1个区、1所高校、若干街镇作为市人大常委会民主立法联系点。通过民主立法联系点，组织基层群众积极参与立法，在基层逐步培养起一支有意愿、有能力、有条件长期关注和参与立法的队伍，形成收集社情民意的常态化机制。(3)建立立法协商制度。在以往民主立法工作的基础上，进一步发挥政协委员、民主党派、工商联、无党派人士、人民团体、社会组织在立法协商中的作用，探索建立有关国家机关、社会团体等立法中涉及的重大利益调整论证咨询机制。

在立法专业性方面，进一步提升立法主体和立法队伍的能力。首先，保障人大常委会立法水平。常委会组成人员是立法审议的主体，常委会组成人员是否专业、敬业，决定了常委会的审议水平。按照《中共中央关于全面推进依法治国若干重大问题的决定》的要求，应当进一步提升市人大常委会和各专门委员会组成人员的专业化、职业化水平。优化市人大常委会和各专门委员会组成人员的年龄、知识、经历、专业结构和代表性，探索适当提高市人大常委会和各专门委员会专职组成人员的比例。制定完善有关工作制度，保证市人大常委会和各专门委员会中的非专职组成人员更多地开展立法调研、参与立法工作。代表换届时要注重立法工作的延续性，保留一定比例履职认真的委员，委员的构成要均衡，既应当有法学专业知识的，也要包括熟悉诸如规划、经济等其他领域的，还要涵盖工作植根基层、了解民意、反映民声的代表。其次，加强立法队伍建设。加强立法队伍建设，培养高素质的立法工作人才，既是当前的紧迫需要，也是长远的战略任务。要加大立法队伍的培训力度，充实队伍人手，建立立法基本知识和技能定期培训机制，不断提高立法队伍的政治素质和专业水平。要健全人大立法工作机构。根据人大立法工作的现实需要，统筹整合有关立法工作力量，拟定立法技术规范，指导全市法规草案起草工作，为人大常委会组成人员、人大代表提供立法服务。

（二）进一步完善常委会立法与人大立法之间的关系

《立法法》对二者权限作了划分：第76条规定，“规定本行政区域特别重大事项的地方性法规，应当由人民代表大会通过”；第77条第1款规定，“地方性法规案、自治条例和单行条例案的提出、审议和表决程序，根据中华人民共和国地方各级人民代表大会和地方各级人民政府组织法，参照本法第二章第二节、第三节、第五节的规定，由本级人民代表大会规定”。但是，这种划分过于原则抽象，除了明确地方立法制定程序的规定必须由人大制定外，其他内容上的权限划分，用的是比较模糊的“特别重大事项”，而对于什么是特别重大事项，《立法法》没有界定。这导致人大常委会和人大在行使立法权方面存在着缺位和衔接不畅的现象。实践中地方人大制定的法规数量很少，法规涉及面很窄，地方人大制定法规的修改任务主要由地方人大常委会承担；大量的法规都由地方人大常委会制定，实质上造成了人大立法权的虚置。

同时，常委会组成人员少，仅数十人讨论审议法规，人大有500多人参与讨论，行业分布广泛，能够更充分地汇集民意，凝聚社会共识。因此，在立法的权威性、民主性、科学性方面，人大立法高于常委会立法。但人大每年召开一次，对现实立法需求的反映不如常委会敏捷，常委会的立法承载能力和灵活性优于人大立法。更加妥帖地处理人大与常委会的立法权力是进一步提高立法质量的基础，有必要在《立法法》规定的框架下，对“特别重大事项”作出进一步明确。结合南京市的实践和认识，人大立法事项可以细化为以下几方面：

第一，规范人大及其常委会职权的事项。如人大讨论、决定重大事项的法规，常委会讨论、决定重大事项的规定等。

第二,对本行政区域内国民经济和社会发展以及行政管理有重大、长期影响的事项。包括本行政区域内政治、经济、教育、科学、文化、卫生、环境和资源保护、民政、民族等工作中涉及全局的、有重大和长期影响的事项等。

第三,严重影响公民权利和利益的事项。这些事项可能影响公民权益的程度深,或者范围广,事关人民基本生活,公众关注度高。如《南京市住宅物业管理条例》,该法规提交 2016 年人大审议,请 500 多名市人大代表参与进来,提高立法的民主含量,真正把民主立法、科学立法落到实处。

第四,人大常委会认为应当提请人大制定地方性法规的其他特别重大的事项。比如在立法审议中发生重大争议的法规,说明分歧巨大、难以决断,可以经人大常委会同意,提交人大决定,在更广泛的层面上进行立法决策。

(三)进一步提高常委会审议法规草案质量

常委会组成人员对法规草案的审议,直接决定立法的质量和效率。地方立法中,要充分发挥常委会组成人员的立法主体作用,切实提高审议质量。

一是增加常委会专职委员的数量,逐步实现委员的专职化。十八届四中全会要求,要增加有法治实践经验的专职委员比例。当前,无论从人大常委会工作需要还是今后地方立法发展趋势看,都需要加快人大常委会委员的专职化进程,从根本上提高地方法规的审议质量。

二是加强对常委会组成人员的培训和审议前的服务工作。市人大常委会要结合审议法规议题,组织常委会组成人员、部分市人大代表参加培训,学习有关法律知识和履职要求。规范常委会组成人员参加立法活动,熟悉并全面深入法规审议工作。审议前,市人大常委会有关工作机构要进一步提高审议服务质量,为组成人员审议法规草案创造条件,包括梳理出法规草案的主要重点和难点,提供有关审议背景资料,并提前寄发给组成人员。社会关注度高的、争议比较大的法规草案,要在审议前组织常委会组成人员参加调研活动,增进对法规内容的了解。

三是审议环节加强组织引导。审议过程的组织好坏对审议质量的高低有直接影响。市人大常委会要加强对审议环节的引导和关注,有意识地将熟悉法规情况的、法律或者涉及专业领域精通的常委会组成人员分散到各审议小组,以便审议时引导常委会组成人员对法规草案争议较大的重点内容开展重点审议,防止审议游离于关键条款之外或者出现“漫谈”,提高审议的质量和效率。

四是完善立法审次机制。科学合理地确定审议次数,不固守目前的两审通过的模式,对综合性较强或者争议较大的法规草案,可以尝试三审通过或者隔次审议,以保证常委会组成人员和实行统一审议的法制委员会有更多的时间调查研究。对有重大分歧的个别条款,探索单独表决。

(四)进一步完善地方立法的监督机制

一是继续开展立法后评估。进一步按照《南京市人大常委会立法后评估办法》的要求开展后评估,实现立法后评估工作的常态化。在后评估过程中,不断完善模式,增强评估的针对性、实效性,通过对法规的合法性、针对性、可操作性和实效性的综合分析评估,既为法规的有效实施创造条件,又为做好法规的立改废释工作,推进科学立法、民主立法提供可靠依据,实现立法与执法的有效结合和良性互动。

二是健全法规实施情况报告制度。法规实施部门每年向市人大常委会书面报告上一年度法规实施情况。市人大常委会采取执法检查、听取和审议专项工作报告等法定形式,加强对执法情况的监督,对实施效果不理想的法规,督促法规实施部门加强和改进执法工作。

三是做好法规解释工作。强化法规的解释工作,突出可操作性,使之与法规的制定相协调。对于法规实施过程中,人民群众和有关部门对法规内容理解存疑的,市人大常委会要按照法定程序释疑解惑。同时,常委会也可以根据立法工作的需要,对重要法规、重点制度规范积极主动地开展释法工作,使法规得到更好实施,确保良法善治。

四是健全法规普及宣传制度。将立法过程与普法工作紧密结合起来,积极引导公众参与立法,使公众参与过程成为普法工作的重要环节,实现公众参与立法和自觉守法、用法的统一。市人大及其常委会要发挥在立法宣传工作中的权威性和主导性作用,及时对新颁布的法规作出说明和解读,有针对性地采取多种形式开展宣传,为法规实施营造良好环境。

第四节　地方立法典型实例分析

一、《南京市城市治理条例》立法分析

城市管理是整个社会管理的重要方面。然而长久以来，对从中央到地方城市管理都暴露出的手段单一、运行不畅等难题，一直在思索破解良策。南京市采用多种手段加强城市管理，也取得了一定的成效，但总体而言，城市管理工作与群众的要求仍有较大差距。市人大常委会立足自身职能，围绕如何创新社会管理、推动平安南京建设，多次开展立法调研，寻求社会管理的有效途径。国务院法制办从 2011 年下半年开始，就这一课题委托南京市和中国人民大学法学院合作开展了专门研究。对于该立法项目，全国人大常委会法工委也给予了高度关注，并作了明确表示，希望南京市能充分发挥地方主动性、积极性，在全国率先突破、创新理念，为国家今后的顶层设计创造经验、建立样本、找准方向。2012 年 10 月，市十四届人大常委会审议制定了《南京市城市治理条例》，从某种意义上说，制定这部条例，是城市管理转向城市治理在南京的具体实践。该条例对于破解城市管理难题，创新城市管理方式，提升城市管理水平，促进平安南京、法治南京的建设都有重要作用，在全国具有典型示范意义。《南京市城市治理条例》在内容上作了一些创新。

一是从“城市管理”走向“城市治理”。《南京市城市治理条例》引入“治理”理念，使“城市管理”走向“城市治理”，就是打通政府和公众双向交流的渠道，吸纳公众参与城市管理的事前、事中、事后整个过程。过去立法通常沿用“城市管理”，侧重于政府行使公权力，对城市公共秩序和事务进行安排，缺乏管理对象的有效参与。“城市治理”与“城市管理”一样，都强调政府承担着提供公共服务、维护公共秩序的主要职责。二者的关键区别在于：“城市管理”只涉及政府单一主体，而“城市治理”的主体不单指政府，更包括了广泛的公众，重心是公众参与。简言之，“城市治理”“城市管理”两者关系可以概括为“城市管理 + 公众参与 = 城市治理”。

二是全面规范治理委员会的架构和运作机制。为了保证“治理制度”能

够落到实处,《南京市城市治理条例》对城市治理委员会定位、治理委员结构、议事规则等重要方面作了制度交代,赋予城市治理委员会特定的法律地位。该条例规定城市治理委员会具有“指导、协调”的职能,并且“依据市人民政府的授权,依法对城市治理重要事项作出决议”,保证治理委员会的实体职能。该条例明确了城市治理委员会的人员构成,由“城市管理相关部门负责人、专家委员、市民代表委员等共同组成”,并规定“专家委员和市民代表委员等的比例不少于百分之五十”,强调公众委员应当通过公开公正的方式产生,城市治理委员会每季度最少召开一次会议。避免了公众参与流于形式,在制度设计上保证了公众参与城市公共事务管理的积极性和有效性。

三是解决市民关切的热点问题。社会管理的根本目的是增进人民的福祉。只有针对市民关注的热点难点问题提出解决方案,加大政府责任,才能保障群众的合法权益,维护群众的根本利益。如针对小区周边配建环卫设施难题,要求政府应当合理布局,按照规划要求和时间节点及时配建环卫设施。《南京市城市治理条例》还借鉴环保生态补偿制度,在其中明确规定:新增生活垃圾卫生填埋场、转运站、公共厕所等环卫设施,对周边已有单位和住宅区居民造成损失的,政府应当予以适当补偿。“拉链马路”现象是市民意见很集中的问题,既浪费社会资源,又影响市民生活。该条例明确市政基础设施建设要充分利用地下管廊,地面优先安排综合掘路工程,新建、改建、扩建的城市道路未满年限不得再次挖掘,有关部门不得颁发挖掘许可证。

《南京市城市治理条例》实施后,市人民政府根据该条例成立了首届南京市城市治理委员会,并向社会公开选拔45名公众委员。广大市民给予了高度关注,共有145名参加竞选,经前期资格审核,有129名参选者符合报名条件,在南京市公证处专人监督下摇号确定并公示。公示结束后,名单上报市政府,由市城市治理委员会主任批准签发。2013年5月,南京第一届城市治理委员会全体委员会议召开,讨论治理委员会的相应章程、议事规则,正式履行城市治理的职责。此后,城治委按照该条例的授权规定,正式发挥它的功能,召开了多次城治委会议,分别就“生活垃圾分类”“停车难题治理”“小区治理”“物业管理”等市民极为关切的问题进行研究确定。

由于《南京市城市治理条例》是国内首部关于城市治理的地方性综合立

法，出台后即在社会引起强烈反响。中央和省、市媒体都给予了高度关注，尤其是本地媒体给予了大量的报告宣传。《法制日报》2013 年 3 月 7 日至 19 日开设《学者眼中的“南京市城市治理条例”》专栏，连续刊发参与城市治理条例研究起草过程的教授和青年教师撰写的评议文章，并配合作了深度宣传，取得了良好的社会效果。

二、《南京市轨道交通管理条例》立法分析

轨道交通是城市公共交通系统的一个重要组成部分，是现代大城市优先选择的交通形式。南京轨道交通自 2005 年 9 月开通试运营以来，日益成为广大市民出行的重要交通工具，关系到千家万户。但是，由于国家对轨道交通还没有专门的立法，南京市的轨道交通在建设和运营管理等方面均缺少明确的法律规范，特别是在处理轨道交通建设与周边物业的安全，营运过程中出现乘客伤亡等方面，都存在法律的空当，迫切需要制定一部地方性法规进行规范，为此南京市人大常委会于 2008 年制定了《南京市轨道交通管理条例》。尽管该条例已于 2014 年被《南京市轨道交通条例》替代，但不可否认，该条例的制定存在诸多可圈可点之处，为保障轨道交通建设和安全运营，维护乘客合法权益，提供了依据。

第一，解放思想，破解难题，妥善解决了授权执法问题。能否授予轨道经营单位一定的执法权，是制定这部法规的第一大难题，也是决定该条例制定是否成功的关键，被称为制定该条例的“第一拦路虎”。

在该条例起草之初，就有相当多的意见认为，如果将行政执法职能交给轨道交通经营单位行使，有可能导致轨道交通经营单位“既当运动员，又当裁判员”的角色冲突，直接违反了《行政处罚法》，这确实是一个非常严肃的问题！但轨道交通管理的现实是：运营线路长、设施多，很多矛盾问题随时可能发生，需要及时处置，且随着南京市轨道交通的延伸和发展，这些问题可能更加突出。如果按照原先的行政执法分工，众多的部门都到轨道交通营运现场执法，不仅协调难度较大，事实上也难以做到，很可能出现执法脱节或不到位等问题。但如果由主管部门组建专门的执法队伍，人员编制和经费将是一项很大的支出，不利于提高行政效率、节省行政成本。通过对《行政处罚法》的

相关规定进行仔细分析,发现该法在“管理公共事务”方面对经营单位执法不是完全禁止的,且《铁路法》就有授予企业执法权的规定。因此,抛弃以前的思维,解放思想,破解难题,认为对轨道交通经营单位进行有限授权是可行的。这种认识得到了包括省人大法工委负责同志在内的专家的认可。即一方面授予轨道交通经营单位一定的执法权,另一方面,又要将授权仅限于“管理公共事务”的范围,使该条例的规定既符合《行政处罚法》的规定,又解决了南京市轨道交通的管理现实问题。

第二,以人为本,立法为民,把维护乘客的权益放在突出位置。该条例在突出政府的服务功能,突出对乘客合法权益的保护这两方面用了较多笔墨。如规定市建设行政主管部门应当广泛征求社会各方面的意见,制定轨道交通乘客守则,并向社会公布;市建设行政主管部门应当制定轨道交通服务规范;轨道交通经营单位应当制定服务规范并向乘客作出服务承诺,保证客运服务质量,保障轨道交通安全、正点地运送乘客,服务承诺应当向社会公布;轨道交通经营单位做到“列车运行中,应当在车厢内通过广播、电子显示屏等不间断播报站名”“轨道交通经营单位应当保持客运电梯、空调等设施正常运转”等。

此外,鉴于在国内有城市因为使用轨道交通的安全监视设备时,触及个别乘客的隐私并引发官司的情况,该条例还特别注意处理安全管理和乘客权益两者间的关系,在第25条第2款规定:“轨道交通经营单位使用轨道交通安全监控设施,应当保护乘客隐私。”这个规定在国内同类立法中尚属首创。与此同时,该条例对乘客也规定了相应的义务,如增加规定:“乘客应当自觉遵守轨道交通乘客守则和公共秩序,爱护轨道交通公共设施和环境卫生”“禁止持伪造的优惠乘车证件或者冒用他人优惠乘车证件乘坐列车”等。

三、《南京市水环境保护条例》立法分析

水是生命之源、生产之要、生态之基。但是,随着经济高速增长,对包括水生态、水资源、特殊水体保护在内的水环境造成较大破坏。2011年12月南京市第十四届人大常委会第二十七次会议制定了《南京市水环境保护条例》。该条例主要有以下亮点:

第一,加强水污染物排放权管理。从源头上控制水污染,关键是加快转变生产方式、调整产业结构。《南京市水环境保护条例》强化源头管理,明确规定对四类建设项目不予审批环境影响评价文件,四类情形下实行环境影响评价区域限批。这是本条例最严厉的内容之一。关于不予审批环境影响评价文件,第一种情形是建设项目“不符合国家产业政策,不符合本市产业布局规划”,执法标准明确,因此审批实践中比较容易掌握和执行;第二种情形是建设项目“可能导致水污染加剧和生态破坏加重的”,这一条件为水环境保护设置了富有弹性的准入门槛,非常“苛刻”但自由裁量度高,需要执法人员作出正确判断;第三、四种情形是专对项目建设单位设置的门槛,项目建设单位在未完成现有项目限期治理任务、总量减排任务,或者未通过环保验收的情况下,不能获得其他项目的环境影响评价文件审批。

第二,强化政府及其部门的责任。《南京市水环境保护条例》强调水环境保护由政府主导,明确规定了市、区人民政府在统筹规划、设施配套、资金保障等方面承担的责任。具体而言,市、区人民政府应当制定水环境保护目标和年度计划,实行地表水(环境)功能区水质达标责任制和行政区界水体断面水质交接责任制,对本行政区域内的水环境质量负责,其主要负责人对实现水环境保护任期责任目标负主要责任;建立与水环境保护目标相适应的资金投入和保障机制;制定并组织实施水生态保护方案,组织建设水生态监测系统,在重点保护河段等地设立自动监测设施,划定本区域的重要水体保护区,并依法加强对水环境保护执法工作的监督。水环境保护涉及部门较多,为保证相关职能落实到位,避免出现管理交叉和管理空白,审议中进一步梳理了环保、水行政、住建、城管、农业等部门的监管责任,并规定建立水环境保护高位协调机制,及时协调解决水环境保护工作中的重大事项,由环保部门承担协调机制的日常工作。值得一提的是,该条例明确环保部门负责水环境保护的统一监督管理,对有关部门未依法处理水污染行为的,同级环保部门可以提请本级人民政府责成其依法履行职责。

第三,明确排污单位义务与责任。《南京市水环境保护条例》明确了排污单位在水污染防治中的义务和责任。一是规定排污单位应当向环保部门申报水污染物排放情况,保持水污染物处理设施正常使用,依法取得排污许可和排水许可,保证达标排放,规范设置排污口和标志牌,出现水污染事件时做好应急处置和事后恢复。二是对重点排污单位和工业废水排放单位提出更高要求,规定重点排污单位应当设置水污染物排放自动监测设备,排放工业废水的企业应当建立台账,保存原始监测记录,按照规范设置取样井。三是明确污水集中处理设施运营单位对其出水水质、污泥处置负责。

第四,创新防治措施,促进立法实施。《南京市水环境保护条例》根据管理实际创制了一系列措施,意在有针对性地解决水环境保护中的突出矛盾和问题,解决当前环境执法中不够有力的问题,促进立法的有效实施。一是严格管理排污口;二是对饮用水水源分区严格保护;三是积极应对水生态修复;四是探索建立水污染物排污权有偿使用和交易制度;五是水环境资源的区域补偿制度。

四、《南京市住宅物业管理条例》立法分析

住宅物业管理涉及面广、关注度高,事关社会和谐稳定和人民群众幸福安居。但是长期以来,南京市住宅小区的物业管理存在诸如物业服务质量低下、物业费收取困难、维修基金使用困难等问题,导致居民投诉和诉讼量居高不下,甚至演化成群体性事件,影响社会稳定。为维护广大业主的合法权益,促进业主自治与社区治理的有机融合,推进和谐南京建设,迫切需要结合南京市实际,制定一部针对性和可操作性强的地方性法规。市人大常委会顺应广大市民的吁求,将《南京市住宅物业管理条例》列入 2015 年的立法计划,并将其作为人大常委会贯彻十八届四中全会和市委依法治市决定精神,发挥人大在立法工作中主导作用的重要举措。

本次立法采取面向全国公开招标、委托第三方起草的方式,按照市人大常委会主要负责同志提出的“坚持问题导向、坚持开门立法、坚持业主为本、坚持法治思维”的总体要求,常委会有关工作机构加强统筹谋划和组织协调,有序推进立法工作。一是通过公开招投标确定条例起草单位为河海大学。成立了立法工作领导小组、专家顾问组和各区人大联络小组,明确由河海大学项目组主导,市人大有关委员会和市政府相关部门协助开展前期调研和起草工作。二是开展多角度、多层次、全覆盖的调研论证活动。先后召开有部

门、区、街道、社区和物业企业、业主、专家参加的数十场座谈会，并分别前往省内外多个城市学习考察。三是广泛征求意见。开设网上意见征集平台，组织开展住宅物业立法专题网议和问卷调查，并同步向常委会全体组成人员和全体市人大代表进行调查问卷。四是开展立法辅导讲解。先后组织多场，面向常委会组成人员、市人大代表、全市人大系统和领导小组成员单位立法辅导讲座。五是市人大常委会班子成员全程参与。市人大常委会班子成员全程参与起草、论证和修改工作，对立法工作进行全面指导，并提出许多具体的意见。

《南京市住宅物业管理条例》以《物权法》、国务院《物业管理条例》、《江苏省物业管理条例》等法律、法规为依据，坚持问题导向，从制度设计的必要性与可行性出发，注重对上位法的细化与补充、衔接与完善，并固化南京市既有成果。该条例坚持业主自治为主、政府适度介入为辅的方向，本着有利于推进业主自治、有利于强化政府监管、有利于促进行业健康发展的原则，重点规范物业服务企业、业主（业主组织）、建设单位、政府部门、专营单位等五方主体的权利义务，注重厘清市场调节与行政监管（企业与政府）、政府指导与业主自治（政府与业主）、物业服务供给与需求（企业与业主）三个关系。该条例定位相对较高，要求严、时间紧，主要内容和核心制度有不少创新。制度设计强调针对性和可操作性，其主要内容和核心制度具有创新性。这些制度涉及面广，社会关注度高，既是解决物业管理中突出问题的关键性制度，又是极易引发各方争议的焦点。

一是建立实名投诉登记受理制度。调研过程中了解到，住宅小区的日常管理主要涉及12个政府部门，但由于种种原因，有些部门不愿意进入小区执法，导致小区内问题越积越多，矛盾越来越大，市民反响强烈。为此，《南京市住宅物业管理条例》设立实名投诉登记受理制度，对业委会、物业公司涉及公共利益的投诉，相关部门必须书面回复，及时答复。通过该制度，督促相关职能部门及时、高效地对违法违规行为进行查处，维护广大业主权益。

二是建立第三方评估制度。由于业主与物业服务企业在物业服务管理中所处的地位不同，其对服务质量评价的标准也不一样，在双方产生纠纷时，往往形成对立，引发矛盾。《南京市住宅物业管理条例》通过在物业服务中引入独立、公正第三方评估机构，为解决因物业服务质量而引发的纠纷提供渠道；同时为业主、业主委员会提供咨询服务，帮助业主开展自治。

三是建立建设单位保修金制度。实践中，前期物业管理是整个物业管理过程中的难点，前期物业管理中的纠纷绝大多是由于房屋质量问题，而建设单位对房屋质量问题承担全部责任。《南京市住宅物业管理条例》建立该制度是强化建设单位的房屋质量责任，为前期物业中房屋质量问题的解决提供途径。

四是建立维修资金使用的绿色快速通道制度。维修资金的使用极其困难，申请条件复杂，审批期限长，是立法调研中群众集中反映的一个问题。据了解，南京市维修资金使用率仅为3% ~4%，一方面大量的资金闲置；另一方面房屋维修困难，不能及时妥善的维修，群众对此意见很大。该条例在省条例相关规定的基础上，对物业管理区域内发生危及房屋使用安全和业主生命财产安全的紧急情况，设计了绿色快速通道，要求在两个工作日内对维修资金的使用申请完成审核。

五是建立三方征信制度。目前物业管理矛盾多发的原因一方面是各方主体之间缺乏信任；另一方面是违法收益与违法后果失衡，违法成本过低。为此，《南京市住宅物业管理条例》分别对物业服务企业征信、物业项目负责人征信、业主征信作出了规定，以强化物业服务企业和业主的契约意识。

六是明确专营单位职责。专营单位提供的供水、供电、供气、供热、通信、有线电视等服务是百姓日常生活的基本需求，但实践中，存在因少数业主欠缴公摊水电费，而专营单位采取断电断水的简单方式，形成“一人生病，大家吃药”的现象，甚至引发社会矛盾，造成群体性事件。为此，该条例规定，专业经营单位不得因部分最终用户未履行交费义务停止已交费用户和共用部位的服务。

七是设立独立建账制度。实践中，因账目混乱，财务不透明，导致业主的公益收益被物业服务企业占为己有的现象屡见不鲜，这也是物业管理矛盾产生的根源之一。该制度通过对公共收益信息的充分披露，保障业主的知情权，形成公开、透明的财务监督机制，防止专项维修资金利息收入和其他公共收益被侵占。

五、《南京市法律援助条例》立法分析

法律援助是国家建立的保障经济困难公民和特殊案件当事人获得优质高效的法律咨询、代理、刑事辩护等无偿法律服务，维护当事人合法权益、维护法律正确实施、维护社会公平正义的一项重要法律制度。同时，法律援助工作作为一项重要的民生工程，也检验着本地为人民服务的水平。近年来，与人民群众特别是困难群众日益增长的法律援助需求相比，法律援助工作还存在制度不够完善、保障机制不够健全、援助范围亟待扩大等问题。为进一步落实全面依法治国的要求，建设中国特色社会主义法治国家，努力让人民群众在每一个司法案件中都能感受到公平正义，南京市根据国务院《法律援助条例》、《江苏省法律援助条例》等有关法律、法规，结合南京市实际制定了《南京市法律援助条例》以完善法律援助工作。本次立法过程中，市人大法制(工)委在南京市律师协会召开立法座谈会，听取南京市律师协会、南京师范大学法学院等市人大常委会基层立法联系点对《南京市法律援助条例(草案)》的意见和建议。联系点组织了富有相关经验的律师、法律援助受援人，以及行政法、民商法等方面的法学专家参加会议。关于法律援助立法，对相关概念进行了讨论，围绕受援人范围、经济困难标准、法律援助申请程序、与上位法衔接等方面提出修改意见。此外，自 2017 年 8 月 1 日起《南京市法律援助条例》正式施行后，为了提高社会各界对该条例的了解和支持，南京市各个地区区法律援助中心结合大走访活动，通过多项措施开展《南京市法律援助条例》的宣传。该条例的主要亮点如下：

一是《南京市法律授助条例》扩大了法律援助的事项范围。法律援助作为一项重要的民生工程，其援助事项只有随着经济社会的发展逐步扩大，方能满足人民群众特别是困难群众日益增长的法律援助需求。因此，在上位法已有规定事项范围的基础上，根据中央和省有关文件精神，该条例第 10 条作了扩大规定，对于经济困难的公民，因工伤或者身体遭受严重损害请求赔偿的；因生产安全事故、产品及农业生产资料质量事故、环境污染事故等遭受重大经济损失请求赔偿的；因遭受家庭暴力、虐待或者遗弃主张权利的；因婚姻纠纷，遗赠、抚养协议纠纷或者监护权、继承权等民事权益受到严重侵害，请

求确认权利或者赔偿的事项可以申请法律援助。

二是《南京市法律援助条例》扩大了受援人的对象和范围。一方面该条例规定放宽法律援助经济困难标准。结合南京市社会经济发展实际,进一步降低法律援助门槛,使法律援助覆盖人群拓展至低收入群体,惠及更多困难群众。该条例第12条第1款规定,经济困难标准按照家庭人均月收入不超过市人民政府规定的最低生活保障标准的2倍执行。另一方面是该条例第14条明确规定,对社会做出特殊贡献的军人、警察及其近亲属、烈士的近亲属、见义勇为人员申请法律援助不受经济困难标准限制,提交相关证件或者证明后可以享受法律援助服务。此外,国务院条例和省条例规定法律援助对象只涉及自然人,而该条例明确了社会福利机构、社会组织可以获得法律援助。该条例第46条规定社会福利机构因维护其合法民事权益,或者社会组织依法对污染环境、破坏生态、危害食品安全等损害社会公共利益的行为向人民法院提起民事公益诉讼需要法律援助的,参照本条例执行,从而实现了法律援助受援对象向社会组织的延伸。

三是《南京市法律援助条例》授权政府一定权限。为适应南京市法律援助工作发展变化的需求,该条例第18条规定,市人民政府可以根据本市经济社会发展状况和法律援助工作需要,对本条例第10条、第13条、第14条规定的法律援助事项范围、受援人范围作出补充规定,并报市人大常委会备案。

四是简化、细化法律援助程序。为简化不必要的证明环节,提高行政效率,《南京市法律援助条例》第13条所列人员提交相关证件或者证明后,免予经济状况审查。同时为进一步细化和明确法律援助实施的相关程序,该条例第15条、第27条、第28条分别对刑事案件法律援助程序、法律援助决定的作出和异议处理程序,在上位法基础上予以补充细化。此外,该条例规定,诉讼案件的申诉代理和公证、司法鉴定都属于法律援助的方式。

五是注重服务质量的监督。质量是法律援助工作的生命线,也是检验法律援助工作成效的重要标准。为保障法律援助服务质量,《南京市法律援助条例》第33条至第36条明确了法律援助实施方、受援方的权利与义务;为强化司法行政部门对法律援助工作质量的监管责任,第39条规定,司法行政部门应当制定办理法律援助案件的服务质量标准和管理规范,定期开展法律援助服务质量评估,将评估结果纳入法律服务机构和法律援助人员的考核、奖励体系。通过强化行政监管、明确各方责任,保障受援人无偿获得合格的法律服务。

第九章　苏州地方立法

1993年4月22日，国务院颁布《关于同意苏州市和徐州市为“较大的市”的批复》(国函〔1993〕52号)：“江苏省人民政府：你省《关于要求批准苏州、徐州两市为较大的市的请示》(苏政发〔1992〕160号)收悉。国务院同意苏州市和徐州市‘较大的市’，两市可以根据《中华人民共和国地方各级人民代表大会和地方各级人民政府组织法》的有关规定，制定地方性法规和规章。”由此，苏州市正式取得了地方立法权。

第一节　地方立法的历史与现状

一、地方立法权的取得

苏州市地方立法权的取得过程也是我国中央与地方关系发展的一部分，体现了作为单一制国家的我国在立法权方面中央政府与地方政府之间不同时期不同配置的转变过程。在漫长的封建社会中，除去短暂的大动荡时期，我国一直保持一个大一统的中央集权的政权组织形式。在辛亥革命以后，虽然有短暂的联省自治运动，不过在不断的内战、外战的动荡中胎死腹中。中华人民共和国成立以后，我们重新回归了权力集中在中央的政治体制，1954年《宪法》第22条明确规定全国人大是行使国家立法权的唯一机关，第58条至第61条集中规定了地方人大权力，除关于其他国家机关的选举权、自身组织制度的规定外，地方人大仅具有“在本行政区域内，保证法律、法令的遵守和执行，规划地方的经济建设、文化建设和公共事业，审查和批准地方的预算和决算，保护公共财产，维护公共秩序，保障公民权利，保障少数民族的平等权利”“依照法律规定的权限通过和发布决议”的权力，将地方人大的权力完全限定于中央立法规定的范围内，地方几乎没有自主权。直至 1979 年，我国制定《地方组织法》，地方才重新获得立法权，该法第 6 条规定：“省、自治区、直辖市的人民代表大会根据本行政区域的具体情况和实际需要，在和国家宪法、法律、政策、法令、政令不抵触的前提下，可以制订和颁布地方性法规，并报全国人民代表大会常务委员会和国务院备案。”但此时的地方立法权仅限于省级人大及其常委会。1982 年颁行的《宪法》进一步承认了《地方组织法》的这种安排，该法第 100 条规定：“省、直辖市的人民代表大会和它们的常务委员会，在不同宪法、法律、行政法规相抵触的前提下，可以制定地方性法规，报全国人民代表大会常务委员会备案。”但同年修改的《地方组织法》首次引入了“较大的市”这个概念，并表明了省级以下的地级市人大及其常委会可以获得地方性法规“制定权”的倾向，该法第 27 条第 2 款规定：“省、自治区的人民政府所在地的市和经国务院批准的较大的市的人民代表大会常务委员会，可以拟订本市需要的地方性法规草案，提请省、自治区的人民代表大会常务委员会审议制定，并报全国人民代表大会常务委员会和国务院备案。”然而在此时，较大的市的人大及其常委会只有起草拟定地方性法规的权利，法规的制定还是要经过省级人大立法的流程，故当时通说认为，在这种情况下较大的市的人大及其常委会并没有任何立法权，而只是一种立法草案的拟定权或者说倡议权。[1] 1986 年，《地方组织法》再次修改，第 7 条第 2 款规定：“省、自治区的人民政府所在地的市和经国务院批准的较大的市的人民代表大会根据本市的具体情况和实际需要，在不同宪法、法律、行政法规和本省、自治区的地方性法规相抵触的前提下，可以制定地方性法规，报省、自治区的人民代表大会常务委员会批准后施行，并由省、自治区的人民代表大会常务委员

---

〔1〕 参见信春鹰：《对我国地方立法权限的初步探讨》，载《法学杂志》1984 年第 2 期；夏卫民：《对搞好地方立法问题的探讨》，载《法学》1983 年第 4 期。

会报全国人民代表大会常务委员会和国务院备案。”如此,较大的市人大获得了地方性法规制定权,但是由于其所制定之法规须省级人大常委会批准始生效力,故一般称其获得的权力为“半个立法权”。这一规定得到了2000年通过的《立法法》的承认,该法第63条第2款规定,“较大的市的人民代表大会及其常务委员会根据本市的具体情况和实际需要,在不同宪法、法律、行政法规和本省、自治区的地方性法规相抵触的前提下,可以制定地方性法规,报省、自治区的人民代表大会常务委员会批准后施行。……”并增加了一些更具体的规定,特别是程序性规定。[1] 2015年《立法法》修改,“半个立法权”下放给所有设区的市,至此,在立法法的论域内,较大的市、省、自治区的人民政府所在地的市等概念失去其意义,均被“设区的市”这个概念所取代。[2]

在2015年的《立法法》修改之前,国务院分四次共批准了19个较大的市:吉林市、大连市、唐山市、大同市、包头市、邯郸市、鞍山市、本溪市、抚顺市、齐齐哈尔市、青岛市、无锡市、淮南市、洛阳市、宁波市、淄博市、苏州市、徐州市、重庆市(因升格为“直辖市”而不再是“较大的市”)。1993年4月22日,国务院颁布《关于同意苏州市和徐州市为“较大的市”的批复》(国函〔1993〕52号),苏州市正式依据1986年修正颁行的《地方组织法》取得地方立法权。

二、地方立法数量繁多

从1993年苏州市取得地方立法权开始,至2020年12月底,苏州市人大及其常委会先后制定各种地方性法规共84件,现行有效法规61部,平均年立法数量5.59件。在此提及的是,2021年苏州市立法计划正式项目包括:《苏州市优化营商环境条例》《苏州市文明行为促进条例》《苏州市电梯安全条

---

〔1〕 如2000年《立法法》第67条规定:“规定本行政区域特别重大事项的地方性法规,应当由人民代表大会通过。”第68条第1款规定:“地方性法规案、自治条例和单行条例案的提出、审议和表决程序,根据中华人民共和国地方各级人民代表大会和地方各级人民政府组织法,参照本法第二章第二节、第三节、第五节的规定,由本级人民代表大会规定。”

〔2〕 修改《立法法》决定里特别授予嘉峪关市、东莞市、中山市、三沙市四个不设区的地级市以地方立法权,但是这一规定并没有出现在修改后的《立法法》文本当中,故并不影响在《立法法》范围内将设区的市视为享有立法权的最低级别的地方政府。

例》。同时,市人大常委会把制定《苏州市太湖生态保护条例》《苏州市公共数据开放促进数字治理条例》《苏州市安全生产条例》《苏州市阳澄湖大闸蟹管理条例》《苏州市水路管理条例》《苏州市终身学习促进条例》《苏州市档案条例》《苏州市消防条例》列为 2021 年立法计划调研项目。

1993 年至 2020 年,苏州市人大在立法工作上取得如此多的成果是十分难能可贵的。相比于 1984 年第一批取得地方立法权的无锡市,苏州市的现行有效地方性法规数量也仅比其少 11 件。

三、地方立法内容广泛

苏州市现行有效的地方性法规,涉及的事项十分广泛,涵盖交通、环境资源、文化、教育、社会管理等诸多领域。

如涉及交通管理类的地方性法规有:《苏州市道路交通安全条例》《苏州市道路运输条例》《苏州市公共汽车客运管理条例》《苏州市公路条例》《苏州市轨道交通条例》《苏州市内河交通安全管理条例》。

涉及环境资源保护类的地方性法规有:《苏州市城市绿化条例》《苏州市城市市容和环境卫生管理条例》《苏州市风景名胜区条例》《苏州市禁止开山采石条例》《苏州市禁止猎捕陆生野生动物条例》《苏州市生态补偿条例》《苏州市湿地保护条例》《苏州市危险废物污染环境防治条例》《苏州市阳澄湖水源水质保护条例》《苏州市河道管理条例》。

涉及文化教育事业的地方性法规有:《苏州市非物质文化遗产保护条例》《苏州市古村落保护条例》《苏州市古建筑保护条例》《苏州市古树名木保护管理条例》《苏州市昆曲保护条例》《苏州园林保护和管理条例》《苏州市古城墙保护条例》。

涉及其他一般社会管理事项的地方性法规有:《苏州市城市房屋拆迁管理条例》《苏州市城市房屋权属登记条例》《苏州市排水管理条例》《苏州市城乡规划条例》《苏州市档案条例》《苏州市地名管理条例》《苏州市房屋使用安全管理条例》《苏州市节约用水条例》《苏州市市民体育健身条例》《苏州市体育经营活动管理条例》《苏州市市政设施管理条例》《苏州市土地登记条例》《苏州市献血条例》《苏州市消防条例》《苏州市养犬管理条例》《苏州市有线

电视条例》《苏州市长江防洪工程管理条例》《苏州市住宅区物业管理条例》《苏州市实施〈中华人民共和国文物保护法〉办法》《苏州市供水条例》《苏州市禁止燃放烟花爆竹条例》《苏州市出租房屋居住安全管理条例》《苏州市生活垃圾分类管理条例》《苏州市残疾人保障条例》《苏州市精神卫生条例》《苏州市妇女权益保障条例》。

除了这些对于地方管理事项的立法外，苏州市人大还通过了对于自身组织、工作的地方性法规，包括《苏州市人民代表大会代表议案工作条例》《苏州市县级市、区人民代表大会常务委员会街道工作委员会工作办法》《苏州市制定地方性法规条例》《苏州市人民代表大会常务委员会讨论、决定重大事项的规定》。

另外，苏州市人大对于一些热点的地方管理事项也会通过单独的决定予以规制，如《苏州市人民代表大会常务委员会关于拆除违法建筑的规定》《苏州市人民代表大会常务委员会关于执法检查的规定》。

应该说，苏州市地方立法不仅细化了上位法的规定，而且也有覆盖新领域的立法，为执法部门提供了可操作的依据，为"依法治市"奠定了坚实的基础。

四、地方立法方式合理

立法数量庞大、立法内容详细和覆盖领域广泛只解决了法律操作的难题，但是这并无法对立法文本本身的好坏作出估量。为了避免这种情况的发生，苏州市人大采取以下几种措施，以保障立法能够避免不正当利益的介入和更广泛地听取民众的意见。

其一，在起草方式上，采取由立法机关主导、各有关方面参与的模式。社会生活日新月异，包罗万象，而绝大部分的生活需要法律的规制，这就对立法机关的工作提出了十分高的要求，除了任务量巨大之外，很多立法领域也涉及十分专业的技术问题。而每个人的精力是有限的，不可能对所有领域的知识都了如指掌，人大代表也是如此。而且由于我国的人大代表并不是全职的，他们又有自己的本职工作，这又使人大代表的精力受到了缩减。在这种情况下，立法的起草过程往往会由拟立法中规定有执法权的部门参与其中，甚至形成“部门主导立法”的情形，因为既然这项立法将来交给该部门来执行，说明其专业知识是强于人大的，而放任一个执法者给自己立法，可想而知在行政主体和行政相对人的权利义务配置上，部门主导的立法是很难一碗水端平的，这就出现了“行政权力部门化、部门权力利益化、部门利益法制化”的恶性循环。所以如何避免权力部门的不正当利益通过自己主导立法而变得“正当”，一直以来都是苏州市人大工作中的重点问题。“自 1993 年 4 月苏州市被国务院批准为‘较大的市’，依法取得了地方立法权以来，市人大及其常委会把立法工作摆在重要位置，坚持‘以人为本、急需为先、特色为重、质量为上’以及防止和克服部门利益倾向的立法思路，以宪法、法律、行政法规和本省地方性法规为依据，围绕全市改革、发展、稳定的大局，紧扣实际，积极、稳妥地开展地方立法工作。”[1]苏州市人大一直秉持人大是权力机关，而政府是执行机关的宪法理念，保持人大在立法工作中的主导地位，关于行政主体权力的配置和行政相对人义务的设定方面的条款更是须经过人大的严格审查，杜绝行政部门“揽权卸责”；但是毕竟很多立法涉及十分专业的知识，人大也不可能完全独立地完成立法工作，故应允许行政主体参与到立法当中，为人大代表们答疑解惑，以便人大能够清清楚楚地立法，而不至于与实践相去甚远。

其二，在立法征求意见环节上，采用立法座谈、立法听证、立法论证等多种形式。人大不仅处在我国权力机关的位置，而且还是最重要的民意机关，广泛听取民意是其应有之义；人大的立法攸关不特定多数人的利益，也必须听取这些利益相关人的意见。苏州市人大在立法征求意见方面做了许多工作，如通过新闻媒体和官方网站等方式向社会公开发布立法草案，广泛接受社会各界、广大市民对于该立法的各种意见和建议。比如 2006 年的《苏州市养犬管理条例》，苏州市人大就通过苏州日报和人大、政府网站等公布条例草案，向社会征求意见，短短一个月，市人大常委会法工委就收到来信 272 人次，提出意见 229 条；邮件 84 人次，提出意见 270 条；传真 11 人次，提出意见 53 条；电话 10 人次，提出意见 20 条。共计 377 人次，意见约 570 条。提出立法

〔1〕 周福元：《充分发挥人大在和谐苏州建设中的作用》，载《中国人大》2007 年第 5 期。

意见的有八九十岁的老人,联名来信中有172人联名、有28人联名等,有1人发了3封邮件,有1人写了2封信;提意见的有本市居民,有外地居民,有普通市民,有中国政法大学的教授或国家行政学院的博士;仅对养犬登记费高或低的意见就有79条之多。对于这些意见苏州市人大也都认真进行了分类整理和分析采纳。[1] 立法草案的公开属于最基本的征求意见的方式,苏州市人大的工作已经做得较为完善,但是在征求社会意见这方面,市人大所做的工作还不止这些。除了公开立法草案外,市人大还和高校、科研机构的专家举行立法座谈会[2],举行面向全社会的立法听证会。如在2007年制定《苏州市住宅区物业管理条例》之时,市人大便向社会发布了立法听证会公告,面向广大市民、专家学者和有关企事业单位,并选出12名听证陈述人和20~30名旁听人员。[3]

其三,在立法技术上,实现统一、严格的规定。规范立法程序,也是保障立法质量十分重要的一环。苏州市人大早在1993年取得地方立法权伊始便认识到立法程序的重要性。1993年9月,在取得地方立法权尚不到半年之时,苏州市人大就迅速制定了《苏州市人民代表大会常务委员会关于制定地方性法规的规定》,从立法规划的编制和起草、议案的提出、议案的审议、法规的通过、法规的报批和公布及法规的解释和修改等诸多方面对苏州市人大的立法工作作出了限制。在2000年《立法法》颁行之后,市人大对于这一规定进行了调整,2001年出台了《苏州市制定地方法规条例》(2017年又作了修订),同时出台《苏州市人民代表大会代表议案工作条例》,对人大代表如何提出议案、可以提出议案的事项及议案提出后如何处理等方面的事项作出了详细的规定。至此,市人大对于地方性法规的提出、审议、通过、实施、修改等立

[1] 参见周文生:《正确处理立法中的社会意见——以苏州市制定〈养犬管理条例〉为例》,载《中国人大》2006年第23期。

[2] 参见《市人大常委会召开立法工作专家座谈会》,载苏州市人大常委会网,http://www.rd.suzhou.gov.cn/Szrd/InfoDetail/?InfoID=763f0375-10ac-4a99-a2a8-bbab7ec97ab6&CategoryNum=007001,最后访问日期:2015年8月1日。

[3] 参见《〈苏州市住宅区物业管理条例(草案)〉立法听证公告》,载苏州市人大常委会网,http://www.rd.suzhou.gov.cn/Szrd/InfoDetail/?InfoID=6ed66962-c070-40d4-9257-317aebf33e47&CategoryNum=010,最后访问日期:2015年8月1日。

法步骤进行了详尽的规定，保证了一项地方性法规的产生不会是一时兴起的仓促之作，亦不会因为繁复的立法过程而致该通过的立法“胎死腹中”。

第二节 地方立法的经验总结

一、从立法理念看，由管理型立法向服务型立法转变

在中华人民共和国成立的前三十年中，我国实行严格的计划经济体制，在这种体制下，不仅对经济进行严格的控制，而且国家立法对于广大人民群众的日常生活也介入极深。立法者总是像家长一样地对待广大的人民群众，对于其任何行为都要进行管控，所以基本上所有的立法都透露着管理的意涵。过于严格的控制使整个社会死气沉沉，缺乏活力。1978 年以后，虽然改革开放进行得如火如荼，但是立法者的观念却一时没有转变过来。比如，1982 年实施的《经济合同法》不仅要求合同须以书面形式制成，而随后工商总局颁布《国家工商行政管理局关于经济合同鉴证的暂行规定》，按这些规定一般民事主体之间进行民事行为不仅被列为以要式为原则，而且更是设定了行政主体对其进行监督检查的程序，这种制度设计依旧存留着计划经济的影子，体现国家对一切私行为严加管控的理念。直到 1999 年《合同法》的颁布，这种局面才有了极大的改变，国家只提供司法救济，如果没有人起诉，国家尊重当事人选择。苏州市的地方性立法也经历了从管理到服务的转变过程。如 2014 年修改的《苏州市排水管理条例》就体现了这一点。2004 年颁行的《苏州市城市排水管理条例》第 7 条规定：“任何单位和个人都有保护公共排水设施的义务，有权对违反本条例的行为进行制止和举报。对制止和举报有功者，政府和排水行政主管部门应当给予表彰、奖励。”而修改后的《苏州市城市排水管理条例》第 7 条则规定“单位和个人有权对排水违法行为进行劝阻、举报。单位和个人在保护公共排水设施中作出显著贡献的，排水行政主管部门应当给予表彰、奖励”。虽然对于水资源的保护义务是不言自明之理，但旧条例将其强调一番则体现了更多的管理色彩。而且从 2014 年《苏州市城市排水管理条例》的全文来看，其对于行政主体的责任规定得更为细致，更加便于

相对人请求政府履行法定职责。如该条例第12条规定“因工程建设需要拆除、改动公共排水设施的，建设单位应当制定拆除、改动方案，报排水行政主管部门审核同意后实施，并承担重建、改建和采取临时措施的费用。排水行政主管部门应当在收到拆除、改动方案后十个工作日内出具书面审核意见”。而旧条例并没有规定作出行政决定的期限，完全放任行政主体自由裁量。

二、从立法内容看，突出特色文化立法、生态立法

（一）特色文化立法

苏州是一所历史文化名城，拥有2500多年的建城史，坐落于京杭运河之畔，自古以来就是“温柔富贵乡”。因此苏州市人大的立法针对性较强，突出了地方特色。如针对江南园林建筑艺术的精华——苏州园林的保护，早在1996年苏州市人大就制定了《苏州市园林保护和管理条例》。现行条例是2016年的修改版，其中明确了园林保护管理的职责归属、保护范围、保护方法和利用限制等内容，并专设法律责任一章，配置了罚金的处罚手段。又针对2001年被联合国教科文组织列为“人类口述和非物质遗产代表作”的苏州地方剧种——昆曲的保护，2006年苏州市人大专门制定了《苏州市昆曲保护条例》，通过地方立法的方式要求所属市县级政府对于昆曲进行有组织的收集、整理，并建立昆曲传承制度，建设和开放昆曲活动场地，同时鼓励各种社会力量加入昆曲保护中来，其方式包括鼓励中小学开设相关课程、给予从事昆曲传播的企业税收优惠等手段。再如2003年开始实施的《苏州市古建筑保护条例》以建筑年代[1]为标准扩展了《文物保护法》所保护的文物范围，这一措施使一些成规模的清代民居得以保存，增添了古城苏州的历史文化风貌。

（二）生态立法

苏州市不仅是一座历史文化名城，优美的自然生态环境也是其特色之一。地处长江中下游的苏州位于江苏省南部，东临上海，南接浙江，西抱太

---

〔1〕 该法第3条第1款规定：“本条例所称古建筑，是指尚未公布为文物保护单位的下列建筑物、构筑物：（一）建于1911年以前，具有历史、科学、艺术价值的民居、寺庙、祠堂、义庄、会馆、牌坊、桥梁、驳岸、城墙、古井等建筑物、构筑物；（二）建于1949年以前，具有重要纪念意义、教育意义的优秀建筑和名人故居。”

湖,北依长江,区域内水路纵横,自然资源丰富。因为区域内水资源丰富,产生了大量的湿地,苏州市人大在2011年制定了《苏州市湿地保护条例》(2018年二次修改),该条例不仅保护了“常年或者季节性积水、适宜野生动植物生存、具有生态调控功能的潮湿地带和水域,包括湖泊、河流、沼泽、滩涂等自然湿地”,而且保护了“经市、县级市(区)人民政府确定的永久性水稻田等具有特殊保护价值的人工湿地”,明确了农林行政部门对于湿地保护的主要职责,同时要求“发展和改革、财政、住房和城乡建设、规划、水利、环保、园林和绿化、国土资源”部门依法做好湿地保护的相关工作。对于自然资源的保护势必要对所在区域的人民群众的发展权产生一定的限制,为了在保障生态环境不受破坏的同时亦不至于降低生态保护区内的人民群众的生活,2014年苏州市人大制定了《苏州市生态补偿条例》,通过财政转移支付方式,对因承担生态环境保护责任使经济发展受到一定限制的区域内的有关组织和个人给予补偿。并且其补偿范围并不局限于前文述及的湿地,而是将其扩展到生态公益林、集中式饮水水源保护区、风景名胜区和市县政府确定的其他区域。

三、从立法技术看,强调因地制宜、民主立法、立法后评估

(一)因地制宜

我国幅员辽阔,不同区域间自然环境、经济、文化等社会环境差异很大,中央立法很难照顾到这些巨大的差异,地方立法权的下放是必然趋势,苏州市人大的立法立足区域实际,因地制宜,突出解决苏州市的实际问题。如2008年制定的《苏州市内河交通安全管理条例》(2017年修改)就突出了这一特点,相比国务院《内河交通安全管理条例》和《江苏省内河交通管理条例》,《苏州市内河交通安全管理条例》增加了“风景旅游区水域和旅游船艇”的单独章节,这一做法正是立足于苏州市的地方实际。苏州境内河湖众多,在苏州护城河的环城游船项目中,每天的游船往来穿梭,游人络绎不绝;太湖有2/3的水域面积归属于苏州市,此外还有阳澄湖、独墅湖、石湖等大小湖泊,且基本都进行了旅游开发,其中都少不了水上项目。水上项目的危险性是不言自明的。而且每逢节假日,苏州都会迎接全国各地的旅客,游人数量呈井喷式增长,对于这些水上游船的管理是极其必要的。《苏州市内河交通安全管理

条例》主要是出于保障安全的目的，对于经营水上项目的单位增加了诸多的安保事项，如在重点区域的安保标志张贴、游客上下船的组织、行驶区域、船只的工作条件及其配备的工作人员等方面作了详细的规定，明确了海事部门的监管职责，并且在法律责任的配置方面设定了较高的罚金和暂扣适任证书的处罚手段，当经营单位违反规定时海事部门可以处以最高 1 万元的罚款并可以对责任船员给予暂扣适任证书或者其他适任证件 3 个月至 6 个月。

（二）民主立法

从内容上来说，良好的法律无非是公共利益的体现，而公共利益则通过“公意”体现；从程序上来说，现代社会的法律当且仅当经过了人民同意，才具有正当性。[1] 也只有具有正当性的法律才能够获得实效，被广大人民群众所遵守。“法律是治国之重器，良法是善治之前提”，而要实现良法之治，民主立法则是必要的前提条件。十八届四中全会提出，“健全立法机关和社会公众沟通机制，开展立法协商，充分发挥政协委员、民主党派、工商联、无党派人士、人民团体、社会组织在立法协商中的作用，探索建立有关国家机关、社会团体、专家学者等对立法中涉及的重大利益调整论证咨询机制。拓宽公民有序参与立法途径，健全法律法规规章草案公开征求意见和公众意见采纳情况反馈机制，广泛凝聚社会共识”。这些要求虽然繁复，但其核心就是一点，以多种形式推进民主立法。苏州市人大对于民主立法的推进则远早于此。如《苏州市中小学生人身伤害事故预防与处理条例》《苏州市食用农产品安全监督管理条例》《苏州市住宅区物业管理条例》制定过程中，召开立法听证会；《苏州市养犬管理条例》制定过程中向社会广泛征求意见，并增设行政许可论证会。

（三）立法后评估

党的十五大特别是党的十六大以来，我国立法工作的重点从量的追求开始转变为追求质量，提高立法质量成为各级立法机关和大多数立法者的共识。这就要求我们对立法后的法律质量进行分析评价，以此来确证法律自身的价值。此外，对于已经获得地方立法权的苏州市来说，对于既往立法的梳

---

〔1〕 参见唐丰鹤：《民主立法的基本模式辨析》，载《河北法学》2013 年第 11 期。

理和修整也是极为重要的。因此,对我国立法主体而言,更多的不是去创制新法,而是对现行的法律法规进行反思,考察它的实际效果,根据其运行情况对其加以修订、修正。[1] 由此,立法后评估制度便显得愈发重要。如2012年完成的《〈苏州市公路条例〉立法后评估报告》。《苏州市公路条例》于2007年6月21日苏州市第十三届人大常委会第三十五次会议制定,2010年第一次进行修改。该评估报告正是针对实施了两年的2010年版《苏州市公路条例》所展开的。评估工作由人大常委会主任会议发起,法工委牵头,主要通过调查问卷、公开募集意见和专题调研三种方式展开。得出的评估结果主要包括以下几个方面:第一,合法性评估,即《苏州市公路条例》是否与《江苏省公路条例》《公路法》存在冲突;第二,合理性评估,如《苏州市公路条例》关于公路分级、改造和公交站点设置等方面是否与社会现实相符;第三,可操作性评估,即调查《苏州市公路条例》的规定是不是规定得过于严苛或者存在语焉不详的问题;第四,实施后果评估,即《苏州市公路条例》是否真正提高了公路养护管理状态。根据以上各方面的评估结果,该评估报告提出一些合理化的建议。该评估报告经过了人大常委会主任会议批准。同年,苏州市人大就对《苏州市公路条例》进行了修改,根据该评估报告的建议对该条例的相应规定进行了调整。

第三节　地方立法的主要问题与完善建议

一、地方立法的主要问题

(一)从立法主体看,部门立法的现象依旧存在

我国的人大制度的一个不足之处就在于大多数人大代表是兼职状态,除了法定的会期外,他们大都还处在自己的工作岗位上,根据《地方组织法》第11条和第45条的规定,地方人大一年也就举行一次,常委会会议不过六次,如此的会期安排使广大人大代表并没有太多的精力放在立法上,所以在地方

[1] 参见汪全胜:《立法后评估概念阐释》,载《重庆工学院学报(社会科学版)》2008年第6期。

立法中,立法主体基本上是地方人大常委会,而不是人大。而且在实际操作中,特别是在地方性法规起草的过程中,行政部门往往起主导作用。客观地说,由于工作性质和专业技术的原因,地方人大对专业信息资源的掌握相对比较匮乏,尤其对一些专业性、技术性较强的相关立法,的确会力不从心,而政府部门则相比于地方人大处于信息与技术的优势地位,也处于法规执行的第一线,从确保立法质量及未来执法的可操作性角度看,"部门立法"几乎是不可避免的。[1] 虽然苏州市人大一直致力于杜绝行政部门的不当利益侵入立法,但仍然存在立法过程中的部门利益化倾向。苏州市人大常委会在2015年3月全市人大工作会议上明确提出"健全立法起草、论证、协调、审议机制,防止部门利益法制化"。[2]

(二)从立法过程看,公众参与立法仍不充分

从以往地方立法的情况来看,在法规起草、制定过程中,公众参与仍然不充分。虽然苏州市在一些立法中采用了听证会、论证会、座谈会等形式来吸纳公众意见,但是采取这些形式的立法在苏州市全部地方立法中占的比重不大。2017年修订的《苏州市制定地方性法规条例》第15条第1款规定"起草单位应当……征求人民代表大会代表、相关部门、基层单位、管理相对人和有关专家等方面的意见",但是对于具体如何征求意见却没有明确的规定。当然,这一局面的产生并不完全在于苏州市人大,就关于立法最重要的中央立法——《立法法》来看,无论新法还是旧法都规定"听取意见可以采取座谈会、论证会、听证会等多种形式"。换句话说,并没有制度上的硬性规定,因此,作为地方立法主体的市人大及其常委会并没有在立法中大量开展这些听取意见的形式也是情有可原的。

《立法法》没有强制要求在立法过程中必须采取某种形式听取意见,即便《立法法》列举的听证会、论证会、座谈会三种形式,也仅具其名而已,具体如

[1] 参见王仰文:《地方人大委托"第三方"参与立法的理论诠释与实践思考》,载《河北法学》2014年第10期。

[2] 参见《杜国玲主任在全市人大工作会议上的讲话》,载苏州市人大常委会网,http://www.rd.suzhou.gov.cn/rdxw/20150331/9fe9ba4f-57e8-46e3-8623-8ed4a7ec387.html,最后访问日期:2021年2月28日。

何操作，迄今也没有统一的、可操作的规定。有些地方虽然对公众参与立法作出了专门规定，如《广州市规章制定公众参与办法》，但总体来讲各地的规定主要集中在立法听证领域，而且规定较为粗疏。[1] 这是地方立法公众参与程度不高的重要原因。

(三)从立法内容看，重复立法问题尚未避免

全国的地方立法包括苏州地方立法存在较明显的重复立法问题。根据统计，苏州市所制定之地方立法中有 60% 以上可以找到明确的上位法，而且这些上位法有些不仅仅是中央立法(包括全国人大立法和国务院行政法规)，有些甚至包括江苏省的地方立法。在 34 件制定时有明确上位法的苏州市立法中，有 17 件的上位法包括江苏省制定的地方性法规，约占到苏州市全部立法的 30.4%。这就出现了“中央—省—市”三级政府对同一事项都有规定的情形，其中法律文本的照抄难以避免。

就拿公路管理的立法来说，就存在《公路安全保护条例》《江苏省公路条例》《苏州市公路条例》三个层次，其中不乏内容交叉的部分。例如，《公路安全保护条例》第 11 条第 2 款规定“公路建筑控制区的范围，从公路用地外缘起向外的距离标准为：(一)国道不少于 20 米；(二)省道不少于 15 米；(三)县道不少于 10 米；(四)乡道不少于 5 米”。《江苏省公路条例》第 10 条规定“规划和新建村镇、开发区、厂矿、学校、集市贸易场所等建筑群，其外缘与公路用地界外最小间距：国道、省道不少于二百米，县道不少于一百米，乡道不少于五十米……”。2007 年《苏州市公路条例》第 7 条当时规定“规划和新建村镇、开发区、厂矿、学校、集市贸易场所、住宅区等建筑群，其外缘与公路用地界外最小间距：国道、省道不少于二百米，县道不少于一百米，乡道、村道不少于五十米”。江苏省的条例只不过是将国务院的具体规定中的公路建筑控制区的范围进行了一定的扩大，苏州市的条例更是对江苏省规定的照搬照抄。地方立法必须充分体现其针对特殊情况的功能，否则，其存在就失去了基础。[2] 对于完全可以执行的上位法，地方完全没必要再进行重复的立法。

---

〔1〕 参见桂林、陈保中：《公众参与地方立法的实践与完善》，载《理论探索》2011 年第 3 期。

〔2〕 参见孙波：《试论地方立法“抄袭”》，载《法商研究》2007 年第 5 期。

“为了立法而立法”,无疑是对社会资源的浪费。

二、完善地方立法的建议

2015年3月修改的《立法法》在依法赋予所有设区的市地方立法权的同时,明确将地方立法限定在“城乡建设与管理、环境保护、历史文化保护等方面的事项”。这是否意味着地方立法权缩小了呢?从苏州市过去的地方立法来看,地方立法本来就主要集中在城乡建设与管理、环境保护、历史文化保护等方面。也就是说,今后地方立法仍大有作为,应当针对过去地方立法存在的问题而完善地方立法。上述苏州市地方立法存在的问题也是全国性的地方立法问题。针对上述问题,在此提出如下三点完善地方立法的建议。

(一)切实发挥人大在立法工作中的主导作用

党的十八届四中全会提出,“健全有立法权的人大主导立法工作的体制机制,发挥人大及其常委会在立法工作中的主导作用”,“明确立法权力边界,从体制机制和工作程序上有效防止部门利益和地方保护主义法律化”。2015年修正的《立法法》也增加了相关规定:一是全国人大常委会通过立法规划、年度立法计划等形式,加强对立法工作的统筹安排。二是加强和改进法律起草机制,全国人大有关的专门委员会、常委会工作机构应当提前参与有关方面的法律草案起草工作;涉及综合性、全局性、基础性等事项的法律草案,可以由全国人大有关的专门委员会或者常委会工作机构组织起草。三是更多发挥人大代表在立法中的作用。编制立法规划和年度立法计划,应当认真研究代表议案和建议;全国人大常委会审议法律案,应当通过多种形式征求代表的意见,并将有关情况予以反馈;全国人大专门委员会和常委会工作机构进行立法调研可以邀请有关的代表参加;全国人大常委会会议审议法律案,应当邀请有关的全国人大代表列席。各地立法机关应当切实将上述规定落到实处,改变当前地方人大立法主要是地方人大常委会立法而且实际上主要是部门立法特别是部门利益法律化的现状,以切实发挥人大在立法工作中的主导作用。为防止地方立法部门利益化,还应当加大立法的全过程公开力度,给行政部门以社会舆论压力,使其不能通过立法实现“部门利益法律化”,而且要尽快实施委托第三方立法制度。

(二)进一步拓宽公众有序参与立法的渠道

党的十八届四中全会提出:拓宽公民有序参与立法途径,健全法律法规规章草案公开征求意见和公众意见采纳情况反馈机制,广泛凝聚社会共识。2015 年修订的《立法法》第 5 条再次强调规定:“立法应当体现人民的意志,发扬社会主义民主,坚持立法公开,保障人民通过多种途径参与立法活动。”建议地方立法机关不断探索科学立法、民主立法的新形式、新方法、新途径,进一步拓宽公众有序参与立法的渠道和途径。要积极整合各方力量,进一步完善以人大及其常委会为主体、政府及有关部门密切配合、专家与群众相结合、全社会广泛参与的立法机制。具体而言,可以从以下几个方面入手:第一,可以扩大公众对立法提案的影响力,允许人民群众对立法规划提供建议,人大必须给予回复,对于工商联等社会组织的提议,甚至应当在决定是否纳入立法规划的过程中举行听证会,因为与人大代表一样,这些社会组织一样代表了特定社会群体的诉求,人大作为民意机关,应该充分予以重视。第二,尽快出台明确的、可操作的程序性规定,对于听证会、论证会、座谈会明确其适用条件和不同的操作程序,其中以听证会最为重要,因为“听证会作为一种较为成熟的审议方式,广泛地应用于行政管理领域,尤其是行政法规的制定方面”〔1〕。第三,完善立法信息公开制度,“在地方法规与规章的提案、立项、起草、审议到通过等各个环节,立法机关应主动、全面公开立法的目的、背景和相关的影响因素,使社会公众了解与本次立法有关的情报资料,同时还应当公布社会公众参与的方式和途径,为公众提交意见提供方便”〔2〕,只有这样才能够使参与意见者提交有价值的意见,因为没有对拟立法的充分了解,其表达的意见也是缺少价值的。第四,建立强制的群众意见反馈制度,只有这样才能确保立法者认真了解意见参与者的建议,也只有这样才能够调动广大人民群众的积极性,因为只有这样,他们才知道他们提的意见受到了重视、是有意义的。

---

〔1〕 黎晓武、李政:《论公众对地方立法的全方位参与》,载《南昌大学学报(人文社会科学版)》2010 年第 1 期。

〔2〕 吴兴国:《论我国公众参与地方立法的完善路径》,载《江西社会科学》2013 年第 7 期。

(三)在立法内容上侧重地方特色立法

地方立法应当侧重解决本地的实际问题,不能为立法而立法,切忌重复立法、重复上位法的规定,今后地方立法应当突出地方特色,真正在本地的"城乡建设与管理、环境保护、历史文化保护等方面的事项"开展立法,切实解决本地的问题。

第四节 地方立法典型实例分析

一、《苏州市非物质文化遗产保护条例》立法分析

非物质文化遗产(intangible cultural heritage)通常指被各群体、团体、有时为个人所视为其文化遗产的各种实践、表演、表现形式、知识体系和技能及其有关的工具、实物、工艺品和文化场所。人类非物质文化遗产的传承,对保护世界文化的多样性、确保民族特性和民族精神世代相传具有重要意义。苏州自古以来就是文化之乡,从两晋时期的陆机,唐宋时期的张旭、范仲淹到近代的顾颉刚、费孝通等人,苏州一向人才济济。2001 年苏州市的昆曲艺术被联合国教科文组织列入人类非物质文化遗产代表作名录,这是中国第一个进入该名录的非物质文化遗产。2003 年古琴艺术也被列入;2009 年,苏州端午节习俗(打包入选中国端午节)、苏州宋锦、缂丝(同被打包入选苏州桑蚕丝织技艺)、苏州香山帮传统建筑营造技艺(打包入选传统木结构营造技艺)再次被列入该名录。截至 2014 年,苏州市拥有人类非物质文化遗产 6 项、国家级非物质文化遗产 33 项、省级非物质文化遗产 124 项、市级非物质文化遗产 172 项。[1] 而且这些遗产并不是孤立的,他们在漫长的人类历史中都是处在相互依存的状态中的,正是这些非物质文化遗产(如昆曲、古琴艺术、端午习俗等)有机的结合才成就了中国历史上浓墨重彩的"苏州吴文化",奠定了苏州自古以来的文化之乡的地位。2013 年苏州市人大常委会出台《苏州市非物质文化

---

〔1〕 参见苏州非物质文化遗产信息网,http://www.szfwzwh.gov.cn/,最后访问日期:2012 年 2 月 18 日。

遗产保护条例》,是当时全国同类有立法权的较大的市中,率先出台非物质文化遗产保护地方性法规的城市。该条例共29条,从政府主导、部门配合、社会参与的保护原则,非遗的分级、分类保护,传承、传播的激励机制等方面作了明确规定。《苏州市非物质文化遗产保护条例》创新性地提出了要对非遗实施"分类保护",即抢救性保护、记忆性保护、生产性保护和区域性整体保护。

(一)《苏州市非物质文化遗产保护条例》的合法性评价

苏州市的这部条例有两个明确的、直接对应的上位法,即2011年制定的《非物质文化遗产法》和2013年修订的《江苏省非物质文化遗产保护条例》。《非物质文化遗产法》共六章45条,包括总则、非物质文化遗产调查、非物质文化遗产代表性项目名录、非物质文化遗产的传承与传播、法律责任和附则;《江苏省非物质文化遗产保护条例》分八章59条,包括总则、非物质文化遗产的调查、非物质文化遗产代表性项目名录、非物质文化遗产代表性项目的保护单位和代表性传承人、非物质文化遗产的传承与传播、保障措施、法律责任、附则。《苏州市非物质文化遗产保护条例》本身规模较小,总共29条,并没有进行分章,而是按照上位法的顺序进行具体的实操性规定。

但是,《苏州市非物质文化遗产保护条例》第25条第1款规定,"未取得非物质文化遗产代表性项目保护单位、代表性传承人资格的,不得以保护单位、代表性传承人的名义开展传承、传播活动";第27条规定,"违反本条例第二十五条规定的,文化主管部门应当责令限期改正,逾期不改正的,给予警告,并可以对单位处以一千元以上一万元以下罚款,对个人处以五百元以上五千元以下罚款"。[1] 不具有资格的传承人(单位)假借传承人名义进行传承、传播活动有两种情况,一种是以营利为目的的行为,另一种是非以营利为目的的行为。《江苏省非物质文化遗产保护条例》第28条第2项规定传承单位有权利"依法向他人提供产品和服务",第30条第3项规定传承人有权利"依法向他人提供产品和服务",因为传承人(单位)提供服务、销售产品本身是适法行为,对于查明传承人(单位)的身份真实性,不能对相对人赋予太大

---

〔1〕 必须说明的是这种规定只有《苏州市非物质文化遗产保护条例》中有,而两部上位法均没有关于这种情况的处罚规定。

的希望。那么,在这种情况下,这种行为很容易形成其他行政处罚的要件。如《反不正当竞争法》第 8 条规定“经营者不得对其商品的性能、功能、质量、销售状况、用户评价、曾获荣誉等作虚假或者引人误解的商业宣传,欺骗、误导消费者”,在这种情况下,违法者将面临“二十万元以上一百万元以下的罚款”;《消费者权益保护法》第 56 条第 1 款规定,“经营者有下列情形之一,除承担相应的民事责任外,其他有关法律、法规对处罚机关和处罚方式有规定的,依照法律、法规的规定执行;法律、法规未作规定的,由工商行政管理部门或者其他有关行政部门责令改正,可以根据情节单处或者并处警告、没收违法所得、处以违法所得一倍以上十倍以下的罚款,没有违法所得的,处以五十万元以下的罚款;情节严重的,责令停业整顿、吊销营业执照:……(六)对商品或者服务作虚假或者引人误解的宣传的……”法律冲突引起的负面效果不仅是两个不同部门之间的职权不明(工商行政管理部门和文化主管部门),而且会造成经济秩序、社会关系的严重无序和混乱,公民社会利益的损害,社会效率的大大降低,社会资源的极大浪费。[1]

根据以上分析,《苏州市非物质文化遗产保护条例》第 25 条规定在实际操作过程中极易与上位法发生冲突而变得无效,故建议苏州市人大在以后的立法监督过程中能够对其作出调整,将经营行为与非经营行为分开规定、区别对待,或者将此条删去。

(二)《苏州市非物质文化遗产保护条例》的合理性评价

在整体上讲,《苏州市非物质文化遗产保护条例》并没有盲目地刷“存在感”,把该条例的规模做得很大,将上位法已经明确的内容全部都重复地强调一遍,所以该条例仅仅有 29 条。其中的亮点就在于将保护措施进行了更加具体的规定,《苏州市非物质文化遗产保护条例》第 13 条规定“根据非物质文化遗产项目的特点和现状,可以采取抢救性保护、记忆性保护、生产性保护和区域性整体保护等方法实行分类保护”,进而第 14 条第 1 款规定“对存续状态受到威胁、濒临消失的非物质文化遗产代表性项目,实施抢救性保护”,第 15 条第 1 款规定“对丧失传承人、客观存续条件已经消失或者基本消失的非物

---

〔1〕 参见蔡定剑:《法律冲突及其解决的途径》,载《中国法学》1999 年第 3 期。

质文化遗产项目,实施记忆性保护”,第 16 条第 1 款规定“对存续状态较好、有一定的消费群体,具有市场潜力和发展优势的非物质文化遗产项目,在有效传承其核心技艺和文化内涵的前提下,通过培育和开发市场、完善和创新产品或者服务等形式,实施生产性保护”,第 17 条第 1 款规定“对非物质文化遗产资源丰富、代表性项目集中、特色鲜明、形式和内涵保持相对完整、自然生态环境和人文生态环境较好的传统村镇、街区等特定区域,实施区域性整体保护”。这种具体化有针对性的规定无疑使行政部门展开非物质文化遗产保护工作有了更加明确的标准,避免了具体工作中的冲突与混乱。但是针对这部条例,还有以下几点需要注意:

第一,苏州市人大应该自己或责成政府就抢救性保护、记忆性保护、生产性保护和区域性整体保护的保护方案公开作出明确说明。这一方面便于人大对于文化行政部门是否合规地对相应级别的非物质文化遗产进行了保护进行监督;另一方面也便于社会公众和文物保护组织对于文物行政部门是否尽职尽责进行监督。

第二,关于生产性保护应增加更加严苛、具体的规定。“2014 年,国家文物局对 100 个古城不可移动文物的消失情况进行普查。对于地方自查上报的数字,国家文物局选择 10 个县区,用卫星和其他手段进行复核,发现出入很大。如以这 10 个县区的文物消失速率折算到全国,大约一年全国就有 1.5 万处不可移动文物消失。”[1]“赤裸裸”拆除文物固然明目张胆,但是借着对文物的保护性开发而对文物进行损害的危害更加严重。沸沸扬扬的“西安城墙被挖空”[2]事件就是一例。为了大力获取文物的资源价值,相关利益集团以经济利益为主要驱动力,对文物进行破坏性开发,导致文物受损。[3] 针对这种情况,苏州市人大应该对生产性保护的适用、批准、监督等各个方面尽快出台单独的决定,以避免盲目的商业开发给文物带来不可逆的损害。

---

〔1〕 蒋芳、王珏玢、王学涛:《历史文物何以大规模消失》,载《中国文物科学研究》2015 年第 1 期。

〔2〕 参见《西安城墙被掏空建办公楼　餐厅排练场俱全》,载网易新闻网,http://news.163.com/photoview/00AP0001/84545.html#p=AI1L6OO900AP0001,最后访问日期:2015 年 8 月 25 日。

〔3〕 参见梁岩妍:《城市化背景下的文物保护法理探析》,载《河北法学》2013 年第 7 期。

二、《苏州市排水管理条例》立法分析

城市排水问题也是城市化所催生的诸多问题中的一个，我国经历了从计划经济到市场经济的巨大转变，这使城市规划制度根本追不上实践的脚步。以北京市为例，1953 年编制的《改建与扩建北京市规划草案的要点》中提出在 20 年左右北京人口发展到 500 万人次左右，而在计划经济下，这一速度显然达不到，于是 1957 年当时国家计委便将这个期限放宽到 50 年，而到改革开放的第 6 年，北京市城区人口就达到 476.5 万人次，若加入郊区人口和户籍不在北京而常驻北京的人口，这个数字早已远超 500 万人次。[1] 北京市 2012 年的“7·21”洪水灾害就凸显了因城市规划的不足而产生的严重城市内涝问题。实际上，诸如城区“看海”、下水道漏水引致地面沉降的新闻近些年时有发生。针对这种情况，对城市排水进行专门立法是十分必要的。

（一）《苏州市排水管理条例》的合法性评价

现行《苏州市排水管理条例》的上位法主要是《水污染防治法》和《城镇排水与污水处理条例》，前者是总纲性的规定，只是要求各地方须对城市污水进行集中处理，并没有可操作性，后者则主要是针对城市污水问题制定的规范，包括总则、规划与建设、排水、污水处理、设施维护与保护、法律责任和附则七部分。2014 年颁布的《苏州市排水管理条例》改变了旧条例六章 43 条的臃肿体积，改为 29 条的不分章体例。2014 年的《苏州市排水管理条例》规定得精简准确，剔除了既往条例中与上位法相重复的规定。除了一些宗旨和原则性的规定外，《苏州市排水管理条例》主要规定了以下几点：第一，明确其所规制的范围，对排水行为进行了具体的列举，其第 3 条第 1 款规定“本条例所称排水，是指向排水设施排放雨水、污水，以及接纳、输送、处理、再生利用雨水、污水的行为”；第二，对村庄和住宅小区的排水及处理进行了补充规定，这属于上位法未规定的区域，因为《城镇排水与污水处理条例》仅就城镇的公共空间排水作了规定。《苏州市排水管理条例》设定的行政许可和行政处罚符合《行

---

[1] 参见高亦兰、王蒙徽：《梁思成的古城保护及城市规划思想研究（四）》，载《世界建筑》1991 年第 4 期。

政许可法》《行政处罚法》的立法精神和原则。

（二）《苏州市排水管理条例》的合理性评价

《苏州市排水管理条例》的合理性首先就在于其内容的精简，没有繁复、不必要的重复规定，且对排水行为作了明确列举，给了执法机构可供识别的行为模式。其次，它合理扩大了规制范围，将住宅小区和村庄也纳入了本条例的规制范围，因为苏州作为江南水乡，其城市内部水网纵横，且这些水路曲回宛转将城市与乡村、公共空间与住宅小区这种相对封闭的空间连接在一起，故欲治水污染，非得将这些区域一体规制不可。最后，除了空谈日常监测检查制度外，该条例第23条第2款规定“每年汛期之前，维护运营单位应当对排水设施进行全面检查维修，保障设施的安全运行”，这样就给了一个明确的标准，方便人大和社会对政府工作的监督。

此外，基础设施领域的公私合作，在今天已经是非常普遍的一种行政管理手段。因为基础设施领域的公私合作具有成本最小化，有利于基础设施的升级和规格的提高，更能适应人口增长且能够起到给政府融资的作用。[1] 无论是《城镇排水与污水处理条例》还是《苏州市排水管理条例》都规定采取特许经营、政府购买服务等多种形式，吸引社会资金参与投资、建设和运营城镇排水与污水处理设施。而《苏州市排水管理条例》第19条规定“排水行政主管部门应当采取招标、委托等方式确定城镇公共排水设施的维护运营单位（以下简称维护运营单位），签订维护运营合同。村庄生活污水处理设施应当实行专业化管理，由县级市（区）排水行政主管部门、镇人民政府采取招标、委托等方式确定维护运营单位，签订维护运营合同”。这就给行政部门以更大的行政裁量权，而委托与招投标相比，显然前者的寻租空间更大。与羁束行政行为相比，自由裁量行为的运用更多依赖管理者的主观因素，个人好恶、感情在管理中更易起作用，因此它比羁束行政行为更容易发生“开后门”、人情风、滥用权力、以权谋私、营私舞弊等不良情况。[2] 所以，建议苏州市人大在

---

〔1〕 参见[美]E. S. 萨瓦斯：《民营化与公私部门的伙伴关系》，周志忍等译，中国人民大学出版社2002年版，第252页。

〔2〕 参见杨海坤：《论行政机关的自由裁量行为及行政法上对它的控制》，载《社会科学战线》1988年第2期。

以后的修改法律过程中能够去掉“委托”这种确定运营单位的方式，或者规定一个先后顺序，即先进行招投标，招投标不行再行委托之事。

三、《苏州市生态补偿条例》立法分析

《苏州市生态补偿条例》是在既无上位法，又无同位法的情况下[1]，经立法部门和有关部门长期、深入、细致调研，反复论证，出台的一部率先全国的地方性法规。该条例紧密联系苏州实践，充分体现人民群众对生态文明建设的强烈诉求，突出地方特色，注重实际操作，短短24条，却有很强的针对性、适用性，能切实解决苏州的实际问题。体现生态文明建设，也是苏州在地方立法上的制度创新。这部先行创新型立法，既能为苏州的生态文明建设提供法律保障，又能为兄弟城市、省、国家立法积累宝贵经验。

（一）《苏州市生态补偿条例》的合法性评价

2014年制定的《苏州市生态补偿条例》，在当时并没有直接对应的上位法，那么根据当时的《立法法》第63条第2款的规定，较大的市可以在不同宪法、法律、行政法规和本省、自治区地方性法规相抵触的情况下制定地方性法规，而该条例明显属于当时《立法法》第64条第1款第2项规定的“属于地方性事务需要制定地方性法规的事项”。从内容上看，苏州市人大多是在《地方组织法》所规定的权限内给相关的行政主体设定职责，不存在违反的情形。其所设定的行政处罚方式也没有违反《行政处罚法》的规定。

（二）《苏州市生态补偿条例》的合理性分析

就《苏州市生态补偿条例》的文本而言，有以下几个方面比较合理：第一，补偿范围较大，第8条第1款规定“生态补偿范围包括下列生态功能区域：（一）水稻田；（二）生态公益林；（三）重要湿地；（四）集中式饮用水水源保护区；（五）风景名胜区；（六）市、县级市（区）人民政府确定的其他区域”，基本覆盖了苏州市其他限制开发的地方性法规所控制的范围；第二，受偿主体比较广泛，不仅包括具体的居民个人，而且包括基层治理组织（镇、街道、村委

---

〔1〕 参见闫艳：《苏州生态补偿率先破局：不让生态保护功臣吃亏》，载《中国环境报》2013年12月4日，第7版。

会）和其他社会组织；第三，补偿标准进行三年一次的动态调整，且其制定标准来自“生态价值、生态文明建设要求，统筹考虑地区国民生产总值、财政收入、物价指数、农村常住人口数量、农民人均纯收入和生态服务功能等因素”；第四，对补偿工作的公开作了单独规定，且规定了最少 15 日的公示期；第五，第 16 条第 2 款规定“市、县级市（区）、镇人民政府（街道办事处）不得因生态补偿的实施，取消或者减少对生态补偿对象的其他财政投入”，杜绝政府“拆了东墙补西墙”。对于生态补偿制度，在我国也是一项比较新的制度，自国务院 2006 年开始试点，2013 年发改委向全国人大常委会作了《国务院关于生态补偿机制建设工作情况的报告》，但至今尚未制定相关法律。苏州市率先立法是难能可贵的，也同时希望苏州市人大能够用好立法后评估的方法去调查这部地方性法规的实施效果，对其作出实时调整，以便能够真正配合好其他环境保护法律的实施。

第十章 无锡地方立法

第一节 地方立法基本概况

一、地方立法权的取得

我国地方立法权的产生与发展,呈现循序渐进、逐步扩大的特点。在1954年《宪法》时期,除民族自治地方的自治机关有权制定自治条例和单行条例外,地方无权立法。这一时期,立法权高度集中化,然而并不能满足社会发展的实际需要。1979年,《地方组织法》第6条赋予了省、自治区、直辖市的人大地方性法规的立法权。1982年的《地方组织法》第一次修改中赋予省会市和较大的市地方性法规草案的制定权。该法第27条第2款规定:"省、自治区的人民政府所在地的市和经国务院批准的较大的市的人民代表大会常务委员会,可以拟定本市需要的地方性法规草案,提请省、自治区的人民代表大会常务委员会审议制定,并报全国人民代表大会常务委员会和国务院备案。"由此,地方立法权从省级下移到省、自治区政府所在地的市和国务院批准的"较大的市"。然而,此次修正也只是规定了省、自治区政府所在地的市和国务院批准的"较大的市"具有地方性法规草案制定权和地方性法规草案提请审议制定权。[1] 1986年,六届人大常委会第十八次会议修改的《地方组织法》规定了省、自治区人民政府所在地的市和经国务院批准的较大的市的人大及其

---

〔1〕 参见涂缦缦:《"较大的市"完整立法权探论》,载《交大法学》2014年第3期。

常委会的地方性法规的制定权。至此，部分市一级的人大至少在形式层面上获得了完整意义的立法权，从而一跃成为我国多元多层次立法主体之一员，开始享有地方性法规的制定权。

虽然直到1986年地方立法权才在形式上得以完善，但为了配合1982年《地方组织法》的实施，国务院办公厅早在1983年12月10日就向各省、自治区人民政府发出《关于对“较大的市”的名单（草案）征求意见的通知》，并正式于1984年起，分四批批准了包括现为直辖市的重庆市在内的共19个“较大的市”。其中，首批“较大的市”包括唐山市、大同市、包头市、大连市、鞍山市、抚顺市、吉林市、齐齐哈尔市、青岛市、无锡市、淮南市、洛阳市、重庆市（现已升为直辖市）。自此以后，上述市的人大常委会就根据1982年《地方组织法》的相关规定获得了地方性法规草案的拟定权，后在1986年该法规草案的拟定权进一步上升为地方性法规制定权。“较大的市”是国务院为解决地方立法权而创设的，一旦获得“较大的市”地位，就拥有了地方性法规和地方政府规章的立法权。据此，无锡市在成为首批“较大的市”后获得了制定地方性法规的立法权；同时，无锡市也是江苏省除省会城市南京市以外，第一个获得地方立法权的城市。在随后的历史中，无锡市地方立法对于无锡市经济社会发展发挥了巨大的推动作用。

二、地方立法数量多

根据1978年《宪法》的规定，无锡市于1980年1月首次设立地方人大的常设机关——无锡市人大常委会，经过八次换届选举，现已至第十六届人大常委会。自第十届人大常委会进行首次立法——《无锡市残疾人保护条例》——以来，截至2018年4月，无锡市人大常委会共制定地方性法规88件。

无锡市地方立法数量呈现稳步增加的基本态势（见图10－1）。例如，无锡市第十四届人大常委会立法规划确定24件立法项目，到任期届满时完成立法25件，其中超七成立法直接关系民生，突破了五年立法规划项目，立法数量创历史最高。在内容上，该届人大常委会立法主要围绕民生改善、转型发展、生态文明三方面展开，体现了地方立法以民为本的鲜明印迹。而第十五届人大常委会确定了19件立法项目和7件立法调研项目，该立法规划主要围绕经济转型升级、民生改善、创新社会管理和环境资源保护四大原则。2014年，无锡市人大常委会通过2件地方性法规,分别是《无锡市城市照明条例》及《无锡市义务教育均衡发展条例》。其中,《无锡市城市照明条例》是全国首部规范城市照明的地方性法规。

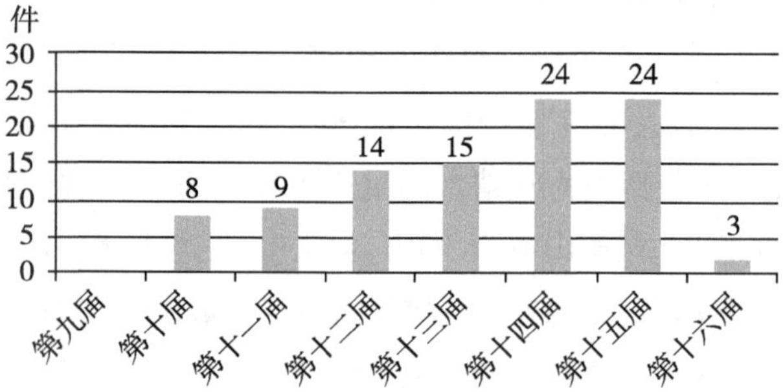

图10－1　无锡市第九届至第十六届人大常委立法数量

三、地方立法内容广泛

就内容而言,无锡市人大常委会制定、修改的88件地方性法规涵盖了交通、环境资源、文化、教育、社会管理等诸多领域。其中,交通方面的地方性法规7件;环境资源方面的地方性法规6件;文化体育方面的地方性法规3件;教育方面的地方性法规3件;城市建设类的地方性法规13件;经济类的地方性法规2件;社会管理方面的地方性法规共54件(见图10－2)。

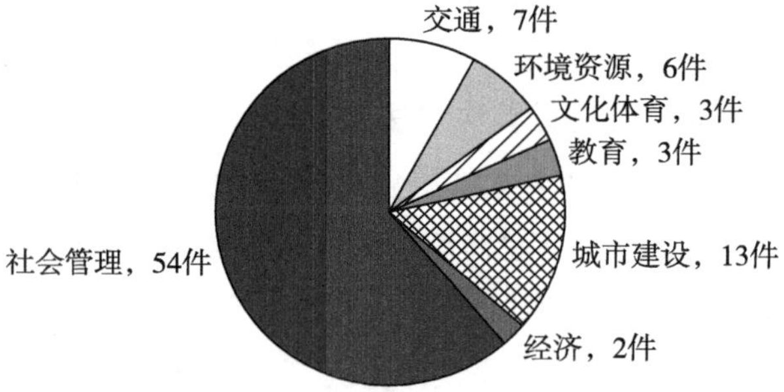

图10－2　无锡市地方立法内容构成

以上数据表明了无锡市人大常委会在贯彻“加强和创新社会管理”方面所取得的成绩。事实上,在立法实践中,无锡市人大常委会不断将重心从经济立法转向社会立法,为建设法治无锡、改善民生提供了有力的立法保障。

深入社会领域，立法又不断朝“精细化”的方向发展，具体表现为无锡市人大常委会在食品、产品安全，城市规划及卫生管理，企业、行业管理，社会保障管理，土地、房屋管理，以及人口服务管理等方面进行的先行立法。上述立法不但强化了社会管理，而且为促进政府职能转变提供了具体的法规依据。正如相关人士指出的那样：随着无锡市逐步迈入“精细化”立法时代，市民将享受到更多的“法制红利”。[1]

2007 年 5 月下旬，太湖蓝藻爆发造成的水危机敲响了无锡市水环境保护工作的警钟。为控制水污染，修复生态环境，无锡市人大常委会确定在特定的历史时期将水环境保护作为立法工作的切入点，并同时确立了“生态建设与民生保障”的立法主题。随后，无锡市共制定、修改涉“水”地方性法规 7 件，构建了以《无锡市水环境保护条例》为核心的水资源与水环境保护法规体系。[2] 其中《无锡市水资源节约利用条例》首次将节水纳入制度层面，以期打破水环境承载能力成为制约城市发展的“瓶颈”；《无锡市水环境保护条例》突出“源头治理”“法律责任更严”这一重点和特色；《无锡市排水管理条例》确立了“城乡一体”的全覆盖、最严格的排水管理模式；《无锡市河道管理条例》通过加强科学调水引流等措施促进河道水生态环境的修复；除此之外，无锡市人大常委会还通过了《无锡市太湖新城生态城条例》《无锡市蠡湖景区保护条例》等配套法规，巩固水环境资源的治理成果，提升城市形象。无锡市创新的“治太经验”不仅让“母亲湖”重焕风采，使无锡市在治水方面取得显著成绩，而且使全国及各地方在湖泊依法治理、科学管理上形成了更多的共识，直接推动了我国水环境的改善。

在文化保护方面，无锡市制定的《无锡市历史文化遗产保护条例》及《无

---

〔1〕 参见《今年将制定修改 5 部地方性法规——涉及严管粮油流通安全、“统筹”公共交通衔接等》，载搜房网，http://news.wuxi.fang.com/2015-01-23/14707829.htm。

〔2〕 无锡市人大常委会制定的涉“水”法规包括：《无锡市水资源节约利用条例》、《无锡市供水条例》、《无锡市蠡湖景区条例》、《无锡市太湖新城生态城条例》、《无锡市排水管理条例》、《无锡市河道管理条例》、《无锡市水环境保护条例》（1997 年第一次修订，2008 年第二次修订）。其中由《无锡市水环境保护条例》、《无锡市排水管理条例》（1999 年废止，2009 年重新制定）、《无锡市河道管理条例》等 5 件地方性法规构成了水环境保护地方性法规体系；《无锡市蠡湖景区条例》《无锡市太湖新城生态城条例》为配套的生态环境保护法规。

锡市宜兴紫砂保护条例》分别针对历史文化遗产及紫砂的保护作出了详细的立法规定。特别是为了增强《无锡市宜兴紫砂保护条例》的可操作性,宜兴市人民政府还设立了保护宜兴紫砂专项资金,为该条例的落实提供了有力的支持。在教育方面,无锡市先后出台了《无锡市社会力量办学条例》(已失效)、《无锡市教育督导条例》及《无锡市义务教育均衡发展条例》。其中,《无锡市教育督导条例》提出的督学与督政相结合、教育督导与教育行政相分离等原则,从根本上解决了长期以来教育督导与教育行政不分的混乱局面。《无锡市义务教育均衡发展条例》从均衡入学机会、办学条件、师资配置几个方面作出了相应规定,保障所有适龄儿童、少年接受公平优质的义务教育。[1]

第二节 地方立法的成绩与特色

一、执行性立法与创制性立法并存

2015 年修改的《立法法》第 73 条第 1 款规定:“地方性法规可以就下列事项作出规定:(一)为执行法律、行政法规的规定,需要根据本行政区域的实际情况作具体规定的事项;(二)属于地方性事务需要制定地方性法规的事项。”[2]根据这款规定,地方性法规的立法空间主要存在于以下三个方面:一是执行法律、行政法规,反映到地方立法上,多为执行性立法,即以“管理”为名的各项条例,如《无锡市市容和环境卫生管理条例》《无锡市商品交易市场管理条例》《无锡市测绘管理条例》等。二是地方事务所需,如无锡市制定的《无锡市养犬管理条例》《无锡市出租汽车管理条例》《无锡市蔬菜基地条例》等均属此类。三是先行性立法,即《立法法》第 73 条第 2 款中规定的“除本法第八条规定的事项外,其他事项国家尚未制定法律或者行政法规,省、自治

〔1〕 参见《无锡出台全国首部地方义务教育均衡发展法规》,载团聚无锡 2014 年 1 月 24 日,http://mp.weixin.qq.com/s?__biz=MjM5MTM3NjUyMQ==&mid=200012239&idx=1&sn=8c1b9e82a21e5997cb2b1978b26c43ed&3rd=MzA3MDU4NTYzMw==&scene=6#rd。

〔2〕 2015 年修正的《立法法》相较于修改前的《立法法》,对“属于地方性事务需要制定地方法规的事项”在内容上作出了较大的限制。即根据 2015 年《立法法》第 72 条的规定,目前设区的市仅可以对城乡建设与管理、环境保护、历史文化保护等方面进行立法,由此地方立法的权限大大缩小。

区、直辖市和设区的市、自治州根据本地方的具体情况和实际需要,可以先制定地方性法规”。在无锡市制定的地方立法中,此类立法包括《无锡市残疾人保护条例》《无锡市刑事被害人特困救助条例》《无锡市粮油流通安全条例》等。与执行性立法相比,因地方事务所需而制定的地方性法规和地方的先行性立法在性质上多属于创制性立法。据统计(截至 2018 年 4 月),无锡市 88 件地方性法规中,纯粹的执行性立法(地方性法规名称中含有“管理”二字即为实施上位法而制定的地方性法规)多达 39 件,占无锡市人大常委会立法总数的 44.32%。因此,在数量上,无锡市地方立法中执行性立法和创制性立法是比较均衡的。

在内容上,无锡市地方性立法中的执行性立法和创制性立法相互穿插。其原因在于:一方面,国家法律只能解决最基本最主要的问题,不能规定得太细,太细了就可能不符合各地的实际情况,从而影响法律和行政法规的执行,只有各地在执行时,根据实际情况作出具体规定,才有利于更好地贯彻实施法律和行政法规。[1] 由此,执行性法规必然成为各地立法中最重要的组成部分,如无锡市根据已经出台的法律、行政法规及省级地方性法规,制定的包括《无锡市物业管理条例》《无锡市旅游业促进条例》《无锡市消防条例》在内的一系列执行性法规。另一方面,随着国家立法的完善和法律对于立法权限的明确,地方立法的范围在整体上被缩小了。《行政处罚法》和《行政许可法》等法律对地方性法规的立法权能都设置了限制;随着法律、行政法规的条文趋于细化,执行性立法的空间大大缩小或者已无必要,因此原来管理型为主的地方性法规不得不适应经济社会发展的需要,开始向民生立法转型。由此,创制性立法开始超越执行性立法成为地方性立法的主流趋势。如无锡市颁布的一系列包括《无锡市城市照明条例》《无锡市人口服务管理条例》《无锡市粮油流通安全条例》《无锡市外送快餐卫生管理规定》在内的创制性立法。执行性立法与创制性立法相互交叉的局面不仅通过对上位法加以具体化,增强了地方性法规在实施层面的针对性和可操作性,而且让地方运用其宝贵的立

---

〔1〕 参见阮荣祥、赵恺主编:《地方立法的理论与实践》(第 2 版),社会科学文献出版社 2011 年版,第 106 页。

法资源因地制宜地解决了本地问题，充分体现了地方在立法过程中的自主性和特色性。

二、立法内容富有地方特色

（一）针对特定地区的管理立法

自20世纪70年代以来，环境立法在我国取得了长足的发展，“十五”规划以来，我国环境政策法制体系更是取得了重要进展。[1] 随着全国人大常委会相继出台的一系列有关环境的立法，各地为保证上位法在本行政区域的落实也相继制定了一系列执行性法规。然而，由于各地在水文、气候及自然资源方面的分布差异，加上各地在环境污染、水资源保护方面面临的问题轻重缓急各不相同，导致地方仅仅执行全国统一的法律、行政法规已不能适应本地的现实情况。因此在立法实践中，地方都尽可能地在不与上位法相抵触的情况下针对本地的实际情况制定了创新性条款。具体到无锡市，其地方立法的特色之一体现在对特定地区的管理上。自2007年太湖首次爆发蓝藻危机以来，为了治理污染，无锡市在前后8年间不惜以GDP下滑为代价，关停数千家污染企业，直接投入资金近500亿元。[2] 正因如此，无锡市水利局办公室主任朱双清认为：“在治太问题上，无锡是全太湖流域投入最大、付出最多的城市。”[3] 而蠡湖，作为太湖深入无锡市的内湖，自然是“治太”工作中不可绕开的一环，因此《无锡市蠡湖景区条例》作为“水法规体系”的配套措施得以顺利出台。经过不断的努力，太湖水质已经得到明显好转，水体总磷、总氮大幅下降，水质也从原来的劣Ⅴ类上升为Ⅲ类。此后，无锡市又启动“生态文明”建设的工作，《无锡市太湖新城生态城条例》就是在这一背景下推出的。其实，无锡市针对太湖新城早在2002年就已经做了初步规划，2007年开始全面

---

〔1〕 参见肖兴、姜素红：《论我国地方环境立法之完善》，载《中南林业科技大学学报（社会科学版）》2007年第4期。

〔2〕 参见杭春燕：《付出那么多，为何蓝藻还未消失——探寻一座城市与太湖的8年恩怨》，载《新华日报》2015年6月26日版。

〔3〕 杭春燕：《付出那么多，为何蓝藻还未消失——探寻一座城市与太湖的8年恩怨》，载《新华日报》2015年6月26日版。

启动，到2011年则是加速崛起。[1]《无锡市蠡湖景区条例》及《无锡市太湖新城生态城条例》作为无锡市特定地区管理立法的典型，推动了无锡市向生态城市的转型，也为无锡实现可持续发展贡献了一份力量。

（二）针对特定产业、资源的立法

无锡市地方立法的特色之二表现在对特定产业资源，即宜兴紫砂的保护立法上。宜兴紫砂，是宜兴也是无锡的一张名片。现实中，宜兴紫砂在近些年虽发展迅猛，但现状同样令人堪忧。如紫砂资源的滥开乱采、只注重物质利益而忽视文化价值的弘扬和传承、紫砂市场假冒伪劣横行及违法经营成风等问题严重。上述问题加之紫砂资源的有限及不可再生性，使无锡市开展宜兴紫砂的保护工作迫在眉睫。而紫砂无论是在原材料、制作工艺中饱含的独特文化，还是其本身所承载的浓厚地方特色，都不适宜采取全国性"一刀切"的立法模式进行保护。在此背景下，无锡市人大常委会于2006年10月27日正式通过了《无锡市宜兴紫砂保护条例》。值得注意的是，该条例是我国第一部为保护区域性传统艺术品所制定的地方性法规，也是继"苏州昆曲"之后全国第二个保护非物质遗产的地方立法。

（三）针对历史文化遗产的立法

随着经济社会的快速发展，历史文化遗产面临不少的新情况，如工业遗产、乡土建筑等特殊类型文物立法滞后，国有土地转让、出让中文化遗产保护尚未形成机制，以及非物质文化遗产保护缺少法律保障等。[2] 而对于一座城市而言，古树、建筑、文人墨迹等承载着城市的历史，而要延续、保护好城市的历史文化，需要法律的完善。[3]

无锡市在文化遗产保护方面有着迫切的立法需要。无锡市有各级文物保护单位385处、工业遗产34处、乡土建筑15处、文物藏品3万余件、历史文化街区4处、历史文化名镇名村2处、历史文化镇（村）10处、非物质文化遗产

---

〔1〕参见《太湖新城　一座城市的远见》，载搜房网，http://news.wuxi.fang.com/2015-06-09/16205208.htm。

〔2〕参见《国内首创　我市立法保护文化遗产》，载《无锡日报》2010年2月8日版。

〔3〕参见刘利员：《通过地方立法加强历史文化保护》，载《经济日报》2015年9月7日，第13版。

保护名录69项。[1] 特别是无锡市已经启动的一河、二址、三城、四馆、五片、八园、十村落保护性修复工程及实现建设“最富有人文特质的历史文化名城”的目标,也需要一部有针对性地历史文化遗产保护方面的专门地方性法规。为此,2010年3月1日开始实施的《无锡市历史文化遗产保护条例》确立了“坚持政府主导、加强管理、保护为主、抢救第一、合理利用、传承发展”的原则,并有针对性地提出了解决上述问题的操作办法及加强文化遗产保护的具体措施。《无锡市历史文化遗产保护条例》是一部具有特色的地方立法,其突出的“历史文化遗产保护”主题,在全国范围内均属首创。

三、立法关注民生,保护弱势群体

(一)关注群众生活

2006年,党的十六届六中全会提出要“完善发展民主政治、保障公民权利、推进社会事业、健全社会保障、规范社会组织、加强社会管理等方面的法律法规”。为贯彻这一主题,国家及地方立法呈现新的发展趋势,不少地方的社会立法项目在立法规划中的比例大大提高,有关民生的内容猛增至50%以上。如无锡市第十四届人大常委会,在其确立的24件立法项目中,直接关系民生、与群众切身利益密切相关的立法项目就有18件,占到本届人大常委会立法总数的75%。孙中山先生曾对“民生”一词作过较为经典的解释:“民生就是人民的生活——社会的生存,国民的生计,群众的生命。”[2] 因此,民生立法的本质要求就是要关注群众生活。

无锡市人大常委会制定的《无锡市养犬管理条例》以及《无锡市蔬菜基地条例》是典型的民生立法。无锡市养犬数量激增,犬只伤人事件时有发生,威胁了市民的生命安全;加上公共场所不文明遛狗、犬只随地拉撒等现象也严重影响了城市文明形象。这些是《无锡市养犬管理条例》制定、出台的主要原因。无锡市解决民生问题的另一重点在“食”上,特别是蔬菜基地的建设事关百万市民的“菜篮子”,是与老百姓生活息息相关的重大民生工程,因此,无锡

---

〔1〕 参见李丽:《〈无锡市历史文化遗产保护条例〉明年实施》,载太湖明珠网,http://news.thmz.com/col58/2009/12/2009-12-08665140.html。

〔2〕 《孙中山选集》,人民出版社1981年版,第802页。

市为确保市区 360 多万常住人口的蔬菜稳定供应出台了有关"蔬菜基地建设"的专项法规。

（二）保护弱势群体

现实生活的劳资关系中，劳动者总是处于弱势群体的一方，其原因在于劳动者和用人单位在具体利益上的差异性及二者在地位上的不平等性。（1）在二者具体利益的差异方面，劳动者提供劳动是为了获得较高的劳动报酬，并以此作为提高和改善生活水平的条件；而用人单位则总是以获得较高的经济效益为目的，为实现此目标，用人单位总是尽力压低劳动者的工资，以便降低生产成本。（2）劳动者地位的不平等性主要源于其在身份、组织及经济方面对用人单位的从属性，即劳动者的人身依附性。基于以上现实情况，对劳动者等弱势群体的保护就成为现代政府和社会的责任。在具体措施方面，国家一方面制定诸如《劳动法》《劳动合同法》等保障性立法为弱势群体定下最低的保护基线；另一方面则通过集体协商和工会组织建设等具体制度为劳动者与企业搭建互相博弈的平台。

无锡市制定的《无锡市企业工资集体协商条例》就是这样一部地方性法规。该条例以劳动者最关注的工资为重点，通过集体协商制度为本地劳动者提供了有效保护。此外，无锡市还出台了《无锡市工会劳动法律监督条例》，通过工会这一社会组织，成功地将劳动者的事后维权转变为源头维权，将劳动者的个案维权转变为制度维权。为使该部立法取得成效，无锡市还加大力度进行配套工作的开展，包括健全组织网格及严格监督检查。据统计，至 2013 年，无锡市已建立工会劳动法律监督组织 13,461 个，建制率达 92%，位居全省第一。无锡市还通过组织大规模的监督活动，督促用人单位为 2 万多名职工补签了劳动合同，补发加班工资 1100 多万元，补交社保费 3000 多万元，企业整改率达到 99%。[1]《无锡市工会劳动法律监督条例》及《无锡市企业工资集体协商条例》的实施促进了劳动关系的和谐稳定，有效地保护了特别是企业职工在内的劳资双方的利益。

---

〔1〕 参见无锡法制办：《无锡市实现工会法律监督常态化》，载中国政府法制信息网，http://www.chinalaw.gov.cn/article/dfxx/zffzdt/201302/20130200384073.shtml。

(三)关注食品卫生安全

古语云“民以食为天,食以安为先”。食品安全是民生立法的重点。近年来食品安全问题频发,已经成为全社会关注的焦点。在行政管理领域,食品安全特别是外送快餐领域所存在的监管难题一直困扰着地方的卫生管理部门。以无锡市为例,随着经济社会的快速发展,外送快餐因其食用方便、快捷的特点日益成为该市市民重要的用餐方式,外送快餐集体用餐单位不断增多,机关、学校、企事业单位、重大活动承办方等以集体名义订购快餐的现象也日益普遍。在《无锡市外送快餐卫生管理规定》出台之前,无锡市因外送快餐的食物中毒事故呈现逐年上升态势(2002 年为 11.54%,2003 年为17.31%,2004 年为35.36%)。因此,无锡市人大常委会自 2005 年起就开始制定《无锡市外送快餐卫生管理规定》并在 2006 年 3 月 1 日顺利实施。该规定也是“全国首部关于外送快餐卫生管理的地方性法规,其较强的针对性和可操作性也为无锡市各级卫生行政部门更好地依法行政、依法治市提供了法律依据和条件,为外送快餐卫生管理工作能够沿着法制化的轨道运行提供了重要保障”〔1〕。

四、重视民主立法技术应用

从民主实现的方式分析,民主原则对于立法而言,意味着应该建立一套符合各国国情的公众参与立法的制度。其目的是通过人民群众对立法的参与,在程序上给公众提供表达自己的意志、维护自身权益的机会,最终完善国家法制的宏观体系。〔2〕 而地方性法规作为中国特色社会主义法律体系的主要组成部分,“正好处于‘上通下达’的不可或缺的中间环节,是联结中央法制与基层法制的桥梁和纽带,在调整中央、地方与基层三者的关系中,居于不可或缺的中间环节地位”〔3〕。因此,更需要坚持开门立法,将民主立法确立为立法的基本原则始终加以贯彻。

---

〔1〕 张亚菁:《〈无锡市外送快餐卫生管理规定〉的立法实践与体会》,载《中国卫生监督杂志》2006 年第 5 期。

〔2〕 参见汤唯、毕可志等:《地方立法的民主化与科学化的构想》,北京大学出版社 2002 年版,第 75 页。

〔3〕 阮荣祥、赵恺主编:《地方立法的理论与实践》(第 2 版),社会科学文献出版社 2011 年版,第 106 页。

无锡市人大常委会《关于〈无锡市制定地方性法规条例〉的实施意见》的基本原则中就明确规定“科学立法、民主立法,保证法规质量,提高立法水平”。根据该实施意见的规定,在地方性法规的起草阶段,法制工作机构及其有关工作机构应当密切配合,精心组织,充分听取各方意见;在起草小组的人员确定中应当有相关专家的参与,以保证立法的专业性与科学性;起草单位在拟定草案时应当根据本市实际,总结经验,梳理问题,加强调研论证,广泛听取各方意见;若拟在法规草案中设定行政许可的,应当采取听证会、论证会等形式听取意见。在地方性法规案的审议阶段,该实施意见明确规定在常委会会议第一次审议法规案后,常委会法制工作机构应当会同有关工作机构开展调查研究,组织召开征求意见会、专家论证会或者听证会,进一步征求各方面的意见。特别是与人民群众利益密切相关的地方性法规案,可将法规草案向全社会公布,公开征求意见。在地方性法规的公布实施阶段,常委会公告和地方性法规文本应当在《无锡日报》和常委会网站上全文公布,并在《无锡市人民代表大会常务委员会公报》上全文刊登。综上,根据该实施意见的相关规定,无锡市的地方立法在贯彻实施民主原则方面主要强调立法听证会及公开征求意见等立法技术的运用。

通常认为:“立法从信息学的角度来讲,就是立法者在广泛收集信息的基础上进行决策的行为。信息是立法者进行决策的依据。信息的质和量影响并决定着立法决策的质和量。”[1]对应到我国的立法机关,收集信息的方式是多种多样的,比如立法调研、论证会、座谈会、视察、在媒体上公开征求意见等,而立法听证会也是立法机关听取意见、收集信息的一种有效方式。[2] 其实,在立法听证技术的应用上,无锡市早在2003年6月初就公布了《无锡市人民代表大会常务委员制定地方性法规听证规则》。该规则规定,在制定地方性法规的过程中,凡涉及对全市经济和社会发展有重大影响的,与广大人民群众切身利益密切相关的,涉及特定组织和个人的权利、义务的,对地方性法规草案的内容有较大争议的,其他需要收集信息、听取意见的,该市行政区域

[1] 汪全胜:《立法听证研究》,北京大学出版社2003年版,第13页。

[2] 参见阮荣祥、赵恺主编:《地方立法的理论与实践》(第2版),社会科学文献出版社2011年版,第305页。

内的一切国家机关、政党、人民团体、社会组织和公民,都可以向市人大常委会提出举行听证会的建议。在该规则实施三个月后,无锡市人大常委会针对《无锡市流动人口计划生育管理条例(草案)》召开了立法听证会,这也是无锡市历史上的第一次立法听证会。如今,立法听证制度在无锡市的地方立法中已经得到了广泛运用。如无锡市人大常委会在制定、修改《无锡市养犬管理条例》《无锡市建设工程招标投标管理办法》《无锡市出租汽车管理条例》《无锡市快递管理办法》《江苏省住宅专项维修资金管理办法》等地方性法规时均通过立法听证会的方式向广大市民、相关的企事业单位等利害关系主体征求和听取了意见。

在公开征求意见方面,自2005年至2017年,无锡市法制办公室共就56件地方性法规的制定、修改向市民发布征求意见的公告,占到全部法规(69件)制定、修改比例的81%。随着科技的发展,征求意见的方式也从传统的登报转向网上征求,这一方式的转变拓宽了人民群众知晓信息的渠道,保证了所征集信息的质量。而在征求意见的对象方面,无锡市除通过征求公众意见的方式广纳民意外,还在2008年首次聘请"专家顾问团"参与立法,依托其丰富的法律专业知识和实践经验为立法提供专业意见,有效地避免了无锡市的地方立法"与宪法、法律、行政法规相抵触,同时使立法技术、立法语言更加规范、贴切"[1]。此外,无锡市还通过委托大专院校、科研机构、中介组织及专家学者等起草法规草案的方式,打破了以往由"一府两院"垄断起草工作的局面,有效地防止了部门利益对立法的渗透,确保了立法的公平正义。

第三节　地方立法问题与对策分析

一、地方立法存在的问题

(一)有些立法部门色彩浓厚

在地方立法的过程中,立法的规划、起草往往由职能部门发挥主导作用,

〔1〕 吴晴晴:《市人大立法首次聘请"专家顾问团"》,载腾讯网,http://news.qq.com/a/20080807/000723.htm。

此种做法具有一定的有利条件：(1)相关职能部门因负责具体领域的工作，对开展工作中碰到的问题及困难比较了解，由其提起地方性法规的制定建议更具有针对性；(2)因分工而具备的业务优势使相关职能部门对职责范围内的实际情况掌握得更加透彻，由其参与地方性法规的起草保证了立法的专业性。如在制定《无锡市外送快餐卫生管理规定》时曾有人指出《食品卫生法》涵盖了外送快餐卫生管理的的所有问题，认为不必单独立法。参与起草的无锡市卫生局则据理力争，认为《无锡市外送快餐卫生管理规定》的制定涉及的焦点问题是外送快餐生产经营企业超负荷生产加工，而目前卫生法律法规又无对应的法律责任，给日常卫生监督管理带来困难，是重大食物中毒事件发生的隐患，因此急需制定《无锡市外送快餐卫生管理规定》。[1]

但是，由职能部门负责立法的规划和起草工作极可能导致下列两种情况的发生：(1)其制定的地方性法规在内容上较为偏向对部门权力的保障，即不少起草单位在自己主导的立法中通过简化或弱化行政管理程序、遗漏或模糊法律责任条款达到减轻和弱化本部门的职责和义务的目的。结果便是由其制定的立法虽然从数量上看洋洋洒洒一大篇，但对于职能部门自身的积极履职无半点作用可言。(2)职能部门过分将目光局限于部门利益，忽视了地方性法规所欲实现的全局性利益，忽略立法对相关权利的保护与救济。最终使得该立法仅仅成为充实职能部门"政绩"的工具，而立法本身要达到的目的却远远没有实现或大打折扣。

无锡市在2009年制定了《无锡市刑事被害人特困救助条例》，该条例是贯彻中央政法委员会及最高人民法院、最高人民检察院相关通知和文件中提出的积极推动"刑事被害人救助"制度的最终成果。[2] 然而就该条例规定的

---

[1] 参见张亚菁：《〈无锡市外送快餐卫生管理规定〉的立法实践与体会》，载《中国卫生监督杂志》2006年第5期。

[2] 刑事被害人救助制度最早现于2005年12月中央政法委员会的《关于切实解决人民法院执行难问题的通知》。2007年1月，最高人民法院在部署2007年工作时提出要"完善司法救助制度"。同年8月，最高人民法院发布了《关于进一步加强刑事审判工作的决定》，要求探索建立刑事被害人国家救助制度。2007年1月，《最高人民检察院2007年刑事申诉检察工作要点》中提出："有条件的地方可以试点建立刑事被害人补偿机制。"2008年4月，最高人民检察院经过严密的研讨完成了《关于建立刑事被害人国家救助制度的调研报告》与《刑事被害人国家救助法(建议稿)》。

内容而言,存在下列问题:(1)《无锡市刑事被害人特困救助条例》的第5条第1款明确规定人民法院、人民检察院、公安机关三家单位是刑事被害人特困救助的申请受理、审查及处理单位,但并未对这三机关具体负责哪一环节进行明确分工。这一简化规定表面上是设定了三机关在刑事被害人救助工作中的职责和义务,但实际上这三家机关的具体分工和责任却并不明确。此外,第5条第2款规定了民政、劳动和社会保障、卫生、金融等相关部门的支持和配合义务,但该条例后文并未对如何支持和配合作出程序性规定,也未对上述机关不履行支持和配合义务的责任追究作出规定。因此,程序规定的缺失导致该条规定在实践中的落实存在困难,部门之间的推诿不可避免。(2)《无锡市刑事被害人特困救助条例》的第12~18条围绕着刑事被害人救助的申请、受理、审查、提出救助意见和救助金额及救助金的发放分别作了具体的程序性规定,然而这7条程序性规定并未涵括对刑事被害人的救济,而该条例的制定目的就是"缓解刑事被害人的家庭生活困难,维护社会和谐稳定"。因此,救济条款的缺失在犯罪人之外对刑事被害人进行了"二次伤害"。需要注意的是,此处的救济包含两方面内容:第一是针对承办机关决定不予救济而当事人认为应当救济的情形,该条例作出有关当事人如何获得救济的具体程序性规定;第二是针对承办机关不依法履职或拖延履职,该条例要规定具体的责任追究条款。遗憾的是,这两点在《无锡市刑事被害人特困救助条例》中均未体现,造成该条例在实践中的实施效果不佳。

(二)部分创制性立法的内容缺少上位立法支撑

根据《立法法》的规定,地方性立法的空间有三个,分别是执行法律、行政法规而制定地方性法规,因地方性事务需要而制定地方性法规,以及中央尚未立法而地方先行立法的事项。对于第一项,标准相对明确,但在实践中依然存在两个问题:一是不少地方性法规重复立法、抄袭上位法,导致立法数量虽多但内容并无新意,不能适应实际需要。对此,2015年修正的《立法法》明确规定:制定地方性法规,对上位法已经明确规定的内容,一般不作重复性规定。二是为执行上位法而进行地方立法时突破上位法规定的幅度,随意作出变通性规定。而第二项和第三项实际上是针对上位法未做规定而进行的先行性、实验性立法,因此往往起到填补上位法"留白"的作用。这类立法也是地方发挥主观能动性,进行制度创新的源泉所在,若立法得当,往往能够运用国家赋予的立法权推动当地的经济社会转型发展与民生保障。但同时,上述地方立法中的创制性内容极易导致地方立法权的失控,违反法制统一原则。

举例来说,《无锡市人口服务管理条例》第35条第2款规定:房屋出租人应当与所在地的社区事务工作机构、公安派出所签订房屋租赁社会责任承诺书、社会治安责任书。但其上位法《租赁房屋治安管理规定》第6条规定的是"治安责任保证书",与"社会责任承诺书"存在明显区别。除此之外,《户口登记条例》《公安部关于城镇暂住人口管理的暂行规定》《暂住证申领办法》等上位法也无"社会治安责任书"的规定。《无锡市人口服务管理条例》第35条在没有上位法依据的情况下为房屋出租人增设了义务,由于缺乏法律的支撑,这一规定在民事实践中很难发挥规范引导作用。

(三)个别立法在协调性和可操作性上有所欠缺

地方立法技术方面存在的最大问题在于协调性不足。法制统一是法治国家的基本要求,任何法治国家的法律体系都应该是结构严谨、内在协调的有机整体,只有这样,才能有利于法的价值的实现。[1] 而在地方立法实践中,一是地方性法规的个别条款与上位法不相协调,二是在新法律和行政法规颁布后,旧的地方性法规未及时予以修改。无锡市2005年制定的《无锡市外送快餐卫生管理规定》依据的是《食品卫生法》及《江苏省食品卫生条例》等法律、法规,但国家在2009年制定了《食品安全法》,2010年以后又相继颁布实施了《餐饮服务食品安全监督管理办法》《餐饮服务许可管理办法》《餐饮服务许可审查规范》《餐饮服务食品安全操作规范》等法规规章,这些法律、法规、规章对外送快餐的定义、要求、限制等均与《无锡市外送快餐卫生管理规定》有了变化,因此新旧法律、法规之间出现不协调的地方。

地方立法在可操作性方面也有所欠缺。就逻辑而言,传统的三要素主张假定、处理和制裁,体现在法律规范中就是适用条件、行为模式和法律后果。而在无锡市某些地方性立法中往往规定在什么条件下,应该做什么,禁止做

---

〔1〕 参见周伟:《论我国地方立法存在的问题及其解决》,载《河南财经政法大学学报》2013年第2期。

什么,但在法律后果方面却鲜少提及。如《无锡市市容和环境卫生管理条例》,其第43条规定了建设工地、大型活动举办单位及商品交易市场为保持环境卫生应当设置垃圾收集容器,同时建设工地和大型活动举办单位还负有及时清除废弃物、拆除临时设施的义务。然而在法律责任一章中并未提及违反该条规定的内容应当承担何种责任。同样,该条例第44条规定了宠物饲养人的及时清理宠物粪便的义务,但同样并未规定任何的法律责任。最后,该条例第45条列举了公共场所应当禁止的行为,但在法律责任一章中仅针对列举的第2项作出了规定,剩余的5项并未提及。

(四)后续监督制度实施不力

目前的地方立法实践"重立法,轻实施"的问题比较严重。但就法的作用的实现来说,立法仅仅是基础性的一步,要想使其真正地服务于本行政区域的建设,法的实施更加重要。而要想地方立法得到有效实施,必然少不了后续监督制度的支撑。正如周旺生教授所言:"制度方面的问题,对于立法质量问题来说,更为重要。比较健全的立法制度和比较好的立法质量,是一个问题的两个方面,是皮存毛附的关系,解决立法质量问题,如果忽视制度,这个质量问题不可能得到好的解决。"[1]虽然周旺生教授在此处强调的是制度与立法质量的关系,但对于地方立法的实施及实现来说,制度同样扮演着不可或缺的角色。但在现实的立法实践中,促进立法实施及实现的监督制度并未发挥完全、有效的作用。

通常立法完成后的第一次执法检查工作开展得轰轰烈烈,之后就慢慢弱化。事实上,执法检查工作有着长期性、持续性的特点。特别是在新的形势政策有所发展、新的立法不断出台的情况下,一次检查便一劳永逸的做法对于贯彻、落实新立法显得杯水车薪。2006年重新修订《无锡市出租汽车管理条例》时所依据的是《城市出租汽车管理办法》《关于进一步加强城市出租汽车行业管理工作的意见》《关于进一步规范出租汽车行业管理有关问题的通知》等。但是在2014年9月26日交通部又通过了《出租汽车经营服务管理规定》,新法的出台必然使执法在内容、形式方面作出一定的改变,而这一改变

---

〔1〕 周旺生:《试论提高立法质量》,载《法学杂志》1998年第5期。

的落实情况需要通过新一轮的执法检查工作进行检验。在互联网经济快速发展的势头下，传统的出租车行业正在受到“专车”的夹击，同时随着出租车改革工作的逐渐深入，以往的执法方式正面临着新的挑战。因此，新法律的出台、形势政策的改变在不断迫使执法方式发生变化的同时，同样需要执法检查等后续监督措施的进一步跟进。

在立法评估工作中，依旧存在信息收集渠道狭窄及评估结论流于形式的问题。(1)在信息收集方面，行政相对人及利害关系主体的感受和意见并未得到重视。例如在开展《无锡市教育督导条例》的视察工作时，市人大法制专业组和市人大法制委员会就是通过听取市政府教育督导室关于《无锡市教育督导条例》的贯彻情况汇报、走访惠山区政府和惠山区教育局的基础上形成的视察意见。立法评估工作不能针对直接受该立法影响的主体进行信息的收集，将导致最终形成的调研、评估报告在全面性及真实性方面备受质疑。(2)对评估结论的利用关系到评估工作的最终效果。实践中，地方对于开展评估工作后形成的评估报告重视不足。同时，在地方性法规的制定中也鲜少涉及评估报告的效力、处理程序。因此，导致评估报告并未与相关立法监督主体的工作(负责地方立法的修改、废止等)形成对接，影响了评估效果的整体发挥。

二、完善地方立法的对策思考

(一)地方立法去“部门化”

针对地方立法部门化、部门立法利益化这一现状，可从以下方面进行改进:(1)明确立法意图，为整部法规的制定奠定基调，从源头打消职能部门以利益保护为目的而降低立法质量的念头，为实现地方性法规的真正目的创造条件。(2)强化政府及职能部门的责任意识，在制定地方立法的过程中应当增加执行性法规的数量，详尽规定其应尽的职责和义务，促进职能部门积极履职，同时为事后追究相关部门的责任及救济相对人提供强有力的立法支撑。也就是说，在数量上，应保证法律关系的各方主体的权利、义务相对等，在特殊情况下，也可以偏重对相对人的保护;在内容上，应重视行政部门及其工作人员的责任设定与追究，将行政法中“权责一致”的理念落到实处。

(3)充分发挥人大及其常委会、法制工作机构在地方立法中的主导作用。强化人大及其常委会在立法中的主导力量,能够有效避免职能部门对立法的牵制。地方人大代表源于各行各业,与人民群众联系紧密,充分了解人民群众的利益诉求和社会愿望[1],因此在立法中能够从全局出发、紧贴民意,增强地方性法规解决本地区实际问题的能力及可操作性。(4)扩充地方立法的起草主体,引入专家、学者及经验丰富的法律工作者等外部力量,稀释地方立法的行政色彩,不断提高法规制定的科学性和专业性。

(二)坚持"不抵触"原则

《立法法》为防止地方性法规的"越权"现象在第四章中明确规定了不抵触原则和地方性法规的报批施行。无锡市人大常委会在其制定的《关于〈无锡市制定地方性法规条例〉的实施意见》中也确立了地方立法的不抵触原则。针对立法实践中地方立法抵触上位法的情况,解决之道在于:(1)应当明确地方性法规的立法依据。针对执行性地方立法,起草单位应当广泛、全面搜集与立法项目相关的法律、行政法规,在仔细研究、论证的基础上,明确上位法遗留的立法空间及立法权限。针对创新性立法,必须要有宪法或政策上的依据。例如,地方自主性立法只能依据《宪法》《地方组织法》《立法法》所确定的地方性事务进行立法。[2] (2)应当加强立法监督工作的开展,在地方性法规的报批环节中,通过对其合宪性及合法性的审查,及时发现并解决问题。例如,省、自治区、直辖市人大一旦发现其常委会制定和批准的地方性法规不适当,应及时作出改变或撤销的处理决定。(3)要及时做好地方性法规的评估、清理、修改和补充工作。第一,针对地方性法规已经明显不适应国家现行政策、本地发展战略及现实情况,地方性法规与宪法、法律、行政法规及省级地方性法规的内容、精神不一致情形,应当及时修改、清理。第二,对于地方性法规操作性不强的,在有必要、有条件的情况下应当加以补充细化。总之,地方立法应在不与中央法律、法规相抵触的前提下,独立自主的立法,以地方

---

〔1〕 参见秦前红、徐志淼:《论地方人大在地方立法过程中的主导作用——以法规立项和起草的过程为中心》,载《荆楚学刊》2015年第3期。

〔2〕 参见周伟:《论我国地方立法存在的问题及其解决》,载《河南财经政法大学学报》2013年第2期。

立法的形式调整地方社会关系,积极地解决应当由自己解决的问题。[1]

(三)立法技术规范化

在地方不断“深入推进科学立法、民主立法,保证法规质量,提高立法水平”[2]的今天,改善立法技术有着重大意义。具体来说,立法技术中表现出的问题可从以下方面进行完善:(1)注意吸收外国及我国其他省市在立法技术上的成功做法。“立法技术本身,作为一种技术规范,可以被各种性质不同的国家所利用,利用同样的立法技术,可以制定出在其内容和政治目的上完全相反的法律。”[3]除此之外,“应逐步加强人大常委会自身的研究力量,并充分利用大学、科研单位的专门人才和研究成果”[4],以便保证社会各方面的先进立法技术都服务于地方的立法实践。如全国人大常委会法工委聘请了一批语言文字专家,并成立了一个语言文字专家委员会,在法律语言规范化方面进行把关,凡是临近表决的法律文本都请他们最后把关。[5] (2)加强地方立法技术规范的统一化、标准化建设。如在《关于〈无锡市制定地方性法规条例〉的实施意见》的附文中详细列明了地方性法规制定过程中应当遵守的格式和规范。(3)应加强对地方立法工作人员的培训,提高其立法技术水平。地方性立法质量的好坏在很大程度上取决于立法工作人员的所掌握的知识和技术。只有坚持组织立法工作人员学习立法知识,掌握立法技术,同时从外部引进高学历或精通立法业务的人才充实立法工作队伍,才能快速提高地方性立法的质量。

(四)立法实施制度化

有学者指出,地方立法忽视科学性和民主性,对立法内在规律研究不够深入的弊端造就了一批质量低下的地方立法。这些立法在观念上每天都潜

---

〔1〕 参见桂宇石:《我国地方立法的若干问题》,载《武汉大学学报(社会科学版)》2003年第5期。

〔2〕 无锡市人大常委会《关于〈无锡市制定地方性法规条例〉的实施意见》基本原则中明确规定:地方立法应当遵循不抵触、有特色、可操作的原则,科学立法、民主立法,保证法规质量,提高立法水平。

〔3〕 吴大英、任允正、李林:《比较立法制度》,群众出版社1992年版,第632页。

〔4〕 彭真:《论新时期的社会主义民主与法制建设》,中央文献出版社1991年版,第217页。

〔5〕 参见《全国人大及其常委会从七方面科学立法民主立法　提高立法质量》,载中国网2011年3月10日,http://www.china.com.cn/v/zhuanti/2011lh/2011-03/10/content_22103575.htm。

移默化地但却强有力地侵蚀着立法和整个法治的尊严和权威，在制度和实际运作层面上每天都使我们陷入矛盾、紊乱、低效益及其他种种尴尬的境地。[1]因此，完善地方立法实施的制度建设，关注地方立法的实施效果应当成为地方立法机关的首要任务。具体措施如下：

第一，加强行政执法检查的制度化、程序化建设。一方面，法制办应当确立每年的行政执法监督计划，突出监督重点，保证正在实施的地方性法规都能纳入执法监督范围。另一方面，应当明确执法检查的时间、频次，保证地方对每一部法规的实施都能够持续、系统的关注，以此确保地方立法在本行政区域内的实施。

第二，科学、及时地开展立法后评估工作。在信息收集方面，应做到将正面评价信息与负面评价信息，职能部门的信息与社会公众个人信息全部纳入。具体而言，可考虑加大行政相对人及利害关系人等主体的参与力度。因为社会公众能够从不同领域、不同层次对地方立法的实施情况进行全方位的评价，有利于评估主体对该立法的实施情况进行全面的了解。而在信息收集的方式上，可考虑采取调研论证、召开专题研讨会、发放问卷调查、开放网上法规评价专栏、建立法规评价档案等多种方式。在评估结论的应用方面，主要是在评估报告形成后及时提交人大常委会主任会议，由其决定是否提交人大常委会进行审议，并最终根据法规实施的具体情况得出不同的审议意见，交办相关部门进行处理。通常情况下，处理主要包括对地方性法规进行立法解释或应用解释，授权地方人民政府根据本地的现实情况制定实施细则，以及对于不切实际、不适应客观需要的地方性法规予以修正或废止等。

第四节　地方立法典型实例分析

一、《无锡市义务教育均衡发展条例》立法分析

党的十八大报告将教育放在改善民生和加强社会建设之首，并明确提出

〔1〕 参见周旺生：《试论提高立法质量》，载《法学杂志》1998年第5期。

“均衡发展九年义务教育”“合理配置教育资源”“大力促进教育公平”等下一阶段教育事业科学发展的战略性目标和任务。在此之前出台的国务院意见也明确指出：“深入推进义务教育均衡发展，具有重大的现实意义和深远的历史意义，各级政府要充分认识推进义务教育均衡发展的重要性、长期性和艰巨性。”对无锡市而言，在经济迅速发展，人均 GDP 突破 2 万元的形势下，保证教育与经济齐头并进更有着重大的现实意义。

在立法层面，2014 年 1 月 16 日出台的《无锡市义务教育均衡发展条例》不仅是无锡市大力发展义务教育的工作及经验总结在立法上的展现，也是无锡市义务教育发展的新起点。2008 年，无锡市确立了在 5 年内大力发展义务教育的策略。2009 年起，无锡市把每年改造的 60 所以上义务教育相对薄弱学校纳入“为民办实事”项目，每年安排 1000 万元引导资金，重点推动相对薄弱学校的硬件建设。在城乡师资力量悬殊这一问题上，从 2010 年开始，无锡市按照不低于专任教师总数 15% 和不低于骨干教师总数 15% 的比例，推动区域内公办义务教育学校教师轮岗交流，10, 491 名校长、教师参加校际轮岗交流。截至 2014 年，无锡市已投入 107 亿元用于无锡市义务教育工作的推动。教育经费的保障、师资力量的培育都体现了该条例所重点强调的“均衡发展”，最终使无锡市的义务教育开展得有声有色。

《无锡市义务教育均衡发展条例》共九章 41 条。该条例在总则中首先确立了“政府负责、城乡一体、促进公平、提高质量”的原则，随后的各章则围绕入学机会、办学条件、师资配置、学校管理、教育质量、经费保障及法律责任七方面展开。在入学机会一章中，为解决无锡市 225 万外来人口子女享受优质义务教育的难题，该条例第 12 条第 1 款明确规定“县级市、区人民政府应当保障来锡人员随行子女平等接受义务教育的权利”。在办学条件一章中，该条例重点强调城乡学校的统一、均衡发展，同时提出要推进区域内各学校的标准化建设，并在第 15 条、第 16 条、第 17 条、第 19 条中细化了办学条件的标准。在师资配置一章中，该条例第 23 条创新地规定了校长、教师的定期交流制度。在学校管理一章，该条例在第 25 条明确杜绝以往分重点学校和非重点学校、重点班及非重点班的惯例，为学龄儿童得到优质、均衡的教育扫清了障碍。在教育质量一章，该条例明确要求各校要在传统的应试教育之外大力推进素质教育,并为此鼓励各学校开展教育教学改革。在经费保障一章中则主要规定了各县级市、区政府保障义务教育方面的资金支持责任,落实了各级政府在发展义务教育方面的职责和义务,增强了该条例的可操作性。正是立法的支持以及教育实践的开展使无锡市在义务教育均衡发展方面被视为业内的一面旗帜,同时上述立法规定的实施、引导也使无锡市在义务教育工作的开展方面走在了全国义务教育的前列。

二、《无锡市蠡湖景区条例》和《无锡市太湖新城生态城条例》立法分析

自从我国的《环境保护法》颁布以来,各地方都相应地制定了环境与自然资源法规或规章,在环境治理和自然资源的保护和管理上发挥了积极作用。[1] 无锡市近几年则是将环境治理的重点放在了生态文明建设上,这一工作重心的转变是无锡市水环境改善工作(包括污水管网和污水处理厂建设,饮用水源渠道扩展,河湖清淤,水资源节约在内等)的延续及扩展,也是无锡市在改善水质工作方面取得重大成绩后的自然结果。换句话说,水质量的明显改善是生态环境建设的基础,而生态环境建设又反过来巩固了水污染治理的成果。

无锡市生态文明建设表现之一是该市对太湖新城生态城的建设。在这一点上,《关于将全市域建成无锡太湖保护区的决定》及《无锡市太湖新城生态城条例》为其目标的达成提供了立法支持。首先,该决定明确了总体任务:将无锡市域建成太湖保护区,并要求力争通过8年到10年的努力,把无锡太湖保护区建设成为与国际接轨、国内领先的循环经济先行区、高新技术产业集群区、高度服务业集聚区、绿色能源示范区和中国服务外包示范区。其次,《无锡市太湖新城生态城条例》围绕该决定确立的总任务将生态城东区建设成为自主研发创业区、循环经济示范区、高科技产业集聚区,中区建设成为行政文化中心、金融商务中心、宜居休闲中心,西区建设成为产学研资一体化示范区、旅游度假休闲基地和影视文化拍摄基地。而作为示范区,中瑞低碳生

---

〔1〕 参见汤唯、毕可志等:《地方立法的民主化与科学化构想》,北京大学出版社2002年版,第440页。

态城将采用最先进的规划理念、建设标准、生态技术和城市管理模式，优先试验新能源使用、水资源循环利用、建筑节能、废弃物综合利用和处置等低碳生态技术最新政策和技术成果。从实践来看，《无锡市太湖新城生态城条例》的实施具有积极意义，不仅为《关于将全市域建设成无锡太湖保护区的决定》的任务完成提供了更高位阶的立法支持，而且也为无锡市的生态文明建设和经济社会的可持续发展注入了新的力量。

无锡市生态文明建设另一表现在于对蠡湖景区的管理。无锡市第十四届人大常委会制定通过的《无锡市蠡湖景区条例》针对蠡湖景区内的规划建设、开发利用和保护管理等活动一一作出了具体的规定。该条例一开始就确立了开展上述工作应当坚持的原则即科学规划、统一管理、严格保护、合理开发、永续利用，实现环境效益和经济效益的有机结合。在具体内容上，该条例明确了蠡湖景区内的规划建设应当以太湖风景名胜区的总体规划和详细规划为依据，并进一步规定了蠡湖景区的外围保护地带内的各项建设亦不得损害蠡湖景区的自然风景。针对蠡湖景区的利用和管理，该条例一方面规定要通过开发特色旅游项目，发挥蠡湖景区的综合效益；另一方面也规定了要对景区内的文物古迹、历史遗迹等历史文化遗产及地形地貌、植被、古树名木等风景资源进行严格保护。此外，《无锡市蠡湖景区条例》还突出了蠡湖景区所在地的相关部门的责任，为该条例的实施及实现保驾护航。

三、《无锡市外送快餐卫生管理规定》立法分析

2005 年无锡市人大常委会为加强对外送快餐的卫生监督管理、保障消费者身体健康制定、颁布了《无锡市外送快餐卫生管理规定》。该规定针对无锡市的外送快餐生产经营企业超负荷生产加工，而卫生法律法规又无对应的法律责任，给日常卫生监督管理带来的现实难题规定了一系列具体制度。

《无锡市外送快餐卫生管理规定》将外送快餐生产经营企业作为规制的重点。从数量来看，整部法规共 26 条，其中关于外送快餐生产经营企业的有 16 条，占到整部法规规定数量的 61.54%。从内容来看，一方面，该规定针对本市外送快餐经营企业生产加工场所面积偏小的现状，规定外送快餐生产加工场所面积必须与每餐次加工份数相适应，并给出了具体的参照标准；另一

方面，该规定从源头处着手，规定生产经营企业在采购时应当遵循的标准，并就外送快餐的生产加工过程、供应、配送、包装、运输等各个环节作了细化规定。除了加重外送快餐生产经营企业的责任和义务以外，该规定特别在第6条规定要鼓励外送快餐生产企业实现生产经营的规模化、产业化发展，为外送快餐企业的壮大创造了良好条件。此外，为增强整部法规的实施效果，《无锡市外送快餐卫生管理规定》还规定了外送快餐卫生管理中各单位、部门的全体联动机制，即规定了集体用餐单位的卫生责任及食品药品监督管理部门的管理职责和义务。针对前者，该规定明确了集体用餐单位在订餐时的具体要求，并特别赋予集体用餐单位员工的举报权，强化了对用餐单位履行法定义务的监督。针对后者，该规定首先明确各级食品药品监督管理部门是卫生管理工作的责任主体，其次规定了食品药品监督管理部门在外送快餐生产经营企业申请集体用餐配送食品经营许可时的卫生法律、法规的告知制度，最后突出了卫生行政管理部门的信息公布义务，保障了用餐者的知情权。

《无锡市外送快餐卫生管理规定》实施近一年后，在相关部门和社会各界的共同努力下，该市因外送快餐引起的食物中毒人数较上年同期下降了27.7%，有效地预防了重大食物中毒事件的发生。[1] 在该规定实施10年后，无锡市对全市108家外送快餐企业进行了等级评定。其中优秀等级25家，良好等级74家，一般等级单位9家，优秀单位占比领先于其他餐饮业。

---

〔1〕 参见无锡市卫生局卫生监督所：《无锡市人大检查外送快餐业卫生情况》，载《美食》2007年第4期。

第十一章　徐州地方立法

徐州市作为文化名城、旅游城市、矿业城市，自 1993 年起作为“较大的市”获得地方立法权。1993 年 4 月 22 日，国务院颁发《关于同意苏州市和徐州市为“较大的市”的批复》（国函〈1993〉52 号）：“江苏省人民政府：你省《关于要求批准苏州、徐州两市为较大的市的请示》（苏政发〔1992〕160 号）收悉。国务院同意苏州市和徐州市为‘较大的市’，两市可以根据《中华人民共和国地方各级人民代表大会和地方各级人民政府组织法》的有关规定，制定地方性法规和规章。”自此徐州市取得了地方立法权。

第一节　地方立法概况

一、地方立法基本情况

自 1993 年国务院批准徐州市为“较大的市”，徐州市开启地方立法的篇章，截至 2013 年 2 月底，徐州市人大及其常委会共制定了地方性法规和有关法规问题的决定 61 件（其中废止 16 件，修改 22 件次，有效 45 件），为推动徐州市民主法制建设作出了重大贡献。[1] 截至 2020 年 12 月底，徐州市现行有效的地方性法规 60 件，地方政府规章 52 件。这些法规内容涉及城市管理如

〔1〕 参见范海杰：《民生建设将成今年立法重点》，载《徐州日报》2013 年 3 月 1 日，第 3 版。

市政、交通、消防、绿化、规划、旅游、安全生产、拆迁、农贸市场管理、建筑装饰装修等，民生保障如电梯安全、供水排水与水源、教育、宠物喂养、市民体育健身等社会生活的方方面面。

原《立法法》第 64 条对地方性法规可以调整的事项给予授权，一般认为，这是地方立法权限的直接法律依据。该条第 1 款规定："地方性法规可以就下列事项作出规定：(一)为执行法律、行政法规的规定，需要根据本行政区域的实际情况作具体规定的事项；(二)属于地方性事务需要制定地方性法规的事项。"第 2 款规定："除本法第八条规定的事项外，其他事项国家尚未制定法律或者行政法规的，省、自治区、直辖市和较大的市根据本地方的具体情况和实际需要，可以先制定地方性法规。在国家制定的法律或者行政法规生效后，地方性法规同法律或者行政法规相抵触的规定无效，制定机关应当及时予以修改或者废止。"权威观点据此认为，地方立法权限体现在四个方面：一是法律、行政法规的实施条例、实施办法。二是本地方具有特殊性的事项，不必也不可能制定法律、行政法规的，只能由地方性法规作规定。三是综合运用有关的几个法律、行政法规，有针对性地解决本地方特定问题的地方性法规。四是在有些问题上，改革先在地方试点、试验，制定适用全国的法律、行政法规的条件尚不成熟的，有关地方可以先行制定地方性法规，待有关的法律、行政法规出台后，再相应地加以修改或者予以废止。[1] 与其他较大的市一样，徐州的地方立法主要集中于两个方面：一是为执行法律、行政法规的规定，需要根据本行政区域的实际情况作具体规定的事项。二是属于地方性事务需要制定地方性法规的事项。如《徐州市城乡供水条例》《徐州市无偿献血条例》《徐州市采煤塌陷地复垦条例》《徐州市云龙湖水环境保护条例》等。也有个别先行制定地方性法规的情形，如在江苏省率先制定《徐州市计算机信息系统安全保护条例》，在全国率先制定《徐州市电梯安全管理条例》。

二、地方立法之发展

徐州地方立法工作经历了由起步探索到不断发展、不断走向成熟的过

〔1〕 参见杨景宇：《关于立法法和监督法的几个问题》，载《北京人大》2013 年第 6 期。

程,地方立法工作始终被摆在人大工作的重要位置,地方立法的指导思想和立法原则得以确立并不断与时俱进,立法制度和工作机制不断完善,立法工作方法和工作经验不断成熟,地方立法工作得到了长足进步和全面提高,取得了很大成就。

(一)从着眼于立法的数量到注重提高立法的品质

各地方的人大常委会在谈到立法成就时,首先要列举的就是制定地方性法规的数量。立法的数量当然是衡量地方立法成就的一个重要指标,但是不能过分强调立法的数量,避免立法数量成为政绩工程,导致过分追求立法数量的倾向。事实上,有必要立法的事项就应该立法,不立法就是立法不作为;没有必要立法的事项就不应当立法,如果立法了,就会导致立法资源的浪费甚至会破坏社会主义法制。

徐州市的地方立法经历了从注重立法数量到更看重立法质量的过程。从徐州市历年制定地方性法规的情况看,刚刚获得地方立法权的头两年,处于起步阶段,1993 年和 1994 年各制定 2 部地方性法规。自 1995 年起加快地方立法的步伐,1995 年 4 部,1996 年 5 部,1997 年 3 部,1998 年 3 部,1999 年 5 部,2000 年 4 部,2001 年 5 部,2002 年 2 部,2003 年 4 部,2004 年 3 部,2005 年 3 部,2006 年 2 部,2007 年 2 部,2008 年 3 部,2009 年 3 部,2010 年 4 部,这是比较重视立法数量的时期,在这 16 年时间里,徐州市共制定地方性法规 55 部,平均每年制定 3.44 部。2011 年我国宣布社会主义法律体系形成以后,徐州市的地方立法速度放缓。2011 年 2 部,2012 年 1 部,2013 年 4 部,2014 年 2 部,2015 年 2 部,2016 年 0 部,2017 年 1 部,这 7 年中平均每年制定地方性法规 1.71 部。需要指出的是,现行有效的《徐州市无偿献血条例》尽管是 2015 年制定的,其第 34 条中规定“1999 年 7 月 27 日徐州市第十二届人民代表大会常务委员会第十次会议通过,1999 年 8 月 20 日江苏省第九届人民代表大会常务委员会第十一次会议批准的《徐州市无偿献血管理条例》同时废止”,但我们仍然将其视为对 1999 年已有法规的修订,而非新的法规创制。同样地,2016 年的《徐州市电梯安全管理条例》亦属对 2011 年《徐州市电梯安全管理条例》的修订,而非法规创制。

我国社会主义法律体系形成之后,徐州市立法数量减少的同时,在立法中越来越多地着眼于法规质量的提高。树立科学的立法观和精品意识,坚持以人为本、立法为民的立法理念,把质量要求落实到法规规章制定的立项、起草、论证、修改、审议等各个环节,增加地方立法的可操作性。例如,2013年《徐州市出租汽车客运条例(草案)》调研中徐州市人大常委会法工委邀请市人大常委会组成人员参与立法调研。市人大常委会组成人员在法规审议中具有重要作用,在立法过程中尽可能让人大常委会组成人员提前介入调研,广泛听取民声,收集民意,更能增强在法规审议中的针对性,使制定的法规质量更高。2013年春运期间部分市人大常委会组成人员深入考察出租汽车经营与管理中存在的问题,为《徐州市出租汽车客运条例(草案)》的再次审议打下坚实基础,为出台高质量的法规提供了保障。

(二)从单纯注重发展经济到发展经济、促进民生、改善环境等并重

获得地方立法权之初,徐州市地方立法的重点在发展经济上,紧紧围绕和服务于经济建设这个中心,把推进经济领域立法作为重要任务,制定了一系列适应改革要求、服务经济发展的地方性法规,保证立法决策与改革发展的重大决策同步,为徐州经济社会发展提供了坚实的法制保障。这些地方性法规有《徐州市城市房地产交易管理条例》《徐州市村集体经济组织财务管理条例》《徐州市国有企业法定代表人任期经济责任审计条例》《徐州市国家建设项目审计监督条例》等。随着改革开放的深入,徐州地方立法逐渐由单纯注重发展经济调整为发展经济、促进民生、改善生态环境等并重。尤其在促进民生和改善环境方面立法可以说是突飞猛进,出台了一系列保障民生和改善环境的地方性法规,如《徐州市采煤塌陷地复垦条例》《徐州市云龙湖水环境保护条例》《徐州市电梯安全管理条例》等。现行有效的60件地方性法规,广泛涉及经济、文化、教育、民生、环境保护等社会生活的方方面面。

(三)从跟风雷同立法到彰显地方特色

地方立法的跟风雷同是比较严重的现象,一些学者针对地方立法膨胀化、地方立法抄袭化、地方立法重复化等不良地方立法的倾向提出批评,呼吁法规制定更符合地方实际,彰显地方特色。彰显地方立法特色近些年来成为一些地方立法追求的目标,这一方面是基于民众的要求、学者的呼吁;另一方面,地方立法也积累了相当的立法经验,为凸显地方立法中的特色奠定了基

础。凸显地方立法特色在成为地方立法机关的一种现实做法和追求的同时，2015年修正的《立法法》对于突出地方立法的特色加以制度化和规范化。尤其是对于设区的市的立法权，《立法法》第72条第2款规定“设区的市的人民代表大会及其常务委员会根据本市的具体情况和实际需要，在不同宪法、法律、行政法规和本省、自治区的地方性法规相抵触的前提下，可以对城乡建设与管理、环境保护、历史文化保护等方面的事项制定地方性法规，法律对设区的市制定地方性法规的事项另有规定的，从其规定。……”徐州在凸显立法的地方特色方面，成效显著，作为旅游城市的环境保护、作为煤炭基地的塌陷地复垦条例等都突出了地方特色。另外，徐州作为交通枢纽城市，注重交通立法，在交通方面的地方立法有《徐州市农村公路保护条例》、《徐州市出租汽车客运条例》（已失效）、《徐州市航道管理条例》和《徐州市水上交通安全管理条例》、《徐州市轨道交通条例》等多个法规。

（四）从“部门立法”到“开门立法”

获得地方立法权以来，徐州市法规草案大多是由政府及相关职能部门起草，由政府提出议案，提请人大常委会审议。这也是中国各级各层次立法的通常做法。这种由政府部门起草的模式，增强了法规的针对性和有效性，对加快地方立法步伐，保障经济社会发展，发挥了一定作用。随着依法行政的逐步推行，由政府及相关职能部门起草法规这一模式的弊端逐步显现。由于起草部门缺乏中立性和超脱性，有的法规草案带有一定的部门利益色彩，容易产生“部门利益法制化”倾向，直接影响法规质量和立法权威。2008年徐州市第十四届人大常委会开启立法工作以来，提出了加强和改进立法工作，进一步推进科学立法、民主立法的新思路，推行“开门立法”，更多地体现立法的民主性。为此采取了一系列的措施。

公开征集立法项目。统筹兼顾，科学确定立法计划。建立立法项目筛选机制，从源头把好地方立法的立项关。广泛征求各地、各部门立法项目建议意见，并通过网络向全社会征集。从征集到的建议项目中筛选出紧紧围绕市委市政府中心工作，并且关系民生、体现民意的项目，通过反复与部门沟通，了解该项目涉及工作的实际、项目起草情况的成熟度，以及起草部门的立法积极性和相关项目负责人的立法专业性，综合考察后最终确定年度立法计划，通过后发文公布。

2009年年初，市人大常委会决定将规范“破墙开店”的法规草案予以委托起草，作为改进法规案起草模式的一次重要尝试。规范“破墙开店”是2007年市委提出的立法建议，2008年已作了调研，此后被列为2009年立法制定项目。该项目不仅涉及鼓励创业、促进就业、保护相邻权利人合法权益等问题，还涉及城市规划、房屋安全、环境卫生、市容市貌、工商等行政管理问题，情况十分复杂，将该项目委托给相对超脱的社会机构起草较为可行。市人大常委会将该项目委托中国矿业大学调研，由徐州市中级人民法院、江苏盛仪律师事务所起草。

“开门立法”还体现于人大常委会的立法调研中。例如，在制定《徐州市农村公路保护条例》时，环资城建工委会同相关部门深入县(市)进行实地调研论证，听取了农民代表、当地政府、交通运输管理部门以及专家学者的意见。

三、地方立法成就

徐州地方立法在各方面取得全面发展。以下着重从民生与环境两方面描述徐州地方立法的发展成就。

(一)民生方面的立法

随着中国特色社会主义法律体系的形成，地方立法面临着新的形势、新的任务和新的要求，如何在坚持法制统一的原则下，积极寻找地方立法空间，发挥地方立法对经济社会的促进和引领作用，是地方立法机关面临的新的重要课题。徐州市在地方立法中坚持民生为先的原则。既把大多数人的切身利益，诸如就业、社会保障、教育、医疗、住房、生态文明建设等作为立法工作的切入点，同时也关注特定群体利益，保证社会公平，促进社会和谐。作为依赖资源发展的老工业基地，徐州市除生态环境欠账较多外，食品安全、农贸市场管理等问题突出，对此群众反映强烈。特别是徐州市市区农贸市场管理中存在很多问题，主要有管理职责不清、布局不合理、档次比较低、购物环境差、马路市场多以及擅自改变用途等。为此，徐州市将《徐州市市区农贸市场管理条例》列为立法规划项目。

对关系改善民生，增进民生幸福，群众普遍关心的难点热点问题的立法项目,徐州市坚持从市情出发,从实际出发,突出在起草环节对重点问题的研究,从源头上把好项目的质量关,增加其可操作性。从 2009 年 7 月 10 日起,徐州市商务局组织骨干力量开展专题调研,逐一深入各个市场,召开各类座谈会 10 余次,广泛征求了市场管理者、经营业户、有关职能部门、专家学者,以及市民代表的意见和建议,在此基础上起草了《徐州市市区农贸市场管理条例(送审稿)》报市政府。市法制办在审查修改过程中,会同市商务局、市人大相关工委多次召开讨论会,征求部门意见,并深入社区和市场调研,形成了《徐州市市区农贸市场管理条例(草案)》,提交市政府常务会议审议。根据审议意见,市商务局和市人大常委会财经工委、法工委及市法制办、工商局一起,就《徐州市市区农贸市场管理条例(草案)》中涉及的重点问题,在南京、无锡、常州、泰州等城市进行学习调研。调研结束后,又对《徐州市市区农贸市场管理条例(草案)》进行了认真研究,总结借鉴其他城市的成熟经验与做法,又作了进一步修改完善,形成了《徐州市市区农贸市场管理条例(草案)》。2010 年 6 月 25 日徐州市第十四届人大常委会第十八次会议通过了《徐州市市区农贸市场管理条例》。该条例有针对性地围绕存在的问题进行制度设计,分别通过统分结合、各负其责,规划先行、规范建设,源头约束、保障用途,合理替代取缔马路市场,明确责任改善环境卫生,禁设摊点根治以罚代管等制度规定,较好地解决了相关问题。因为前期调研的深入全面,很好地把握了该项工作的实际情况,使得这个关系千家万户日常生活的农贸市场立法项目的各项规定都具有较强的可操作性。该条例出台实施以来,徐州市农贸市场管理跃上了一个新的水平。

该条例实施 8 年后,《徐州市市区农贸市场管理条例》(修订)被纳入徐州市人大常委会 2019 年的立法计划。修订草案在经徐州市十六届人大常委会第二十六次会议初次审议之后,2019 年 4 月 30 日,徐州市人大常委会办公室发布关于《徐州市市区农贸市场管理条例(修订草案)》征求意见的公告,请自然人、法人或者非法人组织提出修改意见。除了向社会公开征求意见外,为提高法规质量,徐州市人大常委会法工委还组织召开征求意见座谈会。2019 年 7 月 10 日,市人大常委会法工委副主任蒋凯文率队至贾汪区召开《徐州市市区农贸市场管理条例(修订草案)》征求意见座谈会。在广泛征求意见的基础上，2019 年 8 月 30 日徐州市第十六届人民代表大会常务委员会第二十九次会议通过了修订后的《徐州市市区农贸市场管理条例》，2019 年 9 月 27 日江苏省第十三届人民代表大会常务委员会第十一次会议批准，自 2019 年 12 月 1 日起施行。

广泛关注民生，充分听取民意，这是徐州市重大问题决策包括地方立法的通常做法："马路市场"是去是留，听证会上百姓当家；道路、广场规划是否得当，"市民规划师"出谋划策；"民心工程"项目确定，百姓投票表决；如何建设新农村，200 多名调研人员分赴 150 个村庄，了解当地农民的所愿所盼。[1]

本着"立足于早，突出于实，着眼于质"的原则，民生立法成为 2013 年徐州市人大常委会立法工作的鲜明特色。2013 年年初人大常委会就确定本年拟制定和修订的地方性法规重点围绕民生展开。根据审议通过的《徐州市人大常委会 2013 年工作要点》，2013 年市人大常委会立法制定项目 3 项，包括《徐州市城市客运出租汽车管理条例》(修订)、《徐州市消防条例》(修订)、《徐州市城市绿化管理条例》(修订)；立法预备项目 2 项，包括《徐州市云龙湖风景名胜区管理条例》、《徐州市水上交通安全管理条例》(修订)；立法调研项目 4 项，包括公共体育设施管理、质量促进、市区违法建设查处、市区道路两侧建筑物外立面管理等法规项目的调研论证，为下一步立法做好准备。2013 年立法项目在保障和改善民生中体现立法为民，主动适应徐州发展新要求，着眼急需，突出重点，增强了地方性法规的针对性和有效性，使制定的地方性法规更加符合徐州实际，更加符合人民群众意愿。

(二)生态环境方面的立法

作为依赖资源发展的老工业基地，徐州生态环境欠账较多，因此通过立法保护生态环境非常迫切。徐州市人大常委会回应群众对生态环境保护期盼和市委、市政府坚持生态优先的发展战略，不断加快水环境和风景名胜区保护、重点绿地等资源保护、环境保护立法进程。为彰显徐州这座具有 5000 年历史文化名城人文、生态、宜居的个性特色，着力打造生态城市，早在 20 世

---

[1] 参见肖昌琦：《徐州：近 9 万封市民来信参与民生决策》，载央视网，http://news.cctv.com/china/20071204/101404.shtml。

纪 90 年代，市人大常委会就制定出台了《徐州市城市绿化管理条例》（已失效）。2010 年徐州市颁布的全国首个《徐州市城市重点绿地保护条例》更是成为一个亮点，将绿地管理提升到法律规范层面，以法制“绿线”严守生态“绿地”，显示出对于生态保护的重视。2013 年市人大常委会又制定《徐州市城市绿化条例》，将永久性保护绿地制度纳入城市重点绿地的保护，对永久性保护绿地性质的改变设定了严于城市重点绿地性质改变的条件。到 2020 年年底，徐州市已有《徐州市城市绿化条例》《徐州市采煤塌陷地复垦条例》《徐州市云龙湖风景名胜区条例》《徐州市云龙湖水环境保护条例》《徐州市山林资源保护条例》《徐州市城市重点绿地保护条例》《徐州市排水与污水处理条例》《徐州市大气污染防治条例》《徐州市工业固体废物管理条例》《徐州市生活垃圾管理条例》等地方性法规，构建起地方生态保护法规体系。这些具有地方特色法规的实施，提升了城市品位，使人居环境更加生态宜居，对于巩固现有绿化成果、强化绿地保护，形成了刚性约束。〔1〕

“把最好的资源留给后代，把最美的风景还给市民”。在徐州市地方立法及市人大常委会跟踪监督的持续推动下，自 2005 年起，徐州市对快哉亭、云龙山、彭祖园等 16 座城市老旧公园实施敞园改造，实现了免费开放，真正做到了还绿于民。到 2015 年，徐州市的森林覆盖率达到 31.9%，位居全省第一，市区建成区绿化覆盖率达到 42.87%，绿地率为 40.04%，名列全省前茅，人均公园绿地面积 17 平方米，市区 5000 平方米以上的公园 177 个，5000 平方米以上公园绿地 500 米服务半径覆盖率达到 90.8%。一个“人在城中，城在绿中”的美丽、宜居新徐州正逐步呈现在世人面前，从“半城煤灰一城土”到“一城青山半城湖”，昔日那座满目飞灰的老煤城已渐渐消逝在人们的记忆里，取而代之的是一座鸟语花香的山水城市，一座容颜清新美丽的生态城市。〔2〕徐州，这座历史文化名城、国家园林城市、国家森林城市、国家卫生城市、国家生态园林城市、国家水生态文明城市，跻身中国最美丽城市之列。2017

---

〔1〕 参见李剑、张信民：《让古彭城奏响绿色生态新乐章——徐州市人大常委会跟踪监督城市重点绿地保护工作回眸》，载《徐州日报》2015 年 11 月 7 日，第 3 版。

〔2〕 参见李剑、张信民：《让古彭城奏响绿色生态新乐章——徐州市人大常委会跟踪监督城市重点绿地保护工作回眸》，载《徐州日报》2015 年 11 月 7 日，第 3 版。

年12月12日至13日,习近平总书记视察徐州市,看到这里秀丽的山水风光、美丽的生态环境、幸福的人民群众,总书记不由得夸赞道:“徐州像杭州了!”[1]

第二节　地方立法经验与特色

徐州地方立法取得了一些成就,探索出适合徐州地方的立法经验和特色。其主要体现在以下五个方面。

一、立法过程之规范化

徐州市在立法规划、立法协调、法规清理、实施监督等方面探索制度化、规范化的道路。

(一)立法项目的确定

徐州市重视立法项目的选择,认为搞好地方立法必须选择好立法项目。健全完善立项论证制度,尤其对立项的现实必要性、紧迫性和要解决的问题等逐项进行有针对性的研究、讨论,真正做到慎用立法资源。一是重视征集人民群众的立法建议,深入企业、单位、社会组织和社区,广泛听取基层部门和人民群众的意见,准确掌握人民群众的利益诉求;二是重视征集人大代表的立法建议,认真研究论证代表提出的立法议案和建议,及时将具备可行性的立法建议项目列入立法计划;三是要结合人大的执法检查、专题调研和视察,抓住影响法律贯彻实施的突出问题,分析地方立法解决问题的必要性和可行性。例如,徐州市人大常委会环资城建工委在调研中发现,原《徐州市航道管理条例》对在航道上建设拦河闸坝没有明确规定技术尺度,在实际管理中可操作性不强,为此,提出了相应建议,市人大常委会于2011年作了新的补充完善,并设置了法律责任。

---

[1] 参见何桂香、魏宁:《徐州:煤城涅槃开新花》,载《雷锋》2018年第2期。

（二）重视立法调研

徐州市在地方立法中重视立法调研。如2013年春运期间，徐州市人大常委会法工委会同部分常委会组成人员及相关部门，深入徐州东站、汽车总站、淮西客运站、汽车南站等地，以及全顺汽车出租公司、今日城汽车出租公司等单位，实地查看出租汽车客运管理情况，召集市交通运输局、市公安局交巡警支队及相关单位和个人进行座谈，了解出租汽车异地经营情况，站场出租汽车管理情况，未经许可擅自从事出租汽车客运的查处情况，出租汽车经营者对出租汽车管理模式的看法，并深入探讨出租车客运中面临的门槛问题、秩序问题、安全问题等，为《徐州市出租汽车客运条例（草案）》的再次审议打下坚实基础。

（三）完善地方立法沟通协调机制

地方立法是一项系统工程，是通过各方面的配合衔接来实现的，完善的工作机制是制定高质量地方性法规的保障。地方立法中需要平衡各方面利益，对各种利益关系进行协调，还要注意制定出的地方性法规与上位法及法规内部的协调一致。如徐州市4件交通方面的地方性法规所规范的问题都是交通发展中的难点，也是社会关注的热点，立法难度较大。因此，在整个立法过程中，政府法规起草部门、法制办公室与人大常委会相关工作委员会和法制工作委员会，加强联系沟通和协调配合，遇到问题共同研究商讨，努力形成破解、化解难题的共识，做到既明确分工，又密切配合，保证立法工作健康有序高效地向前推进。

（四）建立法规清理长效机制

中国特色社会主义法律体系形成标志着中国的立法工作进入修法时代，如何使法律体系内部保持和谐一致，完善社会主义法律体系成为立法工作的目标之一。无可否认，目前我国法律中有许多过时或者相互冲突之处，这就要求对法律进行及时清理，以排除那些过时的、冲突的规范。事实上，在中国特色社会主义法律体系尚未宣布形成之前，全国人大常委会已经高度重视法律清理工作，2008年、2009年两年的常委会工作要点和立法工作计划，都把法律清理列入其中。卓有成效的法律清理是中国特色社会主义法律体系形成的一个重要前提，但这次法律清理归根结底只不过是长期以来的运动式清理的延续。更重要的是建立起法律法规清理的长效机制。

2009年11月,全国人大常委会法工委下发了《关于做好地方性法规清理工作的意见》,对清理工作的意义、目标、标准、步骤等作出了具体规定。江苏省人大常委会先后召开了两次清理工作座谈会,对清理工作进行了调度和指导。2010年3月初,徐州市人大常委会下发了《关于做好我市地方性法规清理工作的通知》,对清理工作作出部署。按照清理方案,3月底,法规所涉主管部门将法规清理情况的报告及修改、废止法规的建议报送常委会有关工委和法工委;4月底,常委会有关工委对相关法规进行了研究并提出处理意见。对于相关主管部门、常委会有关工委提出的清理意见,法工委进行了梳理和研究;在此基础上,对有效的43件法规逐件、逐条地进行对照,其间就相关问题多次向省人大常委会法工委汇报、沟通,研究提出了初步的清理意见。10月12日,法工委召开征求意见座谈会,邀请了与清理法规项目相关的政府部门和常委会有关工委就清理意见进一步协商研究;会后根据各方一致意见,法工委提出了对7件法规进行集中修改,2件法规进行废止,10件法规列入立法计划逐年修订的清理意见。2010年10月29日,徐州市第十四届人大常委会第二十一次会议审议通过了《徐州市人民代表大会常务委员会关于集中修改〈徐州市无偿献血管理条例〉等7件法规的决定》《徐州市人民代表大会常务委员会关于废止〈徐州市农民负担监督管理条例〉和〈徐州市清真食品监督保护条例〉的决定》。

2015年《立法法》修改后,地方立法的范围、权限发生了变化,为了消除下位法与上位法相抵触的现象,《徐州市人大常委会2018年立法计划》第2项规定"全面修订我市现行地方性法规",启动法律清理。

集中开展地方性法规清理工作,找出地方性法规中与徐州市经济社会发展明显不适应的问题,以及与上位法不一致的内容并加以修改完善,有利于更好地发挥地方性法规在经济和社会生活中的引导和保障作用,对确保中国特色社会主义法律体系内部科学统一和谐,形成中国特色社会主义法律体系,具有十分重要的意义。集中清理成果显著,更为重要的是徐州市以集中法规清理为契机,建立起法规清理的长效机制,使法规清理常规化、制度化。这样有利于法规及时立改废,提高立法质量,维护法治统一。

(五)加强法规实施的监督

徐州市人大常委会在着力提高立法质量的同时,不断加大执法监督力度,突出加强对地方性法规实施情况的监督检查,督促市政府及有关部门更好地解决法规实施中存在的突出问题。

首先要在加强法规实施监督方面做到有法可依。1993 年 12 月 28 日徐州市十一届人大常委会第六次会议制定,1994 年 4 月 22 日江苏省八届人大常委会第七次会议批准的《徐州市人民代表大会常务委员会关于加强对法律法规实施情况检查监督的若干规定》(已失效),作为监督法规实施的规范起到了很好的作用。2006 年 8 月 31 日徐州市第十三届人大常委会第三十三次会议制定《徐州市行政执法监督条例》,进一步规范行政执法监督。2018 年 2 月,徐州市人大常委会制定并通过了《徐州市地方性法规实施情况报告规定》,从 2018 年起,徐州市所有现行有效的地方性法规的实施单位,每年都必须向市人大常委会报告法规实施情况。

其次是落实监督法规,使法规实施监督常规化。2015 年徐州市人大常委会组织执法检查组,于 3 月下旬至 4 月上旬对《徐州市行政执法监督条例》实施情况进行执法检查。检查前,进行了专题调研,明确了检查内容和重点,通过新闻媒体发布执法检查公告并公开征集对该条例实施情况提出的意见和建议。这次检查以随机抽查和暗访为主,同时听取汇报、召开座谈会。抽查了市交通局、城管局、国土局等部门和丰县、沛县、铜山区等县(区)部分行政部门实施《徐州市行政执法监督条例》的情况,查看了 140 多本行政执法卷宗,暗访了新沂、铜山、鼓楼、泉山公安交警大队指定违章、事故查扣车辆停车场收费、管理情况;听取了市及丰县、沛县、铜山区、鼓楼区政府及法制办、公安局等有关部门关于《徐州市行政执法监督条例》贯彻实施情况的汇报,召开了市检察院、市中院和部分基层法院相关部门负责人座谈会,检查组成员进行了座谈。

徐州市人大常委会还持续多年对《徐州市山林资源保护条例》《徐州市城市重点绿地保护条例》《徐州市云龙湖水环境保护条例》进行执法检查,有力推动了“天更蓝”“地更绿”“水更清”“城更靓”“路更畅”美丽徐州五大行动计划的实施,彰显了“楚韵汉风、南秀北雄”的城市特质。2011 年 10 月上旬,市人大常委会副主任徐崇先带领人大检查组对《徐州市城市重点绿地保护条例》实施情况进行首次检查。同年10月27日检查组在徐州市第十四届人大常委会第二十九次会议上作专题报告。自此以后，市人大常委会持续对该条例实施情况进行执法检查。2015年6月，市人大常委会对《徐州城市重点绿地保护条例》贯彻实施情况进行第五次执法检查。徐州市第十五届人大常委会第二十三次会议专题听取和审议执法检查报告，明确要求市政府及相关部门要高度重视城市规划建设与重点绿地规划建设的科学性和统一性。通过对《徐州市云龙湖水环境保护条例》的持续检查，促进了环湖截污管网建设，使云龙湖水质稳定在地表水三类标准，保护了彭城大地的一泓碧水。针对执法检查中发现的违法侵占林地案件，常委会紧盯不放，在深入调研将问题向社会公开的同时，组织开展专题询问，全力支持政府严肃查处，3起案件在专题询问后均得到解决。持续不断的视察和执法检查，推动了一批生态工程的实施，也促进了徐州市生态环境的持续改善。

徐州市人大常委会还选择食品安全、棚户区改造、保障房建设、违法建设治理、老年人权益保障和市区农贸市场管理等与群众生活密切相关的事项，开展了一系列调查视察和执法检查，顺应群众意愿期盼，有效解决了一批民生问题，维护了社会和谐稳定。

二、立法技术逐步成熟

（一）立法的规范化

1993年徐州市获批“较大的市”获得地方立法权后制定的第一个规范性文件是《徐州市人民代表大会常务委员会关于制定地方性法规的规定》，规范徐州地方立法。2001年2月27日徐州市第十二届人大第四次会议制定《徐州市制定地方性法规条例》，自此以后徐州市地方立法除了依照《立法法》《地方各级人民代表大会和地方各级人民政府组织法》《江苏省制定和批准地方性法规条例》外，又有了更为具体、更有针对性的规范，标志着徐州地方立法进入了一个新的阶段。2018年，徐州市人大又对《徐州市制定地方性法规条例》进行了修改。

(二)立法语言

语言文字是所有规范性文件在形式上最基本的构成单位,因此运用立法语言的技术成为立法技术中的重要组成部分。一项法律、法规、规章等规范性文件是否切实可行,固然与立法是否体现了民主立法、科学立法、法制统一的原则,立法是否与社会实际相符合,社会公众是否认同立法所秉持的价值取向直接相关,同时也与规范性文件本身的语言文字水平有密切的关系。立法语言运用得科学、合理、规范,不仅可以使立法主体的立法意图、立法政策措施明确无误地表达出来,是衡量立法质量的一个重要指标,而且有助于立法的有效实施。从徐州市立法的实践来看,随着立法技术的提高,立法语言越来越表现出准确、简洁、严谨的特征。徐州市在地方立法中特别注重立法语言的规范、简洁、明确等。

(三)"包裹立法"技术的运用

现代生活错综复杂,规范性法律文件的调整范围多有交叉,一部法律的制定往往导致其他法律也必须修改,传统的逐一审议修改的方式不仅导致立法的烦琐低效而且易在新旧法律之间形成法律冲突。为了避免这种僵硬的审议方式,德国等国家逐渐发展出了"包裹立法"的立法技术,使立法者在制定新法或修改旧法时,一并对所涉及的其他法律进行修改。在大陆法系国家,这是一个常用的方法,有利于提高立法效率、促进法律体系内部的协调统一。第十一届全国人大常委会第九次、第十次会议分别通过《全国人民代表大会常务委员会关于废止部分法律的决定》《全国人民代表大会常务委员会关于修改部分法律的决定》,这在我国被认为是"第一次采取'包裹立法'的模式,算是一个创新"。之后各省的法规清理也大多沿袭了这一方式。将"包裹立法"纳入法定程序则是在2015年3月的十二届全国人大三次会议上,这次会议审议通过了《全国人民代表大会关于修改〈立法法〉的决定》,增加规定,"对多部法律中涉及同类事项的个别条款进行修改,一并提出法律案的,经委员长会议决定,可以合并表决,也可以分别表决"。

徐州市在社会主义法律体系形成之前应全国人大常委会要求进行地方性法规清理过程中,也实行了"包裹立法"。2010年3月初,徐州市人大常委会下发了《关于做好我市地方性法规清理工作的通知》,对清理工作作出部署。对有效的43件法规逐件、逐条地进行对照，根据各方一致意见，法工委提出了对7件法规进行集中修改，2件法规进行废止，10件法规列入立法计划逐年修订的清理意见。需要集中修改的法规共7件，主要有三种情况：一是所依据的上位法作了修改，应当跟进修改的法规，包括《徐州市地名管理条例》《徐州市旅游管理条例》《徐州市爱国卫生管理条例》《徐州市市政公用设施管理条例》；二是出台了新的上位法，应当跟进修改的法规，包括《徐州市农业机械安全监督管理条例》《徐州市无偿献血管理条例》；三是因国家政策调整，法规个别条款内容过时，需要修改的法规，即《徐州市有线广播电视管理条例》。2010年10月29日，徐州市第十四届人大常委会第二十一次会议审议通过了《徐州市人民代表大会常务委员会关于集中修改〈徐州市无偿献血管理条例〉等7件法规的决定》《徐州市人民代表大会常务委员会关于废止〈徐州市农民负担监督管理条例〉和〈徐州市清真食品监督保护条例〉的决定》。这是一次成功运用"包裹立法"技术的尝试。此后，"包裹立法"成为徐州市地方立法的一种常规方式。如2021年的徐州市立法计划中，拟对《徐州市工会劳动法律监督条例》《徐州市电梯安全管理条例》等5件法规项目进行打包修改。

三、地方问题，特色立法

地方立法应找准自己的层面，在"不抵触，有特色，可操作"上多下功夫。国家有上位法规定的，地方立法不宜在同一层面立法，那样会导致高度的重合性。地方立法应更多地针对地方问题进行特色立法。徐州是江苏省的主要煤炭基地、交通枢纽、文化古城、旅游城市，有关煤炭、交通、文化等方面的立法，也正是徐州地方立法特色的体现。

（一）采煤塌陷地复垦地方立法

徐州煤炭规模化开采已有130余年的历史，煤炭开采造成的地表下沉、塌陷使耕地逐年减少，农田水利设施及公共基础设施遭受严重破坏，随着煤矿采掘的不断进行，又在形成新的塌陷地。全市采煤沉陷地37.83亩，其中沉陷深度大于1.5米的面积高达22.56万亩。这些因采煤而造成的"地球伤疤"

给生态环境和人民的生产、生活造成了很大影响。[1] 土地资源对社会经济发展的制约已成为徐州发展的一个"瓶颈",塌陷地复垦和塌陷地利用问题刻不容缓。如何合理利用采矿塌陷地,促进老工业基地转型发展,是摆在徐州面前的一项重大课题。针对塌陷地复垦问题,2001 年 9 月 27 日徐州市第十二届人大常委会第二十八次会议制定《徐州市采煤塌陷地复垦条例》。

该条例 2002 年 1 月 1 日起实施。该条例对"采煤塌陷地复垦"的概念进行了界定,即"对采煤塌陷造成破坏的土地,进行综合整治,使其恢复到可供利用的状态"。该条例规定徐州市、县、贾汪区国土资源行政主管部门负责本行政区内采煤塌陷地复垦的管理工作,有关部门应当各司其职,相互配合,共同做好采煤塌陷地复垦工作。该条例明确了采煤塌陷地的复垦责任和权属,各级人民政府、农村集体经济组织和煤矿企业应当按照国家法律法规的有关规定完成自己职责范围内的复垦工作。复垦后的采煤塌陷地土地使用权按照政府许可或合同规定分属不同单位或个人并可在规定期限内依法流转。该条例规定,市、县、贾汪区人民政府应当建立采煤塌陷地复垦专项资金,并规定了专项资金的主要用途。该条例还规定,使用复垦后的采煤塌陷地,按照国家有关规定,依法减免有关税收和费用。依照该条例规定,负有采煤塌陷地复垦义务的单位和个人不履行复垦义务的,由各级主管部门责令限期改正;逾期末改的,要交纳土地复垦费并处以罚款。贪污、挪用、侵占复垦专项资金,或国土资源行政主管部门工作人员玩忽职守、滥用职权、徇私舞弊构成犯罪的,依法追究刑事责任。该条例实施两年多之后,2004 年,徐州市人大常委会又对该条例进行了修改。

《徐州市采煤塌陷地复垦条例》使徐州市采煤塌陷地复垦工作有法可依,治理工作迈上新台阶:针对塌陷地的形状、土壤类型、地层结构、稳沉程度、积水深浅等不同情况,进行分类治理。严格资金管理,土地复垦整理资金专款专用,专户储存,封闭运行,并严格资金审查审计,并出台优惠政策,加强对复垦整理后土地的经营利用。对复垦整理后的土地,采取多种经营方式进行农

---

[1] 参见刑志刚、李伟豪、陆金玉、曹斌:《变废为宝:采煤塌陷地上的生态之舞》,载《现代快报》2017 年 8 月 23 日,F10 版。

业结构调整,发展高科技与高效农业,取得了明显的经济、社会和生态效益。取得显著成效,治理工作多次获得国家级表彰。到2008年年初,8万亩采煤塌陷地变废为宝,新增耕地4万亩。治理后的8万亩采煤塌陷地成为可耕种的良田、养殖水面、旅游观光生态园等。复垦整理后的采煤塌陷地平均每年可增产粮食3200万公斤,水产品2500万公斤,年创产值约2亿元,安置劳动力就业7万余人。[1]

在以上治理成效的基础上,2008年,徐州市委、市政府创造性地提出了"基本农田整理、采煤塌陷区治理、生态环境修复、湿地景观开发"四位一体治理模式,把采煤塌陷地转化为独特的资源来利用。在符合土地利用总体规划和城镇建设规划的前提下,徐州市统筹考虑矿区开采规划、土地整理复垦开发专项规划,结合实际地形和地质情况,将城镇建设规划区以外的采煤塌陷地,优先复垦为农用地(耕地);将城镇建设规划区以内的采煤塌陷地,优先复垦为建设用地;将塌陷较深的,合理保留塌陷水面,建设生态湿地景观,实现人与自然的和谐发展。[2] 全市累计投资24.6亿元,先后对9.65万亩采煤沉陷地实施生态修复,完成了商湖、九里湖、潘安湖、安国湿地等一批重大生态再造工程。曾经的"生态之殇",被建设成为湖荡优美的景观区、涵养生态的修复区。[3]

(二)绿色徐州立法

"十一五"以来,徐州加强环境综合整治,开展"蓝天碧水"攻坚战。市人大常委会审议通过徐州市生态城市建设规划并作出决议。先后制定和修订了《徐州市云龙湖水环境保护条例》《徐州市城市重点绿地保护条例》《徐州市山林资源保护条例》《徐州市云龙湖风景名胜区条例》等地方性法规,为保护和改善生态环境提供了法制保障。前文已有详述,此处不再赘述。

---

〔1〕 参见《我市积极有效开展采煤塌陷地复垦和综合利用》,载《徐州日报》2008年4月22日,第5版。

〔2〕 参见陈彬、张洪武:《采煤塌陷地复垦治理的徐州样本》,载《中国矿业报》2014年7月15日,第B3版。

〔3〕 参见胡畔:《以"矿地融合"之策打造生态国土》,载《中国经济时报》2017年6月27日,第2版。

四、勇于创新，率先立法

由于“国家尚未制定法律或者行政法规的，省、自治区、直辖市和较大的市根据本地方的具体情况和实际需要，可以先制定地方性法规”（2000年《立法法》）的事项范围比较窄，而且需要比较强的制度创新能力，加之加以严格解释的话容易碰触“法律保留原则”的底线，所以在地方性立法中，这方面的立法少之又少。立法创新需要在全面研究国家法律、法规、部门规章的基础上，找准立法的空白点，找准地方立法的切入点。对于“较大的市”而言，还要在研究省级地方性法规的基础上，进行本地的立法创新。徐州市在这方面进行了有益的探索，如《徐州市计算机信息系统安全保护条例》《徐州市电梯安全管理条例》《徐州市城市重点绿地保护条例》。

五、审慎立法

自从2010年中国社会主义法律体系如期形成后，中国的立法进入“修法时代”，尤其要注重审慎立法。法规的数量越多并不意味着城市的法治化程度越高。徐州市在地方立法中采用了审慎的态度，有的立法事项，先经过较为充分的实践，然后以地方立法的形式巩固已有的成果、推动此项事业的法制化和规范化。比如，徐州市先改善城市生态环境，建成令人称赞和珍爱的重要绿地，然后考虑如何保护这些得之不易的绿地，构建城市绿地建设和保护长效机制。为确保城市重要绿地得到有效保护，徐州市制定了《徐州市城市重点绿地保护条例》。再如，近年来，徐州市在残疾人权益保障方面取得大发展，在此过程中出台了一系列相关政策和措施，如为残疾人服务的教育、就业、扶贫、康复、托养等专项扶持政策，以及残疾人的社会保障、救助政策等，这些政策措施经过实践检验已比较成熟，需要通过立法上升为地方性法规，以增强权威性。残疾人康复、劳动就业、社会保障、教育医疗、文化生活等方面的许多成功做法，也需要制度化。同时，仍然存在的一些问题，如残疾人康复服务体系需要进一步完善，残疾儿童、青少年就学困难需要进一步解决，残疾人就业难问题仍然比较突出等也迫切需要通过立法予以解决。因此，2018年3月30日，为进一步完善残疾人保障制度体系，强化残疾人保障工作，提高残疾人保障水平，市人大常委会将《徐州市残疾人保障条例》从立法预备项目转为制定项目，列入2019年立法制订计划。2019年12月25日，《徐州市残疾人保障条例》经徐州市人大常委会表决通过，2020年5月1日起施行。

立法的结果，有的是成功制定出预想中的法规，有的是在立法过程中搁浅。对于在立法过程中发现不适合立法的，不能为了挽回“沉淀成本”而勉强立法。这样表面上挽回了立法的沉淀成本，但是又增加了执法成本、守法成本、司法成本、法律监督成本。以下以徐州的“破墙开店”立法来说明这一点。《徐州市市区利用非商业用房从事经营活动若干规定》是列入2009年徐州地方性法规立法规划的项目。通过前期调研，确定徐州市市区“住改商”达万余家。“住改商”作为城市发展过程中的产物，有其存在的必然性和合理性，同时，其无序的发展，也导致了许多社会问题。从积极的方面看，“住改商”对创业和就业有一定的促进作用，也给市民生活带来一些便利；从消极方面来说，“住改商”严重影响城市市容环境卫生，破坏了城市规划，给老城区拆迁改造造成很多障碍，也给相邻的利害关系人的生活造成影响。因此对“住改商”不能简单地“放”或“禁”，正确的做法是实行综合治理，在具体的制度设计中，要妥善处理好规范“住改商”与促进全民创业的关系、与城市建设和管理的关系、与相邻房产权人的关系，以找到兼顾各方利益的平衡点。市人大常委会将该项目委托中国矿业大学调研，由徐州市中级人民法院、江苏盛仪律师事务所起草，调研起草任务于2009年4月底完成，草案文本送政府办公室及法制办。中级法院的草案主要内容有：一是明确了规范的对象，即住宅及其附属设施、市政基础设施和公用性配套设施。二是实行有禁有限，分类管理，如禁止利用危险房屋、已经列入拆迁范围内的房屋及市政府划定的特定区域的房屋，从事经营活动；禁止利用非商业用房在居民小区和市政府划定的特定区域从事餐饮、废旧物资回收、五金加工、危险品储存等行业。在上述禁止的区域和行业以外“住改商”的，须经利害关系人同意。其中从事餐饮、加工、危险品的“住改商”，利害关系人为整栋房屋全体业主；其他“住改商”的，利害关系人是相邻的上下左右业主。三是确定由工商管理部门负责“住改商”的登记管理，在禁止区域“住改商”的，不得核发营业执照；在其他区域“住改商”的，要取得其他业主同意的证明材料。四是规范城市道路改建行为，城区道路改建,应和道路两侧的商业网点建设同时规划、同时设计、同时施工、同时投入使用;对于不宜规划商业网点的,须同时建设绿化带和隔离带。五是对现有“住改商”行为,按照本法规关于利害关系人同意的规定,向工商部门补交利害关系人同意的手续。江苏盛仪律师事务所的草案根据法律的有关规定,设定了严格的“住改商”许可制度,由规划部门作为许可机关,由其征求有关部门和利害关系人的意见,予以审查许可,许可后,当事人凭许可文件到土地管理部门和房屋管理部门办理土地和房屋用途变更登记,然后到工商部门办理营业执照。经过对这两份草案的审查,法工委和政府法制办认为,江苏盛仪律师事务所的草案,虽规范的较为全面,但鉴于徐州市实际,执行起来,难度很大,外省市同类规定也都未能得到有效执行。市中级人民法院的草案,均衡了相关各方的利益,对群众反映强烈的重点区域和行业的“住改商”行为,作了禁止性规定,对其他区域和行业的“住改商”行为要充分征求相关利害关系人的意见,而且根据所从事商业行为对周围业主生活影响的大小,对利害关系人的范围作了区分,有些是左邻右舍,有些则是全体业主。该草案基本符合徐州市实际,具有较强的可行性和可操作性。在法工委和法制办审查草案期间,最高人民法院于 2009 年 5 月 14 日,公布了《最高人民法院关于审理建筑物区分所有权纠纷案件具体应用法律若干问题的解释》,依照该规定,“住改商”不分行业和种类,必须经整栋建筑全体业主的同意。根据调研的情况,“住改商”在申请登记前,若征得整栋建筑全体业主同意几乎是不可能的。由此,该规定与徐州市市法规草案实行有禁有限、分类管理的立法思路出现冲突。制定地方性法规一般不宜与最高法院的司法解释发生冲突。法工委和法制办经研究,建议对草案的内容作重大修改。禁止拆除承重墙、乱搭乱建、店外经营等危害房屋安全和市容环境卫生的行为。同时设定相应的法律责任。对非禁止区域的“住改商”行为,如侵害利害关系人的权益,当事人可以依照最高人民法院的司法解释,向法院提起民事诉讼。2009 年 6 月 30 日,徐州市政府法制办公室将草案公开向社会征求意见。但最终考虑到这个法规出台后难于实施,立法搁浅。

第三节 地方立法存在的问题及对策思考

地方立法作为国家立法的重要组成部分，其显著特征就是“不抵触、有特色、可操作”。徐州市在地方立法方面取得了很大成就，但还是不能满足对于“不抵触、有特色、可操作”三方面的要求。

一、地方立法存在的问题

（一）在“不抵触”方面存在的问题

徐州市在地方立法中保持与上位法相一致、不抵触，对于因新的上位法出台而导致地方性法规与上位法相抵触的现象，及时作出修改，以保持与上位法相一致。如徐州市在全国率先制定电梯条例，这部地方性法规在加强电梯安全监督管理、确保电梯安全运行、防范各类电梯事故发生等方面发挥了重要作用。但随着《特种设备安全法》《江苏省特种设备安全条例》相继出台，电梯条例的有关内容与上位法规定不尽一致。为与上位法保持一致，徐州市人大常委会及时对电梯条例进行修订，新的《徐州市电梯安全管理条例》自2017年1月1日起施行。在上位法出台、下位法未予修改之前，与上位法完全“不抵触”几乎是不可能的。

（二）在“有特色”方面存在的问题

地方特色是地方立法的灵魂，也是衡量地方立法质量和价值的一个基本标准。但事实上在地方立法中，立法的抄袭现象比较严重，大大折损了地方立法的特色。

相比容易触碰立法权限边界的创新来说，一些明显的地方管理事项就安全很多，例如本地城市的管理领域等。各地因此争相在这一领域发力，产生了大量“无论从标题、结构，还是规范内容、条文表述等方面，大多大同小异”的法规。[1]

---

〔1〕 参见向立力：《地方立法发展的权限困境与出路试探》，载《政治与法律》2015年第1期。

一是照抄上位法问题。立法抄袭的一种常见情形是地方立法大量抄搬上位法条文。例如《行政处罚法》出台以后,各地都结合地方特点制定了处罚的实施办法,其实诸多地方的实施办法只是将处罚法的内容照抄了一遍。这种现象特别明显表现于较大的市取得地方立法权的初期。比如《徐州市城市房地产交易管理条例》第 2 条第 3 款“房地产转让、抵押时,房屋的所有权和该房屋占用范围内的土地使用权同时转让、抵押”,完全照搬《城市房地产管理法》第 32 条“房地产转让、抵押时,房屋的所有权和该房屋占用范围内的土地使用权同时转让、抵押”。地方性法规照抄上位法,主要基于以下三方面原因:首先,片面追求法规体例的完整,认为条文太少显得单薄以至于看起来不像部法规,制定法规时贪大求全,面面俱到,可是切合本地实际的内容又拟不出几条,于是只好照抄照搬上位法条文。其次,法规起草人员的专业素质不适应。有关负责人和工作人员对法规起草的要求和规范缺乏了解,习惯于以国家法律和行政法规为蓝本,一动手就陷入“大而全”或者“小而全”的模式。最后,立法机关审议把关不严格。有立法权的地方人大常委会在对地方性法规案的审议过程中,对地方立法要突出地方特色把关不够严格。尽管对法规草案中过多抄搬上位法有关条文的做法并不赞成,但法规案已经进入审议程序,此时因顾及与提议案机关的关系等原因,认为不宜再对法规草案大删大减,只好予以通过。〔1〕 地方性法规大量抄搬上位法条文,不仅有损于立法的权威性、严肃性,而且也降低了立法效率,浪费了立法资源。有立法权的地方人大常委会对这一问题应当高度重视,并采取措施加以纠正。

二是地方立法的雷同问题。一个地方对某一领域进行地方立法,其他地方纷纷仿效,导致出现大量名称、条文雷同的地方性法规。如某市制定了养犬条例,其他很多有地方立法权的城市纷纷效仿,一部部养犬条例纷纷出台,而且其内容的重复率很高。可是这种地方性法规在制定时仅考虑规制的必要性而不考虑实施的可能性,以至很多城市的养犬条例实施不力,成为一纸具文。《徐州市养犬管理条例》于 2009 年 10 月 30 日徐州市第十四届人大常

〔1〕 参见辛玉祥:《切实解决地方立法抄搬上位法的问题》,载徐州人大网,http://www.xzrd.gov.cn/html/2009/200907311896.shtml。

委会第十三次会议制定,自2010年5月1日起施行。在徐州市制定出养犬管理条例之前,全国已有24个城市出台了规范养犬的地方性法规。与其他城市的养犬管理条例相类似,《徐州市养犬管理条例》也存在仅考虑规制的必要性而对实施的可能性考虑不足的问题,在实践中实施不力。

(三)"可操作"方面存在的问题

地方立法的可操作性,简单地说就是所立的法规条文,要有针对性、适用性,要管用、实用,能解决实际问题。[1] 从法律的特征看,地方性法规具有法的一般特征,它是一种普遍、严谨的行为规范,为人们的行为提供模式、标准、样式和方向,具有指引、教育、评价、预测和强制作用。所以,法规条文不能含糊不清、模棱两可,必须明晰化、可操作性,这是法规内在的本质要求。可操作性不强是地方立法的普遍缺陷。徐州市的地方立法中也同样存在这样的问题。主要表现为:(1)立法语言模糊容易产生歧义。立法调整的对象和范围界定不够清楚,存在模糊或者产生歧义的现象。如原《徐州市城市市容和环境卫生管理条例》第33条第2款规定:"饲养犬类的,必须经公安机关批准。经批准饲养的家犬,不得被携带搭乘公共交通车辆和进入公共场所。"这一款的语言表述容易引发对条文理解的不必要分歧。"经批准饲养的家犬,不得被携带搭乘公共交通车辆和进入公共场所",从字面解释的角度,没有被批准饲养的家犬倒是可以被携带搭乘公共交通车辆和进入公共场所?这种理解肯定是荒谬的,违反了立法原意。(2)解决问题采取的措施针对性不强。针对性不强的法规难于做到切实可行。比如在采煤塌陷地复垦立法方面,尽管立法成效卓著,但不可否认,在针对性方面依然有提升和完善的空间。比如《徐州市采煤塌陷地复垦条例》对于"复垦"的界定,其第2条规定,"本条例所称的采煤塌陷地复垦,是指对采煤塌陷造成破坏的土地,进行综合整治,使其恢复到可供利用的状态"。这一界定沿袭了此前国务院《土地复垦规定》中对于"复垦"的定义。什么是"可供利用的状态"?根据该条例第13条的规定,"城市、村镇规划区内的采煤塌陷地,根据土地利用总体规划和地质情况,复垦为建设用地或者农用地。城市、村镇规划区以外的采煤塌陷地,优先复

[1] 参见李高协:《地方立法的可操作性问题探讨》,载《人大研究》2007年第10期。

垦为农用地。”所以“可供利用的状态”即可作为“建设用地或者农用地”。问题是，如何保障“城市、村镇规划区以外的采煤塌陷地，优先复垦为农用地”？由什么主体决定？通过何种程序？是否需要听证？这些疑问在条例中都找不到答案。(3)提倡性、号召性、宣示性条款较多。上述《徐州市采煤塌陷地复垦条例》关于“优先复垦为农用地”的规定，本应属于法律规则中的强行性规则，由于缺乏相应的程序性条款加以保障，因此事实上就成为“提倡性、号召性、宣示性条款”。(4)有些规范缺少法律后果。如制定于2006年的《徐州市行政执法监督条例》，政府法制监督程序性设定较多，对具体工作缺少刚性约束，一些内容缺乏操作性，对不执行该条例的行为没有相应的制裁措施，一些条款需作进一步修改。这些缺陷影响了该条例的实施，需要适时修订。

二、地方立法的对策建议

(一)明确立法工作思路

一方面，为维护法制统一原则，地方立法不应与中央立法相抵触。另一方面，地方立法是国家立法的补充和细化。适应本地实际情况，解决本地实际问题，永远是地方立法的出发点和落脚点。地方性法规对所要规范的事项作出的规定应力求做到明确具体、切实管用，需要几条就规定几条。凡是上位法已经有了规定而地方并无须补充和细化内容的，地方性法规就没有必要为了体例结构的完整、配套而抄搬上位法的原文。

(二)提高法规起草质量

立法项目确定之后，人大常委会要向各有关方面就法规起草工作提出明确要求，组织起草人员进行业务培训。在法规起草过程中，人大有关机构要提前介入，及时给予指导和帮助，努力增强法规草案的针对性、适用性。打破由政府起草法规草案的单一模式，建立和推行多元化的法规草案起草制度。对规范政府行政部门事项的法规，由政府行政部门负责起草；对涉及政府多家行政部门权限和职责的法规，由政府法制部门或者综合部门组织起草；对事关经济发展、社会稳定和人大制度建设方面的重要法规，由人大有关专门委员会或者工作机构组织起草；专业性较强的法规，可以委托大专院校、科研机构、专家学者起草或者通过招标投标起草；对属于规范社会团体权利、义务的法规，由相关社会团体牵头起草。但无论哪一方牵头起草，都应在组织起草班子时实行立法工作者、实际工作者和理论工作者三结合，发挥各自优势，整合资源，取长补短；必须从本市市情出发，从实际出发，不能从愿望和想当然出发，更不能从概念和本本出发，以便从源头上把好法规的质量关，增强法规的可操作性。

（三）严格把好审议关

人大常委会对地方性法规案的审议，不仅要审议其合法性如何，而且要特别强调地方特色。对于缺乏地方特色，大量抄搬上位法条文的法规草案，负责审议或者审查的人大有关机构可以在审议或者审查报告中提出意见，由主任会议作出决定，建议提议案机关重新起草后再提请常委会会议审议。常委会会议在审议地方性法规案时，对于其中不必要的照抄照搬上位法的条文，应坚决予以删除。

（四）提升立法技术

一是加强立法工作机构能力建设。具体措施包括：建立立法工作人员岗位资格证制度，提高准入门槛；开展多层次理论研究和学术交流；深入基层，了解民意，吃透实情；加强立法人员培训和信息化建设等。二是建立和完善提高立法质量的各项制度。包括立法项目可行性论证制度、评价制度和成本效益分析制度、立法质量评估制度、公众参与制度等。不仅对立法项目的必要性、可行性应进行充分的论证，还应对调整某一事项、规范某一行为、解决某一问题所设立的具体条款的实用性、操作性等进行立法前和立法后评估。三是学习借鉴其他市的立法经验。既要学习借鉴其他省情况和类似城市的成功立法经验，还要借鉴吸收江苏省其他市在地方立法中的经验。但要结合实际，切忌生搬硬套。

第四节　地方立法典型实例分析

一、《徐州市计算机信息系统安全保护条例》立法分析

进入21世纪以来，网络发展迅速，新情况不断出现，个人隐私、信息安全

越来越没有保障。在这种情况下，有必要对这些问题进行规范。2008 年 12 月 12 日，徐州市人大常委会通过《徐州市计算机信息系统安全保护条例》，2009 年 1 月 18 日，经省十一届人大常委会第七次会议批准，于 2009 年 6 月 1 日起生效。徐州市人大常委会依据国务院发布或批准的《计算机信息系统安全保护条例》《互联网上网服务营业场所管理条例》《计算机信息网络国际联网安全保护管理办法》等，并参照已经出台类似规定的广东省、重庆市、杭州市等地的法规，在江苏省率先对互联网公开他人信息进行了明确约束。

《徐州市计算信息系统安全保护条例》对计算机安全等级、保护措施、禁止行为、法律责任等，皆作出了详尽规定。该条例第 18 条规定，“任何单位和个人不得利用计算机信息系统实施行为”中，禁止“未经允许，提供或者公开他人的信息资料”；第 19 条规定的“任何单位和个人不得利用计算机信息系统制作、复制、传播信息”行为中，禁止“散布他人隐私，或者侮辱、诽谤、恐吓他人”。相应地，法律责任中规定，违反上述行为的，个人可以并处 500 元以上 5000 元以下罚款，单位可以并处 1000 元以上 1 万元以下罚款；情节严重的，可以给予 6 个月以内停止联网、停机整顿的处罚，必要时可以建议许可机构吊销经营许可证或者取消联网资格；违反《治安管理处罚法》的，依法予以处罚。这一规定在徐州市、江苏省乃至全国都成为网民们热议的话题。徐州市人大常委会有关负责人向社会公众作出解释，该条例所规范的内容，包括计算机信息系统的安全保护和管理、秩序管理、监督检查、法律责任等多个方面，关于规范“人肉搜索”，禁止侵犯个人隐私的内容，只占很小一部分。并且，徐州的立法并非简单地禁止“人肉搜索”，一是该条例中明确规定禁止的前提是“未经允许”，“未经允许”既包括未经个人允许，也包括未经国家法律法规的允许；二是在网上揭露丑恶现象、举报领导干部的违法行为、抨击社会不文明行径，在该条例当中都是不禁止的，这也是国家允许的、赋予公众的监督权利。该条例规定要禁止的，是针对普通公民的正常的隐私、信息安全的搜索。这些搜索通常并无公益目的，还侵害公民的合法权益，给公民的个人生活、工作、家庭、精神等带来危害。

同时，在家上网散布隐私，容易锁定具体的人，但由于网络特有的虚拟性，在网吧或宾馆，尽管会留下痕迹，但现有手段也不是完全能奏效的。所以,《徐州市计算机信息系统安全保护条例》专门规定了上网实名制:向公众提供上网服务的网吧、宾馆等场所,应当安装国家规定的安全管理系统,对上网人员进行实名登记,并记录有关的上网信息,登记内容和记录备份保存时间不得少于60日,保存期间不得删除或修改。一旦违反,将由公安机关给予警告,可以并处1000元以上1万元以下罚款,情节严重的,责令停业整顿,必要时可以建议吊销经营许可证。

徐州市之所以能出台《徐州市计算机信息系统安全保护条例》,其原因在于,对于计算机网络的监管,徐州市公安部门形成了一整套行之有效的规范,管理手段先进,曾受到公安部表彰。就这一立法取向看,它强调网络信息世界个人隐私同样受法律保护,不因网络的匿名性特征而折损。由于我国法律对何为隐私、隐私权的范围、隐私的保护方式等方面都处理得模糊,徐州的地方立法因此显出与时俱进的特性。在保护隐私的法律精神下匡正"人肉搜索"可能带来的个人权益侵犯,这无疑是符合法律精神和私权保护的立法取向的。

二、《徐州市电梯安全管理条例》立法分析

进入21世纪以来,我国城市电梯保有量迅猛增长,随着电梯使用年限的增长,因电梯紧急报警装置损坏和通信信号缺失而导致事故的情况时有发生,但这方面的立法又处于严重滞后状态。为此,徐州市人大常委会于2011年10月28日通过了《徐州市电梯安全管理条例》,2011年11月26日江苏省第十一届人大常委会第二十五次会议批准,2012年3月1日起施行。这是徐州市人大常委会在国内率先制定的一部事关民生的地方性法规,标志着徐州市在该领域的立法走在了全国前列。该条例共七章48条,明确了建设工程的建设单位和电梯制造、安装、改造、维修和销售单位的电梯安全责任,界定了电梯使用单位及其安全职责,规范了电梯日常维护保养和电梯检验检测行为,建立完善了执法监督。其中,针对徐州市电梯安全管理中一些亟待解决的问题,该条例还设定了一些具有徐州特色的规定。

第一,推行安装电梯安全监控系统,《徐州市电梯安全管理条例》第6条规定:"新建公共场所使用的电梯,应当配置具有运行参数采集功能和图像采集功能的电梯安全运行监控系统。"作此规定,有利于在电梯发生故障后的第

一时间内，掌握信息、发出指令、实施救援。

第二，合理确定电梯使用单位。《徐州市电梯安全管理条例》明确了电梯日常安全管理的责任主体并细化、规范其管理职责，从源头上解决电梯使用管理、日常维护保养及定期检验难以落实的问题，以解决电梯安全管理工作中的基础环节和关键问题。根据徐州市电梯使用管理的实际情况，该条例第14条将电梯安装使用各阶段中的项目建设单位、物业服务企业或者其他管理人、电梯所有权人等明确为电梯使用单位。同时还规定"电梯所有权人出租、出借或者以其他方式转移物业使用权的，可以约定物业使用人为电梯使用单位"，"电梯使用单位不明确的，由电梯所在地街道办事处、镇人民政府督促电梯所有权人限期落实"。这一规定确保了电梯安全管理的责任主体的落实。

第三，规范电梯日常维护保养行为。电梯的日常维护保养对于安全运行至关重要，也是电梯安全管理中问题突出、亟待加强和改善的环节。为此，《徐州市电梯安全管理条例》一是明确了电梯日常维护保养责任；二是设立了异地注册电梯维保单位的备案制度；三是对电梯维保单位的具体职责作出了明确具体的规定。针对实际中存在的将电梯维保业务违法转包、分包或者以授权、委托、挂靠等方式变相转包、分包的问题，该条例作出了禁止规定并设定了处罚。

第四，明确电梯相关费用的承担。电梯运行费用以及电梯的更新、改造、维修费用的落实和保障等是群众关注的问题，也是立法的焦点和难点。根据《物权法》、《物业管理条例》及国家有关规定，结合本市实际，《徐州市电梯安全管理条例》第22条、第23条明确电梯的日常运行费用由电梯所有权人或者物业实际使用人交纳，费用由电梯使用单位集中收取、支付，已委托物业管理的可列入物业服务费和公摊电费中收取、支付。电梯保修期满后的更新、改造、维修费用，从已经建立的住宅专项维修资金中列支。无住宅专项维修资金或者专项维修资金不足的，具体的筹集和使用办法授权市人民政府制定。此外，针对群众普遍反映申请使用住宅专项维修资金难的问题，该条例第24条第2款规定："业主大会制定管理规约时，可以约定在电梯存在严重安全隐患，需要立即更新、改造、重大维修的，由业主大会或者业主委员会直接代为申请住宅专项维修资金。"

第五,设定相应的法律责任。《徐州市电梯安全管理条例》从电梯安全管理的客观需要出发,针对电梯安装、改造、维修、使用、日常维护保养,以及电梯检验检测中的违法行为,设定了相应的行政处罚。同时,对质监部门及其工作人员不依法办理电梯登记,发现违法行为不予查处,接到投诉或者对违法行为的举报不及时调查处理等玩忽职守、滥用职权、徇私舞弊的行为,设定了行政责任。该条例还就建立电梯服务信用评价制度、鼓励参加电梯安全责任保险、电梯事故应急救援等作出了明确规定。

《徐州市电梯安全管理条例》在保证电梯安全运行方面发挥了重要作用。但随着形势的变化和发展,原条例越来越显示出其滞后性,不能适应新形势下电梯安全监督管理的需要,同时存在与上位法《特种设备安全法》《江苏省特种设备安全条例》的冲突,有必要及时予以修改。[1]

新的《徐州市电梯安全管理条例》2016 年 8 月 26 日徐州市第十五届人大会常委会第三十四次会议制定,2016 年 9 月 30 日江苏省第十二届人大常委会第二十五次会议批准,2017 年 1 月 1 日起施行。相比原条例,新的《徐州市电梯安全管理条例》有以下变化:

1. 电梯安全监督管理的政府责任。该条例明确了电梯管理的政府责任,分别明确了市、县(市)区人民政府,镇人民政府、街道办事处、开发区管委会在电梯安全管理中的职责,明确了特种设备安全监督管理部门、其他相关部门的电梯安全管理职责以及制定电梯应急预案的规定。

2. 既有住宅电梯加装。该条例第 11 条规定,"既有住宅需要使用共有部分加装电梯且符合相关法律、法规规定的,相关部门应当依法予以办理批准手续。既有住宅加装电梯的具体办法由市人民政府制定。"

3. 电梯安全责任保险。该条例第 6 条规定,"鼓励电梯制造、使用、日常维护保养单位、检验机构等按照国家、省有关规定参加电梯安全责任保险,提高事故赔付能力。"

4. 电梯安全管理相关信息公开。住宅小区电梯经安全评估后,使用单位

---

〔1〕 参见范海杰:《徐州对〈徐州市电梯安全管理条例〉进行修订》,载江苏文明网,http://wm.jschina.com.cn/9655/201608/t2983184.shtml。

应当将评估结论张贴在电梯显著位置;发现电梯存在事故隐患的,暂停使用,并在电梯入口处进行公告等。

《徐州市电梯安全管理条例》是全国第一部地方性电梯安全管理法规,积累了较丰富的实践经验和很多行之有效的做法,不少工作具有创新性,为国内同行所借鉴。同时也要看到,现行条例已不能完全适应电梯安全监管的需要,有必要及时予以修改。新的《徐州市电梯安全管理条例》实施以来,国务院办公厅和国家市场监管总局相继出台了一系列改革文件,如《关于加强电梯质量安全工作的意见》《关于进一步做好改进电梯维护保养模式和调整电梯检验检测方式试点工作的意见》,都对电梯监管、检验、维保等工作提出了更高要求。当前,"96333"应急处置平台的使用以及按需维保、"物联网 + 维保""保险 + 服务"等新模式的运行,也需要对条例进行补充完善,以适应新政策下的电梯安全监管工作。同时,随着机构调整改革的深入,部分政府部门的称谓和职能有所变化,该条例应进行相应调整,明确各相关部门职责权限。[1] 基于上述因素,徐州市人大常委会拟修改现行的《徐州市电梯安全管理条例》,将其列为 2021 年的立法制定项目。

三、《徐州市城市重点绿地保护条例》立法分析

2010 年徐州市颁布的全国首个《徐州市城市重点绿地保护条例》更是成为徐州地方立法的一个亮点。2010 年 9 月 30 日,江苏省第十一届人大常委会第十七次会议批准了《徐州市城市重点绿地保护条例》。为保护绿地进行专门立法,这在全国较为少见。绿地保护条例的立法动议源于绿地建设的突出成就和全市上下的普遍关注。徐州市为了改善城市生态环境投入了大量的人力和财力。据统计,2007 年以来市主城区每年增建城市绿地达 1000 万平方米,截至 2010 年 9 月,市建成区绿化覆盖面积达 9000 万平方米,绿化覆盖率为 41% ,绿地率为 38% ,人均公共绿地面积为 14 平方米,一块块绿地就像一片片"绿肺",布满城区,一个颇具现代化的园林生态宜居城市正在形成。

---

〔1〕 参见范海杰:《我市拟修订〈徐州市电梯安全管理条例〉》,载《都市晨报》2020 年 10 月 20 日,第 A4 版。

如何保护这些得之不易的绿地,构建城市绿地建设和保护长效机制,确保城市重要绿地不因领导人的更换而被占用,是徐州各界及广大群众普遍关注的重要问题。2010 年 2 月,市委书记到市人大调研工作,在座谈会上,代表市委向人大常委会提出了制定"徐州市绿地保护条例"的建议;年初召开的人大上,一些代表反映,广大市民对城市绿地建设满意的同时,对这些绿地的命运表示担忧,建议立法保护城市绿地。市人大常委会研究决定,将制定"徐州市重点绿地保护条例"列入 2010 年的立法计划。经过 6 个多月的调研论证和广泛征求意见,《徐州市城市重点绿地保护条例》顺利通过。该条例的颁布实施,对于有效保护徐州市重点绿地起到了非常重要的作用。

第一,《徐州市城市重点绿地保护条例》规定动用重点绿地须经人大常委会表决决定。"占绿靠水"的建设项目,是很多建设单位瞄准争取的目标。为保障公共绿地为全市人民所共享,该条例首先规定不得擅自占用重点绿地或者改变其规划用途。对于因公共利益,确需占用重点绿地或者改变其规划用途的,该条例作了极为严格的限制:绿地主管部门应当会同管理养护部门组织听证会,在征求专家、群众代表、利害关系人和有关方面的意见后,由本级人民政府提请同级人大常委会审议决定。

第二,《徐州市城市重点绿地保护条例》还规定确定重点绿地要征求市民意见。地方人大常委会有地方重大事项的决定权,城市绿地都需要保护,但并不是每一块绿地的动用都属于重大事项,该条例重点保护的是那些对城市生态环境和市民生活有重要影响的城市绿地(重点绿地),其他的绿地,依照《徐州市城市绿化条例》等法律法规予以法律保护。在如何确定哪些是重点绿地的问题上,为了保障市民参与,便于人大常委会依法行使监督职能,该条例规定,确定重点绿地时应当征求市民意见,重点绿地及其绿线确定后应当经本级人民政府批准后报同级人大常委会备案,并向社会公布。

第三,《徐州市城市重点绿地保护条例》规定在重点绿地内配套的公共建筑不得挪作他用。针对个别单位因利益驱动擅自将绿地(包括水体)内配套建设的公共建筑改作经营或者扩建用作经营(如经营酒店),严重破坏绿地环境,大大影响其公共资源功能的现象,该条例规定:重点绿地内配套建设的公共建筑及其他设施,其性质和用途不得擅自改变;确需改变的,由绿地主管部门会同规划管理部门组织论证，征求群众代表、利害关系人和有关方面的意见后，经本级人民政府同意，报同级人大常委会备案。

第四，《徐州市城市重点绿地保护条例》规定主城区主干道上的行道树不得擅自更换。主城区主干道行道树对城市生态和城市形象至关重要，在立法征求意见过程中，不少市民和人大常委会委员提出行道树更换过于频繁，10年以上树龄的树木很少，市民意见较大。与此同时，面对主城区日益拥堵的交通状况，为扩建道路，疏浚交通，有时又确需对行道树予以更换或移动，因此，不能绝对禁止更换。对此，该条例规定，主城区主干道上的行道树不得擅自更换；确需更换的，应当由绿地主管部门会同管理养护部门组织听证会，征求专家、群众代表和有关方面的意见后，提出更换方案，经市人民政府批准后方可实施。

第五，《徐州市城市重点绿地保护条例》规定毁坏绿地者将课以重罚。为了切实保证重点绿地不被占用，该条例设定了较为严厉的处罚规定。对于擅自占用者，该条例规定，由绿地主管部门责令限期退还、恢复原状，可以并处所占绿化用地面积每平方米1000元的罚款；造成损失的，应当承担赔偿责任。对于擅自占用重点绿地进行建设的由规划管理部门责令停止建设，限期拆除，可以并处建设工程造价10%的罚款。当事人不停止建设或者逾期不拆除的，建设工程所在地的市、区人民政府可以责成有关部门采取查封施工现场、强制拆除等措施。对于行政机关工作人员，违反该条例规定，不履行拟定重点绿地名录和绿线职责的，擅自占用重点绿地进行建设或者改变重点绿地规划用途的，擅自扩建重点绿地内配套建设的公共建筑及其他设施或者改变其性质和用途的，违法办理行政许可手续的，对发现或者举报的违反本条例行为，依照职责应予查处而不予查处的，还应该追究行政责任。

第十二章　常州地方立法

第一节　地方立法基本概况

一、地方立法权的取得

常州市地方立法权的取得，源于设区的市被赋予制定地方性法规的权力。2013 年 11 月，党的十八届三中全会审议提出，“逐步增加有地方立法权的较大的市数量”；2014 年 10 月，党的十八届四中全会通过《中共中央关于全面推进依法治国若干重大问题的决定》，明确“依法赋予设区的市地方立法权”；2015 年 3 月 15 日，第十二届全国人大第三次会议修正《立法法》，第 72 条规定设区的市的人大及其常委会根据本市的具体情况和实际需要，在不同宪法、法律、行政法规和本省、自治区的地方性法规相抵触的前提下，可以对城乡建设与管理、环境保护、历史文化保护等方面的事项制定地方性法规，法律对设区的市制定地方性法规的事项另有规定的，从其规定。《立法法》修改对赋予设区的市地方立法权进行了规定，将原本仅 49 个较大的市享有的地方立法权扩大至 284 个设区的市。

江苏省在地域面积、人口数量、经济社会发展水平方面均属全国前列，且在城乡建设与管理、环境保护、历史文化保护方面有明确具体的立法需求，需要及早着手制定地方性法规。2015 年 7 月 31 日，江苏省十二届人大常委会第十七次会议通过《江苏省人民代表大会常务委员会关于确定常州、南通、盐城、扬州、镇江、泰州市人民代表大会及其常务委员会开始制定地方性法规的时间的决定》,自该决定公布之日起,常州、南通、盐城、扬州、镇江、泰州市人大及其常委会可以开始制定地方性法规。由此,常州市成为自《立法法》修改后江苏省首批可以制定地方性法规的城市之一。

常州市人大常委会根据《立法法》有关规定,在江苏省人大统一部署和常州市委领导下,围绕加强立法能力建设开展基础准备工作。在组织工作方面,常州市委、市人大、市政府对落实地方立法工作有明确的部署要求,市人大常委会围绕开展地方立法工作,组织学习培训、考察调研、建立制度等。2015年7月16日,常州市十五届人大第五次会议通过设立专门负责地方性法规草案统一审议的法制委员会的决定,并配备6名以上具备法律专业本科以上学历或者长期从事法制相关工作的工作人员,完成了立法机构和人员配备的准备工作[1];在立法项目准备方面,市人大常委会围绕本行政区域经济社会发展,在深入调查研究、广泛征求意见的基础上,明确提出了具有地方特色、针对性强的立法项目,并已经起草立法工作计划;在立法制度建设方面,通过制定地方性法规条例,建立立法相关工作机制;在科学、民主、依法立法方面,已经设立人大代表法制专业组和常委会立法专家咨询组,建立基层立法联系点制度等。

二、地方立法现状和内容特点

由于各地的发展阶段、文化传统、资源禀赋均有所不同,相应地,各地经济社会各方面存在一定差异性,需要通过立法方式解决特别问题。地方立法的首要任务便是围绕本地的中心任务和实际情况,科学解决地方层面的问题。当前,常州市正紧紧抓住建设苏南国家自主创新示范区、产城融合综合改革试点的机遇,突出改革创新、加快转型升级、加强民生保障、推进生态文明,全力促进经济持续健康发展和社会和谐稳定。因此,常州市开展地方立法工作,必须紧紧围绕中心、立足实际,为经济社会全面可持续发展提供高效的法制保障。

---

〔1〕 参见《省十二届人大常委会第十七次会议决定:常州可以行使地方立法权 我市地方立法工作正式启动》,载《常州日报》2015年8月1日,第1版。

常州市人大及其常委会先后起草制定了《常州市制定地方性法规条例》《常州市历史文化名城保护条例》《常州市电梯安全管理条例》《常州市天目湖保护条例》四部地方性法规(见表12－1)。2015年12月4日,常州市第十五届人大常委会第46次主任会议通过《常州市人大常委会2016年度立法计划》;2016年11月21日,常州市第十五届人大常委会第五十九次主任会议通过《常州市人大常委会2017年度立法计划》;2017年11月24日,常州市第十六届人大常委会第十二次主任会议通过了《常州市人大常委会2018年度立法计划》,包括正式项目两项,即《常州市公共汽车客运条例》和《常州市住宅物业管理条例》,以及五项调研项目,即《常州市道路交通安全条例》《常州市轨道交通条例》《常州市湿地保护条例》《常州市文明行为促进条例》《常州市城乡规划条例》(见表12－2)。综观常州市人大常委会制定地方性法规的情况,可以发现常州市地方立法活动遵循法定程序,立法重点在于城乡建设与管理、环境保护和历史文化保护方面。

表12－1　常州市人大及其常委会通过地方性法规情况

地方性法规名称	通过时间
《常州市制定地方性法规条例》	2016年1月15日
《常州市历史文化名城保护条例》	2016年12月27日
《常州市电梯安全管理条例》	2017年10月31日
《常州市天目湖保护条例》	2017年10月31日

表12－2　2016～2020年度常州市人大常委会通过立法正式项目及调研项目情况

<table>
<tr><th rowspan="2">年度</th><th colspan="2">项目名称</th><th rowspan="2">通过时间</th></tr>
<tr><th>正式项目</th><th>调研项目</th></tr>
<tr><td>2016</td><td>1.《常州市制定地方性法规条例》
2.《常州市历史文化名城保护条例》</td><td>1.《常州市电梯管理条例》
2.《常州市城乡规划条例》
3.《常州市天目湖保护条例》
4.《常州市公共汽车客运管理条例》
5.《常州市住宅物业管理条例》</td><td>2015年12月4日</td></tr>
</table>

续表

年度	项目名称		通过时间
	正式项目	调研项目	
2017	1.《常州市电梯安全管理条例》 2.《常州市天目湖保护条例》	1.《常州市住宅物业管理条例》 2.《常州市公共汽车客运管理条例》 3.《常州市道路交通安全条例》 4.《常州市湿地保护条例》 5.《常州市轨道交通条例》	2016 年 11 月 21 日
2018	1.《常州市公共汽车客运条例》 2.《常州市住宅物业管理条例》	1.《常州市道路交通安全条例》 2.《常州市轨道交通条例》 3.《常州市湿地保护条例》 4.《常州市文明行为促进条例》 5.《常州市城乡规划条例》	2017 年 11 月 24 日

第一,明确了常州市人大及其常委会制定地方性法规应当遵循的原则、立法权限、立法准备、立法程序等。制定常州市地方性法规应当坚持立法公开,充分发扬民主,广泛听取意见,保障公民通过多种途径参与立法活动。同时,制定常州市地方性法规应从常州市具体情况和实际需要出发,体现地方特色,具有针对性和可执行性。在立法权限方面,《常州市制定地方性法规条例》明确了地方性法规规定的事项,以及市人大及其常委会分别制定地方性法规规定的事项。在立法准备方面,该条例规定了立法规划和年度立法计划制定的主体、程序、报请、时限等。在立法程序方面,该条例规定了常州市人大及其常委会的立法程序。在大会召开期间,明确五类主体,即市人大主席团、市人大常委会、市人民政府、市人大专门委员会、市人大代表十人以上联名,可以向市人大提出地方性法规案;在大会闭会期间,如需向市人大提出地方性法规案,可以先向市人大常委会提出,经常委会依照该条例有关程序审议后,决定提请市人大审议。

第二,在城乡建设、管理和民生建设方面,通过立法规范常州市城乡社会管理体制,关注民生建设和社会服务。常州市加快构建产城融合"一纵三横"

总体空间格局，重点推进城市中心区、常金统筹核心片区、西南门户片区、东部片区、沿江片区等“一中心四片区”产城融合发展，在保持经济快速稳定增长的同时，城镇化水平有了明显提高，城乡一体化步伐加快，以建立城乡一体、权责一致、运转高效的城乡社会管理体制为目标的行政管理体制改革稳步推进，美丽乡村示范村建设全面启动。城乡管理水平不断提高，城区“9313”等综合整治工程、“城中村”整治工作和乡村示范村工作等取得明显进展，城乡面貌焕然一新，但城乡建设和管理中的“瓶颈”也逐渐显现。《常州市城乡规划条例》被列入 2018 年度立法调研项目，加强城乡建设、管理立法活动，有助于加速城乡一体、权责一致、运转高效的城乡社会管理体制建设。同时，常州市人大常委会关注民生建设，出台《常州市电梯安全管理条例》，以此保障在电梯使用管理过程中的人员安全。

第三，关注环境资源保护，展开相关立法活动。常州市创建国家森林城市和国家生态文明示范市，加快生态绿城建设步伐，形成具有鲜明江南地域特色的生态绿化新格局。常州市在 2013 年全国宜居城市评比中被评为第四名，并在全国率先实现“全部公园免费向市民开放”，先后获得“全国文明城市”、“全国卫生城市”、“国家园林城市”、“国家环境保护模范城市”和“中国优秀旅游城市”等称号。尤其注重加强饮用水安全保障，加强河道综合整治，对整治市河实施长效管理，提高河道水质。《常州市天目湖保护条例》的出台以立法方式保护饮用水安全，以此加强天目湖资源和环境保护力度。

第四，关注历史文化保护，展开相关立法活动。常州市是一个具有 2500 多年文字记载史的江南文化名城，素有“三吴重镇、八邑名都”的美誉，是“吴文化”的发源地之一，悠久的历史构积成常州市丰实的文化底蕴，凸现出厚重的人文质感，彰显着浓郁的地域特色。金坛刻纸被列为世界级非物质文化遗产，另有省级非物质文化遗产 38 项；拥有不可移动文物 1677 处，其中全国重点文物保护单位 5 处，省级文物保护单位 50 处，市、县级文物保护单位 235 处；拥有省级历史文化街区 3 处，历史建筑 48 处。民办博物馆总数达 11 家，占江苏省的 1/4。《常州市历史文化名城保护条例》的出台，有助于宣传保护、利用与传承历史文化名城的重要性，并加强相关教育工作的开展。

第二节　地方立法经验总结

一、开展立法准备工作

按照党委领导、人大主导、政府协同、社会各方有序参与的原则，常州市地方立法活动在立法准备方面积极筹划、打造专业队伍、推动建章立制。

第一，开展立法调研，制定立法规划。根据常州市具体情况和实际需要，按照地方立法权限和范围，确定立法项目、制定立法规划、安排立法计划。对每年的立法正式项目和调研项目，常州各相关部门一是在思想上高度重视，从推动社会经济发展出发，高度重视立法工作，主动学习并善于运用立法手段解决城乡建设与管理、环境保护、历史文化保护等领域的问题；二是不断加强组织领导，承担法规起草任务的部门要成立起草工作领导小组，明确工作职责和任务分工，按照项目程序要求做好相关工作，着力提高法规起草质量；三是按时完成进度，承担法规起草项目的部门按照计划时间要求，及时向人大常委会报送提请审议或者颁发的请示、送审稿及起草说明等报告，从而保障立法和后评估项目的顺利完成。

第二，设立立法专家咨询组，为地方立法提供智力支撑。常州市努力打造一支门类齐全、结构合理、专业素质高的立法工作人才队伍。常州市政府法制办可以采取多种方式邀请立法咨询专家参与立法工作，如书面咨询，征求意见；召开立法征求意见会、座谈会、听证会；召开立法论证会、立法调研项目评审会；组织立法项目专项问题研究；组织立法课题研究。2015年6月，常州市人大常委会法工委着手《常州市制定地方性法规条例（草案）》起草工作，征求市人大常委会组成人员和各工作机构意见，并邀请省人大常委会法工委及江苏省4个原有立法权城市人大法工委7名资深立法工作者进行深入论证，形成了《常州市制定地方性法规条例（草案）》。[1] 2015年9月29日，常

---

〔1〕 参见常州市人大常委会：《关于〈常州市制定地方性法规条例〉的说明》，载江苏人大网，http://www.jsrd.gov.cn/cwhzt/21/wenjian/201605/t20160524_426363.shtml。

州市第十五届人大常委会第43次主任会议通过《常州市人民代表大会常务委员会立法咨询专家工作规定》,确立并完善了常州市人大常委会立法咨询相关规定,规范立法咨询专家工作,以此推进科学、民主、依法立法。

第三,在法案起草阶段,推动建立征求人大代表意见制度,完善立法机关与社会公众沟通机制。2015年10月,常州市人大常委会法工委将《常州市制定地方性法规条例(草案)》报江苏省人大常委会法工委征求意见,书面征求全市人大代表、市各部委办局、直属单位、各辖市(区)人大常委会和乡镇(街道)人大意见,并在《常州日报》和常州人大网全文刊载,向社会广泛征求意见。2016年2月,常州市规划局会同文广新、城乡建设等部门成立了《常州市历史文化名城保护条例(草案)》起草工作小组。起草工作小组先后多次向辖市(区)人民政府、相关部门、专家和社会公众征求意见。

二、建立健全地方立法体制机制

开展地方立法工作,首先需要建立健全地方立法的体制机制,将公正、公平、公开原则贯穿立法全过程,将立法权、立法权运作和立法权载体诸方面有效整合,联系立法系统中的各要素或者环节的具体运行规则,以此确保地方性法规制定的及时性、系统性、针对性、有效性。

第一,发挥常州市人大及其常委会在地方立法活动中的主导作用。地方立法遵循党委领导、人大主导、政府协同、社会各方有序参与原则。常州市人大及其常委会作为地方性法规的制定主体,应组织召开立法工作会议、制定年度立法计划和调研计划及组织起草综合性、全局性、基础性法规草案等,并不断加强立法工作的组织协调能力,完善向下级人大征询立法意见机制。

第二,在地方立法工作中,常州市人大及其常委会与市政府不断加强协调配合。地方性法规和地方政府规章存在明显的界限,市人大及其常委会与市政府各自立法工作存在明确分工。一是从调整对象、管理范围来看,地方性法规调整全局性的、重大的、综合的及宏观的事项,而地方政府规章调整局部、专项性事项;二是从管理手段、措施来看,地方性法规调整需要设定行政许可、行政强制等的行政管理措施,而地方政府规章不得设定行政许可,仅调整幅度较小的行政处罚行为;三是在对法律关系的影响方面,地方性法规调整创制型法律关系,地方政府规章调整实施型法律关系;四是从调整的法律关系来看,地方性法规通常调整平等民事主体之间的法律关系,地方政府规章主要调整政府部门管理职责和内部分工。市人大及其常委会与市政府的立法协调工作体现在地方立法规划阶段,以防立法项目的冲突;在政府起草审查阶段,一方面,政府法制机构应当充分发挥其在政府立法中的主导作用,与起草部门进行充分协调、对接,按照规定进行论证、审查;另一方面,可提前邀请人大法制委员会和相关专业工委介入,及时听取人大的意见,为后续工作打下基础,提高立法效率;在市人大及其常委会审查阶段,政府法制部门当积极配合,参与人大的调研及相关活动,为人大的后续审议工作提供必要的支持。

第三节 地方立法的主要问题及完善建议

一、地方立法的主要问题

常州地方立法从立法准备上看,积极筹划、打造专业队伍、推动建章立制,并加强领导、协作,建立健全地方立法体制机制,但在找准立法领域、突出立法重点、解决实际问题方面还存在改进空间。

第一,地方立法空间较大,多领域需要加强相关立法活动。截至 2018 年上半年,常州地方性法规共四部,涉及地方立法程序性规定、民生、环境和历史文化保护四个方面。每一领域涉及的地方性法规均为一部,相对较少,需要找准地方立法空间,把握地方特色,提升地方立法的针对性,在地方立法调整对象的合理范围内,进一步加强每一领域的立法活动。

第二,地方立法的重点领域不够突出,反映地方立法需求不够全面。通过地方立法的形式,解决地方发展中存在的问题。例如,由于民生领域涉及的范围较广,而目前反映民生领域的地方性法规仅《常州市电梯安全管理条例》,突出解决民生问题的地方性法规不够全面,从现有的四部地方性法规难以反映出常州地方立法的重点领域。

第三,通过立法形式解决实际问题的准确性有待进一步提升。可借鉴南京的听证会、论证会、征求意见会等“三场会”制度，徐州的法制部门、人大法工委、立法涉及的具体行政部门三方修改完善制度，无锡组织政协委员、民主党派、工商联和社会各界人士采取召开座谈会、书面征求意见、实地调研、专家论证等方式开展立法协商的“三国四方”制度等，更为准确地确定地方立法解决的实际问题，增强地方立法的可操作性和立法效率。

二、地方立法的完善建议

常州市地方立法工作实现了“开好头、起好步”的预定目标，为了继续有效推进科学立法、民主立法，应当加强以下三方面的工作。

第一，充分发挥地方立法在城市发展中的引领、规范和保障作用。2016年8月4日，常州市召开全市立法工作会议，指出应充分发挥立法工作对改革发展的引领、推动和保障作用，注重顶层设计，努力使地方立法成为增进百姓福祉、增进社会认同的“最大公约数”。常州市地方立法工作应以更高标准、更严要求、更实举措，推动地方立法工作的开展；结合实际并突出地方特色，进一步细化、补充和完善相关法律法规；关注民生，及时回应社会公众需求，推动城市治理能力现代化。

第二，推进重点领域立法，结合实情先行先试。作为一项系统工程，立法工作涉及面广、群众关注度高。常州市地方立法工作应根据“不抵触、有特色、可操作”的原则，加强重点领域立法，彰显地方特色。市人大要围绕常州市委重大决策部署和社会热点、难点问题，优先安排重点领域的立法项目，增强立法规划和立法计划的科学性、合理性、可行性，并结合实际先行先试，发挥地方立法“试验田”的功能。

第三，细化政府立法工作，切实解决社会公众关心的问题。常州市地方立法工作应围绕“十三五”目标，树立“为民、靠民、惠民”立法理念，遵循“职权法定、高效便民、程序正当、权责一致”原则，不断提高政府工作的法治化水平；加大调研力度，科学分析社会公众关切的突出问题及其原因，找准立法需要规范的重点；广泛征求意见，拓宽公民有序参与立法的途径，建立公众意见采纳情况反馈机制；加强立法论证，召开专家论证会，对立法项目主要制度设计进行专题论证，对重大敏感问题，起草单位应组织风险评估。

第四节 地方立法典型实例分析

一、《常州市天目湖保护条例》立法分析

2017年10月31日，常州市第十六届人大常委会第六次会议通过《常州市天目湖保护条例》，经江苏省第十二届人大常委会第三十三次会议于2017年12月2日批准，自2018年3月1日起施行。

（一）立法背景

天目湖作为首批国家4A级旅游区之一，位于溧阳市与安徽省广德县、郎溪县交界丘陵地区，包括溧阳沙河、大溪两座国家级大型水库，是溧阳市生活、生产用水的重要水源，承担着常州市70多万人饮用水的供水任务，同时具备防洪、调蓄、灌溉、生态、旅游和气候调节等功能。天目湖保护目前所面临的问题日益突出：一是源头区矿山开采导致上游来水污染严重；二是农业面源污染，天目湖流域内农业开发强度大，临湖茶果园开发相对集中，降雨对地表的强烈冲刷造成养分的大量流失，增加了水体的氮、磷污染压力；三是随着天目湖流域人口的增长和旅游业的发展，一些当地居民及农家乐的生活污水未能接入管道或予以直接处理，加重了天目湖的污染。

现虽有部分法律法规对水源地的保护进行了规定，但天目湖在地形地貌、生态环境和主要污染源等多方面都具有自身的特点，现行的相关法律法规规定难以满足天目湖保护的需要。因此，应从天目湖的实际出发，针对天目湖保护中的突出问题，加强天目湖的保护和管理，保障饮用水水源安全，改善流域生态环境，及时制定《常州市天目湖保护条例》，为天目湖保护提供有力的法制保障。

（二）立法过程

2016年11月，常州市第十五届人大常委会第五十九次主任会议，确定将《常州市天目湖保护条例》列入2017年度立法计划，常州市委常委会同意了常州市人大常委会党组关于2017年度立法计划报告。溧阳市政府成立了《常州市天目湖保护条例》起草工作领导小组及起草工作机构，制定了起草工

作方案。常州市人大常委会法工委和农工委提前参与,就《常州市天目湖保护条例》框架及相关内容积极与起草单位商讨。2017 年 5 月 31 日,常州市政府常务会议讨论通过《常州市天目湖保护条例(草案)》,并向常州市人大常委会提出了法规案;2017 年 6 月 29 日,常州市十六届人大常委会第三次会议对《常州市天目湖保护条例(草案)》进行了初次审议。会后,常州市人大常委会法工委参加了市委统战部召开的民主党派立法协商会议,听取对《常州市天目湖保护条例(草案)》的意见和建议。并在常州市、溧阳市主要媒体和常州人大网上公开征求意见;书面征求立法联系点和溧阳市全体人大代表、政协委员的意见;围绕法规所涉及主要问题,与各相关部门沟通协调,先后召开各类座谈会、论证会、沟通会 20 余次。同时,提请省人大常委会法工委进行预审,并邀请他们现场指导修改,为高质量完成法规的制定工作打下了扎实的基础。

(三)立法内容

《常州市天目湖保护条例》规范了天目湖保护范围、保护措施和监督管理以及法律责任等方面,尤其是对天目湖保护区的划分、具体的保护措施以及加大对违法行为打击力度方面进行了具体规定。

第一,确立生态补偿机制和保护规划。通过财政转移支付等方式,对因承担生态环境保护责任而使经济发展受到一定限制的组织和个人给予合理补偿。溧阳市规划行政主管部门会同有关部门和单位组织编制天目湖保护规划,经溧阳市人民政府批准后,报溧阳市人大常委会备案。同时要求在保护规划中明确保护区具体范围,天目湖保护规划应当自《常州市天目湖保护条例》施行之日起一年内编制完成。

第二,明确保护措施和监管措施。《常州市天目湖保护条例》主要按照水源地保护等相关要求对保护区设置了一系列禁止性规范,相较于水源地,该条例扩大了保护范围,提出了更高的保护要求。该条例规定了一系列管理措施,例如,溧阳市和相关镇人民政府在保护区内,应当统筹规划建设污水管网和垃圾收集系统;对改善耕作方式、严控临湖开发、控制农业面源污染、强化种植业污染防治、开展生态恢复等作了规定;明确在天目湖保护区内依照相关规定执行禁渔区、禁渔期制度,禁止在未取得专项捕捞许可证的情况下进行捕捞；授权溧阳市人民政府依法制定入湖船舶的数量、种类、规范要求，对入湖船舶实行总量控制；明确了环保、水利、农业行政主管部门和溧阳市饮用水供水单位具体的监督管理职责；对饮用水安全突发事件作出了相应规定；明确要求各级政府及相关部门应当建立与上游地区政府及相关部门的沟通协作机制，协同做好天目湖保护工作。

二、《常州市电梯安全管理条例》立法分析

2017 年 10 月 31 日，常州市第十六届人大常委会第六次会议通过《常州市电梯安全管理条例》，经江苏省第十二届人大常委会第三十三次会议于 2017 年 12 月 2 日批准。

（一）立法背景

电梯作为生产生活中不可或缺的特殊交通工具，2017 年在常州市已超过 5 万台，其中与市民息息相关的乘客电梯超过 3.5 万台，并现以每年 5000 台左右的数量快速增长。电梯安全管理对于防止电梯驾驶人员和电梯日常维护保养人员在进行电梯操作过程中，由于违章作业而造成人身伤害事故和设备事故，以及保障人身和财产安全至关重要。常州市电梯安全管理面临的主要问题有以下几个方面：

一是老旧电梯数量快速增长。常州市 2017 年使用 10 年以上的住宅电梯 3072 台，其中使用 15 年以上的老旧住宅电梯有 430 台，并且还在加速增加。常州市 119 电梯应急救援平台的统计数据显示，使用 15 年以上电梯困人故障的发生率为 6.91%，而使用 5 年内的电梯故障发生率仅为 1.71%。常州市近年来电梯事故数量虽不多，但电梯困人故障时有发生；同时老旧住宅电梯是公共设施，修理、更新、改造推进困难重重，相应的安全隐患也在逐年增加。

二是电梯安全管理体制机制有待完善。电梯安全管理涉及政府多个部门、电梯制造单位、使用管理单位、维护保养单位及检验检测机构等许多主体，实践中存在主体责任不够明确、监管机制不够健全、事故责任难以认定、法律责任难以落实等突出问题，在电梯的选型配置、安装改造、维修保养、使用管理等环节，也存在许多有可能影响电梯安全的矛盾和隐患。2013 年国家出台的《特种设备安全法》，对电梯安全管理的规定较为原则，难以适应常州

市电梯安全管理的实际需求。因此,有必要制定地方性法规,理顺电梯安装、使用管理、维护保养和电梯安全监督管理等各个环节的权责关系,细化上位法的相关规定,填补上位法的缺漏。

三是既有多层住宅加装电梯的呼声强烈。2017 年常州市 60 岁以上老人在户籍人口中所占比重已经超过 22%,随着人口老龄化程度的加剧以及商品房市场价格的逐步攀升,既有住宅加装电梯日益成为市民群众十分关注的社会问题,每年两会期间都有人大代表、政协委员提出相关的建议和提案。2015 年出台的《江苏省养老服务条例》顺应大多数老年人选择居家养老的实际情况,明确"鼓励、支持已经建成的多层住宅加装电梯",通过地方立法,推进既有住宅加装电梯工作的开展,回应民众的诉求需要。

(二)立法过程

2016 年 11 月,常州市第十五届人大常委会第五十九次主任会议,确定将《常州市电梯安全管理条例》列入 2017 年度立法计划,市委常委会同意了市人大常委会党组关于 2017 年立法计划的报告。常州市质监局[1]成立了条例起草工作小组,制定了起草工作方案。常州市人大常委会相关工委提前参与,了解情况,参与商讨。

2017 年 5 月 31 日,市政府常务会议讨论通过《常州市电梯安全管理条例(草案)》,并向市人大常委会提出了法规案。2017 年 6 月 29 日,常州市十六届人大常委会第三次会议对草案进行了第一次审议。会后,常州市人大常委会法工委参加了市委统战部召开的民主党派立法协商会议,听取民主党派对草案提出的意见和建议。根据常州市人大常委会组成人员的审议意见和民主党派的意见建议,法工委会同经济工委、市法制办、质监局对草案进行修改。随后,法工委组织对该条例草案展开多渠道、多角度、多方位的征求意见和研究论证,围绕法规所涉及主要问题,与各相关部门进行沟通协调,先后赴有关城市学习调研,召开各类座谈会、论证会、沟通会 30 余次,还主动寻求省人大的指导,提请江苏省人大常委会法工委进行预审并请求指导修改。

---

〔1〕 2019 年 1 月 17 日,常州市市场监督管理局挂牌,根据《常州市机构改革方案》,不再保留市质监局,其所属职能被整合于市市场监督管理局。

在充分调研、论证的基础上，法工委协同相关部门，对收集到的500余条意见建议进行认真研究梳理，反复论证，数易其稿，经市人大法制委员会统一审议，形成了草案修改稿和审议结果的报告，提请常州市十六届人大常委会第六次会议进行第二次审议，会上又根据常委会组成人员的意见进行多处修改，形成表决稿。

（三）立法内容

《常州市电梯安全管理条例》在电梯的生产、使用管理、维护保养、检验检测、监督管理、应急管理及法律责任等方面作了规范，特别是对电梯使用单位安全管理的义务、住宅电梯的改造更新、电梯乘用人的义务及重点部位电梯维护保养的要求等方面作了具体规定。

《常州市电梯安全管理条例》未将个人和家庭自用电梯纳入调整范围，主要是因为根据经国务院批准的质检总局[1]《关于修订〈特种设备目录〉的公告》（2014年第114号）规定，这类电梯因其不涉及公共安全，未纳入特种设备目录进行管理；且个人和单个家庭自用电梯的使用场所一般都在私人空间内，使用人可以根据实际使用情况自主决定对电梯进行维护保养、检验检测等，而不受强制性规定的限制。

电梯安全管理是一项系统工程，在总则部分构建了由市、辖市（区）人民政府、特种设备安全监管部门及相关部门和镇、街道、园区管理机构形成的管理体制，明确要发挥机关、团体、企事业单位、村（居）民委员会、学校、新闻媒体、行业协会等各类主体的作用，营造共同推进电梯安全管理的社会氛围。

值得注意的是，既有住宅加装电梯是当前社会关注的热点和难点问题，《常州市电梯安全管理条例》第15条、第16条对此作了规定：明确既有住宅加装电梯应当遵循业主自愿、政府引导、保障安全的原则；加装电梯的既有住宅应当经鉴定不存在结构安全隐患。市、辖市（区）人民政府和相关单位应当设立一站式服务窗口，按照简化、便民、高效的原则办理审批、验收手续；要为业主多途径筹集资金提供支持。为了确保加装电梯工作的有效实施，该条例

〔1〕 国家质检总局在2018年国务院机构改革中已无，其职责被整合于国家市场监督管理总局。《2018年国务院机构改革的情况》，2019年1月23日，中国机构编制网，http://www.scopsr.gov.cn/zlzx/jgyg/201902/t20190213_360120_3.html。

授权市人民政府制定既有住宅加装电梯的具体办法。

电梯使用管理是整个电梯安全管理中非常重要的环节。对此,《常州市电梯安全管理条例》在多方面作出了规定:一是规定了确定使用单位的规则,明确电梯使用单位对电梯使用安全负责。二是明确了电梯使用单位的义务。三是对特定场所的电梯如公共交通系统、过街通道以及公共聚集场所的电梯,提出较为严格的使用管理措施。四是对使用管理问题较多、矛盾比较突出的情况作了规定,如电梯轿厢装修、在用住宅电梯安装电梯刷卡系统以及配备视频监控设施等。五是规定了电梯安全评估制度。为适应老旧电梯更新改造需求,该条例确立了电梯安全评估机制,以及更新改造费用的筹集办法,并授权市人民政府制定具体办法。六是对使用电梯运载物品和乘用人乘用电梯的行为作了规定。

针对目前电梯维护保养市场比较混乱的现状,《常州市电梯安全管理条例》明确了维护保养单位具体的安全管理义务;适应维保、检验检测市场放开后管理的需要,建立了在常州市从事维保和检验检测工作相关信息告知制度;明确禁止维保单位转包、分包业务和以恶意低价、商业贿赂、设置技术障碍等方式进行不正当竞争、影响电梯安全运行的行为。此外,该条例还明确了维保单位采用信息化管理方式的要求和对严重危及电梯安全的行为向特种设备监管部门报告等制度。进一步规范了检验检测机构的行为,对检验检测机构按时检验并出具报告、及时传输更新检验数据等作出了规定。

三、《常州市历史文化名城保护条例》立法分析

2016 年 12 月 27 日,常州市第十五届人大常委会第三十五次会议通过《常州市历史文化名城保护条例》,经江苏省第十二届人大常委会第二十八次会议批准,自 2017 年 6 月 1 日起正式施行。

(一)立法背景

作为吴文化、齐梁文化的重要发源地,常州历史悠久,文化遗存丰厚。目前,常州市区共核定 3 片历史文化街区,4 片历史地段,226 处历史建筑。2015 年 6 月,常州被国务院公布为国家历史文化名城。常州市不断加大历史文化名城保护力度,在历史文化名城、名镇、名村等的保护方面取得了可喜成绩,

但随着城市的发展,对于历史文化名城保护而言,尚缺乏具有地方特色和针对性、可操作性强的规定。社会公众对历史文化资源稀缺价值和不可再生性的认识,还有待进一步提升和统一。为了进一步加强历史文化名城保护与管理,传承优秀历史文化遗产,规范常州市历史文化名城保护工作十分必要。

(二)立法过程

《常州市历史文化名城保护条例》制定的主要依据是《城乡规划法》、国务院《历史文化名城名镇名村保护条例》和《江苏省历史文化名城名镇保护条例》及《江苏省城乡规划条例》等有关规定,并借鉴上海、广州、杭州、南京、福州、苏州、宁波等城市相关立法经验,结合常州历史文化名城保护的实际情况制定。

根据常州市人大的立法计划,《常州市历史文化名城保护条例》被列入2016年常州市地方性法规立法项目。2016年2月,市规划局会同文广新、城乡建设等部门成立了起草工作小组。起草工作小组根据常州市历史文化名城保护的实际情况,会同市人大有关工委、市政府法制办等部门赴南京、宁波等地开展学习调研,参考了兄弟城市的立法经验,并先后多次向辖市(区)人民政府、相关部门、专家和社会公众征求意见,对《常州市历史文化名城保护条例(草案)》进行了反复论证修改,完成了《常州市历史文化名城保护条例》(送审稿),于5月13日报市政府。市政府法制办通过实地调研、意见征求会、专家论证会等形式,广泛征求各区、有关部门及地方文史专家的意见建议,吸纳有关建议,反复讨论修改。2016年8月1日,《常州市历史文化名城保护条例(草案)》经常州市政府常务会议讨论通过。

(三)立法内容

《常州市历史文化名城保护条例》对历史文化名城保护名录、保护规划、保护措施、利用与传承、法律责任等方面进行了规定。该条例不仅包括对历史城区、历史文化街区、历史文化名镇、历史文化名村的规划、保护、管理和利用,更将中国传统村落和历史地段也纳入保护的范围内。由于文物保护法律法规比较完善,非物质文化遗产另有单独立法的意向,故未将两者纳入调整范围,仅在个别条款中有所涉及。常州市将根据该条例设定的保护名录制度,重新核定公布全市的保护名录,并深化历史建筑的测绘归档等工作。

《常州市历史文化名城保护条例》突出了保护、利用与传承历史文化名城的重要性,加强历史文化名城保护相关教育。各地保护实践证明,对历史文化遗产的合理利用是最有效的保护措施,历史文化遗产的保护、传承需要培育青少年的保护意识。该条例第54条规定,集体所有土地上的历史建筑、历史文化名镇、历史文化名村和中国传统村落保护范围内的建筑物、构筑物,可以采用保留其原有集体建设用地性质的方式进行流转利用,也可以将集体建设用地征收为国有后进行流转。通过鼓励流转,为社会资金参与历史文化名城保护打开制度通道。第59条明确教育行政主管部门和学校要保护学校自身发展中形成的历史文化资源,建立多方参与的保护决策机制;结合课程设置和教学计划,围绕历史文化名城保护、利用与传承,挖掘、整合校内外资源,开发实施地方课程和校本课程,通过开展公益讲座、学生社会实践活动等加大历史文化名城保护的相关教育。同时规定政府及相关单位应该为下一代了解和传承历史文化提供支持,有财政性资金投入的历史文化保护利用单位和经营单位应当免费对中小学学生、教师开放活动场所,提供参观和教育的便利,通过各种方式让孩子了解和触摸历史文化,从历史文化中吸取成长的养分,培养爱家爱国的情怀。

《常州市历史文化名城保护条例》规定了对历史文化名城保护实行保护名录制度,明确名录的保护对象包括中国大运河常州段、历史城区的历史风貌和传统格局、历史文化街区、历史文化名镇、历史文化名村、中国传统村落、历史地段、历史建筑、近现代工业遗存、有历史价值的历史环境要素、文物保护单位和不可移动文物、地下文物埋藏区和古遗址、传统地名、非物质文化遗产以及市人民政府确定的应当列入保护名录的其他保护对象。该条例还规定了列入保护名录的要求和程序,同时对保护名录的调整、保护对象的档案等作了规范。

值得关注的是,根据常州市历史文化资源保护的现状,通过召开论证会和管理相对人座谈会等方式,进行论证和听取意见,参照历史文化街区、名镇、名村的规定,《常州市历史文化名城保护条例》增设了一个行政许可,即第37条规定,在中国传统村落、历史地段核心保护范围内,拆除文物保护单位、不可移动文物、历史建筑以外的建筑物、构筑物或者其他设施的,应当向市、辖市城乡规划行政主管部门申请批准。

四、《常州市制定地方性法规条例》立法分析

《常州市制定地方性法规条例》作为常州市第一部地方性法规，于 2016 年 1 月 15 日，经常州市第十五届人大第六次会议通过，2016 年 3 月 30 日，经江苏省第十二届人大常委会第二十二次会议批准。

（一）立法背景

2015 年 3 月 15 日，全国人大通过了修改后的《立法法》，赋予设区的市在城乡建设与管理、环境保护、历史文化保护等方面享有地方立法权；同时规定设区的市开始制定地方性法规的具体步骤和时间由省人大常委会确定。2015 年 7 月 31 日，江苏省第十二届人大常委会第十七次会议决定，确定常州市人大及其常委会可以开始制定地方性法规。为了规范常州市地方立法活动，提高立法质量，确保地方立法工作有法可依，增强立法针对性，推进立法精细化，提高立法质量和效率，发挥立法的引领和推动作用，全面推进依法治市，首先需要制定常州制定地方性法规的相关规则。

（二）立法过程

常州市起草小组以江苏省人大正在修改的《江苏省制定和批准地方性法规条例》为参考，并通过多种途径收集了近 20 个省市地方性法规制定条例，重点选取近年来修改过的浙江、深圳、贵阳等省市的地方立法条例作为参照。

在此基础上，起草小组还赴多地考察调研和学习借鉴，结合常州市实际形成了《常州市制定地方性法规条例（草案）》初稿。常州市法工委全体人员经过综合评议并反复修改，将征求意见稿发送给市人大常委会驻会组成人员和各工作机构征求意见，并邀请江苏省人大常委会法工委及 4 个原有立法权城市人大常委会法工委 7 名资深立法工作者，对该条例（草案）征求意见稿进行充分论证。几经修改后，形成了此次的《常州市制定地方性法规条例（草案）》。

按照有关规定，《常州市制定地方性法规条例（草案）》在完成第一次审议后，报送江苏省人大常委会法工委初审，同时印发全体常州市人大代表和相关机关、组织。《常州市制定地方性法规条例（草案）》在媒体上发布，向社会

各界广泛征求意见后,常州市人大常委会法工委将所征集意见与本次审议所提意见一并整理,提交法制委员会统一审议,由法制委员会向2015年12月召开的常委会会议提交审议结果报告和《常州市制定地方性法规条例(草案)》修改稿,常委会会议进行第二次审议后,提交2016年年初的常州市十五届人大六次会议审议,由全体代表的过半数表决通过后,报江苏省人大常委会批准后公布施行。

(三)立法内容

《常州市制定地方性法规条例》对常州市立法主体和适用范围、立法原则、立法权限、立法规划和年度立法计划、地方性法规的起草、立法程序以及地方性法规的修改、废止和解释等方面作了规范。

在立法权限方面,《常州市制定地方性法规条例》明确了常州市可以制定地方性法规的事项范围:一是为执行法律、行政法规和省地方性法规的规定,需要制定地方性法规的事项,属于执行性的立法;二是常州市地方性事务中需要制定地方性法规的事项,属于地方事务的立法;三是国家尚未制定法律或者行政法规,根据常州市具体情况和实际需要,常州市城乡建设与管理、环境保护、历史文化保护等方面的事项,可以先行制定地方性法规,属于先行先试的立法。

在立法规划和年度立法计划方面,《常州市制定地方性法规条例》明确市人大常委会通过立法规划、年度立法计划等形式,加强对立法工作的统筹安排;对编制的机构、程序、具体要求以及向省人大常委会报送的程序等都作了规定。同时该条例规定在编制立法规划和拟订年度立法计划时,要认真研究人大代表的议案和建议,广泛征求意见;国家机关、政党、人民团体、企事业单位、其他组织和公民都可以书面提出制定地方性法规的建议;立法规划和年度立法计划经市人大常委会主任会议通过后要向社会公布。

关于地方性法规的起草,《常州市制定地方性法规条例》规定了从地方性法规起草到法规案提出前的一系列工作要求,包括起草工作机构,组织调研、论证和协调的工作要求,提交法规案的文本和材料要求等。在起草阶段,一是强化了人大的主导作用。该条例规定综合性、全局性、基础性的重要地方性法规草案,可以由有关的专门委员会、常委会工作机构组织起草;人大相关机构应当提前参与起草工作,了解情况或者参与有关问题的调研和论证,必要时,可以自行组织调研和论证,提出意见和建议。二是强调科学性。该条例规定起草地方性法规草案,应当吸收相关领域的专家参与,专业性较强的地方性法规草案可以委托有关专家、教学科研单位、社会组织起草。三是强调协调性。该条例规定起草地方性法规草案,应当成立由相关单位人员组成的起草工作领导小组,加强对法规起草工作的领导,研究解决法规起草工作中的重大问题。提出地方性法规案的机关,在提出地方性法规案前,要对法规草案中重大问题的不同意见,做好协调工作等。

在立法程序方面,《常州市制定地方性法规条例》一是规定市人大常委会会议审议地方性法规一般实行两审制,特殊情况也可以三审或者一审。二是强调保障审议的充分性。该条例规定应当提前给市人大代表和市人大常委会组成人员发送法规草案及其他相关资料;市人大常委会会议审议地方性法规案时,应当安排必要的时间,保证其组成人员充分发表意见;市人大常委会组成人员应当对法规案进行研究,参加法规草案的解读,准备审议意见,可以参加有关的调查研究活动;各代表团审议时应当宣读法规草案全文;提案人应当派人听取意见、回答询问,根据要求派人介绍情况等。三是强调立法过程中的民主性。该条例规定市人大常委会会议审议时应当邀请有关人大代表列席会议,可以邀请市民旁听会议;规定市人大常委会会议一审后要根据法规调整的事项和范围,及时将法规草案印发市人大代表、辖市(区)人大常委会、乡镇人大主席团和街道人大工作机构以及有关机关、组织、专家、学者等征求意见;地方性法规草案或者草案修改稿应当在全市范围的媒体上公布,向社会征求意见;还规定对重大意见分歧和涉及重大利益调整的地方性法规,需要进行听证的,应当召开听证会等。四是特别规定了在审议过程中遇到重大问题需要进一步研究的处理方式。五是规定了立法前评估。六是规定了对个别条款的单独表决制度等。

第十三章　镇江地方立法

作为历史文化名城、国家级苏南现代化建设示范区之一，镇江是 1983 年设市的，现辖京口、润州、丹徒三区，代管句容、丹阳、扬中三市，另对镇江高新区和国家级经济技术开发区——镇江新区行使市辖区经济、社会管理权限。2015 年 3 月，十二届全国人大三次会议修改《立法法》，赋予所有设区的市地方立法权。2015 年 7 月 31 日，江苏省十二届人大常委会第十七次会议决定，常州、南通、盐城、扬州、镇江、泰州 6 市自 2015 年 7 月 31 日起开始行使地方立法权。自此，镇江成为取得地方立法权的设区的市之一。

第一节　地方立法概况

2015 年 3 月修订后的《立法法》明确规定，设区的市可就"城乡建设与管理""环境保护""历史文化保护"三个方面的事项制定地方性法规。围绕这三大领域，结合镇江发展实际，镇江人大在取得立法权后，更加努力运用法治思维和法治方式，加大地方立法对地方事务、地方利益关系等的调节力度，引导群众通过法律渠道表达诉求和解决问题，保障城市和谐稳定、人民安居乐业、社会长治久安。在整体上，镇江地方立法，坚持以立法服务和推动改革发展，从本市实际和发展阶段出发，将立法需求放到"生态领先、特色发展"的大局中研究，放到建设"强富美高"新镇江的目标中考量，实现将有限的立法资源用到改革发展迫切需要的项目上。

一、高度重视地方立法工作

镇江高度重视地方立法工作。2015 年《立法法》修改以后，镇江市委就展开相关调研工作，重点听取市人大常委会关于争取地方立法权的各项准备工作。随后，镇江市委两次召开市委常委会研究市人大常委会法工委班子配备，为镇江市承接地方立法权夯实了基础。2015 年 5 月 14 日，镇江积极向省人大汇报镇江争取和承接立法权的相关工作，成为全省争取地方立法权的六市中第一家主动跟省人大常委会对接的地级市。同时，镇江市人大常委会积极作为，向镇江市委提出设立市人大法制委的申请。2015 年 1 月，镇江市七届人大四次会议顺利审议通过了市七届人大常委会法制委员会组成人员名单，使镇江市成为在全省争取地方立法权的六市中第一家选举产生法制委的地级市。此外，镇江市人大常委会办公室向镇江市编委会提出设立“市人大法制委、市人大常委会法工委”的申请。这些工作表明镇江高度重视地方立法工作，为镇江开展地方立法工作奠定了基础。

二、建立健全地方立法制度

镇江市人大常委会紧紧围绕建立健全立法工作制度，不断完善地方立法工作机制，先后通过了《镇江市人大常委会法制工作委员会工作职责》《镇江市人大常委会立法专家咨询组工作规范》《镇江市人民代表大会常务委员会地方性法规立项论证办法》《镇江市人大常委会关于制定地方性法规的技术规则》《镇江市人民代表大会常务委员会立法听证办法》《镇江市人民代表大会常务委员会民主立法工作规定》《镇江市人大常委会立法后评估办法》等 15 项制度，明确了有关立法工作主体的职责，规范立法工作流程，确保各项立法工作都严格运行在规范化、制度化的轨道上，为地方立法权的正确有效行使提供了制度保障，并在此基础上建立了相应立法配套制度。一是征集地方立法项目。2015 年 6 月，镇江市人大常委会就面向本市一切国家机关、政党、人民团体、社会组织、公民发出了《关于征集镇江市第七届人大常委会立法项目建议的公告》，以调查问卷的形式向社会广泛征求意见建议，不断拓展各类社会主体参与立法工作的渠道。二是开展立法联系点工作。2018 年 8 月，镇江市公布了《关于开展立法联系点工作的意见》，明确了建立遍布各辖市区，覆盖街道、乡镇、企业等诸多领域的立法联系点。这些联系点的设立，有助于更广泛、更直接地吸纳社会各个领域对立法工作的意见和建议。三是成立立法专家咨询组。镇江市在立法专家咨询组组成结构上既有来自一流大学的法学界专家，也有来自镇江本地的规划、建设、管理方面的专业人士。

三、制定地方立法计划和规划

镇江高度重视地方立法计划和规划。在完成 2015 年地方性法规制定的基础上，从 2016 年下半年起，镇江市人大常委会法工委牵头组织，共安排正式项目 12 件、调研项目 13 件。2017 年 2 月 24 日，镇江市八届人大常委会第一次主任会议讨论通过了《镇江市人大常委会 2017 年立法计划》，包括正式项目 2 件、调研项目 3 件。其中，正式立法项目为《镇江市非物质文化遗产名录代表性传承人条例》和《镇江市长江岸线资源保护条例》，立法调研项目为《镇江市山体保护条例》、《镇江市农村公路管理条例》和《镇江市消防条例》。同时制定印发《镇江市制定地方性法规起草工作办法》和《镇江市地方性法规审议工作办法》。此外，自 2016 年下半年起，镇江市启动了市人大及其常委会 2017 ~ 2021 年立法规划及 2018 年立法计划制定工作。2017 年年初，镇江市人大常委会发布了《关于征求 2017—2021 年立法规划项目（草案）意见的公告》，对地方立法作了非常细致的安排（见表 13 – 1）。

表 13 – 1　2017 ~ 2021 年镇江市人大常委会立法规划项目（草案）（征求意见稿）

项目类型	项目序号	项目名称
正式项目（12 件）	1	《镇江市非物质文化遗产名录代表性传承人条例》
	2	《镇江市长江岸线资源保护条例》
	3	《镇江市山体保护条例》
	4	《镇江市农村公路管理条例》
	5	《镇江市消防条例》
	6	《镇江市城市管理综合行政执法条例》

续表

项目类型	项目序号	项目名称
正式项目（12件）	7	《镇江市历史文化名城保护条例》
	8	《镇江市城市地下管线管理条例》
	9	《镇江市餐厨废弃物管理条例》
	10	《镇江市市区房屋安全管理条例》
	11	《镇江市电梯安全管理条例》
	12	《镇江市公共信用信息条例》
调研项目（13件）	1	《镇江市文明行为促进条例》
	2	《镇江市海绵城市条例》
	3	《镇江市公共汽车客运管理条例》
	4	《镇江市道路交通安全管理条例》
	5	《镇江市文化遗产保护条例》
	6	《镇江市电动自行车管理条例》
	7	《镇江市公共文化服务保障条例》
	8	《镇江市户外广告管理条例》
	9	《镇江市非物质文化遗产保护条例》
	10	《镇江市物业管理条例》
	11	《镇江市内河交通安全管理条例》
	12	《镇江市城市绿化管理条例》
	13	《镇江市垃圾处理条例》

四、加快制定地方性法规

镇江自2015年7月获得地方立法权以来，先后制定实施了近十部地方性法规。从立法事项来看，如表13－2所示，其主要包括三个方面：一是立法程序规定。2016年1月15日镇江市第七届人大第五次会议制定了《镇江市制定地方性法规条例》，2016年3月30日江苏省第十二届人大常委会第二十二次会议批准，2016年5月1日起施行。二是历史文化规定。镇江围绕金山焦山北固山南山风景名胜区（以下简称三山南山风景区）、香醋保护、非物质文化遗产保护等方面专门制定了地方性法规。三是环境保护规定。镇江围绕饮用水源地、长江岸线资源保护等方面专门制定了地方性法规。这些立法体现了镇江地方立法的基本思路。

2017 年 6 月 30 日镇江市第八届人民代表大会常务委员会第三次会议制定了《镇江市非物质文化遗产项目代表性传承人条例》,2017 年 7 月 21 日江苏省第十二届人民代表大会常务委员会第三十一次会议批准,于 2017 年 10 月 1 日起实施;2017 年 10 月 31 日镇江市第八届人民代表大会常务委员会第五次会议制定了《镇江市长江岸线资源保护条例》,2017 年 12 月 2 日江苏省第十二届人民代表大会常务委员会第三十三次会议批准,于 2018 年 4 月 1 日起施行。如表 13－2 所示。

表 13－2　镇江市地方性法规制定情况

地方法规名称	制定机关和日期
《镇江市金山焦山北固山南山风景名胜区保护条例》	2015 年 10 月 30 日镇江市第七届人民代表大会常务委员会第二十九次会议制定
《镇江市制定地方性法规条例》	2016 年 1 月 15 日镇江市第七届人民代表大会第五次会议制定
《镇江香醋保护条例》	2016 年 6 月 28 日镇江市第七届人民代表大会常务委员会第三十四次会议制定
《镇江市饮用水源地保护条例》	2016 年 10 月 24 日镇江市第七届人民代表大会常务委员会第三十六次会议制定
《镇江市非物质文化遗产项目代表性传承人条例》	2017 年 6 月 30 日镇江市第八届人民代表大会常务委员会第三次会议制定
《镇江市长江岸线资源保护条例》	2017 年 10 月 31 日镇江市第八届人民代表大会常务委员会第五次会议制定

第二节　地方立法经验与特色

在地方立法中,镇江及时抢抓机遇,及时启动立法工作会议,形成了自身独特的经验与特色。

一、地方立法效率显著提高

镇江在地方立法过程中提高立法效率,从正式获得立法权到正式制定地方性法规仅仅用了四个月。2016 年 2 月 1 日起实施的《镇江市金山焦山北固山南山风景名胜区保护条例》,不仅是镇江首部地方性法规,也是全国 2015 年获得立法权城市出台的首个地方性法规。即使在省内同期获得地方立法权的 6 个城市中,镇江也创造了多个"第一":第一家向省人大常委会提出授权申请,第一家选举产生市人大法制委,第一家经省编办批准成立市人大常委会法工委,第一家启动立法计划专项调研,第一家成立立法专家咨询组,第一家召开立法工作启动大会。这些成绩说明,镇江地方立法工作走在前列。

二、地方立法准备充分

镇江地方立法工作在各方面均做了充分准备。一是立法知识准备。除了组织学习《立法法》之外,镇江积极安排全国人大宪法和法律委员会专家进行授课,并组织赴无锡、徐州、南京、苏州、重庆等地进行调研学习。二是加强对立法工作的领导。镇江市在全国率先出台了《中共镇江市委关于加强地方立法工作的意见》。镇江市人大常委会及时将立法规划、计划报送市委审批,法规案重大问题报请市委决定。三是完善人大主导地方立法机制。在立项环节,注重选好项目;在审议环节,注重做好法制委统一审议,确保人大代表、常委会组成人员有效履职;在法规案起草阶段,人大有关委员会、人大常委会法工委安排专门人员作为联系人,全程参与前期调研、起草、论证分析等工作环节,及时了解并共同研究法规涉及的重要问题,与相关部门"绑在一起干",加强了立法调研的统筹协调,提高了工作实效。

三、地方立法关注地方特色

镇江遵循不抵触、有特色、可操作、少而精四项立法原则,紧紧围绕城乡建设与管理、环境和历史文化保护等立法范围,形成了符合镇江实际的地方立法。在三山南山风景区保护立法过程中,人大和相关部门工作人员专门赴核心景区现场勘查，赴交通、海事等部门就风景区内船舶航线等问题开展专题论证。为保护视线走廊等空间格局的风景区保护重点，《镇江市金山焦山北固山南山风景名胜区保护条例》创新规定在风景区和外围保护地带内，不得建设破坏视线走廊和景观的设施。在香醋保护立法过程中，实地走访恒顺等多家制醋企业，就《镇江香醋保护条例》涉及的具体实施条款与企业进行座谈。在《镇江香醋保护条例》二审期间，就该知识产权问题召集资深法官、学者、律师以及政府职能部门负责人开展论证，通过深入调研和分析，在不改变现有管理体制机制的情况下规范标注，明确"仅取得地理标志产品专用标志使用权的生产者不得突出使用'镇江香醋'字样，避免与'镇江香醋'集体商标混淆"，并在审议结果报告中对"不得突出使用"作出解释，以切实解决实际问题。在饮用水源地保护立法过程中，逐一赴全市已建成的五处饮用水源地和一处应急备用水源地考察走访，调研存在的具体问题。为实现饮用水源地的统一、高效管理，《镇江市饮用水源地保护条例》创制性地规定"水行政主管部门负责本行政区域内饮用水源地的统一监督管理工作"。这些机制的创设形成了镇江地方立法特色。

第三节　地方立法面临的挑战及其对策建议

尽管镇江地方立法已经初步形成了自身特色，但是由于地方立法工作刚刚起步，因此，难免面临着有待于完善的地方。

一、进一步加强地方立法实施工作

镇江地方立法由于刚刚起步，因此地方立法偏重于地方性法规的制定。随着地方性法规数量的增加，地方立法实施问题就成为镇江地方立法实施过程中需要面对的课题。特别是由于一些地方立法设置了一些具有镇江特色的内容，这就需要进一步考察相关立法规定在实践中的实施情况。例如，《镇江香醋保护条例》对落实镇江香醋工艺保护与文化传承，建立镇江香醋监管机制，统一镇江香醋集体商标和地理标志产品审核标准和程序，明确假冒伪步“镇江香醋”的界定等发挥了重要作用。但是从时间来看，相关规定实施情况更值得地方立法工作关注。因此，镇江地方人大及其常委会应当切实履行法定职责，不断加强法规实施情况的监督，按照法律法规的要求，定期或不定期地开展法规执法检查，督促相关部门及时落实地方性法规，使地方性法规得到切实有效的全面贯彻实施。

二、进一步细化地方立法规定

尽管镇江地方立法已经开始注重上位法在地方立法中的具体化规定，但是一些地方性法规的个别条款仍然存在比较原则的情况，不便于适用或者执行。所以，镇江地方立法要在立法精细化、系统化方面进一步加强，在注重提高立法的针对性和可执行性的同时，不断推进立法的精细化，增强立法的系统性。因此，镇江地方人大及其常委会在立法过程中要重视系统化思维，要注重“立、改、废”并举，保证地方立法在法律体系中的整体性；要制订科学合理的立法工作计划，进一步完善立法技术；要进一步完善立法项目论证制度，未经论证不得立项；要进一步完善立法项目征集和讨论制度，对立法项目要通盘考虑、总体设计、全面论证和科学选择；要进一步在立法技术上明确规定相关部门职责，规范表述。

三、进一步强化地方立法后的宣传工作

地方立法工作不仅是立法机关自身的职责，也是社会公众参与立法工作的重要窗口。从镇江地方立法工作来看，由于立法任务重，立法工作过程中虽然重视地方立法宣传工作，但是地方立法后的宣传工作仍然需要进一步加强。这就需要高度重视地方立法后的立法宣传工作，使公众了解相关规定，增强立法实施意识。因此，镇江地方立法工作要坚持民主立法、开门立法，充分发挥公众参与立法的积极性、主动性，应当借助新闻媒体、电子网络等载体和渠道，进一步探索和拓宽公众广泛深入参与立法的有效途径和渠道。既要积极加强地方立法工作自身的宣传工作，也要在地方性法规制定之后积极开展地方立法宣传工作，从而使地方立法能够深入人心。

第四节　地方立法典型实例分析

从总体来看,镇江地方立法工作取得了突出成绩,实现了法律效果与社会效果的有机结合。这就需要对镇江地方立法典型进行深入分析,以便总结地方立法经验。

一、《镇江市金山焦山北固山南山风景名胜区保护条例》立法分析

2015年10月30日,镇江市第七届人大常委会第二十九次会议制定《镇江市金山焦山北固山南山风景名胜区保护条例》,并于2015年12月4日由江苏省第十二届人大常委会第十九次会议批准。由于这个地方性法规是全国2015年获得立法权城市首个提请省级人大常委会审议批准的地方性法规,因此,该地方性立法不仅在镇江立法历史上具有里程碑意义,而且在全省乃至全国均具有较大影响。该条例共分为五章,即第一章总则,第二章规划、保护与建设,第三章利用和管理,第四章法律责任,第五章附则,共36条。从立法内容来看,其主要表现为以下特点:

第一,加强景区统一管理。《镇江市金山焦山北固山南山风景名胜区保护条例》在尊重现有体制基础上进一步加强统一管理,明确三山南山风景区管理机构,建立议事协调机构。其第4条规定,市人民政府设立的三山南山风景区管理机构,负责三山南山风景区的保护、利用和统一管理工作,所需经费列入本级年度财政预算。有关部门按照各自职责,共同做好三山南山风景区的保护、监督和管理工作。市人民政府应当建立协调机制,对三山南山风景区规划、保护、建设、利用和管理过程中需要协商解决的事项进行协调。

第二,加强风景区视线走廊等空间保护。视线走廊等空间格局是三山南山风景区的保护重点,《镇江市金山焦山北固山南山风景名胜区保护条例》明确了相关内容。其第10条规定,在三山南山风景区和外围保护地带内,不得建设破坏视线走廊和景观、污染环境、妨碍游览的建筑物、构筑物及其他设施。在核心景区内不得建设宾馆、招待所、培训中心、疗养院、度假村以及与

风景名胜资源保护无关的建筑物、构筑物和其他设施；已经建设的，应当按照三山南山风景区规划，逐步迁出。同时，第25条第3项明确了建筑物、构筑物和其他设施的布局、高度、体量、造型、色彩等应当与周围景观和环境相协调，此类事项属于审核事项。

第三，完善森林、湿地、水资源等特色保护。镇江市南山风景区属于国家森林公园，而金山、焦山、北固山风景区则有湿地和丰富的水资源，《镇江市金山焦山北固山南山风景名胜区保护条例》对其保护进行了详细规定。其第12条规定，三山南山风景区管理机构和有关部门在焦北滩、焦东滩、征润州等区划划定湿地保护范围，制定保护方案，同时，加强南山国家森林公园的林木保护，督促林区有关单位订立护林公约，划定护林责任区，配备护林员。此外，第13条规定，任何单位和个人不得擅自取用三山南山风景区内的地表水或者地下水，不得占用、围圈、填埋、堵截三山南山风景区水体、水面。因景观保护、利用需要取用地表水、地下水或者利用水体、水面的，应当经三山南山风景区管理机构审核，并由水行政主管部门组织听证、论证，广泛征求意见后，依照有关法律、法规的规定报有关部门批准。环境保护部门应当监测金山湖、回龙水库、珍珠湖、运粮河及相关水体水质，定期发布监测情况。

第四，强化风景区内的建筑工程绿色施工义务。随着建筑工程绿色施工要求的提出，《镇江市金山焦山北固山南山风景名胜区保护条例》明确了在环境保护重点区域的三山南山风景区内的建筑工程，应当符合绿色施工要求。其第18条规定，在三山南山风景区内进行建设活动的，施工单位和个人应当服从三山南山风景区管理机构和有关部门的监督管理，采取措施保护周围景物、水体、野生动植物资源和地形地貌及公共设施，确保安全。施工单位和个人应当遵守环境保护和建筑工程绿色施工有关规定，采取防尘降噪等措施，施工结束后，应当及时清理场地，恢复环境原貌。此外，第23条第3款明确规定，机动货车、工程车等重型车辆因建设需要进入景区的，应当达到密闭化运输要求。

二、《镇江香醋保护条例》立法分析

2016年6月28日，镇江市第七届人大常委会第三十四次会议制定了《镇江香醋保护条例》,2016 年 7 月 29 日由江苏省第十二届人大常委会第二十四次会议批准。该条例分为七章,即第一章总则、第二章工艺保护与文化传承、第三章知识产权保护、第四章产业扶持与发展、第五章监督和管理、第六章法律责任、第七章附则,共 34 条。从立法内容来看,其具有如下特点:

第一,对镇江香醋进行定义。《镇江香醋保护条例》对在镇江市行政区域内生产的香醋和法律所保护的镇江香醋进行了区别。该条例第 2 条规定,镇江香醋是指在镇江行政区域内生产,采用传统特殊工艺制作,具有独特风味和品质,并依法取得知识产权保护的酿造食醋。这就界定了立法对象。

第二,明确了镇江香醋生产工艺。《镇江香醋保护条例》本着保护镇江香醋传统工艺的目的对镇江香醋的核心生产工艺作出了相关规定。其第 8 条规定,从事镇江香醋生产,应当遵守下列规范:(1)以糯米、麸皮、大糠等为主要原料;(2)采用传统复式糖化、酒精发酵、固态分层醋酸发酵、加炒米色淋醋等特殊工艺,在特制陶坛容器密封陈酿 6 个月以上;(3)生产场所符合食醋生产卫生规范的国家标准;(4)产品质量符合镇江香醋国家标准。

第三,规范了集体商标和地理标志产品专用标志的使用。为了加强镇江香醋的品牌保护,《镇江香醋保护条例》在具体工作机制上进行了完善。一方面,明确了市人民政府的具体职责。其第 12 条规定,市人民政府应当加强对镇江香醋集体商标、地理标志等知识产权保护,统筹推进建立集体商标和地理标志产品双重保护机制、统一审核的标准和程序。另一方面,明确标志使用方式。第 13 条规定,符合镇江香醋国家标准的生产者,取得镇江香醋集体商标使用权后,应当在其产品上标注该集体商标,取得镇江香醋地理标志产品专用标志使用权后,应当在其产品上标注该专用标志。该生产者应当同时在其产品上标明生产厂厂名、厂址。第 14 条规定,符合镇江香醋国家标准的生产者,可以同时申请使用镇江香醋集体商标、地理标志产品专用标志,取得使用权后,应当在其产品上同时标注集体商标和地理标志产品专用标志。第 15 条规定,取得集体商标、地理标志产品专用标志使用权的生产者,应当建立集体商标、地理标志产品专用标志的相关管理制度,规范、完整地使用集体商标和专用标志。仅取得地理标志产品专用标志使用权的生产者不得突出使用“镇江香醋”字样,避免与“镇江香醋”集体商标混淆。

第四,健全镇江香醋保护体制。由于镇江香醋保护涉及多个部门,因此,《镇江香醋保护条例》明确了镇江香醋保护体制。一方面,明确了地方政府及其部门的职责。第5条规定,市、辖市(区)人民政府负责该条例的组织实施,统一领导、组织、协调镇江香醋生产经营的监督管理工作,具体办法由市、辖市(区)人民政府制定。有关部门按照各自职责,共同做好镇江香醋保护、发展、监督和管理工作。另一方面,划分了不同部门的职责。该条例专门规定了"监督和管理"一章,对卫生部门、食药监部门、工商、质监部门等相关部门的职责进行了划定,从而增强了镇江香醋保护机制的可操作性。

第五,加强镇江香醋产业的发展。《镇江香醋保护条例》专门设置"产业扶持与发展"一章,明确了镇江香醋产业扶持与发展的要求。一是制定产业发展规划。第17条规定,市、辖市(区)人民政府应当将镇江香醋产业发展纳入国民经济和社会发展规划,同步规划,同步实施。二是鼓励和扶持技术研发,培养人才。第18条规定,鼓励和扶持镇江香醋生产者对传统酿制技艺进行保护、发掘、整理,培养传统酿制技艺人才。鼓励和扶持镇江香醋生产者与高等院校、科研机构开展生产、教学、研究合作,推广现代生物酿造等先进技术,开展基于传统特色的技术研发。三是加大资金投入。第19条规定,鼓励和支持社会资金投资镇江香醋产业;加大财政资金对镇江香醋生产者在技术改造、科技创新、节能减排、品牌创建、环境保护等方面的支持力度。四是支持规范化和国际认证。第20条规定,鼓励和引导镇江香醋生产经营者执行良好农业规范、良好卫生规范、危害分析与控制点技术等食品安全控制方法,支持生产经营者开展有关国际认证。

三、《镇江市饮用水源地保护条例》立法分析

2016年10月24日,镇江市第七届人大常委会第三十六次会议制定《镇江市饮用水源地保护条例》,2016年12月2日由江苏省第十二届人大常委会第二十七次会议批准。该条例分为七章,即第一章总则、第二章饮用水源地的设置、第三章饮用水源地的保护、第四章监督管理、第五章突发事件应急处理、第六章法律责任、第七章附则,共35条。从立法内容来看,该条例具有以下特点:

第一,规定饮用水源地统一监管。为了实现对饮用水水源地的统一监管,《镇江市饮用水源地保护条例》明确一个管理部门负责对饮用水水源地的统一监管工作,推动实现饮用水水源地的高效管理和保护。其第5条规定,市、辖市(区)发展改革部门应当组织编制本行政区域内饮用水水安全保障规划,报本级人民政府批准后实施。水行政主管部门负责本行政区域内饮用水水源地的统一监督管理工作。其他有关行政主管部门按照各自职责,做好饮用水水源地保护的有关工作。第12条规定,市、辖市(区)人民政府应当依法征收饮用水水源地一级保护区内土地,由水行政主管部门实施统一监督管理。

第二,规范突发事件应急处理行为。为了保证相关部门迅速、科学、有序地应对饮用水水源地突发事件,《镇江市饮用水源地保护条例》进一步增强了突发事件应急处理的可操作性。其第26条规定,市、辖市(区)人民政府应当组织编制饮用水水源地突发污染事件应急预案,并根据饮用水水源地变化情况及时进行修订。市、辖市(区)人民政府应当做好应对饮用水水源地突发污染事件的物资和技术准备,建立专业应急救援队伍,每年至少开展一次应急演练;配备应急处置设施设备,每季度试用一次。第27条规定,水行政、环境保护主管部门应当在取水口上游设置水源地水质在线监测点,并与有关行政主管部门和供水单位实行联网共享,随时掌握水源水质变化状况。第28条规定,发生事故或者其他突发性事件时,市、辖市(区)人民政府履行统一领导职责,应当立即采取应急处置措施,组织有关部门对饮用水水源地加密监测,调集应急救援队伍,确定预警级别并公布。造成或者可能造成饮用水水源地污染的单位,应当立即启动本单位应急预案,报告市、辖市(区)人民政府,并通报供水单位和可能受到污染危害的单位和居民。发生船舶污染事故可能污染饮用水水源地的,海事管理机构、渔业主管部门等应当及时报告水行政主管部门,并同时通报供水单位和环境保护部门。

第三,建立饮用水水源地生态补偿机制。为了确保饮用水水源地生态环境安全,《镇江市饮用水源地保护条例》建立了生态补偿机制。其第3条规定,市、辖市(区)人民政府应当优先保护饮用水水源地,将其纳入国民经济和社会发展规划、土地利用总体规划、城市总体规划等,建立部门联动和重大事项会商机制,合理布局相关区域的产业结构。市、辖市(区)人民政府应当建立饮用水水源地生态补偿机制，加大对饮用水水源地保护的公共财政投入。

第四，强化了行政管理职责。为了明确饮用水水源地行政管理职能，《镇江市饮用水源地保护条例》对有关主管部门和工作人员责任进行了规定。第34条规定，负有管理、监督职责的市行政主管部门、辖市（区）人民政府及其行政主管部门、单位，以及上述部门或者单位的工作人员违反该条例规定，有下列情形之一的，由市人民政府责令改正；情节严重，尚不构成犯罪的，依法予以处分；构成犯罪的，依法追究刑事责任：(1)未按规定制定和实施饮用水安全保障规划，拟定饮用水水源地污染事故处理应急预案的；(2)违法审批、建设项目的；(3)未按规定责令拆除、关闭或者搬迁建设项目、设施、排污口的；(4)未按规定采取预防措施，导致发生突发事件，或者未采取必要的防范措施，导致发生次生、衍生事件的；(5)未按规定及时采取措施处置突发事件或者处置不当，造成后果的；(6)未按规定及时报告、通报、公布有关真实信息的；(7)未按规定对饮用水水源地进行水质、水量监测的；(8)未按规定进行日常巡查的；(9)发现违法行为或者对违法行为的举报不及时查处，或者包庇、纵容违法行为的；(10)其他滥用职权、玩忽职守、徇私舞弊的行为。

四、《镇江市非物质文化遗产项目代表性传承人条例》立法分析

2017年6月30日，镇江市第八届人大常委会第三次会议制定《镇江市非物质文化遗产项目代表性传承人条例》，2017年7月21日由江苏省第十二届人大常委会第三十一次会议批准。该条例分为七章，即第一章总则、第二章申报认定、第三章权利义务、第四章服务保障、第五章监督管理、第六章法律责任、第七章附则，共30条。从全国来看，该条例是专门针对非遗项目代表性传承人的首部地方性法规。从立法内容来看，该条例具有以下特点：

第一，强化对非物质文化遗产项目代表性传承人工作服务保障。为了促进非物质文化遗产项目代表性传承人队伍建设，鼓励和支持各方力量开展传承、传播活动，《镇江市非物质文化遗产项目代表性传承人条例》设置专章“服务保障”强化了政府及有关行政机关的服务保障职能。第18条规定，市、辖市（区）人民政府应当采取措施，加强非物质文化遗产保护工作的队伍建设，培养非物质文化遗产保护、研究、传承等各类专门人才，建立非物质文化遗产

数据库。第 19 条规定，市、辖市(区)人民政府及有关部门应当在有条件的中、小学建立非物质文化遗产传承基地，发展特色教育。鼓励非遗代表性传承人在学校开展非物质文化遗产传承、传播活动，在景区、广场、社区等公共场所进行展示、展演。第 20 条规定，市、辖市(区)人民政府应当组织有关部门以下列方式，支持非遗代表性传承人开展传承、传播活动：(1)提供必要的活动场所，帮助改善工作条件；(2)组织开展研讨、宣传、展示等活动；(3)协助非遗代表性传承人对原创作品进行知识产权保护、维权等；(4)提供其他有利于传承、传播的必要帮助。

第二，明确对非物质文化遗产项目的生产性保护。由于有些非物质文化遗产项目适合开展生产性保护，因此，《镇江市非物质文化遗产项目代表性传承人条例》对非物质文化遗产项目的生产性保护进行了规定。其第 7 条规定，市、辖市(区)人民政府应当鼓励、支持非遗代表性传承人对具备生产性保护条件的非物质文化遗产项目进行生产性保护。生产性保护，指在具有生产性质的实践过程中，以保持非物质文化遗产的真实性、整体性和传承性为核心，以有效传承非物质文化遗产技艺为前提，借助生产、流通、销售等手段，将非物质文化遗产及其资源转化为文化产品的保护方式。其明确了政府的职责，也对“生产性保护”进行了明确界定。

第三，建立非物质文化遗产项目代表性传承人退出机制。为了解决非物质文化遗产项目代表性传承人管理工作中的退出机制问题，《镇江市非物质文化遗产项目代表性传承人条例》建立了评估与退出机制。其第 24 条规定，市、辖市(区)文化主管部门应当建立非遗代表性传承人档案，每年对非遗代表性传承人及其传承情况进行一次调查，每两年组织专家对非遗代表性传承人履行义务情况进行一次评估。市非遗代表性传承人履行义务情况由辖市(区)文化主管部门上报市文化主管部门。国家级、省级非遗代表性传承人履行义务情况由市文化主管部门上报省文化主管部门。第 25 条规定，市、辖市(区)文化主管部门对评估优秀的非遗代表性传承人，颁发优秀非遗代表性传承人证书，并给予奖励。第 26 条规定，非遗代表性传承人具有下列情形之一的，由市、辖市(区)文化主管部门终止其非遗代表性传承人资格，涉及省级、国家级非遗代表性传承人的，由市文化主管部门上报省文化主管部门：(1)丧失传承、传播能力的;(2)连续两次评估不合格的;(3)无正当理由不履行传承义务的;(4)法律、法规规定的无法履行传承义务的其他情形。前述第(1)项因年龄、健康等原因丧失传承、传播能力,终止非遗代表性传承人资格的,由市、辖市(区)文化主管部门授予其荣誉非遗代表性传承人称号,给予一次性补助,不再发放非遗代表性传承人固定补助。

第四,规定给予非物质文化遗产项目代表性传承人资助制度。为了更好地帮助非物质文化遗产项目代表性传承人,《镇江市非物质文化遗产项目代表性传承人条例》建立资助制度。其第21条规定,符合下列条件之一,市、辖市(区)非遗代表性传承人申请项目资助的,本级文化主管部门应当给予资助:(1)濒危项目,急需抢救性保护的;(2)开展传承、传播工作确有经济困难的;(3)有关资料急需整理、记录、出版的。

五、《镇江市长江岸线资源保护条例》立法分析

2017年10月31日,镇江市第八届人大常委会第五次会议制定《镇江市长江岸线资源保护条例》,2017年12月2日由江苏省第十二届人大常委会第三十三次会议批准。该条例分为七章,即第一章总则、第二章保护规划、第三章分区保护、第四章集约利用、第五章监督管理、第六章法律责任、第七章附则,共40条。从立法内容来看,其有以下特点:

第一,分区保护长江岸线资源。为了实现对长江岸线资源的长久保护和可持续利用,《镇江市长江岸线资源保护条例》第11条根据河道自然条件、岸线资源现状、保护和开发利用等要求,将长江岸线资源划分为保护区、保留区、控制利用区和开发利用区,并分别规定禁止行为及其法律责任。

第二,保护长江岸线资源生态环境。为了适应镇江绿色发展,《镇江市长江岸线资源保护条例》将生态环境管理纳入长江岸线资源管理之中,并建立了相应制度。其第6条规定,市人民政府应当制定长江岸线资源的生态环境管理制度,建立生态补偿机制,设立专项资金,用于生态补偿和生态修复。第7条规定,任何单位和个人都有义务保护长江岸线资源,造成长江岸线生态环境损害的,应当承担修复和损害赔偿责任。对长江岸线资源保护有重大贡献的,由市、辖市(区)人民政府给予奖励。

第三,集约利用长江岸线资源。为了实现对长江岸线资源的合理利用,《镇江市长江岸线资源保护条例》专门设置“集约利用”一章,强化科学、高效利用岸线资源。其第 19 条规定,市、辖市(区)人民政府应当坚持集约利用长江岸线资源,引导产业向陆域纵深发展,减少对临水岸线的占用。第 23 条规定,市人民政府应当统筹推进长江沿线化工行业转型发展,健全环境保护监控机制,支持化工企业开展绿色技术创新和清洁低碳生产。第 24 条规定,港口岸线应当优先用于公用码头建设。市、辖市(区)人民政府应当引导、支持自用码头提供公共服务,鼓励沿江中小企业集中使用公用码头,避免重复建设。第 25 条规定,市旅游、交通运输等主管部门应当优化长江沿线旅游资源配置,充分利用既有客运码头布局邮轮运输功能,改造或者新建专业化邮轮泊位。

第四,建立长江岸线资源使用退出机制。为了有效防止稀缺长江岸线资源浪费,《镇江市长江岸线资源保护条例》建立了长江岸线资源使用退出机制,实现对长江岸线资源的开发利用。其第 27 条规定,有下列情形之一的,由国土资源主管部门报请有批准权的人民政府依法收回土地使用权:(1)为公共利益需要使用土地的;(2)土地出让等有偿使用合同约定的使用期限届满,土地使用者未申请续期或者申请续期未获批准的;(3)被依法认定为闲置土地,未动工开发满两年的;(4)法律、行政法规规定的其他情形。被依法认定为闲置土地,未动工开发满一年的,由国土资源主管部门依法征缴土地闲置费。

第五,完善长江岸线资源监督管理机制。为了实现对长江岸线资源的有序、有效的监督管理,《镇江市长江岸线资源保护条例》对各级政府及其部门的职责进一步明确,完善长江岸线资源信息系统,建立河长制,加强采砂管理。其第 4 条规定,市人民政府对长江岸线资源保护实行统一监督管理,建立市长江岸线资源保护协调机制,负责组织、协调长江岸线资源的保护工作。市人民政府将长江岸线资源保护目标完成情况作为对本级人民政府有关部门及其负责人和下一级人民政府及其负责人的考核内容,考核结果应当向社会公布。辖市(区)人民政府对辖区内长江岸线资源的保护承担主体责任。第 5 条规定,在长江岸线资源的保护与管理中,有关部门依法履行下列职责:

(1)水行政主管部门负责对防洪安全、河势控制、水资源保护、水土保持等实施监督管理,查处非法采砂等行为;(2)交通运输主管部门负责港口岸线的保护和管理,查处违法使用港口岸线的行为;(3)国土资源主管部门负责办理建设用地使用、登记及临时用地等手续,查处违法用地行为;(4)环境保护主管部门负责建设项目环境影响评价文件的审批,对污染防治实施监督管理。发展改革和经济信息化局、财政、规划、农业、公安、建设和旅游等有关部门,在各自职责范围内做好长江岸线资源保护的相关工作。第28条规定,市人民政府应当建立长江岸线资源信息系统,对岸线资源保护和利用状况定期开展评估,并将评估结果纳入岸线资源使用者信用评价体系。第30条规定,市、辖市(区)建立河长制,分级分段统筹做好长江岸线资源的保护和管理工作,组织开展专项检查和集中治理。第32条规定,长江采砂管理实行人民政府行政首长负责制。市、辖市(区)水行政主管部门按照分级管理的权限,负责本行政区域内长江采砂的管理和监督检查工作。从事长江采砂活动的单位和个人应当按照河道采砂许可证的规定进行开采,禁止非法采砂。

第十四章　扬州地方立法

扬州市有着2500多年的悠久历史,文化底蕴丰厚,是1982年国务院批准的全国首批24个历史文化名城之一,在国内外享有较高的知名度和美誉度。扬州市自2015年取得地方立法权以来,市人大及其常委会认真贯彻落实党的十八大,十八届三中、四中、五中全会和党的十九大精神以及习近平总书记系列重要讲话精神,按照全国人大、省人大对立法工作的部署要求,在扬州市委的正确领导下,抓好开端,完善制度,积极探索,依法履职,实现了地方立法工作的良好开局。

第一节　地方立法概况

一、立法权的取得和行使

2015年7月31日,江苏省十二届人大常委会第十七次会议作出决定,赋予扬州市行使地方立法权,扬州市成为全省首批行使地方立法权的城市之一。自取得立法权开始,扬州市就高度重视立法质量,根据立法需求、立法能力等实际情况,合理安排立法项目,不盲目追求法规数量。如表14－1所示,截至2018年5月,共出台地方性法规4部,分别是《扬州市制定地方性法规条例》《扬州古城保护条例》《扬州市河道管理条例》《扬州市公园条例》。

表 14－1　2015～2018 年 5 月扬州市地方性法规制定情况

序号	法规名称	通过时间
1	《扬州市制定地方性法规条例》	2016 年 3 月 30 日
2	《扬州古城保护条例》	2016 年 12 月 2 日
3	《扬州市河道管理条例》	2016 年 12 月 2 日
4	《扬州市公园条例》	2017 年 9 月 24 日

二、立法机构和队伍建设

(一)成立人大法制委员会

2015 年 1 月，扬州市七届人大四次会议选举产生了市人大首届法制委员会，为地方立法权的取得和行使奠定了组织基础。2017 年 2 月，扬州市八届人大一次会议选举产生了市八届人大法制委员会，由市人大常委会常务副主任担任主任委员，另有副主任委员 3 名、委员若干。为适应立法工作需要，还吸收了人大代表中的律师和基层环保、考古、城乡建设等部门和单位的人员作为法制委员会委员，进一步优化人员结构。

(二)设立常委会法制工作机构

在省编委批复同意的基础上，市七届人大常委会第十九次会议决定设立扬州市人大常委会法制工作委员会。根据市编委批复，核定领导职数为主任 1 名、副主任 1～2 名；增设立法处和规范性文件备案审查处，作为市人大法工委的内设机构。

(三)组建工作队伍

扬州市八届人大常委会法工委延续了上一届的基本架构，任命法工委主任和副主任各 1 名，并吸收了法制、规划、城乡建设、环保、考古等单位的工作人员和律师作为法工委委员，进一步充实市人大常委会法制工作人才力量。

三、立法机制和能力建设

(一)制定“新规矩”，推进立法工作规范化

扬州市人大按照依法立法和制度化、规范化的要求，重点围绕日常工作

运行建章立制。市人大法制委成立后立即着手起草法制委工作职责和议事规则、法工委工作职责，以及制定地方性法规程序、立法咨询专家聘任使用工作规定、基层立法联系点工作规定等制度，并将省人大立法工作的重要制度汇编成册，作为重要工作参考，推动立法工作走向制度化、规范化。

（二）组建“专家库”，推进立法工作科学化

扬州市人大先后聘请和增聘20名立法咨询专家顾问作为地方立法工作“智库”，其中有多年从事省级地方立法工作实践、经验丰富的立法专家，有在高等院校从事法学教学和研究的专家学者，也有城乡建设与管理、环境保护、历史文化保护等领域的专家。扬州市人大坚持将科学立法要求贯穿立法工作全过程，每部法规在立法过程中都认真梳理需要论证的重点问题，采取信函、电子邮件和专家论证会等多种形式，征询相关领域专家意见。

（三）建立“基层点”，推进立法工作民主化

经扬州市各县（市、区）人大常委会和相关单位推荐和筛选，市人大常委会主任会议研究，在全市建立了24个基层立法联系点。市人大经常与立法联系点保持联系，每年度的立法计划确定前，都要向24个基层立法联系点书面征求意见，法规制定过程中注意听取相关立法联系点的意见和建议，年终有选择地走访立法联系点，通报立法完成情况和下一年度立法工作任务。与此同时，市人大立法工作也得到基层立法联系点的关注和支持，如广陵区文昌花园等基层社区在每次反馈立法建议之前都要先行召开社区居民座谈会，广泛征询社区居民对立法的意见和建议，让立法机关听到来自基层“最接地气”的声音；再如仪征市人民检察院等基层司法机关，充分利用其基层一线工作经验，积极贡献专业智慧，为立法工作加油助力。

第二节　地方立法的经验与特色

扬州市人大法制委员会按照党的十八届三中全会全面深化改革和十八届四中全会全面推进依法治国的要求，积极探索科学立法、民主立法的新形式、新途径，以制度建设为引领，坚持开门立法、广纳民意、集中民智，取得了

良好效果。

一、通过立法解决问题

扬州市人大通过实践取得共识，认为法要立得住、行得通、真管用，前提必须是良法。设区的市不能为立法而立法，出台不科学、难执行的法规，而应当根据市情民意，围绕城市建设、市容管理、环境保护等方面的具体问题，突出立法的针对性和可操作性。为此，扬州市在"不抵触、有特色、可操作"的立法原则基础上，更加强调立法的需求性，并将"有需求"进一步解释为"针对问题立法，立法解决问题"。在法规项目调研阶段，扬州市即要求承办单位梳理立法拟解决的具体问题（列出问题清单），明确立法宗旨和立法目的，拟定具体措施，将解决问题贯穿立法工作的全过程，问题意识成为立法调查、研究、论证、考察、审议的重点。

二、充分体现扬州特色

扬州历史悠久、文化底蕴丰厚，2500余年的建城史为这方热土留下了璀璨的历史文化遗产。近年来，由于旧城改造、拆旧建新等给古城保护带来了一系列问题，亟须通过地方立法予以解决。扬州因"州界多水，水扬波"而得名，自古以来依水而建、缘水而兴、因水而美，境内水系发达，河道密布，是平原水网区的典型代表。扬州人民群众的生活与纵横交错的河道密不可分，长期存在河道规划、河道污染等方面的问题。扬州古城是扬州的根，纵横交错的水网是扬州的魂，为此，扬州市充分利用本地特色资源，精心选题，确定了首批制定的实体性法规为《扬州古城保护条例》《扬州市河道管理条例》。扬州是园林城市，不仅瘦西湖、个园、何园这样的古典园林享誉甚广，而且遍布全市"黄金地块"，集生态、休闲、娱乐、健身等功能于一体的开放式管理公园更受百姓赞誉。为在全国打响扬州的"公园"品牌，巩固"111"公园体系建设成果，促进公园事业的进一步发展，制定出台《扬州市公园条例》提上议事日程。2017年4月18日扬州"烟花三月"国际经贸旅游节主会场——花都汇生态公园，曾经就是一个废弃的垃圾场，通过专业治理，摇身一变，成为小有名气的"城市会客厅"。为使这一充分体现扬州特色的成功案例通过法律形式固化并进一步推广,《扬州市公园条例》明确规定了“鼓励利用荒滩、荒地等建设公园”的特色条款。

三、坚持“小切口”立法思路

地方立法切口过大,往往失之粗疏。为此,扬州市取得立法权伊始,就追求精细化立法,立法选题采用“小切口”,立法内容避免“大而全”,抓住重点问题和关键条款,反复调研论证,集中修改打磨,力求通过制定一部法规,真正解决一些实际问题,努力提高立法的针对性和实效性。如制定《扬州古城保护条例》是为了解决扬州城内18.25平方公里的古城保护问题;制定《扬州市公园条例》是为了规范开放式管理公园的规划、建设、管理、服务等问题。2018年11月23日通过的《扬州市非物质文化遗产保护条例》,由于国家、省都有直接的上位法,因此,该条例从起草阶段开始,就明确要求针对扬州情况、体现扬州特色,绝不简单重复上位法。

四、坚持民生立法取向

扬州市人大及其常委会自获得立法权以来,紧紧围绕民意做文章,确保立法充分体现社会共同意志,充分反映人民意愿,让百姓不仅是法律的实践者,更要成为法律的创制者。一是尊重人民主体地位,从广泛深厚的民意中汲取地方立法的动力和营养。立法选题建立在广泛征求“一府两院”、人民团体、各县(市、区)人大、基层立法联系点等有关方面意见的基础上;立法过程中采取多种方式扩大民众参与度,听取各方观点,充分反映民意,广泛集中民智,使不同意见得以充分表达。如市人大利用扬州市知名度较高的电视栏目——《市民论谈》,将有关立法参与者、古城保护倡导者、居民代表等各有关方面请进直播室,围绕当时正在制定的《扬州古城保护条例》开展精彩互动。这一举动不仅吸引了全市人民对立法工作的关注,也为立法工作的顺利开展集聚了民意。二是以立法为民、立法惠民为宗旨,着力研究解决人民群众普遍关心的问题。针对群众提出的古城商业噪声扰民问题,《扬州古城保护条例》第24条规定,明清历史城区禁止在商业经营活动中使用高音广播喇叭或者采用其他发出高噪声的方法招揽顾客。诸如“综合公园和有条件的社区公园应当配套建设健身步道、健身区、儿童户外活动场所，设置老年人休憩区、母婴室”，“鼓励公园管护单位运用信息化、智能化方式提供服务”等符合群众要求的规定，都是《扬州市公园条例》广泛吸收公众合理化建议的结果。三是以规范政府为重点，维护公民、法人和其他组织的合法权益。市人大常委会组成人员在审议《扬州市公园条例》时普遍认为，人大立法不是为部门立法，立法首先要规范的是政府。因此，“公园管理条例”更名为“公园条例”，二字之差体现了立法理念的变化。《扬州市公园条例》不仅对公园内游客的行为作出了规定，还重点明确了市、县两级政府在公园规划、建设、管理、服务上的主体责任，细化了市公园行政主管部门、规划、城建、公安、水利、城管等部门以及公园管护单位的职责。

第三节　地方立法存在的问题和对策

近几年来，扬州市人大常委会认真履行地方立法权的多项职责，并取得了一定成绩，但由于地方立法工作刚刚起步，仍存在一些问题和挑战，需要在立法工作中不断总结、探索、学习和改进。

一、地方立法存在的问题

（一）立法能力建设仍需强化

由于取得地方立法权时间较短，扬州市人大常委会工作人员从事立法工作时间不长，知识、经验、能力、水平都有待进一步提高。对如何充分发挥专家顾问的积极作用尚处在探索阶段，基层立法联系点参与立法工作的积极性和实效性也有待激发和提高。

（二）立法工作机制仍需完善

扬州市人大主导立法的工作机制虽已建立，但尚须进一步完善，少数政府职能部门对地方立法工作的重要性和必要性认识不足。由于宣传不到位，社会各界对地方立法工作的知晓度和参与度也有待提高。

（三）立法人才队伍亟须加强

地方立法专业性强、涉及领域广，立法人才是保障立法质量的前提。同时，地方立法是系统性、综合性的工作，需要长期实践经验的积累。《立法法》修改后，扬州市人大及其常委会的立法力量比较薄弱，一定程度上存在立法专业技术人才“知识恐慌”和“本领恐慌”现象，立法人员配备、立法技术运用、立法实践经验等均有待于进一步完善和提高。

二、完善地方立法的对策建议

扬州市人大常委会在准确把握立法工作新特征、新状态和新思路的基础上，可以从以下四个方面入手，切实加强和改进立法工作。

（一）充分发挥地方人大及其常委会在立法中的主导作用

为了适应全面推进依法治国的需要，修改后的《立法法》从法律层面上对我国现有立法体制机制的完善进行了顶层设计，强调人大及其常委会要加强对立法工作的组织协调，发挥在立法工作中的主导作用。对扬州市人大及其常委会而言，充分发挥在地方立法工作中的主导作用，用好、用足、用实立法权，既是科学立法、民主立法的本质要求，也是坚持和完善人民代表大会制度的应有之义，更是立法工作与时俱进适应改革发展的迫切需要。扬州市人大及其常委会在立法中的主导作用包含以下三个层面：一是在立法总体思路上统筹考虑。在党委的领导下对立法工作进行通盘考虑、总体设计，突出人大统领立法工作全局的作用，紧紧围绕经济社会发展的大局和改革发展稳定的全局来谋划和组织立法工作，增强立法的针对性、及时性和系统性，发挥立法的引领、推动作用。二是在立法具体环节上统筹协调。在立项、起草、审议、修改等各个环节发挥统筹协调作用，合理配置立法资源，牢牢把握立法进程，既要充分调动政府、社会等有关各方的积极性，妥善平衡各方需求，积极回应社会关切，又要防止部门利益干扰，树立立法机关的权威。三是在法律制度设计上的决策主导。市人大对法规中涉及公民有关权利、义务的确定，执法主体权力、职责的设置，以及具体法律责任条款的设定等内容，在把握合法性、合理性原则和进行科学论证的基础上，要敢于决策，善于决策。

（二）加强立法能力建设

一是要统筹考虑专门机构与人大代表、常委会组成人员和社会力量建设。人大代表和常委会组成人员是地方立法的主体，其审议能力直接关系立法质量。因此，扬州市人大应加大立法专门机构设置和专业力量配备，充实立法工作人员，建立从符合条件的基层干部、法官、检察官、律师、法学专家中选调、招录既懂法律又了解基层情况的立法工作者制度，并通过定期组织开展立法培训、学习进修、理论研讨、实地调研等活动，不断提高人大代表和常委会组成人员的专业素养，丰富立法实践经验。与此同时，还要调动本市高等院校、科研机构法律人才和律师等社会力量积极参与立法工作，必要时应成立立法顾问咨询机构，如立法顾问组、立法研究会等，为立法提供智力支持。

二是要统筹考虑人大与政府立法能力建设。立法活动包括立项、起草、审议、表决等多个环节，具体工作既涉及人大及其常委会，也涉及政府及其有关部门。实际工作中，相当一部分法规案是由政府提出的，政府的立法能力在相当程度上也影响到法规质量。因此，在重视人大立法能力建设的同时，还需要同步考虑政府法制部门以及其他部门法制力量建设。由人大组织的立法培训进修、法制讲座、理论研讨等活动，可以有针对性地邀请政府法制机构人员及相关部门从事具体法制工作的人员参加，提高政府立法人员的法制素养和业务能力。同时，畅通人大与政府立法人才相互交流渠道，实现立法人才队伍的良性互补。

（三）完善立法工作机制

一是完善立法选项机制。立项是立法的首要环节，是立法的第一道关口。把好立项关，对于保证立法适应地方实际需要，促进地方经济社会发展，保障法规有效实施至关重要。首先，拓宽立法项目来源。结合经济社会发展需要、人民群众立法需求以及上位法制定、修改情况，及时收集相关立法信息，加强立法调研，梳理计划建议项目，并广泛向社会公开征求立法项目，更多地向市人大常委会组成人员、人大代表、基层立法联系点、社会组织等征集立法项目。其次，加强对立法项目的评估论证。建立完善立法选项评估论证制度，组织有关专门（工作）委员会、常委会立法顾问及有关专家学者对建议项目的立法依据、必要性、可行性，以及法规可能产生的社会影响、社会效果等进行评估论证，科学确定立法项目。同时在编制程序上，多向省人大常委会请示汇报，以求立法项目最大限度符合《立法法》的要求。

二是完善法规起草机制。积极探索建立由地方人大常委会主导，有关部门参加，专家学者、企事业单位、人大代表和人民群众共同参与的多元化法规草案起草模式，拓宽人大自主起草法规的范围，逐步提高自主起草法规比重。对综合性、全局性、基础性等的重要立法项目，可以由市人大常委会工作机构牵头，吸收政府有关部门、人大代表、专家学者、社会团体等参与起草；对部分专业性、技术性较强的立法项目，可以采取委托高等院校、科研机构、社会团体起草的形式，发挥专家学者在立法工作中的智囊作用。

三是改进法规审议修改工作。法规审议、修改工作是立法程序的核心环节。进一步改进法规审议修改工作，可从以下几点着手：第一，需要有关专门（工作）委员会发挥"专"的优势，把好法规草案审议的第一道关口，对立法的必要性、成熟性、可行性进行充分地调查、论证和研究。第二，法制委员会要注重发挥"统"的作用，根据常委会组成人员、有关专门委员会的审议意见和其他有关方面的意见进行统一审议，重点调研、审议法规草案的合法性、合理性、规范性问题。第三，要完善市人大常委会审议程序，综合考虑法规草案的社会关注度、常委会组成人员审议意见等因素，增加"隔次审议"，保障有充足的时间开展调研论证和对法规草案进行修改完善。第四，建立争议解决机制。法制委员会全体会议上，委员会组成人员意见不一致的，可对有关条款单独表决，或者分别拟定不同的条款，向市人大常委会主任会议报告，由市人大常委会主任会议决定。第五，在审议的形式上除了采取分组审议外，还可以选择社会关注度高、利益关系复杂的法规，对其中的主要问题召开联组会议或者全体会议进行审议，以便市人大常委会组成人员充分发表见解。

四是完善人大代表参与立法机制。在编制立法规划、年度立法计划时，应当充分听取和吸收人大代表的意见。确定年度立法计划时，要将代表议案和建议、批评、意见中相对集中的热点、难点问题作为重要依据。组织开展立法调研、听证、论证、修改、评估等活动，应邀请相关专业领域的人大代表参加，增加一线代表、基层代表参加活动的人数。设立人大代表法制专业小组，结合代表的职业和自身兴趣、专长，围绕市人大常委会年度立法计划，有针对性地组织代表参与地方立法工作。同时，增加人大代表列席市人大常委会会议人数，扩大代表对市人大常委会以及专门（工作）委员会工作的参与。

（四）构建人才培养机制

地方立法要补足人才紧缺的短板，努力构建立法人才培养机制：一要建立立法人才引进机制，把立法人才作为党政人才的重要组成部分，纳入扬州市人才发展规划。二是创新立法人才交流机制，探索建立高等院校、律协等社会组织人员双向交流机制。法学学者所具备的专业理论知识，律师所具备的司法实践经历和丰富的社会资源，都有助于开展立法工作。三是完善立法人才培养机制，与高校合作，设立“立法人才教育培养基地”，形成实用型、复合型立法人才的系统培养机制。

第四节　地方立法典型实例分析

一、《扬州市制定地方性法规条例》立法分析

2015年3月15日，第十二届全国人大三次会议通过的《关于修改〈中华人民共和国立法法〉的决定》，赋予所有设区的市地方立法权。作为国家立法制度的一部重要法律，《立法法》对地方立法活动作出了明确的规定和要求。为了贯彻《立法法》，建立健全扬州市立法制度，规范立法活动，使立法工作有章可循，有序推进，扬州市首先出台了《扬州市制定地方性法规条例》。其目的一方面是学习借鉴和移植兄弟城市以往的成功经验，把立法工作中好的做法以法规的形式固化下来，为今后立法活动定好规矩；另一方面，也是通过程序法的制定，让立法者本身体验立法的过程，为制定扬州市第一部实体法积累经验。此外，先程序、后实体，先行制定立法的程序法也是省人大的统一要求。

2015年年初，扬州市人大法制委成立后，就着手《扬州市制定地方性法规条例》的资料收集和赴外地考察学习，并提交了初稿。市人大常委会法工委于2015年8月正式成立了起草小组，8月上旬形成了《扬州市制定地方性法规条例》（征求意见稿）。该条例经过市人大常委会会议两次审议和市人大会

议审议、修改，充分吸收采纳了市人大常委会组成人员、市人大代表、专家学者、相关部门等提出的意见建议，由市七届人大五次会议表决通过。

《扬州市制定地方性法规条例》共八章 67 条，其内容吸收借鉴了《立法法》、《江苏省制定和批准地方性法规条例》以及兄弟市有关立法的经验，结合扬州实际作出规定。

《扬州市制定地方性法规条例》规定地方性法规一般由市人民政府、专门委员会、常务委员会工作机构，按照各自职责组织起草，也可吸收或委托相关领域专家、教学科研单位、社会组织参与起草，明确起草过程中需要调查研究、论证等有关问题。该条例规定了向市人大及其常委会提出地方性法规案的时间、文本资料提交等要求。

《扬州市制定地方性法规条例》分别列出了市人大、市人大常委会制定地方性法规的权限，明确了在市人大闭会期间，可以先向常委会提出地方性法规案的规定，并具体规定了向市人大提交法规案的审议、表决程序。

《扬州市制定地方性法规条例》明确了向市人大常委会提出地方性法规案的主体、提交程序，以及有关专门委员会或者常务委员会工作机构审议或者审查的要求，并具体规定了向市人大常委会提交法规案的审议、表决程序，其中市人大常委会审议法规案一般实行两审制，即经两次常委会会议审议后交付表决。地方性法规修正案、有关法规问题的决定案、废止地方性法规案以及调整事项单一的地方性法规案，意见比较一致的，一般经一次常委会会议审议后即交付表决。该条例对法制委员会统一审议以及专门委员会、常务委员会工作机构审议或审查地方性法规案有关工作作了具体规定，还规定了广泛征求意见的形式、途径以及相关工作要求，对搁置审议、暂不付表决、终止审议以及表决程序等也作了规定。

《扬州市制定地方性法规条例》规定了地方性法规的报批、公布程序，对地方性法规的报批时间、退回修改程序、公布方式途径等内容予以了明确。该条例规定了应当由市人大常委会进行立法解释的两种情况：一是地方性法规的规定需要进一步明确具体含义的，二是法规制定后出现新的情况，需要明确适用法规依据的；并对法规解释草案的提出、拟订、审议、表决、公布程序和效力等作了相应的规定。

《扬州市制定地方性法规条例》明确了有关立法技术规范内容，对健全公众意见采纳情况反馈机制、对专门事项作出配套的规定提出了具体要求，并对地方性法规的询问与答复程序作了规定，明确了立法后评估的内容，规定了地方性法规的备案、清理要求和职责分工。

《扬州市制定地方性法规条例》于 2016 年 5 月 1 日起施行，一经出台，便成为扬州市地方立法工作的基本遵循。该条例总体上规定得比较全面，但在立法实践中对地方立法程序的规定尚有不足之处。如对政府提出法规案的"常规"情况规定得完整细致，而对其他提案主体提出法规案的"非常规"情况规定得就较为粗疏。

二、《扬州古城保护条例》立法分析

扬州市是 1982 年国务院公布的第一批 24 座历史文化名城之一。长期以来，市委、市政府高度重视并积极推进扬州古城保护工作，取得了显著成效，扬州古城以其悠久的历史和灿烂的文化已成为扬州城市的新名片和全市人民的骄傲，政府有责任有义务把扬州古城保护好、利用好，把扬州的优秀传统文化继承好、发扬好。为了保护扬州古城，扬州市政府依据《城乡规划法》、《文物保护法》、国务院《历史文化名城名镇名村保护条例》和《江苏省历史文化名城名镇保护条例》等有关法律法规，结合扬州的实际情况，于 2010 年制定出台了《扬州市扬州古城保护管理办法》(扬州市人民政府 72 号令)。这一规范性文件的出台，在一定程度上推动了扬州古城保护工作，但由于其不具有法律规范地位，在实践中作用有限。随着国民经济和社会的发展，城市化进程明显加快，建设与保护的矛盾日益突出，扬州古城保护工作面临着一系列亟待解决的问题：一是一些地方重建设、轻保护，保护管理措施不到位，不注重保护真实的历史遗存，造成许多历史建筑被损毁，传统格局和历史风貌遭到破坏，一些珍贵的历史文化遗产正在消失；二是扬州古城相关保护规划的编制工作滞后，忽视对扬州古城的整体保护，规划的科学性和严肃性亟待提高；三是扬州古城保护范围内的道路、供水、排水、供电等市政基础设施落后，历史建筑年久失修，居住环境差，不能满足原住居民日常生活的需要，甚至存在很大的安全隐患；四是对于破坏古城风貌的违法行为，缺乏有效的规制。因此,2017 年 1 月 1 日起施行的《扬州古城保护条例》就是要通过立法解决实际问题,固化经验成果,对扬州古城今后的保护和发展进行有效规范和有序推进。

《扬州古城保护条例》主要作了以下努力:一是为了适应扬州古城保护工作需要,改变实际工作中的多头管理现象,该条例规定,市人民政府设立扬州古城保护委员会,负责扬州古城保护工作的统筹、指导、协调、监督,并分项列举了扬州古城保护委员会的具体职责,同时明确市古城保护办公室负责扬州古城保护委员会的日常工作。二是规定了古城保护是市县两级政府的职责。对市古城保护办公室、规划、建设、文物、房管、城管等古城保护相关部门和古城所在地人民政府、管理委员会的职责权限,依据职能特点作出细化规定。从纵向和横向两个方面完善扬州古城保护工作体制。三是古城保护通过定义解释和围合区域的界定,进一步明确扬州古城的管理范围,通过列举办法规定了明清历史城区、古城遗址区的保护内容,以及扬州古城范围内的禁止性行为。四是系统构建和完善扬州古城保护规划体系。借鉴外地立法经验,建立扬州古城保护名录制度,实现宏观规划和微观管理的结合。同时,该条例在项目建设、文物和历史建筑的保护修缮、消防、户外广告设施、地名保护等多个方面,规定了有针对性的管理措施。

三、《扬州市河道管理条例》立法分析

扬州自古就是一座与水相邻的城市。京杭大运河从这里发端,南水北调东线工程源头就在扬州的江都区。城中纵横交错的水路,映照着岸边的桃红柳绿,牵引着城郭中的诗情画意。随着工业化、城市化进程的加快,扬州市河道管理中存在的问题日益增多。这些问题总是突出表现在:市、县、区河道分级管理的权责界定不够明确,功能区河道管理没有专门的队伍,管理存在空白和缺位;生活污水、工业废水随意排入河道现象比较严重,农药化肥及水产、畜禽养殖等的废弃污染物经雨水冲刷流入河中,河道控污难度较大;河道的开发利用仍需进一步规范,有法不依、未批先建、边批边建的情况依然存在。为此,市委、市政府在全省率先提出“治城先治水”战略理念,大力实施“不淹不涝”“清水活水”工程,国家水利部确定扬州为“全国水生态文明建设

试点城市”。河道管理是水生态文明城市建设的重要内容,2017 年 1 月 1 日起正式施行的《扬州市河道管理条例》为河道防洪排涝、水资源的开发利用、航运管理等综合功能的发挥提供了法律支撑,其出台是水生态文明城市建设的必然要求。

《扬州市河道管理条例》的主要内容和特点包括:一是该条例的制定是与中央全面深化改革相衔接,明确了河道管理工作中实行行政首长负责制,全面落实“河长制”,重申了统一管理与分级管理相结合的河道管理体制。二是明确了各级政府、河道主管机关的管理职责,以及主要涉河管理部门如规划、生态环境局、城管部门等部门的具体职责。为解决实际工作中的争权诿责、职责划分不明的现象,该条例进一步完善了跨行政区域的河道管理制度。三是对市管河道、县管河道和镇村河道进行了详细的划分,并对制定市管河道、县管河道和镇村河道名录作了规定。同时该条例强化了对水生态、水环境保护和河道整治、利用的管理。四是提出建立河道名录管理制度,完善河道登记制度。该条例明确规定相关规划要与防洪规划相衔接,特别强调在中心城区范围内的片区水系规划的编制应当与城市控制性详细规划相衔接。

四、《扬州市公园条例》立法分析

2017 年 12 月 1 日起实施的《扬州市公园条例》是扬州市首部民生领域的地方性法规,也是国内较早对城市公共空间进行立法的一部法规。近年来,扬州市委、市政府把城市发展、民生工程与生态建设相结合,用城市的“黄金地块”打造城市公园体系,建成了宋夹城等一批标准化体育休闲公园,形成了覆盖城乡的多层次公园体系,实现了城市社区“10 分钟体育健身圈”全覆盖,赢得了广泛赞誉,在全国创建了扬州的“公园”品牌。

在制定《扬州市公园条例》过程中,公园的定义和该条例的适用范围是常委会组成人员关注度较高的条款,也是该条例的核心条款。市委领导在听取市人大常委会关于该条例立法情况汇报时指出,只有充分认识公园体系建设的意义,才能够准确地给公园定义;只有充分认识公园体系在扬州的地位,才能够准确地给公园立法定位。对公园定义的科学界定是该条例的核心,为了保证公园事业的健康、可持续发展,该条例以开放式管理公园为适用对象,突出了公园作为公共服务产品的属性,在江苏省尚属首例。

以"促进建设、加强管理、规范行为、提升服务"为立法定位,《扬州市公园条例》在公园的规划、建设、管理、服务等方面都作了深入细致的规定,用法治绿荫提升市民的幸福感、获得感。这些规定具体包括:一是总则部分,对公园名录制度进行了规范,其第 5 条第 2 款规定,"公园名录编制、公布、调整的标准和程序由市人民政府确定"。结合扬州市已将"推进城市公园体系建设"列入"十三五"规划,市第七次党代会明确将建成"均衡覆盖的城乡公园体系"列为未来五年的"十件大事"之一的情况,该条例第 6 条规定,"各级人民政府应当将公园事业发展纳入国民经济和社会发展规划、计划,保证公园规划、建设和管理所必需的经费。鼓励自然人、法人和非法人组织通过投资、捐赠、参加志愿服务等方式,依法参与公园的建设、管理和服务"。二是规划部分,要求编制公园体系发展和保护专项规划,从规划编制的主体、程序和内容要求等方面,全面规范政府建设行为,体现了"促进建设"的立法目的;突出专项规划编制的整体性、系统性、专业性;并明确了公园体系发展和保护专项规划的编制要求,把市委推进公园体系建设的"111"工程成果进行固化;增强规划的刚性约束,规定市公园体系发展和保护专项规划不得擅自变更,确需变更的,公园数量和面积不得减少,并报市人民政府批准;规定市公园体系发展和保护专项规划应当报市人大常委会备案;规定科学合理利用公园地下空间,严格控制商业性开发。三是建设部分,其第 11 条规定,"市人民政府应当根据国家公园设计规范,制定符合本市实际、体现本地特色的市公园设计规范和技术标准",充分体现市委关于公园建设"要做一个成一个,确保每一个公园都成为精品,每一个公园都经得起历史考验,每一个公园都得到老百姓点赞"的要求。该条例规定建设单位申请建设工程规划许可应当提交公园设计方案,同时,城乡规划主管部门审查公园设计方案,应当征求公园行政主管部门意见;为解决公园照明设施维护难的问题,规定社区公园照明和亮化设施的建设、维护,纳入市政路灯系统统一管理;明确公园名称依照地名管理规定确定。四是管理部分,规定有关部门承担的管理职责、公园管护单位的确定和职责,强化公园的服务功能。五是使用部分,对公园开放作了具体要求。为体现"充分利用"的立法原则,其第 31 条规定,"鼓励公园管护单位根据公园规模、游客容量等，依法组织民间交流、文化体育等活动，提高公园使用效率”。第32条规定，“市公园行政主管部门应当建立公园名录信息系统，便于公众查询。鼓励公园管护单位运用信息化、智能化方式提供服务”。同时该条例对公园举办活动、户外广告、配套服务项目、噪声管理、公园内犬类等动物、车辆管理等内容作了规定，主要体现相对禁止的情况，对公园内的绝对禁止行为进行规范。

第十五章 南通地方立法

南通是中国首批对外开放的14个沿海港口城市之一,既是著名的纺织和建筑之乡,也是教育、长寿、生态和平安之乡。“进入21世纪后,南通经济社会全面跨越发展,先后获全国文明城市、国家环保模范城市、国家卫生城市、国家园林城市、国家生态市、全国社会治安综合治理优秀城市、全国科技进步先进市等荣誉。”[1]“2009年提前3年在全省江北率先达到省定全面小康标准,率先开启基本实现现代化的新征程。”[2]特别是近年,南通市认真贯彻中央精神,坚持稳中求进工作总基调,经济社会发展呈现良好的态势:2019年南通实现地区生产总值9383.4亿元,按可比价格计算,比上年增长6.2%。其中,第一产业增长2.7%;第二产业增长6.9%;第三产业增长5.7%。高新技术产业产值增长4.1%,占全部规模工业的比重为40.3%;新兴产业产值增长1.6%,占全部规模工业的比重为30.8%。人均GDP达到128,295元,增长6.1%,按2019年平均汇率计算,人均GDP为18,598美元。全年新登记私营企业3.57万家,年末累计达22.91万家。[3] 独特的区位优势、优秀的地域文

---

〔1〕 南通市人民政府:《概况》,载南通市人民政府网2018年2月12日,http://www.nantong.gov.cn/ntsrmzf/bdgl/content/6785be83-114c-4715-aa6a-47af9653b2b3.html。

〔2〕 王昀主编:《南通市人大志》,方志出版社2012年版,第985~988页。

〔3〕 参见南通市统计局:《2019年南通市国民经济和社会发展统计公报》,载南通市统计局网2020年3月26日,http://tjj.nantong.gov.cn/ntstj/tjgb/content/34cdc15f-8216-459e-bd9a-9aeb7752f82f.html。

化传统、科学的发展理念、严密的制度架构等是保障南通市各项发展的核心要素。

2015 年 7 月 31 日，江苏省第十二届人大常委会第十七次会议通过《江苏省人民代表大会常务委员会关于确定常州、南通、盐城、扬州、镇江、泰州市人民代表大会及其常务委员会开始制定地方性法规的时间的决定》。自此，南通市获得地方立法权，拥有了新的经济社会发展抓手。经过几年的稳妥推进和实践摸索，南通市的地方立法取得了一定的成绩，积累了一定的经验。

第一节　地方立法概况

一、地方立法权的取得

拥有地方立法权，可以更好地发挥地方的能动性，建章立制服务地方建设。近二十年来，南通市一直为取得地方立法权而努力，也为开展地方立法工作做了大量的前期准备工作。2015 年《立法法》修正之前，南通市取得地方立法权的路径只能是由国务院批准为“较大的市”，为此南通市做了大量的工作。1996 年南通市人民政府向江苏省人民政府提交了申报“较大的市”的请示，同年江苏省人民政府向国务院正式上报相关申请文件；2009 年南通市作为江苏代表城市参加了国务院法制办和全国人大常委会法工委在温州召开的“较大的市”审批工作座谈会；南通籍全国人大代表多次在全国人大上提出关于批准南通市为“较大的市”并赋予地方立法权的建议。此外，南通市人民政府法制办根据国务院法制办的意见，还曾组织人员就启动“较大的市”的审批工作和指标标准进行过专题研究，并形成《关于启动较大的市审批工作的建议方案》等。

2015 年 3 月，修改后的《立法法》规定设区的市的人大及其常委会，可以对城乡建设与管理、环境保护、历史文化保护等方面的事项制定地方性法规。该类设区的市开始行使地方立法权的具体步骤和时间，由省级人大常委会综合考虑各种因素予以确定。2015 年 7 月 31 日，江苏省第十二届人大常委会依法正式确定南通市人大及其常委会可以开始制定地方性法规。又根据《立法法》关于设区的市的人民政府开始制定规章的时间，与本省人大常委会确定的本市开始制定地方性法规的时间同步等的相关规定，南通市人民政府同时获得了地方政府规章的制定权。

二、开展地方立法的基础工作

为做好做精地方立法工作，南通市在机构、队伍、制度建设等方面未雨绸缪，提前规划，为开展地方立法工作打下了良好的基础。具体来说，表现在以下几个方面：

一是设立机构。南通市人大常委会党组超前谋划，及时研究地方立法所涉的相关事项，推动成立市人大法制委员会。经积极部署，2015 年 1 月，在南通市第十四届人大第四次会议上“南通市人民大表大会法制委员会”正式成立，为实现《立法法》规定的“统一审议”制度奠定了基础。法制委员会成立伊始由 5 人组成，后经增补、调整，组成成员增至 8 人，委员会组成人员中既有人大机构中专司立法工作的人员，也有来自各行各业的代表，既有工作经验丰富的领导干部，也有科研院所的专家学者。同时，法制委员会的工作机构，即“法制工作委员会”也于 2015 年 7 月成立，核定编制 6 人。至此，南通市在地域面积、人口数量、经济发展、立法需求和立法机构、人员等方面达到了省人大常委会第一批批准设区的市行使地方立法权的综合要求，确保了南通顺利承接地方立法权，为及时有序开展各项立法工作打下了坚实的基础。

二是订立制度。为了规范化开展地方立法工作，南通市人大常委会根据《立法法》《江苏省制定和批准地方性法规条例》等，在制度建设方面先行一步，初步建立了“1 + 7”的立法工作制度框架体系。所谓“1”，即以 2016 年 3 月 30 日经省人大常委会批准的《南通市制定地方性法规条例》，作为南通市开展地方性法规制定工作的总纲领。在此基础上，南通市人大常委会围绕地方性法规制定的重点环节，相继出台了《南通市人民代表大会法制委员会议事规则（试行）》《南通市人大常委会法规项目库管理暂行办法》《南通市人大常委会立法计划立项论证暂行办法》《南通市地方性法规案起草工作办法（暂行）》《南通市人民代表大会常务委员会审议地方性法规案工作办法（暂行）》《南通市人民代表大会常务委员会关于开展基层民主立法联系点工作的意见》《南通市人民代表大会常务委员会关于开展立法专家咨询工作的意见》7部配套文件，为全面、规范、高效开展地方立法工作提供了制度保障。

与此同时，南通市政府也颁布了《南通市政府规章制定办法》，市政府法制办出台了《政府规章立项办法》《政府立法听证规定》等配套制度。

三是确定立法联系点。立法权本质上属于人民，为保证民主立法，必须有相应的民意收集渠道，为此南通市积极联系、确定基层民主立法联系点。按照"法治建设工作开展较好；辖区居民法律素质较高，民主意识较强，热心立法工作；辖区内企事业单位和社会团体相对集中，有较为丰富的信息资源"等条件，南通市于2015年10月27日正式确定海安县曲塘镇、如皋市如城街道、如东县丰利镇、海门市余东镇、启东市吕四港镇、崇川区朝晖社区、港闸区幸福街道、通州区兴仁镇徐庄村、南通经济技术开发区竹行街道星辰社区、崇川区城东街道工会、海门市三厂街道团工委、通州区先锋街道妇联12个单位为南通市人大常委会基层民主立法联系点。这些联系点在地域上覆盖9个县(市)区，类型上兼顾乡镇、街道、社区以及工会、共青团、妇女等基层团体组织。

三、地方立法的主要成果

自2015年7月31日获得地方立法权至今，南通市秉持不贪多求全、不一哄而上，紧密结合地方实际，一步一个脚印、扎扎实实开展立法的理念，有序开展地方制度创制工作。主要立法成果如下：

1.2016年3月，南通市第一部程序性地方性法规《南通市制定地方性法规条例》正式出台。

2.2016年7月至2020年11月，南通市主要出台如下几部实体性地方性法规，包括《南通市濠河风景名胜区条例》(2016年7月)、《南通市城市建筑垃圾管理条例》(2017年3月)、《南通市水利工程管理条例》(2017年9月)、《南通市人才发展促进条例》(2018年1月)、《南通市烟花爆竹燃放管理条例》(2018年11月)、《南通市畜禽养殖污染防治条例》(2019年5月)、《南通市城市绿化管理条例》(2019年9月)、《南通市住宅物业管理条例》(2020年5月)等。

除地方性法规外，南通市的政府规章制定也逐步展开，先后制定出台了《南通市政府规章制定办法》（2015 年 12 月）、《南通市老洪港应急水库水源地管理办法》（2016 年 12 月）、《南通市人民政府重大行政决策程序规定》（2017 年 5 月）、《南通市市区户外广告设施和店招标牌设施设置管理办法》（2018 年 11 月）、《南通市市区地名管理规定》（2018 年 12 月）、《南通市市区扬尘污染防治管理办法》（2019 年 12 月）、《南通市相对集中行政许可权实施办法》（2020 年 4 月）等。

第二节　地方立法经验与特色

一、重点做优立法规划与立法计划

作为立法准备工作的重要部分，做好立法规划和立法计划，可以极大地促进立法工作，提高立法质量和效率，克服立法工作的盲目性，使地方立法协调统一、规范有序，同时也有利于立法的有效实施，取得预期社会效果。[1] 南通市在制定立法规划和立法计划过程中，一是注意把握“六项原则”；二是注意突出“三个环节”。“六项原则”即“围绕中心，服务大局；突出重点，统筹兼顾；以人为本，立法为民；发扬民主，公开公正；法制统一，体现特色；立足当前，着眼长远”[2]。“三个环节”：第一是征集民意环节。就立法项目，在向全社会广泛征集建议和意见基础上，更以南通市人大常委会办公室名义发文，有针对性地向市委、市政府及其部门、市政协、各县（市）区人大常委会、市中级法院、市检察院、市级新闻单位、群众团体、全市各乡镇（街道）等征集立法项目建议。第二是评估论证环节。对收集到的立法项目建议，市人大常委会相关委员会和市政府法制办进行了逐项评估，挑选出贴近中心大局，为经济社会建设所迫切需要，各方面意见相对集中的项目提交相关的常委会委员、立法咨询专家听取意见，并注意与省人大立法规划、立法计划相衔接。第三

---

〔1〕参见曾粤兴主编：《立法学》，清华大学出版社 2014 年版，第 168～169 页。

〔2〕《坚持高质量立法　推动良法善治——市十五届人大常委会履行立法职能综述》，载《南通日报》2018 年 1 月 6 日，第 A3 版。

是综合决策环节。在这一环节，职能部门首先对各方面意见进行认真研究和综合平衡，初步确定立法计划建议方案，呈送市委、市人大、市政府、市政协等领导征求意见；之后，根据领导意见调整制作立法计划草案建议稿，并听取法制委会员意见，提交主任会议讨论通过；最后，经市人大常委会党组报请市委常委会议研究决定后，报省人大常委会。

二、多方助力科学立法与民主立法

“党委领导、人大主导、政府依托、社会参与”的立法工作体制在南通市地方立法过程中发挥了重要作用，推动立法项目从无到有，立法工作从粗到细。通过三年的立法实践，这一体制已经成为南通人大在立法工作中协同各方、凝聚合力的基础。

一是自觉坚持党委领导。党委领导重点体现在立法规划与计划的确定和地方性法规中重要制度、体制机制的确定两个方面，如在制定《南通市濠河风景名胜区条例》时，关于“管理体制”的设置问题，各方争议较大、困扰较多，如没有市委的顶层决策，立法很难突破“瓶颈”。

二是认真把握人大主导。人大主导主要体现在制定立法计划并督促落实，加强对法规所涉各方利益的协调平衡，法规制定的组织协调和统筹安排，全程参与调查研究，以及法规起草、审查、修改、审议等环节上。如在《南通市水利工程管理条例》的法案起草阶段，法工委就积极参与其中，与市水利局、市政府法制办共同调研、高频会商，拿出主导意见，确保法规关键问题在提请一审前得以“调弦定调”。

三是重视发挥政府作用。已经出台的多部实体性地方性法规多由南通市政府相关职能部门负责起草，在立法过程中，政府相关职能部门一环不落、密切跟踪。首先，每个项目确立后会召开立法项目启动座谈会，由人大牵头成立由市人大常委会和市政府分管领导挂帅，起草部门、法制办、法规所涉所有相关部门和县市区政府、市人大相关委员会共同组成的立法项目领导组及其办公室。其次，在法规起草过程中遇到重要问题需要协调时，市人大常委会和市政府分管领导及时沟通，领导组办公室成员密集碰头，职能部门、法制办、法工委、相关委员会等“四方会谈”随时召开，以深入调研、问题导向为指引,共同确定并调整立法思路和工作方法。最后,每部法规经省人大批准实施后,会第一时间召开实施对接会议,由市人大常委会与市政府领导牵头,对法规实施中需要解决的重点问题进行梳理、通报,督促政府及职能部门制定实施方案、明确序时进度,为法规正式有效实施打好坚实基础。

四是社会参与贯穿始终。科学立法、民主立法是立法的基本原则,落实这些原则的根本就在于借助多元路径实现多元参与。南通市立法过程中社会参与路径主要有:(1)在本地媒体、网络、论坛刊载和发布公告,广泛征求、听取社会公众的意见建议;(2)向党委、政府及其部门、政协和县(市)区人大常委会、两院、群团组织、管理相对人、基层民主立法联系点以及全体市人大代表发送草案修改稿收集意见建议;(3)对修改涉及的重要问题同相关行政机关会商研究,反复论证;(4)草案修改稿发送立法咨询专家,通过座谈会、走访、邮件、信函、电话等多种形式听取意见建议,并对未予采纳的建议说明原因和理由;(5)法规草案报送省人大常委会法工委及早"把脉问诊"。

三、全力提升立法效率和立法质量

《南通市制定地方性法规条例》为南通市开展地方立法工作提供了根本的制度保障,但立法工作的科学、高效、有序开展还需要有一系列的配套制度加以保障。南通市法工委先后制定了一系列实施办法作为对《南通市制定地方性法规条例》的细化和补充,主要有法制委员会议事规则、立法专家咨询工作意见、基层民主立法联系点工作意见、立法项目库管理办法、法规项目立项论证办法、法规起草办法、法规案审议办法等。这些办法的制定实施,有效地规范了立法相关事项,以及各个层面和不同环节的具体操作流程,提高了立法过程的规范性和恒定性,切实提高了立法工作效率。

此外,南通市秉持"打铁还需自身硬"的理念,注重加强立法工作相关人员法治思维、法律知识的培养与培训,既注意对人大机关工作人员工作能力的提升培养,也注意不断拓展路径提高人大代表履职能力。市人大常委会一直把学法工作作为建设学习型机关的重要工作来抓,组织开展诸多学法培训活动,坚持先学法再视察,先学法再审议,先学法再监督;每年专门制定人大机关理论学习计划,突出法治培训学习,先后组织开展了对《城乡规划法》《江苏省水利工程管理条例》等多部法律法规的学习，常态化学法的氛围形成。同时，市人大常委会不断创新学习方式，实行“集体学习和个人自学相结合，赴外地参加立法培训与‘请进来’举办专题讲座相结合，邀请专家学者就水利工程管理、城乡规划、民法总则等作了专题讲座，进一步提升人大立法水平，为开展相关立法工作和法律监督工作奠定了基础”。[1]

第三节　地方立法存在的问题及对策思考

一、地方立法存在的问题

（一）立法权限有待逐步厘清

设区的市的地方立法权有诸多需要厘清之处，其要者有三：一是《立法法》第72条中“可以对城乡建设与管理、环境保护、历史文化保护等方面的事项制定地方性法规”的具体所指。这是设区的市地方立法权最直接的法律依据。“城乡建设与管理”是广义的概念，还是狭义的概念；此处的“等”，是“等内等”还是“等外等”在实践中较难把握。在《南通市人才发展促进条例》的立项、起草和论证过程中即有不少人质疑这是否属于地方立法的权限范畴。二是地方性法规和地方政府规章的立法权限区分问题。同一个立法事项，有的地方制定地方性法规，有的地方制定地方政府规章。有的地方立法工作者认为二者可作如下区分，即如果是对公民、法人和其他组织限制权利义务的，则交由地方性法规来规范，地方政府规章应重点规范行政部门之间的职责分工与运转协同。三是立法项目的选择与立法工作的推进如何体现地方特色。地方立法应选择地方经济社会发展急需、体现地方特色的立法项目，《立法法》修正后各地选择立法项目，一定程度上存在“重复性立法”和“抄袭性立法”现象。因此，如下一些问题都需要考量，如在已经有了法律、法规、部委规章等的情况下，再行启动设区的市地方立法是否有必要；如果某立法项目在

［1］　参见《坚持高质量立法　推动良法善治——市十五届人大常委会履行立法职能综述》，载《南通日报》2018年1月6日，第A3版。

全国其他城市已经有了很好的立法例，本地是否要同步推进该类立法，又如果启动同类立法，是否可以缩减本地立法程序，以借鉴为主，节约立法成本；等等。

（二）立法民主参与有待提高实效

从南通市近年的立法实践来看，民主参与的问题主要体现在如下几方面：一是参与积极性不高。社会公众对参与机制、参与渠道，以及征求意见的立法草案不甚了解，认为立法内容与个体利益关联不大，即便提出意见也得不到积极响应和反馈。二是参与能力不强。从南通市推进地方立法过程中收集的修改意见内容来看，很多意见原则性较强，缺乏可操作性，实质性、建设性的意见凤毛麟角。三是参与的效果不佳。少数群众利用征求公众意见的契机，借以提出夹带个性化诉求的问题，以反馈意见之名，行信访反映问题之实，虽也可部分触及条款内容，但实质上冲淡了征求公众意见的基本功能，无法对立法质量的提高产生助益。此外，也存在法案起草部门不重视，只将立法过程中征求公众意见的台账资料予以归档入卷，不愿意主动回应公众提出的意见的现象。

（三）立法技术有待不断改进

行使地方立法权是一个系列工程，从立项、拟定法规草案，到法规审议通过，再到生效法规的修改、补充、废止、解释等，每一环节都有特定的技术规范要求。以法案草案的拟定来说，即存在如下应注意的技术要求：一是内容不作重复性规定。《立法法》第 73 条第 4 款规定，“制定地方性法规，对上位法已经明确规定的内容，一般不作重复性规定”，那么作为地方立法，是否需要在“法律责任”中重复列举上位法的处罚条款，是否需要在“总则”中重复强调上位法的立法原则等就是一个技术难题。二是避免政策性语言等非法律语言的使用。我国的立法往往是先制定政策，政策运行到一定程度再行立法，立法是将政策法制化，因此，有的立法语言会有强烈的政治色彩，呈现口号化、抽象、无操作性的特征，此类非立法语言不适宜用在地方立法中。正如有学者建议的，“要使地方立法语言规范化，就必须让地方立法语言摆脱政治口号、政策原则性非立法语言的牵绊，成为一套独立的工具系统”。[1] 作为当时

[1] 参见阮荣祥主编：《地方立法的理论与实践》，社会科学文献出版社 2008 年版，第 275 页。

新获立法权的设区的市,立法技术需要有意识地不断提升。

二、完善地方立法的对策建议

(一)充分认知地方立法权

一个国家有一个国家的法律体系,一个拥有立法权的区域其所立之法也应体系化,南通市应有本市地方法制的体系化构想。形成制度体系的重要保障在于科学合理的立法规划与立法计划,立法规划与立法计划是否科学合理又取决于立法主体对立法权的认知程度。我国是单一制国家,地方立法权由中央授予,“地方立法权的本质属性在于地方事务的自主管理,源于并服务于地方事务自主管理权”。对于设区的市的立法权限最直接的依据是《立法法》第72条中所规定的“可以对城乡建设与管理、环境保护、历史文化保护等方面的事项”进行地方立法,此类事项属于地方立法的专有事项,这些事项全国统一立法既不可能也不适宜,有必要“因地制宜”“因地而异”加以规范。[1]

基于此,要理解地方立法权限,一是“城乡建设与管理”应取广义概念,此处的“等”,应理解为“等外等”。未来设区的市的立法项目选择应以“城乡建设与管理、环境保护、历史文化保护”为关键因素,辅以对地方立法的概念性、特征性、必要性判断加以确定。简言之,是否可确立为地方立法项目,要考量项目是否能有效保障地方事务的自主管理,是不是地方立法专有事项,比如“濠河风景名胜区”是南通市的专有景区,则针对这一景区的立法就具有地方专有性。二是要认识到地方性法规和地方政府规章同属地方法制体系,二者紧密关联,但也有本质区别。地方性法规纳入中国特色社会主义法律体系,地方政府规章则不然,其本质上依然是行政行为,需要遵循“法不授权不可为”的行政法基本原则。进言之,不属行政职责范围内的事务不应当制定地方政府规章。但行政权本身是一种内涵极为宽泛的权力,比如“城乡建设与管理”这一概念之下就涵盖着广泛的行政职能,对这类地方事务,既可以制定地方性法规也可以制定地方政府规章,制定哪类制度,取决于现实的立法条

---

〔1〕 参见何建华、冯丹丹、阎桂芳:《论设区的市立法权行使中的几个问题》,载王继军主编:《三晋法学》第10辑,中国法制出版社2016年版,第124~126页。

件。正因为此,《立法法》第82条中规定,“应当制定地方性法规但条件尚不成熟的,因行政管理迫切需要,可以先制定地方政府规章”;又因为地方立法权本质上属于所在区域的人民,地方政府规章则由地方行政主体制定,其作为“法”存在先天的非正当性,故《立法法》又规定“规章实施满两年需要继续实施规章所规定的行政措施的,应当提请本级人民代表大会或者其常务委员会制定地方性法规”。三是立法项目的选择要有针对性和必要性。比如对于那些垂直管理的事务,地方管理的能动性不大,设区的市就不适宜进行地方立法。一般说来中央垂直管理的事务,适宜制定部委规章;省级垂直管理的事务,适宜由省级立法主体开展立法工作。

(二)提优公众参与机制

公众参与立法的根本目的在于确保立法的科学性和民主性。公众参与形式、路径要多样化,要以公众参与的广度确保民主立法,以公众参与的深度助力科学立法。要拓展公众参与的广度,立法制度的制定和调整涉及的各类人群均要覆盖,避免定向化;要注重公众参与的深度,在城市规划、环境治理、食品安全等专业性较强的领域,开展专家论证,鼓励专业技术人士独立发表观点、贡献专业意见,避免公众参与的“走过场”;要建立意见采纳与否的理由说明机制,提高公众参与制度建设的积极性,巩固公众参与的民意基础,特别是对持异议者应进行充分解释和深入沟通,消弭部分利益群体可能存在的误解,最大限度增强制度的可接受性。实践证明,立法过程中的公众参与工作做得越实越细越透,越能夯实制度的社会基础,越有利于法案的执行和实施。此外,专家学者是地方立法不可或缺的一支力量,我国不少地方为了避免立法疏误、提升立法品质、增强立法正当性,或者为人大常委会组成人员配置立法助理,或者成立立法专家咨询组、立法专家库等,以发挥专家的智囊作用。南通市亦可以考虑建设人员相对固定、能够有序更替的地方立法智库,协助做好立法论证,提升立法技术。

(三)建立地方立法全局观

地方立法必须有全局、全程意识。设区的市的地方立法既要明确上位法的制度体系和规范内容,以使本地立法能够融洽地纳入国家的制度体系中,同时也要明确立法过程不同于立法程序,立法程序是行使立法权的法定步骤,这种法定的步骤和方法一定程度上是带有表演性质的民主演示,立法过程则是一种动态的、行进着的系列工作,有诸多工作人员分工合作参与其中,在这个过程中,立法法定的步骤得以顺利完成。[1]

为此,第一,要建立专业队伍,长期开展立法调研。要把握住地方立法的宏观架构,围绕这一架构开展有针对性的、长期的调查研究;要结合地方管理实践,梳理出立法需要解决的主要问题,并围绕这些问题开展专项课题研究;要深入剖析问题产生的主要原因,包括上位法缺失、有待细化,部门执法不力、存在懈怠情形,执法衔接不畅、存在协同堵点等,从而有针对性地提出解决的办法;要认真学习借鉴外地的既有经验,外地实践证明成功的制度和做法,可以在结合本地实际的基础上进行改良和提升;更要探索立法中的"沙盘推演",把实践中的困境结合立法提出的主要制度设计来具体检验,不断修正和完善制度设想,提高立法的针对性和实效性。第二,要注意地方立法的"改废释",加强立法后评估工作。法的"改废释"工作与法的创制同样是地方立法权能,立法后评估则是有效开展法的"立改废释"的基本条件。开展立法后评估,最直接的作用体现在两个方面:一是检视立法实效,特别是对主要制度设计是否实现立法目标进行重点评判;二是检验立法技术,确认在立法表达上是否存在缺陷,以便于进一步改进。

第四节　地方立法典型实例分析

一、《南通市濠河风景名胜区条例》立法分析

"南通市滨江临海,三面环水,濠河水系就分布在这片长江三角洲平原之上",濠河则是濠河水系的主要河流。千百年来,环濠河而生的绿地自然天成,风格别具的园林美景相继出现,濠河成了人们流连忘返的乐园。[2] 以濠河为中心和依托的濠河风景名胜区是国家5A级景区,也是南通市的城市名

---

〔1〕 参见李小红:《法学学者的法治参与》,中国政法大学出版社2016年版,第78页。

〔2〕 参见章树山主编:《南通濠河文化》,南京大学出版社2015年版,第11页。

片。拥有立法权后，南通市出台的第一部实体性地方性法规即《南通市濠河风景名胜区条例》。[1]

(一)立法背景

2015年7月，首获立法权的南通市人大常委会初次开展立法项目调研，各界提出的立法项目有数十项，《南通市濠河风景名胜区条例》是其中之一。首部实体性法规花落哪方，社会各界争议颇多，一时难有定论。2015年10月，国家旅游局通过暗访检查，指出濠河景区安全隐患突出、环境卫生差等诸多问题，一时南通社会各界对濠河风景区管理不力的质疑、指责集中爆发。问题导向既是立法选题的重要依据，也是一部新法的立法契机。针对濠河风景名胜区面临的严峻问题，南通市人大常委会启动了立法调研程序，通过调研，一批影响和制约景区管理的关键性问题日渐清晰，其中管理体制和执法机制问题是景区各类问题的重要源头之一。作为景区专职管理机构的濠河风景区管理处，由于没有行政执法权，管理手段十分有限，只能就景区的水面、绿地、广场等场所进行卫生养护等方面的管理，对景区内单位、个人违法违规行为却无权处置。而景区管理的责任单位除了所在地崇川区政府之外，涉及的市级政府部门还有建设、规划、国土、旅游、文化、城管、公安、环保、交通、水利、工商、卫生、质监、食药监、宗教、行政审批等近20个，各部门依据各自职能都有相应的管理职责或执法权限。但“多龙不治水”，由于部门众多，在日常管理和执法中职能交叉、推诿扯皮的现象比较突出，造成管理失位、缺位、不到位等乱象。此外，还存在景区的界址不清晰，名胜资源与公共空间的规划、保护、利用不到位等问题，亟须通过地方立法来规范。因此，南通市人大常委会作出决定，最终把本市取得立法权后制定的首部实体性法规确定为《南通市濠河风景名胜区条例》。

(二)立法过程

《南通市濠河风景名胜区条例》立法计划确定后，南通市人大常委会与市政府联合成立了立法项目领导小组和办公室，有关各方分工合作，共同参与

---

〔1〕 参见《关于〈南通市濠河风景名胜区条例〉的说明》，载江苏人大网，http://www.jsrd.gov.cn/zyfb/hygb/24/201609/t20160918_433622.shtml。

立法进程。经过市建设局起草、市法制办审核、市政府常务会议讨论，2016年2月26日市政府向市人大常委会提出了《南通市濠河风景名胜区条例》草案。

为确保立法的科学性与民主性，立法机关通过各种互联网平台、报纸等刊载《南通市濠河风景名胜区条例》草案全文，发布公告，收集社会各界的声音，汇集群众智慧；多次召开濠河周边街道、社区、相关人大代表、政协委员、群众代表等参加的座谈会，面对面听取意见建议；先后向市委市政府及其部门、市政协、市中级法院、市检察院、县级人大常委会、崇川区政府、市级新闻单位、群众团体、全市各街道和立法联系点、市区各社区、相关企事业单位等发送《南通市濠河风景名胜区条例》草案1920多份，广泛征求意见；组织相关行政机关多次会商研究，邀请立法咨询专家研究论证。在公开征求意见过程中，市人大常委会立法工作领导小组先后接到市民的信件、传真、电子邮件等各类反馈信息1100多件。

2016年3月30日，南通市第十四届人大常委会第三十二次会议进行了初次审议。根据常委会组成人员、专家以及其他各方面的意见，市人大常委会法工委对《南通市濠河风景名胜区条例》草案进行了多次修改完善。2016年6月17日，市人大法制委员会进行了统一审议，市人大环资委、市政府法制办、市建设局、濠河管理处负责同志和部分立法咨询专家及人大代表列席会议并发表了意见。2016年7月11日，南通市第十四届人大常委会第三十五次会议审议通过《南通市濠河风景名胜区条例》，同年7月29日，江苏省第十二届人大常委会第二十四次会议审议批准。

（三）主要内容

《南通市濠河风景名胜区条例》共六章48条，遵循国务院《风景名胜区条例》和《江苏省风景名胜区管理条例》等的精神，结合南通实际，对景区活动遵循的基本原则、管理体制、规划和建设、利用和保护、管理和监督以及法律责任作了具体规定。主要内容如下：

第一章总则中，规定景区活动遵循的基本原则是“科学规划、统一管理、严格保护、永续利用”；明确景区统一管理机制以及相关行政主管部门、风景区所在区人民政府和街道等在风景区管理中的职责等。

第二章规划和建设中，明确风景区规划的种类以及总体规划、详细规划的编制主体和程序;强调景区规划应当符合城市总体规划,涉及风景区的专项规划应当与风景区规划衔接,明确风景区管理机构应当参与涉及风景区的各类专项规划的会审;强调规划的效力以及风景区内单位和个人遵守规划的义务;明确风景区基础设施建设与建设活动许可的范围、程序和要求;明确景区建设项目的基本要求和风景区内禁止建设的项目、设施等。

第三章利用和保护中,明确风景名胜资源保护和利用的范围、原则以及信息公开制度;规定风景区内应当向公众开放的区域和场所;规定风景区管理机构和有关部门在景区旅游发展中的职责;规定景区管理机构和有关部门在景区资源保护中的职责,以及在风景区从事相关活动的单位和个人对风景名胜资源等的保护义务。针对风景区特点,重点突出了对水体和水域的保护。

第四章管理和监督中,明确需要经风景区管理机构审核和办理审批手续的事项范围;明确风景区管理机构和相关部门在风景区经营活动管理、旅游服务、景区设施监管、安全监督等方面的工作职责;明确公众在风景区资源保护和环境卫生、公共秩序维护等方面的配合义务以及投诉举报制度等。

二、《南通市城市建筑垃圾管理条例》立法分析

2017 年 1 月 23 日,南通市第十四届人大常委会第四十次会议审议通过了《南通市城市建筑垃圾管理条例》,同年 3 月 30 日,江苏省第十二届人大常委会第二十九次会议批准,自 2017 年 10 月 1 日起施行。该条例是江苏省内第一部规范城市建筑垃圾管理的地方性法规,对维护城市市容和环境卫生,保护和改善生态环境,提升城市形象有积极而深远的影响。[1]

(一)立法背景

随着城镇化进程的不断加快,南通市的建筑垃圾呈现明显增多趋势,2016 年仅南通市区因工程建设、拆迁、装潢产生的建筑垃圾就多达 2000 万吨,这给市容环境卫生和生态资源保护带来巨大压力。随意抛洒、堆放、填埋建筑垃圾等行为对大气、土壤、水质造成大量污染;同时建筑垃圾又是“放错地方的

〔1〕 参见《关于〈南通市城市建筑垃圾管理条例〉的说明》,载江苏人大网,http://www.jsrd.gov.cn/cwhzt/1229/hywj/201703/t20170328_457043.shtml。

资源”,可以变废为宝,进行资源综合利用。如何科学地对建筑垃圾进行减量化、资源化和无害化处置,成为南通市经济社会发展中迫切需要研究的重要课题。经过调研,南通市城市建筑垃圾管理存在的主要问题有:(1)建筑垃圾的排放不规范。建设单位、施工单位未对垃圾进行源头分类、施工现场管理不到位、随意处置垃圾等现象比较突出。(2)建筑垃圾运输市场治理力量薄弱。运输市场的准入机制尚未建立,大量运输车辆不符合环境卫生要求,运输中存在超载超速、沿途抛洒、偷倒乱倒等违法行为。(3)建筑垃圾的消纳处置工作滞后。全市建筑垃圾中转调配、资源化利用、填埋处置等场所的建设和管理相对滞后,建筑垃圾的资源化利用率不高。(4)监督管理工作未形成合力。相关部门缺少协作联动,信息共享等机制尚未有效建立。创建花园城市、国家生态园林城市和国家森林城市是南通城市建设的目标之一,出台《南通市城市建筑垃圾管理条例》可为巩固“三城同创”成效、优化生态环境提供制度保障。

(二)立法过程

2016年8月,《南通市城市建筑垃圾管理条例》被确定为正式立法项目,经过市城管局起草初稿、市政府法制办审核、市政府常务会议讨论,2016年10月市政府向市人大常委会提出了《南通市城市建筑垃圾管理条例》法规草案。市人大常委会先后在《南通日报》刊登公告、南通人大网发布该条例草案全文,在各县(市、区)广泛开展立法调研,咨询立法专家,实地察看现场,并赴成都、广州等地学习先进经验。其间,共发放征求意见稿1300余份,召开各类座谈会、协调会、论证会16次,收集各类意见、建议320余条。综合各方面的意见后,起草小组对《南通市城市建筑垃圾管理条例》草案进行了多次修改、完善。2016年11月底市人大常委会第三十八次会议对《南通市城市建筑垃圾管理条例》草案进行了初次审议。2016年12月市人大常委会主任会议和市委常委会议分别听取了草案修改情况的汇报。《南通市城市建筑垃圾管理条例》于2017年1月10日由市人大法制委员会进行了统一审议;2017年1月23日市人大常委会审议通过;2017年3月30日省人大常委会审议批准。

(三)主要内容

《南通市城市建筑垃圾管理条例》共七章45条,分为总则,建筑垃圾排放、运输、消纳，监督管理，法律责任和附则等七部分。具体说来：第一章规定了建筑垃圾处置的适用范围和基本原则，如“减量化、资源化、无害化”原则，源头分类和综合利用原则，建筑垃圾管理实行属地为主、条块结合原则等。第二章建筑垃圾的排放管理中，从建设单位排放建筑垃圾的责任，施工、运输单位的行为规范等六个方面规范了建筑垃圾的排放活动。第三章建筑垃圾的运输管理中，主要规定了建筑垃圾的运输主体、运输车辆和运输要求等。第四章建筑垃圾的消纳管理中，对建筑垃圾的回填、中转调配、资源化利用和填埋等消纳活动进行了规范。第五章详细规定了城管、建设、水利、交通、房管、公安、物价等部门的监管职责以及监管路径、方法、机制等。

三、《南通市水利工程管理条例》立法分析

2017 年 9 月 1 日，南通市第十五届人大常委会第六次会议审议通过《南通市水利工程管理条例》，同年 9 月 24 日，江苏省第十二届人大常委会第三十二次会议审议批准。这是南通市第一部地方水法规，也是江苏省设区的市中首部水利工程综合管理方面的法规。[1] 为保障城市防洪安全，优化水生态环境，促进经济社会健康可持续发展提供了强有力的法治保障。[2]

（一）立法背景

南通市为半岛型独立水系，“全市共有 17,027 条河道，总长 24,051 千米，其中 51 条列入省骨干河道名录；通江通海水闸共 70 座；主江堤总长 172.49 千米；主海堤总长 212.8 千米”。[3] 南通市的防洪、挡潮、除涝、灌溉、降渍水利工程体系，防洪、挡潮、除涝、灌溉、降渍于一体的水利工程体系，在保障群众生活、服务工农业生产、促进城市建设等方面发挥了积极作用。但是，随着经济社会的发展，水利工程的管理工作也出现了一些新情况、新问题，如部分工程管理范围的边界不清楚、权属不明确，需要重新界定；“重建设、轻管理”

---

〔1〕 参见《〈南通市水利工程管理条例〉新闻发布会》，载南通市人民政府网，http://www.nantong.gov.cn/ntsrmzf/xwfbh/content/584e42d6-65a2-4be9-a2a6-c53f63b4dc3b.html。

〔2〕 参见《关于〈南通市水利工程管理条例〉的说明》，载江苏人大网，http://www.jsrd.gov.cn/cwhzt/1232/hywj/201709/t20170921_474006.shtml。

〔3〕 参见《〈南通市水利工程管理条例〉政策解读》，载南通市人民政府网，http://fgj.nantong.gov.cn/ntsrmzf/bmjd/content/b0889550-b21c-4bb4-bf3d-711786fd7082.html。

的情况一定程度上存在,管理方式相对落后,管理范围内非法建设等违法行为时有发生,安全管理责任还不够明确;河道防污整治、防洪排涝体系建设等方面还存在薄弱环节;水利风景区的建设滞后;等等。制度规范方面,上位法的规定较为抽象、原则,需要细化;南通市原有的《南通市水利工程管理办法》已于2009年废止。近年来,南通市在水利工程管理和保护工作中也积累了一些行之有效的新经验、新做法,需要及时固化。基于此,南通市决定制定一部适合南通地方实际的法规来强化水利工程的管理与保护。

(二)立法过程

为制定《南通市水利工程管理条例》,2016年下半年,市人大农委、法工委提前介入,协同市政府法制办、水利局开始前期调研、起草等工作;2017年年初正式确定为立法项目;3月10日,市人大常委会和市政府联合成立了立法项目领导小组和办公室。3月31日,南通市人大常委会邀请专家举办了水利工程管理立法辅导讲座。农委、法工委先后三次召集市政府法制办、水利局相关人员专题会商,并赴贵阳、昆明等地考察学习。经过起草组起草、市法制办审核、市政府常务会议讨论,6月9日,市政府向市人大常委会提出了审议该条例草案的议案。同步开展向社会各界及专家学者征求意见和建议程序,到7月4日,市人大常委会进行了初次审议,8月24日法制委员会进行了统一审议,8月29日经常委会主任会议研究,决定列入常委会会议议程,9月1日人大常委会正式审议通过。

(三)主要内容

《南通市水利工程管理条例》共五章35条,包括总则、工程管理、工程保护、法律责任、附则。主要内容如下:第一章总则中,规定了条例的制定目的和依据、适用范围;市、县(市、区)人民政府对水利工程管理工作负领导责任,应将水利工程建设与管理纳入国民经济和社会发展计划;市、县(市、区)水行政主管部门,负责本行政区域内水利工程的监督管理工作;发展改革、公安、行政审批、镇人民政府(街道办事处)等按照职责分工做好水利工程相关管理工作。第二章工程管理中,通过明确水利工程管理范围,政府、水行政主管部门和水利工程管理单位监管、养护责任以及重点监管举措,加强水利工程的管理。确定精简高效,规范化、科学化、精细化等水利工程管理与养护原则;

规定水利工程安全管理实行责任制度，其中，市、县（市、区）、镇人民政府（街道办事处）负领导责任；水行政主管部门负行业监管责任；水利工程管理单位负直接责任。第三章工程保护中，通过规定禁止行为、规划编制、河长制、水系保护、堤顶道路硬质化、水利风景区建设等内容，加强水利工程的保护。确定河道管理遵循全面规划、综合治理、保护优先、合理利用的原则；规定市、县（市、区）、镇人民政府（街道办事处）应当以保护水资源、防治水污染、治理水环境、修复水生态为主要目标，加强对水利工程管理和保护。

四、《南通市人才发展促进条例》立法分析

2017 年 12 月 25 日，南通市第十五届人大常委会第九次会议审议通过《南通市人才发展促进条例》，2018 年 1 月 24 日，江苏省第十二届人大常委会第三十四次会议批准。该条例是全国为数不多的促进人才发展工作的地方性法规，为南通市加快建设人才强市，形成人才竞争比较优势，激发人才创新创业活力，促进经济社会可持续发展提供了制度保障。[1]

（一）立法背景

多年来，南通市委、市政府大力实施人才强市战略，先后制定出台了《关于大力实施人才强市战略的意见》《关于实施江海英才计划的意见》等一系列的人才发展政策，南通市的人才队伍结构不断优化，人才数量显著增长，人才载体建设稳步推进，但人才发展工作与全市经济社会发展的要求相比，还存在诸多的矛盾和不足。这些问题主要表现在：高层次创新创业人才缺乏，“高精尖”人才不足，引才、育才精准化程度较低，人才创新创业能力不强，人才结构和布局不尽合理，人才发展模式相对粗放，人才评价、使用的体制机制还存在一定障碍，基础教育优势未能得到充分显现等。近年，南通市正处于建设“长三角北翼经济中心”和“上海北大门”的重大战略机遇期，人才的质量、数量、层次亟须充实优化，同时南通市第十二次党代会对建设国家创新型城市、人才强市、青年和人才友好型城市进行了部署。因此，出台一部促进人才发

〔1〕 参见《关于〈南通市人才发展促进条例〉的说明》，载江苏人大网，http://www.jsrd.gov.cn/cwhzt/1234/hywj/201801/t20180122_487716.shtml。

展的地方性法规,对于固化南通市已有的人才政策,推广行之有效的创新性举措,更大力度地集聚人才队伍、优化人才结构,推进创新型城市建设具有重要意义。

(二)立法过程

为制定《南通市人才发展促进条例》,2017 年年初市人大人代委、法工委提前介入,会同市政府法制办、市人社局开始前期调研、起草等工作;同年 4 月 21 日,市人大常委会组织召开了立法项目启动会,和市政府联合成立了立法项目领导小组及其办公室。后市人大人代委、法工委先后五次召集市人才办、市政府法制办、市人社局的相关人员进行专题讨论,并赴南京、苏州、无锡等地考察学习。2017 年 10 月 17 日,市政府向市人大常委会提出了审议《南通市人才发展促进条例》草案的议案,2017 年 10 月 31 日市人大常委会进行了初次审议,并同步征求各单位和广大市民的意见和建议,2017 年 12 月 18 日法制委员会进行了统一审议;2017 年 12 月 25 日南通市人大常委会二审审议通过了《南通市人才发展促进条例》。

(三)主要内容

《南通市人才发展促进条例》共五章 42 条,分为总则、人才引进和培养、人才评价和使用、人才激励和保障、附则。该条例重点围绕南通市的产业发展人才需求和高精尖人才的引进和使用,着力建立更加开放、更加灵活的人才引进、培养和使用机制,不唯地域引进人才,不求所有开发人才,不拘一格用好人才,确保人才"引得进、留得住、流得动、用得好"。第一章总则中,确立了人才发展工作,"党管人才、服务发展、市场导向、分类施策、扩大开放"的原则。第二章人才引进和培养中,规定了市、县(市、区)人民政府和市人力资源行政主管部门在人才引培中的分工;推进制定人才分类标准、建立引进人才奖励补贴制度;对引进的全职工程技术关键人才、重点领域高层次创新型人才和高技能人才,以及世界一流的顶尖人才团队等,设置了特殊待遇与特别引进程序。注重和科研机构、社会组织等的合作,鼓励南通市学校、科研机构等单位与海外相关机构开展联合办学、项目研究和人才培养合作;鼓励各类开发园区与高等院校、科研机构共建研究院所和产业技术创新联盟,共同引进和培养人才,共享科研设备设施;鼓励社会各方力量参与人才引进;鼓励高等院校和职业院校根据南通市的产业发展需要调整学科专业设置,与企业共同建设创业孵化基地和孵化器、学生实习实训基地,培养实用型技能人才。第三章人才评价和使用中,规定借助多元评价主体作用,推进人才分类评价,建立科学化、社会化、市场化的人才评价机制。在职称评价时企业专业技术人员注重实绩,应用型人才不将论文等作为限制性条件。就待遇问题,明确技工院校毕业生参照普通高等院校、中等职业学校同学历层次毕业生同等对待;允许科研院所的科研人员携带创新成果和项目到科技型企业兼职,对报酬、人事关系等予以保障;针对首席研究员、首席科学家、首席工程师、首席技师等的待遇,向企业提出指导意见。第四章人才激励和保障中,规定设立人才专项资金,用于人才发展工作,建立人才创新创业项目贷款风险补偿机制等。规定了各类人才奖励机制,如鼓励、引导企业通过实施股权激励、企业年金和其他补充保险等措施对人才给予奖励;对海外高层次人才引进计划、国家高层次人才特殊支持计划、国家杰出青年科学基金等国家重点人才计划的人才,由政府给予奖励等。同时,建立人才知识产权维权援助机制、人才利益诉求反馈机制、高层次人才服务“一卡通”制度等。

第十六章　泰州地方立法

第一节　地方立法权的取得

泰州市是中国历史文化名城,地处长江下游北岸、长江三角洲北翼,是江苏省长江经济带的重要组成部分,是上海都市圈的中心城市之一,泰州为苏中门户,自古就有“水陆要津,咽喉据郡”之称。2015 年 3 月 15 日,第十二届全国人大第三次会议审议通过了修改后的《立法法》,依法赋予设区的市地方立法权。2015 年 7 月 31 日,江苏省人大常委会作出决定,泰州市人大及其常委会可以开始制定地方性法规。这意味着泰州市正式获得地方立法权,成为 2015 年 3 月 15 日《立法法》修改之后,江苏首批获得地方立法权的 6 个城市之一。赋予设区的市地方立法权,是中国共产党第十八届三中、四中全会作出的重要决策,是修改后的《立法法》提出的明确要求,是我国地方立法体制的重大创新。根据修改后的《立法法》,泰州市人大及其常委会可以对城乡建设与管理、环境保护、历史文化保护等方面的事项制定地方性法规,报省人大常委会批准后施行。同时,泰州市人民政府可以制定规章。获得地方立法权,在泰州法治建设史上具有里程碑意义,标志着泰州市人大及其常委会的职能拓展到地方立法等重大事项,职权体系更加完备。获得地方立法权,有利于推进泰州市城乡建设与管理,有利于保护生态环境和历史文化,有利于推动法治泰州建设。

第二节　地方立法现状

从2015年7月获得地方立法权开始,截至2018年5月,不到三年的时间里,泰州市人大及其常委会先后制定、颁布地方性法规共7部,这7部地方性法规目前全部在生效适用中。这7部地方性法规分别是《泰州市市区烟花爆竹燃放管理条例》《泰州市道路交通安全条例》《泰州市房屋安全管理条例》《泰州市绿化条例》《泰州市水环境保护条例》《泰州市公共信用信息条例》《泰州市制定地方性法规条例》。泰州市于2017年6月制定了《泰州市第五届人大常委会2017~2021年立法规划》,该立法规划共安排立法项目37件,其中正式项目13件,调研项目24件,主要包括规范市场经济秩序,保障和改善民生,加强和创新社会管理,促进绿色发展四个方面。(见表16-1)另外,需要重点提及的是,泰州市获得地方立法权之后不久,就制定颁布了第一部地方性法规即《泰州市制定地方性法规条例》,此部地方性法规被喻为泰州版"立法法",该条例设定了泰州市地方立法的基本程序,为泰州市的立法活动提供了制度保障,有利于提高立法质量。

表16-1　2015年7月至2018年5月泰州市制定地方立法和立法规划正式项目

项目	名称	通过时间
地方立法	《泰州市制定地方性法规条例》	2016年3月30日
	《泰州市水环境保护条例》	2016年7月29日
	《泰州市公共信用信息条例》	2016年7月29日
	《泰州市房屋安全管理条例》	2016年9月30日
	《泰州市绿化条例》	2017年9月24日
	《泰州市道路交通安全条例》	2017年12月2日
	《泰州市市区烟花爆竹燃放管理条例》	2018年1月24日

续表

项目	名称	通过时间
立法规划正式项目	《泰州市公共资源交易管理条例》	2017年6月20日
	《泰州市不动产登记条例》	
	《泰州市物业管理条例》	
	《泰州市历史文化名城名镇保护条例》	
	《泰州市文明行为促进条例》	
	《泰州市学前教育管理条例》	
	《泰州市城市地下管网条例》	
	《泰州市城市管理综合行政执法条例》	
	《泰州市电力保护条例》	
	《泰州市垛田保护条例》	

泰州市的地方立法权取得时间不长，因此立法数量有限，但立法程序、立法内容、立法技术等方面都严格遵守《立法法》的规定，既体现地方特色，又具有针对性，且与上位法和谐统一。首先，从立法内容上看，涵盖地方立法权的行使、公共信息的利用、水资源的保护、房屋安全、绿化、烟花爆竹的燃放以及道路交通安全，立法所针对的事项包含在《立法法》授权范围之内，并且是与群众生活紧密相连，是群众日常生活中亟待立法的事项。《泰州市制定地方性法规条例》的制定使得泰州市地方立法有章可循，细化了《立法法》，健全了泰州立法制度，增强了泰州市立法的针对性，对提高泰州地方立法质量，推进泰州地方立法规范化和精细化作出了重大贡献。其次，从立法程序上看，泰州市地方立法过程严格遵守《立法法》和《泰州市制定地方性法规条例》的相关规定，已经生效的法规案均通过多种形式征求泰州市人大代表的意见，并向专门委员会、常务委员会工作机构进行立法调研。泰州市人大常委会依托南京师范大学泰州学院联合创办了地方立法科研机构——泰州地方立法研究院，专家学者对泰州市各项地方立法工作的质量和水平起到保障作用。

第三节　地方立法特色与经验总结

一、地方立法的规范化

为了规范泰州市地方立法活动，健全立法制度，增强立法针对性，提高立法质量，推进立法规范化、精细化，泰州市率先制定并颁布了《泰州市制定地方性法规条例》。泰州市人大首先成立起草小组，起草小组在认真学习研究《立法法》的基础之上，经江苏省人大常委会法工委立法指导，并学习借鉴先进经验，结合泰州市实际情况，认真组织起草，反复讨论修改，形成了《泰州市制定地方性法规条例(草案)》文稿。2015 年 10 月上旬，《泰州市制定地方性法规条例(草案)》发送至泰州市人大常委会驻会组成人员和常委会各工作机构征求意见；之后该条例草案先后提交法制委员会第二次全体会议审议和主任会议讨论并向江苏省人大常委会法工委征求意见；最终《泰州市制定地方性法规条例(草案)》提请泰州市第四届人大常委会第二十七次会议审议，并于 2016 年 1 月 21 日，审议通过。从该条例的起草颁布过程来看，其制定具有两个意义：第一，制定该条例的过程本身严格遵守《立法法》的规定，程序规范化。第二，《泰州市制定地方性法规条例》的颁布实施为泰州市开展地方立法工作定下了依据，使泰州市地方立法有章可循，地方立法活动更加规范化。

二、重视地方立法规划和调研

立法规划是有立法权的主体，在一定的职权范围内、为达到一定的目的，按照一定的原则和程序所编制的准备用以实施的关于立法工作的设想和部署[1]，其主要任务和目的在于使立法工作有计划、有步骤、有目的地进行，从而使立法工作科学化、系统化[2]。立法规划是法案起草的前奏，是具体立法程序的源头，是立法准备阶段，与以后法案的起草、审议、表决、通过等步骤共

---

〔1〕 参见郭道晖主编：《当代中国立法》，中国民主法制出版社 1998 年版，第 254 页。

〔2〕 参见周旺生：《立法学》，北京大学出版社 1988 年版，第 501 页。

同构成一个有机联系的统一整体。重视编写立法规划，有利于从全局的角度把握地方立法，保证地方立法的质量，保持立法结构均衡，有效处理各个立法项目之间纵横交错的复杂关系，避免规范性文件之间的冲突、抵触与重复，从而保证地方体系的和谐统一。泰州市非常重视立法规划的编制，在2017年6月出台了《泰州市第五届人大常委会2017～2021年立法规划》，这是泰州市首个五年立法规划。该立法规划共安排立法项目37件，其中正式项目2017年已确定3件，2018～2021年安排10件，并安排调研项目24件。该立法规划层次清晰，安排恰当，具有针对性，符合泰州实际，体现泰州特色，为今后泰州五年内的立法指明基本方向。

"没有调查就没有发言权"。立法调研就是对将要立法的项目的相关问题进行调查研究。地方立法的立法调研方式包括座谈会、论证会、听证会、公开征求意见、旁听、列席参观、交流问卷、调查研究、个别走访等，在此基础上了解搜集与特定地方立法相关的情况材料，并通过分析研究，探求有关地方立法的必要性、可行性以及如何立法（具体的制度设计）。通过立法调研了解社会对立法事项是否需要以及需要的程度，之后才能作出恰当的回应。立法调研使地方立法从立法时机和立法内容两方面更准确地回应社会的需要，具有满足现实需要的正当性和提高立法质量确保法律实现的价值。[1] 泰州市在制定地方法规的过程中，非常重视立法调研工作，每一部地方法规的通过颁布，都经过多次的立法调研工作，倾听社会各界的声音，反复论证，以求法规能最大限度地回应地方现实需求。例如，《泰州市市区烟花爆竹燃放管理条例》生效实施之前，泰州市人大常委会、人大法制委曾赴海陵、高港、姜堰及医药高新区开展《泰州市市区烟花爆竹燃放管理条例（草案）》立法调研，在讨论会上，泰州法工委倾听与会人员对该条例草案涉及的各方职责、燃放区域、时间、地点和法律责任等提出的意见和建议，并对各方意见进行梳理研究和吸收，从而完善了该条例草案，使该条例更加具有可操作性，更加体现泰州特色。在制定《泰州市绿化条例》时，成立了调研组，调研组在泰州各地召开座

〔1〕 参见饶世权：《论公众参与视野中的地方立法调研》，载《西北大学学报（哲学社会科学版）》2011年第6期。

谈会,听取相关部分单位、基层民主立法联系点、乡镇(街道)负责人,以及绿化工程建设单位、物业服务企业、人大代表、政协委员、基层群众代表对《泰州市绿化条例(草案)》提出的修改意见和建议。调研组成员认真研究并吸纳了各方面提出的意见和建议,结合泰州市实际情况,厘清规划主体、管理主体、执法主体的职责,竭力解决绿化工作中的突出问题,增强法规的针对性和可操作性,最终颁布了高质量且具有地方特色的《泰州市绿化条例》。泰州市人大法制委在做立法项目的征集工作时,也发出了《关于向社会公开征集地方立法建议的公告》,在编制五年立法规划时也开展了立法项目的调研工作,对立法项目进行科学调研论证。

由以上可以看出,泰州市在制定地方法规时非常重视立法规划和立法调研工作,因为这两项工作是保障高质量地方立法的前提。

三、地方立法注重地方特色

《立法法》第 72 条和第 73 条、《地方组织法》第 7 条、《江苏省制定和批准地方性法规条例》第 3 条、《泰州市制定地方性法规条例》第 3 条等法律法规均未明确界定地方特色的具体含义。石佑启教授对地方特色的内核做了总结:"第一,地方立法的地方特色就是地方立法在不同宪法、法律和行政法规相抵触的前提下,所反映出的地方的个性、差异性和特殊性。第二,地方立法的地方特色要求地方立法应有效对接本地经济、政治、文化、社会、风俗等对立法的客观需求,适应本地的实际情况。第三,地方立法的地方特色要求地方立法要有针对性、可操作性和可行性,能解决本地突出的而中央立法尚未解决、不宜解决或难以解决的问题。"[1] 泰州市获得地方立法权不久,在进行地方立法之前,精细研究国家法律法规和江苏省相关立法,防止泰州地方立法与上位法相违背,不与宪法、法律、行政法规、江苏省制定地方法规相抵触。2015 年上半年,在申报地方立法权过程中,泰州市人大常委会结合泰州市实际,按照"有需求、不抵触、有特色、可操作"的原则,围绕城乡建设与管理、环境保护、历史文化保护等方面的事项,广泛征求相关部门、有关方面专家、人

〔1〕 石佑启:《论地方特色:地方立法的永恒主题》,载《学术研究》2017 年第 9 期。

大代表、企事业单位以及基层群众的意见建议，已经初步确定了“溱湖湿地生态保护和管理条例”“兴化垛田历史文化遗产保护”等具有地方特色的立法优先项目。2016年进行《泰州市溱湖风景区保护条例》《泰州市凤城河风景区管理条例》等的立法调研工作，这些调研项目是根据泰州自身的特点、经济需要和社会风俗而量身定做的必要立法调研项目。

第四节　地方立法典型实例分析

一、《泰州市水环境保护条例》立法分析

江河湖泊是人类文明的“摇篮”，是自然生态系统的重要组成部分。湖泊是内陆水体供水的主体，并且在防洪、航运、旅游和维护区域生态系统健康等方面起着十分重要的作用。泰州境内河网密布，纵横交织，北部地区地势低洼，水网呈向心状，由四周向低处集中，这里的湖泊分布较多。江淮分水岭由西向东从中部穿过该市，境内河流大致以通扬公路为界，路北属淮河水系，路南属长江水系。人们习惯上把属于长江水系的老通扬运河和与之相连接的河流称为“上河”，而把属于淮河水系的新通扬运河和与之相连的河流称为“下河”。随着泰州工农业生产的快速发展和人口的急剧增长，各类污染物质通过各种途径进入泾、溪、河流或者湖泊等地表水系，导致了严重的水体污染，并使得包括饮用水安全、生物多样性在内的泰州境内湖泊流域生存能力受到严重挑战，所带来的较高的预防成本、健康损害等已经直接影响到泰州社会、经济、文化以及生态多样性等的健康和可持续发展，因此保护泰州人民赖以生存的水资源、水环境显得尤为重要。2016年6月30日泰州市第四届人大常委会第三十三次会议制定，2016年7月29日江苏省第十二届人大常委会第二十四次会议批准通过《泰州市水环境保护条例》，该条例共六章40条，从饮用水源保护、水污染防治、水资源保护与利用等方面作出明确具体的规定，旨在进一步保护和改善泰州市水环境，促进经济社会可持续发展。

关于水环境保护的责任主体。《泰州市水环境保护条例》根据泰州市的实际情况，在总则中明确了各方面的水环境保护责任。首先，明确水环境保

护原则,第3条规定水环境保护应当坚持政府主导、公众参与,遵循保护优先、预防为主、综合治理、损害担责的原则。其次,第4条和第5条明确各级政府及政府各相关部门的水环境保护责任。再次,明确水环境保护管理机制,第6条规定各级政府将水环境保护纳入区域环境综合管理。最后,明确公民、法人和其他组织的权利和义务、企业事业单位和其他生产经营者的水环境保护责任,第7条强调各级政府及有关部门应当加强水环境保护宣传。总体来说,总则部分清晰规定了各级政府、公民、法人和其他组织的权责义务。

关于饮用水源的保护。饮用水源的保护关系到泰州每个公民的生命健康,随着污染源的增多,保护饮用水源成为刻不容缓的任务。为保证饮用水安全,《泰州市水环境保护条例》第8条明确饮(备)用水源地的属地保护,要求市、县级市(区)政府加强饮(备)用水源地特别是长江饮用水源地的建设和管理。第9条明确重要清水通道沿线乡镇、街道的属地保护责任。第10条要求实现长江作为饮用水源的全覆盖,规定市和所在地县级市(区)政府按照专项规划组织实施。第11条规定饮(备)用水水源保护区和准保护区的保护。市、县级市(区)政府应当在饮(备)用水水源保护区和准保护区的边界设立地理界标和警示标志,在饮(备)用水水源一级保护区设置隔离设施,禁止任何单位和个人改变、破坏地理界标、警示标志和隔离设施。第12条明确饮(备)用水水源保护区和准保护区内的禁止行为和活动,具体罗列出禁止的行为和活动清单。

关于水污染的防治。水是生命之源,保护水资源是重要的,水污染防治同样是不可或缺的。水污染防治是水资源保护的手段之一,是水资源保护的一个环节,而决然不能代替水资源保护。水污染防治的主要目的是尽量阻止污染物过量进入水体,保护水质,以满足水的资源属性。《泰州市水环境保护条例》对水污染的防治作了详细规定。第一,明确环保准入制度。第13条要求各类涉水开发建设项目应当符合国家和地方产业政策指导目录和环保准入条件。第二,明确建设项目的环评和水污染防治。第14条要求新建、改建、扩建直接或者间接向水体排放污染物的建设项目和其他水上设施,应当依法进行环境影响评价,未进行环境影响评价或者环境影响评价文件未经批准的,不得开工建设。施工过程中,建设单位应当采取水污染防治措施。第三,

第15条明确环保现场检查制度和视为拒绝现场检查的方式。第四,明确排污口的设置和管理。第16条要求企业事业单位和其他生产经营者应当依法设置排污口及标志牌,县级市(区)政府建立对排污口定期巡查制度。第五,第17条明确禁止企业事业单位和其他生产经营者逃避监管排放水污染物的方式。第六,明确污泥处置的方式。第18条要求污泥应当进行分类管理、综合利用、无害化处置,禁止擅自倾倒、堆放、丢弃、遗撒污泥。第七,第19条明确实施雨水、污水分流。第八,明确水面漂浮物清理的责任。第20条要求县级市(区)政府负责组织实施清理工作,乡镇、街道负责对水面漂浮物清理,禁止向水域内倾倒、抛弃各类废弃物。第九,第21条明确农业和水产养殖面源的污染防治。第十,明确畜禽养殖污染的防治。第22条要求市、县级市(区)政府应当依法划定畜禽养殖禁养区、限养区和适养区,畜禽养殖场、养殖小区以及养殖户应当依法处理畜禽养殖废弃物。

关于水资源保护与利用。水资源保护是为了满足水资源可持续利用的需要,采取经济的、法律的、行政的、科学的手段,合理地安排水资源的开发利用,并对影响水资源的经济属性和生态属性的各种行为进行干预,以维持水资源的正常经济使用功能和生态功能的活动。为充分保护和利用水资源,《泰州市水环境保护条例》第23条明确区域用水总量控制制度和促进节约用水的政策。第24条明确地下水污染防治要求。地下工程设施单位和个人应当采取水污染防治措施,从事可能干扰地下含水层的活动应当采取措施防止污染、破坏地下水资源。第25条明确建设项目占用水域的管理。建设项目占用水域应当报水行政主管部门审查同意,应当兴建替代水域工程。第26条明确河道轮浚制度。第27条明确河道护坡、护岸的管理。县级市(区)政府应当推动建设生态植被,禁止扒翻种植,防治水土流失、水体污染。第28条明确重点水域保护区的划定和管理。市、县级市(区)政府应当根据水生态保护的需要,将七类区域划定为重点水域保护区,实施重点保护和管理。

关于法律责任。有责任才能将保护落到实处,《泰州市水环境保护条例》为了加强水环境保护的执行刚性,针对该条例中规定的禁止行为和活动,分别规定了相应的处罚。主要包括:改变、破坏地理界标、警示标志或者隔离设施的处罚,从事饮(备)用水水源保护区和准保护区内禁止行为和活动的处罚,建设项目未依法采取水污染防治措施的处罚,未依法规范设置排污口标志牌的处罚,向水域内倾倒、抛弃各类废弃物的处罚,畜禽养殖污染的处罚,填埋河湖、沟塘或者在水域设障的处罚,在重点水域保护区从事围网、网箱养殖的处罚,以逃避监管方式排放水污染物的处罚,以及政府及相关部门和工作人员违法行为的处罚。

二、《泰州市房屋安全管理条例》立法分析

房屋安全是生产、经营、居住、学习、娱乐活动安全的基本保证。如果对房屋质量安全管理不善,一旦发生安全事故,不仅给房主及其他人群造成重大经济损失,而且给社会造成恶劣的影响。关注房屋安全,就是珍视人的生命。人员聚集的公共场所和多层住宅已成为泰州市城市的主流建筑物,房屋安全使用已不仅是珍惜个人生命财产安全的问题,实际上已成为极其重要的社会公共安全问题。加强房屋安全管理迫在眉睫,势在必行。根据泰州市实际情况,就房屋安全管理,2016 年 8 月 30 日泰州市第四届人大常委会第三十四次会议制定,2016 年 9 月 30 日江苏省第十二届人大常委会第二十五次会议批准了《泰州市房屋安全管理条例》。

关于房屋安全管理责任主体和房屋安全管理体系。首先,《泰州市房屋安全管理条例》明确房屋安全管理原则。第 3 条规定房屋安全管理应当遵循属地管理、预防为主、防治结合、确保安全的原则。其次,第 4 条明确市、县级市(区)人民政府的领导责任,县级市(区)人民政府应当建立房屋安全监督管理网络。再次,第 5 条明确住建部门、相关部门、开发区(园区)管理机构、乡镇人民政府、街道办事处、居(村)民委员会房屋安全管理的职责。最后,强调住建部门、相关部门和乡镇人民政府、街道办事处应当组织开展房屋安全知识的宣传教育活动,提高社会公众的房屋安全责任意识。

关于房屋使用安全。随着房屋产权多元化和房屋租赁的活跃,房屋使用安全隐患日益凸显,擅自改变房屋使用功能、盲目改建、加层增大房屋荷载、装饰时擅自拆改房屋主体结构的行为时有发生,严重影响了房屋的整体性、结构安全性、抗震性和耐久性,直接威胁人民群众的生命和财产安全。为防止房屋使用过程中的乱拆乱改等行为,保障房屋使用安全,《泰州市房屋安全

管理条例》第9条和第10条明确房屋安全责任人的定义和房屋安全责任人的具体责任。第11条规定禁止实施的影响房屋安全的行为。第12条规定不得擅自实施的影响房屋安全的行为。第13条和第14条规定房屋所有权人、使用人对住宅装饰装修的，应当向物业服务企业或者居(村)民委员会登记；对非住宅装饰装修实施第12条第1款所列房屋安全责任人不得擅自实施的影响房屋安全行为的，应当向住建部门备案。第15条规定实施第12条第1款所列房屋安全责任人不得擅自实施的影响房屋安全行为的，应当委托装饰装修企业施工，装饰装修企业应当依法施工。第16条明确物业服务企业、居(村)民委员会对装饰装修活动进行日常巡查和对违法装饰装修行为进行劝阻、制止的责任。

关于房屋的安全鉴定。房屋安全鉴定是由专门的机构对房屋的安全性作出科学的评价，确保居住人的生命财产安全。鉴定房屋安全状况是一项专业性很强的工作，为此，《泰州市房屋安全管理条例》对房屋安全鉴定作出专门规定。第17条规定应当申请房屋安全鉴定的六种情形，明确人员密集场所房屋和建筑幕墙的鉴定时间。第18条明确提出鉴定、实施鉴定的主体和费用。第19条要求工程建设单位应当在工程施工前委托房屋安全鉴定机构对施工周边房屋进行结构安全影响鉴定，并在施工期间采取防护措施。第20条和第21条规范鉴定的程序、鉴定机构及其工作人员的责任，以及对鉴定结论有异议的处理方法。

关于危险房屋的防治。对于危险房屋，应“防患于未然”，加强潜在危险排查，实行定期排查，是防止危险房屋发生安全事故的重要手段。为了加强危险房屋防治，保障房屋安全，《泰州市房屋安全管理条例》第22条要求住建部门应当定期组织对危旧房屋、人员密集场所的房屋进行巡查，有关行业主管部门应当对本行业内的人员密集场所房屋定期开展安全检查，督促房屋安全责任人治理安全隐患。第23条和第24条规定房屋出现安全隐患和出现险情后的处理程序。第25条规定经鉴定为危险房屋的，住建部门应当及时到现场查勘，乡镇人民政府、街道办事处应当督促房屋安全责任人治理危险房屋。第26条至第28条规定房屋安全责任人对危险房屋的治理义务和措施及对危旧房屋的具体改造措施。第29条要求住建部门建立危险房屋管理信息系统，与规划、国土、城管等部门实现信息共享,并为房屋安全责任人、利害关系人提供查询服务。

关于房屋安全应急管理。为有效应对房屋突发险情,《泰州市房屋安全管理条例》第30条规定市、县级市(区)人民政府应当编制房屋安全应急预案,定期组织应急处置培训和演练。第31条规定房屋出现突发性险情后,所在地县级市(区)人民政府应当组织相关部门开展应急抢险,房屋安全责任人及相关人员应予以配合。第32条规定了政府开展应急抢险时可以采取的必要措施。

关于白蚁防治。泰州市属于白蚁危害易发地区,《泰州市房屋安全管理条例》对白蚁防治作出专门规定。第33条要求新建、改建、扩建房屋及其地下建筑物、构筑物或者装饰装修房屋的,应当委托白蚁防治单位实施白蚁预防处理。第34条规定白蚁防治使用的药物、程序、包治期限。第35条规定住建部门应当将白蚁防治质量纳入建设工程质量监督的范围,加强对白蚁防治的监督管理。

关于法律责任。为了加强房屋安全管理的刚性,《泰州市房屋安全管理条例》针对该条例中规定的禁止行为和活动,分别规定了相应的处罚。主要包括:拆改具有房屋抗震、防火整体功能的墙体的处罚,擅自实施影响房屋安全行为的处罚,未按照设计方案擅自施工的处罚,未依法进行房屋安全鉴定的处罚,房屋安全鉴定机构出具虚假报告、提供的鉴定结论存在严重错误的处罚,建设单位未实施白蚁预防的处罚,白蚁防治使用不符合国家规定的药物或者未按照规定的规范和程序防治的处罚,住建部门、相关部门、乡镇人民政府、街道办事处和工作人员违法行为的处罚。

三、《泰州市公共信用信息条例》立法分析

公共信用信息是依法行使公共管理(服务)职能的行政机关、司法机关,以及企事业单位和社会组织在履行职责过程中产生和记录的各类市场主体的信用信息,主要包括市场主体的基础信息、行政许可和资质资格信息、荣誉信息、行政处罚信息、司法裁定信息及其他信用相关信息。随着我国经济社会发展的突飞猛进和以“互联网+”模式为代表的各类新兴经济业态的发展,

全社会信息量爆发式增长，催生了数量巨大、来源分散、格式多样的信用数据。不同于传统的公共信用数据，大数据使公共信用信息来源呈现多元化、多层化和非结构化的特点，更加全面和真实地反映信息主体的信用情况。国家目前没有统一的公共信用信息立法，泰州市通过地方性法规作出制度安排对进行法治建设的有益探索具有重要的意义。2016 年 6 月 30 日泰州市第四届人大常委会第三十三次会议制定，2016 年 7 月 29 日江苏省第十二届人大常委会第二十四次会议批准了《泰州市公共信用信息条例》，该条例的诞生是对今后国家立法的有益探索。该条例共六章 40 条，对公共信用信息的归集、披露、应用和信息监督管理等方面作了明确具体的规定，旨在进一步规范泰州市公共信用信息管理，增强公众诚信意识，促进公共信用信息资源整合和应用，推进社会信用体系建设。

关于公共信用信息的管理体系。厘清管理体系是做好公共信用信息管理工作的必要前提。根据国家和江苏省相关规定，结合泰州市实际，《泰州市公共信用信息条例》第 4 条和第 5 条对公共信用信息管理体系作了明确：首先明确市人民政府统筹协调全市公共信用信息体系建设，县级市（区）人民政府组织实施公共信用信息体系建设工作；其次规定了市、县级市（区）人民政府社会信用体系建设主管部门负责业务指导和监督管理，公共信用信息工作机构具体实施公共信用信息工作；最后规定了其他部门按照各自职责做好公共信用信息的相关工作。

关于公共信用信息资源整合。公共信用信息资源整合程度直接关系着公共信用体系的建设水平。《泰州市公共信用信息条例》从四个方面对公共信用信息资源作了整合：一是实行信息管理，第 6 条明确规定市人民政府建立标准规范统一、数据互联共享、分级协同管理的公共信用信息系统，运用现代信息技术整合全市公共信用信息资源，实现全市公共信用信息管理一体化发展。二是实行目录管理，第 7 条和第 13 条明确市社会信用体系建设主管部门会同信息提供主体，按照国家、省相关规定和标准，制定公共信用信息归集目录，并要求信息提供主体按照目录通过电子政务专网数据交换平台或者其他途径提供公共信用信息。三是实行分类管理，第 8 条至第 10 条明确公共信用信息按照主体分为年满 18 周岁自然人的信息和法人、其他组织的信息；按照内容分为基本信息和信用信息，并以列举的方式明确了基本信息和信用信息的具体内容。其中，对日常学习、生活和生产经营活动中，较为常见的考试作弊、交通违法、不文明旅游等行为和逃税骗税、恶意欠薪等扰乱市场经济秩序的行为专门作了列举，强化对公众行为的引导。四是实行分级管理，第 11 条和第 19 条明确信用信息按照信用状况，分为良好信息、一般失信信息、较重失信信息和严重失信信息，并要求制定具体分级管理办法。同时第 20 条对各级信息的披露期限作了规定。

关于信息主体合法权益保护。为了防止在公共信用信息归集、披露和应用等活动中，损害信息主体的合法权益，《泰州市公共信用信息条例》第 12 条规定了禁止归集的信息范围，明确不得归集自然人的宗教信仰、基因、指纹等信息和未经自然人书面同意不得归集其收入、存款、贷款数额等信息。第 15 条和第 17 条明确信息披露的原则，规定自然人的信息以申请查询为原则，主动公开为例外，依法保护个人隐私。第 28 条至第 30 条明确维权救济途径，规定自然人、法人和其他组织认为公共信用信息存在错误、遗漏，侵犯其商业秘密、个人隐私或者超过披露期限等情形的，可以向公共信用信息工作机构提出异议申请，并规定了处理异议申请的程序、期限、具体处理措施等内容。第 31 条规定建立信息修复制度，明确自然人、法人和其他组织在其失信公共信用信息产生的规定期限内，主动履行法定义务，且减轻或者消除不良行为后果的，可以向信息提供主体申请信用修复。

关于公共信用信息的应用。为充分发挥公共信用信息在行政管理和经济社会生活中的作用，促进公共信用信息依法、合理、有效应用，《泰州市公共信用信息条例》第 22 条要求国家机关、国有企事业单位引入信用管理理念，带头应用公共信用信息，在食品药品、环境保护等市场监督管理事项和政府采购、招标投标等公共资源分配事项中，将公共信用信息作为决策的重要参考依据。第 23 条至第 25 条规定完善守信联合激励和失信联合惩戒机制，在吸收《国务院关于建立完善守信联合激励和失信联合惩戒制度加快推进社会诚信建设的指导意见》精神的基础上，规定对信用信息综合评价良好的自然人、法人和其他组织可以授予相关荣誉，在财政资金补助、评优评先等活动中列为优先选择或者重点推介对象；对信用信息综合评价不良的自然人、法人和其他组织依法可以取消已经享受的行政优惠政策，限制或者取消参加政府采购、政府投资项目招标等活动；对失信情节特别严重的自然人、法人和其他组织建立严重失信行为名单，可以依法采取市场禁入和市场强制退出措施。为依法推动公共信用信息在经济社会生活领域的应用，第 26 条鼓励自然人、法人和其他组织在金融活动、市场交易等经济社会活动中应用公共信用信息，鼓励社会信用服务机构应用公共信用信息，开发和创新信用产品，扩大信用产品的应用范围。

《泰州市公共信用信息条例》第 35 条至第 37 条对公共信用信息工作机构、信息提供主体以及有关工作人员规定了相应的法律责任，并明确了公共企事业单位的含义和行业组织以及其他社会组织参照该条例执行的内容。

第十七章　盐城地方立法

根据2015年7月31日江苏省第十二届人大常委会第十七次会议通过的《江苏省人民代表大会常务委员会关于确定常州、南通、盐城、扬州、镇江、泰州市人民代表大会及其常务委员会开始制定地方性法规的时间的决定》规定,盐城市人大及其常委会从该决定公布之日起可以开始制定地方性法规。这标志着盐城获得了地方立法权,从而开启了盐城地方立法历程。盐城市不仅是2015年《立法法》修改后江苏省第一批获得地方立法权的地区之一,也是苏北地区首先获得地方立法权的地区。

第一节　地方立法概况

2015年《立法法》修改以后,盐城市就为地方立法工作的开展积极创造条件,如建立地方立法机构,完善地方立法制度,并结合当地情况制定了一系列地方性法规,初步形成了盐城市地方立法体系。

一、高度重视地方立法工作

盐城市高度重视承接地方立法权工作。早在2015年《立法法》修改之前,2014年盐城市委就出台了《关于全面推进依法治市深化法治社会建设的实施意见》,提出了加强立法筹备工作的要求,进一步指出要积极争取省人大支持,依法赋予盐城市地方立法权限和范围。2015 年,盐城市委常委会专门听取承接地方立法权准备工作情况的汇报,同意增开七届人大五次会议。2015 年 6 月,盐城市第七届人民代表大会第五次会议顺利召开,会议依法设立了盐城市第七届人民代表大会财政经济委员会和法制委员会。这些措施为盐城市顺利取得地方立法权做好了充分准备。在 2015 年 7 月获得地方立法权之后,盐城市积极推进立法工作,保证了地方立法权的有效实施。

二、建立地方立法相关机构

盐城市率先在全省实现了承接地方立法权组织架构健全、人员配备到位。盐城市人大法制委员会设主任委员 1 名,副主任委员 2 名,委员 4 名。同时,2015 年 5 月 28 日,盐城市第七届人大常委会第二十次会议决定设立盐城市人大常委会法制工作委员会。盐城市人大常委会法工委下设综合处、备案审查处和立法处。盐城市人大法制委员会和盐城市人大常委会法工委的建立,为盐城地方立法权的实施提供了组织保证。

三、完善地方立法制度

为了保证盐城地方立法权的实现,盐城市还注重完善地方立法制度。一是建立基层立法联系点制度。盐城市人大常委会法工委首批确定 15 个民主立法联系点。二是建立立法咨询制度。盐城市人大常委会法工委组建了由 10 位专家学者组成的立法咨询专家组和由 15 位具有法学教育或法制工作背景的市人大代表组成的法制专业代表组。三是建立立法建议征集制度。盐城市人大常委会法工委建立了立法建议征集机制、法规草案征求意见机制和公众意见采纳情况反馈机制,通过网络、新闻媒体等面向社会公开征集立法建议,进一步筛选符合立法权限、体现盐城特色的立法项目。这些制度的建立,有力地保障了盐城地方立法工作的展开。

四、做好立法计划

盐城市重视地方立法计划安排。盐城市获得地方立法权之后,仅仅用半年时间就制定了第一部地方性法规《盐城市绿化条例》。其原因就在于盐城市做好了超前的立法准备,及时将《盐城市绿化条例》纳入立法计划之中。随着地方立法工作步入正轨,盐城市高度重视年度立法计划和长期立法计划。2015 年 11 月 24 日,盐城市第七届人大常委会第五十一次主任会议就通过了《盐城市人大常委会 2016 年立法计划》,明确人大审议的项目一件,即《盐城市制定地方性法规条例》;明确人大常委会审议的项目两件,即《盐城市农作物秸秆综合利用条例》和《盐城市扬尘污染防治条例》。2017 年 8 月 24 日,盐城市第八届人大常委会第八次主任会议通过《盐城市人大常委会 2017 ~ 2021 年立法规划》(见表 17 – 1)。这些立法工作计划的制定使盐城市地方立法更加有序。

表 17 – 1　《盐城市人大常委会 2017 ~ 2021 年立法规划》一览表

项目类型	项目名称
正式项目	《盐城市城乡规划条例》
	《盐城市畜禽养殖污染防治条例》
	《盐城市革命遗址和纪念设施保护条例》
	《盐城市旅游业促进条例》
	《盐城市饮用水安全保护条例》
	《盐城市人民调解条例》
	《盐城市市容管理条例》
	《盐城市公共信用信息管理条例》
	《盐城市生活垃圾分类管理条例》
	《盐城市非物质文化遗产保护条例》
调研项目	《盐城市城镇排水管理办法》
	《盐城市文明交通条例》
	《盐城市校园周边环境治理条例》
	《盐城市停车秩序管理条例》
	《盐城市古村居保护条例》
	《盐城市湿地保护条例》
	《盐城市住宅物业管理条例》

续表

项目类型	项目名称
调研项目	《盐城市建筑垃圾管理条例》
	《盐城市城市河道管理条例》
	《盐城市公共安全视频图像信息系统管理条例》
	《盐城市市区养犬管理条例》
	《盐城市住宅小区消防安全管理条例》
	《盐城市城市道路管理条例》
	《盐城市节约用水条例》
	《盐城市鱼类资源保护条例》
	《盐城国家级珍禽自然保护区管理条例》
	《盐城大丰麋鹿国家级自然保护区管理条例》

五、积极制定地方性法规

在制定立法计划的同时，盐城市积极开展了立法工作。截至2017年年底，盐城市人大及其常委会已经分别制定了《盐城市绿化条例》《盐城市制定地方性法规条例》《盐城市农作物秸秆综合利用条例》《盐城市扬尘污染防治条例》《盐城市城乡规划条例》《盐城市畜禽养殖污染防治条例》等（见表17－2）。这些地方性法规的制定，为盐城市相关领域的法制化提供了法律依据。

表17－2　盐城市制定的地方性法规一览表

立法名称	制定机关	批准机关
《盐城市绿化条例》	2015年12月30日盐城市第七届人大常委会第二十七次会议制定	2016年1月15日江苏省第十二届人大常委会第二十次会议批准
《盐城市制定地方性法规条例》	2016年1月16日盐城市第七届人大第六次会议制定	2016年3月30日江苏省第十二届人大常委会第二十二次会议批准
《盐城市农作物秸秆综合利用条例》	2016年5月31日盐城市第七届人大常委员会第三十次会议制定	2016年7月29日江苏省第十二届人大常委会第二十四次会议批准

续表

立法名称	制定机关	批准机关
《盐城市扬尘污染防治条例》	2016年9月23日盐城市第七届人大常委会第三十二次会议制定	2016年12月2日江苏省第十二届人大常委会第二十七次会议批准
《盐城市城乡规划条例》	2017年9月28日盐城市第八届人大常委会第五次会议制定	2017年12月2日江苏省第十二届人大常委会第三十三次会议批准
《盐城市畜禽养殖污染防治条例》	2017年11月29日盐城市第八届人大常委会第六次会议制定	2018年1月24日江苏省第十二届人大常委会第三十四次会议批准

第二节　地方立法的基本特点

盐城市地方立法虽然和已经获得地方立法权的较大的市的地方立法工作相比起步较晚,但是在同时获得地方立法权的地区中,盐城市地方立法可以说走在了前列。这与盐城市地方立法具有自身的特点密不可分。

一、夯实地方立法组织基础

为了推动盐城市地方立法工作,盐城市及时建立了盐城市人大常委会法工委和盐城市人大法制委员会。上述立法机构的及时建立为盐城市地方立法工作提供了有力的组织基础。2015年中共中央转发的18号文件《中共全国人大常委会党组关于加强县乡人大工作和建设的若干意见》和江苏省委26号文件《中共江苏省委关于加强全省县乡人大工作和建设的实施意见》均对加强县级人大法制机构提出要求,即县级人大可以设立法制(内务司法)、财政经济等专门委员会。在此基础上,盐城市委常委会专题听取市人大党组关于学习贯彻中央、省委文件精神情况的汇报。2015年11月10日,盐城市召开全市县乡人大工作和建设座谈会,会上印发了《关于加强全市县乡人大工作和建设的实施意见》,对县级人大法制机构建设提出了明确要求。盐城市人大常委会积极推动9个县(市、区)人大设立法制委员会。2016年1月召开的各县(市、区)人大会上,9个县(市、区)人大全部设立法制委员会。这样,盐城市市县两级人大全部成立法制委员会。盐城市也是江苏省唯一市县两级人大全部成立法制委员会的设区的市,为盐城地方立法工作向基层延伸提供了组织保障。

二、为地方立法制定提供准则

为了规范地方立法工作,盐城市专门制定了《盐城市制定地方性法规条例》。2016年1月16日,盐城市第七届人大第六次会议制定《盐城市制定地方性法规条例》,该条例于2016年3月30日由江苏省第十二届人大常委会第二十二次会议批准。该条例共57条,分为第一章总则,第二章立法规划和年度立法计划,第三章地方性法规的起草,第四章地方性法规案的提出,第五章地方性法规案的审议和通过,第六章地方性法规的报批、公布和解释,第七章其他规定,第八章附则。根据该条例说明,其重点包括以下内容:一是调整范围和立法权限。《盐城市制定地方性法规条例》主要调整市人大及其常委会制定、修改、废止地方性法规的行为,同时规定市人大及其常委会制定地方性法规的立法权限。二是发挥人大在立法工作中的主导作用。《盐城市制定地方性法规条例》提出了市人大及其常委会加强对立法工作的组织协调,发挥在立法中的主导作用。在此基础上,提出通过立法规划、年度立法计划等形式加强对立法工作的统筹安排,建立健全地方性法规起草机制,充分发挥人大代表在立法中的作用。三是深入推进科学立法、民主立法。《盐城市制定地方性法规条例》规定,地方性法规规定的内容应当明确、具体,具有针对性和可执行性,对上位法已经明确规定的内容,一般不作重复性规定;拓宽公民有序参与立法的途径,坚持立法公开,开展立法协商,建立立法论证、听证、地方性法规公开征求意见及公民旁听常委会会议等制度;发挥专家学者的作用;地方性法规制定要通过立法前评估、立法后评估、清理等一系列推进科学立法的举措。四是建立健全立法工作机制和立法程序。《盐城市制定地方性法规条例》明确了立法规划和年度立法计划编制程序;严格规定向市人大常委会报送材料的时间和内容要求;建立了比较完善的审议和表决机制;加强与省人大常委会的沟通协调。《盐城市制定地方性法规条例》的制定为盐城市地方立法工作提供了规范性准则。

三、紧密结合实际情况

盐城市地方立法工作充分考虑盐城本地情况,使盐城市地方立法与具体实践有机结合起来,从而保证盐城市地方立法能够真正具有现实的针对性。尽管设区的市的立法权限主要侧重于城乡建设和管理、环境保护和历史文化保护三个方面,但是盐城市能够结合当地情况安排立法项目。在城乡建设和管理方面,其围绕绿化、农作物秸秆综合利用、城乡规划等展开立法。在环境保护方面,其围绕扬尘污染防治和畜禽养殖污染防治等开展立法。在历史文化保护方面,其围绕革命遗址和纪念设施保护、非物质文化遗产保护等开展立法。这些均是盐城市经济社会发展过程中所遇到的突出问题,通过立法能够规范相关行为,为处理相关问题提供法律依据。

第三节 地方立法的完善方向

盐城市地方立法在起步阶段实现了规范化、制度化、法制化,为进一步推动地方立法工作奠定了基础。正因为尚处于初步阶段,所以盐城市地方立法工作经验仍然有待于进一步总结,真正发挥地方立法对经济社会发展的引领作用。

一、进一步加大地方立法供给力度

地方立法数量虽然不能作为地方立法工作的唯一指标,但是其在规模上仍然决定了地方立法领域的法治化水平。从盐城市地方立法制定情况来看,除了 2015 年制定了一部地方性法规之外,2016 年和 2017 年通过的地方性法规通常为两部。而从盐城市立法规划来看,其仍然维持着这样的立法数量规模。虽然其具有现实的具体考量,如人大立法机构人员有限、地方立法更为复杂,但是地方立法体系的建构必然要求地方人大加大对地方立法供给力度。由于 2015 年《立法法》将设区的市的立法事项明确为三类事项，因此盐城市地方立法应该齐头并进，在城乡建设和管理、环境保护和历史文化保护三个方面平衡立法资源，为构建盐城特色的地方立法体系做好准备。

二、进一步完善地方立法执法检查机制

根据法律规定，执法检查已经成为人大工作的重要职责。盐城市人大根据上级安排和地方需要对中央和省级立法开展了大量的执法检查工作。这些执法检查工作对于了解上位法在盐城的实施情况具有重要的参考价值。由于盐城市地方立法刚刚起步，因此针对盐城市地方性法规的执法检查工作尚未进一步展开。从盐城市地方性法规立法依据来看，其大致分为两种：一是虽然明确了“根据法律法规”，但是没有列举具体上位法名称。《盐城市绿化条例》第 1 条规定，为了加强生态文明建设，发展绿化事业，保护和改善生态环境，建设绿色宜居的生态盐城，根据有关法律、法规，结合本市实际，制定本条例。《盐城市畜禽养殖污染防治条例》第 1 条规定，为了防治畜禽养殖污染，推进畜禽养殖废弃物的无害化处理和综合利用，保护和改善生态环境，保障公众身体健康，促进畜禽养殖业绿色发展，根据有关法律、法规，结合本市实际，制定本条例。二是既明确列举了上位法，也有兜底性规定。《盐城市制定地方性法规条例》第 1 条规定，为了规范市人民代表大会及其常务委员会制定地方性法规的活动，提高立法质量，发挥立法的引领和推动作用，全面推进依法治市，根据《中华人民共和国宪法》、《中华人民共和国地方各级人民代表大会和地方各级人民政府组织法》、《中华人民共和国立法法》及其他有关法律、法规的规定，结合本市实际，制定本条例。《盐城市农作物秸秆综合利用条例》第 1 条规定，为了加快推进农作物秸秆综合利用，提高资源利用效率，保护生态环境，维护公共安全，促进绿色发展，根据《中华人民共和国循环经济促进法》、《中华人民共和国大气污染防治法》和有关法律、法规，结合本市实际，制定本条例。《盐城市扬尘污染防治条例》第 1 条规定，为了有效防治扬尘污染，保护和改善大气环境，保障公众健康，推进生态文明建设，促进经济社会可持续发展，依据《中华人民共和国环境保护法》《中华人民共和国大气污染防治法》《江苏省大气污染防治条例》等法律、法规，结合本市实际，

制定本条例。《盐城市城乡规划条例》第 1 条规定，为了加强城乡规划管理，统筹协调城乡空间布局，优化人居环境，保护历史文化和生态资源，促进城乡经济社会全面协调可持续发展，根据《中华人民共和国城乡规划法》《江苏省城乡规划条例》等有关法律、法规，结合本市实际，制定本条例。由此可见，在制定地方性法规的同时，盐城市要加大地方立法执法检查工作，一方面要将上位法和本地法结合起来进行集中统一执法检查，另一方面也要推动本地地方性法规的单独性执法检查工作。

三、进一步推动地方立法评估工作

地方立法评估是完善地方立法的重要手段。《盐城市制定地方性法规条例》第 55 条规定，有关的专门委员会、常务委员会工作机构可以组织对地方性法规或者地方性法规中有关规定进行立法后评估。评估情况应当向常务委员会报告。这就明确了地方立法评估的法律依据。由于目前地方立法刚刚展开，地方立法实施时间跨度还不长，但是随着时间的推移，盐城市地方立法数量逐渐增加，特别是随着经济社会的不断发展，地方立法在实施过程中必然会面临着众多问题，所以，针对地方立法开展立法评估工作将是盐城市地方立法工作未来的重点。盐城市地方立法工作一方面要抓好地方性法规制定工作；另一方面也要对地方性法规评估进行部署。这种地方性评估工作既可以围绕单独的地方性法规展开，也可以围绕设区的市三类立法事项分门别类展开。前者关注地方性法规的实施效果，后者则侧重于地方性法规的整体性效果。只有通过立法评估推动地方立法工作，才能真正保证地方性法规的实施效果。

第四节　地方立法典型实例分析

尽管盐城市地方性法规不多，但是由于能够结合盐城实际情况，因此在立法上仍然凸显出自己的特色。这里对《盐城市绿化条例》《盐城市农作物秸秆综合利用条例》《盐城市扬尘污染防治条例》《盐城市城乡规划条例》《盐城市畜禽养殖污染防治条例》5 部地方性法规进行分析。

一、《盐城市绿化条例》立法分析

盐城市近年来始终坚持绿色发展理念，生态效益指数居全省第一。2013 年获得"国家园林城市"称号。2015 年 11 月通过全国绿化委员会组织的全国绿化模范城市考核验收。在获得地方立法权之后，盐城市人大常委会在征求立法建议过程中发现，市民要求加快绿化立法的呼声很高，市人大代表也多次在人代会上提出加强绿化工作的议案。在此基础上，盐城市人大常委会向省人大常委会法工委汇报，报盐城市委批准，确定将《盐城市绿化条例》作为盐城首个立法项目。在《盐城市绿化条例》被率先列入立法计划之后，盐城市人大常委会、市政府及有关部门认真做好调研，广泛征询各界意见，大量收集相关资料，经过充分酝酿、多次修改，仅用半年时间就正式出台了盐城市首部地方性法规《盐城市绿化条例》。《盐城市绿化条例》共 42 条，分为第一章总则，第二章绿化职责，第三章绿化规划，第四章绿化建设、管护和保障，第五章法律责任，第六章附则。从其立法内容来看，有以下特点：

第一，适用于盐城市城乡全部区域。该条例适用于盐城市行政区域内城乡绿化的规划、建设、管护和保障，反映了新时期绿化工作城乡一体化的要求。正因如此，其也是江苏省首部将适用范围确定为涵盖城乡全部区域的绿化条例。

第二，明确了单位绿化职责和个人绿化义务。该条例在明确政府及其部门绿化管理和建设养护职责的基础上对绿化建设和管护责任单位进行了规定。一是城市公共绿地由园林绿化行政主管部门负责。二是单位用地范围内的绿化，由本单位负责。三是居住区内的绿化，由业主共同负责，业主可以委托物业服务企业进行管护；未实行物业管理的，由镇人民政府和街道办事处负责。四是建设工程范围内的绿化，在建设期间由建设单位负责。五是县级以上公路用地范围内的绿化，由交通行政主管部门负责；乡村公路的绿化，由镇人民政府和街道办事处负责；城市道路的绿化，由园林绿化行政主管部门负责。六是开发区、园区、港区、机场的绿化，由其主管单位负责。七是河堤、海堤的绿化，由水利行政主管部门负责。八是自然保护区和旅游景区的绿化,由其主管单位负责。九是除前款规定以外,绿化责任不明确的,由所在县(市、区)人民政府根据实际情况,按照有利于建设并方便管护的原则确定。同时,该条例对于农村绿化进行专门规定。农村集体所有的宜林荒地由集体经济组织负责造林绿化;已确权给农村居民的集体林地,由农村居民负责绿化;鼓励和支持农村居民在宅基地范围内种植树木,树木收益归种植者所有。这些规定使绿化责任得以具体分配,有助于绿化责任的准确认定。

第三,体现了全民参与绿化的理念。该条例对义务植树的组织机构、适格主体、尽责形式、经费保障等进行了具体规定。在组织机构方面,规定市、县(市、区)人民政府绿化委员会统一领导、组织协调和督促检查义务植物工作。在适格主体方面,规定有关单位和有劳动能力的适龄公民履行植树义务。在尽责形式上,规定单位和个人可以通过植树造林、认养树木、认养认建绿地等多种形式履行植树义务。在经费保障方面,规定市和县(市、区)人民政府应当根据义务植树规划和任务,每年安排专项资金用于开展义务植树活动。这些规定对于义务植物活动的开展创造了条件。

第四,建立了永久性绿地制度。该条例规定,市和县(市、区)人民政府确定的永久性保护绿地,经同级人大常委会决定后向社会公布。永久性绿地不得占用或者改变其用途。同时规定,市和县(市、区)人民政府应当建立永久性绿地管理和保护机制,管护费用纳入同级政府财政预算。永久性绿地制度的建立有助于保障绿化成果。

第五,建立了生态效益补偿制度。该条例规定,建立森林生态效益补偿制度,市和县(市、区)人民政府设立森林生态效益补偿基金,专项用于生态公益林的营造、抚育、保护和管理。生态效益补偿制度为绿化工作提供了物质基础。

第六,确定了绿化原则,提倡立体绿化和庭院绿化。该条例规定,绿化应当坚持因地制宜的原则,以乡土植物为主。生态防护林应当多树种合理配置,乔、灌、草结合,建立适合本市沿海生态环境、生产条件和社会需求的生态经济型防护林结构。城市绿化应当保持历史特征和自然风貌,提倡立体绿化和庭院绿化,注重绿化效果,发挥绿化功能。这些绿化原则的确定有助于为绿化工作提供准则。

第七，突出绿化法律责任。该条例在上位法原则性规定的基础上细化了行政处罚内容，突出了责令改正、限期退还、恢复原状等行政管理措施。一是规定了擅自移植古树名木、非法买卖古树名木等处罚细则。该条例规定，擅自移植古树名木的，由绿化行政主管部门责令改正，限期恢复原状；非法买卖古树名木的，没收树木和其变卖所得，可以对买卖双方分别处以交易价 1 倍以上 3 倍以下的罚款；擅自采伐或者移植致使古树名木死亡的，处以评估价 3 倍以上 5 倍以下的罚款。二是规定了擅自占用林地、擅自占用园林绿地等行为的处罚细则。该条例规定，擅自占用林地的，由林业行政主管部门责令限期退还、恢复原状，并处以所占林地面积每平方米 10 元以上 30 元以下的罚款；擅自占用园林绿地的，由园林绿化行政主管部门责令限期退还、恢复原状，可以并处以所占园林绿地面积每平方米 500 元以上 1000 元以下的罚款。这些细化规定充分考虑到了实践中可能出现的违法行为，有助于绿化法律责任的完善。

二、《盐城市农作物秸秆综合利用条例》立法分析

盐城市是江苏省第一农业生产大市，2016 年耕地面积约 1250 万亩，年产生秸秆 800 万吨左右。近年来，盐城扎实推进秸秆综合利用，持续打好秸秆禁烧攻坚战。为了贯彻绿色发展理念，总结秸秆综合利用经验，盐城市决定进行相应的地方立法工作。《盐城市农作物秸秆综合利用条例》的制定有助于推动秸秆“双禁”依法治理，促进绿色发展。《盐城市农作物秸秆综合利用条例》共 35 条，分为第一章总则，第二章秸秆综合利用，第三章禁止露天焚烧和随意弃置秸秆，第四章激励措施，第五章法律责任，第六章附则。从立法内容来看，其有以下特点：

第一，明确了秸秆综合利用工作的组织领导体制。该条例规定，市、县（市、区）人民政府负责本行政区域内秸秆综合利用的统筹领导，应当建立相关部门参加的联席会议制度，明确了相关部门的具体职责。特别是在联席会议制度方面，要求市和县（市、区）人民政府应当建立由农业、环境保护、发展和改革、经济和信息化、科技、公安、财政、国土、城市管理、交通、水利、安监、农机、农经、供销、质监、农业资源开发等部门参加的联席会议制度，协调解决

秸秆综合利用中的重大问题,推进秸秆综合利用。这有助于形成秸秆综合利用工作的合力。同时,该条例明确了镇人民政府和街道办事处的职责。其规定,镇人民政府和街道办事处负责组织实施本行政区域内秸秆综合利用、禁止露天焚烧和随意弃置秸秆工作,指导村民委员会、居民委员会开展工作,协助上级人民政府有关部门依法履行监督管理职责。这就明确了秸秆综合利用单位职责和相关制度。

第二,明确了秸秆综合利用规划的地位。该条例规定,政府发展和改革部门应当会同农业、农机等部门编制秸秆综合利用规划,并且对秸秆综合利用规划内容作出具体要求,进一步明确了秸秆综合利用规划与其他有关专项规划的关系。这就赋予了秸秆综合利用规划在规范方面的重要地位。

第三,明确了秸秆综合利用的方式。该条例明确规定,以机械化还田实现肥料化利用为主,燃料化、饲料化、基料化、原料化利用为辅的秸秆综合利用形式。在秸秆机械化还田方面,鼓励、引导和支持农业经营主体采用秸秆机械化还田。农机部门应当推广普及保护性耕作技术,加强秸秆机械化还田的技术指导,合理制定技术路线和作业标准,并监督执行。在秸秆燃料化方面,鼓励利用秸秆生物气化(沼气)、热解气化、固化成型及炭化等技术发展生物质能,改善能源结构。鼓励和引导企业、家庭使用秸秆资源。在秸秆饲料化方面,鼓励养殖基地(场、户)和饲料生产企业利用秸秆生产优质饲料。在秸秆基料化方面,鼓励发展以秸秆为基料的食用菌生产、秸秆育苗等产业。在秸秆原料化方面,鼓励发展以秸秆为原料的建筑材料、包装材料、餐具等产品生产,减少木材使用。扶持发展秸秆编织业和秸秆工艺品加工业。同时,该条例鼓励、支持高等院校、科研单位和企业开展秸秆综合利用技术与设备的研究、开发、引进、推广。这些秸秆利用方式的规定有助于明确秸秆利用的方向。

第四,明确规定了治理露天焚烧和随意弃置秸秆的思路。该条例对露天焚烧秸秆和随意弃置秸秆作了禁止性规定,明确由环保部门会同农业、城管等部门实施监督管理。同时,该条例对基层群众性自治组织即村民委员会和居民委员会的任务和责任也进行了明确,建立公民、法人和其他组织向环境保护主管部门举报奖励制度,而且对于露天焚烧和随意弃置秸秆污染环境、破坏生态,损害社会公共利益的行为,规定有关社会组织向人民法院提起诉讼的公益诉讼制度。

第五,明确规定了秸秆综合利用的激励措施。该条例规定,各级政府及其部门应该严格落实上级有关秸秆机械化还田作业机具购置补贴、还田作业补贴以及秸秆综合利用的税收、运输、电价补贴等优惠政策,设立由财政保障投入的专项资金给予秸秆综合利用项目资金补助,鼓励银行业金融机构对重大秸秆综合利用项目给予信贷支持。同时,该条例还规定,积极贯彻执行国家有关秸秆综合利用的土地政策,推动建立秸秆收贮、运输、利用的综合服务体系,如合理布局秸秆收贮中心(站),积极发展秸秆综合利用服务组织。这些激励措施有助于从正面引导秸秆综合利用。

第六,明确有关违法行为的处罚条款。该条例对违法行为规定了行政处罚条款。在露天焚烧秸秆方面,规定由环境保护主管部门责令改正,可以并处500元以上2000元以下罚款。在随意弃置秸秆方面,规定由环境保护主管部门责令改正;将秸秆弃置于河道、湖泊、水库、沟渠等水体内的,由环境保护主管部门责令限期清除,可以并处50元以上200元以下罚款。阻碍行洪或者侵占航道的,由水利行政主管部门或者航道管理机构依法给予处罚。同时,该条例还对当事人逾期不履行行政处罚规定、阻碍国家机关工作人员依法执行职务的违法行为作出明确规定。

三、《盐城市扬尘污染防治条例》立法分析

扬尘污染防治事关人民群众的身体健康,是大气污染防治和生态文明建设的重要内容。盐城市高度重视扬尘污染防治工作,制定了一系列治污减排措施,文明施工、绿色施工水平逐步提升,城乡环境空气质量常年排全省第一、全国前列。盐城市人大常委会连续多年组织代表视察市区重点工程文明施工、绿色施工情况,听取政府专项工作报告。盐城市政协把控制工地扬尘、改善城市空气质量作为主席会议重点督办提案,组织委员开展民主监督活动。市人大代表、市政协委员会多次提出加快扬尘污染防治立法的议案和提案。在编制市人大常委会年度立法计划过程中,行政主管部门和社会公众积极建议制定扬尘污染防治条例。制定《盐城市扬尘污染防治条例》,有助于将

盐城市扬尘污染防治工作纳入法治化轨道。《盐城市扬尘污染防治条例》共41条,分为第一章总则,第二章防治职责,第三章防治措施,第四章信息公开和公众参与,第五章法律责任,第六章附则。从立法内容来看,其有以下特点:

第一,强化了扬尘污染防治职责。该条例从五个方面进行了规定。一是规定市和县(市、区)人民政府负责本行政区域的扬尘污染防治工作,要求制定扬尘污染防治专项规划,组织划定城市扬尘污染控制区域;建立扬尘污染防治统筹协调、长效管理和资金投入保障机制;建立大气污染公共监测预警机制,组织制定应急预案;对本行政区域扬尘污染防治工作进行督查、考核。二是规定城乡建设行政主管部门统筹协调本行政区域扬尘污染防治工作,环境保护、城市管理、交通运输、水、港口管理、人民防空、房产、公安机关、规划、国土资源、经济和信息化、财政、物价、审计、林业等行政主管部门根据各自职责范围负责扬尘污染防治的监督管理工作。三是规定镇人民政府和街道办事处配合相关行政主管部门开展扬尘污染防治工作。四是规定建设单位的扬尘污染防治职责,如工程建设单位,参与工程建设的施工单位、运输单位,建设项目监理单位。五是规定了城市建成区内裸露地面实施绿化或者覆盖的责任主体。单位用地范围内的,由所在单位负责;居住区内的,由业主共同负责或者委托物业服务企业负责;市政道路、公共绿地、河道范围内的,由管理维护单位负责;其他裸露地面的,由土地使用权人负责。

第二,突出了扬尘污染防治措施。该条例既明确综合防治,也强调突出针对性,细化不同污染源的相应防治措施,分别对一般工程施工,房屋建筑工程施工,市政公用设施、城市道路、地下管线等工程施工,装饰装修施工,拆除工程施工,绿化施工和养护作业,城市道路保洁作业,物料堆放场所,建筑材料、建筑垃圾、工程渣土的运输的扬尘污染防治进行了具体规定。此外,该条例还对建筑垃圾二次扬尘和5级以上大风天气和雾霾等重度污染天气的防治措施进行了规定。这些规定明确了操作规范,有助于人们了解相关措施。

第三,设置了信息公开和公众参与制度。该条例一方面肯定了公民、法人和其他组织依法享有获取扬尘污染防治信息、参与和监督扬尘污染防治的权利;另一方面赋予了政府及其部门的相应职责。一是负有扬尘污染防治监督管理职责的部门应当依法公开扬尘污染防治信息,完善公众参与程序。二是负有扬尘污染防治监督管理职责的部门应当建立扬尘污染以及监管工作举报制度,公布受理方式。三是负有扬尘污染防治监督管理职责的部门应当将产生扬尘污染的企业事业单位和其他生产经营者的相关违法信息记入诚信档案,及时向社会公布。

第四,规定了扬尘污染的各种处罚措施。一是规定对施工单位具有未制定扬尘污染防治实施方案;施工工地未设置硬质密闭围挡,或者未采取地面硬化、覆盖施工、洒水喷淋、冲洗地面和车辆等有效防尘措施;建筑垃圾和工程渣土未及时清运,或者未采取遮盖、封闭、洒水等防尘措施;拆除工程未采取全封闭施工,或者未采取有效防尘措施等情形的,应该责令限期改正,可以罚款,拒不改正的,责令停工整治。二是规定随意堆放或者高空抛撒装饰装修垃圾情形的,要责令改正,可以处以罚款。三是规定拆除工程完毕后7日内不能开工建设,工程建设单位未对裸露地面采取覆盖、绿化等防尘措施情形的,要责令改正,可以处以罚款;拒不改正的,责令停工整治。四是规定未按要求对物料堆放场所采取扬尘污染防治措施情形的,要责令改正,可以处以罚款;拒不改正的,责令停工整治或者停业整治。五是规定运输建筑材料、建筑垃圾、工程渣土的车辆,未封闭运输或者散落滴漏情形的,要责令改正,可以处以罚款;拒不改正的,车辆不得上道路行驶。六是规定施工单位在5级以上大风天气进行建(构)筑物拆除、爆破作业情形的,要责令改正,可以处以罚款。七是规定在雾霾等重度污染天气,未执行扬尘管理和控制应急措施情形的,要责令改正,可以处以罚款。通过法律责任的设置,可以有效制止扬尘污染行为。

四、《盐城市城乡规划条例》立法分析

城乡规划是政府引导和调控经济社会发展的重要依据和基本手段。盐城市正处在经济社会快速发展、城镇化快速提升的进程中,对城乡规划提出了更高的要求。同时,城乡规划关系到各行各业的发展和千家万户的利益,必须保持城乡规划的权威性和严肃性。因此,制定《盐城市城乡规划条例》有助于加强和规范城乡规划管理,为盐城经济社会发展提供有力的保障。《盐城市城乡规划条例》共55条,分为第一章总则,第二章城乡规划的制定和修

改,第三章城乡规划的实施,第四章监督检查,第五章法律责任,第六章附则。从立法内容来看,其有以下特点:

第一,明确规定城乡规划管理机构的建设。该条例首先规定了城乡规划委员会的设置,明确城乡规划委员会负责审议、协调城乡规划制定、修改和实施中的重大事项,为本级人民政府规划决策提供参考依据。其次,该条例对市、县两级政府城乡规划主管部门、相关部门的职责进行界定。特别是明确城乡规划主管部门可以设立派出机构。最后,该条例对镇人民政府、街道办事处在城乡规划管理中的职责进行了界定。特别是明确市、县(市)人民政府城乡规划主管部门按照《行政许可法》规定,可以在其职权范围内委托实施规划许可。

第二,规范了城乡规划的制定和修改行为。该条例对城乡规划的制定权限和程序进行了规范,明确了城乡规划的种类、编制主体、编制要求、编制程序等内容。一方面,强调了规划区范围、规划区内建设用地规模、基础设施和公共服务设施用地、水源地和水系、基本农田和绿化用地、生态环境保护、自然与历史文化遗产保护以及防灾减灾等,应当作为城市、镇总体规划的强制性内容。另一方面,也强调了地下空间开发利用规划,历史文化名镇、名村和历史文化街区保护规划的编制要求。

第三,加强了城乡规划的实施工作。该条例明确要求土地利用和各项建设必须符合城乡规划。在此基础上,从两个方面加强城乡规划管理。一是在行政许可制度方面,进一步细化了建设项目选址意见书、建设用地规划许可证、建设工程规划许可证及乡村建设规划许可证等"一书三证"行政许可的内容。二是在建设过程监管制度方面,通过拟定规划条件,设置建设内容变更、建设工程验线、竣工后规划核实等制度,对建设工程进行全程监管,并重点强化对房地产开发项目实施监管。同时,《盐城市城乡规划条例》根据城市发展的需要,对简化和免除建设工程规划许可、附建于城市道路的地下管线建设、交通工程和市政工程、建筑间距标准控制、申请加装电梯等附属设施作出专门规定。通过这些城乡规划实施要求的规定,城乡规划管理更具有可操作性。

第四,强化了城乡规划的监督检查体系。该条例明确规定了城乡规划管理的监督检查形式。一是加强人大对城乡规划的监督。市、县(市)政府和镇政府应当定期向本级人大常委会或者镇人大报告城乡规划的实施情况，并接受监督。二是政府及其部门对城乡规划的监督。市、县(市)政府及其城乡规划主管部门应当加强对城乡规划编制、审批、实施、修改的监督检查。三是建立城乡规划督查制度。市人民政府建立城乡规划督察制度，对县(市)人民政府及其城乡规划主管部门和其他有关部门制定、修改和实施城乡规划以及查处违法建设等活动进行监督检查。四是建立和完善城乡规划公众参与制度。市、县(市)人民政府城乡规划主管部门应当建立、完善城乡规划公众参与制度，公开城乡规划信息，保障公民、法人和其他组织依法监督城乡规划的制定、修改和实施。五是强化镇(街道)、村(居)、物业服务企业的作用。镇人民政府、街道办事处对本辖区内的违法建设行为，应当及时予以制止，并配合有关主管部门进行处理。村民委员会、居民委员会、物业服务企业对本区域内发现的违法建设行为，有权予以劝阻、制止，并及时向有关主管部门或者镇人民政府、街道办事处报告。

五、《盐城市畜禽养殖污染防治条例》立法分析

盐城市是农业大市，也是畜禽养殖大市。畜禽养殖业已经成为农业增收、农民增收的重要增长点。但是畜禽养殖污染环境问题日益突出。盐城市认真落实全面清理整顿非法和不符合规范标准的畜禽养殖场(小区)及养殖户，畜禽养殖污染防治工作取得显著成效。《盐城市畜禽养殖污染防治条例》的制定有利于促进畜禽养殖业转型升级和绿色发展，实现发展与生态互动双赢。《盐城市畜禽养殖污染防治条例》共 40 条，分为第一章总则，第二章预防，第三章治理和综合利用，第四章激励措施，第五章法律责任，第六章附则。从立法内容来看，其有以下特点：

第一，强化了政府部门的畜禽养殖污染防治职责。一是规定环保部门对畜禽养殖污染防治实施统一监督管理。二是规定农业部门负责畜禽养殖废弃物综合利用的指导和服务。三是发展和改革、经济和信息化、国土资源、城乡规划、城市管理、水利、科技、林业、工商等部门在各自职责范围内对畜禽养殖污染防治实施监督管理。

第二，强化了行政管理对象的污染防治义务。该条例着力构建覆盖全域

的污染防治体系。一是规定了主体义务和损害担责原则。畜禽养殖场(小区)、养殖户应当采取有效措施,防止、减少畜禽养殖污染,对环境造成的危害和破坏依法承担责任。二是明确了养殖户污染防治的具体要求。畜禽养殖户应当对畜禽养殖废弃物进行无害化处理或者综合利用,防止污染环境。畜禽养殖废弃物未经处理,不得直接向环境排放。三是设定了养殖户污染环境行为的法律责任。例如,畜禽养殖户未对畜禽养殖废弃物进行无害化处理或者综合利用,并造成环境污染的,由环境保护主管部门责令限期改正;拒不改正的,处100元以上1000元以下的罚款。这些措施对于规模化畜禽养殖污染防治具有积极意义。

第三,强化了畜禽养殖污染的防治措施。一是制定规划,引导畜禽养殖。其规定市县两级政府制定畜禽养殖业发展规划和畜禽养殖污染防治规划,通过规划对畜禽养殖进行控制和引导。畜禽养殖业发展规划应当坚持生态优先,统筹考虑环境承载能力以及畜禽养殖污染防治要求,科学确定畜禽养殖的品种、规模、总量。畜禽养殖污染防治规划应当与畜禽养殖业发展规划相衔接,明确畜禽养殖污染防治目标、任务、措施、重点区域和重点设施。二是科学合理划定禁养区、限养区。市、县(市)人民政府应当根据城乡总体规划、土地利用总体规划、生态环境保护规划以及畜禽养殖业发展规划、畜禽养殖污染防治规划,科学合理划定禁养区、限养区。三是进行环境影响评价。禁养区、限养区之外新建、改建和扩建畜禽养殖场(小区),应当符合畜禽养殖业发展规划和畜禽养殖污染防治规划,按照国家和省有关规定进行环境影响评价。四是建设养殖废弃物无害化处理和综合利用设施。畜禽养殖场(小区)应当根据养殖规模和污染防治需要,建设相应的畜禽粪便、污水和雨水分流设施,畜禽粪便、污水的贮存设施,粪污厌氧消化和堆沤、有机肥加工、制取沼气、沼渣沼液分离和输送、污水处理、畜禽尸体处理等无害化处理和综合利用设施。已经委托其他生产经营者对畜禽养殖废弃物进行无害化处理和综合利用的,可以不自行建设无害化处理和综合利用设施。未建设污染防治配套设施、自行建设的配套设施不合格,或者未委托其他生产经营者对畜禽养殖废弃物进行无害化处理和综合利用的,畜禽养殖场(小区)不得投入生产。五是建立"三同时"制度。畜禽养殖场(小区)建设污染防治配套设施应当符合经批准的环境影响评价文件的要求，与主体工程同时设计、同时施工、同时投产使用，不得闲置或者擅自拆除。

第四，强化了畜禽养殖废弃物的综合利用。一是明确资源化利用方式。鼓励和支持采取粪肥处理还田、制取清洁能源、制造有机肥等方法，对畜禽养殖废弃物进行综合利用。二是安排综合利用资金。市、县（市、区）人民政府应当在本级财政预算中安排资金，支持畜禽养殖污染防治以及畜禽养殖废弃物无害化处理和综合利用工作。三是建立和完善综合利用社会服务体系。市、县（市、区）人民政府及其有关部门、镇人民政府、街道办事处应当根据畜禽养殖污染防治的需要，推动建立和完善畜禽养殖废弃物综合利用社会服务体系，实现畜禽养殖废弃物收集、运输、处置和利用产业化。

第五，构建了比较完整的法律责任体系。一是规定在禁养区内建设畜禽养殖场（小区）情形的，要责令停止建设；拒不停止的，处以罚款并责令拆除。二是规定在禁养区、限养区之外新建、改建和扩建畜禽养殖场（小区）应当进行环境影响评价而未进行情形的，要责令停止建设，根据情况处以罚款，并可以责令恢复原状。三是规定畜禽养殖场（小区）未建设污染防治配套设施或者自行建设的配套设施不合格，也未委托其他生产经营者对畜禽养殖废弃物进行无害化处理和综合利用，或者建设的污染防治配套设施未正常运行情形的，要责令停止生产或者使用，处以罚款。四是规定畜禽养殖户未对畜禽养殖废弃物进行无害化处理或者综合利用，并造成环境污染情形的，要责令限期改正；拒不改正的，处以罚款。五是规定对畜禽养殖废弃物作为肥料超出土地消纳能力，并造成环境污染情形的，要责令限期改正，处以罚款。六是规定未对染疫畜禽和病害畜禽养殖废弃物进行无害化处理情形的，要责令进行无害化处理，处以罚款。这些责任形式的设定保障了畜禽养殖污染防治的实施效果。

第十八章　连云港地方立法

第一节　地方立法概况

一、地方立法权的获得

2015 年 3 月 15 日，十二届全国人大三次会议表决通过了《关于修改立法法的决定》。修改后的《立法法》第 72 条规定，设区的市的人大及其常委会可以对城乡建设与管理、环境保护、历史文化保护等方面的事项制定地方性法规。至此，地方立法权扩至所有设区的市。所谓地方立法权，是指有立法权的地方政府可以制定、修改、废止和解释规章，市人大及其常委会可以起草，提出地方性法规的草案。此前，除了省、自治区和直辖市外，只有“较大的市”有立法权，比如江苏省内只有南京、无锡、徐州、苏州这四个“较大的市”拥有立法权。2015 年 5 月，连云港市人大常委会领导班子成员赴省人大常委会，围绕连云港市人口数量、地域面积、经济社会发展、立法需求和立法能力五个要素作专题汇报，积极争取早日赋予连云港市开展地方立法工作。江苏省人大常委会在规范理解《立法法》有关规定的基础上，学习借鉴其他省份的推进方案，紧密结合江苏省其他设区的市的实际情况、经济社会发展需要、立法需求和能力，采取分两批、分区域逐步放开的推进方式，即常州、南通、盐城、扬州、镇江和泰州作为第一批地级市自 2015 年 7 月 31 日起开始行使地方立法权，扎实做好承接地方立法权的各项准备工作。2016 年 1 月 15 日，江苏省第十二届人大常委会第二十次会议审议通过了《关于确定连云港、淮安、宿迁市人民代表大会及其常务委员会开始制定地方性法规的时间的决定》,标志着连云港市人大及其常委会正式获批地方立法权。2016 年 1 月 20 日,连云港市第十三届人大常委会第五次会议决定设立法制委员会,负责地方性法规的统一审议工作。

地方立法是国家立法的重要补充。完善地方立法程序,对于进一步加强和改进地方立法工作具有重要的基础性作用。省人大常委会对地方立法工作高度重视,明确要求新获得地方立法权的城市应当尽早出台地方立法程序性法规。连云港市初获地方立法权,立法机构组建时间较短,法规起草单位也缺乏足够的实际运作经验,经主任会议研究,连云港市于 2016 年 5 月先行制定出台了《连云港市制定地方性法规规则》,作为市人大及其常委会制定地方性法规的基本程序依据。

二、地方立法工作推进的现状

为了确保立法工作实现良好开局,连云港市人大通过落实立法计划,积极稳妥地开展地方立法工作;通过建立立法专家咨询库和基层民主立法联系点,逐步完善地方立法支持体系;同时,着眼长远,切实加强立法工作基础制度建设。

1. 积极稳妥、有计划地开展地方性法规的制定工作。连云港市人大常委会按年度,分别制定出台了《连云港市 2016 年度立法工作计划》《连云港市 2017 年度立法工作计划》《连云港市 2018 年度立法工作计划》。除此之外,连云港市人大常委会还出台了《连云港市人大常委会 2017 ~ 2021 年立法规划》,确定了未来五年的 11 件立法正式项目和 8 件调研项目。2016 年,连云港市人大正式出台了《连云港市海洋牧场管理条例》;2017 年,连云港市人大出台了《连云港市市容和环境卫生管理条例》《连云港市滨海湿地保护条例》《连云港市地方立法条例》。

2. 逐步完善地方立法支持体系。首先,是加强立法人才队伍建设,逐步引进培养市人大专门委员会、工作机构及市政府有关部门的立法人才队伍,打造政治素质过硬、熟悉立法工作的高素质人才队伍。其次,是建立立法专家咨询库,充分发挥专家学者在立法中的作用,提高立法决策的民主化、科学化水平,防止出现法律冲突,避免部门利益倾向,加快形成一批质量高、有特色的地方性法规。最后,是建立基层民主立法联系点,进一步拓宽基层组织和群众有序参与连云港市地方立法的渠道,坚持立法为民,切实维护广大市民的合法权益。

3. 着眼长远,加强立法工作制度建设。一方面,规范地方性法规的起草制定工作。连云港市先后制定出台了《连云港市制定地方性法规规定》《连云港市人大常委会立法专家咨询库管理办法》《连云港市人大常委会基层民主立法联系点工作规定》,规范地方立法程序。另一方面,加强规范性文件的备案审查工作。根据《立法法》《江苏省各级人民代表大会常务委员会规范性文件备案审查条例》等有关规定,加强规范性文件的备案审查工作,依法加强对各类规范性文件的审查监督。

第二节　地方立法的成就

连云港市正处在城乡建设、产业发展、结构转型的快速推进期,势必在城乡建设与管理、环境保护、历史文化保护三个方面承受更大的管理压力和群众更多的关注期待。根据《立法法》的规定,连云港市在获得地方立法权以后,坚持科学立法、民主立法的原则,充分发扬民主,广泛听取社会各界的意见和建议,注重立法质量,确保程序公正,在上述三个方面自主开展地方性法规的制定工作。

一、坚持立法公开,有计划地组织年度立法计划编制工作

按照立法公开原则,连云港市人大常委会认真做好立法建议的征集、汇总和筛选工作,通过立法计划的编制和实施,不断增强地方立法工作的计划性、前瞻性和科学性。

1. 坚持立法公开,保障人民群众有序参与立法活动。法制委员会始终坚持开门立法的原则,通过书面征求意见、座谈会、论证会等方式,广泛听取市人大代表、基层民主立法联系点、立法咨询专家及社会公众的意见,保障人民群众通过多种途径参与立法活动。及时通过连云港人大发布、连云港日报等

媒体向社会公布法律草案全文，公开征求社会各界的意见。针对海洋牧场管理立法突破海上休闲渔业发展瓶颈的问题，法制委员会组织补充调研，委托立法研究咨询基地深入研究，确定了休闲渔业市场准入、渔船安全标准、监管制度等内容，填补了连云港市在该领域的制度空白。在编制2016年立法计划过程中，收集到立法建议49件，覆盖城乡建设与管理、环境保护、历史文化保护等多个领域。2017年收集到52件，数量和质量都有了显著提升。法制委员会会同法工委及时汇总和梳理各方面提出的立法建议，为做好年度立法计划编制工作奠定了坚实的基础。

2. 开展立法项目比选和重点项目的立项论证工作。连云港市法制委员会成立后，根据确定的项目筛选范围，在前期调研的基础上，反复比选和深入论证海洋牧场、公共交通、港口管理、石梁河库区保护等项目的立法依据、立法需求及可行性，确保列入年度立法计划的正式项目在内容上紧贴连云港市城市发展的实际需求。在编制五年立法规划过程中，法制委员会根据市委确定的中心工作和重点任务，优先选取民生幸福、城乡建设、环境保护等方面的立法项目，精心组织编制了《连云港市人大常委会2017～2021年立法规划（草案）》，共安排正式项目11件，调研项目8件（见表18－1）。

表18－1　2017～2021年连云港市人大常委会立法规划项目一览表

	正式项目	调研项目
连云港市人大常委会2017～2021年立法规划（2017年11月3日连云港市第十四届人大常委会第十八次主任会议通过）	连云港市滨海湿地保护条例（2017年） 连云港市市容和环境卫生管理条例（2017年） 连云港市地方立法条例（2017～2018年） 连云港市文明行为促进条例（2018年） 连云港市集中式饮用水水源保护条例（2018年） 连云港市乡村清洁条例 连云港市电梯安全管理条例 连云港市农贸市场管理条例 连云港市住宅物业管理条例 连云港市智慧城市促进条例 连云港市畜禽养殖污染防治条例	连云港市旅游促进条例 连云港市历史文化名城保护条例 连云港市公共交通管理条例 连云港市电动车管理条例 连云港市消防设施管理条例 连云港市山体保护条例 连云港市地下水保护条例 连云港市养老设施建设条例

3. 坚持地方问题，特色立法。赋予地方立法权一个很重要的目的是解决地方的特殊问题，也是地方立法的优势所在。《连云港市海洋牧场管理条例》获得省人大常委会的批准，该法规突出了海港中心城市的立法特色，不仅是连云港市建市以来第一部地方性法规，也是全国第一部关于海洋牧场的地方性法规。在修改、审议《连云港市市容和环境卫生管理条例（草案）》时，法制委坚持立足地方实际，将海岸、沙滩、海堤、近岸海域以及港口码头等区域纳入到市容环卫责任区范围之内；规定海洋和内河沿线的港口、码头等单位，应当设置船舶生活垃圾接收设施，船舶应当按规定交送生活垃圾；对在城乡建设中擅自乱搭乱建、车辆乱停乱放、未经批准随意给马路“开膛破肚”、小广告“牛皮癣”、随意架设各类新旧线路形成“蜘蛛网”等管理难题，均设置行政处罚措施，体现了连云港的海滨城市特色和地方立法的个性化需求。

二、夯实立法基础，积极推进科学立法、民主立法

坚持民主立法原则，必须科学确定立法项目，使立法更好地体现民情、汇聚民意、集中民智。

1. 建立健全各项工作制度，不断完善立法工作机制。连云港市人大常委会在深入研究立法程序规则的基础上，制定了《连云港市制定地方性法规工作规则》，对立法权限、起草主体、审议制度等方面进行了详细的规定，为地方立法工作的有序开展提供了制度支持。为更好地开展工作，制定了法制委员会、法工委的机构职责和工作制度，明确了法制委员会和法工委的分工范围，为法制委员会和法工委相互配合、有序运转奠定了坚实的基础。

2. 着眼立法能力建设，积极构筑科学立法支撑体系。制定了《连云港市人民代表大会常务委员会地方立法咨询专家库管理办法》，“连云港市地方立法咨询研究基地”在淮海工学院法学院成功挂牌运行，先后聘任法学、城市规划建设、环境保护以及历史文化保护等领域的 12 名专家参与立法活动，多次组织专家学者围绕重点立法项目和课题开展前期研究。为了拓宽基层组织和群众有序参与地方立法的途径，制定了《连云港市人民代表大会常务委员会基层民主立法联系点管理办法》，在基层乡镇、街道设立了 6 个基层民主立法联系点，逐步完善立法支持体系。

三、维护法制统一，加强规范性文件备案审查工作

规范性文件备案审查工作是人大常委会行使监督权的重要方式和内容之一，是维护法制统一的重要举措。法制委员会认真履行监督审查职责，扎实有效地开展全市规范性文件备案审查工作。

1. 完成内设机构组建，明确处室备案审查职责。为了保证人大切实履行规范性文件的备案审查职能，连云港市人大常委会党组克服机构和编制紧缺的实际困难，完成备案审查处室的组建设立和人员调配工作，确保其作为法工委内设机构承担起规范性文件的备案审查职责，与市人大常委会办公室进行了档案、文件、在手项目等工作交接，实现机构落实、人员上岗、分工明确，确保人大备案审查工作的连续性。

2. 健全完善工作机制，提高备案审查工作效率。制定出台《关于进一步明确备案的规范性文件范围和要求的通知》，明确报送范围和要求。组织法律专家，认真开展《连云港市企业工资集体协商暂行办法》《连云港市市区城乡困难居民临时救助暂行办法》《连云港市主要污染物排污权有偿使用和交易管理暂行办法》等规范性文件的合法性审查。同时，与市政府法制部门、县区人大常委会之间建立备案审查工作网络，指导各地依法开展规范性文件备案审查工作，推动全市规范性文件备案审查工作的稳步开展，做到"有件必备、应备尽备"。

3. 严格把握审查标准，努力维护法制统一。坚持主动审查与被动审查相结合，提前介入部分规范性文件的起草制定，对《连云港市地名管理办法》《连云港市餐厨废弃物管理办法》等一批涉及改革发展稳定大局、人民群众切身利益和社会普遍关注的规范性文件有重点地开展主动审查。对于疑难、复杂的被动审查建议，邀请专家进行研究论证。发现有违法或者不适当情形的规范性文件，及时与有关部门沟通，协商处理办法，督促制定机关自行修改或者废止，切实做到有错必纠。

四、重视理论学习与经验总结，不断提高立法能力

1. 加强理论知识学习，不断提高法学理论水平。法制委员会多次组织人

员参加全国人大法工委在北京和深圳培训基地举办的《立法法》培训班，通过听取上级法工委领导以及高校专家授课，持续深化法制委员会对地方立法工作重要性的认识，增强把握立法技术和内在规律的能力。法制委员会还组织部分成员赴外地考察，认真学习借鉴外地立法经验，提高法规审议水平。鼓励和支持工作人员开展立法理论研究，积极参加中国法学会立法学研究会等组织的学术研讨活动，着力提升立法队伍的理论研究能力。

2. 注重实践经验积累，着力提升立法实务技能。法制委员会同法工委引进优秀立法人才，迅速建立内部工作机构，优化人员和资源配置，着力加强立法能力建设。法制委员会安排专人到省人大跟班实习，直接参与省人大法制委员会的日常工作，熟悉法规起草、修改、审议流程和技术规范，业务操作能力得到了很好的锻炼。法制委员会全体成员克服各种困难，认真履行工作职责，积极参加各项立法活动，集中精力研究具体问题，把握立法方向的能力逐步增强。

第三节　地方立法存在的不足之处及对策思考

一、地方立法存在的不足之处

（一）地方立法观念有待进一步更新

由于地方人大及其常委会立法资源的有限性，以及地方性法规与地方政府规章的立法权界限划分不清，我国地方立法工作长期以来由行政机关主导，许多本应由地方性法规规定的事项却出台政府规章，地方人大及其常委会的立法权实际旁落，甚至形成"部门主导立法、人大被动审议修改"以及"先规章后法规"的立法习惯和立法观念。随着政府职能的转变，中国特色社会主义法律体系的形成，以及《行政处罚法》《行政许可法》《行政强制法》等法律对规章设定权的限制或取消，地方政府主动争取立法的热情开始下降，尤其是在关系民生的公共服务领域和涉及约束政府自身行为的立法上。2015年《立法法》将设区的市的立法权范围限于"城乡建设与管理、环境保护、历史文化保护等方面的事项"，以进一步强化政府的社会管理和公共服务职能。连云港市人大常委会由于长期没有进行人大立法工作，而且在刚刚获得地方立法权的情况下，立法力量本身比较薄弱、立法经验不足，对如何发挥人大在立法中的主导作用尚缺乏充分的认识和可操作的规则。

（二）地方立法制度有待进一步完善

为了承接设区的市的地方立法权，连云港市先后设立市人大常委会法工委、市第十届人大法制委员会和财政经济委员会。其中，市人大常委会法工委现有编制5人，分设综合处、立法处和备案审查处，均具有法学专业背景和法律实践经验。市人大常委会的立法咨询专家委员会和立法联系点等也相继建立。宿迁市人大常委会在《制定地方性法规工作规则》之外，还出台了《地方立法联席会议规定》《基层立法联系点工作规定》《立法公开工作规定》《立法论证工作规定》《立法评估工作规定》《立法听证工作规定》《立法咨询专家组工作规定》，形成了一套健全的地方立法制度体系。而连云港市人大常委会只出台了《连云港市制定地方性法规工作规则》和《连云港市人民代表大会常务委员会基层民主立法联系点》，在立法制度设计上需要进一步细化和完善，在立法实践中存在法工委与其他专门委员会的立法职责交叉重叠、立法审议发挥作用有限、社会力量参与立法的积极性不高等问题。

（三）地方立法权范围有待精准把握

《立法法》将设区的市立法权范围限于“城乡建设与管理、环境保护、历史文化保护等方面的事项”，条文表述带有极大的模糊性和不确定性，而且彼此之间存在很大程度的交叉与重叠，如多数城乡建设与管理事项涉及环境保护，有时也涉及历史文化保护。而从一些地方出台的城市管理立法和获得立法权的设区的市立法实践看，“城乡建设与管理”几乎成为一个什么都可以装的“筐”，难以为地方立法实践提供明确的指引，导致市人大及其常委会、市政府及各职能部门在申报和确定立法项目时因担心“越权”而不敢积极探索。

（四）部分立法缺乏上位法的直接支撑

根据《立法法》的规定，地方性立法的空间有三个，分别是执行法律、行政法规而制定地方性法规的事项，因地方性事务需要而制定地方性法规的事项，中央尚未立法而地方先行立法的事项。后两项的立法，往往起到填补上位法“留白”的作用。这类立法也是地方发挥主观能动性，进行制度创新的源泉所在，若立法得当，往往能够运用国家赋予的立法权推动当地的经济社会转型发展与民生保障。但同时,上述地方立法中的创制性内容极易导致地方立法权的失控,违反法制统一原则。连云港市的首部地方立法——《连云港市海洋牧场管理条例》作为一部自主性、创制性法规,没有直接的上位法依据,在立法过程中存在技术上的很大难题。

二、完善地方立法的对策思考

(一)适应地方立法需要,转变立法观念

要坚持以人大为主导完善立法机制。由于人大会议周期长、代表的兼职化,以及大量专业性、技术性立法的增加,行政机关在人大立法中仍将继续发挥重要的影响和作用,但在新的立法背景和形势下,地方人大及其常委会应及时转变立法观念,探索多种机制发挥人大在立法中的主导作用,避免一味被动地依赖政府;积极探索市人大、市政府协同推进法规草案起草工作协调机制,增强立法的实用性和可操作性。2015 年《苏州市居家养老服务条例》的制定就突破了以往都由政府相关部门起草法规草案并由政府向市人大常委会提交立法议案的常规模式,首次采用由市人大常委会相关工委组织起草法规草案,由人大常委会主任会议向市人大常委会提出法案的方式。这些做法对连云港市地方立法工作的开展具有一定的借鉴意义。

(二)完善立法配套制度,细化立法程序

连云港市人大常委会应借鉴其他设区的市的立法经验,结合本地立法实践和需要,进一步研究制定《市人大常委会机关内部有关地方立法工作职责分工的意见》《法制委员会工作规则》《地方立法技术规范》《立法计划制定和实施办法》《法规草案听证论证规则》《法规草案公开征求意见规则》《法规草案审议办法》《立法专家顾问工作规定》等,细化立法公开、公众参与、委托第三方起草或评估、专家咨询论证等程序性规定,如借鉴苏州市人大常委会经验,对所提建议列入立法计划建议项目的,给予适当奖励。

(三)进一步完善备案审查工作机制

逐步完善规范性文件的备案审查程序,加强备案审查制度建设,实现备案审查全覆盖,切实增强审查力度,做到有件必备、有备必查、有错必究。通过加强备案审查工作,切实发现和纠正立法中存在的问题,有效维护国家法

制统一。加快信息化平台建设，尽快与上级人大的备案审查平台有效对接，实现审查工作全流程信息化。

（四）进一步加强立法机构、立法人才队伍建设

要加强法制委员会和法工委人才队伍建设，完善立法干部的交流学习机制，加大高层次立法人才的培养和引进，组织法制委委员参加专业培训，加强一线立法工作人员的业务学习，进一步激发队伍活力和工作积极性，不断提高全体人员的业务能力和专业水平，为推进法治连云港建设提供人才支撑。探索建立地方立法机构与法学院校、律所、法学研究机构人员的双向交流机制。扶持立法学学科建设，共同开设地方立法实务课程或举办立法专题培训班。合作建立示范性立法学实践教学基地，加强地方立法人才培养，为地方立法工作的开展储备法律人才。

第四节　地方立法典型实例分析

一、《连云港市海洋牧场管理条例》立法分析

2016 年 12 月 2 日，经江苏省第十二届人大常委会第二十七次会议批准，连云港市获得立法权后首个立法项目——《连云港市海洋牧场管理条例》正式诞生，这也是全国海洋牧场管理领域的第一部地方性法规。连云港市海洋牧场管理、海洋产业发展等都将有法可依，并对全国的海洋牧场建设和管理产生积极的影响。

（一）制定《连云港市海洋牧场管理条例》的背景

2016 年 1 月 15 日，省人大常委会决定，明确连云港市可以开始制定地方性法规。在综合考虑地方经济发展、海洋环境保护需求、立法必要性和紧迫性等因素的基础上，连云港市确定《连云港市海洋牧场管理条例》作为首部地方性法规。

连云港市管辖海域面积约为 6677 平方公里，与所辖陆域面积基本相等，海洋经济发展对于连云港市经济社会发展有着非常重要的推动作用。连云港海域处于暖温带与亚热带的过渡地带，渔业资源丰富，生态环境优良，是全

国著名的八大渔场之一，也是江苏唯一适宜发展增殖型渔业的海域。

2003 年，借助国家海洋捕捞渔民转产转业政策，连云港市在省内率先启动海洋牧场建设，通过实施人工鱼礁、增殖放流等生态工程，修复或优化海域生态环境、保护和增殖渔业资源。经过 10 多年的建设，累计投入 8000 余万元，投放各类人工鱼礁达 6.6 万个，总规模超过 20 万空方，形成海洋牧场面积 160 平方公里。2015 年 11 月，农业部批准我国首批 20 个国家级海洋牧场示范区，连云港海州湾海洋牧场成为江苏省唯一入选的海洋牧场示范区。

在海洋牧场的建设过程中，也面临着建设资金筹集渠道单一，部门监管职责不明确，生态环境保护执法依据不足，休闲渔业发展滞后等突出矛盾和问题。为了规范海洋牧场管理，推动海洋牧场有序开发，加强海洋生态环境保护，实现海洋经济可持续发展，迫切需要制定出台地方性法规。

(二)《连云港市海洋牧场管理条例》的主要内容

1. 关于立法目的和条例适用范围。该条例第 1 条规定，为了规范海洋牧场管理，加强海洋生态环境保护，推动海洋经济可持续发展而制定本条例；第 2 条规定，适用范围包括本市管辖海域内海洋牧场的规划建设、开发经营、生态保护、监督管理等活动。

2. 关于海洋牧场的规划编制和投资体制。该条例第二章规定了海洋牧场规划的编制单位、批准单位、编制原则和主要内容，并明确各级人民政府应当建立多元化投入机制，通过有偿出让海洋牧场的海域使用权扩大有效投入的方式，加快海洋牧场建设步伐。同时，本章还规定了海洋牧场建设项目的设计和施工单位资质、建设项目的技术规范和实施要求以及环境保护设施等内容。

3. 关于海洋牧场的开发经营。该条例第三章对投资开发体制进行了完善，明确国有投资主体和社会资本都可以从事海洋牧场的开发经营活动，并要求各级人民政府及部门应当完善相关政策和管理制度，简化审批登记程序，为社会资本参与海洋牧场开发经营提供保障。同时，本章还结合连云港市海洋休闲旅游发展的实际情况，重点规定了休闲渔业经营企业应当具备的条件以及在安全生产方面必须遵守的法律、法规，为游客安全参与休闲渔业活动提供保障。

4. 关于海洋牧场的生态保护。该条例第四章明确了环保部门和海洋与渔业部门在海洋牧场生态环境保护方面的职责,并规定了海洋牧场投资经营主体在经营活动中应当采取科学确定养殖密度、渔具准入和捕捞限额等措施,保护海洋牧场的生态环境。同时,本章第 23 条规定了各级人民政府应当结合本市司法审判实践,建立海洋牧场生态保护补偿制度。对于破坏海洋牧场生态环境的违法行为,除承担相应的法律责任外,海洋与渔业行政主管部门可以责令违法行为人采取有效措施修复生态环境。

5. 关于海洋牧场的监督管理。该条例第五章规定了市人民政府应当逐步建立海洋牧场综合执法体制,有关部门和口岸单位之间应当协同配合,为彼此履行管理职责提供便利条件。第 31 条规定了海洋与渔业主管部门应当建立海洋牧场信息库,实行海洋牧场管理信息公开制度。

6. 关于海洋牧场的法律责任。该条例第六章规定了违反本条例相关规定的法律责任。其中第 35 条和第 36 条针对建设海洋牧场项目时环境影响报告书未经核准、环保设施未经验收即投入使用或者建设项目不符合相关技术规范等行为的行政处罚。

7. 关于海洋牧场、人工鱼礁等专业术语的定义。该条例第七章对于“海洋牧场”、“人工鱼礁”和“增殖放流”等专业用语集中作出解释,明确海洋牧场可以分为公益性海洋牧场和经营性海洋牧场,为市政府根据不同的海洋牧场功能区实施有区别的投资开发政策和管理体制提供法律制度支撑。

二、《连云港市市容和环境卫生管理条例》立法分析

(一)制定《连云港市市容和环境卫生管理条例》的背景

市容和环境卫生既是城市建设和管理的重要内容,也是体现城市发展程度和文明程度的客观标志。随着连云港市城市规模的不断扩大,经济发展水平的逐步提高,广大人民群众对城市形象、环境品质和卫生状况的期盼也在日益提高。为了巩固创建国家卫生城市的成果,助推全国文明城市创建工作,解决当前市容和环境卫生管理中的突出问题,创造整洁、优美、文明的城市环境,迫切需要通过地方立法为城市市容和环境卫生管理工作提供必要的法律支撑。同时,该条例依据的上位法因施行时间较长,难以适应当前市容

和环境卫生管理工作面临的新形势。特别是近年来出现的一些违反城市容貌和环境卫生规定的新型行为模式，由于没有规定相应的法律责任，在城市管理执法过程中难以对其进行必要的规范和约束。因此，根据国家和省有关法律、法规，结合本市实际情况，制定市容和环境卫生管理方面的地方性法规，完善长效管理机制，规范相关主体行为，是十分必要的。

(二)《连云港市市容和环境卫生管理条例》的主要内容

该条例采用章节相结合的体例，共六章 63 条。其中，第一章为总则，明确了市容和环境卫生适用范围、管理体系等内容。第二章为责任区制度，明确了责任区的划分方式和体系等内容。第三章为城市容貌，分为四个小节，分别对建筑物和构筑物、城市道路和公共场所、户外广告和景观照明、停车场所和车辆停放进行了规范。第四章为环境卫生，同样分为四个小节，分别对城市垃圾处理、环境卫生设施、环境卫生管理、施工场地管理进行了规定。第五章为监督检查，对执法主体的程序、方式和妨碍执法的行为进行了规定。第六章为附则。

(三)有关问题的说明

1. 关于适用范围。《连云港市市容和环境卫生管理条例》适用范围既涉及各项制度设计落地施行的地理范围和行政处罚、行政强制措施的执法边界，也关系到各个地区的发展空间和居民的生活秩序。根据连云港市城市化发展水平和管理实践情况，该条例没有对适用范围作出过于具体的列举式规定。结合城市管理和行政执法实践，该条例第 2 条使用“城市化地区”作为适用范围的基本概念，采取授权方式对适用范围的划定和公布主体进行原则性表述，由市、县人民政府根据各自的城市化水平和不同时期的城市管理需要，划定并公布具体的适用范围，有利于解决适用范围的广泛性、差异性和渐变性等问题。

2. 关于责任区划分。该条例第二章通过系统的内容设计和结构安排，对本市各个地区不同功能板块的市容和环境卫生管理责任区进行了合理的划分，对责任人应当履行的市容和环境卫生责任和违反规定的法律责任作出了规定。根据海滨城市的规划布局和地理环境特点，第 12 条对海岸、沙滩、海堤、近岸海域以及海港码头作业区等滨海区域的责任区划分作出了明确规定,同时将近年来城市快速发展中出现的商业综合体、商业街区、商品交易市场、农贸市场等特殊区域纳入责任区范围,可以有效减少市容和环境卫生管理的盲区。第41条对海港、内河码头的责任人应当建设船舶生活垃圾接收设施作出了规定,第45条规定禁止在海面、水面从事餐饮、旅游等经营活动的主体直接向水体排放污水、废油等污染物,既明确了相关责任人的环境卫生管理责任,也体现了连云港市作为海滨城市地方立法的区域特色。

3. 关于管理体制和执法体制。在管理体制上,《连云港市市容和环境卫生管理条例》第4条第1款规定"市、县(区)人民政府应当加强对市容和环境卫生工作的组织领导、综合管理、统筹协调"。根据连云港经济技术开发区、国家东中西区域合作示范区、连云港高新技术产业开发区、云台山风景名胜区以及各县区开发园区的发展现状和行政管理体制,第4条第2款后半句明确"开发园区、风景名胜区等区域的管理机构负责其管理区域内的市容和环境卫生工作",避免了上述特殊区域城市管理职责的交叉重复。为了进一步提高执法效率和行政治理能力,结合《中共江苏省委江苏省人民政府关于进一步简政放权加快转变政府职能的实施意见》(苏发〔2014〕14号)文件精神,考虑赣榆区已经纳入全省城市管理领域相对集中行政处罚权的试点地区,该条例第54条第2款明确"实行综合执法体制改革和相对集中行政处罚权的,按照国家和省有关规定执行",为赣榆区和今后城市管理综合执法体制改革预留调整空间。

4. 关于垃圾分类。《连云港市市容和环境卫生管理条例》按照中央财经领导小组第十四次会议的要求,吸收省人大制定的《江苏省城乡生活垃圾处理条例》的相关内容,建立了城市垃圾分类处理制度,推动具备条件的地区对生活垃圾、建筑垃圾、工业垃圾、医疗卫生垃圾及其他有毒有害垃圾实施分类收集、运输和处理,营造绿色、健康、清洁的生活环境。如第35条规定市、县(区)人民政府应当建设生活垃圾分类处理设施,建立健全分类收集、运输体系;第37条第1款明确"单位和个人产生的生活垃圾应当分别投入相应标识的收集设施设备,不得随意投放";第38条要求装饰装修产生的垃圾,由物业服务企业、管理单位或者基层群众自治组织选择具有相应资质的市容环卫作业服务企业清运至指定的场所处置,不得混入生活垃圾或者随意倾倒;第39

条规定“工业垃圾、医疗卫生垃圾以及其他有毒有害垃圾应当按照规定单独收集、运输和处置，不得混入生活垃圾。”

5. 关于执法与监督。《连云港市市容和环境卫生管理条例》本着“处罚与教育相结合”的原则，尽量减少新设罚则的数量，避免“以罚代管”“一概取缔”等执法方式简单化问题。按照立法体例的通行做法和用语含义，为解决市容和环境卫生管理中各方面主体之间权利义务关系失衡问题，第56条对执法程序、全程记录执法活动以及建立信息互通、资源共享、联动执法机制等进行了规范。同时，第62条规定对侮辱、殴打市容和环境卫生工作人员或者阻挠其执行公务，构成违反治安管理行为的，依法进行处罚，为市容和环卫工作人员提供执法保障。

三、《连云港市滨海湿地保护条例》立法分析

（一）制定《连云港市滨海湿地保护条例》的背景

湿地是地球生态系统的重要组成部分，与森林、海洋并称地球三大生态系统，具有涵养水源、净化水质、蓄洪防旱、调节气候和维护生物多样性等重要生态功能，被誉为“地球之肾”。连云港市地处沿海，湿地类型较为齐全，湿地资源极为丰富。据2009年全国湿地资源调查，现有湿地面积23.31万公顷（不含水稻田），占全市国土面积31.08%。其中，滨海湿地总面积16.7万公顷，占全市湿地总面积71.6%。在滨海湿地中，近海与海岸湿地10.81万公顷、人工湿地5.89万公顷。这些宝贵的湿地资源是绿色连云港、生态连云港建设的重要基础。近年来，随着连云港市沿海开发力度的不断加大，全市滨海湿地面积呈逐步减少、生态功能逐步减弱的趋势。因此，加强滨海湿地立法保护，逐步恢复湿地功能，亟须制定滨海湿地保护条例，从法规层面为全市滨海湿地保护提供有力保障。

（二）《连云港市滨海湿地保护条例》的主要内容

该条例采用章节相结合的体例，共六章45条。其中，第一章为总则，明确了该条例的立法目的、适用范围、基本定义、保护原则、管理体制、职责分工等内容。第二章为规划与名录，明确了滨海湿地保护规划的编制、规划效力、规划落实、分级保护和名录制度等内容。第三章为保护与修复，规定了滨海湿

地的生态红线制度、滨海湿地保护范围和方式、保护标志、保护方式、修复规则、利用规则、征收程序、临时占用程序、补偿规则以及生物监测等内容。第四章为监督管理,规定了政府监管、信息监测、环境影响评价、登记管理、档案管理、管护单位职责、突发事件应对等内容。第五章为法律责任,规定了对破坏湿地保护标志或者监测系统,非法猎捕杀害鸟类、擅自改变滨海湿地用途以及非法占用等行为的行政处罚措施。第六章为附则。

(三)有关问题的说明

1.关于滨海湿地的定义及类型。《连云港市滨海湿地保护条例》第3条第1款规定:“本条例所称滨海湿地,是指低潮时水深浅于六米的水域及其沿岸浸湿地带,包括水深不超过六米的永久性水域、基岩海岸、砂质海岸、淤泥质海岸、河口水域、沿海低地以及重点保护野生动物栖息地或者重点保护野生植物的原生地等自然湿地和人工湿地。”该定义综合《具有国际意义的湿地特别是作为水禽栖息地的湿地公约》第1条第1款和我国《海洋环境保护法》第94条第3项关于湿地和滨海湿地定义的规定。根据我国湿地分类的国家标准(GB/T24708-2009),自然滨海湿地有12种类型,该条例列举了连云港市存在的6种自然滨海湿地以及人工滨海湿地,为下一步合理划定滨海湿地保护范围提供了科学的依据。

2.关于滨海湿地管理体制与执法协作机制。该条例结合连云港市的实际情况,明确了将滨海湿地保护管理经费和生态修复经费列入同级财政预算,并明确规定市人民政府制定滨海湿地保护考核具体办法的责任。鉴于滨海湿地是连云港市湿地的重要组成部分,保护范围广,管理难度大,迫切需要建立协调机制,设立综合协调、决策咨询等机构,如该条例第6条规定,市、县(区)人民政府要依法成立滨海湿地保护协调机构,组织、协调、决定滨海湿地保护工作中的重大问题。同时,该条例第31条规定,“市、县(区)人民政府可以根据工作需要设立湿地保护管理机构,明确管理职责,并配备管理人员和专业技术人员,保障滨海湿地保护职责的履行”,同时明确了滨海湿地保护机构的具体职责。此外,该条例第32条规定了滨海湿地各有关部门应当建立执法协作机制。

3.关于滨海湿地的保护范围和保护措施。在参照省条例的基础上,该条例对现有滨海湿地实行分级制度。第 13 条规定了湿地分级制度，根据湿地生态功能、生物多样性和环境效益将滨海湿地分为国家重要湿地、省级重要湿地、市级重要湿地和一般湿地。第 16 条规定了列入名录的滨海湿地应当划定保护范围，其中“市级重要滨海湿地和一般滨海湿地保护范围的划定和调整，分别由市人民政府林业主管部门或者县（区）人民政府林业主管部门会同同级海洋与渔业、水利、规划、交通运输、城乡建设等部门提出建议，报同级人民政府批准后公布”。同时，结合连云港市滨海湿地特色，该条例第 14 条规定了市级重要滨海湿地的 4 个认定条件，并在第 20 条规定，“市人民政府应当建立市级以上重要滨海湿地保护制度，严格控制新增建设项目、新建排污口等建设行为，加强生态修复和环境监测工作”。此外，该条例第 15 条以滨海湿地生态红线制度为抓手，全面落实滨海湿地保护规划的要求，确保滨海湿地生态系统功能不降低、面积不减少、性质不改变。

4. 关于滨海湿地征收、占用和临时占用制度。考虑到连云港市经济社会发展的需要，该条例第 25 条、第 26 条和第 27 条分别对征收、占用和临时占用手续作出了详细规定。如根据《江苏省湿地保护条例》和省政府《江苏省湿地保护修复制度实施方案》的有关规定，第 25 条明确规定，“经批准占用、征收滨海湿地的，用地单位应当按照先补后占、占补平衡的原则，负责恢复或者重建与所占面积和质量相当的滨海湿地，确保滨海湿地面积不减少”。第 27 条明确提出“因依法批准的建设项目施工确需临时占用滨海湿地的，用地单位应当依法办理相关手续，并提交湿地临时占用方案，明确湿地占用范围、期限、用途、相应的保护措施以及使用期满后的恢复方案等”的要求。

5. 关于滨海湿地内野生动植物的保护。连云港市滨海湿地内野生动植物资源十分丰富，临洪河口等滨海湿地还是国际候鸟迁徙路线的重要停歇地和越冬地，针对野生动植物的非法猎捕和杀害行为较为严重。为此，该条例第 3 条第 2 款明确指出“本条例所称滨海湿地资源是指滨海湿地以及依附滨海湿地栖息、繁衍、生存的野生动物资源和植物资源”，将滨海湿地内的野生动植物资源纳入到该条例的保护范围之内。同时，该条例第 21 条提出在国际候鸟越冬区域的滨海湿地区域设立核心区、缓冲区和外围区，并设定了禁入区和禁入期，以保护连云港市仅有的国际候鸟迁徙停歇地的生态环境。为了严厉打击非法猎捕行为,该条例第40条第2款专门设定了针对非法捕杀滨海湿地内野生动物的行政处罚。

四、《连云港市地方立法条例》立法分析

(一)制定《连云港市地方立法条例》的背景

2015年3月15日,十二届全国人大三次会议表决通过了《关于修改立法法的决定》。修改后的《立法法》第72条规定,设区的市的人大及其常委会可以对城乡建设与管理、环境保护、历史文化保护等方面的事项制定地方性法规。2016年1月15日,江苏省十二届人大常委会第二十次会议通过决定,连云港市人大及其常委会可以开始制定地方性法规,标志着连云港市正式获得地方立法权。

连云港市人大于2016年5月先行制定出台了《连云港市制定地方性法规规则》,作为市人大及其常委会制定地方性法规的基本程序依据。经过近两年的立法实践,市人大常委会组成人员对地方性法规的审议程序、方式、内容等已经比较熟悉,法制委、法工委及其他工作机构对《立法法》及相关技术规范也有了进一步的了解,在把握立法规律、完善起草机制、规范操作流程等方面也积累了一些实践经验,制定出台地方立法条例的条件基本成熟。综合各方面因素,为了适应立法工作新形势新任务的需要,进一步完善地方立法程序,保证地方立法质量和立法效率,实现科学立法、民主立法、依法立法,夯实依法治市根基,推进地方治理体系和治理能力现代化,制定地方立法条例十分必要。

(二)《连云港市地方立法条例》的主要内容

《连云港市地方立法条例》共分为六章,分别为总则、立法准备、立法程序、规章和备案、其他规定以及附则。

1. 关于《连云港市地方立法条例》名称及适用范围。名称拟定为《连云港市地方立法条例》,主要是从连云港市地方立法工作的实际需要出发,保证其适用范围既能涵盖地方性法规的全套制定程序,也可以解决政府规章、规范性文件与地方性法规的协调统一问题,维护地方性法规体系的高度统一,符合各地新一轮地方立法程序设计的主流趋势。

2. 关于科学立法、民主立法、依法立法。深入推进科学立法、民主立法、依法立法，是提高立法质量的根本途径。为此，该条例分别作了以下规定：一是在总则第 1 条将提高立法质量明确为立法的一项基本要求。二是在第 62 条至第 65 条分别规定了制定配套规定、实施情况报告、立法后评估以及法规定期清理等一系列推进科学立法的措施，体现了依法立法的要求。三是在第 46 条和第 47 条分别规定了公民有序参与立法的途径，完善立法论证、听证、法规草案公开征求意见等民主立法方面的程序和制度。

3. 关于发挥人大在立法工作中的主导作用。党的十九大报告提出，要发挥人大及其常委会在立法工作中的主导作用，支持和保证人大依法行使立法权。为贯彻十九大精神，该条例分别作了以下规定：一是第 4 条明确规定市人大及其常委会加强对立法工作的组织协调，发挥在立法工作中的主导作用。二是第 8 条规定市人大常委会通过制订和实施立法规划、立法计划等方式，加强对立法工作的统筹安排。三是第 16 条规定综合性、全局性、基础性的重要地方性法规草案，可以由专门委员会、常委会工作机构组织起草。第 20 条规定法工委和有关专门委员会、常务委员会有关工作机构在法规案提请审议前，应当提前介入起草、论证、听证等工作，从操作层面保证人大对法规案起草过程实施有效的质量控制。四是在第三章中分别对人大代表团审议、常委会会议分组审议以及法制委统一审议等程序作出了明确规定。五是在第三章第 24 条和第 35 条等多个条款中，对保障常委会组成人员和人大代表联名提出法规案的权利作出了详细的规定。

4. 关于立法规划和立法计划的编制和实施。该条例第二章第一节对立法规划和立法计划作出了详细规定。第 10 条规定了立法项目建议的提出主体为一切国家机关、团体、企业事业单位和其他组织、公民，保障了公众参与立法活动的渠道。第 11 条和第 12 条明确了立法规划、立法计划的编制主体为市人大常委会法制工作委员会，同时明确立法规划和立法计划在编制过程中应当广泛征求意见，进行科学论证。第 14 条对立法规划和立法计划的实施主体作出了明确规定。第 15 条对立法计划的调整程序作出了规定。

5. 关于法规案的起草。法规案的起草工作，是地方立法工作的基础环节。加强对起草工作的组织领导，建立完善的协调推进机制，可以为提高法规案的质量提供强有力的保障。该条例在第二章立法准备中，用 7 个条款的篇幅对地方性法规的起草主体、技术要求、征求意见等内容作出了全面的规定，并在全省率先明确了委托起草的相关要求，对受托方应当具备的基本条件、委托合同的主要内容、法规草案的技术要求等作出了明确具体的规定。

6. 关于市人民代表大会立法程序。该条例规定了市人大会议期间以及闭会期间法规案的提出主体和程序、审议主体和程序以及表决程序。第 27 条至第 30 条分别规定了代表团审议、专门委员会审议、法制委统一审议以及主席团审议的程序和内容。第 31 条规定了地方性法规案在交付表决前提案人申请撤回的程序。第 32 条规定了由大会授权常委会审议的两种解决方案。第 33 条规定了法规案由主席团提请大会全体会议表决，并由全体代表的过半数通过。

7. 关于市人大常委会的立法程序。市人大常委会立法程序是制定地方性法规的常规程序，包括法规案的提出主体和程序、两次审议制度、审议重点和程序、征求意见以及表决程序等。该条例第 39 条第 1 款规定列入常委会会议议程的地方性法规，一般经两次常委会会议审议后再交付表决，且两次审议一般间隔一次常委会会议。第 2 款和第 3 款分别规定了特殊情况下的三次审议制度和一次审议制度。该条例第 43 条对法制委统一审议作出了详细规定。该条例第 49 条和第 50 条对表决前法规案的撤回以及暂不表决程序作出了规定。第 51 条明确了法规草案表决稿由主任会议提请常委会全体会议表决，由常委会全体组成人员的过半数通过。同时，该条例第 52 条和第 53 条对单独表决、合并表决、分别表决以及终止审议程序等特殊情况也作出了相应的规定。

8. 关于规章与备案。该条例第四章对市人民政府规章及其备案作出了相关规定。第 54 条确定了政府规章的立法范围，同时明确，应当制定地方性法规但条件尚不成熟的，因行政管理的迫切需要，先行制定政府规章的，实施满 2 年后，需要继续实施规章所规定的行政措施的，应当先进行评估论证，经过市人大常委会主任会议同意，可以列入立法计划。第 55 条规定了本市制定的地方性法规和政府规章的法律效力。第 56 条规定了市人民政府规章应当及时报送常委会备案。

第十九章　淮安地方立法

2016 年 1 月 15 日，江苏省十二届人大常委会第二十次会议表决通过《江苏省人民代表大会常务委员会关于确定连云港、淮安、宿迁市人民代表大会及其常务委员会开始制定地方性法规的时间的决定》。该决定规定自公布之日起，淮安市可以制定地方性法规。淮安市获得地方立法权，是淮安市法治建设历史上的一件大事，有助于加快法治淮安建设。

第一节　地方立法概况

一、高度重视地方立法权承接工作

为了承接地方立法权，淮安市委和人大非常重视，作了周密的准备。2015 年 6 月 8 日，淮安市委领导专程到省人大协调承接地方立法权工作。2015 年 6 月 23 日，淮安市委常委会听取淮安市人大党组专题情况汇报，作出了重要指示。淮安市人大常委会把承接地方立法权作为 2015 年淮安市人大工作的重点。2015 年年初就组织专门班子开展筹备，制定了具体的工作方案：一是组建班子，调配人员。在淮安市委的大力支持下，成立法工委，人员基本到位。二是认真学习《立法法》。邀请省人大常委会法工委负责同志专题讲解 2015 年《立法法》和地方立法工作，为地方立法工作提供了理论指导。三是聘请立法咨询顾问。在 2015 年 8 月举行的淮安市人大常委会会议上通过了关于聘请市人大常委会立法咨询顾问的决定，聘请了多名立法咨询顾问，为提高地方立法的科学性、民主性奠定了基础。四是制定立法工作规则。参照省人大和其他市的工作规范，制定了淮安市人大常委会立法工作办法，作为立法规则的过渡。五是开展立法项目调研。通过书面征询，媒体网络公布，召开座谈会、论证会等形式，公开征求各级人大代表、公民、法人和其他组织的立法意见和建议，共征集到 30 个立法项目。这些工作保证了淮安市地方立法权的顺利行使。

二、积极加强立法工作机构和队伍建设

淮安市高度重视承接地方立法权工作，把成立立法工作机构和队伍建设作为承接立法权，推动立法工作的重中之重，并积极加以推进。

一是迅速成立法工委。在省人大常委会的大力支持和积极协调下，在淮安市委的高度重视下，省市编办及时作出批复，同意设立淮安市人大常委会法工委，核定行政编制为 6 名，其中主任 1 名、副主任 1 名，内设秘书处、立法处、备案审查处 3 个内设机构。2015 年 8 月 20 日，淮安市第七届人大常委会第二十四次会议作出了关于设立市人大常委会法工委的决定。该决定作出后，法工委主任、副主任都已到位，并选配了 3 名具有法律背景的年轻同志作为法工委内设机构工作人员。

二是配优法制委。在 2016 年 1 月 20 日召开的淮安市第七届人大第五次会议上，选举产生了市人大法制委，法制委主任委员 1 名，副主任委员 1 名，委员 7 名，全部具有法律专业背景和长期的法律实践工作经验。

三是聘请了立法咨询顾问。为了保证地方立法科学性、民主性，为市人大及其常委会提供高质量的法律专家咨询服务，分两批聘请了 30 名立法咨询顾问，主要由行政法学理论、法律实务、现代汉语、城乡建设与管理、环境保护、历史文化保护六个方面的专家学者或法律实务工作者组成，人员以淮安市本地专家为主，同时也聘请了部分省内知名的法学专家。

三、大力加强基层民主立法联系点建设

设立基层民主立法联系点，是推进科学立法、民主立法，扩大社会公众尤

其是基层群众、组织参与立法的重要举措。淮安市人大常委会积极推进基层民主立法联系点建设，在由县区人大常委会推荐的基础上，于2015年12月召开的淮安市人大常委会第五十一次会议上研究确定了清河区水渡口街道办洪福社区、清浦区清江街道办施家桥社区、淮安区车桥镇和淮城镇、淮阴区棉花庄镇大福村、涟水县徐集乡、盱眙县盱城镇、金湖县银涂镇、洪泽县岔河镇、淮安经济技术开发区东湖办事处山阳村10个基层民主立法联系点，其中有6个乡镇、2个村和2个社区，均为法治建设工作开展较好、具有一定代表性的基层单位。会议还明确市人大常委会分管法制的副主任主管联系点工作，由法工委具体负责指导联系点工作。

淮安市还探索建立基层民主立法联系点联络员制度，各县区人大常委会明确分管联系点建设的领导，每个联系点确定一名同志作为立法联络员，负责收集并反映基层群众、组织对地方性法规草案和有关立法工作的建议和要求，将市人大的有关立法动态和信息及时进行传达和宣传，带头向群众普及法律知识。自基层民主立法联系点建立以来，淮安市人大在制定年度立法计划和立法规划，征集立法项目建议，制定《淮安市永久性绿地保护条例》等工作过程中主动征求联系点意见，各联系点积极开展工作，及时反映基层单位、基层群众的意见建议，共收集反馈意见100余条，许多意见都得到了采纳。

四、积极开展地方立法实践

在淮安市取得地方立法权之前，淮安市人大常委会就通过媒体、网络、座谈会等多种方式，在广泛征集立法建议的基础上，淮安市人大常委会把2016年制定《淮安市永久性绿地保护条例》《淮安市古淮河保护条例》两部地方性法规作为计划，同时对水资源管理、物业管理、文物保护等工作开展立法调研。2017年6月，淮安市根据《淮安市人大常委会制定地方性法规办法》，制定了市人大常委会2017～2021年五年立法规划。按照围绕中心、遵守权限、突出特色、遵循规律的原则，结合淮安市实际，在城乡建设与管理、环境保护、历史文化保护等方面的立法建议项目中共选择28件编入规划（见表19－1）。

表 19－1　2017～2021 年淮安市人大常委会五年立法规划

立法项目类型	立法项目序号	立法项目名称
城乡建设与管理方面的立法项目	1	《淮安市地下管线管理条例》
	2	《淮安市文明行为促进条例》
	3	《淮安市低速电动车管理条例》
	4	《淮安市消防条例》
	5	《淮安市住宅物业管理条例》
	6	《淮安市建筑垃圾管理办法》
	7	《淮安市爱国卫生管理办法》
	8	《淮安市户外广告管理条例》
	9	《淮安市电梯安全管理条例》
	10	《淮安市宠物饲养管理条例》
	11	《淮安市养老服务条例》
	12	《淮安市水资源管理条例》
	13	《淮安市机动车公共停放管理条例》
	14	《淮安市人防工程管理条例》
	15	《淮安市社区卫生服务机构管理条例》
	16	《淮安市农贸市场管理条例》
	17	《淮安市法制宣传条例》
环境保护方面的立法项目	1	《淮安市城区烟花爆竹燃放管理条例》
	2	《淮安市污水管理条例》
	3	《铁山寺森林公园保护条例》
	4	《淮安市秸秆禁烧禁抛和综合利用条例》
	5	《淮安市城市噪声污染防治条例》
历史文化保护方面的立法项目	1	《淮安市文物保护条例》
	2	《淮安市周恩来纪念地保护条例》
	3	《淮安市古树名木保护条例》
	4	《淮安市历史文化名城保护条例》
	5	《淮安市非物质文化遗产保护条例》
程序性法规项目	1	《淮安市制定地方性法规条例》

注：表中内容源于淮安市人大常务会网。

在上述立法计划和规划基础上，淮安市积极制定地方性法规，先后通过了《淮安市永久性绿地保护条例》《淮安市古淮河保护条例》《淮安市地下管线管理条例》《淮安市文物保护条例》《淮安市周恩来纪念地保护条例》《淮安市制定地方性法规条例》《淮安市文明行为促进条例》等规范性文件（见表19－2）。

表19－2　淮安市制定地方性法规一览表

立法名称	制定机关	批准机关
《淮安市永久性绿地保护条例》	2016年4月29日淮安市第七届人大常委会第三十次会议制定	2016年5月26日江苏省第十二届人大常委会第二十三次会议批准
《淮安市古淮河保护条例》	2016年10月26日淮安市第七届人大常委会第三十五次会议制定	2016年12月2日江苏省第十二届人大常委会第二十七次会议批准
《淮安市地下管线管理条例》	2017年6月26日淮安市第八届人大常委会第四次会议制定	2017年7月21日江苏省第十二届人大常委会第三十一次会议批准
《淮安市文物保护条例》	2017年10月31日淮安市第八届人大常委会第七次会议制定	2017年12月2日江苏省第十二届人大常委会第三十三次会议批准
《淮安市周恩来纪念地保护条例》	2017年12月19日淮安市八届人大常委会第八次会议制定	2018年1月24日江苏省第十二届人大常委会第三十四次会议批准
《淮安市制定地方性法规条例》	2018年1月9日淮安市第八届人大第二次会议制定	2018年3月28日江苏省第十三届人大常委会第二次会议批准
《淮安市文明行为促进条例》	2018年6月20日淮安市第八届人大常委会第十三次会议制定	2018年7月27日江苏省第十三届人大常委会第四次会议批准

第二节　地方立法特点

虽然淮安市获得地方立法权时间较短，但淮安市委、淮安市人大非常重视地方立法工作，在3年不到的立法实践中形成了淮安地方立法的特点。

一、注重问题导向

淮安市地方立法都有着鲜明的问题导向特征。在《淮安市永久性绿地保护条例》立法过程中，在充分调研的基础上，梳理出淮安市永久性绿地保护中规划弱化、投入不足、管理多头、调整范围和用途随意、监督缺位五大方面的突出问题，并从立法角度提出解决办法。在《淮安市古淮河保护条例》制定过程中，古淮河保护管理工作中存在主体职责不清、权限不明、管理缺失等问题，如何明确相关部门和县区职责，协调各方形成合力共同加强管理保护，成为古淮河保护必须考虑的问题。因此，《淮安市古淮河保护条例》对此进行了精心的制度设计，通过地方立法来明确不同主体的保护职责，建立健全古淮河保护机制和管理体制。《淮安市地下管线管理条例》更是为了解决人民群众反映强烈的地下管线问题。淮安市地下管线的数量和规模越来越大，构成状况越来越复杂，城市道路常常反复“开膛破肚”，人民群众意见很大。地下管线管理方面暴露出城市管理诸多方面的不足：涉及部门和单位多，缺乏有效的协调机制，难以形成管理合力；管线建设规划滞后，计划性弱，建设中浪费社会资源的现象严重；地下管线信息汇交率低，地下管线信息动态管理没有长效机制，直接影响地下管线普查数据库的准确性等。正是针对这些问题，《淮安市地下管线管理条例》提出了针对性的解决思路。

二、注重民主立法

淮安市人大首先在选择立法项目方面注重民意。淮安市人大坚持开门立法，广泛征求社会各界意见，认真对立法项目的必要性、可行性进行反复论证研究，坚持问题导向，科学确定项目，确保把具有立法必要性和可行性，调整范围和主要内容明确，社会公众关切，经济社会发展迫切需要的立法项目选出来。两年来建议实施的立法项目中，从市人大常委会工作机构的建议中选择2件，从社会公众建议项目中选择1件，市人大常委会2017～2021年立法规划中的28件项目中约有50%来自人大、县区或社会公众方面提出的建议。

淮安市在地方性法规的立法过程中，也特别注重民主立法，恪守以民为本、立法为民的理念，坚持走群众路线，不断改进和创新联系群众、开展调查研究的方式方法，大力拓展人大代表发挥作用的途径和方式，改进公众有序参与立法的机制，发挥基层立法联系点作用，多层次、多方位、多渠道地了解真情、实情，做到"接地气"、晓民意，更好地找准立法的着力点和落脚点。如在《淮安市古淮河保护条例》制定过程中，淮安市人大常委会法工委同志到河流沿线的每个村进行走访，并召开沿线村代表座谈会听取意见建议。再以《淮安市地下管线管理条例》为例，2017年4月27日，淮安市八届人大常委会第三次会议对市人民政府提请的《淮安市地下管线管理条例（草案）》进行了初次审议。会后，市人大常委会法工委书面征求了立法咨询顾问的意见，并在淮安市人大网站、政府网站及淮安市日报上公布了草案，公开征求社会意见。2017年5月法工委先后6次召开由管线建设单位、管线管理单位、管线行政主管部门、管线行业主管部门负责人以及法制委委员、部分立法咨询顾问参加的立法论证会，征求对草案的修改意见和建议，并对草案进行集中修改。2017年6月初，法工委又赴各县区召开座谈会，邀请所在县区人大分管负责同志，人大相关委员会、政府分管负责同志，相关政府部门负责同志，法院、检察院负责同志，部分市县人大代表，立法联系点代表参加会议，听取了各方面的意见和建议。同时，法工委又征求了省法工委的修改意见。在此基础上，形成草案修改稿，提请市八届人大常委会第四次会议审议通过。

三、关注民生问题

民生问题是淮安市地方立法最关注的问题。淮安市第一部地方性立法就是《淮安市永久性绿地保护条例》。公共绿地是最公平的公共产品，是最普惠的民生福祉，是大自然赋予人类最宝贵的"绿色银行"。加强公共绿地保护,对改善生态人居环境、提升居民幸福指数、实现可持续发展具有重要的现实意义。因此,淮安市把永久性绿地保护作为地方生态保护、环境保护的重要抓手,通过地方性立法来实现对永久性绿地的保护。淮安市第二部地方性立法是《淮安市古淮河保护条例》,关注的依然是民生问题。古淮河承载着提供饮用水源、蓄泄洪水、生态调节等多种功能。特别是淮安市的 4 个水厂取水口均在此区域,事关沿线 190 多万人口的用水安全问题,因此,通过地方性立法来实现对古淮河的保护与人民群众的切身利益紧密相关。

第三节　地方立法的不足之处及对策思考

淮安市取得地方立法权之后,淮安市人大及其常委会积极行使地方立法权并取得了一定成绩,但由于地方立法工作刚刚起步,地方立法人才和地方立法制度仍存在一些不足,在立法实践中也存在立法经验不足,立法能力相对薄弱,立法技术比较粗糙,备案审查工作开展不够规范等问题。这些都需要在立法工作中不断总结、探索、学习和改进。

一、地方立法的不足之处

(一)地方立法人才有待进一步培养

在第二十一次全国地方立法研讨会上,全国人大常委会委员长张德江强调,要高度重视立法机构和人员建设,省级人大常委会法工委应有 30 名左右的立法工作人员,设区的市应有 10 名左右的立法工作人员,才能基本满足立法工作的实际需要。从实践来看,淮安市人大常委会在组建法工委时,法工委主任、副主任都已到位,并选配了 3 名具有法律背景的年轻同志作为法工委内设机构工作人员。2017 年 4 月又任命了 7 位具有丰富法律工作实践经验或者法律专业素养的同志作为法工委委员,在市人大代表中选取了 10 名较为熟悉法律相关工作的代表组建了法制专业代表组。10 月又对常委会立法咨询顾问队伍进行了调整充实,吸收了更多的高校法学专家和基层一线的同志作为常委会立法咨询顾问。立法人才不足是设区的市承接立法权之后常见的问题，这些举措说明淮安市人大常委会对这些问题已经有充分的预判。但总的来说，部分法工委人员长期从事行政管理工作，缺乏法律工作和立法经验，对立法程序、内容、要求及技能方面了解不多，需要在地方立法实践中不断完善立法技能和立法素养。

（二）地方立法工作制度有待进一步健全

立法的意义在于通过制定规则来实现对法的引领、规范等作用，制定规则是一件严谨的工作，很多工作环节和工作程序需要环环相扣、步步衔接，因此必须要以制度来保障程序。从淮安市地方立法实践来看，淮安市人大常委会已经意识到地方立法制度先行的重要性，在承接地方立法权之前，淮安市七届人大常委会主任会议就于2015年12月11日先行制定了《淮安市人民代表大会常务委员会制定地方性法规办法》，作为市人大常委会制定地方性法规的过渡性程序，为积极开展地方立法工作作出了基础性的规定。但是《淮安市人民代表大会常务委员会制定地方性法规办法》存在效力层次低、制度不完善的缺点，因此经淮安市人大常委会主任会议研究决定，将《淮安市制定地方性法规条例》列入了2017年的立法计划，由淮安市第八届人大第二次会议于2018年1月9日制定，由江苏省第十三届人大常委会第二次会议于2018年3月28日批准，于2018年3月28日公布，自2018年5月1日起施行。这些说明淮安市人大及其常委会对地方立法制度完善的重要性是有充分认识的。但是地方立法制度体系的建立是需要一定时间的，目前地方立法工作制度主要围绕议事规则、工作规程、立法听证、立法技术规范和基层立法联系点等方面，缺乏系统性、协调性。在协调立法制度建设方面，委托第三方起草法规案制度、公众参与人大立法制度、重要事项的第三方立法评估制度、重大利益调整论证咨询制度等制度尚未建立。因此，地方立法工作制度体系的建立有待时日。

（三）协商立法有待进一步完善

十八届四中全会通过的《关于全面推进依法治国若干重大问题的决定》特别提到把立法协商等多种协商一起作为协商民主体系建设的重要内容。党的十九大报告中也再次强调“发挥社会主义协商民主的重要作用”，明确要求深入推进科学立法、民主立法，健全立法机关和社会公众沟通机制，开展立法协商。淮安市地方实践也表明淮安比较注重立法过程的协商。但立法协商必须依靠完备的制度安排作为支撑才能有效运作，而淮安市现有的关于立法协商的制度还比较缺乏，制度规范比较分散，没有形成足以支撑立法协商的制度规范体系。

二、完善地方立法的对策思考

(一)健全地方立法人才培养机制

要加强法制委和法工委人才队伍建设，完善立法干部的交流学习机制，加大高层次立法人才的培养和引进，健全地方立法人才培养机制。可以探索建立促进地方人大立法工作人员再次深造的有效机制。例如在保留职务、待遇的前提下，鼓励现职立法工作人员到高校或科研机构进行系统的理论学习，并鼓励其结合自身工作实践作出科研成果；制订系统周密的常规培训计划，对地方立法工作人员进行立法专业知识和专业技能的训练。可以学习南京市人大常委会设立的法律助理制度，为市人大常委会每一位组成人员聘用一名法律助理，法律助理的工作内容是在审议法规、议案过程中提供法律专业服务。

(二)进一步完善地方立法工作制度体系

《淮安市制定地方性法规条例》已经生效施行，该条例中一些重要的工作制度应当加以健全完善。立法活动是一项复杂的大工程，涉及党委、人大及其常委会、政府、社会、公众等方面。因此，一方面要建立健全政府层面定期沟通联络机制，加强人大及其常委会与党委、政府之间的沟通；另一方面要健全立法机关与社会公众沟通机制，完善人大征询立法意见机制，通过建立基层立法联系点、联系人制度、重大利益调整论证咨询机制，健全法规草案公开征求意见和公众意见采纳情况反馈机制，不断拓宽公众有序参与立法的渠道。

(三)进一步完善地方协商立法

立法协商是立法机关在立法中与社会各界通过多种形式进行沟通、协商就立法事项达成共识的立法活动。立法协商的基点是民主，立法协商的目的是达成立法共识。协商立法在地方立法中有着重要功能，地方立法应当完善协商立法的运行机制。首先要调动社会公众参与立法协商的积极性，拓宽公众有序参与立法的方式和渠道，广泛征求社会公众对立法的意见；其次要注重发挥政协在协商立法中的平台作用，完善政协参与协商立法的工作机制；最后，注重立法协商结果公开，应当通过正式渠道公开立法协商的结果，避免立法协商形式化。

第四节　淮安市地方立法典型实例分析

一、《淮安市永久性绿地保护条例》立法分析

淮安市大力推进生态文明建设，相继摘得国家园林城市、国家环保模范城市等"绿色名片"，并在苏北首家提出率先建成国家生态市。为巩固淮安市生态成果，让群众安享宜人宜居宜业的美好环境，淮安市人大常委会于2009年建立了主城区永久性绿地保护制度，并陆续确定钵池山公园等38块绿地为永久性绿地，总占地面积15,236.85亩，约占主城区绿地面积16%。为进一步加强永久性绿地的保护，2015年淮安市人大常委会经市委同意，将《淮安市永久性绿地保护条例》列入立法计划，及时开展调研和起草工作。2016年1月淮安市正式获得地方立法权，淮安市人大常委会通过媒体、网络、座谈会、实地调研等形式广泛征求意见，对条例草案不断进行完善。2016年4月29日，该条例经市七届人大常委会第三十次会议表决通过，2016年5月26日，省十二届人大常委会第二十三次会议予以批准通过，自2016年7月1日起施行。淮安市该部地方性法规出台以后，永久性绿地保护问题陆续得到周边城市的关注，如南京市2019年出台《南京市永久性绿地管理规定》。

《淮安市永久性绿地保护条例》共五章29条，明确了永久性绿地的定义和适用范围，"永久性绿地，是指本市行政区域内，符合城乡规划，生态功能、服务功能突出，具有长期保护价值，经市、县人民代表大会常务委员会审议决定，列为永久保护的绿化区域"。该条例规定了永久性绿地确定和公布的程序，明晰了政府、主管部门、相关部门以及管护责任主体的具体职责和保护措施。同时，该条例还对永久性绿地内的禁止行为以及临时占用、调整和变更等程序作了具体规范，对违反永久性绿地保护规定的行为明确了处罚的范

围、幅度。

《淮安市永久性绿地保护条例》注重问题导向，针对现实中存在的永久性绿地保护中规划弱化、投入不足、管理多头、调整范围和用途随意、监督缺位五大方面的突出问题，从立法的角度提出针对性的解决办法。针对淮安市各县区园林绿化的管理职责归属政府部门不尽相同的问题，该条例规定：市、县（区）主管城市绿化的部门负责本行政区域内永久性绿地的保护工作。城乡规划、国土资源、城市管理等部门，根据各自职责，共同做好本行政区域内永久性绿地的保护工作。这样就解决了一个责任主体缺失的问题。

《淮安市永久性绿地保护条例》比较重视创新，如第 16 条“对经市、县人民代表大会常务委员会审议批准调整范围和用途的永久性绿地，实行占补平衡的补偿制度。市、县人民政府应当在调整范围和用途的永久性绿地半径一公里范围内，按‘面积不减、品质不降’的原则新建绿地予以补偿，并在一年内完成建设”。就是一项可操作性非常强且很有创新精神的一项制度。与其他城市类似的《绿化条例》《城市绿地条例》相比较，淮安市选择永久性绿地地方立法，体现了地方立法“小快灵”的特点。

《淮安市永久性绿地保护条例》可执行性比较强。该条例以《城乡规划法》、《城市绿化条例》和《江苏省城市绿化管理条例》等法律法规为立法依据。全面规范了淮安市永久性绿地规划、建设、保护、管理等活动，重点明确了市县（区）人民政府、政府主管部门、相关部门、管理责任单位等主体在永久性绿地规划、确认、保护、管理等方面的行为规范，特别明确了权责利，具有很强的可执行性。

二、《淮安市古淮河保护条例》立法分析

古淮河对淮安市这座城市有着特殊的意义。淮安市就因淮得名，古淮河又称废黄河，流经淮安市的清江浦区、淮阴区、淮安经济技术开发区、淮安区、涟水县等多个县区，承载着提供饮用水源、蓄泄洪水、生态调节等多种功能。特别是淮安市的四个水厂取水口均在此区域，因此，对古淮河的保护，事关沿线 190 多万人口的用水安全问题。在目前古淮河的管理保护和河道开发利用中存在重使用、轻保护的问题，不利于古淮河的可持续发展和综合功能的保

护。因此,通过地方立法来加强对古淮河的保护,具有非常重要的意义。《淮安市古淮河保护条例》是淮安市第二部地方性法规,该条例由淮安市第七届人大常委员会第三十五次会议于2016年10月26日制定,江苏省第十二届人大常委员会第二十七次会议于2016年12月2日批准,自2017年3月1日起施行。

《淮安市古淮河保护条例》制定的依据主要包括:《水法》《环境保护法》《水污染防治法》《河道管理条例》《江苏省人民代表大会常务委员会关于加强饮用水源地保护的决定》等法律、法规,借鉴了《江苏省太湖污染防治条例》《江苏省通榆河水污染防治条例》《贵州省赤水河流域保护条例》等地方性法规。

《淮安市古淮河保护条例》共六章44条。第一章总则,主要规定立法目的、适用范围、保护原则、保护体制、经费保障等。第二章规划与管理,主要规定规划编制实施、开发利用、部门管理职责。第三章饮用水源保护,主要规定饮用水源的分区保护范围以及保护方式。第四章生态环境保护与开发利用,主要规定古淮河保护区内禁止性行为、污染防治、建设要求及文化资源的保护利用。第五章法律责任,主要规定违反该条例所需承担的法律后果。第六章附则。

《淮安市古淮河保护条例》地方特色鲜明。地方立法中的"地方特色",一般指地方立法主体在立法时就如何结合当地进行立法所考虑的因素。地方特色一般强调的是地方立法与上位法的区别。能否体现地方特色,也是衡量地方立法质量和价值的一个基本标准。古淮河保护问题是淮安地方政府重点关注的问题,也是和淮安市人民生活紧密相关的问题,因此,这部立法具有鲜明的地方特色。

《淮安市古淮河保护条例》注重问题导向。该条例注重以立法方法解决实践中存在的种种问题。古淮河沿线多年以来缺乏统一规划和管理,形成了许多亟须整改的问题,这些问题就是立法重点关注、重点解决的对象。如沿线仍然存在50多个各类排水口,其中部分仍在向古淮河排放生活污水,该条例对这一现实问题作出了明确规定:"古淮河禁止设置入河排污口、雨污合流的排水口,禁止私设暗管或者采取其他规避监管的方式排放污染物。"再如古淮河保护管理涉及多个县区以及市相关职能部门,存在主体职责不清、权限不明、管理缺失等问题。因此,该条例特别注重通过地方立法来明确不同主体的保护职责,建立健全古淮河保护机制和管理体制,以更好地发挥市各职能部门和地方政府的作用。

《淮安市古淮河保护条例》针对性和可执行性很强。立法应当明确、具体,具有针对性和可执行性。从条例相关条文来看,可执行性非常强,如第5条:市、县(区)人民政府应当将古淮河保护纳入国民经济和社会发展规划,古淮河保护所需经费纳入本级财政预算。市、县(区)人民政府应当设立古淮河保护专项资金,用于古淮河水土保持、生态修复、污染防治、生态搬迁补偿等事项。第7条:市、县(区)人民政府应当建立古淮河保护信息公开机制,依法将古淮河保护规划、建设、利用、水质状况、突发水污染事件等信息及时公开,接受社会监督。

三、《淮安市地下管线管理条例》立法分析

城市地下管线是指城市范围内供水、排水、燃气、热力、电力、通信、广播电视、工业等管线及其附属设施,是保障城市运行的重要基础设施。目前许多城市对地下管线的管理都存在难题,如管线新建、改建、扩建频繁;管线建设缺乏整体规划,地下资源浪费严重;地下管线资料残缺,设施老化,运行失稳,个别管线成为安全的重大隐患。因此,具有前瞻眼光的淮安市非常重视地下管线这个城市管理的老大难问题。《淮安市地下管线管理条例》2016年由淮安市规划局牵头起草,经广泛征求相关部门意见,反复修订20多稿,历时10个月,由江苏省第十二届人大常委员会第三十一次会议于2017年7月21日批准,自2017年11月1日起施行。这是江苏省首部将地下管线管理工作纳入法治化轨道的地方法规。该条例的出台意味着淮安市对地下管线管理工作有了综合性管理法规和标准规范,填补了地下管线在规划管理、建设管理、维护管理、信息管理以及法律责任上的空白。

《淮安市地下管线管理条例》共七章49条。第一章总则,主要规定立法目的、适用范围、基本原则、部门职责、应急预案等。第二章规划管理,主要规定专项规划和综合规划的编制、地下管线工程的规划许可、规划核实、规划验

线、竣工测量。第三章建设管理,主要规定地下管线施工许可、安全措施审查、统筹建设、标识设置、工程监理单位义务、管线建设单位职责等。第四章维护管理主要规定地下管线日常维护、改建和废弃等相关制度。第五章信息管理主要规定地下管线数据汇交、信息系统建设、数据保管和利用、资金保障等内容。第六章法律责任,主要规定违反该条例所需承担的法律后果。第七章附则。

《淮安市地下管线管理条例》具有前瞻意识,注重发挥在地下管线管理中地方性法规的引领和推动作用。如该条例明确将地下管廊列为地下管线未来的发展方向。第 7 条规定城市新建区、旧城改造区、新建道路以及管线密集区等重点地段,应当同步规划并根据实际有计划地建设地下综合管廊、第 19 条规定凡是建有综合管廊的区域,除因技术条件无法纳入综合管廊外,地下管线应当进入综合管廊。

《淮安市地下管线管理条例》重视问题导向,重视以立法解决实践中存在的问题,如针对现实中管线新建、改建、扩建频繁的问题,该条例就针对性的提出管线规划和施工许可手续的规定。针对地下管线资料残缺,设施老化,运行失稳,个别管线成为安全重大隐患这个问题,《淮安市地下管线管理条例》就针对性的规定地下管线的信息管理工作,规定:城乡规划主管部门应当组织开展地下管线普查和补测补绘工作,并将成果及时录入信息系统。有关部门和单位应当予以配合。城乡规划主管部门、城建档案管理机构和其他相关单位应当为自然人、法人和非法人组织查阅、利用地下管线档案、信息提供便利。通过这样规定,把开展地下管线普查和补测工作作为一项规划主管部门的义务和职责,更有利于解决地下管线资料残缺、个别管线成为安全重大隐患的问题。

四、《淮安市周恩来纪念地保护条例》立法分析

淮安市是周恩来同志的故乡,淮安周恩来故居、周恩来童年读书旧址、周恩来纪念馆等纪念地吸引了大量游客。这些纪念地和纪念设施是淮安的宝贵财富和精神家园。在深入调研论证的基础上,市人大常委会将《淮安市周恩来纪念地保护条例》列入了立法计划。市人大常委会教科文卫委提前介入

了起草工作,积极了解草案起草中的重大问题,确保地方立法中人大主导作用的发挥。《淮安市周恩来纪念地保护条例》提交2017年8月31日召开的淮安市八届人大常委会第六次会议进行了第一次审议,第一次审议后淮安市人大常委会法工委广泛征求各方意见建议。2017年12月19日下午,淮安市八届人大常委会第八次会议第二次全体会议表决通过了该条例。该条例由江苏省第十二届人大常务委员会第三十四次会议于2018年1月24日批准并公布。

该条例包括总则、规划建设、监督管理、传承弘扬、法律责任、附则等六章,共40条。

《淮安市周恩来纪念地保护条例》具有鲜明的地方特色。创新性立法和自主性立法重在制定富有地方特色、富有针对性和可执行性的地方性法规。淮安是周恩来的故乡,拥有多处周恩来纪念地和纪念设施,因此,从立法目的来讲,具有鲜明的淮安市地方特色。

《淮安市周恩来纪念地保护条例》非常重视社会主义核心价值观,是把社会主义核心价值观要求融入法治建设和社会治理的典型。淮安市该项立法的重要目的是传承和弘扬周恩来精神,所以该条例规定要合理利用纪念地资源广泛开展传承弘扬周恩来精神的活动,鼓励利用纪念地资源积极发展相关文化事业、文化产业、红色旅游业,培育和践行社会主义核心价值观;定期组织周恩来精神宣讲活动,举办专题展览,扩大对外交流和影响;征集、挖掘、整理和研究文史资料,不断丰富纪念资源;鼓励开展周恩来精神研究和学习培训工作,支持各级各类教育机构开设周恩来研究校本课程,促进研究成果的推广应用等。

《淮安市周恩来纪念地保护条例》注重问题导向。该条例针对纪念地周边管理处于多头执法、管理不到位的现象,规定纪念地所在地的公安、城市管理、市场监督管理等部门明确专门的执法人员,派驻纪念地开展执法活动。要求纪念地管理局协调派驻执法人员,依法开展纪念地相关的管理和执法活动,并提供必要的保障。该条例针对当前存在的纪念地管理工作中遇到的环境保护、周边经营业态管控、交通秩序维护、消防车通道和疏散通道保障、游客和导游违法违规行为整治等突出问题设置了相应的法律责任,使相关政府部门可以针对性的行使对违法行为的处罚权。该条例还要求建立纪念地保护协调机制,明确了周恩来纪念地管理局负责纪念地保护的具体工作,指导、监督纪念设施的建设与保护,对负有重大责任的重要部门进一步作了明确。

《淮安市周恩来纪念地保护条例》可执行性强。从立法内容来看,该条例明确了周恩来纪念地和纪念设施的范围。该条例规定,本行政区域内周恩来纪念地和纪念设施的保护,适用本条例。周恩来纪念地是指周恩来故居、周恩来童年读书旧址、周恩来纪念馆,纪念设施是指周恩来纪念地外周恩来纪念塑像、纪念碑、纪念亭、纪念园、纪念广场等。不仅保护了周恩来故居、童年读书旧址、周恩来纪念馆等纪念地,对行政区域内周恩来纪念塑像、纪念碑、纪念亭、纪念园、纪念广场等纪念设施也纳入了该条例的保护范围。该条例还将周恩来故居、周恩来童年读书旧址、周恩来纪念馆的保护区域分为保护范围、建设控制地带和风貌协调区,并一一明确了相应的具体范围和界限,具有很强的可执行性。

第二十章　宿迁地方立法

2016 年 1 月 15 日，江苏省十二届人大常委会第二十次会议表决通过了《江苏省人民代表大会常务委员会关于确定连云港、淮安、宿迁市人民代表大会及其常务委员会开始制定地方性法规的时间的决定》，宿迁市由此正式获得了制定地方性法规的权限。

第一节　宿迁地方立法概况

与宿迁市较短的年龄相比，其获得地方立法权的时间更为短暂。然而，作为江苏省最后一批正式获得地方立法权的三个设区的市之一，宿迁市在立法体制与程序的确立、规划制定和立法实践各方面都取得了值得关注的成绩，并在努力提升自身立法能力的基础上，正逐步形成自己的地方特色。

一、地方立法权的取得

2015 年 3 月 15 日，《立法法》进行了修正，其中第 72 条第 2 款规定，设区的市的人民代表大会及其常务委员会根据本市的具体情况和实际需要，在不同宪法、法律、行政法规和本省、自治区的地方性法规相抵触的前提下，可以对城乡建设与管理、环境保护、历史文化保护等方面的事项制定地方性法规，法律对设区的市制定地方性法规的事项另有规定的，从其规定。设区的市的地方性法规须报省、自治区的人民代表大会常务委员会批准后施行。省、自治区的人民代表大会常务委员会对报请批准的地方性法规，应当对其合法性进行审查，同宪法、法律、行政法规和本省、自治区的地方性法规不抵触的，应当在4个月内予以批准。江苏省因此次立法修改获得地方立法权的设区的市共有9个，江苏省人大常委会分两批通过了相关决议。宿迁市是第二批获得地方立法权的三个设区的市之一。

事实上，尽管宿迁市没有在立法修改后第一批就获得地方立法权，然而宿迁市对相关地方立法工作的准备却是早就已经展开了。为了适应地方立法工作的需要，宿迁市人大常委会从2015年《立法法》修正后就开始统筹规划，筹备相关机构机制，广泛展开调研，充分吸收各方面的意见建议，形成相关规划报告，及时向市委作出汇报，积极向省人大争取政策支持。宿迁市人大常委会抓住立法能力建设这个关键，积极探索成立立法工作机构，筹建了由16名专家学者组成的地方立法专家顾问（咨询）组，初步建立了地方立法资料查询库，确立了一批基层立法联系点，为承接地方立法权奠定了基础。[1]同时，宿迁市人大及其常委会力推未授先至，提前安排，明确关于地方立法的具体操作程序，广泛征集立法项目建议，等等。

正因准备充分，先期工作预想到位，事先调研细致高效，在2016年获得地方立法权之后，宿迁市人大及其常委会第一时间就展开了各项立法准备和调研工作，《宿迁市城市绿地保护条例》作为宿迁市第一部地方性法规，当年就在有条不紊完成相关立法程序后，得以生效实施。

二、地方立法工作的现状

宿迁市的地方立法工作，主要体现在制度建设、规划设定和具体成果三个方面。

（一）建立完善地方立法体制机制

为了有效规范地方立法活动，在宿迁市获得地方立法权后不久，2016年1

---

〔1〕 相关信息参见叶辉：《市人大常委会工作报告——2016年1月17日在宿迁市第四届人民代表大会第五次会议上》，载宿迁人大网，http://sqrd.sqrdw.gov.cn/sqrdw/sq4j5c/201602/623260e356ba423a9f9cbddd7635ec02.shtml。

月，宿迁市四届人大五次会议通过了宿迁市人大法制委员会组成人员名单，2016 年 2 月 26 日，宿迁市四届人大常委会第五十一次主任会议又同时通过了《宿迁市人大常委会制定地方性法规工作规则》《宿迁市人民代表大会常务委员会地方立法联席会议规定》《宿迁市人民代表大会常务委员会基层立法联系点工作规定》《宿迁市人民代表大会常务委员会立法公开工作规定》《宿迁市人民代表大会常务委员会立法论证工作规定》《宿迁市人民代表大会常务委员会立法评估工作规定》《宿迁市人民代表大会常务委员会立法听证工作规定》《宿迁市人民代表大会常务委员会立法咨询专家组工作规定》等一系列工作规则与配套规定，2017 年 1 月在宿迁市五届人大一次会议上审议通过了《宿迁市人大常委会制定地方性法规工作条例》，由此形成了规范的立法组织体系和“1 +7”地方立法制度体系[1]，为宿迁市人大立法工作的开展提供了制度保障。

（二）科学编制五年立法规划

为增强立法工作的计划性、指导性和科学性，宿迁市人大常委会按照“围绕中心，服务大局；紧贴实际，突出特色；急需先立，成熟优先”的编制原则，紧紧围绕宿迁市“生态立市、城乡协调、民生优先”的发展战略，系统梳理近 5 年来市人大代表建议、政协委员提案 1000 余条，征集公众立法建议 100 余条，收集部门立法建议 50 余件，归纳立法建议项目 70 余件，连续开展 4 轮征求意见活动，综合考虑立法决策与改革决策相统一，立法进程与改革进程相适应，在立法权限内科学安排立法项目，于 2017 年确定了 2017 ~ 2021 年度立法项目 25 件，其中正式立法项目 15 件、预备立法项目 3 件、调研立法项目 7 件，为宿迁改革发展提供法制保障。[2]（见表 20 – 1）

---

〔1〕 以上信息参见宿迁市人大：《强化履职担当 树牢制度自信——十八大以来宿迁市人大常委会工作回眸（上）》，载江苏人大网，http://www.jsrd.gov.cn/sszc/sq/201712/t20171213_481390.shtml。

〔2〕 以上信息参见宿迁市人大：《宿迁市人大常委会扎实做好地方立法工作》，载江苏人大网，http://www.jsrd.gov.cn/sszc/sq/201712/t20171218_481879.shtml。

表 20－1　2017～2021 年宿迁市五届人大常委会立法规划一览表

立法事项类别	正式项目	预备项目	调研项目
城乡建设与管理	1. 宿迁市户外广告和店招标牌管理条例(2017 年) 2. 宿迁市住宅物业管理条例(2017 年) 3. 宿迁市社会信用管理条例 4. 宿迁市旅游促进条例 5. 宿迁市社区戒毒康复条例 6. 宿迁市全民健身条例 7. 宿迁市城乡生活垃圾处理条例 8. 宿迁市排水管理条例 9. 宿迁市镇村规划建设管理条例 10. 宿迁市餐饮油烟管理条例 11. 宿迁市人大常委会关于促进城市交通文明建设的决定(法规性文件)	1. 宿迁市雨水收集利用管理条例 2. 宿迁市燃放烟花爆竹管理条例 3. 宿迁市公共场所控制吸烟条例	1. 宿迁市城市地下管线管理条例 2. 宿迁市市区出租车管理条例 3. 宿迁市公共自行车管理条例 4. 宿迁市停车场管理条例 5. 宿迁市养老机构条例
环境保护	1. 宿迁市人大常委会关于促进生态文明建设的决定(法规性文件)(2017 年) 2. 宿迁市古黄河、马陵河、民便河水环境保护条例		宿迁市三台山国家森林公园保护条例
历史文化保护	1. 宿迁市古树名木保护条例 2. 宿迁市地方戏曲曲艺保护条例		宿迁市地下文物保护条例

注:该表根据《宿迁市五届人大常委会立法规划(2017－2021 年)》内容制作。载宿迁人大网, http://www. sqrdw. gov. cn/sqrdw/ghjh/202008/02a00cba6b5e4af798c69f5c8fb5afd8. shtml。具体规划和实施,宿迁市会根据实际情况每年进行微调。

(三)高质量制定地方性法规

2016 年明确获得立法权后,宿迁市很快就出台了首部地方性法规。宿迁市人大按照开门立法、民主立法、科学立法的要求,拓宽渠道,充分搜集社会各界立法项目建议 146 条,根据“不抵触、可操作、有特色”的立法原则,积极突出生态宿迁主题,经反复调研论证,最终确定了《宿迁市城市绿地保护条例》为宿迁市首部地方性法规。为制定该条例，宿迁市人大常委会广泛征集社会意见建议，先后召开工作协调会12次，实地调研9次，组织专家论证会2次，提交人大常委会会议审议2次。经反复修改完善，《宿迁市城市绿地保护条例》经江苏省第十二届人大常委会第二十五次会议批准，已于2016年12月1日正式实施。[1]

加强重点领域立法。2017年宿迁市又相继制定了《宿迁市制定地方性法规条例》《宿迁市户外广告设施和店招标牌管理条例》《宿迁市住宅物业管理条例》等三部地方性法规。截至2018年6月底，宿迁市共制定、实施了四部地方性法规。（见表20－2）

表20－2　2016～2018年宿迁市制定、实施的地方性法规一览表

立法名称	制定机关	批准机关
《宿迁市城市绿地保护条例》	2016年8月31日宿迁市第四届人大常委会第二十七次会议制定	2016年9月30日江苏省第十二届人大常委会第二十五次会议批准
《宿迁市制定地方性法规条例》	2017年1月22日宿迁市第五届人民代表大会第一次会议制定	2017年3月30日江苏省第十二届人大常委会第二十九次会议批准
《宿迁市户外广告设施和店招标牌管理条例》	2017年8月30日宿迁市第五届人大常委会第四次会议制定	2017年9月24日江苏省第十二届人大常委会第三十二次会议批准
《宿迁市住宅物业管理条例》	2017年10月27日宿迁市第五届人大常委会第五次会议制定	2017年12月2日江苏省第十二届人大常委会第三十三次会议批准

注：本表系综合网上公开信息、相关法规制定信息等内容制作。

---

〔1〕以上信息参见叶辉：《市人大常委会工作报告——2017年1月21日在宿迁市第五届人民代表大会第一次会议上》，载宿迁人大网，http://sqrd.sqrdw.gov.cn/sqrdw/sq5j1c/201701/1c0f9dfb8caa4d10bdd6a2bc9a81d134.shtml。

第二节　地方立法工作的特色与经验

法律是治国之重器,良法是善治之前提。宿迁市人大坚守立法原则,坚持质量优先,树立工匠精神,强化立法组织协调,发挥立法主导作用,以良法促进发展、保障善治。

一、地方立法工作的特色

自获取地方立法权以来,在省人大常委会法工委的精心指导和大力支持下,宿迁市人大常委会法工委立足高起点、严要求,以“超前筹划、积极作为”为工作重点,扎实做好地方立法工作,在工作中逐步探索形成自身特色。

(一)以人才培养促进立法能力提升

宿迁市人大常委会法工委自2015年4月成立以来,通过宿迁市人大常委会党组与组织部门协调争取,前后通过3次公务员选调、招考,逐步充实人员;为了保障立法质量、提高立法能力,在人员紧缺的情况下,充分借助外部力量,分别在2013年6月、2016年1月、2017年4月,从法律、语言文字、环保、城建、历史人文等方面的专家、学者、实务工作者中选聘了一批人员,相继成立了备案审查专家咨询组、地方立法专家咨询组、法制工作代表专业组等组织;制定并实施3个编外组织的工作规则,积极发挥他们的专业优势,协助法工委做好地方立法以及规范性文件的备案审查工作。[1]

(二)建立并发挥基层立法联系点作用

宿迁市人大积极探索建立基层立法联系点制度,在具体实践中,将征求立法意见建议的触角进一步延伸到了基层一线,使地方立法机关和立法工作者能够更有针对性地、面对面地征询基层组织和群众的意见建议,逐步形成了关于“四个充分”的认识。

---

〔1〕 以上内容综合引用自宿迁市人大:《宿迁市人大常委会积极加强立法能力建设》,载江苏人大网,http://www.jsrd.gov.cn/sszc/201711/t20171116_479036.shtml。

一是应充分认识基层立法联系点的法治价值。建立基层立法联系点制度是党的十八届四中全会提出的要求，也是人大立法工作坚持群众路线的具体表现，是保证立法“接地气”、符合民意、反映民声的重大举措。对此价值原则，宿迁市人大要求具体的相关工作人员要有充分认识，并落实到实际工作的各个方面。

二是要充分打造基层立法联系点的工作平台。宿迁市各县、区人大常委会明确了相应的负责同志和工作人员，以便对本辖区的立法联系点开展工作提供各方面必要的帮助，以配合做好立法联系点工作。各基层立法联系点将达到“五有”作为重要目标，即要求达到“有工作制度、有活动场所、有必要的办公设施、有专项经费、有专门的负责人和联络员”。这些举措保证了联系点工作正常开展。

三是需充分激活基层立法联系点的工作机制。宿迁市人大常委会法工委建立了立法联系点的日常联络管理工作机制，加强工作指导，通过座谈交流、实地调研等多种方式，加强指导培训，提高了从事立法联系点工作人员的业务理论水平，为开展好立法联系点工作打下坚实的基础。

四是要充分发挥基层立法联系点的工作职能。各基层立法联系点切实承担起了责任，立足各自实际，充分发挥优势，做好相关工作。各基层立法联系点积极参与立法调研，有效发挥了平台作用，并通过各种形式收集群众反映的意见建议，同时及时将收集到的意见建议进行登记、分类梳理，并反馈到宿迁市人大常委会法工委等相关部门，使人民群众的意见建议在立法中得到了充分体现。[1]

（三）建立地方立法联席会议聚合立法力量

根据《立法法》及相关法律规定，设区的市的地方立法权限主要应集中在“城乡建设与管理、环境保护、历史文化保护”三方面。针对自身立法权限，宿迁市人大常委会将相关领域涉及的17个政府职能部门纳入了地方立法联席会议成员单位，探索建立了地方立法联席会议制度，定期牵头组织召开联席

---

〔1〕　以上内容综合引自：《宿迁市人大“四个充分”发挥基层立法联系点基础作用》，载宿迁人大网，http://sqrd.sqrdw.gov.cn/sqrdw/jxls/201608/870404c42eeb4255a2a33ff6715472ae.shtml。

会议，总结、交流立法工作开展情况，就立法工作方面存在的问题进行沟通协调，进一步加强和政府之间的联系，以此及时掌握成员单位的立法工作进度，凝聚各相关部门的共识。[1]

（四）注重回应公众需求以科学民主立法保证立法的高质量

宿迁市人大注意加强重点领域立法，在立法事项、立法目的、立法内容、立法意见建议搜集等各个方面，以及立法工作流程的各个具体阶段，都注意搜集整理、调研对话，积极回应人民群众的实际需求，力争制定高质量的地方性法规。

比如，优先确定制定《宿迁市住宅物业管理条例》，就是针对人民群众对物业管理事项的关注。物业管理涉及千家万户百姓切身利益，社会关注度高，为了进一步规范住宅物业管理活动，宿迁市人大常委会为了更好解决物业管理实践中的突出问题，进一步改善市民居住环境，及时启动了相关立法程序。为了充分厘清物业管理各主体间的关系，针对利益焦点问题，宿迁市人大常委会对法规草案进行了逐条论证、逐句修改，在讨论最热烈、矛盾最突出、问题最集中的领域集中相关意见建议，创设了信用管理、源头治理、第三方监管等具有宿迁特色的新制度，切实规范、维护利益各方的合法权益，促进了物业管理服务的健康发展。在立法过程中，宿迁市人大常委会坚持科学民主开门立法，广泛开展走访调研，不断拓展公民有序参与立法途径，先后召开座谈会23次、论证会6次，征集各方面意见980余条，最大限度消除了分歧，最大限度维护了各方权益。[2]

二、地方立法工作的经验总结

宿迁市人大自获得地方立法权以来，积极开展各项工作，并探索建立了相关的制度机制，同时注意及时总结相关经验教训，认真探索自身工作特色，

---

〔1〕 参见宿迁市人大：《宿迁市人大常委会积极加强立法能力建设》，载江苏人大网，http://www.jsrd.gov.cn/sszc/201711/t20171116_479036.shtml。

〔2〕 参见叶辉：《市人大常委会工作报告——2018年1月8日在宿迁市第五届人民代表大会第二次会议上》，载宿迁人大网，http://sqrd.sqrdw.gov.cn/sqrdw/wjechy/201801/c9f718618122469b828f2906d39d9d92.shtml。

逐步形成了宿迁市自己对地方立法工作的相应认识。对此,宿迁市人大从以下四个方面进行了经验总结。[1]

(一)坚持立法决策与政治决策相一致

从政治决策来说,地方立法权获批前后,宿迁市委切实加强对立法工作的组织领导,研究确定了立法工作重点,认真协调解决立法工作中的重大问题,按程序审批拟提请市人大常委会表决通过的法规草案,关心支持立法队伍建设,保证了立法工作始终在正确的轨道上运行。相应地,宿迁市人大常委会主动发挥立法的主导作用,坚决贯彻落实党委决策部署,确保党委的主张通过立法机关、按照法定程序转变为法规、条例,力图使之成为全市上下一体遵循的行为规范和准则,用法律制度凝聚社会共识、引领改革发展。在编制立法规划和年度工作计划时,宿迁市人大常委会主要的举措是,立足实际,加强重要领域立法调研,广泛征求意见,科学论证评估,增强立法的针对性、及时性和系统性,把立法资源重点用到推党委重视、人民关心的相关项目上。

(二)坚持立法决策与改革决策衔接

宿迁市人大常委会重视顶层设计在立法工作问题上的作用,加强学习、领会、理解深化改革的要义,坚持将立法与改革发展稳定的重大决策相结合,把法律的稳定性与变动性、现实性与前瞻性有机统一起来,既及时把改革实践探索中的成功经验以法规形式固定下来,破除体制障碍、推动制度创新,又注重为深化改革预留空间,发挥立法在平衡、调整、规范社会关系方面的重要作用,形成有利于新实践的体制机制。宿迁市在相关的立法实践中,一直在相关方面进行着积极的探索,立法工作由此也取得了基于自身特色的突出成绩。

(三)坚持立法质量与立法特色并重

宿迁市人大在地方立法工作中自觉遵循经济规律、社会发展规律以及立法活动规律,着眼于新时代立法实践中的突出问题,把党委要求、群众期盼、实际需要、实践经验结合起来,严格规范程序,扩大公民有序参与立法途径,

---

〔1〕 以下四个方面经验总结内容综合引用自叶辉:《充分发挥地方立法的引领推动保障作用》,载《新华日报》2017年4月26日,第8版。

探索建立了科学民主立法的地方立法相关新机制,提高了立法质量。宿迁市在实践中着力加强立法能力建设,确保地方立法权能接得住、用得好、有效力;地方立法工作按照"不抵触、有特色、可操作"的原则,根据宿迁市本地的具体情况和实际需要,注重通过地方立法解决地区现实性的特殊问题,注重把主要精力用在本地实际情况的调查研究上,把有限的资源用在创制性立法、自主性立法上,做到了既符合经济社会发展的客观规律,又突出了区域特征。

(四)坚持立法行权与其他权力配套

在立法实践探索中,宿迁市人大意识到,坚持行使立法权与行使监督权的有机结合,有利于促进地方性法规的有效实施。宿迁市人大常委会通过执法检查和听取专项工作报告等多种方式进行立法效果检查,重点查找执法中存在的主要问题和不足,督促有关部门改进工作,推动法规的贯彻实施。宿迁市还经常组织对地方性法规进行立法后评估。在明确评估内容和评价标准的前提下,采取问卷调查、实地调研、案例分析等多种形式,就法规的质量、实施效果及存在价值进行评估。这些措施有效提升了地方立法的质量,为地方立法机制确定了良好的框架,为地方立法长期稳定的发展奠定了坚实的制度基础。

第三节 地方立法的完善对策

由于宿迁市获得地方立法权的时间相对较晚,因此还有很多立法方面的工作及经验,需要宿迁市在实践中不断摸索和完善。这里只就几点相对比较明显的问题,提出一些完善建议。

一、进一步加强规划的科学性

如前所述,地方立法的权限范围主要集中在城乡建设与管理、环境保护、历史文化保护三个大的方面。从宿迁市 2017 年拟定的五年立法规划分布来看,大多还是集中在城乡建设与管理的事项上。这当然是跟宿迁市获得地方立法权较晚,有较多的城乡建设管理方面的规范和体系急需建立健全有关系。不过也应当注意到,作为地方立法工作开展的相对较晚的地区,在很多规范的拟定上,尤其是在城乡建设管理方面,是可以借鉴法治先发地区的成熟经验的。我们常常会发现,在城市化的发展过程中,相对较大区域里的共性问题在很多时候是大于特定地方的特性的。在这方面过于关注特殊性,有时会影响法规规章制定的效率。

相反,在环境保护和历史文化保护等相关领域,倒是会有更多地域特点和区域独特性的因素需要考虑。而在目前的立法规划中,后两者的比例大大低于前一种类别。从长远来看,如何协调不同类别事项立法之间的平衡,还需要有更多科学性的探索和研究。

二、进一步加强立法人才培养

针对基层立法队伍与立法力量受到编制限制等因素影响的现实,一方面要更好地利用好专家学者律师等专业人士的咨询辅助作用;另一方面也要尽可能加强专职立法人员的吸收和培养。要进一步充实立法工作人员力量,选拔更多具有法治实践经验的优秀人才加入地方立法队伍。同时,要全面提升现有立法工作人员的能力。

政府的立法准备工作是人大立法的前道重要工序,直接影响着地方立法质量。因此也要加强政府部门立法队伍建设,不断提高起草、审查法规草案的能力。进一步完善政府立法工作机构,充实人员力量,吸收更多经验丰富、专业水平较高的优秀法律人才从事政府立法工作。加强政府立法工作人员业务学习和培训工作,组织政府系统内部、政府与人大立法工作人员之间进行业务交流和探讨,不断提高政府立法工作人员的能力和水平,同时还要进一步发挥好专家学者的作用,加强立法工作的专家咨询机制建设。

不过,这些最终还是要体现在专职立法人员素质能力提升上,尤其要注意的是,立法其实是一项非常复杂的工作,也并不是简单的法律推理技术运用,而是需要丰富的政治社会工作经验作为背景和基础,这往往是当前我们一线的立法人员队伍比较欠缺的,需要今后着力加强。

三、提高科学民主立法水平

宿迁市一贯注重立法的科学性和民主性,特别注重通过收集公众意见、广泛开展立法调研等方式来掌握对立法的意见和建议,酝酿、修改和完善相关法规草案。一方面,在调研中如何能够更多地与普通百姓进行交流,特别是探索有效机制,能将群众的生活语言较贴切地转化为法言法语来表达利益诉求;另一方面,对于听证、协商等规定比较原则笼统的程序要求,能不能通过立法工作的实践探索予以丰富和发展,都是值得进一步研究和探索的话题。

宿迁市规定了"1+7"的立法体制和配套规定,也规定了关于听证等相关程序。但我们注意到,关于听证等程序规定都是比较模糊的,没有特别明确的程序指示,对于参与听证人员的数量、来源等问题,也规定得不够细化,这些都会影响听证程序作用的发挥。这些程序性规定,很可能对立法的科学性、严谨性产生直接影响。

四、加强立法效果的评估工作

立法评估包括事前与事后两大方面。一方面可以考虑建立法规表决前评估指标体系,实现评估工作的定量化、精细化和指标化;另一方面,立法后评估是检验和提高地方立法质量,完善地方性法规实施机制的重要方式。要完善地方立法后评估制度,明确开展立法后评估的时间、方式、标准、评估成果的运用等。通过定期对立法进行回头看,及时了解法规实施的情况和发现存在的问题。

针对近年来在法治建设等各层面逐步流行的第三方评估,也可以借助已有的专家组力量来进行探索。第三方评估对于真实了解法规实施的情况,特别是公众的真实意见,往往有独特的优势,对于提升立法的科学性水平,有值得认真探索的意义。

第四节　地方立法典型实例分析

截至2018年6月底,宿迁市已制定实施了四部地方性法规,在此我们可以对这四部法规的主要内容作一大致了解,并对相关法规内容进行简要的分析和评论。

一、《宿迁市城市绿地保护条例》立法分析

《宿迁市城市绿地保护条例》是宿迁市获得地方立法权后制定实施的第一部地方性法规,2016年8月31日由宿迁市第四届人民代表大会常务委员会第二十七次会议制定,2016年9月30日经江苏省第十二届人民代表大会常务委员会第二十五次会议批准,自2016年12月1日起施行。

习近平同志指出:"推动绿色发展,建设生态文明,重在建章立制,用最严格的制度、最严密的法治保护生态环境,健全自然资源资产管理体制,加强自然资源和生态环境监管,推进环境保护督察,落实生态环境损害赔偿制度,完善环境保护公众参与制度。"[1]城市绿地是城市的重要组成部分,也被认为是实现可持续发展的重要基础,宿迁市作为江苏省最为年轻的城市,在城市建设和管理上,也具有较强的后发特色,对于城市规划实施的要求向来较高,在此背景下,群众对于绿地系统规划执行不严、城市绿地养护水平不高、违法违规侵占绿地等现象反映比较强烈。宿迁市在取得地方立法权前,一般依据《城市绿化条例》和《江苏省城市绿化管理条例》来进行具体规定和管理,保护力度有限。同时,宿迁市人大及其常委会根据自身能力和本地特色,很早就选定该领域,展开立法调研和准备,作为地方立法的突破点。到宿迁市正式获得地方立法权时,相关准备工作可谓是万事俱备,最后该条例得到顺利制定实施,也可以说是水到渠成。

该条例共有七章58条。第一章为总则部分,规定了立法目的、立法原则、

---

〔1〕 习近平:《习近平谈治国理政》第二卷,外文出版社2017年版,第396页。

适用范围、主管部门等内容。第二章到第六章为分则部分，分别规定了城市绿线、绿地养护、绿地管理、监督检查、法律责任。第七章为附则部分。

作为地方实施性立法，该条例考虑到避免重复上位法规定，只因条款衔接需要对个别内容予以援引，立法过程着重将行之有效的实践经验、做法，在宪法、法律、法规允许的范围内，上升为法律规范，予以制度化的确认，如城市绿地保护等级制度，对应当明确的问题，都作了相关规定，而对于暂不具备立法条件的问题，则以鼓励探索为原则，只作引导性规定，如城市绿地冠名权制度。该条例的重要制度设计包括：绿线管理制度（第 9 条、第 10 条、第 12 ~ 15 条、第 17 条等）、占用和补建制度（第 19 条）、养护责任制度（第 20 条、第 22 ~ 24 条、第 26 条等）、临时占用和移植砍伐许可制度（第 28 ~ 30 条、第 32 ~ 33 条）、城市干道行道树树种的整体更换程序（第 34 条）、建设工程项目避让树木制度（第 37 条、第 38 条）等。

对于城市绿地保护制定地方性法规，在国内一些地方也有其他的立法实例，应当指出，宿迁市的该条例同国内的相关法例相较毫不逊色，且在不少地方突出了自身的特色和实践经验。宿迁市选取该条例作为地方立法的首次尝试，有综合的考量，从条例实施后的效果来看，对于促进宿迁市城市绿地规划建设，有利于城市管理依法实施，成效显著。

二、《宿迁市制定地方性法规条例》立法分析

《宿迁市制定地方性法规条例》作为宿迁市 2017 年立法规划的重要内容，2017 年 1 月 22 日由宿迁市第五届人民代表大会第一次会议制定，2017 年 3 月 30 日经江苏省第十二届人民代表大会常务委员会第二十九次会议批准，自 2017 年 6 月 1 日起施行。

习近平同志指出："推进科学立法，关键是完善立法体制，深入推进科学立法、民主立法，抓住提高立法质量这个关键。要优化立法职权配置，发挥人大及其常委会在立法工作中的主导作用，健全立法起草、论证、协调、审议机制，完善法律草案表决程序，增强法律法规的及时性、系统性、针对性、有效性，提高法律法规的可执行性、可操作性。要明确立法权力边界，从体制机制

和工作程序上有效防止部门利益和地方保护主义法律化。"[1]《宿迁市制定地方性法规条例》的立法目的就在于规范制定地方性法规活动,完善立法程序,提高立法质量,发挥立法的引领和推动作用,全面推进宿迁市依法治市的工作。

该条例共分为八章69条。第一章是总则,规定了立法目的、适用范围、制定地方性法规的原则和要求、制定地方性法规的事项范围、市人大及其常委会的具体权限与作用等。第二章至第六章分别对立法规划和计划、地方性法规的起草和提出、市人大及其常委会的立法程序、地方性法规的报批、公布和解释等方面问题进行了详细的规定。第七章是其他规定。第八章附则则规定了该条例的施行时间。

该条例在不少方面都有亮点。对于立法规划和计划,该条例突出要求科学编制,重视省市衔接,特别是规定"本市一切国家机关、政党、人民团体、企业事业单位、其他组织和公民都可以向市人民代表大会及其常务委员会提出制定地方性法规的建议"(第10条第1款),突出体现了扩大立法参与主体范围的意识。对于地方性法规的起草和提出,该条例在强调人大主导作用的同时,也注意吸收各方面专家学者、有关部门的资源、力量,突出了立法起草工作的科学性和协调性。该条例还对市人大和市人大常委会的具体立法权限、程序,进行了细分,明确市人大常委会立法是制定地方性法规的常规方式,并相应确立了二审制、法制委员会统一审议制度和常委会全体会议表决制度等。

《宿迁市制定地方性法规条例》对于规范地方性法规的制定体制和程序,保证地方立法过程规范、科学、协调,全面推进宿迁市依法治市工作,使地方立法及各项相关工作都有具体流程规范可依据,具有重要意义。该条例的制定施行,对于宿迁市地方立法工作迈入正轨,起到了重要的推动作用。

三、《宿迁市户外广告设施和店招标牌管理条例》立法分析

《宿迁市户外广告设施和店招标牌管理条例》于2017年8月30日由宿迁市第五届人民代表大会常务委员会第四次会议制定,2017年9月24日经江

[1] 习近平:《习近平谈治国理政》第二卷,外文出版社2017年版,第120~121页。

苏省第十二届人民代表大会常务委员会第三十二次会议批准,自2018年1月1日起施行。

户外广告设施和店招标牌是一个城市市容市貌的重要组成部分,规范户外广告和店招标牌对于合理利用城市空间资源、美化城市环境、提升城市品位具有重要的意义。宿迁市政府曾于2010年出台了《宿迁市市区户外广告设置管理办法》,规范户外广告管理事务,但随着城市化进一步推进,宿迁市出现了一些广告设施年久失修、失管,部分户外广告和店招标牌安置无序、凌乱,甚至有些设施损坏严重危及公共安全,严重影响了宿迁城市形象的建设。因此,宿迁市着力推进相关领域的治理工作,并通过制定地方性法规的形式,将有关的经验进行制度化、法律化,以便推进相关工作进一步发展完善。

该条例共分五章47条,采取"总分"结构。第一章为总则部分,规定了立法目的和依据、适用范围、主管部门管理区域划分、户外广告设施和店招标牌定义、设置原则、信用惩戒等内容。第二章到第四章分别对规划与规范、设置与监管、法律责任等问题进行了规定。第五章是附则,规定了具体施行时间。

该条例对宿迁市已有的工作经验做法作了制度化规定,如列举了禁止设置户外广告设施的10种情形(第12条)和设置店招标牌应当符合的6项规定(第13条)。该条例还规定了公益性户外广告设施的设置数量不得低于户外广告设施总量的20%,且不得利用公益性户外广告设施发布商业性广告(第10条第1款),商业性户外广告设施每年发布公益性广告的时间累计不得少于15日(第11条第1款),户外广告设施不得出现空置,商业性户外广告设施空置期间应当以公益性广告进行覆盖,若进行招商,其招商内容可以与公益性广告同时发布,但只能位于公益性广告下方,且所占面积不得超过该户外广告面积的1/5(第11条第2款),突出了对公益性广告的重视。该条例还对户外广告设施管理制度、店招标牌备案制度、户外广告设施和店招标牌日常维护制度、分类处罚制度等方面的规定进行了探索。

《宿迁市户外广告设施和店招标牌管理条例》的施行为城市管理工作提供了具体的法律法规依据,根据地方实际制定的具体规范,具有较强的可操作性,对于规范宿迁市城市规划,改善宿迁市容市貌,优化城市环境,加强宿迁城市形象的打造,都起到了积极的推动作用。

四、《宿迁市住宅物业管理条例》立法分析

《宿迁市住宅物业管理条例》于2017年10月27日由宿迁市第五届人民代表大会常务委员会第五次会议制定，2017年12月2日经江苏省第十二届人民代表大会常务委员会第三十三次会议批准，自2018年6月30日起施行。

住宅物业管理与人民群众生产生活紧密相关，同时也是城市社区治理体系建设、社区自治能力建设的重要组成部分。宿迁市政府也曾于2014年出台了《宿迁市市区物业管理办法》以规范相关物业管理工作事务。但随着城市化程度加深，特别是住宅市场的进一步发展，物业管理工作不完善、不合理的情况进一步显现，诸如业主自治不能实现、业主与物业管理企业矛盾分歧频现、物业企业经营服务不规范、经费使用不透明、物业维修养护责任不明确、监管体制不健全、管理办法不丰富等。《宿迁市住宅物业管理条例》就是为了在新形势下，规范宿迁市住宅物业服务与管理行为，维护业主和物业服务企业的合法权益，促进物业服务业的健康发展。

该条例共分七章89条，采取“总分”结构。第一章为总则部分，规定了立法目的和依据、适用范围、政府及部门职责、信用惩戒等内容。第二章到第六章分别具体规定了业主自我管理组织、新建物业的前期管理、物业服务、物业的使用和维护、法律责任等内容。第七章为附则。

该条例主要制度设计体现在八个方面。一是建立了信用管理制度，对与物业管理相关的各方利益主体的失信行为进行惩戒（第6条），物业服务企业有严重失信行为的，由物业管理行政主管部门将相关企业及其法定代表人的失信信息录入信用管理档案（第84条），业主有严重失信行为的，由街道办事处（乡镇人民政府）将失信信息报送信用管理行政主管部门，录入信用管理档案（第85条）。二是明确了业主自我管理机制，规定了业主自我管理的三种模式——业主大会、业主代表大会、直接实施自我管理（第8条），对于相关的经费、人员组成、运行机制和程序等，也作了规定。三是建立了物业质量源头控制制度，规定建设单位、物业服务企业应当共同对物业进行查验，物业管理行政主管部门和街道办事处（乡镇人民政府）应当派员参加并监督查验，建设单位还应当将承接查验结果报送物业管理行政主管部门（第35条），物业承

接查验档案资料应该妥善保管(第39条),对于物业服务用房的配置位置、面积及标准(第40条),规划行政主管部门和物业管理行政主管部门应当分别核实配置情况(第42条)等也作了具体规定。四是规定物业服务合同应当包括“保安、保洁、保绿”、物业基础管理及维护等基本条款,同时规定了物业服务合同可以约定的具体内容,包括物业纠纷的调处与解决方式、合同的履约保证方式、合同的解除条件、物业装饰装修的管理方式等方面(第53条)。五是规定了物业服务企业基本目录库制度(第44条)和物业服务企业应急备选库制度(第51条)。六是明确了物业服务收费与收益的相关规定(第57条、第58条、第60条、第61条)。七是建立了对公共收益和预收半年以上的物业公共服务费用实行第三方监管的制度,授权市人民政府制定具体办法(第62条)。八是规定了物业保修金制度(第68条)和住宅专项维修资金的应急使用办法(第71条)。

该条例的制定结合了宿迁市本地实际,从实际工作的经验出发,针对实际需要,对于规范宿迁市住宅物业管理(附则中第88条还规定,非住宅物业的管理参照此条例相关规定执行),维护物业管理各方的合法权益,营造良好的居住和生活环境,具有重要的实践意义。该条例实施以来,取得了较好的社会效果和舆论反响。

后　记

良好的区域立法,是区域治理法治化的基本制度保障,是区域治理现代化的重要衡量指标。2015年3月,第十二届全国人大第三次会议表决通过了关于修改《立法法》的决定,修改后的《立法法》授予设区的市地方立法权,为区域立法提供了法律制度依据。要了解区域立法,必须首先了解地方立法。对于江苏来说,就要深入了解各地具体立法情况。从历史来看,江苏地方立法比较成熟,既形成了为全国所普遍遵循的"不抵触、有特色、可操作"立法原则,也有大量走在全国前列的示范立法。这些立法经验为本书编写提供了丰富的资料储备。

本书的编写得到了江苏省社会科学院、江苏高校区域法治发展协同创新中心、南京师范大学、苏州大学、东南大学等单位的大力支持和配合。具体参加本书初稿研究写作的作者分工情况是:绪论、第一章、第十七章,江苏省社会科学院法学研究所钱宁峰;第二章,江苏省社会科学院社会学所张卫、韩海浪;第三章,苏州大学王健法学院张鹏、范凌杰;第四章,东南大学法学院陈道英、张雪莲;第五章,南京师范大学法学院汤善鹏、赵小雷、罗冰清;第六章,苏州大学王健法学院陆永胜、苏峰、余洋;第七章,宿迁市总工会藏成;第八章,南京市人大常委会钟连勇、南京师范大学法学院严海良;第九章,苏州大学王健法学院上官丕亮;第十章,苏州大学王健法学院朱中一;第十一章,东南大学法学院刘红;第十二章,江苏省社会科学院法学研究所牛博文;第十三章,江苏省社会科学院法学研究所王峰;第十四章,江苏省社会科学院法学研究所方明；第十五章，江苏省社会科学院法学研究所李小红；第十六章，江苏省社会科学院法学研究所徐静；第十八章，江苏省社会科学院法学研究所刘伟；第十九章，江苏省社会科学院法学研究所邹成勇；第二十章，江苏省社会科学院法学研究所林海。江苏省社会科学院党委书记、院长，江苏高校区域法治发展协同创新中心主任夏锦文教授，高度重视书稿的撰写工作，对书稿名称、体例和内容多次进行指导，为本书的顺利出版提供了组织保障。南京审计大学校长刘旺洪教授在担任江苏省社会科学院副院长期间为本书的编写提出了要求。主编夏锦文，副主编方明、钱宁峰对本书进行了修改、统稿。江苏高校区域法治发展协同创新中心办公室於海梅老师、法律出版社的领导和责任编辑，对本书的出版付出了辛勤劳动。在这里我们一并表示衷心感谢！

由于本书编写经历了一个较为漫长的过程，因此在编写过程中难免有所缺漏，加上对具体立法的理解和把握可能存在不到位之处，所作出的描述和判断、评价也可能有失偏颇，敬请广大读者批评指正。

本书编写组

2021 年 7 月